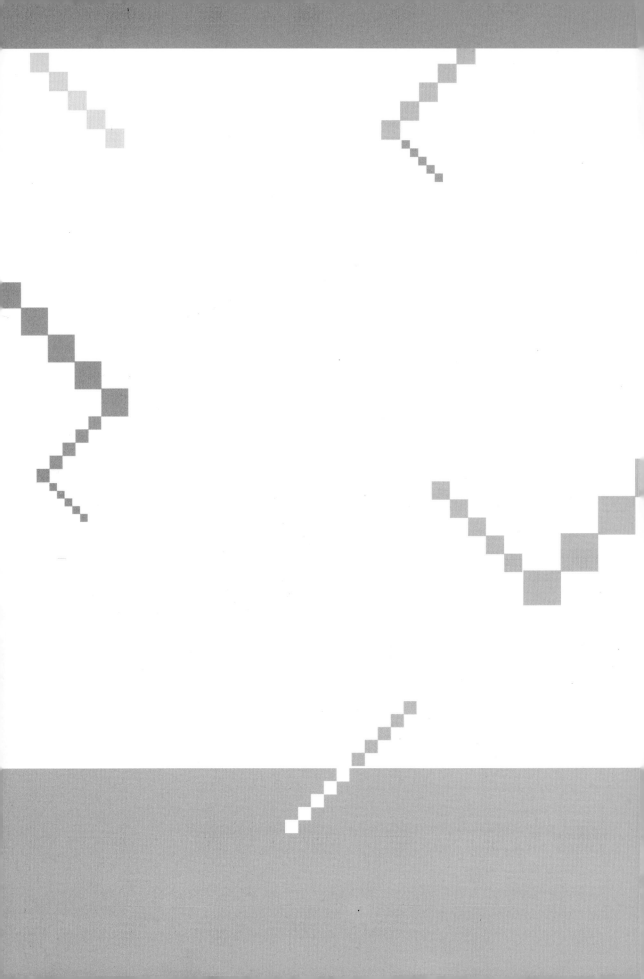

国际经典教材
中国版系列

整合营销传播
广告与促销（第8版）

■ 〔美〕特伦斯·A. 辛普 (Terence A. Shimp) ／著
■ 张红霞

Integrated Marketing Communication
in Advertising and Promotion

著作权合作登记号　图字:01-2011-1402
图书在版编目(CIP)数据

整合营销传播:广告与促销.第8版/(美)辛普(Shimp,T. A.),张红霞著.—北京:北京大学出版社,2013.9
(国际经典教材中国版系列)
ISBN 978-7-301-22803-6

Ⅰ.①整… Ⅱ.①辛…②张… Ⅲ.①市场营销学-教材 Ⅳ.①F713.50

中国版本图书馆CIP数据核字(2013)第153303号

Terence A. Shimp
Integrated Marketing Communication in Advertising and Promotion(8th Edition)
Copyright © 2010,2007 South-Western, Cengage Learning
Original language published by Cengage Learning. All rights reserved.
本书原版由圣智学习出版公司出版。版权所有,盗印必究。

Peking University Press is authorized by Cengage Learning to publish and distribute exclusively this Adaptation edition. This edition is authorized for sale in the People's Republic of China only (excluding Hong Kong, Macao SARs and Taiwan). Unauthorized export of this edition is a violation of the Copyright Act. No part of this publication may be reproduced or distributed by any means, or stored in a database or retrieval system, without the prior written permission of the publisher.

本书改编版由圣智学习出版公司授权北京大学出版社独家出版发行。此版本仅限在中华人民共和国境内(不包括中国香港、澳门特别行政区及中国台湾地区)销售。未经授权的本书出口将被视为违反版权法的行为。未经出版者预先书面许可,不得以任何方式复制或发行本书的任何部分。

本书封面贴有 Cengage Learning 防伪标签,无标签者不得销售。

书　　　名:	整合营销传播:广告与促销(第8版)
著作责任者:	〔美〕特伦斯・A.辛普　张红霞　著
责 任 编 辑:	马　霄
标 准 书 号:	ISBN 978-7-301-22803-6/F・3670
出 版 发 行:	北京大学出版社
地　　　址:	北京市海淀区成府路205号　100871
网　　　址:	http://www.pup.cn
电 子 信 箱:	em@pup.cn　QQ:552063295
新 浪 微 博:	@北京大学出版社　@北京大学出版社经管图书
电　　　话:	邮购部62752015　发行部62750672　编辑部62752926　出版部62754962
印 刷 者:	北京世知印务有限公司
经 销 者:	新华书店
	850毫米×1168毫米　16开本　40.5印张　911千字
	2013年9月第1版　2013年9月第1次印刷
印　　　数:	0001—6000册
定　　　价:	82.00元

未经许可,不得以任何方式复制或抄袭本书之部分或全部内容。
版权所有,侵权必究
举报电话:010-62752024　电子信箱:fd@pup.pku.edu.cn

出版者序言

知识是无国界的。很多基础性的理论在全世界都是共通的，这在经济学和管理学领域体现得尤为明显：除了理论上的共通性以外，在课程体系、教学方法上也存在国际借鉴的必要。随着经济全球化的不断深入，推动我国经济学与管理学教育的国际化，培养具有国际化水平的人才，已经成为国内诸多高校和学者不懈努力的目标。而教材是一个最基本的遵循。一本好的教材，不仅有助于理论的传播和传承，为授课教师带来全新的教学理念，也有助于激发学生学习和思考的兴趣。因此，教材的国际化理应成为教育国际化的一个重要途径和载体。

我国经管类教材的国际化，可谓经历了从无到有、从有到多、从粗放到精约的发展历程。

20世纪90年代中期之前，我国的经管类教材中，引进版教材还是凤毛麟角。当时，无论是在教材内容、课程体系，还是在教学方法和理念上，中国的经济学、管理学教育都与世界一流大学存在较大差距。在这种情况下，适当引进和借鉴国外知名大学通用的主流经管类教材，无疑是一条与世界接轨的捷径。在国内一些具有远见卓识的学者和出版人的推动之下，一些翻译版教材开始进入读者的视线，为国人了解国外的经济学、管理学教育打开了一扇窗口。

从20世纪90年代中期起的十几年间，国内经管类引进版教材以蓬勃之势迅速崛起。西方发达国家的主流经济学和管理学教科书、经典的学术著作相继被大量引介入中国。品种不仅包括翻译版，也包括英文影印版。其规模之大、范围之广，几乎遍及经济、工商管理、会计、金融、营销等经管各个领域。国内经管类引进版教材市场经历了前所未有的繁荣。这些经管类教材的引进，成功地将西方成熟的理论体系和教学理念带入了中国，推动了国内相关学科的教学改革和人才培养，对中国经济学和管理学教育的国际化做出了独特的贡献。

然而，随着实践的发展，传统的单纯翻译版和影印版教材也逐渐显露出其弊端：一是篇幅一般较长，内容过于庞杂，教师难以在有限的课时内全部讲授完，学生也难以消化；二是教材本身的质量虽然比较高，但完全立足于发达市场的制度背景，对于各项制度和政策安排尚处于转型期的中国来说，缺乏理论与实践的相关性。如何使这些优秀的教材摆脱"水土不服"的问题，使其与中国的社会制度背景和转型实践相结合，真正实现吸收、消化和创新，成为摆在国内教师和出版人面前的一个现实而迫切的问题。与此同时，随着国际交流的不断深化和国内教学科研水平的不断提高，当前，国内的很多年轻专家学者也具备了参与编写一流的国际化教材的能力。时代呼唤着同时具有"国际经典性"和"中国特色"的创新型教材。

正是考虑到上述客观需要和现实可行性,北京大学出版社尝试策划和推出了这套"国际经典教材中国版系列"丛书。本丛书是在翻译国外经典、前沿教材的基础上,由国内长期从事一线教学、学术研究方面有突出成就的教师学者,根据国内的教学需要,对其内容进行本土化改编,成为独具特色的"中国版系列"。

作为一套创新型教材,本丛书具有两个主要特色:

一是选书上的独特视角。在选书过程中,我们不仅关注那些在同类书中具有广泛持久影响力、选用面最广的教材,同时也更青睐于最新的、具有明显特色、符合教学发展趋势的教材。

二是出版形式上的创新。每本"中国版"教材都由原作者与一名国内的专家学者共同完成,部分教材的编写大纲是由国内外作者经深入探讨后确定的。所做工作并非局限于对原著作的简单删减,而是在结合国内学者教学经验和学术研究成果的基础上,所进行的实质性改编。改编的重点在于应用性的内容,即在保留原书基本理论框架和体系的基础上,增加了介绍中国特定制度和实践的内容,包括原创性的中国案例。为了便于学生理解,并学以致用,还对各章的图表、数据、示例等内容作了非常细致的替换。此外,也将一些重要的教辅资料进行了汉化。为了不破坏原著作的整体性,在改编过程中,尽量保持了与原著作一致的体例和写作风格。

如同中国特色的市场化道路是在摸索中不断走向成熟,中国特色的国际化教材的建设也并非一朝一夕之功。本丛书还仅仅是一个摸索和尝试,还存在着诸多不足之处。我们真诚期待着来自专家学者的宝贵意见和建议,并欢迎更多的一线教师和青年学者加入这一意义非凡的事业中来。同时,我们更希望这套丛书的出版能够抛砖引玉,在不久的将来,迎来国内的专家学者能够独立撰写出优秀的国际化教材,并真正"走出去"的时代。果真如此,将是国内教育界和出版界的一大幸事。

北京大学出版社
经济与管理图书事业部
2011 年 1 月

前言(中国版)

中国企业正在进入"创新营销的时代"。这是中国近年来经济飞速发展和市场竞争日益激烈的结果。正值此时,我非常荣幸地受邀于北京大学出版社,为这本书的中译本进行翻译和改写。尽管在此前,我也曾负责翻译过多部国外营销管理与广告学等方面的经典著作,但对国外经典著作进行改写却是第一次。由于是第一次进行这种大胆的尝试,加之原书的出版社对改版内容和字数的限制以及我个人时间的限制,为了既忠于原文,保留原书的特色和风格,又能突出中国特色,我将此次改写工作定位为"谨慎而有限度的改写"。原版的篇章布局和体例保持不变,主要的改动是更新和替换不太合适的案例、数据和资料。为此,我们共收集和整理了近30个与中国营销实践相关的案例,目的是为中国读者提供一个更好的将现有理论与中国实际紧密结合的视角,同时将近年来在中国成功营销的例子引进其中,以增加人们对中国特色营销案例的理解和体验。

此次改版,我一共改换了8个开篇案例、17个IMC聚焦案例和5个全球聚集案例。案例的选取都是经过反复斟酌,力求具有代表性,并与相应的章节内容高度契合。案例的选择还在企业的规模、企业所在的行业、企业的发展水平上做到有所兼顾,并通过有限的案例以点带面地勾勒出中国企业在当今创新营销时代的全景图。比如,中国移动、蒙牛、王老吉、中国南方航空公司、中粮、联想等都是极具代表性的中国企业,它们都在近年来创造了中国本土营销的"范例"和"传奇"。但与此同时,它们也面临着如何满足越来越挑剔的中国消费者的问题,以及如何应对越来越同质化的营销方式和营销手段的挑战。

在本书的翻译和改写中,我得到了来自北京大学光华管理学院一些优秀学生的协助和支持,在此向他们表示感谢。其中,成鑫先生(1—6章)、张璇女士(7—14章)、陈惠名女士(15—17章)、林悦辰先生(18—21章)分别负责了本书的翻译工作。周兴龙先生为全书的注释做了细致的整理。马骁骁女士、童丹丹女士作为我的助研,为本书新增案例进行了认真细致的采集与撰写。在这里我还要特别感谢张璇、马骁骁两位女士,在本书的改写过程中,她们从始至终给予我慷慨的帮助和热情的支持,她们认真负责的工作态度、高效率的专业素质和出色的文字编辑能力都令我欣慰和感动。

最后,我要特别感谢原书的作者Terence A. Shimp教授,他是令我敬仰的杰出的营销界与广告界的大师级人物。在他所提供的这个丰富而又高水准的平台上,我能有机会做一点小小的增值工作,就好似与大师进行平等的面对面的对话和交流,这真是我平生莫大的荣幸。

张红霞
2012 年 11 月 2 日
于北京大学光华新楼

前言(英文版)

对动态世界的回应

营销传播领域始终处于变化之中。品牌经理一直试图获得竞争优势,并努力让自己管理的品牌获得更大的市场份额和更多利润。宏观营销传播,或简称为 marcom,只是营销组合中的一个要素,但广告、销售促进、市场导向的公共关系以及其他营销传播工具在公司寻求实现财务和非财务目标的过程中扮演着越来越重要的角色。在传统广告媒体(电视、杂志等)上投放广告,营销传播实践者面对着更高的成本和更多的挑战,因此,广告和促销预算开始从传统媒体转向互联网,后者既能接触到难以到达的群体(如大学生消费者),又是一种在经济上可行的传递广告和促销信息的工具。

较之过去任何时候,营销传播人员都从未像现在这样真正意识到他们必须要通过财务指标来衡量广告、促销及其他营销传播的投资效果。由于各公司都在寻找更有效也更高效的方式与其目标受众进行交流,营销传播人员也面临着不断的挑战。他们必须使用能够在杂乱中冲出重围的传播方法,向受众传递那些能够提升品牌资产和提高销量的有趣和具有说服力的信息,并向公司保证营销传播投资能够产生充足的投资回报。在应对这些挑战的过程中,公司越来越多地使用整合营销传播战略,在这种战略中,所有营销传播要素必须传递一致的信息以影响消费者行为。

本书的重点

无论是学生希望通过这门课来学习更多有关这个领域动态特征的相关内容,还是那些要将广告、销售促进或市场营销的其他方面作为其职业生涯规划的一部分的人们,本书都将为他们提供一个关于营销传播作用和重要性的现代观点。本书强调整合营销传播(IMC)在提升品牌资产方面的重要性,并且涵盖 IMC 项目的所有方面:广告、促销、包装和品牌战略、售点传播、市场导向的公共关系、口碑蜂鸣的创造以及事件和善因导向的赞助。在这一版书中,通过更充分的例子和应用,我们对上述这些话题进行了更多讨论。当然,本书也涵盖适当的学术理论和概念,为众多例子提供有条理的结构。

本书是为营销传播、广告、促销战略、促销管理或其他类似内容方面的本科或研究生课程设计的。教师和学生们应该都会发现,这本书内容丰富但具有较强的可读性,突出当前情况但也注重本领域的演变历程。最重要的是,第 8 版将营销传播实践的多种形式与学术研究和理论融合在一起。本书的前 7 版一直在鼓励我们对营销传播的讨论既要从消费者的角度也要从营销者的角度来进行,并且二者之间的内容分布要实现平衡。这一版比以往更加关注营销传播的管理方面，同时也对公司与公司之间的营销传播给予了更多关注。

第8版的变化与改进

本书的第8版还反映了上述内容之外的许多变化，在以下方面进行了彻底更新：

➢ 涵盖营销传播所有方面最新的主要学术文献和从业者著作。这些著作以学生们能够获得的方式呈现，并用例子和特别插入的内容（营销传播洞察、IMC 聚焦和全球聚焦）加以解释说明。

- 营销传播洞察：每章都以与该章主题相关的营销传播洞察作为开篇，激发学生的兴趣，而后解释其中的内容。
- IMC 聚焦：每章都包含通过使用真实公司案例来解释 IMC 关键概念的专题，这些情况展示了营销传播的各个方面是如何实施的。
- 全球聚焦：这些专题提升了教材内容的全球视角，并关注了营销传播准则的国际应用。

➢ 本版教材从原来的 20 章扩展为 21 章。很多章节基本上都被重写或重新编排，以使涵盖的素材在逻辑上更有连贯性。新的版本进行了以下更新和改进：

- 第1章扩展了其包含的 IMC 基础知识，并提供了一个使教材内容结构化的营销传播过程模型，以及一个有助于理解营销传播的战略和战术方面的框架。
- 第2章更新了营销传播在提升品牌资产和影响行为方面所起的作用。这一章强调从财务上衡量营销传播的重要性，并讨论了营销投资回报以及为测量营销传播效果所付出的努力。
- 第3章是对前一版中第7章的修订，涵盖内容的顺序编排更加合理。第3章关注营销传播在促进新品牌成功方面的作用。这一章用大量篇幅介绍了品牌名称和包装的作用。除了一些实质性更改，第3章还删掉了口碑影响的相关内容，并将这部分内容移到了第18章——一个只讨论市场导向公共关系和口碑管理的新章节。
- 第4章到第6章关注基于第1章中介绍的营销传播过程模型的基本营销传播决策。这些章节中包括对营销传播目标市场选择（第4章）、定位（第5章）以及目标设定和预算（第6章）的详细介绍。第4章包括对人口统计信息和数字的彻底更新，第5章将定位的内容与消费者行为和意义创造的概念整合在一起，第6章增加了对营销传播预算的讨论。
- 第7章在对广告管理的概述中考察了信息、媒体和测量的作用。这一章主要讲解广告管理过程，并呈现了关于在广告上投资还是撤资的一种观点。
- 第8章介绍广告创意的基本原理和重要性。
- 第9章考察创意信息的特定形式（如幽默、恐惧和内疚感诉求、性诉求）以及影响信息处理者加工广告信息的动机、机会和能力的代言人因素。
- 第10章对广告效果的测量进行了更广泛和深入的介绍。
- 第11章详细讲解媒体计划和分析，并提供了一套概念、术语和度量标准，用于描述从第12章到第14章将要介绍的特定媒体。
- 第12章分析传统广告媒体（报纸、杂志、广播和电视）并对这部分内容进行了更新。
- 第13章介绍互联网广告。本章与当前情况的联系尤为紧密,涉及的内容包括搜索引擎广告、互联网广告的无线形式以及有潜在可行性成为广告媒体的博客和社交网络所扮演的角色。
- 第14章描述其他形式的广告媒体,包括直邮和数据库营销、视频游戏广告(广告游戏)、电影和电视节目中的品牌植入、电影院广告以及其他各种广告媒体。
- 第15章介绍促销,并详细描述了贸易导向的促销。本章还总结了一系列关于贸易促进效果的普遍原则。
- 第16章和第17章介绍消费者导向的促销形式。第16章涵盖样品和优惠券。第17章考察了消费者促销的其余所有形式——奖品、降价、附赠奖金、游戏、回扣和退款、抽奖和竞赛、连续促销、叠加和搭售促销以及零售商促销。
- 第18章是一个新加入的章节,将在第7版的第7章和第20章中分别介绍的内容结合在一起。具体来说,本章结合了营销导向公共关系和口碑管理的相关话题。
- 第19章单独介绍事件赞助和善因营销,这些话题在第7版中是与营销导向公共关系共同出现在第20章的。
- 第20章是一个特别的章节,介绍的是在多数广告和营销传播教材中常常被忽略或介绍很少的话题:外围商业标志、户外(外部)广告以及店内售点广告。
- 第21章是第7版中的第3章,对营销传播中的伦理问题和与营销传播相关的规章和环境问题进行了深入介绍。由于人们对全球变暖和可持续发展越来越重视,本章也用更大的篇幅对环境问题进行了讨论。

一套高级教学参考资源

本书第8版提供的教学参考资源是为满足面对各种教学条件的教师的需求,以及为增强学生在这方面的经验而特别设计的。我们分别考虑了传统型和创新型的教室环境,提供了大量高质量、技术先进的资料,从而为广告、促销和整合营销传播的学习带来一种实时且真实的感觉。

- 教师手册。这份综合且有价值的教学参考包括资源整合指导、各章目标列表、章节总结、详细的章节大纲、教学技巧以及讨论题的参考答案。本版的教师手册是由佐治亚学院与州立大学的 Renee J. Fontenot 修订的。
- 试题库。由内布拉斯加林肯大学的 Patricia Kennedy 修订的试题库为教师提供了测试题方面的参考。彻底修订后的试题库包含超过1 500道不同难度的单选题、判断题和论述题。
- ExamView™测试软件。ExamView™是一个电脑测试程序,其中包含试题库中的所有问题。ExamView™测试软件易于使用并与微软的 Windows 系统兼容。教师可以增加或编辑问题、指令和答案,他们还可以通过在屏幕上预览的方式,随机选择或是根据序号选择问题。教师还可以通过互联网、局域网(LAN)或广域网(WAN)创建和管理测验。
- 课件演示。由西亚拉巴马大学的 Charlie T. Cook, Jr. 修订的课件涵盖教材中的所有材料以及另外补充的例子和资料。

教师可通过填写本书最后一页的《教师反馈及课件申请表》来函索取教辅资源。

鸣谢

我由衷地感谢为本版提出改进建议的同行们。之前的版本也得益于以下评审、朋友及同事们的很多好建议,他们的任职学校可能已经有所改变:

Craig Andrews,马凯特大学
Charles S. Areni,德州理工大学
Guy R. Banville,克瑞顿大学
Ronald Bauerly,西伊利诺伊大学
M. Elizabeth Blair,俄亥俄大学
Barbara M. Brown,圣荷西州立大学
Gordon C. Bruner II,南伊利诺伊大学
Chris Cakebread,波士顿大学
Newell Chiesl,印第安纳州立大学
Bob D. Cutler,克里夫兰州立大学
Robert Dyer,乔治·华盛顿大学
Denise Essman,德雷克大学
P. Everett Fergenson,爱纳大学
James Frinch,威斯康星大学拉科罗斯分校
George R. Franke,阿拉巴马大学
Linda L. Golden,得克萨斯大学奥斯汀分校
Stephen Grove,克莱姆森大学
Ronald Hill,维拉诺瓦大学
Clayton Hillyer,美国国际学院
Robert Harmon,波特兰州立大学
Steward W. Husted,林渠堡学院
Patricia Kennedy,内布拉斯加大学(林肯)
Susan Kleine,博林格林州立大学
Russell Laczniak,爱荷华州立大学
Geoffrey Lantos,本特利学院
Monle Lee,印第安纳大学南本德分校
William C. Lesch,北达科他大学
J. Danile Lindley,本特利学院
Wendy Macias,佐治亚大学
Therese A. Maskulka,利哈伊大学
John McDonald,市场意见调查
Gordon G. Mosley,特洛伊州立大学
John Mowen,俄克拉荷马州立大学
Darrel D. Muehling,华盛顿州立大学

Darrel Muehling，华盛顿州立大学
Kent Nakamoto，弗吉尼亚理工大学
D. Nasalroad，州立中部大学
Nusser Raajpoot，中康涅狄格州立大学
Cindy Raines，田纳西大学
Jayanthi Rajan，康涅狄格大学
Edward Riordan，韦恩州立大学
Alan Sawyer，弗罗里达大学
Stanley Scott，博伊西州立大学
Douglas Stayman，康奈尔大学
Jeff Stoltman，韦恩州立大学
Linda Swayne，北卡罗来纳大学夏洛特分校
John A. Taylor，杨百翰大学
Kate Ternus，世纪学院
Carolyn Tripp，西伊利诺伊大学
Karen Faulkner Walia，长滩城市学院
Josh Wiener，俄克拉荷马州立大学
Liz Yokubison，杜培基学院

还要感谢我以前的一些博士生，也是我的朋友，他们根据自己使用这本书的经验为改版提供了宝贵的建议：Avery Abernethy，奥本大学；Craig Andrews，马凯特大学；Mike Barone，路易斯维尔大学；Paula Bone，西弗吉尼亚大学；Tracy Dunn，班尼迪克学院；Ken Manning，科罗拉多州立大学；David Sprott，华盛顿州立大学；Elnora Stuart，南卡罗来纳大学北部校区；以及 Scott Swain，波士顿大学。

我还要衷心感谢两位特别的朋友。第一，感谢弗吉尼亚大学的 Jack Lindgren 教授，他为本书的前几版做出了贡献；第二，感谢我在南卡罗来纳大学的同事 Satish Jayachandran 教授，他也为本书前几版提出了宝贵的建议。

最后，非常感谢圣智团队的优秀工作，他们为第 8 版的完成付出了很大努力。我要特别感谢 Susan Smart 的支持和指导、Corey Geissler 在制作管理方面所做的大量工作、Maggie Sears 的审稿工作、Mike Roche 和 Melissa Acuna 的鼓励、Mike Aliscad 的营销努力，以及其他为本书做出过贡献的很多人，最后，感谢筹备网站及其内容的技术小组的创造力。

Terence A. Shimp
杰出名誉教授
南卡罗来纳大学
2008 年 10 月

作 者 介 绍

Terence A. Shimp

Terence A. Shimp 从马里兰大学取得了博士学位后,在肯特州立大学担任了四年教职,之后在南卡罗来纳大学担任教员达 29 年。在南卡罗来纳大学期间,Shimp 是 W. W. Johnson 杰出基金会研究员(W. W. Johnson Distinguished Foundation Fellow),并在穆尔商学院担任市场营销系系主任达 12 年。目前,他是杰出名誉教授,仍偶尔进行研究、写作和教学工作,并与博士生一起工作。

Shimp 在他的职业生涯中获得过一些教学奖,其中包括 Amoco 基金会奖在 1990 年授予他南卡罗来纳大学杰出教师称号。他的著作涉及市场营销、消费者行为和广告学等领域;他的研究曾在 Journal of Consumer Research、Journal of Marketing Research、Journal of Marketing、Journal of Advertising、Journal of Advertising Research、Journal of Consumer Psychology 以及 Journal of Public Policy and Marketing 等杂志上发表。他与 Eva Hyatt 和 David Snyder 共同在 Journal of Consumer Research 上发表的文章"A Critical Appraisal of Demand Artifacts in Consumer Research"被评为 1990—1992 年间该杂志的最佳论文奖;他与 Brian Till 共同发表的文章"Endorsers in Advertising: The Case of Negative Celebrity Information"被评为 1998 年 Journal of Advertising 的优秀论文。Shimp 是 2001 年美国广告学会终身成就奖的获得者,该奖旨在奖励在广告学研究领域有杰出贡献的人。2003 年,他被选为消费者心理学协会会员。

Shimp 是消费者研究协会的前任主席,也是 Journal of Consumer Research 政策委员会的前任主席。多年来,他服务于 Journal of Consumer Research、Journal of Consumer Psychology、Journal of Marketing、Marketing Letters、Journal of Public Policy & Marketing 以及 Journal of Advertising 等顶尖杂志的编委会。他还作为专家证人,在涉及广告欺骗和不公平的事项中代表联邦贸易委员会和多个政府机构。

张红霞

张红霞博士现为北京大学光华管理学院教授,博士生导师,先后获得北京大学经济学学士学位、经济学硕士及法学博士(社会学方向)学位,曾多次作为访问学者/教授到英国牛津大学、美国凯洛格商学院、美国哈佛商学院、美国沃顿商学院、美国南加州大学、美国曼隆商学院、新西兰 AUTOGO 大学和奥克兰大学、澳大利亚墨尔本大学、台湾大学、香港科技大学、韩国城均馆大学校等进修、交流和访问。

张红霞教授目前主要从事儿童与青少年消费者行为、代言人与广告效果、服务广告与绿色广告效果、品牌信任与品牌文化、消费者对融合产品评价与选择等研究。她主持了多项国家自然科学基金项目、教育部基金项目,并参与了多个国际合作研究项目。她的多篇研究成果发表在国内外学术期刊上,包括 Journal of Business Research、Journal of Marketing Management、Asia Pacific Journal of Marketing and Logistics、Cyber Psychology &

Behavior、*Journal of Consumer Marketing*、《心理学报》、《营销科学学报》、《南开管理评论》等。此外,她出版的著作有《儿童市场营销》(与美国学者 James McNeal 教授合作)、《保险营销学》,并主持翻译了多部广告学、营销管理学译著,多次参加并在国际营销与广告领域的最高学术会议上发表论文报告。

张红霞教授在北京大学光华管理学院为本科生、MBA 讲授市场营销管理、广告管理、市场营销管理专题等课程。曾应邀为许多国内外知名企业,如首都机场、北京现代、HIERSUN(恒信)国际钻石机构、北京联想、四通集团、三星集团、中国国家大剧院等提供营销咨询与培训服务。

她目前兼任中国市场学会学术委员会委员兼学术委员会副秘书长,以及《心理学报》、《心理科学进展》、《营销科学学报》、《南开管理评论》等杂志匿名评审专家,自然科学基金项目同行评审专家等。

目 录

第1部分 整合营销传播:过程、品牌资产以及整合营销传播在新品牌引进中的作用 /1

第1章 整合营销传播概述 /3
宏观营销传播洞察:"加多宝"与中国好声音 /3
1.1 介绍 /4
1.2 营销传播工具 /5
1.3 整合营销传播 /6
1.4 IMC 的关键特征 /8
1.5 营销传播决策过程 /17
小结 /23
讨论题 /24

第2章 营销传播面临的挑战:增强品牌资产,影响消费行为,实现投资回报 /25
宏观营销传播洞察:当调查无法揭示复杂的真相时 /25
2.1 介绍 /26
2.2 品牌资产 /26
2.3 影响消费行为,实现投资回报 /40
小结 /45
讨论题 /46

第3章 促进新品牌的成功 /47
宏观营销传播洞察:金牛在前,五百随后,金牛又重归 /47
3.1 介绍 /48
3.2 营销传播与品牌采用 /48
3.3 品牌命名 /56
3.4 包装 /66

小结 /74
讨论题 /74

第2部分 整合营销传播决策的基础：目标市场选择、定位以及广告目标确定与预算制定 /77

第4章 目标市场选择 /79
宏观营销传播洞察：通过吸引带头人，获取青少年市场 /79
4.1 介绍 /80
4.2 基于行为的目标市场选择 /81
4.3 基于心理的目标市场选择 /84
4.4 基于地理人口的目标市场选择 /88
4.5 基于人口的目标市场选择 /89
小结 /99
讨论题 /100

第5章 定位 /102
宏观营销传播洞察：王老吉红遍中国 /102
5.1 介绍 /105
5.2 定位理论：创造意义 /105
5.3 定位实践：具体细节 /108
5.4 定位实施：了解你的客户 /116
小结 /123
讨论题 /124

第6章 广告目标确定与预算制定 /126
宏观营销传播洞察：花大钱买人心 /126
6.1 介绍 /127
6.2 确定营销传播目标 /127
6.3 营销传播预算 /136
小结 /145
讨论题 /146

第3部分 广告管理 /147

第7章 广告管理概述 /149
宏观营销传播洞察：广告是神秘莫测的吗？ /149
7.1 介绍 /150
7.2 广告的重要性 /151
7.3 广告的功能 /156
7.4 广告管理过程 /158
7.5 有关广告投资的思考 /163
小结 /168
讨论题 /169

第8章　广告信息的有效性与创造性　/170
　　宏观营销传播洞察："1984",也许是最具创意的广告　/170
　　8.1　介绍　/171
　　8.2　创造有效的广告　/171
　　8.3　撰写创意大纲　/182
　　8.4　富有创意的广告形式　/185
　　8.5　以手段—目的链与阶梯法则作为广告创意指南　/190
　　8.6　公司形象与倡导性广告　/196
　　小结　/199
　　讨论题　/199

第9章　信息诉求与代言人　/201
　　宏观营销传播洞察：幽默与比较在广告中的运用　/201
　　9.1　介绍　/202
　　9.2　增强消费者对广告信息加工的动机、机会与能力　/203
　　9.3　广告代言人的作用　/210
　　9.4　幽默广告的作用　/217
　　9.5　对消费者恐惧的诉求　/219
　　9.6　对消费者内疚感的诉求　/221
　　9.7　性诉求在广告中的运用　/221
　　9.8　阈下信息与象征意义的嵌入　/223
　　9.9　音乐在广告中的作用　/227
　　9.10　比较型广告的作用　/228
　　小结　/232
　　讨论题　/232

第10章　广告信息效果的测量　/234
　　宏观营销传播洞察：哪些要素令广告可看？　/234
　　10.1　广告研究介绍　/235
　　10.2　两种类型的广告研究　/239
　　10.3　识别与回忆的测量　/241
　　10.4　情感反应测试　/250
　　10.5　说服力测试　/252
　　10.6　销售反应测试（单一信源系统）　/255
　　10.7　有关电视广告的主要结论　/257
　　小结　/263
　　讨论题　/264

第11章　广告媒体：策划与分析　/266
　　宏观营销传播洞察：OPPO广告"物有所值"吗？　/266
　　11.1　介绍　/267

11.2 媒体策划过程 /269
11.3 选择目标受众 /271
11.4 确定媒体目标 /271
11.5 媒体排期软件 /288
11.6 媒体计划回顾 /293
小结 /300
讨论题 /302

第12章 传统的广告媒体 /304
宏观营销传播洞察：电视效果在减弱吗？ /304
12.1 介绍 /305
12.2 报纸 /306
12.3 杂志 /308
12.4 广播 /316
12.5 电视 /319
小结 /334
讨论题 /334

第13章 互联网广告 /336
宏观营销传播洞察：网络广播的兴起是否意味着传统媒体的衰落 /336
13.1 介绍 /337
13.2 网站 /340
13.3 展示或旗帜广告 /341
13.4 富媒体：弹出式广告、填缝隙式广告、超填缝隙式广告与视频广告 /342
13.5 博客、播客与社交网络 /343
13.6 E-MAIL广告 /348
13.7 搜索引擎广告 /355
13.8 广告与行为锚定 /358
13.9 互联网广告效果的测量 /359
小结 /360
讨论题 /361

第14章 其他广告媒体 /363
宏观营销传播洞察：本章所涉及的定义 /363
14.1 介绍 /364
14.2 直接广告与邮件 /365
14.3 电影与电视节目中的品牌植入 /373
14.4 黄页广告 /375
14.5 视频游戏广告 /376
14.6 电影院广告 /377
14.7 广告媒体形式集锦 /377

小结 /381
讨论题 /381

第4部分 销售促进管理 /385

第15章 销售促进与贸易促销的作用 /387
宏观营销传播洞察:"动感地带"与"新势力" /387
15.1 介绍 /388
15.2 增大用于促销的预算份额 /391
15.3 贸易促销的潜力与局限性 /395
15.4 贸易促销的作用 /400
15.5 贸易补贴 /403
15.6 修正贸易补贴问题的努力 /409
15.7 促销总结 /412
小结 /416
讨论题 /417

第16章 样品与代金券 /418
宏观营销传播洞察:中国移动的校园营销 /418
16.1 介绍 /419
16.2 样品 /423
16.3 代金券 /429
16.4 促销机构的作用 /439
小结 /439
讨论题 /440

第17章 赠品与其他促销 /442
宏观营销传播洞察:运用促销手段培育顾客忠诚 /442
17.1 介绍 /443
17.2 赠品 /444
17.3 价格折让 /448
17.4 包装附赠 /449
17.5 游戏 /449
17.6 回扣与返还 /452
17.7 抽奖与竞赛 /454
17.8 持续性促销 /457
17.9 覆盖推广与捆绑式促销 /458
17.10 零售商促销 /460
17.11 销售促进的评估 /461
小结 /465
讨论题 /466

第5部分　其他营销传播工具　/467

第18章　营销导向的公共关系与口碑管理　/469
宏观营销传播洞察：丰田汽车召回事件　/469
18.1　绪论　/470
18.2　营销导向的公共关系　/472
18.3　谣言与民间传闻　/477
18.4　口碑的影响力　/479
18.5　造势　/483
小结　/489
讨论题　/489

第19章　活动与公益赞助　/491
宏观营销传播洞察：联合利华赞助全美方程式赛车拉力赛　/491
19.1　简介　/492
19.2　活动赞助　/493
19.3　公益赞助　/498
小结　/502
讨论题　/502

第20章　标志和销售网点传播　/504
宏观营销传播洞察：购物车广告　/504
20.1　简介　/505
20.2　外围商业标志　/505
20.3　户外(外部)广告　/507
20.4　销售网点广告　/516
小结　/529
讨论题　/530

第6部分　营销传播的局限因素　/531

第21章　道德、法规与环境问题　/533
宏观营销传播洞察："悟本堂"的兴衰　/533
21.1　简介　/534
21.2　营销传播中的伦理道德问题　/535
21.3　营销传播中的法律法规　/547
21.4　环境(绿色)营销传播　/554
小结　/560
讨论题　/560

术语表　/562

尾注　/572

第 1 部分

整合营销传播：过程、品牌资产以及整合营销传播在新品牌引进中的作用

第 1 章　整合营销传播概述

第 2 章　营销传播面临的挑战：增强品牌资产，影响消费行为，实现投资回报

第 3 章　促进新品牌的成功

第1章

整合营销传播概述

第一部分将引领学生了解整合营销传播(IMC)的基本内容。第一章将概述整合营销传播并讨论整合营销传播(marcom)的重要性。这一章强调了整合各种营销传播要素(广告、促销、事件营销)的必要性,而不是将它们视为各自分离和独立的工具。整合营销传播带来的主要好处是协同效应——多种工具共同工作将比各自独立地使用它们带来更好的传播效果。这一章描述了整合营销传播的五个关键要素并介绍了一个营销决策过程模型。这个综合框架认为营销传播项目是由一组基本决策(关于选定目标客户和定位等)和一系列关于增强品牌资产以及影响行为的决定项目成果的执行决策构成。模型的最后一个部分是项目评估,需要测量传播活动的结果,提供反馈并采取正确的行动。

宏观营销传播洞察 "加多宝"与中国好声音

由浙江卫视购买版权、携手凉茶领导者加多宝强力打造的大型专业音乐评论节目《加多宝中国好声音》于2012年7月13日亮相荧屏。这个大型专业音乐评论节目在引进的《THE VOICE》模式的基础上,通过草根歌手参与选拔,最强实力明星作为评委,以声动人,互选辅导的"盲听盲选"出位模式,吸引了众多观众的参与。与此同时,加多宝集团通过2亿元独家冠名该节目的形式,整合了包括平面媒体、户外广告、广播以及网络在内的媒体资源,结合线下进行数万次路演宣传为《加多宝中国好声音》造势,一时间掀起了荧屏热浪。

在浙江卫视《加多宝中国好声音》首播之后,短短一周内节目就飙升至网络最热搜索词排行榜首位,平均收视率超过3.5%,随着节目收视率的持续上升,大品牌如可口可乐、三星、米其林、腾讯微博等从第3期开始入驻,第8期收视率更是超过4.5%,力压中国所有综艺节目。

加多宝趁势开展围绕广告、社交媒体以及官方活动平台的营销活动,在新浪、网易、搜狐、优酷、爱奇艺、迅雷以及百度进行投放并开设专题,借助门户网站、主流网站的《加多宝中国好声音》专题进行台网联动。同时借助各媒体特色资源,通过线上传播与线下活动紧密配合,在《加多宝中国好声音》的强势播出下打造出了加多宝正宗凉茶的最强音!

"以正宗之声,传正宗之名;借节目之力,扬更名之实",加多宝通过网络推广实现了品牌与节目的统一,其正宗凉茶的气质与《加多宝中国好声音》的"正宗好声音"融为一体。正因为如此,该节目在第一季就创下了15秒广告36万元的平均收入,在后期还创下了最贵的一条100万/15秒的广告收入。

毫无疑问,2012年《中国好声音》让加多宝获得了极大的曝光度和认知度。据零点调研公司的数据显示,借助《中国好声音》的强力营销,消费者对加多宝凉茶的知晓率已高达99.6%。借助《中国好声音》的热点效应,加多宝在整个凉茶销售旺季市场取得了不菲的成绩,在同年9月就已完成了全年销售目标。一份来自第三方的数据显示,更名后的加多宝凉茶销量也是大幅攀升,同比增长已超过50%,在广东、浙江等凉茶重点销售区,同比增长甚至超过了70%,加多宝凉茶的销售也创造了阶段性新高峰。

资料来源:http://blog.sina.com.cn/s/blog_64394f760101amwh.html;《中国企业家》,2013年8月,总第429期,第77—80页。

讨论题:

加多宝冠名中国好声音的营销启示是什么?这次活动与蒙牛冠名超级女声有哪些共同点和不同点?

本章目标

在阅读本章后你将能够:
1. 知晓营销传播实践并认识从业者使用的营销传播工具。
2. 描述整合营销传播的基本原理和实践。
3. 理解整合营销传播的五个关键要素。
4. 认识进行一个整合营销传播项目的活动。
5. 识别执行一个整合营销传播项目的障碍。
6. 理解和认识营销传播决策过程所包含的要素。

1.1 介绍

所有公司都在某种程度上进行营销传播,它们的努力是直接作用于消费者——例如在日常消费活动中的你我——还是关注于其他企业消费者并不重要。思考下面这些整合营销传播项目的例子。第一个例子属于企业对消费者(B2C)的范畴,第二个属于企业对企业(B2B)的范畴,第三个则是一个在消费者和企业消费者领域都进行的营销传播项目。

当别克公司推出其Rainier越野旅行车(SUV)时,它需要一个营销传播项目来创造Rainier的品牌知晓度并加强别克的品牌形象。这些任务由一个整合营销项目来完成,这一项目联合了在线和电视广告,还配以极具吸引力的促销活动。聘请泰戈·伍兹作为别克汽车的代言人使得项目更加容易。别克在其网站(http://www.buick.com)上投放了一系列关于这个著名高尔夫球运动员的五分钟的视频短片。通过一个在网站和电视台广泛投放的 30 秒广告，别克鼓励消费者访问它的网站。网站的访问者将能够参加一个有机会赢取和伍兹玩一杆高尔夫球的比赛，并且还有机会赢取 Rainier 越野旅行车。在这一项目开始后的短短两个月内，有 200 万的访问者浏览了别克的网站，Rainier 的品牌知晓度提高了 70%，别克的正面形象提高了 122%。[1]

由通用电气公司（GE）进行的整合营销传播项目则是一个企业对企业（B2B）的成功范例。为了在企业客户中提升 GE 不仅仅生产灯泡和灯具这一印象，GE 的广告部门进行了主题为"工作中的想象力"的整合营销项目，以建立 GE 在风能、安全系统、喷气引擎以及其他产品方面也很成功这一形象。密集的广告宣传包括电视、平面媒体（在例如《商业周刊》、《福布斯》和《财富》等商业出版物上的广告）和在线广告。例如，一则巧妙的广告通过展示一架怀特兄弟时代的飞机装备着最新的 GE 喷气引擎来戏剧化地说明 GE 生产这一产品。这一在欧洲和美国同时进行的整合营销项目，在改变企业用户对 GE 的认识上大获成功。活动后的研究显示，GE 作为一家创新性公司的印象提高了 35%，认为 GE 提供高科技的解决方案这一印象提高了 40%，而认为 GE 是生气勃勃的这一印象则提高了 50%。无论以什么标准衡量，这都是一个极为成功的整合营销项目，这一项目联合使用了多种传播要素以改变客户对 GE 的印象。[2]

在被 SBC 通信公司收购后，AT&T 进行了广泛的整合营销传播活动以向用户、商业客户和政府用户介绍新品牌。通过使用"传递你的世界"这一标题，新的 AT&T 公司和一个新的公司标识被介绍给了各个用户群。这个营销活动的目的是宣传 SBC 和 AT&T 两个公司已经合并，联合公司的名字叫做 AT&T。"传递你的世界"这一标题用以传达新的 AT&T 公司是一个创新的公司，信守承诺并致力于改善人们的生活。这一全球性的整合营销项目包括广泛的电视、杂志和在线广告。AT&T 公司还赞助例如迪克·克拉克新年狂欢倒计时、冬奥会、足球世界杯、美式橄榄球超级碗赛和海岸高尔夫球赛这样的活动。整合营销传播活动在不到一年的时间内将 AT&T 的独立品牌知晓度提高了三倍，而独立广告知晓度则提高了四倍。[3]

1.2 营销传播工具

此前的例子表明，营销传播是公司整体营销任务至关重要的部分和决定成败的主要因素。在开始部分我们提到，所有的组织——无论是参与 B2B 贸易的公司，还是致力于 B2C 营销的公司，抑或是提供非营利性服务的组织（博物馆、交响乐团、慈善组织等）——都使用各种不同的营销传播工具来对其产品和服务进行促销并达成它们的财务或非财务的目标。

营销传播的基本形式包括传统的大众媒体广告（电视、杂志等）、在线广告（网站、邮件信息、短信等）、促销（试用装、优惠券、返还、奖品等）、店内标识和销售点营销、直邮资料、公共关系及宣传发行、对活动和事件的赞助、销售人员的展示，以及各种附带的传播方法。表 1.1 完整地列出了营销传播要素。这些传播工具和媒介共同构成了传统意义上营销组合中的促销因素（你可以回忆，在营销的入门课程中，营销组合包括四组相互关联的决策领域:产品、价格、渠道和促销,也就是"4P")。

表 1.1　营销传播工具

1. 媒体广告	5. 经销商和消费者导向广告	6. 事件营销和赞助
电视	交易折扣和折让	赞助体育活动
广播	陈列和广告折让	赞助艺术展、义卖和庆典
杂志	展销	事件营销
报纸	合作广告	7. 营销导向的公共关系
2. 直接反应和互动式广告	免费样品	8. 个人推销
直邮	优惠券	
电话推销	奖励	
在线广告	退款/返还	
3. 地点营销	竞赛/抽奖	
广告牌和公告	促销游戏	
海报	包装附赠	
交通运输广告	促销降价	
电影院广告		
4. 店内标识和销售点营销		
店外招牌		
店内货架招牌		
购物车广告		
店内广播电视广告		

资料来源:Adapted from Figure 1.1 in Kevin Lane Keller, "Mastering the Marketing Communications Mix: Micro and Macro Perspectives on Integrated Marketing Communication Programs," *Journal of Marketing Management* 17 (August, 2001),823—851。

尽管"4P"这种表述使得促销这一词汇广泛地被用来描述与期望的目标市场和消费者的沟通,但大多数的营销实践者和教员都更加偏爱营销传播这一表述。我们使用营销传播——或者简称 marcom——贯穿全书来代表广告、销售促进、公共关系、事件营销和其他在表 1.1 中列出的营销方法。全书涵盖了除了人员推销之外的所有话题,而人员推销这一话题在另一个单独的课程中处理更加合适。

1.3　整合营销传播

激浪(Mountain Dew)是一个著名的品牌,数以百万计的年轻、活跃并热衷于户外活动的消费者购买激浪产品,激浪也是美国销量第四的软饮料品牌。作为一个在市场上活跃了长达 50 年的品牌,激浪定位为一个代表享乐(fun)、愉快(exhilaration)和能量(energy)——简称 FEE——的品牌。品牌经理始终如一地在传播媒介上维护 FEE 这一主题,这一主题正是该品牌核心意义的代表——品牌定位。多年来,该品牌使用各种广告媒介、活动赞助和消费者促销活动来宣传品牌的核心意义。激浪的品牌经理通过使用网络电视广告以及当地电视和广播电台来接触到品牌的目标受众。

事件和活动赞助为激浪提供了另一种重要的传播途径。激浪也赞助了许多著名的体育赛事,例如,激浪行动之旅(极限活动)、夏冬两季 X 游戏,以及激浪极限挑战(一系列在美国东北部和西部各地举行的滑冰、滑雪活动)。除了这些著名的赞助活动外,激浪还举办了一系列小型活动,吸引到 5 000 名观众。在这些活动中会分发诱人的奖品(T 恤衫、影碟、品牌滑雪板和山地自行车等),以激发激动人心的气氛并在激浪和它的忠实消费者间建立积极的联系。

激浪持续成功中的很大一部分要归功于品牌经理一直以来在各种媒体上呈现一致的品牌信息。相反,很多公司将不同的传播要素——广告、促销、公共关系等——视为相互分离的活动而不是作为一个整体来共同实现同一目标。负责广告的人员有时不能与负责促销和公共关系的人进行充分协调。缺乏整合在过去比现在更加普遍,但许多品牌仍然受困于较差的整合营销传播方案。

1.3.1 为什么要整合?

在整合背后的逻辑看似清晰明确,学生们可能会问,有什么大不了的? 公司不是一直都进行整合营销传播吗? 为什么有些公司不愿进行整合营销传播? 这些都是好问题。但是,理论上合理的东西并不容易应用到实践中去。[4]传统上来看,企业和组织几乎都是将广告、促销、销售现场促销和其他传播工具完全分开的,这是因为组织内的各个部门都只是在各自的营销传播领域拥有特长——广告,或是促销,或是公共关系,等等,各个部门并不在所有的营销传播工具方面拥有知识和经验。并且,外部的供应商(例如广告公司、公共关系公司和促销公司)也倾向于在营销传播的某一个领域拥有特长而不是在所有的方面都擅长。

公司和组织并不情愿改变这种单一功能、专业化的模式,其原因在于各部门的狭隘观念(例如,广告部门的人员有时完全以广告的视角孤立地看待问题,完全无视其他传播方式),并恐惧对其控制范围内(如广告部门)预算的削减以及对它们的权威和力量的削减。广告、公共关系和促销公司也抵制这种改变,因为它们并不情愿将其业务职能从已经建立信誉并拥有专业经验的营销传播方面进行扩展。

近些年来,大量的广告公司扩展了它们的业务,这种扩展是通过与其他公司的合并或者创立新的部门来实现的,这些新的部门专注于快速增长的业务领域,包括销售促进、营销导向的公共关系、事件赞助和直接营销。许多公司,包括营销传播服务的供应商,连同其品牌经理客户,在其传播活动中都增加了整合方法的使用。

1.3.2 对 IMC 的质疑

一些人认为 IMC 不过是一种短期的时髦的管理方式。[5]然而,有证据证明,IMC 并不是转瞬即逝的,相反,是世界范围内营销传播领域和许多不同类型的营销机构所拥有的长久的特征。[6]在最终的分析中,成功地执行 IMC 的最重要因素是品牌经理必须将他们的努力与外部营销传播服务提供商(例如广告公司)密切联系起来,双方都必须保证所有的传播工具都被认真有效地整合了。[7]

尽管目前应用 IMC 的程度逐渐提高,但并不是所有的品牌经理或他们的公司都有同样的可能性采用 IMC。事实上,有经验的经理比无经验的经理更有可能使用 IMC。

那些涉及营销服务(与产品相比)和B2C(与B2B)的公司更可能应用IMC。那些更加富有经验的公司也会更有可能使用IMC。[8]

1.3.3 IMC与协同

IMC是一个值得去追求的目标,因为与其他人联合使用多种传播工具会比独自或在一种未协调的状态下使用产生更好的效果。也就是说,对于同样的方法,结合使用会比独自或是在一种未协调的状态下使用产生更加积极的传播效果。这里存在着使用多种良好协调的营销传播工具的协同效应。一项有关李维斯牛仔裤的品牌研究说明了这种协同效应的价值。[9]通过使用复杂的分析技术,研究表明联合使用电视和印刷广告会在裤子的销售额上产生协同效应,产生的总效果比分别使用两种广告媒介的效果要大。另外一项研究表明使用电视和在线广告也会在牛仔裤的销售额上产生整合的协同效应,这种总效果比分别使用两种广告媒介的效果要大。电视和在线广告共同使用比两种媒介分别使用能够吸引更多的注意力,产生更多积极的关注,并带来更高的信息可信度。[10]

1.3.4 IMC的定义

IMC的倡导者在这一管理实践的定义上给出了稍有不同的见解,并且并不是所有的教员或实践者都在一个精确的定义上达成共识。尽管存在着差异,但我们还是需要一个初步的定义。下面的定义代表了本书在这一话题上的观点:

> IMC是一个传播过程,该过程需要计划、创造、整合及执行各种形式的营销传播工具(广告、促销、宣传发布、事件营销等),这些营销传播随着时间的推移被传送给某一品牌的目标消费者以及他们所期望的市场机会。IMC的目标是从根本上影响或直接影响目标受众的行为。IMC考虑将所有消费者/期望的市场机会所拥有的关于该品牌的接触点和接触源作为传递信息的渠道,并利用所有与消费者/期望的市场机会有关的传播方法。IMC要求所有的品牌传播媒介都传递一致的信息。IMC过程进一步要求,消费者/期望的市场机会是决定使用信息和媒体类型以最好地告知、劝说并引导行为的出发点。[11]

1.4 IMC的关键特征

整合营销传播定义的内涵中包括几个内在的重要特征,这几个特征提供了整合营销传播实践的哲学基础。这些特征列示在表1.2中,要求我们此后详细讨论。在进行讨论之前,我们必须明确的是这些要素是互相依存的,并且没有特定的重要性的排序。另外一点至关重要的,就是要意识到所有五个特征对于理解IMC的哲学和理解将这一哲学应用到实践中去所必须完成的事项都是非常关键的。你需要牢牢记住这五个特征。

表 1.2 五个 IMC 关键特征

1. 始于消费者或目标市场
2. 使用任何形式的相关的接触点
3. 口径一致
4. 建立关系
5. 影响行为

1.4.1 关键特征#1 顾客或企业顾客必须是全部营销传播活动的起点

这一特征强调营销传播过程必须源于消费者或期望的市场机会,然后由品牌沟通者决定最合适的信息和媒体来告知、劝说并引导消费者和期望的市场机会,使其产生有利于品牌沟通者的行为。IMC 方法在确定传播媒介时避免"由内及外"的方式(从公司到消费者),相反,IMC 以消费者为出发点("由外及内")来决定哪些传播方式能够最好地满足消费者的信息需求并激发他们购买商品。

由消费者控制

被广泛承认的一个观点是,营销传播被一个关键的事实所控制:消费者越来越多地想要控制权!营销传播实践者必须承认的事实是营销传播必须是以消费者为中心的。一位广受尊重的广告学权威用如下这段话来描述这个新的营销传播现实:

> 事实是,人们极度地——有时甚至是反常地——关注消费者……他们并不喜欢被告知他们应该关注什么或是他们什么时候应该关注……这一点从文化上来讲很难被广告者所接受,毕竟他们已经花了两个世纪试图威逼/诱导被他们所控制的受众。但是请鼓起勇气。一旦消费者掌握了控制权,他就会欣然地驶入你的方向。[12]

有大量迹象表明消费者控制着什么时间、怎么样和在哪里将他们的注意力投向营销传播信息。信息技术的发展,例如数字录像机(如 TiVo)、MP3 播放器(如 iPods)、智能手机(如 iPhone)使得消费者能够在任何时间和任何地点享受电视节目、音乐、播客和其他形式的娱乐资讯。就这点而言,消费者能够注意广告信息也能忽略它们!互联网和数字世界使得消费者能够寻找到他们想要的产品服务的信息——通过在线搜索、播客、电子邮件、短信和社交网站,例如 Facebook、MySpace 和 YouTube——而不是被动地接受营销传播者想要他们接受的信息(见全球聚焦:百事可乐在中国)。

消费者并不仅仅是被动地接受营销传播信息,相反,如今他们已经作为积极的参与者通过上文提到的消费者控制媒体创造信息。这种消费者控制媒体和以消费者为中心的理念是否意味着消费者不再关注电视广告或者杂志报纸广告了?当然不是,你可以通过自身对这些媒体和广告的经历来证明这一点。不过,这的确意味着消费者——尤其是在数字时代出生和长大的年轻消费者——能够主动获取他们喜欢的品牌的信息,而不是被动地在不合时宜的时间接受不想要的信息。

减少对大众传媒的依赖

许多营销传播者现在都意识到交流平台往往比大众传媒更能满足他们对品牌的需要。其目标是通过有效地使用接触点，在合适的地点、时间并通过消费者想要的方式来接触到他们。大众传媒广告并不总是最有效的或最节省成本的实现手段。电视和广播节目以及杂志和报纸的页面（同属于大众传媒）并不总是最有吸引力的投放营销信息的环境。正是基于这个原因，营销传播者越来越多地使用事件赞助、互联网、手机广告和其他数字媒体作为投放信息的环境。作为转向互联网广告的典型，耐克——在一个震动了广告界的运动中——抛弃了有25年合作经历的广告公司，因为耐克不满意广告公司在数字化方面能力的欠缺。[13]实际上，许多广告公司都对广告者日益增长的对互联网的使用适应缓慢，并且它们也缺少具有数字化专业能力和经验的员工。[14]

尽管在数字媒体上的广告增速很快，但这并不意味着大众传媒不重要或者说面临着灭绝的危险。实际上，在自然地想到大众传媒这一解决方法之前，其他的传播方法也要被认真地考虑。或者更简单地说，品牌经理应该在自然地想起大众传媒之前将其他营销传播方法作为第一选择。

除了作为大众传媒替代项的互联网和其他数字媒体的快速增长，许多品牌经理和他们的广告代理减少了电视在营销传播预算中的份额，因为电视不再像过去一样有效和节省成本。比起从前，电视观众现在更加分散化，并且在某一节目中投放的广告所能实现的消费者越来越少，而其他的广告和非广告工具则经常能够更好地实现品牌经理的目的。例如，联合利华的品牌Wisk牌洗涤剂在过去曾大量投放电视广告。Wisk的品牌经理设计了一个媒体计划，最小化了电视在预算中的比例，取而代之的是使用在线媒体在"他们因各种爱好弄脏衣服"时到达消费者。特别的，横幅广告被放置在了目标网站上，消费者能够了解更多关于他们爱好的内容（例如在Foodnetwork.com上关于美食的内容，在DIY.com上关于自己动手做的内容，等等）和其他能够将消费者引导至Wisk网站以提供进一步信息的接触点。他们的口号是：Wisk，你的爱好将你弄脏，我们有能力使你清洁。[15]

本着减少对电视广告的依赖性的精神，McCann Worldgroup，一个广受尊重的广告公司，在向客户提供合适的营销传播工具时，发展了媒介中立方法。该方法要求品牌营销者首先确定一个营销传播项目所要达成的目标（建立品牌知晓度、创造蜂鸣、影响行为等），然后决定最好的配置营销预算的方式。[16]这种媒介中立方法与我们此前关于给定目前的任务来选择最合适的营销工具的讨论是完全一致的。

IMC关键特征#1的要点：了解你的消费者/潜在消费者的媒体偏好和生活方式，以此确定最好的方式（媒体、事件，等等）来使你的品牌信息到达目标受众。简而言之，要使用由外及内的方法。我们需要承认和适应的事实是消费者越来越多地控制他们获取品牌信息的媒介选择权。

全球聚焦 百事可乐在中国

为了接触到中国精通互联网的年轻人并且引起他们对百事的兴趣,百事的营销人员创立了百事创新挑战竞赛。消费者被邀请设计一个由周杰伦——风靡亚洲的娱乐明星——出演的电视短片。

参赛者需要提交一个不超过 200 字的商业广告脚本。其他登录网络的消费者阅读并给各脚本打分。然后由包括百事高层经理和周杰伦在内的团队每两周从得分最高的 100 个创意中挑选 5 个出来。六周之后将确定 15 个决赛选手。最后将 15 个脚本发布到网站上,由有兴趣的消费者投票选出最好的脚本。获胜者将获得 12 500 美元的奖金并有机会参与广告的制作过程。其余的 14 个脚本获得 1 250 美元的现金奖励并被邀请参加新广告的发布活动。

按照百事官员所说的,该活动的反响非常热烈,总共收到了超过 27 000 个广告脚本。营销研究者说:"数字互动营销活动成功的原因在于它创造了一个让消费者参与的机制并最终获利。"当然,"参与"是消费者对广告内容的控制越来越多的另一种说法——不但在中国,在全球各地都是如此。

1.4.2 关键特征#2 针对任务来使用任意或全部的营销传播手段

为了更好地理解第二个特征,我们可以在营销传播者能够使用的工具(包括广告、促销、赞助和其他列示在表 1.1 中的项目)以及木工、管道工和汽车维修使用的工具进行一个类比。每一个工匠手里都有一个装满了各式各样工具的工具箱。例如,木匠的工具箱里有锤子、钳子、螺丝刀、钻头、撒砂设备、夹子等。但接到一个新的建设或修理任务时,工匠必须使用那些最适合完成目前任务的工具。或者说,一些工具比另一些工具更适合某些特定的任务。工匠可以使用螺丝刀较钝的一端将钉子敲进木头中,但显然锤子可以更有效率地完成这个任务。营销传播也是如此:不是所有的工具(包括广告、销售促进、赞助等)对于所有的任务都同等有效。相反,一个真正专业的营销传播者会为特定的任务选择特定的工具。这个工具箱的意义在于能够更好地帮助专业营销传播者明确他们必须做的是什么。

接触点和 360 度品牌宣传

现在,同适用于营销传播者一样,IMC 实践者需要接受使用所有形式的接触点,或者说触点,作为可能的信息传播渠道。接触点和触点在这里是可以相互替代使用的词汇,用来指所有能够到达目标消费者并能传达给消费者该品牌的良好印象的信息媒介,IMC 的这一要素的关键特征是它反映了一种就品牌传播者而言使用任何适合到达目标受众的交流平台(即接触点或触点)的意愿。实践这一原则的营销传播者不事先承诺使用任何单一的媒介或媒介的子集。相反,由挑战和相关的机会来决定选择那些能够最好地实现为一个品牌在某一个时间点上制定的目标的传播工具。

在许多方面,这意味着利用每一个可能的机会提供给消费者环绕式的品牌信息,允许使用任何他们认为最有效的信息。[17]这种用品牌的营销传播信息环绕消费者或潜在消费者的概念就是360度品牌宣传,这一说法表明一个品牌的接触点应该在目标受众出现的地方无处不在。一位福特卡车的营销经理这样说:"我们希望在任何我们的消费者认为合理的地方出现,我们去到他们的所在之处。"[18]

丰田汽车美国销售公司和它的广告公司 Saatchi & Saatchi 在推出 Yaris 微型汽车的过程中很好地实践了多种接触点共同使用的战略。[19]为了到达18—34岁的消费者,丰田的广告代理公司在著名娱乐场所对 Yaris 进行宣传,这些场所能够到达 Yaris 的年轻的目标市场。它所使用的多接触点策略包括以下要素:(1)从电视剧《越狱》中拆分出来的26集手机剧集,每个两分钟长的"手机剧"前面都有一个 Yaris 的10秒广告。(2)一场互联网比赛,消费者要以"你会驾驶你的 Yaris 干什么"为主题为 Yaris 创造他们自己的三分钟电视广告。(3)Yaris 是特别设计的视频游戏的冠名赞助商。(4)Yaris 参与赞助了多个活动,如在得克萨斯的奥斯丁举办的"西南偏南音乐节"。(5)最后,微型汽车 Yaris 通过车周围的一系列素描被整合进电视喜剧节目 *Mad TV* 中。

总的来说,品牌接触点包括多种可能性,正如以下例子中所介绍的:

- 在比较繁忙的圣诞节期间,万事达卡在美国航空一些选定的航线上提供赠送的零食、游戏、智力测验和电影耳机。
- 宝洁的品牌经理将汰渍洗衣粉商标放在位于波士顿和费城的比萨店和芝士牛排店中的餐巾分配器上。这些餐巾分配器上印有汰渍的商标以及以下信息:"因为餐巾永远不会在正确的时间出现在正确的地方。"
- JELL-O 布丁的宣传是将带有 JELL-O 名字的标签贴在香蕉上,一种产品(香蕉)被用作另一种产品(JELL-O)到达消费者的联系渠道。
- 在纽约市,广告被放在建筑工地用来覆盖脚手架的大塑料薄膜上。这些广告有时会延伸到整个城市街区,以显著和戏剧化的方式传递广告商的信息。
- 在日韩世界杯期间,德国运动鞋品牌彪马通过在亚洲和欧洲主要城市的寿司餐厅聚焦其新品牌 Shudoh 防滑足球鞋来宣传自己。
- 好时巧克力和其他多种产品的制造商好时食品公司设计了一个15层楼高的巨型显示屏,放置在纽约时代广场街区。
- BriteVision 以广告形式为咖啡杯隔热体设计了一个独特的接触点,这种隔热体能够防止喝咖啡的人烫伤双手。
- 通过与125家商场所有者的合作,20世纪福克斯设计了一个富有创意的电影营销解决方案。在一份独家协议下,20世纪福克斯新电影的广告会出现在商场车库的巨型横幅上、餐厅的托盘上及商场的其他地方。
- 丹麦的一家户外媒体公司设计了一种通过广告信息到达消费者的富有创意的方式。这家公司让父母们免费使用高质量的婴儿车(即儿童车或手推童车),这些车的边上带有公司赞助商的名称。
- IMC 聚焦中介绍了另一个富有创意的接触点。

IMC 聚焦 "中国制造"广告,让世界了解中国

2009年11月23日开始,中国商务部在美国有线新闻网(CNN)的美国频道、美国头条新闻频道和国际亚洲频道,投放了以"中国制造"为主题的电视广告,这是第一部由中国国家层面推出,并在西方媒体上播出的中国形象广告,它向西方受众呈现了一个更有诚意与世界各国进行友好合作的中国国家形象。

这则30秒的广告围绕"中国制造,世界合作"这一中心主题,强调中国企业为生产高质量的产品,正不断与各国公司加强合作。

这则广告包括5个片段:茂密的绿林间,一位晨跑者弯腰系鞋带,他穿的跑鞋是结合了美国科技的"中国制造";站台上,两个女生随着音乐舞动,她们所使用的MP3则是装配有硅谷软件的"中国制造";聚光灯下,模特儿们在走T台,她们身上穿的时装是由法国设计师设计的"中国制造";飞机上,旅客凭窗而望,他乘坐的飞机是汇聚了全球工程师智慧的"中国制造"。在广告的最后,传来了一段话外音:当我们说中国制造时,其真正的含义是"中国制造,世界合作"。(When I say Made in China, it really means Made in China, Made with the world.)这则广告集中展现了"中国制造无所不在的身影"和"中国制造,世界合作"的理念。

广告经过一年多的筹划制作历程,在商务部的支持下最终完成。广告攻势的主要诉求是竭力在海外宣传中国品牌,提升外国人对中国制造产品的认知度,使他们不再仅仅将中国看成一个成本低廉的市场。商务部目前已购买了为期6周的广告时段,国际主流媒体如CNN是其重点投放对象。

然而,对于商务部启动的"中国制造"海外宣传一事,在国内外都引起了不小的争议。一位来自商务部的官员认为"这是好事,这一行为体现了我国政府的一种战略关切,展现了中国制造的软实力"。但也有很多消费者担心这个广告所带来的结果可能与中国政府的初衷相违背,不但不会增强中国国家形象,反而会进一步扭曲中国国家形象,加重人们对中国仅仅作为外来产品加工厂的错误印象。

资料来源:1. 喻国明,《从传播角度谈"中国制造"广告》,中国日报网,2010年1月5日。
2. 温济聪,《CNN中国制造广告的国际传播策略》,人民网—传媒频道,2010年9月3日。

讨论题:
你是如何看待这一广告的?你认为中国政府所采取的这次国家形象的宣传是否成功?为什么?还有哪些可改进的地方?

希望此前的说明已经表明IMC的拥护者没有过分依赖于任何单一的传播方法(例如在电视和杂志上的大众传媒广告),相反,他们使用任何能够使其将品牌的信息传递给目标受众的接触点或触点方法。IMC的目标是最有效地到达目标受众,并且有效率地使用合适的接触点。Young & Rubicam公司,一家主流的麦迪逊广场的广告公司的主席兼CEO简洁而富于表现力地抓住了我们此前这些讨论的精髓,他说:"最终的情况是,(广告公司)传递的不是广告、直邮信息或公共关系和公司定位项目,我们传递的是结果。"[20]

不是所有的接触点都同样有吸引力

作为这一部分的总结,重要的一点是强调不是所用的接触点都一样有效——一个明显的发现但却需要细心的思考。营销传播者已经知道,完全相同的信息由于承载媒介的不同会产生不同的影响力。或者说,营销信息出现的情境会影响该信息的作用。紧密相关的情境,或者说接触点,会加强信息的有效性。例如,一个在与消费者高度相关的网站上获得的信息相比一个同样的却在无兴趣的电视节目中出现的信息,前者有更强的可能性去积极地影响消费者。这就是信息媒介(接触点或触点)和信息内容之间的协同作用。

"情境很重要,并且不是所有的接触点同样有效"这一理念被营销传播实践者称为 engagement。我们将会继续讨论其他 IMC 的关键特征,但我们还会在全文的不同地方提到 engagement 这一概念。

IMC 关键特征#2 的要点:使用所有的有效传播品牌信息的接触点。用信息环绕消费者/潜在消费者,但不要以一种令人厌恶的方式骚扰消费者。

1.4.3 关键特征#3 口径一致

IMC 实践和哲学还要求,一个品牌的各种传播要素必须努力表达相同信息并在各个不同的接触点上传递一致的信息。或者说,营销传播必须口径一致。为了建立一个强烈的统一的品牌形象,并促使消费者行动,在不同信息和媒介之间的协调是绝对重要的。不能够使所有的传播要素协调一致会导致重复劳动,更差的情况是导致不同信息之间的矛盾。

当 Nabisco 公司的一位副总裁描述将所有 Nabisco 的饼干品牌奥利奥的营销传播点整合起来的时候,她尤其认可口径一致的重要价值。这位总裁抓住了"口径一致"的精髓所在,她说,在她的领导下,"消费者无论何时看到奥利奥,都会看到完全相同的信息"[21]。Mars 公司,一个糖果制造商的一位总经理也表达了相似的观点,他说"我们过去将广告、公共关系、促销计划分开看待,现在,传播的每个方面,从包装到网站,必须反映相同的信息"[22]。

总体上,口径一致原则是关于为一个品牌选择一个特定的定位主张。一个**定位主张**是一个品牌的关键理念,这个理念概括了一个品牌想要在目标消费者心中代表什么并且在所有的媒体渠道中一致地传递相同的理念。IMC 实践者,例如奥利奥的营销副总裁和 Mars 的总经理知道他们持续地在每一个品牌与目标受众接触的场合传递相同信息的重要性。这一章后面提供的框架将会进一步讨论定位的重要性,第 5 章将会细致地讨论应用在广告情境中的定位话题。

IMC 关键特征#3 的要点:所有的接触点必须传递基于该品牌定位战略的统一信息,或者说,"口径一致"。

1.4.4 关键特征#4 建立关系而不是一时逢场作戏

成功的营销传播要求在品牌和他们的消费者/客户之间建立起关系。**关系**是一个品牌和它的消费者之间的持久的联系。品牌和消费者间成功的关系将会带来重复购买,理论上来讲,是消费者对该品牌的忠诚。

消费者保有的价值可以比作一个"漏的篮子",下面的这段话很好地表现了其中的道理:

> 公司的消费者从篮子底部的漏孔中流失了,公司不得不继续在篮子的顶部持续地加入新的消费者。如果公司哪怕能够将漏孔的一部分塞住,篮子就会变得更满些。这样,在要求达到相同水平的利润的情况下,就只需要新增较少的客户了。保有那些已经在篮子中的消费者更节省成本并且会带来更高的利润。聪明的商人意识到发展一个新客户比保留一个已有的老客户要多花5—10倍的成本。他们还意识到,保有客户量的很小的增加能够带来双倍的利润。[23]

顾客忠诚计划

一个著名的建立客户关系的方法是顾客忠诚计划,也称为频率或大使计划。顾客忠诚计划致力于创造忠诚于品牌的消费者,鼓励他们通过购买公司的产品和服务来满足他们大多数的需求。[24]航空公司、信用卡公司、酒店、超市以及许多其他的行业提供给消费者奖励积分——或者其他形式的累积奖励——来鼓励他们继续光顾。

例如,为了鼓励消费者使用他的借记卡/代金卡并且留住忠诚客户,Caribou Coffee连锁店推广了一个方案,使用Caribou卡每次至少消费1.50美元并且光顾10次以上的消费者将会获得Caribou卡上4美元的奖励。[25]必胜客通过促销基于年费的方案来鼓励重复消费,消费者每年支付14.99美元,作为回报,他们将先得到一大张免费的比萨饼,如果每月点餐超过两次还将获得一张免费的比萨饼。这一方案使得必胜客保有了最好的消费者,避免他们转向其他的比萨饼品牌。[26]

与在IMC特征#1中讨论的以消费者为中心的观点一致,公司越来越多地设计顾客忠诚计划,使得消费者能够自己决定怎样使用奖励积分而不是限制他们仅仅能够按照品牌经理所指引的那样使用。一个成功的例子,加拿大航空里程计划允许频繁飞行的顾客使用奖励的里程数在其超过100个赞助商处购物,并且允许他们购买电影票、电子产品、迪士尼世界门票、代金卡以及差不多数百种其他的产品。[27]

体验式营销计划

另一种培养品牌和消费者之间关系的方法是创造一个留下积极长久印象的品牌体验。通过创造特别事件或者发展令人激动的体育赛事能够实现这一目的,这些活动可以创造一种赞助的品牌与消费者的生活和生活方式息息相关的感觉。例如,总部在多伦多的Molson啤酒公司进行的Molson Outpost运动抽取了400位获奖者参加休闲户外露营和登山等剧烈活动。美国网球公开赛的赞助者之一林肯汽车将位于USTA国家网球中心的一个不再使用的建筑转变成了一个综合设施,使置身其中的游客能够沉浸在网球历史中。这栋建筑中有摄影棚,周围有真水的人造码头,以及世界范围内网球运动发展衍化的影像资料。对林肯汽车感兴趣的3万人前来参观,林肯的营销传播协调人评论称,"体验式营销渗透在我们的整个营销组合中"[28]。

  IMC 关键特征#4 的要点:因为留住当前客户比增加新客户更加经济,所以在任何可行的时候都要通过营销传播方案和计划来鼓励重复购买,加强品牌忠诚度。

1.4.5　关键特征#5　不要失去最终的目标——影响行为

  IMC 最后的一个特征是,其目标是影响目标受众的行为。这意味着营销传播并不仅仅要影响品牌知晓度和加强消费者对品牌的态度。相反,成功的 IMC 要求传播所做的努力应该能够引起一些形式的行为反应。或者说,目标是使人们行动起来。如果一个政治候选人的广告宣传活动仅仅增加了该候选人的知晓度并使人们喜欢该候选人,那么这个宣传活动并没有获得成功;相反,成功取决于人们是否为这位候选人投票——投票是期望得到的行为。如果一个广告宣传活动仅仅是让人们产生对卡特里娜飓风后新奥尔良居民悲惨遭遇的同情,那么这个宣传活动就是无效的;相反,有效的活动能够使人们向飓风救济基金捐款——财务上的贡献是期望得到的行为。如果某品牌的营销传播活动仅仅使人们知道了该品牌并产生了对该品牌较好的印象和感觉,而没有使人们购买必要数量的产品以弥补营销传播的支出,那么这个活动也是无效的——购买是期望得到的行为。

  为了更好地理解 IMC 影响行为的目标,考虑天然食品生产商面临的情况。一项检测消费者对10种天然食品(自由放养的鸡、有机水果等)喜好的调查显示,天然食品有着很好的产品形象但购买的人却不是很多。样本中只有6%的消费者在此前的一年中购买过自由放养的鸡,但是却有43%的消费者认为自由放养的鸡要比普通的鸡好得多。[29]这就是一个消费者的行为没有紧跟态度的典型例子。在这种情况下,营销传播的目标应该是将这些对天然食品的良好感觉转化为产品的消费——仅仅使消费者喜欢你的产品却不购买你的产品是远远不够的。

  禁烟倡导者也面临着相似的问题。尽管大多数人在认知上都明白吸烟会导致癌症、肺气肿和其他的疾病,但这些人通常也会认为癌症和其他疾病将会找到其他吸烟者而不是他们自己。因此,禁烟广告可以让人们意识到和吸烟有关的一些疾病,但如果人们还是继续吸烟的话,这样的宣传活动就是无效的。IMC 在这个例子中的目标就是要进行一个更加有力的广告宣传使得吸烟者停止吸烟。我们需要一个创新的方法来指导行为,而不是简单的"吸烟有害健康"之类的信息。具有吸引力的规范性诉求(例如"吸烟一点都不酷")可能对减少这种不健康的行为起到更好的效果,尤其是对于年轻人群体。

  我们必须要避免误解这一点。评价一个 IMC 方案最终是否成功的标准是它是否影响了行为;但如果希望每一个传播努力都会导致行动,不仅是把问题过于简单化了,而且是不现实的。在购买一个新品牌之前,消费者通常要知道这一品牌及其优势,并且还要被影响进而产生对该品牌的积极态度。可见,实现这些中间的,或者说是行为之前的目标的传播努力是无可厚非的。但最终——宁可早也不要晚——一个成功的营销传播方案要做的绝对不仅仅是鼓励人只喜欢某品牌,或者更差的是,仅仅熟悉该品牌的存在。这就在一定程度上解释了为什么促销和直接面向消费者的广告被如此广泛地使用——这两种方法比其他形式的营销传播如广告会产生更快的效果。

IMC 关键特征#5 的要点:营销传播的最终目标是影响目标受众的行为。不要满足于仅仅完成了中间目标,例如创造了品牌知晓度和积极的态度。要留心,最终的目标是驱动目标受众的行为。

1.4.6　实现 IMC 关键特征的障碍

品牌经理通常使用外部供应商,或者专业服务机构来协助他们管理营销传播的各个不同方面。这些机构包括广告公司、公共关系公司、销售促进公司、直接广告公司和特别事件营销机构。这就是营销传播工作往往和起初的描述不完全吻合的一个主要原因。整合需要在所用营销传播方案要素中的紧密协调合作。但是,这在专业服务机构各自独立工作的情况下就变得复杂和困难了。

可能阻碍整合的最大障碍是,很少营销传播服务的提供商能够在所有主要的营销传播领域内有广泛的职能计划和执行方案。广告公司传统上来看比其他的专业机构能够提供更加广泛的服务,广告公司也足够胜任策划大众传媒广告活动;但是,它们没有能力进行直接面向消费者的广告活动,并且,很少设有负责促销、特别事件和公共营销的部门。尽管很多广告公司已经扩展了其业务范围,并且全业务公司开始出现,但 IMC 需要在这种趋势变为大规模的现实之前,在公司的营销部门和专业服务提供商内部发生明显的文化变革。在最后的分析中,尽管大多数营销者认为他们是 IMC 的支持者,但品牌营销者和他们的服务提供商面临的主要挑战是要确保在一个特定的营销活动中所用的营销传播工具都被一致地执行了。[30]

营销传播提供商,如广告公司、促销公司和公共关系公司,从历史上来看只能提供有限的服务。现在提供多元的服务对于服务提供商越来越重要了——这也解释了为什么一些主要的广告公司将其业务扩展到单纯的广告业务之外,包括销售促进协助、公共关系、直接营销和事件营销支持。事实上,品牌经理可以向这些"全业务"公司寻求包括所有形式的营销传播的服务,不仅仅是广告、促销和公共关系本身。

1.5　营销传播决策过程

到目前为止,我们已经讨论了将所有营销传播要素紧密整合的重要性,以确保无论何时消费者或潜在消费者在接触品牌时获得的都是统一的信息。这一部分将提供一个框架,该框架将提供一个概念图示化的结构用以思考营销传播者的实际决策类型,如图 1.1 所示。作为对下面详细讨论的准备,你现在可以快速浏览一下这个框架并对模型中各个组成部分有一个初步的理解。

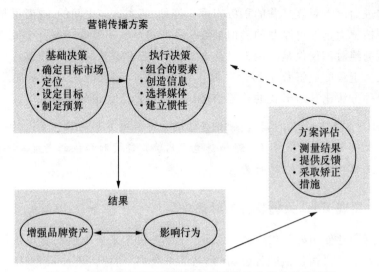

图 1.1　制定品牌层面的营销传播决策并实现希望的结果

图 1.1 勾画出了不同类型的品牌层面的营销传播决策以及这些决策期望得到的结果。应该注意到,该模型由一系列的基础决策、执行决策和方案评估组成。图 1.1 中的模型表明基础决策(确定目标市场、定位、制定目标和制定预算)影响关于传播要素组合和信息、媒介和动力决定的执行决策。这些决策的期望结果是增强品牌资产和影响行为。在营销传播决策的执行之后,是方案评估——以测量营销传播活动的成果,提供反馈(见图 1.1 中的虚线箭头)和采取矫正措施为形式——对于判断结果是否和目标匹配是至关重要的。如果表现没有达到预期,那么要求采取矫正措施。

营销传播的目标是通过增强品牌资产来驱动消费者进行有利于品牌的行为——也就是说,尝试产品,重复购买产品,以及更理想的是,变成该品牌的忠诚客户。当然,增强品牌资产和影响应取决于所有营销组合——例如产品质量和价格水平——的适当性,而不仅仅是营销传播本身。不过,营销传播努力通过告知消费者新品牌及其优势以及提升品牌形象也起到至关重要的作用。

正如下面一章所要详细讨论的,当消费者对品牌非常熟悉,并且在记忆中对品牌有良好的、强烈的和独特的联系时,品牌的价值就提升了。不被消费者所熟悉的品牌是没有品牌资产的。一旦消费者开始知晓一个品牌,价值的大小取决于相比竞争品牌他们如何感知该品牌的特征和好处以及这些观点被多强烈地保存在记忆中。

1.5.1　营销传播决策的基础

确定目标市场

确定目标市场使得营销传播者更精确地传递信息,防止因覆盖不在目标受众范围内的人群所带来的浪费。因此,对于 B2B 和 B2C 公司来说,选择目标市场细分是进行有效的和节约的营销传播的关键步骤。公司通过人口统计变量、生活方式、产品使用习惯和地理分布来确定潜在的目标市场。确定目标市场将在第四章进行详细讨论。

定位

一个品牌的定位代表了该品牌在消费者脑海中的关键特征、好处或形象等总体印象。总的来说,品牌沟通者和营销团队必须决定品牌定位主张,这个主张概括了品牌的意义和其相对于同类商品竞争品牌的独特性。很显然,定位和目标市场决策应该是密切关联的:定位决策应该是基于目标市场而做出的,目标市场决策应该基于对品牌应该怎样定位和区别于竞争品牌的清晰认识。第 5 章将详细地讨论有关定位的话题。

设定目标

营销传播者的决策应该包含需要被实现的目标。当然,这些目标的内容会根据所使用的不同形式的营销传播而不同。例如,大众传媒广告非常适合创造消费者对一个新品牌的知晓及提升品牌,销售点营销传播则能更好地影响店内的品牌选择,个人销售则在 B2B 客户领域和告知零售商产品改进方面是最合适的。这里最重要的问题是:"营销传播想要做的或实现的是什么?"[31] 适合的营销传播工具和媒体的选择将基于这一问题的答案。第 6 章将讨论确定目标的问题。

制定预算

需要将财务资源分配到各个营销传播要素中以实现预期的目标。公司使用不同的预算程序将资金分配给营销传播经理和其他的组织单位。一个极端是由上而下预算(TD),这种方式下由高管决定划拨给各个部门的预算。另一个极端是由下而上预算(BU),这种方式下各部门(例如产品种类的层级上)的经理决定他们需要多少资金来完成他们的目标,这些金额被加总从而得出总的营销预算。

大多数的预算制定是由上而下预算和由下而上预算的联合使用。例如,在由下而上/由上而下(BUTD)过程中,部门经理向营销主管(比如营销副总裁)提交一个预算请求,营销主管接下来协调各个请求然后将整体预算提交高层等待审查通过。由上而下/由下而上(TDBU)过程则与此相反;高层经理首先确定预算的总规模然后将其分配到不同的部门。研究表明混合预算制定方法(BUTD 和 TDBU)比极端的方法(TD 或 BU)更加经常使用。BUTD 是到目前为止最为广泛使用的方法,尤其是在那些营销部门比财务部门有更大影响力的公司。[32] 第 6 章在讨论制定目标的同时也会讨论制定预算的问题。

总结 Mantra

Mantra 是一个印度教词汇,意思是咒语或背诵(歌曲、词汇、声明或短文)。下面的陈述作为一种 Mantra 来总结之前关于基础营销传播决策的讨论。我们强烈鼓励本书的读者记住这段 Mantra,当你面临要做出一些营销传播决策的情况时可以将其作为不变的参考依据。你应该经常问自己——和你的同事——这些问题:我们的品牌是否有清晰的定位?我们的沟通是直接指向特定的目标群体吗?我们的广告(或者销售促进、事件营销等)所要达成的具体目标是什么?我们计划的策略在预算的范围内可行吗？或者我们还需要更多的资金吗？

需要记忆的 Mantra 所有的营销传播都应该：① 直接针对特定的目标群体；② 定位清晰；③ 为了实现一个特定的目标；④ 在预算的范围内进行以达成目标。

1.5.2 营销传播决策的实施

我们刚刚讨论的基础决策是概念性的和战略性的。与此相比，执行决策更加具有实际性和战术性。这才是真正开始的地方。营销传播经理必须制定各种执行策略，以达成品牌层次的目标和品牌定位以及确定目标市场的要求。最开始他们必须选择怎样最好地整合或混合不同的传播要素以在预算约束范围内达成针对目标市场的任务。然后他们必须决定哪种信息可以完成期望的定位，哪个媒介能够更好地传递信息，需要多大的力量来支持媒介传播。请再次参照图 1.1，在审视每个细节之前再次理解整个框架。

组合的要素

所有公司都面临的基本问题是怎样准确地将资源分配给各个营销传播工具。对于 B2B 公司来说，结合具体实际一般会按照下面预算重要性的顺序依次强调直邮、在线营销、贸易展、品牌广告和电话营销。[33]对于消费品公司来说，组合决策在许多方面更加复杂，因为它们往往有更多的选择。所以问题在很大程度上就是决定多少投资在广告上多少投资在促销上。过去 20 年的趋势是营销支出越来越多地投向了促销而不是广告。

是否存在一种广告和促销投入之间的最佳组合？遗憾的是，没有。因为营销传播组合决策构成了病态结构问题（problem）。[34]这里指的是给定一定水平的投入，没有办法通过数学运算得到一个广告和促销的最佳分配以最大化收入和利润。有两个主要的原因导致了这个数学优化问题的不可能性。首先，广告和促销在某种程度上是可互换的——两种方法都能够实现一些相同的目标。因此，不可能在每一种情况下都确切地知道哪一种方法或组合更好。其次，广告和促销会产生协同效应——它们联合使用的效果会大于独立进行的效果。这就很难判断不同的广告和促销组合产生的影响具体有多大。

尽管我们不可能得到一个数学上最优化的广告和促销投入组合，但仍然可以通过考虑每一个营销传播工具的不同目的来得到一个满意的组合。关键的战略性考虑是，给定品牌的生命周期并考虑现实的竞争因素，短期的计划更加重要还是长期的更加重要。一个适合成熟品牌的组合策略很可能和一个适合新引进品牌的组合策略不尽相同。新品牌需要在促销方面的大量投资，例如优惠券和为了促进购买而发放的免费样品，而成熟品牌可能需要广告方面大量的投资以维持和加强品牌形象。

品牌资产对衡量广告和促销的组合是否令人满意也起到重要作用。缺乏计划或者过度的促销会损害品牌资产，因为这种做法使得品牌跌价。如果一个品牌频繁地促销或使用其他一些销售手段（如降价和折扣），消费者就会等到它降价的时候才买。这会导致消费者因价格折扣，而非其他非价格原因或产品的其他好处而更多地购买该产品。

关于合适的广告和促销组合的理念，下面这段引言很好地说明了这一点：

> 当人们在审视广告和促销之间合适的平衡时，需要弄清楚的是，这就好像演奏管风琴，随着形势和情景的改变，总要时而拉出一些音栓时而按下另一些音栓。遵循一成不变的规矩，或者说持续地执行一种不变的广告和促销的比例，在今天这种动态的不断变化的营销环境下根本达不到预期效果。引发长远问题的短期的解决方案根本就不是一个好办法。[35]

"短期的解决方案"指的是在促销上过度投入，进而迅速创造销量提升，而在能够建立品牌长期价值的广告方面则投资不足。也就是说，过度的促销会损耗品牌的长久发展。一个恰当的组合是，在促销方面投入足够的资金以在短期内获得足够的销量，同时在广告方面也进行足够的投入，保证品牌资产的保持和增长。

创造信息

第二个执行决策是通过广告、公开宣传、促销、包装设计和其他营销传播信息形式来创造要传达的信息。下面的章节会针对每一个营销传播工具讨论具体的信息创造的问题。我们现在能够说系统的（相比临时性的）决策制定要求信息内容遵循品牌的定位战略并与为特定的目标受众设定的传播目标相一致。

选择媒体

所有的营销传播信息都需要通过工具，或者说中介来进行传播。尽管媒体这一概念一般被用在广告领域（电视、杂志、广播、互联网等），但媒体的概念与所有的营销传播工具都相关。例如，个人销售信息可以通过面对面的沟通或电话营销进行传递；这些媒体选择有不同的成本和有效性。销售现场资料通过店内横幅、电气设备、音乐和其他方式进行传递。每一种方式都代表了一个不同的媒介。

关于媒体的细节讨论，我们留在后面特定的章节进行。我们将对广告媒体进行细致的讨论，同时还将特别关注消费者促进的媒体。为了避免冗余，特别要注意的是媒体的选择在很大程度上由在此之前的基础决策所决定，这些基础决策又是根据目标受众的选择、定位策略、期望达成的目标的类型，以及在每一个预算期有多少预算来决定的。

建立惯性

惯性一词指的是物体的力量或移动的速度——一种惯性力量。火车在轨道上行驶的时候具有惯性，宇宙飞船进入轨道具有惯性，冰球运动员在滑过防守位时具有惯性，学生在延迟开始后在学期论文上取得良好进展的时候具有惯性。营销传播方案可能具有也可能缺乏惯性。仅仅开发了一个广告信息，通过病毒式宣传创造蜂鸣，或者公开宣传是远远不够的。每一个信息形式的有效性不但取决于足够的努力，还需要持续的努力。这就是惯性在营销传播中的含义。不充足的惯性带来的最好的结果是无效的行动，更坏的结果则是对资金的浪费。

惯性的关键内涵是需要持续的努力而不是开始广告一段时间、停止一段时间，又重新开始、再次停止这样下去。或者说,一些公司从未创造或延续惯性因为他们的市场曝光远远不够。"眼不见,心不想"对于品牌来说在市场上比用在人际关系上更加贴切。我们一般不会忘记我们的朋友和家人,但我们今天熟悉的品牌可能在明天就会变得很陌生,除非它被保存在我们的记忆中。因为消费者要在许多不同的产品种类中做出成百上千的购买决策,所以只有不断提醒消费者品牌的名称及其优势才能够使这些品牌变为更可能被购买的候选产品。

以丰田汽车公司为例,丰田曾开展过一个主要的广告运动以鼓励消费者购买Camrys。评论家认为丰田在没有足够的产品满足订单需求时进行广告活动是不明智的。作为回应,丰田美国公司的销售副总裁说,即使在需求很强烈的时候,"保持你市场中的惯性持续下去"也是非常重要的。[36]这位高级行政人员很显然认识到了获得和维持品牌惯性的价值。但许多营销传播者和高级经理并非如此。例如,在经济不景气时广告投入往往是最先被削减的项目之一,因此继续做广告可以使得公司从暂时或永久削减广告预算的公司手中夺取市场份额。

1.5.3 营销传播结果

回到我们之前提出的营销传播决策的理论框架,营销传播方案的结果包括两部分:增强品牌资产和影响行为。图1.1中,这两部分之间用一个双向箭头来连接,这意味着两部分相互影响。如果说一个新品牌的广告活动产生了品牌知晓度并创立了积极的品牌形象,那么消费者可能就会尝试购买这一新品牌。在这种情况下,品牌的价值被提升了,这反过来又影响了消费者对于品牌的行为。同样,一个对新品牌的促销活动,例如免费的样品,可能会鼓励消费者最初的尝试和接下来的购买(图1.2)。对这一品牌的积极体验将会导致对这一品牌的积极感知。在这种情况下,促销影响了消费者的行为,进而又提高了促销品牌的价值。

正如之前所讨论的,基本的IMC原则是营销传播努力的有效性必须由其是否影响了行为来衡量。促销是最能够直接影响消费者行为的营销传播工具。然而,过度依赖促销会伤害品牌信誉,因为大量促销会产生低价低质量的品牌印象。正是因为这个原因,营销传播者经常将增强品牌资产作为影响行为的基础。的确,大量的营销传播努力都花费在了增强品牌资产上。我们因此需要深入探讨品牌资产的概念并了解品牌资产是什么以及它如何被营销传播活动所影响。我们将在第2章详细讨论这一内容。

1.5.4 方案评估

在确定营销传播目标后,我们必须选择要素和组合,选择信息和媒体,持续地执行该方案,并进行方案评估。评估是通过衡量比较营销传播活动的成果与最初设定的目标来实现的。对于一个本地的广告者来说,例如,一家在五月份期间为运动鞋做特别广告的运动用品商店,其成果是耐克、锐步、阿迪达斯和其他品牌运动鞋的销量。如果你通过产品信息页面销售旧汽车,其成果就是你接到了多少电话咨询以及你是否最终卖掉了汽车。对于一个全国性的品牌产品的厂家来说,其成果可能不会马上显现。相反,公司在购买现场进行宣传、促销和广告方面的投资,然后等待,通常在几周之后才会看到这些方案是否带来了期望的销量。

无论是哪一种情况,评估营销传播的结果是至关重要的。在业界,对于可信赖的结果有越来越多的需求,这就要求必须有研究和数据来证明营销传播决策的执行是否完成了既定的目标。结果可以用对行为的影响(销量的上升)或基于沟通的成果来衡量。

沟通结果的衡量指标包括品牌知晓度、信息理解性、对于品牌的态度和购买意向。所有这些沟通(非行为的)目标都表明广告者试图传递一定的信息或创立一个整体的形象。比如,对一个相对缺乏知晓度的品牌来说,广告者的目标就是在六个月内通过开展一个新的广告活动将目标市场的品牌知晓度提高 30%。这个目标(知晓度提高 30%)是根据在此次活动之前对知晓度的理解程度制定的。活动后的评估则要检验是否达到了目标水平。

检测所用营销传播方案的成果是非常重要的。如果没有达成目标成果,则需要矫正行动(见图 1.1 中的虚线箭头)。矫正行动可能会需要更大的投资、不同传播要素的组合、重新修改的战略、不同的媒体配置以及大量其他的改变。只有通过系统地设定目标并衡量结果,才可能知道营销传播方案是否按计划顺利进展,才能知道未来的行动如何基于过去的经验进行改善。[37]

小结

作为全书的开篇,本章概览了 IMC 的基础内容并提供了用于思考营销传播决策制定各个方面的框架。IMC 是一个组织统一的、协调一致的努力,通过"用同一个声音说话"的不同传播工具来传递一致的品牌信息。IMC 的几个关键特征之一是使用所有品牌或公司的接触点来作为可能的信息传递渠道。另一个关键特征是,IMC 过程始于消费者或期望的市场机会而非品牌传播者,由消费者来决定恰当和有效的方法来进行一个劝说传播活动。消费者越来越多地控制营销传播,这种控制表现在他们积极地对他们所参与的媒体进行选择以及发展他们自己与品牌相关的沟通渠道——通过播客、博客,以及在如 MySpace、YouTube 和 Facebook 等交流平台上发布信息。

这一章提供了一个营销传播过程的模型,这一模型可以作为一个整合的框架,用来更好地理解本书其余部分所要讨论的内容。模型(图 1.1)包括三个部分:基础和执行决策的营销传播方案、结果(增强品牌资产和影响行为)以及方案评估。基础决策包括选择目标市场,建立品牌定位和确定营销传播预算。执行决策包括确定营销传播工具的组合(广告、促销、事件营销、购买现场促销等),建立信息、媒体以及惯性方案。这些决策通过将结果和品牌层面的目标进行比较来评估。

作为本书在过去的 25 年中第 8 版的作者,我衷心地希望这个开篇章节能够激发起你的兴趣,并且使你能够基本了解在阅读本书和准备课堂讲义及讨论时所要讨论的话题。营销传播真的是一门极具吸引力并处在动态变化中的学问。它融合了艺术、科学和技术,并且提供给实践者很大的思考空间来创造有效的方法以解决问题。牢记本章所讲述的 IMC 的关键要素将会有益于你的学术研究和营销实践生涯。那些在营销传播活动中取得成功的组织必须接受和执行这些关键要素。

讨论题

1. IMC 的一个关键特点是强调对行为的影响,而不仅仅是行为的前提(如品牌知晓度或者喜好的态度)。对于下面的每一种情况,请指出营销传播影响的具体行为是什么:(a)你所在大学的广告;(b)职业棒球队对某一场比赛的宣传推广;(c)一个非营利机构招聘志愿者的宣传;(d)佳得乐对排球锦标赛的赞助。

2. 假设你负责为学校中的一个社团筹措资金——例如兄弟会、女生联谊会、一个商业社团,或是其他类似的社团。你的职责是确定一个合适的项目并管理项目的营销传播活动。在本练习中,请给出一个筹措资金的项目提议,并应用到营销传播决策基础概念中的框架。也就是说,请解释你怎样定位你的资金筹措计划,定位哪些人群为目标群体,制定了怎样的目标,以及营销传播的预算(大略估计)是多少?

3. 下面这段话引自一位广告经理,这段话出现在本章 IMC 关键特征#2 的章节,"最终的情况是,(广告公司)传递的不是广告、直邮信息或者是公共关系和公司定位项目,我们传递的是结果"。请解释这位经理这段话所要表达的意思。

4. 请解释惯性的意义,并解释为什么惯性对于你选择一个特定的品牌非常重要。

5. 请解释"360 度品牌宣传"的意思,这种活动的优点和潜在缺陷是什么?

6. 你认为营销传播预算制定的趋势是提高促销活动的支出、降低广告的支出吗?为什么?

7. 基于你自身的经验以及同你讨论类似问题的朋友的经验,社交网站(例如 Myspace、Facebook 和 YouTube)未来在传播品牌信息中的角色会是什么?基于你的经验,出现在这些网站上的品牌信息大多是正面的还是负面的?

8. 由上而下预算和由下而上预算的区别是什么?为什么营销导向的公司更倾向于使用由下而上/由上而下(BUTD)的方法,而财务导向的公司更倾向于由上而下/由下而上(TDBU)的方法?

9. 营销传播人员可以采取哪些步骤来允许消费者练习控制他们接受品牌信息的时间、地点和方式?请举出具体的例子来支持你的答案。

10. 品牌定位和目标市场选择存在必然的相互依赖关系。请解释这种相互依赖性并提供具体的例子来支持你的观点。

11. 请解释为什么会说消费者正控制着营销传播。从你的自身经历中举一个例子来说明营销传播正变得越来越以消费者为中心。

12. 目标和预算之间存在着必然的相互依赖关系。请解释这种相互依赖性并举例证明你的观点。

13. 不同营销工具的联合使用——例如在电视上做广告的同时赞助一项活动——能够对品牌产生协同作用。在这个情境下协同作用的意思是什么?请举一个实例来说明两个或两个以上的营销传播工具的联合使用为何比各自使用带来更好的结果。

14. 假设你负责为一种针对大学生设计的产品做广告。请列出七种你可能用到的能够到达这些受众的接触方法(其中不超过两种大众媒体广告形式)。

15. 请说明你所在的大学在招生时如何进行营销。

第2章

营销传播面临的挑战：增强品牌资产，影响消费行为，实现投资回报

第2章解释了整合营销传播如何增强品牌资产、影响行为并实现可信赖的结果。一个品牌资产模型将品牌资产从消费者的感知中抽象出来并将其概念化，这一模型还说明了资产怎样通过提高品牌知晓度和创造品牌联想来提升。这一章还解释了营销传播的最终挑战是影响消费者行为并最终影响某一品牌的销量和收入以及营销投资回报。

宏观营销传播洞察 当调查无法揭示复杂的真相时

市场调查者和民意测试者一直在调查人们的喜好、他们的投票倾向、他们对在奥斯卡中获奖的演员的看法，等等。不用说，调查者也调查消费者对品牌的态度和感觉。全球第12大市场调查公司哈里斯互动调查公司，每年都进行一项要求美国消费者填写他们认为最好的品牌的调查。一个最近的在线调查包含了2 400个成年人样本。被访者要回答一个非常简单的问题："我们想要你想一下你所知道的产品和服务品牌（可以是任何种类的），你认为最好的三个品牌是什么？"也就是说，被访者要确定三个他们认为最好的品牌。调查结果显示被提到的前十位的品牌有[1]：

品牌	排名
可口可乐	1
索尼	2
丰田	3
戴尔	4
福特	5
卡夫食品	6
百事可乐	7
微软	8
苹果	9
本田	10

对这个单一问题的批评认为这种调查无法成为品牌资产的指示。例如当"最好

的"指的是一些客观的指标,如利润、市场份额、销售额增长和消费者信心时,福特就不是世界上最好的品牌。充满激情和创新的苹果怎么可能被其他八个品牌击败呢,尤其是那些吃老本的牌子(如福特、戴尔等)。

所以看起来这种"最佳品牌"调查只能是一种品牌知晓度的测量而不是品牌资产的测量,仅仅反映了过去的成就而不是目前的表现。[2] 换句话说,当被要求自发地确定三个出现在脑海中的最佳品牌时,许多网上的被访者会提到那些最容易也最快能想到的品牌。尽管这种第一提及回忆能力是品牌知晓度很好的指标,但却不是品牌强度、价值或资产的衡量。本章将详细讨论品牌知晓度和品牌资产的概念,在阅读完本章之后你就会充分了解为什么知晓度是一个必要但不充分的品牌资产指标。

本 章 目 标

在阅读本章后你将能够:
1. 从公司和消费者的视角解释品牌资产的概念。
2. 描述从增强品牌资产中得到的益处。
3. 理解消费者视角的品牌资产模型。
4. 明白营销传播活动怎样影响行为并达成财务责任制。

2.1 介绍

之前的章节介绍了整合营销传播(IMC)的基本思想和实践,并且提供了一个思考营销传播过程各个方面的框架。你可以回忆起这个框架分为四个组成部分:① 一系列的基础决策(选择目标市场、定位等);② 一系列的执行决策(要素组合、创造信息等);③ 这些决策带来的两种结果(增强品牌资产和影响行为);④ 评估营销传播结果并采取矫正行动。本章将重点讨论第三个组成部分,即营销传播活动所期望的结果。

这里要解决的基本问题是:营销实践者要怎样做才能增加品牌价值,并且影响他们当前的和潜在的消费者的行为呢?并且,营销实践者怎样才能较好地将投资分配在广告、促销和其他营销传播要素上并实现投资回报?本章将首先讨论品牌资产的概念然后分别从公司和消费者的角度深入探讨这一问题。随后的部分将讨论影响行为的重要性,包括对投资回报的探讨。

2.2 品牌资产

一个品牌的存在,是一个营销的实体——例如,一个产品,一家零售店,一种服务,或是一个地理区位,如整个国家、地区、州、城市——拥有它自己的名字、术语、标识、符号、设计或任何这些要素的组合作为对其身份的确认。如果没有一个能够被识别的品牌,那么这个产品仅仅是一种商品。许多营销传播专家认为所有的产品都可以被品牌化,一位观察家甚至说,"商品"这一词简直是公开蔑视营销。[3]

但是品牌又不仅仅是一个名字、术语、标识,等等。品牌包括公司相比同一产品类的其他品牌所具有的所有提供给消费者的独特的承诺。品牌代表了一系列由它的营销者、公司高级管理人员和其他员工在相当长的一段时期内坚持增强和沟通的价值。[4]例如,沃尔沃几乎就是安全的代名词;可乐拉蜡笔代表乐趣;伏特加代表内行;哈雷-戴维森公司代表自由和坚强的个人主义;索尼代表了高质量和可信赖;第五频道意味着雄辩;丰田普锐斯象征环保意识;劳力士手表代表大师级的工艺和精密。所有的这些品牌都加强和传递了独特的价值。所有的这些品牌都有很高的品牌资产,因为消费者相信这些品牌有能力和意愿来传递它们的品牌承诺。[5]

品牌资产的概念可以从拥有该品牌的企业和消费者两个角度来理解。我们将重点从消费者的角度来探讨品牌资产。为了更好地理解这一概念,我们首先从拥有品牌的企业角度来看。

2.2.1 企业视角的品牌资产

企业视角的品牌资产关注通过加强品牌价值给股东和其他利益相关者带来的好处。品牌的价值或者说资产上升,会带来各种不同的好处。这些好处包括:① 获得更高的市场份额;② 提高品牌忠诚度;③ 收取较高的价格;④ 获得超额收入。[6]前两个收益很直观,我们就无须再讨论了。简单地说,高价值品牌获得更高水平的消费者忠诚度并获得更高的市场份额。第三个好处"收取较高的价格"的意思是,当品牌资产增值时,对于该品牌的需求弹性变小了。换句话说,品牌资产较高的品牌可以比品牌资产较低的品牌收取更高的价格。考虑家用涂料品牌,例如 Sears 与 Martha Stewart 或者 Ralph Lauren 的对比。Sears 与这些名牌产品间质量的差距很可能要比它们之间价格的差距小得多。这种价格的差异就是品牌资产在起作用。

第四个好处,即获得超额收入,是获得更高品牌资产带来的一个非常有趣的结果。**超额收入**的定义是品牌产品和相同的自营品牌产品之间的收入差异。收入等于品牌的价格×销售量,品牌产品通过收取更高的价格或销售更多的数量来获取超额收入。品牌产品 b 相比自营品牌产品 pl 的超额收入用等式表示如下:

$$\text{超额收入}_b = (\text{销售量}_b)(\text{价格}_b) - (\text{销售量}_{pl})(\text{价格}_{pl}) \qquad (2.1)$$

我们已经证明拥有较高品牌资产的品牌能够带来更高的超额收入。进而,在品牌获得的超额收入和它实现的市场份额之间也存在着很强的正相关性。[7]能够收取较大的价格或销售更多的数量很大程度上是因为营销传播活动,这些活动帮助知名品牌建立起良好的品牌形象。另一方面,许多自营品牌———一般是使用零售店名称的产品——的产品质量和全国性厂商产品的质量接近;但很多消费者却偏爱经常性地购买更贵的全国性品牌而不是购买更便宜的自营品牌。这些全国性品牌因此获得了超额收入,因为它们有更高的品牌资产,而这又是营销传播活动所带来的。

最后,另外一种形式的基于企业视角的品牌资产与我们刚刚讨论的超额收入类似。我们可以将这种独特形式的品牌资产称为"口味溢价"。因为仅有一个公开发表的研究是探讨这种独特形式的品牌资产的。因此像讨论此前四个资产那样简略讨论这种资产是不合适的。

快餐连锁店麦当劳是这项有关口味感知研究的对象,该研究采用的样本是低收入家庭的学前儿童。[8]研究的设计是,让孩子们品尝两组同样的食品(汉堡包,鸡块,炸薯条,牛奶/苹果汁,胡萝卜)。在一组中(麦当劳包装组),每一种食品都被装在一个印有麦当劳标识的包装袋内交给儿童,同样的食品被装在没有麦当劳标识的包装袋中交给另一组儿童(注意,这种无麦当劳标识包装产品可以等同于此前我们讨论品牌资产超额收入时的自营品牌)。除了不在麦当劳餐厅销售的胡萝卜外,其他所有的食品都是麦当劳产品,无论是在麦当劳包装中的还是非麦当劳包装中的。在品尝了每组各五种产品后,学前儿童要求回答他们是否:① 对两组产品没有偏好的差异;② 更加偏好麦当劳包装产品;③ 更加偏好非麦当劳包装产品。这里要重点说明的是,研究助理实际上并没有问孩子他们到底偏好麦当劳包装产品还是非麦当劳包装产品,相反,只是让孩子确定更喜欢哪一种,是放置在左边的还是右边的。

表 2.1　儿童的口味偏好

食品或饮品	偏好麦当劳包装的产品	认为两种包装的产品口味相同或没有回答	偏好非麦当劳包装的产品	P 值*
汉堡包	48.3%	15.0%	36.7%	0.33
炸鸡块	59.0%	23.0%	18.0%	<0.001
薯条	76.7%	10.0%	13.3%	<0.001
牛奶或苹果汁	61.3%	17.7%	21.0%	<0.001
胡萝卜	54.1%	23.0%	23.0%	0.006

* 根据在百分比之间进行显著差异测试得到的概率。按照惯例,P 值小于或等于 0.05 被认为在统计上是显著的。

表 2.1 列出了这次研究的结果,每种产品列出了三个百分比:① 认为麦当劳包装的食品/饮料的口味最佳的儿童的比例;② 认为两组产品的口味一样或是在被问到"请告诉我,或者指一指你认为味道更好的产品"时没有回答的儿童的比例;③ 认为非麦当劳包装的食品/饮料的口味最佳的儿童的比例。

表 2.1 中的比例清楚地说明,对于全部五种食品/饮料来说,孩子们都更加偏好装在麦当劳包装中的食品和饮料而不是非麦当劳包装中的食品和饮料。喜欢麦当劳炸薯条的儿童比例达到了惊人的 76.7%。即使对于不在麦当劳中销售的胡萝卜,仍然有 54.1% 儿童偏好装在麦当劳包装中的胡萝卜,只有 23% 的儿童偏好装在非麦当劳包装中的胡萝卜。

这些结果很好地说明了品牌资产的作用。仅仅把产品放在明显的麦当劳包装中就会使得孩子们认为这些产品的味道要好于同样的但放在非麦当劳包装中的产品。并且,进一步的研究发现,那些更加偏好麦当劳包装产品(相比非麦当劳包装产品)的孩子通常来自有更多数量的电视机的家庭,并且他们更经常吃麦当劳食品。正如下文要讨论的基于消费者的品牌资产中所说的,这些结果表明不言而喻和信息驱动方法起到了增强品牌资产的作用。

2.2.2　客户视角的品牌资产

从客户的视角——不论是 B2B 的客户还是 B2C 的客户——一个品牌在这种范围

内拥有品牌资产,人们熟悉品牌并且在记忆中存有对品牌良好的、强烈的和独特的品牌联想。[9]**联想**(或者更加专业的术语,精神联想)是消费者记忆中与特定的品牌相联系的特定的想法和感觉,与我们在记忆中的关于其他人的想法和感觉很类似。例如,当你想起你最好的朋友时,立刻进入你脑海的想法/感觉是什么?你毋庸置疑地将你的朋友与特定的特征、优点联系起来,也或者是缺点。同样,品牌在我们的记忆中也与特定的想法和感觉联系起来。[10]

另一个思考品牌资产的方法是,它包含两种形式的与品牌相联系的认知:品牌知晓度和品牌形象。下面基于客户的品牌资产的讨论将会细致地讨论品牌认知的这两个方面。讨论将围绕图2.1的结构展开。在开始阅读之前,粗略地审视这张图将有助于进一步的理解。

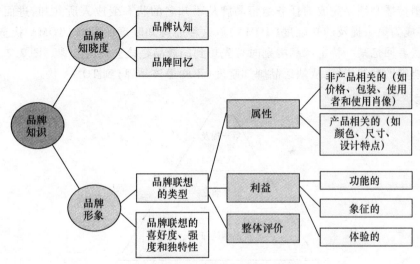

图 2.1　客户视角的品牌资产框架

品牌知晓度

品牌知晓度是关于当消费者考虑特定产品类别时,一个品牌是否会进入消费者的脑海以及这个品牌被唤起的容易程度。先暂停阅读,思考所有立即进入你脑海的牙膏品牌。

对于美国的学生来说,佳洁士和高露洁可能会立即进入脑海,因为这两个品牌是美国牙膏品牌市场的领导者。也许你还会想起 Aquafresh、Mentadent 和 Arm & Hammer,因为这些品牌也占据了大量的牙膏市场份额。但是你会想起 Close-up、Pepsodent 或者 Aim 吗?可能会,也可能不会。这些品牌不像它们的竞争对手那样出名或频繁地被购买。正因为如此,这些品牌相比高露洁和佳洁士有较低的知晓度。现在对运动鞋品牌重复相同的联系。你的初选名单可能包括耐克、锐步、阿迪达斯,或许还有 New Balance。那 K-Swiss、Vans、Converse、Puma 和 Asics 呢?再一次,后面这些品牌对于大多数人来说有较低的品牌知晓度,因此相对于耐克这样的品牌有着更少的品牌资产。

品牌知晓度是品牌资产的基本维度。从有利于个体消费者的角度来看,一个品牌没有资产,除非消费者至少知道该品牌。获得品牌知晓度是新品牌最初要面临的挑战。保持高水平的品牌知晓度是所有既存品牌要面对的任务。

图 2.1 展示了品牌知晓的两个水平:品牌认知和回忆。品牌认知反映了知晓的表面层次,而品牌回忆则是更深层的形式。如果一个品牌被列在一个单子上呈现给消费者或提供一些线索,消费者可能能够认出这一品牌。但是,没有几个消费者在没有任何提醒的情况下能够从记忆中想起品牌的名字。这就是营销者所追求的深层次的品牌知晓——品牌回忆。通过有效的和持续的营销传播努力,一些品牌变得非常有名以至于几乎所有正常智力水平的人都能够回想起该品牌。例如,如果被问到说出几个豪华汽车品牌,大多数人都会提到奔驰。被问到运动鞋品牌时,大多数人可能会提到耐克、锐步,或者还有阿迪达斯。

营销传播必须要完成的任务是将品牌从不知名的状态变成人所共知,进而能够回想,最终成为第一提及的知晓度(TOMA)。这种品牌知晓度的顶峰(TOMA 状态)发生在当消费者回忆某一特定产品类别时首先想到的产品是该公司的品牌。图 2.2 说明了品牌知晓度的发展层级,从缺乏品牌知晓度(不知道该品牌)到 TOMA 状态。

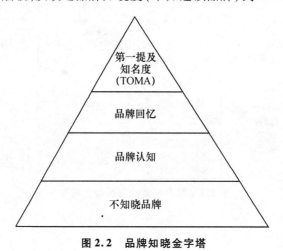

图 2.2　品牌知晓金字塔

品牌形象

基于消费者的品牌认知的第二个维度是品牌形象。**品牌形象**代表当人们想起某一品牌时在记忆中被激活的联想。如图 2.1 所示,这些联想可以被概念化成种类、喜好度、强度和独特性。

为了解释这些方面,我们最好考虑一个具体的品牌及消费者存储在记忆中的关于这个品牌的联想。在阅读下面的描述之前最好重新回顾一下图 2.1。考虑 Henry 和麦当劳连锁快餐的案例。现在有一位住在芝加哥的 27 岁的大学毕业生 Henry,他从两岁起就开始吃麦当劳产品了,可以说他是一位快餐食品尤其是麦当劳食品的终生爱好者。一听到麦当劳的名字他就会情不自禁地流口水(如同巴甫洛夫的狗实验)。在家乡和他的父母和兄妹一同去麦当劳就餐的情景历历在目。没有什么能比在一个凉爽的秋日打扫完树叶和其他杂物后去当地的麦当劳餐厅就餐更惬意的了。麦当劳,金色拱门和汉堡、薯条那扑鼻的香味是立刻进入他脑海的形象。他特别喜爱麦当劳的炸薯条,他认为这里的薯条比任何其他餐厅提供的都要好。当他变得越来越成熟并对健康越来越关注的时候,他很高兴地看到麦当劳的炸薯条现在不再使用反式脂肪了。他也非常喜欢麦当劳简约的装潢。令他难以忘记的还有他和高中的好朋友们在放学或足球、篮球比赛后在餐厅度过的快乐时光。直到今天,Henry 依然深爱着麦当劳。唯一让他不喜欢的地方是有些时候餐厅的店员培训水平很差,他们有时低效率并且服务态度并不好。

所有的这些想法和感觉代表了 Henry 对于麦当劳联想的种类。所有的这些联想,除了偶尔的劣质服务和粗鲁的店员外,都代表了对麦当劳的良好的联想。这些联想非常强烈地存储在 Henry 的记忆中。其中一些是相对其他快餐店的独特的联想。只有麦当劳有金色拱门和麦当劳叔叔。在 Henry 的记忆中,任何其他快餐店的炸薯条的味道都无法与麦当劳媲美。

通过这个例子以及在图 2.1 中描绘的各个因素,我们可以看到 Henry 将麦当劳和不同的属性(如金色拱门)和优点(好味道的薯条)联系起来,并且他总体上对这个品牌持有喜爱的评价或态度。Henry 的这些联想被强烈地存储,并且是良好的和独特的。麦当劳希望市场中有上百万 Henry 这样的消费者,当然他们的确拥有。就 Henry 对于其他消费者的代表性而言,我们可以说麦当劳有很高的品牌资产。相比较于麦当劳而言,许多品牌只有很小的品牌资产。这是因为消费者:① 对这些品牌只有模糊的感知,或更坏地讲,根本不知道这些品牌;或者② 即使知道这些品牌,对这些品牌也没有强烈的、良好的和独特的联想。

尽管一个品牌的形象基于各种各样的消费者对于该品牌的联想,品牌——和人一样——可以被认为是具有其独特的个性。研究表明五种个性维度可以描述大多数品牌:真诚、激情、能力、精致和粗犷。[11] 也就是说,品牌可以被描述为拥有某种程度的这些维度,从"这一维度无法描述这一品牌"到"这一维度抓住了该品牌的本质"。例如,某一品牌可能会被认为是在真诚和能力方面具有很高的水平,但在精致、激情和粗犷方面却水平较低。另一品牌可能是精致和激动的典范但被认为缺乏其他的维度。

有关五种品牌相关的个性维度将会在下面进行详细的描述和说明。要记住的是,每一个说明只是试图抓住单一的个性维度,但事实上品牌同人一样,都具有它们个性特征的多面性。

1. 真诚——这一维度包含的品牌被认为是脚踏实地的、诚实的、安全的和愉快的。真诚恰恰是迪士尼在其品牌中所注入的个性。

2. 激情——在激情这一维度上得分较高的品牌被认为是勇敢的、生机勃勃的、富有想象力的和时尚的。苹果公司的 iPhone 可能是这个个性维度的典范,在 2007 年推出的时候被赞美声包围甚至引发了消费者的疯狂追捧,因为每一个购买者都想成为这款独特手机的第一个拥有者。

3. 能力——在这一个性维度上得分较高的品牌被认为是可靠的、智能的和成功的。在汽车产品中,没有哪个品牌被认为比丰田更加有能力了。丰田并不特别令人激动和粗犷,但是消费者认为它可靠和有能力。J. D. Power,一家调查车主让车主评价满意度的机构,每年都报告说丰田位居或几乎位居满意度排行的榜首。这当然是因为品牌的整体成功性和可靠性。

4. 精致——被认为是高端的和迷人的品牌在精致这一维度上得分较高。豪华汽车、珠宝、昂贵的香水和高端厨房用具不过是众多拥有在精致量表上得分较高的品牌的几个产品种类。在珠宝饰品产品中，劳力士和卡迪亚是著名的精致的品牌。

5. 粗犷——粗犷的品牌被认为是坚韧的和适用于户外的。L. L. Bean 和 Patagonia 是提供坚固和适用于户外品牌的零售商的典范。在汽车领域，Honda Element 对年轻的和户外导向的消费者极具吸引力，它是另一个在粗犷领域获得高分的品牌的例子。

2.2.3 增强品牌资产

总体上来讲，增强品牌资产是通过最初的选择积极的品牌定位来实现的（例如通过选择一个好的品牌名称和标志），但实际上更多的是通过营销和整合营销传播项目来实现的，这些项目能够在消费者脑海中建立起品牌良好的、强烈的和独特的联想。我们不应该过分强调增强品牌资产的努力的重要性。那些具有良好品质并承载较高价值的品牌本来就潜在地含有高的品牌资产，但需要通过有效的和持续的营销传播努力来建立和维持这些品牌资产。

一个良好的品牌形象并不是与生俱来的，而是需要持续的营销传播来创立良好的、强烈的和独特的品牌联想。例如，可以说世界上最著名的品牌——可口可乐——不过是带颜色的糖水。但这一品牌却具有巨大的品牌价值，因为可口可乐经理时刻不忘通过持续的广告执行来维持可口可乐的传奇及其在世界范围内创立的品牌形象。仅仅在美国，可口可乐公司就占据了碳酸软饮料市场43%的份额，这一市场的总收入超过500亿美元。经典可乐（可乐）这一品牌单独就占有了大约18%的市场份额，实力最为接近的竞争对手——百事可乐——大概占据了11%的份额。[12] 如果仅仅是从口味上来看，消费者并不会购买这个"带颜色的糖水"，相反，消费者选择可口可乐而不是其他品牌，是因为他们购买的是一种生活方式和形象。正是有效的广告、令人激动的促销、创新的赞助和其他形式的营销传播促成了可口可乐卓越的品牌形象和市场份额。可口可乐胜过百事可乐并不是因为可口可乐比百事可乐味道好，而是因为可口可乐建立了一个更加积极的品牌形象进而赢得了更多的消费者。

应该采取怎样的行动来增强品牌资产？因为品牌资产是消费者记忆中良好的、强烈的和独特的品牌联想的函数——在此前图2.1中提到的——一个简单的回答是建立更加强烈的、更加良好的和独特的联想。但这就引出了如何实现这些目标的问题。实际上，联想是通过多种途径来创造的，其中一些是由营销者（例如通过广告）开创的而另一些则不是。[13] 下面的讨论给出三种可以加强品牌资产的方法，分别称为：① 自我驱动法；② 信息驱动法；③ 杠杆法。

通过使品牌为自己说话来提高品牌资产

作为消费者，我们通常会尝试一些我们并不知晓很多信息的品牌。消费者在此前没有使用经历的情况下，仅仅通过消费这一品牌就可以形成好的（或者不好的）品牌联想。实际上，品牌可以为自己说话来告知消费者它的质量、可得性和其满足与消费者消费相关的目的的适合性。消费者就知道了品牌好（或坏）的程度以及尝试和使用品牌能够带来（或不能带来）什么样的益处。很显然在自我驱动的方法中，营销传播者只起到了有限的作用，仅仅是通过创造吸引人的卖场宣传材料或促销手段来激励消费者尝试某一品牌。

通过创造有吸引力的信息来提高品牌资产

营销传播实践者通过不断的宣传品牌所拥有的特征和它带来的好处来建立（或尝试建立）积极的品牌联想。这种品牌资产的建立方法可以被想成是"信息驱动的方法"。这种方法在营销传播信息是创新性的、吸引注意力的、令人信服的和能记住的情况下是有效的。无需多言，自我驱动的方法和信息驱动的方法不是各自独立的，也就是说，消费者对某一品牌的联想来自他们在使用中得到的关于品牌的第一手资料和他们暴露于营销传播信息时获得的信息。

通过杠杆来提高品牌资产

第三种资产建立的策略，也是一种被用得越来越多的策略，叫做"杠杆"。[14]品牌联想能够被塑造，可以通过将品牌与现实世界中已经存在的积极联系捆绑起来，或者说是杠杆来增强品牌资产。也就是说，消费者知道品牌和营销传播如何进行的文化和社会体系被赋予了意义。通过社会化，人们习得文化价值，形成信念，并开始熟悉物体和物品所包含的价值和意义。富有文化的物品根据其意义定价，这一点是代代相传的。例如，林肯纪念碑和爱丽思岛是美国人自由的象征。对于德国人和世界上其他国家的许多人来说，现在已经倒塌的柏林墙代表着压迫和绝望。相对的，黄丝带代表危机和人质的释放以及军队的归来。粉丝带代表对乳腺癌患者的支持。红丝带已经成为共同抗击艾滋病的国际标识。黑色自由旗帜，上面带有红色、黑色和绿色条纹——代表非洲的热血、成就和富饶——象征着民主权利。

营销传播者从文化构建的世界（每一天世界上都充满了前面提到的标识和物品）中获取意义并将这些意义传递给消费产品。当营销传播者将消费产品同文化构建的世界相联系的时候，他们就是在传递意义。"文化构建的世界的出名的属性就这样归属于不为人所知的消费产品的属性，将意义从世界传递给（消费）产品就实现了。"[15]

换句话说，这个观点是说营销传播者通过将它们与已经广为人知的意义相联系，通过品牌杠杆意义为自己的品牌创造联系。图2.3描绘了品牌怎样通过杠杆联系，即通过与其他品牌、地点、事物和人建立联系。[16]有许多方法可以通过杠杆产生品牌联想，图2.3提供了理解这些方法的一个良好的开始（在继续阅读之前认真学习图2.3非常有帮助）。

与其他品牌联系 在所有形式的杠杆力提升中，图2.3说明了一个品牌如何从其他品牌获得提升。近些年来，品牌之间经常结成同盟以提升双方的品牌资产和利润。你只需要看看你的银行卡（例如Visa），卡片上很可能还写着组织的名称，例如你的大学。双方形成了联盟，或者说联合品牌关系，为了促进它们相互的利益。你的大学可能与其他的组合联合，以那些提供经费支持的组织的名称来命名教学楼和体育设施。

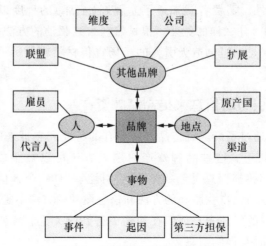

图 2.3　从不同的来源联系品牌

　　品牌联盟的例子数不胜数，许多是你在日常的生活中可以发现的。一般的情况是，品牌形成联盟是基于它们有相似的形象，它们致力于相似的市场细分，它们联合品牌的动机是互惠互益。达成一个成功的联合品牌最重要的要求是品牌具有**共同的适合性**，联合的营销传播努力能够最大化各自品牌的优势同时最小化其劣势。[17] 已经证明的是，当合作双方都经历了由合作带来的资产提升时，联盟是最有效的。[18]

　　混合成分品牌营销是品牌合作者之间的一种特殊联盟形式。例如，Lycra，一个杜邦旗下的氨纶制品品牌，发起了一个全球性的耗资数百万美元的广告运动，旨在提升消费者对使用 Lycra 制作的牛仔裤产品的拥有量。同"内置英特尔"广告活动类似，Lycra 的广告在 Levi Strauss、Diesel、DKNY 和其他牛仔裤厂商中特写 Lycra 牛仔裤。DuPont 发起这一广告运动的目的在于将其同那些廉价的非品牌的亚洲氨纶制品区分开来。[19] 其他著名的混合成分品牌营销的例子包括显著地强调产品是由 Gore-Tex 面料制成的滑雪衣品牌，烹饪用具制造商宣传他们的煎锅和其他厨房用具制作中使用了杜邦的特氟纶不锈钢涂层。尽管混合成分品牌营销在许多例子中对混合成分品牌和主品牌都带来了益处，对于主品牌的一个潜在问题是混合成分品牌过于炫目以至于夺取了主品牌的光彩。在这种情况下这个问题就会出现：例如，滑雪者知道他们的滑雪服是由 Gore-Tex 面料制成的，但却不知道这件衣服的生产厂商是谁。

　　与人进行杠杆联系　除了将自己与其他品牌联系以外，图 2.3 还指出一个品牌可以将其与人联系起来提升品牌资产，例如品牌的员工或代言人。后面的章节将会细致地讨论代言人的作用，所以我们在这里不再赘述，但要说明的一点是品牌与代言人的联系有时会取得惊人的成功效果（想想乔丹和佳得乐），有时却会带来极其糟糕的影响（想想迈克尔·维克，在他经历了那场斗狗起诉后，与其有关系的那些品牌，如耐克、锐步、交易卡公司 Upper Deck 和 Rawlings 都大受影响。）

　　与其他事物联系　其他形式的提升包括将品牌与事物联系，如事件（例如对世界杯足球比赛的赞助）以及运动（例如保护达尔富尔运动）。我们在这里不再赘述，第 19 章将对这些形式的联系进行深入的论述。

与地点联系　最后,品牌资产可以通过与地点,例如品牌销售的渠道和或国家形象(图 2.3 中的原产国)联系。想象一下,例如,品牌形象之间的差异——保持其他方面不变(例如产品质量和价格)——如果一个品牌在大卖场中销售,例如沃尔玛,相比于在高端商场中销售的品牌,哪一种渠道中销售的品牌会被认为是更好的呢?

通过强调品牌的原产国来提升品牌是一个增强品牌资产的有效途径。[20]例如,带有德国和瑞士传统特征的品牌通常在全球范围内被认为是具有极高技艺水平的。日本的电子产品则被认为在创新、质量和可靠性方面是无可比拟的。

原产国在影响品牌资产和决定品牌的商业成功上有多重要呢?坦率地说,没有简单的答案,而且关于这一话题的研究结果也不尽相同。[21]毫无疑问的是,相对于其他细分市场,一些消费者更加看重品牌的原产国。例如,年纪大的消费者一般比年轻的消费者更在乎品牌来自哪里,因为年轻消费者更加适应在全球化的世界中生活,他们购买产品是基于深思熟虑而不是产品来自哪里。事实上,研究表明,美国大学生在判断他们使用的品牌来自哪国时有些无能。[22]例如,1 000 名学生中只有 4.4% 的人知道诺基亚手机在芬兰制造(有 53% 的人以为诺基亚是日本制造的),仅仅有 8.9% 的人知道 LG 手机来自韩国。接近 50% 的人认为阿迪达斯来自美国而不是其真正的原产国德国。摩托罗拉,一个历史悠久的美国品牌,被超过 40% 的受访者误以为是日本品牌。

当一个品牌与它的原产国联系时,既存在品牌受益于这个联系的可能,也存在由于国家形象不佳而损害品牌的可能。显然,如果原产国的形象良好,那么品牌营销者就再高兴不过了。全球聚焦展现了世界怎样看待美国。

IMC 聚焦　神经系统营销与可口可乐为何比百事可乐略胜一筹

可口可乐和百事可乐是两种具有百年历史的碳酸饮料。这两个品牌曾经经历过几十年激烈的竞争,有时被称为"可乐战争"。其中一次震动性的战争开始于 1975 年,百事可乐赞助了一个全国性的口味测试来检测哪个品牌——是可口可乐还是百事可乐的味道更好。在这项测试之后,百事可乐发动了一个广告活动(称为"百事挑战")直接将百事可乐同可口可乐进行比较,并且直接宣称研究证据(所谓的"盲测")表明消费者更喜欢百事可乐。如果百事可乐真的比可口可乐味道更好,那么为什么可口可乐卖得更好并且更受欢迎呢?为了回答这个问题,我们来进入神经系统营销和大脑成像的世界。

神经系统营销是脑部研究神经系统科学的一种具体的应用。神经系统科学家通过使用脑部扫描仪,在个体使用感官对外部刺激做出反应时,进行功能性磁共振成像(fMRIs),来研究大脑对外部刺激的激活状态。成像的结果显示出脑部的哪个部位在对外界刺激做出反应时最为活跃。在了解了这些基本原理后,我们可以将在得克萨斯贝勒大学医学院由神经系统科学家进行的研究称为"21 世纪百事挑战"。

被试者在品尝了可口可乐和百事可乐后,科学家 Read Montague 通过扫描他们(40 个被试者)的头部来完成这个新奇的百事挑战。被试者并不知道他们品尝的是哪个品牌,但最后的结果表明百事可乐是明显的胜者。也就是说,在被试者不知道他们品尝了什么牌子的可乐的情况下,他们大脑中的反馈部分会对百事可乐表现出更加强烈的偏好。然而,在 Read Montague 告知消费者他们将要品尝的可乐的品牌时,结果就倒置过来了。这时脑部的另一部分被激活了,可口可乐在这个"非盲测试"中成为胜者。具体的,在内侧前额叶皮质——大脑中可认知功能,如思考、判断、偏好、自我形象联系的部分——的激活表明消费者现在更加喜欢可口可乐。简单来说,在盲测中,百事可乐获胜。但在非盲测中,可口可乐获胜。到底发生了什么?

　　一个明显的答案就是品牌形象的不同,可口可乐拥有通过数年卓有成效的营销和广告努力获得的更具吸引力的品牌形象。当参与者知道他们正在品尝可口可乐时,他们的偏好就被他们过去的经验和品牌同他们自我形象匹配的联想所调整——正如内侧前额叶皮质的激活所表现的那样。在没有品牌线索时,大脑中的反馈部分就会表明百事可乐是胜者,有可能是因为百事可乐的味道更好。最有趣的事实是可口可乐的营销传播努力使得这个品牌达到了顶峰。过去的广告活动如"这是正宗的可乐","我想给全世界买瓶可口可乐",以及"一杯可乐,一个微笑"可能比百事可乐的营销在消费者中产生更好的共鸣,百事可乐的营销更加专注于将品牌同一些代言人联系起来,但这些代言人随后都出现了丑闻,如迈克尔·杰克逊和小甜甜布兰妮。总结来看,这场"21世纪的百事挑战"进一步证明了有效的营销传播努力的重要性以及品牌形象在决定品牌资产和影响消费者选择方面的重要作用。

2.2.4　增强品牌资产的最终利益是什么?

　　提高品牌资产努力的一个主要的副产品是,消费者的品牌忠诚度也会提升。[24] 的确,长期的增长和利润在很大程度上依赖于创造和加强品牌忠诚。下面来自两位声望卓著的营销实践者的话语概述了品牌忠诚的性质和重要性。

> 营销者长期以来认为品牌就是资产,实际上真正的资产是品牌忠诚度。一个品牌并不是一种资产,品牌忠诚才是资产。没有客户的忠诚,一个品牌仅仅是一个商标,仅仅是一个持有的可确认的但没有什么价值的标识。拥有了客户的忠诚,一个品牌就不再仅仅是一个商标了,而是一个代表确认产品、服务和公司的商标,一个代表了承诺的品牌。一个强有力的品牌是值得信任的、有意义的,并且具备与众不同的承诺。它不仅仅是一个商标,而是有巨大价值的信誉标志。创造和提高品牌忠诚度将带来信誉标志的价值提升。[25]

　　研究表明当企业通过广告、个人销售、促销、事件营销和其他方式传播独特的和积极的信息时,企业能够有效地将它们的品牌同竞争对手的品牌进行区分并避免陷入未来的价格战。[26]

　　营销传播在创造积极的品牌资产和建立强有力的品牌忠诚方面起到了至关重要的作用。然而,传统的广告和其他营销传播形式并不总能实现这些目标。例如,星巴克是一个高档咖啡的典范,基本没有做广告,但它还是拥有狂热的品牌支持者。并且,星巴克的总裁表达了对增加收入和利润的努力——例如,在一些门店推出早餐食品以及用自动研磨机研磨咖啡代替传统的煮咖啡——的担忧,这些措施可能会损害星巴克提供独特的消费体验的公司形象。[27]

百事可乐一位前CEO的一段话给我们提供了一个非常适合这一部分的总结,下面这段话隐含了他对公司努力建立品牌资产重要性的描述。

> 在我看来对一个品牌来说最好的事情莫过于该品牌是许多人的最爱。这意味着不仅仅是简单地喜欢包装或口味,还意味着他们喜欢整个东西——公司、形象、价值、质量,等等。所以当我们思考对我们业务的评估时,如果我们只看今年的底线和利润,那我们就没有抓住核心。我们应该看市场份额,但也应该看相对于我们的竞争对手,消费者对我们品牌的感知和注意如何。你总是知道你在损益表上表现如何,因为你可以每个月都看到它。但你要知道,几乎同等重要的是,你需要知道你和你的消费者与客户相处得怎样。[28]

全球聚焦 世界对美国的认知

看上去有些奇怪的是,国家(地区)本身也被认为是品牌。也就是说,人们会形成相当于品牌形象的国家(地区)联系。公司在国家(地区)的背景下——原产国(地区)——进行营销,因此被国家(地区)形象的积极性或消极性所影响。许多国家(地区)积极地营销自我,以在世界各地的人们心中建立良好的和强烈的联系。不管国家(地区)是否对自己进行营销,人们还是根据该国(地区)的经济形势、它的国家(地区)关系和它作为旅游目的地的吸引力等来形成联想。

一家英国市场调查公司开发了一种国家(地区)品牌指数(NBI)作为世界对一国(地区)印象的晴雨表。每个季度NBI调查员都会调查全球各地25 000个人对超过35个国家(地区)的感知。被访者要求在六个方面对每个国家(地区)进行评价:

1. 出口——他们对该国(地区)生产的产品和服务的满意水平。

2. 人民——他们对该国(地区)人民的看法和感觉,基于这样的问题:"你有多想有一个来自某国(地区)的好朋友?"

3. 政府——他们对一个国家(地区)是否可以被信赖能做出负责任的决策并能维护世界和平和安全的感知。

4. 旅游——他们对国家(地区)自然景观和历史遗迹的感知,以及在资金不是问题的情况下到该国(地区)旅游的可能性。

5. 文化和传统——他们对一个国家(地区)文化传统的感知以及对该国(地区)当代文化的感觉,如音乐、艺术和文学、体育成绩和电影质量。

6. 移民和投资——他们是否在一定时期内愿意在一个国家(地区)居住和工作,以及他们是否认为该国(地区)是一个接受进一步教育的好地方。

一个国家(地区)的"品牌"形象是所有六个维度得分的总和。最近的NBI得分如下:

总排名	国家/地区	总排名	国家/地区	总排名	国家/地区
1	英国	15	新西兰	29	印度
2	德国	16	爱尔兰	30	墨西哥
3	加拿大	17	比利时	31	韩国
4	法国	18	葡萄牙	32	南非
5	瑞士	19	巴西	33	中国台湾
6	澳大利亚	20	冰岛	34	土耳其
7	意大利	21	俄罗斯	35	马来西亚
8	瑞典	22	中国大陆	36	爱沙尼亚
9	日本	23	阿根廷	37	拉脱维亚
10	荷兰	24	捷克	38	以色列
11	美国	25	匈牙利	39	印度尼西亚
12	西班牙	26	波兰	40	伊朗
13	丹麦	27	新加坡		
14	挪威	28	埃及		

在这个结果中，美国在40个被评估的国家(地区)中排名第11位。尽管美国在四个维度中做得很好(出口、人民、旅游和移民)，但是它在两个方面表现较差(文化传统和政府)。许多美国之外的人都认为美国缺乏文化,政府得分低也并不奇怪,因为全球都反对伊拉克战争,美国政府最近对待战俘的丑闻(巴格达阿布格莱布监狱和关塔那摩基地)也令世界反感,还有他们对伊朗和朝鲜动武的威胁。

一个国家(地区)的形象,同任何品牌形象一样,不是一成不变的,而是根据领导和人民的行动而变化。一国(地区)政府的行动可以被其他国家(地区)的人理解为对文化的敏感和尊重,或者是自大和无礼——因此体现了半个世纪前一本书中的漫画《丑陋的美国人》以及随后一部同名电影所表现的内容。类似的,人民的行为,如在世界各地旅行,可以被认为是他们对所访问国家(地区)的感谢和尊重,也可以看成是粗鲁无礼。总结来说,国家(地区)具有积极的形象同其具有良好的国家(地区)关系和经济形势一样重要。我们每个人都在这方面起到作用。

2.2.5 世界级品牌的特征

一些品牌有着极为突出的品牌资产,它们配得上"世界级"的称号。由市场调查公司 Harris Interactive 公司开展的著名的 EquiTrend 调查每半年进行一次,调查涉及超过25 000名消费者,他们共同而不是单独地给超过1 000种品牌打分。每位被访者在80个品牌的如下项目上打分:① 是否熟悉这一品牌;② 该品牌的质量如何;③ 是否会考虑购买这一品牌。这三项得分共同构成了每一品牌的品牌资产得分,范围从0到100分。[29]得到较高分数的品牌是知名品牌,被认为是高质量的,并且很可能是被购买的候选品牌。

最近一期的 EquiTrend 调查(表2.2中)显示了总体资产最高的十个品牌。这些品牌中的很多个经常出现在 EquiTrend 排名前十的榜单中。在 EquiTrend 的衡量标准下得到高分的品牌一般是对消费者有一个直截了当的承诺并在持续的时间内达成和实现这一承诺。简单地说，这些品牌拥有较高的品牌资产，因为它们很著名并且在消费者的记忆中拥有强烈的和良好的联想。

表2.2 世界综合排名十大品牌（基于1 030个品牌的品牌资产趋势分析结果,2006年）

品牌	排名	资产得分
Reynolds Wrap Aluminum Foil	1	80.8
Ziploc Food Bags	2	79.1
Hershey's Milk Chocolate Bars	3	78.1
Kleenex Facial Tissues	4	78.0
Clorox Bleach	5	78.0
WD-40 Spray Lubricant	6	77.7
Heinz Ketchup	7	77.5
Ziploc Containers	8	77.2
Windex Glass Cleaner	9	76.9
Campbell's Soups	10	76.6

资料来源:2006年数据调研公司 Harris Interactive 的品牌资产趋势分析,http://www.harrisinteractive.com/news/allnewsbydate.asp? NewsID=1063(accessed July 26,2007)。

另外还有一个由 Interbrand 公司每年进行的品牌排名分析,这一分析排出世界100大品牌。[30]它的品牌排名方法基于计算:① 公司收入中能够归功于其品牌的比例;② 品牌在销售点能够影响消费者需求的强度;③ 品牌获得持续的消费者需求(是品牌忠诚的结果)和重复购买可能性的能力。只有那些提供公开的财务数据(因此排除了私人公司)以及至少三分之一的收入来自国际运营的公司是 Interbrand"最佳全球品牌"排名的候选公司。这个原因解释了为什么许多在表2.2中的公司(只包含美国品牌)没有被包含在 Internbrand 20 大品牌的名单中。表2.3列出了2007年 Interbrand 分析中的20大"最佳品牌"。

表2.3 Interbrand 20大"最佳品牌",2007

排名	品牌	原产国	品牌价值(百万美元)
1	可口可乐	美国	65 324
2	微软	美国	58 709
3	IBM	美国	57 091
4	通用电气	美国	51 569
5	诺基亚	芬兰	33 696
6	丰田	日本	32 070
7	英特尔	美国	30 954
8	麦当劳	美国	29 398
9	迪士尼	美国	29 210
10	奔驰	德国	23 568
11	花旗	美国	23 443
12	惠普	美国	22 197

（续表）

排名	品牌	原产国	品牌价值(百万美元)
13	宝马	德国	21 612
14	万宝路	美国	21 283
15	美国运通	美国	20 827
16	吉列	美国	20 415
17	路易威登	法国	20 321
18	思科	美国	19 099
19	本田	日本	17 998
20	谷歌	美国	17 837

资料来源：Interbrand Report,"Best Global Brands 2007," http://www.interbrand.com/best_brands_2007.asp。

2.3 影响消费行为,实现投资回报

我们在第1章讨论 IMC 的准则时,一个主要强调的方面是营销传播努力应该直接最终地影响行为而不仅仅是增强品牌资产。创造品牌知晓度和提升品牌形象有可能不会起到多大的积极效果,除非人们最终进行了购买行为或产生了其他形式的我们期望的行为——对于"行为",我们的意思是消费者采取了一些行动,例如为一个慈善组织捐款,戒烟,为一个政治候选人投票,坚持一个节食计划,参加一个音乐会,参加一个项目组的工作而不是考虑是不是要开始,等等。所有的这些行为,或者说行动,与那些行为前的认知或情绪,以及仅仅是考虑做某事是否是一个好主意或对做某事的期望感觉很好是相反的。行为最主要的特征是行动。

营销传播的最终挑战是影响行为,无论行为的性质怎样。为了下面的讨论简单起见,我们现在开始讨论的行为限定在商业组织的范围内而不包括其他形式的行为。从这一点上来看,行为实质上等同于购买行为。当然,购买行为是一个基于消费者的概念(例如消费者购买产品和服务)。从营销者的角度来看,对消费者的期望行为是销售量和收入,在这里收入是销量的货币化表示(销量×净价格＝收入)。从这个角度来讲,营销传播的目的是最终影响销售量和收入。

营销传播的效果,或者是它特别的组成部分,例如广告的效果,可以用其是否基于营销传播投资产生了合理的回报来衡量。如果你学习了基本的会计、金融或管理经济学的课程,对这个投资回报率的概念应该很熟悉,但在营销领域内,这个概念指的是**营销投资回报率(ROMI)**。在这个越来越强调投资回报的世界,正如第1章所讨论的,营销实践者包括整合营销实践者必须证明广告上的额外投资带来的回报达到或超过了其他的公司资金的用途。首席执行官(CEO)、首席营销官(CMO)和首席财务官(CFO)越来越多地问道："我们的营销投资回报率是多少?"大量的营销经理极为重视对营销业绩的衡量,营销学者也同营销实践者一道探索衡量营销业绩的方法以使得对营销行为能够进行财务方面的衡量。[31]正如下面这段话所说的,这种对测量营销业绩的重视背后主要有两个动机。

第一,来自 CEO 和董事会的对营销部门投资回报越来越多的要求使得对业绩的测

量越来越受到重视。CMO 为了在高管中真正赢得地位,必须向公司定义和汇报量化的业绩衡量指标。这些衡量标准必须清楚和令人信服地向合适的听众汇报。第二,另一个同等重要的驱动力是要求 CMO 做得越来越好的需要。由于部门之间预算的争夺越来越频繁和激烈,CMO 只有通过测量和理解它正在做什么、没有做什么来使得营销变为一个更有效率的部门。[32]

2.3.1 营销传播效果评估的难点

尽管大多数的营销经理都同意测量营销业绩是非常重要的,但目前没有多少组织能够科学细致地进行这一工作。这不是因为营销经理不在乎确定他们营销传播工作的哪一方面有效或没有效率,而是因为测量营销业绩的难度。有如下几个原因导致了问题的复杂性:① 确定一个有效性的衡量和标准存在许多的障碍;② 组织内的所有人赞同一个最适合的特定的方法是非常困难的;③ 收集精确的数据来评估有效性是困难的;④ 确定特定的营销传播要素在已经被选择来表示有效性的测量上的确切效果也是有困难的。

选择一个度量标准

首要的问题是应该选择哪一个具体的测度(也叫做度量标准)来判断营销传播的效果。在开始讨论选择正确的度量标准的重要性之前,我们不妨先看一看选择一个评估棒球投手表现的度量标准的例子,这对我们接下来的理解很有帮助。在赛季末,人们怎样判断一个投手是否经历了一个成功的赛季?一个经常使用的度量标准是投手的胜率。但这个度量标准可能并不理想,因为有可能投手个人表现得非常出色——比如,平均每场比赛仅仅投丢三个球——但还是仅仅有一个非常平庸的胜率,因为他所在的烂队根本无法获得上垒得分。另一个可能的衡量投手表现的度量标准是投手责任得分率(ERA),这一指标测量的是投手在每九局比赛中投丢球的数量。例如 ERA 为 6.00 说明对手在一个九局的比赛中平均每局在这个投手身上获得三分之二球。

ERA 是一个有用的度量标准,但是棒球专家还用其他的方法来评价投手的表现。另外一个指标是投手的安打加四坏除以投球局数,也就是投手被上垒率(WHIP)。这个度量标准同样有缺陷,因为它在计算时将多垒安打(即二垒打、三垒打、本垒打)与单垒打和保送视为等同的。[33]基于这个原因,评估投手表现的一个比较好的度量标准是每个击球员的垒数,即 BPB。这个度量标准将击球员在一个赛季中的安打和保送次数相加,再给每个二垒打额外加一分,给每个三垒打额外加两分,给每个本垒打额外加三分。再用这个总数即总垒数(GTB)除以投手面对的击球员数量,就得到了这个投手在赛季中的 BPB。[34] BPB 分数越低,该投手在最小化对方球队垒数方面做得越好。

这段关于棒球的貌似离题的讨论和营销是很相关的,它说明了对于每一个要判断表现的领域来说,多种标准都是可行的;但是,并不是所有的标准都同等有效。我们回到商业领域来进一步讨论度量标准的问题。

考虑一个例子,一家汽车公司对某一车型的营销传播预算比上一年增加了 25%。公司将会联合使用电视、杂志和在线广告来宣传这一车型。公司还会赞助一个专业的高尔夫球锦标赛并且在几个其他的体育和娱乐活动中出现。并且,公司还会实施一个返还活动来鼓励消费者马上而不是延迟购买。公司应该使用什么度量标准来测量营销传播努力的有效性?可能的选择包括在活动之前和之后的品牌知晓度的变化,对于这一车型态度的改善程度,相比去年增加的销售量。但这些选择都有一定的问题。例如,知晓度只有在其增加的部分转化为一部分的销售增长时才是营销传播有效性的良好测量;同样,改善的态度和购买倾向只有在它们转化为这一个或下一个财务期的销售增长时才是合适的指标。并且销售收入本身也不是一个完美的指标,因为在这一财务期内的营销传播努力在当前财务期内不会提升销售收入,往往直到稍后的时期内才会显现效果。简单地说,不存在完美的能够判断营销传播有效性的度量标准。所有的测度/度量标准都在某些方面存在缺陷,尽管其中的一些(例如前面关于棒球的讨论中的 BPB)要优于另一些(例如 WHIP)。

怎样最好地测量营销投资回报的难度,可以从一个最近由全国广告商协会(ANA)在会员中进行的研究看出。[35] 受访者回答关键问题,即确定哪一种指标最接近他们公司关于营销回报率的定义时,受访者给出了超过 15 个版本的 ROMI。这项研究证明公司在测量 ROMI 的问题上存在广泛的分歧。最常用的五种度量标准是:① 营销活动带来的销售收入的增加值(66%的受访者选择了这一指标);② 品牌知晓度的变化(57%);③ 营销活动带来的总销售收入(55%);④ 购买倾向的变化(55%);⑤ 针对品牌的态度的变化(51%)。[36] 总比例相加超过了 100%是因为一些公司使用多种标准。值得注意的是,最热门指标中的三个(品牌知晓度、态度和购买倾向的变化)甚至与销售收入无关,只是基于销售前的诊断。

达成共识

通常的情况是,当代表不同组织的聪明人被要求选择一个问题的解决方案时,很难会达成共识。这并不意味着人们不合作,而是拥有不同背景的具有不同组织兴趣的人通常对世界有不同的观点,对于哪一个指标能最好地反映业绩也有不同的看法。金融背景的人倾向于使用现金流折现和净现值来做出投资决策,而营销经理则传统上使用品牌知晓度、形象和资产来反映成功与否。[37] 因此,达成测量营销传播表现的合适系统的目标需要不同公司经理达成共识,而他们很可能对于表现应该如何评估存在不同的观点。

收集精确的数据

无论选择什么样的测度,任何想要准确地测量营销传播表现的努力必须要有可靠和有效的数据。回到汽车公司的例子,假设销售量被用来测量这一年营销传播努力的有效性。看起来,精确地评估这一财务期销售了多少单位的车型是很容易的。但是,今年销售的一部分车辆是上一年的留存订单。并且,销售掉的一些汽车是快速被销售的,和对消费者的营销传播努力没有关系。销量应该怎样计算也是存在疑问的,因为在卖给经销商和卖给最终消费者的车辆之间存在不同。总而言之,收集到精确的数据绝非易事。

确定明确的影响

我们假想的汽车公司将会使用多种营销传播工具(不同的广告媒体、几个事件和定期的返还)来向消费者推销汽车。最终,品牌经理和其他营销经理有兴趣知道的不仅仅是营销传播方案的总体效果。他们也需要确定营销方案的各个要素的效果如何,以在未来分配资源时做出更好的决策。这可能就是全部问题中最复杂的。每个要素相对其他要素对于销售量的影响如何?一种叫做营销组合模型的方法越来越多地被用来实现这一目的。

2.3.2 运用营销组合模型测量效果

为了理解和领会营销组合模型的性质和作用,我们回到汽车制造商的例子,该厂商对于某一车型的营销传播预算比上一年增加了25%。为了给品牌做广告和进行促销,厂商使用了下面的营销传播工具:(1) 通过电视、杂志和在线媒体做广告;(2) 赞助一个专业的高尔夫球赛以及其他几项体育和娱乐活动;(3) 使用一个极具吸引力的返还方案来鼓励消费者现在就买而不是稍后再买。[38]

每一项活动都可以被认为是组成品牌营销传播组合的独立要素。营销组合模型要解决的问题是:每一个要素在前一期对于这一车型的销售量有什么影响?营销组合模型使用了著名的计量经济学方法(例如多元回归分析)来估计广告、促销和其他营销传播要素对销售量的驱动影响。尽管提供一个对回归或其他 MMM 中使用的复杂分析技术的技术性解释超出了本书的范围,但这其中的理论基础是很简单的。让我们用下面的多元回归方程来解释这个方法:

$$Y_i = \beta_0 + \beta_1 X_{1i} + \beta_2 X_{2i} + \beta_3 X_{3i} + \beta_4 X_{4i} + \beta_5 X_{5i} + \beta_6 X_{6i} \tag{2.2}$$

其中:

Y_i = 研究期间内汽车的销售量,设为第 i 期;

X_{1i} = 第 i 期电视广告(设为要素1)的支出额;

X_{2i} = 第 i 期杂志广告(要素2)的支出额;

X_{3i} = 第 i 期在线广告(要素3)的支出额;

X_{4i} = 第 i 期高尔夫球锦标赛(要素4)的支出额;

X_{5i} = 第 i 期其他较小的事件赞助(要素5)的支出额;

X_{6i} = 第 i 期返还(要素6)的支出额;

β_0 = 没有任何广告或促销时的基本量;

$\beta_1, \beta_2, \beta_3, \beta_4, \beta_5, \beta_6$ = 对不同的广告和促销要素对销售量的影响的估计。

为了运用营销组合模型,我们需要一个相对较长期的纵向数据。每一期的数据包括该期内的销售量(Y_i)以及相应的每个项目要素的广告、促销和赞助的支出(从 X_{1i} 到 X_{6i})。想象一个例子,我们假想的汽车公司每周都记录销售量、精确的广告和促销要素的支出,这个记录期为整整两年。这个记录将会给出 104 个观察(52周×2年),这个样本足够用来估计出每个项目要素的可靠的系数。

营销组合模型的统计计算给出了关于每个方案要素对于这一车型销量影响的统计

证据。经理从这项分析中可以知道哪一要素的表现要好于其他要素,并且可以使用这一统计信息将预算从一个项目要素转移到另一个项目要素上。显然,更有效的要素比无效的要素在将来会获得更多的预算。

营销组合模型已经被持续地使用了接近四分之一个世纪,目前是一个使用的高峰,领先的营销者例如宝洁和 Clorox 公司都从这个分析方法中获益良多。例如在最近的一年中,宝洁对 MMM 的应用使得公司改变了对 4 亿美元的广告和促销预算的使用。[45] 根据这一模型,宝洁持续地增加广告投入。不同的是,Clorox 对于 MMM 的使用使得公司将资金从广告转到了促销。关键之处在于每一个对营销组合模型的应用都是基于独特的营销环境的。对母鹅(比如宝洁)有用的不一定对公鹅(比如 Clorox)也有用。换句话说,一个解决方案并不可能放之四海而皆准。

营销组合模型被如宝洁和 Clorox 这样的消费品公司广泛地使用,同时它也正越来越多地被非消费品公司在 B2C 的环境中使用,使用它的还有 B2B 公司。任何公司都可以使用营销组合模型的技术,只要该公司拥有(或者从外部途径购买)连续期间的销售数据以及对连续期间内所有广告、促销和其他营销传播要素支出的精确记录。我们这里提到的汽车公司的例子只是一个简单化的例子,因为一个完整的营销要素分析不仅仅要考虑在某一特定广告媒体,例如电视上的投入,还需要将数据分解为各个类型的电视支出(如网络电视和数字电视)和不同的时段(普通时段和黄金时段等)的支出。分解得越细化,我们就越能够得到一个更好的确定哪一个营销组合要素对于驱动销售最有效或最无效的分析。

IMC 聚焦 湾仔码头的品牌塑造

"湾仔码头"是一个速冻食品品牌,属于美国通用磨坊食品公司。目前在中国一二线城市它不仅已成为家喻户晓的品牌,而且已成为速冻水饺的第一品牌。令这一品牌迅速崛起则源于一个令人感动的"臧姑娘的品牌故事"。

当美国通用磨坊食品公司打算进军中国的速冻食品市场时,他们看到了一个新的市场机会——高端市场的速冻水饺。当时,中国的速冻水饺品牌繁杂,低端或无品牌的水饺大行其道。

为了开辟速冻水饺的高端市场,通用磨坊食品公司做了深入细致的前期市场调查和消费者需求研究。调查发现,香港"湾仔码头"的创始人臧健和,从一个流落香港衣食无着的弱女子,到名震全球的"水饺皇后"的创业故事正好契合了公司对品牌个性和品牌形象的要求,于是,围绕臧姑娘的品牌故事及高价位品牌定位的"湾仔码头"开始在中国大中城市面市,并迅速引起消费者的追捧。

臧健和女士,人称臧姑娘,1977 年带着两个年幼的女儿从青岛来香港,生活陷入困境。臧健和开始只能出去做散工,后来学着街边小贩摆摊卖面食,虽说味道一般,生意却不错。于是她打定主意,做手工水饺来卖。起初她拿出身边仅有的几百块钱添置了一辆木头车和做饺子的原料,在香港湾仔的码头边摆摊卖起水饺来。那时,包饺子、煮饺子、卖饺子都是她一个人。由于她的水饺味道鲜美,价钱亦不贵,服务也很好,有了不少熟客。后来,她又在码头边上的堆货场搭了个木屋,建起了"山寨工厂",既卖热水饺,也卖生水饺。臧健和就此长久地停留在她的湾仔码头上,如今,湾仔码头水饺占领了香港100%的新鲜水饺市场、30%强的冷冻饺子市场。

1997年美国通用磨坊公司开始与臧女士合作,湾仔码头水饺继而在上海、广州建立生产基地,推出手工包制的湾仔码头水饺、馄饨和汤圆。如今,湾仔码头水饺又占据了华南市场冷冻食品的半壁江山,在北京也达到了20%以上的市场份额。

湾仔码头水饺产品无论在香港市场还是内地市场的成功首先得益于它上佳的口味。继承山东饺子的特色,目前已形成湾仔码头水饺独特的口味。"皮薄、馅多、味鲜"是人们给予湾仔码头水饺的共同评价。在食品安全问题上,湾仔码头一直严格把关,其产品使用来自中粮集团特供的优质面粉,从世界最大的良猪育种公司英国PIC公司引进的优良种猪的前腿肉,湾仔码头专属的蔬菜基地的无公害蔬菜,以及李锦记的特供酱油。

另外,和很多冷冻食品企业经常大打价格战不同,湾仔码头从进入内地市场开始就坚持中高端的定位。湾仔码头有些品种水饺的价格是其他品牌同类产品的两倍左右。湾仔码头定位较高的原因一方面是因为其原料和加工的成本要比其他企业高一些,另外一方面它也抓住了消费者从价格推断质量的心理。很多消费者利用价格作为产品质量的指示器。湾仔码头较高的价格抓住了有一定消费水平的购买者,同时消费者在初次购买之后认为产品的价格和品质是匹配的,就会进行二次购买。

现在有关臧姑娘的人生故事已被拍成了电视剧,她代表着一个香港的传奇,一个将小小的中国民俗食品打造成国际大品牌的传奇。《华尔街日报》曾这样评论道:"湾仔码头"教会了美国人烧中餐,在美国人心目中,"湾仔码头"就代表着中国美食。在每一袋湾仔码头的水饺上都印有臧姑娘的创业经历,臧健和也在内地电视台做访谈节目,接受报纸杂志的专访,使得湾仔码头的故事为更多人熟知,使很多消费者萌生了对这家企业的敬意。这无疑在潜移默化中提高了湾仔码头的品牌形象。

资料来源:湾仔码头官方网站 http://www.wanchaiferry.com.tw/。
孟蝶,《"水饺皇后"制造"湾仔传奇"》,《河南商报》,2009年12月16日。

讨论题:
湾仔码头的品牌塑造成功的核心要素有哪些?

小结

本章讨论了品牌资产的性质和重要性。品牌资产是品牌中的价值,这一价值来自较高的品牌知晓度和消费者记忆中关于该品牌强烈的、良好的和独特的品牌联想。营销传播努力在增强品牌资产方面起着重要作用。品牌资产进而又会提高消费者品牌忠诚度,提高市场份额,同竞争品牌区分开来,并且可以索取相对更高的价格。本章还讨论了不要将评估营销传播表现局限于品牌资产的衡量的重要性,认为还应该考虑营销传播努力是否影响了行为。在检验营销传播努力对于行为的影响时,可以通过能衡量的投资回报来判断,这有助于营销传播者向CFO要求增加预算。营销组合模型的技术提供了一个评估各个营销传播要素有效性、决定预算怎样在方案的各要素间调配的分析方法。

讨论题

1. 请比较自我导向和信息导向的方法在增强品牌资产方面的区别。

2. 假设你所在的大学很难吸引到当地的非学生居民来参加足球比赛。学校的运动主管要求你所在的机构(例如美国营销协会在当地的分会)设计一个鼓励当地居民参加足球赛的广告方案。你会使用什么方法/度量标准来评估这个广告方法是否有效?你怎样评估广告运动的ROMI?

3. 请举出几个(书中例子之外的)联合品牌广告营销或混合成分品牌营销的例子。

4. 为什么营销的投资回报对于营销传播者非常重要?

5. 当从公司的角度讨论品牌资产时,随着品牌资产的提升,各种积极的结果也会显现:① 更高的市场份额;② 更高的品牌忠诚度;③ 能够索要更高的价格;④ 能够获得额外的收益。请选择一个你非常喜欢的品牌,解释这个品牌如何比同类产品中的其他品牌具有更好的品牌资产(用上面这四种表现来说明)。

6. 如何理解营销传播应该是直接的并且从根本上影响消费者的行为而不仅仅是增强品牌资产?举一个例子来支持你的答案。

7. 请举出一些品牌的例子,这些品牌的定位方式反映了五种个性维度:真诚、激情、能力、精致和粗犷。

8. 请描述增强品牌资产的杠杆战略。选出一个品牌并根据图2.3来说明该品牌如何通过将其同地点、事物、人和其他品牌相联系来建立积极的品牌联系,进而增强品牌资产。请具体说明。

9. 百事公司的一名前CEO曾说,"在我看来一个人能够对一个品牌做出的最好的评价就是说这个品牌是他的最爱"。请列出两个你最喜爱的品牌。描述这些品牌在你心目中具体的品牌联系是什么,为什么它们是你的最爱。

10. 你怎样看待IMC聚焦中所说的神经营销?你认为这种技术道德吗?你是否担心营销人员会运用从这种方法中得来的信息来控制消费者?

11. 运用图2.1中的框架,描述下面这些品牌在你心目中的品牌联系:① 哈雷·戴维森摩托车;② 悍马汽车;③ 红牛功能饮料;④《华尔街日报》;⑤ 帕里斯·希尔顿;⑥ 丰田普锐斯汽车。

12. 选择一个机动车品牌(汽车、卡车、摩托车、SUV等),并描述这个品牌在你的脑海中品牌联系的类型、喜好程度、强度和独特性。

13. 请根据本章开篇的营销传播洞察部分以及之后的关于品牌资产的章节,解释为什么品牌知晓度是品牌资产的必要但不充分条件。

第 3 章

促进新品牌的成功

第 3 章关注营销传播在新产品接受中的角色以及营销传播人员怎样促进产品的接受和扩散。本章细致地描述了决定品牌形象的最基本要素：品牌名称、标识和包装，探讨了一个好的品牌名称的必要性、达成一个好的品牌名称的步骤以及品牌标识的作用。此外还介绍了一个有用的框架，这一框架描述了视觉、信息、情绪和功能性因素对包装成功的决定作用。

宏观营销传播洞察 金牛在前，五百随后，金牛又重归

于 1986 年推出的福特金牛，是福特汽车历史上最成功的车型。在它投产的头 20 年——1986 年到 2006 年，2006 年开始生产暂停——福特售出了超过 750 万辆金牛汽车。在 1992 年到 1996 年之间，金牛是美国销量最佳的汽车，尽管在 1997 年它被丰田凯美瑞取代，并且随后市场份额逐渐被外国竞争对手包括凯美瑞和本田雅阁夺取。福特高层决定在 2006 年停止生产金牛汽车，这时福特五百开始进入市场代替了金牛。

回想起来，福特高层显然是做出了一个很坏的决策。金牛是一款具有很高消费者知晓度的汽车，并且有很好的品牌形象——正的品牌资产的构成要素（回忆前一章的讨论）。但五百是一种在推出时品牌知晓度为零的新车型。实际上，在进入市场两年后，五百仍然无法达到能获得高水平销售成功所必需的品牌知晓度。除了五百的局限外，消费者还感觉遭到了背叛，因为他们不能再买到金牛这种广受好评的车型。福特公司因此面临着一个两难的困境：不高兴的金牛用户和不太可能吸引许多新用户的新车型——五百。

在 2007 年，福特的新首席执行官 Alan Mulally 接管了福特。他的第一个决定就是放弃五百车型并用金牛车取而代之。Mulally 认为可能要花费很多年才能使新的金牛达到过去 20 年金牛作为美国顶级车型所获的品牌资产。新的金牛同被它取代的五百一样，在更加高端的市场进行竞争，这一点同老金牛不同，老金牛主要同如雅阁和凯美瑞这样的中端车进行竞争。只有时间才能证明新金牛能否达到其前身所达到的成功高度。但能够确定的是金牛的营销者需要投入巨额的资金进行营销传播来重振这个曾经令人骄傲的车型，并且重新告诉市场新的金牛与早期的金牛完全不同

(更大,更好)。

资料来源：Renée Alexander, "Fod Taurus—Dead Bull?" July 2, 2007, http://www.bandchannel.com(accessed July 2, 2007); "Ford Taurus," http://en.wikipedia.org/wiki/Ford_Taurus(accessed August 11, 2007)。

本章目标

在阅读本章后你将能够：
1. 理解营销传播在促进品牌推出方面的作用。
2. 解释影响新品牌接受的创新因素。
3. 理解品牌名称在促进新品牌成功方面的作用。
4. 解释有关品牌命名的过程。
5. 理解品牌标识的作用。
6. 描述创造有效包装背后的各种因素。

3.1 介绍

推出新品牌对于获得持续的增长和长期的成功至关重要,这一章将考察影响新品牌被市场接受和成功存活可能性的一般因素。我们还将考察开发产品名称和设计包装的有关因素,这两方面在影响新品牌的最初成功和成熟品牌的持续成功方面都起到了关键作用。

推出一系列的新品牌对于大多数公司的长期增长来说是至关重要的。尽管在推出新品牌方面投资巨大并付出了巨大的努力,仍有许多公司从未获得成功。尽管很难明确地说出失败的新品牌的百分比,但失败率一般是在35%到45%之间,并且这一比率可能还在上升。[1] 这一章将解释营销传播在促进成功地推出新品牌方面的作用,并且将会尤其强调品牌名称、品牌标识和包装在帮助新品牌(或已有品牌)取得成功上的作用。

3.2 营销传播与品牌采用

对于新思想包括新品牌的接受,一直以来被称为是品牌采用,尽管这里强调的是关于某一确切品牌而不是整个产品类别。我们首先从一般的消费者和B2B消费者意识到新品牌,尝试购买品牌,并且有可能变为重复购买者这一过程开始。[2] 尝试和重复购买的概念尤其适用于较便宜的消费产品,甚至也适用于昂贵的耐用品,例如汽车通过试驾来首次尝试,从长期的内部购买率上来看,那些试驾过汽车的消费者的重复购买率更高于一些普通的消费者。此外,由B2B客户购买的产品同样适用于尝试和重复购买的概念。

图3.1中的模型,称为品牌采用过程,(用圆圈)指出了个人变成一个新品牌的采用者的三个主要阶段。这些阶段包括知晓、尝试、重复购买者三个群体,群体是指处在

同一阶段的,或是仅仅知道品牌,或是尝试了该品牌,或是品牌的重复购买者的一组或一类消费者。在圆圈周围的方框大多是在将消费者从知晓经由尝试最后变为重复购买者的过程中起作用的营销传播工具。请注意,这些工具名称后面的括号中指明了其适用的领域,或者是 B2C,或者是 B2B,或者二者都适用。

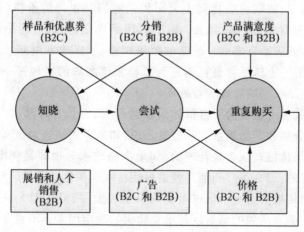

图 3.1　品牌采用过程模型

图 3.2 中 $Fruit_2O$(卡夫食品的一个品牌)的广告,将会引导下面的讨论。$Fruit_2O$ 最初是一种果味饮料产品,共有八种口味(山莓、葡萄、柠檬,等等)。卡夫食品后来在产品线中扩展了四种维生素加强型果味饮料,叫做免疫、能量、水合和松弛——每种都有不同的维生素添加物。例如,$Fruit_2O$ 免疫(图 3.2)含有抗氧化剂和维生素 A;$Fruit_2O$ 能量含有咖啡因和维生素 B。

图 3.2　阐释品牌采用过程的广告

促进品牌采用的第一步是使得消费者意识到产品的存在。图 3.1 列出了**知晓群体**的四个决定因素:免费的样品和优惠券,贸易展览和个人销售,广告,分销。这其中的前三个显然是营销传播活动;第四个分销,也是与营销传播活动紧密相连的,因为销售点促销材料和货架摆放也是要引入的方面,优惠券也能够减少价格敏感型消费者的花费。在 B2B 营销领域,贸易展览和个人销售努力对于使得潜在客户群体知晓新产品是非常重要的。尽管在品牌采用过程模型中没有体现口碑传播这种免费的广告形式,但在促进品牌知晓度方面它也起到了重要的作用。后面的一章将会详细地讨论营销传播者为推出新品牌建立蜂鸣氛围而做出的努力。

一旦消费者和客户开始意识到一个新产品或品牌，他们真正尝试新产品的可能性就会提高。[3]优惠券、分销和价格是影响**尝试者群体**（见图 3.1）的因素。也就是说，能够节省几分钱的优惠券、在零售店货架上大面积的陈列和更低的价格（例如介绍性的低价的产品）都会促进对新品牌的尝试。对于耐用品来说，尝试可能是试驾一款新车或光顾一家电子产品商店亲自尝试一款新的数码相机、手机或者电脑。对于较便宜的消费品来说，尝试购买一个新品牌更可能是为了检验该品牌的表现——味道，清洁能力，或者任何有关该产品类别的属性和益处。

重复购买，也就是由**重复购买者群体**采取的行为，它是五种基本力量的函数：个人销售、广告、价格、分销和产品满意度。也就是说，如果个人销售力量和广告持续地提醒该品牌的信息，如果价格被认为是合理的，如果产品或服务很容易获得，如果产品质量被认为是令人满意的，那么客户和消费者更可能持续购买这一品牌。在这最后一点上，毋庸置疑的是营销传播努力对于促进重复购买至关重要，但他们无法弥补产品较差的表现。消费者对于某一品牌的满意度是重复购买的决定因素。消费者一般不会持续购买那些没能够达到预期的品牌。

3.2.1 影响品牌采用的品牌特征

讨论到现在我们已经确定了影响品牌采用的营销传播工具。我们现在转向五个与品牌相关的影响消费者对于新品牌态度，进而影响采用新品牌可能性的特征，那就是品牌的：① 比较优势；② 兼容性；③ 复杂性；④ 可试验性；⑤ 可观察性。[4]需要指出的重要的一点是我们的讨论限于新品牌的范围，而不是新产品，但也会出现的情况是新品牌往往也是新产品，而不仅仅是后来者在已有的产品类别里推出的产品。

比较优势

这代表消费者感知到一个新品牌在多大程度上在某些属性或优势上要好于已有的品牌选择。**比较优势**是消费者感知的函数，而不是在新的产品类中的新品牌是否确实在客观标准上更好。

比较优势与一项发明的采用率正相关。也就是说，在其他情况不变的情况下，相比一个已有品牌，一个新品牌拥有越大的比较优势，它就越不能有更快的采用率。在其他条件不变的情况下（相反，一个品牌的比较劣势——高价格，很难学会怎样使用新产品，等等——将会阻碍采用率），总体上，一个新品牌在多大程度上具有比较优势取决于该品牌能否提供：① 相比其他选择更好的表现；② 在时间和努力上的节省；③ 直接的回报。

考虑下面列示的比较优势：

数码相机允许摄影师在将照片打印之前先预览照片。并且，这些照片可以以数字格式进行电子传输，因此可以避免蜗牛般的邮寄照片带来的费用、烦扰和时间浪费。

糖果品牌 Splenda 对于消费者来说具有独特的比较优势，因为其产品口味像糖但却不含卡路里。

混合动力汽车（例如丰田普锐斯）提供了富有意义的比较优势，这种汽车比传统的全汽油燃料的汽车更加节省能源和环保。

平板等离子电视占据的空间更小，更加轻便，并且比普通电视分辨率更好。这种技术对大多消费者来说比较昂贵，这也解释了其缓慢的家庭采用率，但酒店和餐馆已经在从传统电视向平板电视过渡了，在价格降下来后家庭也会如此。

所谓快速清洁类的产品品牌在近几年来迅速发展。这其中就包括宝洁的Swiffer，这是一种家用拖地系统，使得消费者能够通过将附在拖把上的电子吸尘片放在地面上来轻松清除顽固的灰尘。宝洁的魔力清洁先生是另一个相对于传统清洁产品提供了独特的比较优势的快速清洁品牌。

苹果iPod的MP3播放器提供了巨大的音乐存储能力并且便于携带。所以在苹果成功之后大量竞争者争相跟进并不奇怪。

联合利华推出了一个为众多父母所期待的产品：滴落较少的冰棍。这一产品名叫Slowmelt Pops，这些特殊设计的冰棍减少了融化和滴落，使得冰棍在冰棍棒上附着的时间更长。

最后，任天堂的电子游戏Wii具有允许游戏玩家身体上参与游戏的比较优势，并使玩家可以虚拟地挥舞一个网球拍，参加一个棒球比赛，或者进行各种其他的虚拟的体力活动——以此参与到进行的游戏当中——这一点是其他的大众电子游戏很难做到的。

兼容性

一项发明创新被感知到的适应人们做事方式的程度被称为兼容性。总体上讲，一个新品牌在其匹配消费者的需求、个人价值、信念和过去的消费体验时就具有更大的兼容性。不兼容的品牌是那些被感知为与人们习得的怎样满足他们的消费需求的内容不一致的品牌。例如，尽管马肉在比利时、法国、意大利和西班牙等欧洲国家是一种牛肉之外的可选择肉类，但在北美就很难想象消费者会从他们深爱的牛肉转向这种较瘦的带有甜味的肉类。

再考虑一下传统上用瓶塞塞住酒瓶的方式。几百年来，实木瓶塞——栎树的外表皮——提供了酒瓶的瓶塞的原材料。实木瓶塞的备选项开始变为其替代品，包括塑料瓶塞甚至是用来拧开的金属瓶盖。尽管这些新型的瓶塞和木瓶塞一样有效（甚至更好，因为它们不会像有时散发出霉味的木瓶塞一样污染酒），许多传统人士仍认为非木质瓶塞是无法接受的。在许多人看来，木瓶塞代表着优质的酒类，而使用非木质瓶塞的酒则被认为是廉价的替代品。一项对美国酒类交易成员（餐馆和酒店等）的调查显示这些专业人士相信他们的客户认为非木塞降低了一瓶酒的身价，消费者之所以更喜欢木瓶塞不是因为性能表现而仅仅是因为传统原因。[5]换句话说，非木瓶塞与许多消费者和酒类爱好者认为酒瓶就应该"被木塞塞住"的想法不兼容。

总体上讲，更好的兼容性会提升采用速度。那些与消费者现存的状态兼容的发明创新相比风险较小，更有意义，并且需要更少的努力来融入到已有的消费生活习惯中去。混合动力汽车可能会经历一个相对较慢的采用率，因为混合汽油和电力，或者说混合动力的理念在某种程度上与消费者对于汽车应该如何使用能源的概念不兼容。然而,随着汽油价格的迅速上升,消费者将会越来越多地接受混合动力汽车,因为它们降低了开车的成本。

有时克服感知到的不兼容性的唯一方法就是通过大量的广告来说服消费者采用新方式做事情真的比现有的解决方案更优越。思考帕玛拉特和其他超高温处理(UHT)牛奶的例子,这种经过热处理的牛奶可以在货架上待长达六个月的时间并且味道和普通牛奶一样。耐储存牛奶在欧洲和拉美的很多地区是一种标准事物,在许多国家占据了超过50%的市场份额。但是在美国,UHT牛奶的销售情况却很差。意大利品牌帕玛拉特进入了美国的大众市场并致力于将美国消费者的偏好转向耐储存牛奶。但是,在美国市场超过十年的经营后,帕玛拉特的市场份额与冷藏牛奶相比仍然微不足道。问题就在其兼容性上:美国人以及其酷爱的冷藏牛奶。帕玛拉特和其他UHT生产厂商将不得不通过大量的广告来影响大量的美国消费者,使他们经常购买UHT牛奶而不是传统的冷藏牛奶。当然,因为成功还会引发进一步的成功,而那些受困于不兼容形象的品牌通常没有足够的资本来克服它们目前的状况。

豆奶的生产厂家也意识到它们必须采用积极的广告来克服不兼容的问题。尽管豆奶拥有相比传统牛奶更加健康的比较优势,但许多消费者仍回避购买豆奶。因为他们认为一种由植物制成的产品很可能味道很奇怪、很差,而不是味道更好,像与奶有关的麦片产品。在克服不兼容问题的努力中,豆奶品牌例如Silk和Great Awakenings已经增加了它们的广告预算以吸引新的消费者购买这一种类的产品。

复杂性

复杂性指一项发明创新被感知到的复杂程度。一项发明创新越难以理解和使用,采用率越慢。在21世纪很难想象的是,个人电脑在最初推出的时候被接受得很慢,因为许多家庭认为他们很难理解和使用。带有硬盘的可编程的电视的采用也比预期中的要慢,很可能是因为许多消费者害怕他们不会使用这项技术。

苹果iMac在20世纪90年代的成功证明了将产品变得简单易用的价值。iMac几乎瞬时间就获得了成功,在推出的最初六周就卖出了大约25万个,成为假期市场上最火热的产品。尽管这是一款很好的个人电脑,iMac1 299美元的零售价相比同样功能的竞争电脑品牌仍然是较高的。的确,从规格上看,最初的iMac电脑没有什么特别的,RAM为32MB的,还有4GB的硬盘和233-MHz的处理器。但是,iMac的设计是独特的。iMac具有五种新颖的色彩选择,透明的机身,浑然一体的设计,圆形(而是不是带有棱角)的外形以及事先装好的软件,看起来比任何其他个人电脑都与众不同。除了这种独特的设计,iMac可能是有史以来市场上最用户友好的电脑。实际上,用户只需插上电源打开它——无需任何启动安装,没有任何烦扰。这可能就解释了为什么iMac的购买者中有接近三分之一是首次购买者,他们显然相信iMac不会超出他们对复杂性的可接受范围。

可试验性

一项发明创新在被完全购买之前在多大程度上可以在有限的基础上使用被称为是

可试验性。总体上讲,可试验性较强的新品牌被采用得也越快。可试验性与感知风险的概念联系密切。试驾新车,在当地的超市中试吃免费产品,在购买前先试驾高尔夫球车,这些都是试验行为的例子。试验经历起到降低在永久性地购买某一产品后对其不满意的风险的作用。正如我们在后面的一章中要详细讨论的一样,免费样品是一种无可比拟的鼓励尝试的促销方法,可以降低伴随着在一个新的、没有试过的新产品上花钱带来的风险。

鼓励试验一般对于耐用品来说比对便宜的消费品更难。汽车公司可以允许消费者进行试驾,但是如果是电脑厂商和割草机厂商该怎么办呢?如果你足够创新的话,可以像苹果电脑和 John Deere 那样通过创新性的努力提供给消费者试验他们产品的机会。苹果公司推广了"试用你的苹果电脑"的促销活动,给了那些有兴趣的消费者在舒适的家中 24 小时免费体验电脑的机会。John Deere 则提供了一个 30 天的免费体验期,在这段时间内潜在消费者可以使用割草机,如果不满意则无理由退货。英国的路虎公司开展了一个独特的返款活动,以鼓励对路虎发现系列 II 型 SUV 的购买。潜在购买者可以驾驶新的 SUV 30 天或 1 500 英里,如果他们不满意,可以全额退还货款。

可观察性

可观察性是指新品牌的用户或其他人能够观察到新产品使用带来的积极影响的程度。一个消费行为越能被感觉到(看见、闻到等),就越能被观察到,也就是越显而易见。因此,使用气味轻微的香水就不如采用一个前卫的发型更显而易见,驾驶一辆带有新型引擎的汽车就不如驾驶一辆具有独特车身设计的汽车,如 BMW Mini Cooper 或 Hummer 更显而易见。总的来讲,更加可观察的创新会有一个更加快速的采用率,如果它们也拥有比较优势、与消费生活习惯兼容,等等。那些虽具有好处和优势但缺乏可观察性的产品一般被采用得较慢。[6]

我们可以用下面的例子来说明产品观察性的重要作用,耐克长期以来一直在其运动鞋例如 Shox 品牌中展示科技内容。在鞋跟部清晰可见的插入物传递了稳定、减震以及通过减震器带来的更好的弹跳能力。耐克本可以在设计时使得减震器不被察觉,但恰恰相反,耐克通过"显露科技"使得这一特征清晰可见,这样做就传达了耐克鞋比竞争品牌能提供更好的弹跳能力的信息。耐克显露科技有助于让消费者观察到新品牌的优势从而能更快地采用新品牌。

可观察性的重要性可能解释了为什么戴尔推出它的 Inspiron 笔记本电脑时采用了八种颜色(粉、黄、绿、红等),与其正常的产品种类大不相同。由于销售不利和增长缓慢,戴尔集合来自工业设计、工程、营销的各方面人员组成了一个新的组织单位,使得其能够迅速地对消费者的趋势做出反应并且推出一系列连续不断的令人激动的新产品。[7]

因为品牌本身就是一种消费优势,虽然这种优势更多的是一种符号意义而不是功能意义,所以可能并不奇怪的是为什么许多知名的服装品牌在它们的产品上显著地贴上其品牌名称和标识,使得全世界都可以看到,消费者犹如行走在品牌服装的广告牌中,这也是可观察性的一种表现。

3.2.2 量化品牌采用的因素

到目前为止我们已经描述了影响一个新品牌被采用的可能性和采用速度快慢的五个因素。更有意义的是我们不仅仅停留在描述上，而是基于案例说明一个计划的产品概念是否有很大的机会获得成功，进而量化地评价这五个要素。表 3.1 说明了完成这一目标的步骤。每一个因素都被打分，首先是一个计划的新产品是否成功的重要性，然后是该品牌在各个要素上表现如何，最后得到每个要素的分值。

为了说明，我们考虑一个除毛的例子。许多女性（和一些男性）去看医生或参加一些沙龙，通过镭射的方法去除其不想要的毛发。据估计美国每年毛发去除市场的收入超过 25 亿美元。[8] 镭射通过发出一种特定频率和波长的射线来阻碍毛囊的生长，这一射线只会被毛囊吸收，而周边的皮肤组织不会受到影响。想象一下如果这种方法可以家用的话，该产品将会多么受欢迎。真的会这样吗？吉列，作为著名的剃须刀和刀片品牌，深信这种产品将有巨大的市场需求。吉列和一家小公司 Palomar 医药科技联手开发了一款家用镭射除毛产品。Palomar 是镭射除毛领域的先行者，该公司最先从食品和药品部获得了使用这种方法除毛的许可。[9] 尽管家用的镭射除毛产品还不能够商用，我们假定它也适用于表 3.1 中的模型来量化这种产品成功的潜力。

表 3.1　量化品牌采用因素的实例

因素	重要性（I）	评分（E）	$I \times E$
比较优势	5	5	25
兼容性	3	3	9
复杂性	4	−2	−8
可试验性	5	−1	−5
可观察性	1	0	0
总得分	NA	NA	21

如表 3.1 所示，比较优势和可试验性是判定这个新镭射产品成功的最重要因素，重要性得分都是 5。这种家用除毛方法必须与传统的除毛方法进行比拼（例如，使用剃须刀刮腿毛或使用化学物质），这种方法更容易使用，更加长期有效，比较省力，痛苦也较小。这一计划中的新品牌（简单起见，我们称之为吉列镭射）必须相对已有的除毛产品拥有这些比较优势才能获得成功的机会。类似的，最重要的方面还包括潜在购买者在真正购买之前能够试用这一产品，所以可试验性的重要性也是 5。然而，兼容性被认为仅仅是一般重要（3 分），因为吉列镭射潜在的购买者也会愿意购买一个新的放射除毛的新方法，因为这种方法具有的独特优势足以抵消其相对于传统产品较高的价格。使用的复杂性，重要性是 4 分，被认为是决定产品采用的一个非常重要的因素，因为许多潜在购买者如果认为镭射方法过于复杂的话，将不愿意转变他们目前使用的传统除毛方法。最后，可观察性，在重要性上只得 1 分，因为这种产品的采用并不涉及其他人是否能看见这种产品是怎样起作用的，因为这完全是一个私人事务并且最好限于使用者自己知道。

在决定了重要性之后，我们转向对吉列镭射在影响品牌采用的五个因素上表现的评价。在比较优势方面，这一新品牌获得了最高分 5 分。维度的重要性得分和其在该维度上的得分的乘积使得吉列镭射在相对优势（$I \times E$）这一维度上获得了 25 分。因为这一产品并不是与其他除毛产品完全不同（都涉及移动一个物体，例如用剃刀在皮肤上刮），因此它的兼容性得分是 3，这样在这一项上 $I \times E$ 得分是 9。但我们可以从表3.1 中看到，吉列镭射在复杂性和可试用性方面的得分均为负。这一产品被认为是较难学会使用的，在购买之前也无法试用，除了可以在销售点观看产品使用的视频。因为可观察性并不重要，吉列镭射在这一维度上的 $I \times E$ 得分是 0，总得分是 21 分。基于过去的新产品引入的经验，我们假设吉列知道所有得到 18 分或以上的品牌一般在被引入市场时都会获得成功。因此，总得分为 21，吉列镭射很可能会获得成功。

尽管这一例子是假想的，但我们要说的是完全有可能通过量化品牌采用的五个决定因素得到一个总分，从而来预测一个新品牌成功的可能性。这种模型尽管有些主观，但是一个品牌管理团队和其各种营销传播代理商可以共同努力从而使得这些判断在某些程度上变得可靠。显然，消费者调查也能够被用来决定潜在的目标受众在各个特征上怎样给一个新品牌打分，以及他们怎样考虑各个因素在他们采用品牌上的重要程度。品牌经理可以建立一个电子表格尝试各种数字，来确定需要通过哪些改变以提高新产品成功的可能性。例如，因为吉列镭射在可试验性上表现不佳，品牌管理团队就应该认真考虑设计一个店内体验，允许潜在客户安全卫生地试用这一产品。

全球聚焦 肯德基"中式早餐"

自从 1987 年进入中国以来，肯德基的"本土化"策略就引起了人们的关注。2002 年开始，肯德基在全国部分城市的部分餐厅供应早餐，并于同年推出了极具中国本土特色的几款花式早餐粥，如海鲜蛋花粥和香菇鸡肉粥等，同时考虑到消费者对早餐的营养要求，又专门研发了新产品，如含有鸡蛋的芝士蛋堡、香脆营养的薯棒，并特别配有饮料如牛奶、果汁和港式奶茶，构成一个中西合璧的早餐系列。早餐食品每款价格从 3 元到 6 元不等。与竞争对手麦当劳坚持西方路线的特点形成了鲜明的对比。

肯德基的本土化策略最直观的反映就是菜单。在肯德基进入中国市场之初，其菜单还是照搬美国当地模式，力推美国消费者喜欢的吮指原味鸡、汉堡等产品。而当时的汉堡里，用的也是外国人喜欢吃的鸡胸脯肉。但是，他们后来发现，中国人并不爱吃鸡胸脯肉，而是爱吃腿部这样的"活肉"。在经过一番调研后，肯德基就将汉堡改成了鸡腿肉，而像牛肉这样通常制作汉堡的材料则没有出现在中国的肯德基餐厅中。

肯德基在进入中国后，专门设立了一支针对中国市场的研发团队，开发中式口味的产品。而每一个产品从研发到最后上市，需要经历 6—12 个月的时间，这段过程中要经过反复的市场调研以及不同范围内的试吃。而肯德基的菜单也因此从一开始进入中国市场时的纯美国化口味，变得越来越中国化，由中国团队研发的老北京鸡肉卷、新奥尔良烤翅、四季鲜蔬、早餐粥、蛋挞等"中式菜单"成为肯德基的主打产品。

肯德基不仅在原有产品基础上针对中国消费者口味进行了改良,还单独开发了"中式早餐"。肯德基表示,"推出粥食品只是一种尊重中国文化的具体体现",这一举动是为了迎合中国消费者素有的早餐喝粥的习惯。肯德基的中式早餐并不止于简单复制中式食品,而是常常大胆冲破传统观念。例如肯德基推出一款产品,冲破了面饼只能用来做春卷、裹片皮鸭的桎梏,把油条和萝卜干等常见的中式早餐食品裹在一起,用胡椒调味,使其更入味、口感更适合中国消费者。

资料来源:1. 张伟,《肯德基等洋快餐抢占中式早餐市场》,青岛财经网—青岛财经日报,2011年3月4日。

2. 周勇刚、花善岱,《洋快餐本土化战略膨胀,肯德基供应中式早点》,《中华工商时报》,2002年8月1日。

讨论题:

你是如何看待肯德基的中式早餐的?你认为肯德基的中式早餐反映了肯德基的何种经营理念?

3.3 品牌命名

选择一个合适的品牌名称是一个至关重要的决策,很大程度上是因为这种选择可以影响品牌的早期试验并影响其未来的销售量。的确,品牌名称被称为"大脑开关",可以激活目标受众脑海中的影像。[10]研究表明即使是孩子(三四岁)也能意识到品牌名称,在其10岁左右的时候品牌名称具有了概念上的意义,并且孩子认为品牌名称不仅仅是一种品牌特征。换句话说,品牌名称有它自己的生命,孩子基于他们获得的关于品牌信誉的信息和通过人们拥有的品牌来判断人,进而对品牌进行评判。[11]一个产品的品牌名称对其在推出时的成功和它在成熟过程中持续成功起到主要作用。

在这里值得指出的是为一个新品牌选择品牌名称是一个极其重要的决策。尽管一个品牌被冠以一个很差的名称仍然可能成功,但一个有效的名称可以极大地提高成功的可能性。好的品牌名称将唤起信任、信心、安全、强壮、耐用、速度、地位和许多其他良好的联系。为一个品牌选择的品牌名称:① 影响消费者知晓一个品牌的速度;② 影响一个品牌的形象;③ 在品牌资产的形成中起到重要作用。因此达成消费者对一个品牌名称的知晓是提升品牌资产最初的重要方面。品牌名称知晓被描述为是通往消费者更复杂的学习和促进形成品牌形象的联系的大门。[12]通过品牌名称,一个公司可以创造激动、高雅、时髦并影响消费者的感知和态度。[13]

3.3.1 构成好品牌名称的要素

这是一个复杂的问题,很难给出简单的答案。为了更好地理解,我们这样来问问题:什么决定了一个人的名字是一个好名字(请在继续阅读之前考虑一下这个问题)?当你思考这个问题时,你很可能很快下结论说人们的名字各不相同没有一个简单的规则能回答一个人名是好是坏。可能你也考虑到一个人的名字是好是坏很大程度上取决于这一名字是否适合人的体型、个性和社会人口特征。非常简单,有许多方法来获得一个好名字,无论是人名还是品牌名称。

让我们来考虑一个真实的品牌名称以及选择这一名字的逻辑。2006年微软公司推出了一款音乐和视频播放器以对抗例如苹果的iPod这样的品牌,微软将这一产品命名为Zune。实际上,Zune成为音乐播放器本身的名字,以及微软硬件和互联网媒体商店的名字——叫做Zune市场——这里为消费者提供音乐、电影、电视节目和软件。为什么叫Zune?正如通常为一个新品牌命名的惯例一样,微软选择了一家专门为品牌命名的公司——在这个案例中是Lexicon Branding Inc.——来创造一个品牌名称。Lexicon首席执行官在接受《华尔街日报》采访时给出了下面这些选择Zune的理由。[14]

- 字母"Z"在英语中蕴含着力量和可靠的意思,并且有着最具活力和能量的读音。
- 品牌命名的目标是需找一个短单词,因为短词更容易让人们发音和记忆,并且可以反映微软音乐播放器小巧的外形。
- 在选择Zune名字的过程中,Lexicon Branding考虑了多达4 500个候选名字。经过3个月的选择,Zune最终脱颖而出成为最佳名称。
- 除了暗含力量、可靠和能量的意思之外,Zune这一名称还具有声调相似的优势,例如,人们可以很容易地从"tune"过渡到Zune。
- 最后,微软的高层营销官员提出他们想要一个听起来动感并且可以同时被用作动词和名词的词汇,例如Google(谷歌)。

除了简单的名字选择,营销实践者和研究者已经尝试着明确决定品牌名称质量的因素。尽管积累的知识不可能达到确定一个科学的准则,普遍认同的一点是品牌名称需要满足几个基本的要求。第一,一个好的品牌名称需要将该品牌同竞争品牌进行很好的区分。第二,它应该通过提供或暗示品牌特性和好处来促进消费者形成期望的品牌联想。第三,重要的一点是品牌名称需要和品牌期望的形象与它的设计及包装相匹配。第四,品牌名称最好能够便于记忆,并容易读和写。[15]最后,尽管没有被接着讨论并成为第五个要求,另一个重要的考虑是品牌名称需要满足能够在不同国家进行营销的要求。理想的情况是,品牌名称的这四方面在进行营销的国家应表现得同样好。无需多言,大多数品牌名称没有达到这个理想状态。例如,Zune使人联想到犹太教的一个含有亵渎意味的词语。尽管这一点还存在争议,但这个可能引起亵渎联想的名字有可能降低Zune在以色列和其他拥有大量犹太人口的市场成功的可能性。

要求1:将品牌同竞争品牌区分开来

品牌具有一个独特的定位是很好的,这样就可以清楚地将其同竞争品牌区分开来。不能同竞争品牌区分将导致混淆,并提高消费者不记得品牌名称或错误地选择其他品牌的可能性。Clinique选择Happy这一名称来准确地表达其香水品牌给人带来的感受,这一名称有效地将其同通常带有性暗示的香水名称(如Passion、Allure和Obsession)区别开来。

在低端航线领域,品牌营销者创造了很多独特的名字,例如Ted Airlines、Song、Spirit Airlines和JetBlue Airways——这些独特的名字给了每家公司一个独特的定位。将这些名字与那些历史上统治美国航空业的航空巨头的保守名字做一下比较,这些名字包括联合、大陆、环球、美国、西北、西南,等等。新航空公司的名字看起来在试图传递品牌个性,暗示这些航空公司传递的不仅仅是功能。并且,这些名字都容易记忆并且朗朗上口。

当然,也有一些营销者并不想使自己的品牌同竞争者区分开来,恰恰相反,他们更想利用其他品牌的成功,比如使用一个和知名的、更加成功品牌相似的品牌名。然而,1995 年的联邦商标法案为保护品牌名称和标志所有者不被其他人利用,禁止使用相同或相似的名称(法律上来说,品牌名称和标识被称为商标)。这一法律的目的是保护商标不失去它的独特性。[16]

要求 2:促进消费者形成品牌联想

正如第 2 章所描述的,当考虑基于消费者的品牌资产时,一个品牌形象代表了当人们想到一个特定品牌时在记忆中被激活的联想。想要达成的效果是营销传播努力能够创造良好的、强烈的和独特的品牌联想。品牌名称能够通过特别的描述或暗示品牌的关键属性和优势来促进消费者形成品牌联想。换句话说,品牌名称使得消费者知道从一个品牌中期望得到的是什么,更重要的是使得消费者能够回忆起品牌的重要信息。也就是说,品牌名称起到记忆线索的作用,促进品牌属性和优势的回忆,也能够预测品牌的表现。[17]

Post-it(笔记本电脑),I Can't Believe It's Not Butter(杂志),I Can't Believe It's Not Chicken(一种豆制的人造鸡肉产品),Healthy Choice(低脂肪食品),Huggies(尿布),Crocs(橡胶鞋),都是在描述它们所代表的产品的属性和好处方面做得很优秀的品牌名称。我们再考虑一下 Liquid-Plumr 这个名字,这是一种液体产品,被注入水箱中来清理阻塞了排水管的污物。这一名称表明拥有这一产品几乎就像拥有了你自己的管道工,当然,免除了费用和雇用的不方便。IMC Foucs 讲述了一个非常有趣的产品和品牌名称的事例,音乐牙刷"Tooth Tune"形象地展示了该产品所拥有的关键属性。

我们可以想想移动电话领域的品牌名称。一些名字通过使用字母和数字的结合体给人以技术高端的印象。这样的例子包括三星 M300、索爱 W300、LG VX 系列(VX5200、VX8300、VX8550 和 VX9900)。还有一些描绘了独特品牌特征和优势的品牌名称。这些包括三星 Sync(暗示清晰的沟通信号,或是电话拨打者和接收者之间的同步性)、摩托罗拉 RAZR(暗示着小巧的、刀锋般轻薄的手机)、苹果的 iPhone(暗示着具有互联网连接),以及 LG enV(是 envy 这一词的截断,暗示其他人会嫉妒拥有这一品牌的人)。

提示性品牌名称 Transmeta 是一家电脑芯片公司,它的竞争对手是强大的英特尔公司和它旗下的奔腾系列处理器。Transmeta 公司推出了一款为笔记本电脑设计的高性能芯片。这种新型芯片延长了笔记本的使用时间,无需为电池充电达数个小时,远远超过普通芯片能够达到的两三个小时的时间。Transmeta 将这一芯片命名为 Crusoe,是以著名的小说《鲁宾逊漂流记》中的人物命名的。这一品牌名称(对所有熟悉 Robinson Crusoe 的人)意味着一个装有 Crusoe 芯片的笔记本电脑让一个束手无策的使用者在不外接电源的情况下持续工作数个小时。尽管在这个案例中名字与优点的联系有些抽象,但是我们可以预计到 Crusoe 已经向大多数潜在的笔记本电脑购买者传达了持续使用的优势。

研究者已经认真考察了品牌名称提示的问题。提示性品牌名称是指那些在产品类别内容的范围内指示了特定属性或好处的名称。Crusoe 是一个提示性的品牌名称。食品名 Healthy Choice 也属于这一类,提示这一品牌脂肪和卡路里含量很低。斯巴鲁的越野吉普品牌表明这一品牌是耐用和坚韧的——能够经受著名的澳大利亚内陆地区的挑战。福特探索者暗示了为皮卡购买者带来的越野驾驶的激动。LG 的 enV 暗示这款手机的拥有者将被他人所嫉妒。Crocs(橡胶鞋)提示这一品牌可以水陆两用并且如鳄鱼皮般坚韧。

提示性品牌名称促进了消费者回忆那些与品牌名称一致的产品优点的宣传。[18] 提示性品牌名称加强了消费者记忆中关于品牌名称和语义上关联的品牌优点的联系。[19] 反过来,当一个品牌被重新定位来代表一些与原始意义不同的意思时,这些相同的提示性名称可能会降低对品牌利益主张的回忆。[20]

品牌名称创造 为了传达关键的品牌属性/利益点,品牌名称开发者有时候需要创造品牌名称而不是从字典中寻找已有的单词。我们此前提到的微软的 Zune 就是一个创造出来的单词。许多目前正在使用的和过去用过的汽车品牌名称都是创造的品牌名称,包括 Acura、Altima、Geo、Lexus、Lumina 和 Sentra。这些名字的创造来自词素,词素就是单词语义上的核心内容。例如,Compaq,现在已经和惠普合并,结合了两个词素(com 和 paq),意味着该产品是一种便携式电脑。汽车名 Acura 是"accurate"的派生词,意味着产品设计和制造中的精确性。作为比较,Lexus 则是一个完全创造出来的名字,并没有体现出任何确切的产品特征或优势。

语音符号和品牌命名 越来越多的研究表明语音符号在决定消费者对品牌名称的反应和形成对品牌的判断方面起到重要作用。[21] 单独的音符,也就是音素,是品牌名称的基础。音素不但构成了音节和单词,还通过叫做语音符号的过程赋予品牌意义。[22] 例如,品牌名称中使用前元音(例如像 e 这个元音用在"bee"中或 a 用在"ate"中)和后元音(例如 u 用在"food"中或 o 用在"home"中)的区别。研究表明使用前元音的品牌名称传递了如小巧、轻便、柔和、轻薄、温柔、虚弱和漂亮一类的属性。[23]

一个以冰激凌为目标产品的研究为一个虚拟的新冰激凌品牌分别取名 Frosh 和 Frish。这两个名字仅仅在音素发音上存在区别,Frosh 在 o 上(后元音)而 Frish 在 i 上(前元音)。研究表明 Frosh 这个名字比 Frish 传达了更加积极的品牌属性联想和更好的品牌评价。研究进一步发现品牌名称语音符号的影响是很容易的、自动发生的,不需要认知的卷入。也就是说,这些品牌名称对于一个虚拟的新冰激凌品牌的感知和评价有不同的影响,但研究的参与者并不知道他们的判断是基于语音符号的。但是,的确是语音符号使得消费者对 Frosh 冰激凌的评价优于对 Frish 冰激凌的评价。

要求 3:品牌名称要与期望的品牌形象、产品设计与包装相适应

为品牌选择的名称与品牌期望的形象、设计及包装相匹配至关重要。例如,假设你

想为一个纯天然食品品牌命名,这种产品不含人工色素、调味剂和防腐剂,完全是有机生产的,不含任何人工肥料和杀虫剂。那你准备如何命名这一品牌呢?佛罗里达的一家连锁超市 Publix,为这种自有商标产品选择了 GreenWise 这一名字——一个与其期望的形象相匹配的名字。许多食品店都有它们自己品牌的健康食品(见图 3.3)。Healthy Choice 是专为减肥和关心健康的消费者设计的无脂肪和低脂肪的产品所起的理想的名字。这一名字暗示说消费者是有选择的,并且 Healthy Choice 就是正确的选择。

图 3.3　许多食品店都有它们自己品牌的健康食品

另一个与期望相匹配的品牌形象的名字是 Swerve,这个名字是可口可乐已经放弃的针对孩子和少年的牛奶饮料产品的名字。Swerve 一词在字典中的意思是在运动中忽然转向。Swerve 的目标消费者因此会喜爱这种不同于常规的饮料并且使得自己成为运动的一部分——可能是远离常规饮料。在某种意义上,这个名字表明喝牛奶是很酷的事情。Swerve 的包装进一步加强了这个名字的意义,包装上画了一个戴墨镜的正在咧嘴而笑的奶牛,意思是该品牌是为渴望体现自身地位的年轻人设计的新潮产品。然而,即使一个优秀的品牌名称依然不能保证该品牌一定能吸引到它的目标消费者。由于作者所不知道的一些原因,可口可乐在该产品进入市场三年后停止了该品牌的继续运营。

要求 4:容易记忆并朗朗上口

最后,一个好的品牌名称要容易记住并容易发音。尽管简短对于一个好的名字并不是必需的,但是的确许多好的名字都很简短,一个单词的名字使得记忆和发音都变得容易(例如 Tide、Bold、Shout、Edge、Bounce、Cheer、Swatch、Smart、Zune、Crocs,等等)。也许没有几个单词能像童年早期学习的单词一样记忆深刻,动物的名字就是最早学习到的单词之一。这也在一定程度上解释了为什么营销实践者喜欢以动物的名字命名品牌,例如,汽车厂商使用过野马、雷鸟、烈马、美洲豹、山猫、天鹰、云雀、火鸟、美洲虎、公羊这些品牌名称。除了这些名字易于记忆外,它们还能够唤起生动的动物形象。这一点对营销传播者非常重要,因为具体和生动的形象能够促进消费者的信息处理。例如鸽子牌香皂,就意味着柔软、优雅、亲切和纯洁。公羊(道奇旗下的卡车品牌)暗示了力量、坚固和任性。

除了发明一些容易记忆的名字之外,公司还常常借助于字典中标准的单词拼写。例如,Campell(著名的汤品公司)推出了一条针对年轻人的能量饮料产品线。为这一品牌选定的名字是 Invigor8。这一名字显然是单词 invigorate 的派生词,这个词的意思是充满活力和能量。这个名字非常适合期望的品牌形象(要求 3)并且非常容易记忆和发音。这个单词拼写的后缀是数字 8,使得名字既卓尔不群又朗朗上口。有趣的是,另一个可能的解释是,已经拥有著名果汁饮料品牌 V8 的 Campbell 公司实际上是想巧妙地将这一成熟品牌的品牌资产扩展到新品牌当中。无论如何,Invigor8 都是一个极具魅力的品牌名称。这种命名方式的成功也被很多其他研究证明,比如研究表明带有不同寻常的拼写特点的名字会加强消费者的回忆和认知,这很可能也解释了为什么 LG 将它的手机命名为 enV 而不是 Envy,摩托罗拉将它的手机命名为 RAZR 而不是 Razor。[24]

一些规则的例外

此前的讨论确定了品牌命名的四个指导原则(也提到了第五个,在跨文化的情况下适应不同的文化——尽管这一点并没有详细地讨论)。但是善于观察的同学会注意到,一些成功的品牌似乎完全不符合这些规则的要求(类似的,一些人取得了非常的成就,但他们的名字也不是他们自己给自己取的)。一个新产品种类中的第一个品牌可能会取得巨大的成功,这一成功并非必须有好的品牌名称,只要该品牌能够给消费者提供相比竞争品牌更具独到优势的产品即可。第二,在生活的所有方面都有例外,在品牌命名中也同样如此。

第三个规则的例外是品牌经理和他们的品牌咨询师有时在一开始就会故意选择一些没有任何意义的单词作为品牌名。比如,在 Lucent Technologies 中之所以选择使用 lucent 一词,是因为对于大多数人来说,这个单词相对来讲几乎没有什么意义和联想——这是品牌命名的空容器哲学。空容器的意思是当一个名字没有很多的事先存在的意义时,接下来的营销传播就能够创造确切的期望得到的意义,这样就无须再费力消除消费者脑海中业已存在的联想。也就是说,我们不要选择那些已经具备丰富的含义并能引起人们联想的词汇,相反,选择那些相对中性的词汇会带来好处,因为营销传播活动能够赋予这些词汇期望的意义。

IMC 聚焦 音乐牙刷让孩子爱上刷牙

妈妈和爸爸通常要不断地提醒孩子们刷牙,并且还需要足够的鼓励(或威胁),孩子们才会就范。但是因为大多数的孩子都认为刷牙是一样非常讨厌的事,所以他们刷牙的时间越来越短,刷牙也十分不彻底。来自 Hasbro 的 Tooth Tune 的推出极大地鼓励了孩子们刷牙的积极性,事实上使得他们的刷牙时间延长到了牙医推荐的 2 分钟整。Tooth Tune 是一款电动牙刷,通过使用牙齿下颚声音转换技术使得牙刷能边刷牙边播放 2 分钟的流行音乐。当然,这种音乐并不能在脑外被听到,无论是使用者还是非使用者。因此为了鼓励更好的刷牙方式,当孩子上下刷牙时歌曲的声音会更好听。孩子按下牙刷上的按钮,微型电脑便开始播放音乐,声波通过牙齿传递到颚骨,最后传到内耳中。

> Tooth Tune 牙刷中自带一首歌,同时还有引起孩子音乐兴趣的 20 首备选歌曲,它们都来自顶尖的艺术家,如 Hillary Duff 的 *Wake Up*、Black Eyed Peas 的 *Let's Get it Start*、Destiny Child 的 *Survivor*,以及电影《歌舞青春》中的 *Get 'cha Head*。这种 Tooth Tune 牙刷并不贵,每支售价在 10 美元左右。Hasbro 希望通过轮换孩子们爱听的歌曲进而使他们纠缠其父母购买多支牙刷。而大多数孩子并不关心费用,所以他们对强迫他们刷牙的父母的回应就是让父母给他们买一支又一支的 Tooth Tunes 牙刷,这当然是 Hasbro 期望看到的结果。

3.3.2 品牌命名的过程

品牌命名的过程十分简单明了,我们通过一个对超过 100 个产品和品牌经理的调查得到了这一过程,这些经理既有来自 B2C 行业的也有来自 B2B 行业的。图 3.4 列出了这一步骤,在下面的讨论中我们将依次讨论这些步骤。

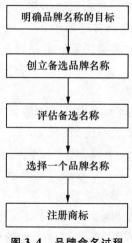

图 3.4 品牌命名过程

步骤 1:明确品牌名称的目标

同所有的管理决策一样,第一步是要确定要达成的目标。大多数经理都想要挑选一个能够使品牌成功地占据消费者脑海中一席之地,为品牌提供一个合适的形象,并使其同竞争品牌区分开来的品牌名称。[25]正如我们之前讨论的,微软的音乐播放器 Zune 因其是一个短小精悍,又包含有能量、力量和可靠性意思的品牌名称而被选中了。

步骤 2:创立备选品牌名称

备选的品牌名称通常是通过创造性思维训练和头脑风暴而得到的。公司频繁地使用命名咨询师的服务来产生备选方案,这就是 JetBlue、Verizon、Accenture 和 Lucent 产生的方式。前面所说的对产品和品牌经理的调查表明,每个品牌命名的任务完成后都会创造出50个左右的备选名称。[26]

步骤3:评估备选名称

产生的备选名称要通过一些标准进行评估,比如同产品类的相关程度、与名字相联系的良好的联想以及总体的吸引力。大多数产品和品牌经理都认为品牌名称容易识别并容易回忆是至关重要的。

步骤4:选择一个品牌名称

经理们通过使用步骤1和步骤3中提到的标准来从备选方案中选择一个最终的名字。在很多公司中,这种选择只是一个主观的决策而不是一个严格的营销研究的产物。例如,航空公司的名字JetBlue完全是通过直觉主观地被选择出来的。[27] JetBlue的首席执行官和他的同事们不确定他们想为自己的新航线起什么名字,但他们绝对确信的是他们不想要什么,比如一个地理方位的名字,如西南航空或西北航空,或是一个编造出来的名字,如在汽车营销中那些流行的品牌名称(例如Lexus和Acura)。

"New Air"的营销团队正在考虑选择一个合适的名字,他们考虑了大量的可能选项,包括New York Air、Gotham、Taxi、the Big Apple、Imagine Air、Yes!和Fresh Air。一个高层营销官员认为Taxi是最具吸引力的名字,他认为这个名字有一种纽约的感觉,并且这个名字使得公司能对飞机进行独特的设计,在机翼上涂上黄黑相间的颜色(使人想起纽约出租车)。但Taxi这个名字最终还是被拒绝了,因为taxi的动词用法中有描述飞机停在跑道时的状态的意思,美国联邦航空管理局否决了将这一词汇用做品牌名称的提议。此外,人们还担忧纽约城出租车这一形象与高价格、差服务和不安全的乘坐相联系。

"New Air"营销经理们接着考虑了其他可能的名字,例如Blue、It和even Egg。所有这三个名字也被否决了,最终公司聘请了Landor Associate来完成这一任务,该公司是品牌命名方面的专家。Landor最终提出了6个备选方案:Air Avenues(这一名字很容易使人想起纽约时髦的派克大街,这是一个对于经济型航线来说不合适的联想)、Hiway Air(一个新创造的名字,显得有些傻气)、Air Hop(也是一个比较傻气的名字)、Lift Airways(由于其在发音上与暗示紧急情况的"airlift"一词相似而被否决)、Scout Air(由于其暗指冒险活动的终点以及童子军组织而被最终否决),以及True Blue。

True Blue是最初被选择的名字。营销团队中的核心成员认为:"蓝色有很好的视觉效果,它意指天空、友谊和忠诚。"经过了一个漫长而艰苦的过程之后,新航线准备开始宣布它的名字为True Blue。但就在进行公共宣传和广告推广的前两周,公司听说True Blue这一名字已经由Thrifty-Rent-A-Car公司所拥有了,该公司拥有将这一名称作为客户服务项目的版权。(顺便说一下,这一名字已经被人拥有这一事实居然没有被Landor公司发觉,这对于Landor这样声誉卓著的公司来说实在是非常奇怪的。)就在宣布新航线的前一周,营销团队推荐了JetBlue这一名字。每个人都认为这个名字将获得成功,New Air从此就变成了JetBlue——一家刚刚起步却有潜力成为未来美国航空服务主流力量的航空公司。

步骤 5：注册商标

大多数公司都申请商标注册。一些公司只提交一个注册申请,而其他公司会提交多个名字(平均五个名字)进行注册。一项调查显示,每一个注册成功的名字会伴随三个注册失败的名字。[28]

3.3.3 标识的作用

同品牌名称联系的是品牌的图案设计元素,叫做品牌标识。这些设计元素,或者称为标识,可以被认为是确定一个品牌的快速记忆法。为了确定其品牌,公司有时会使用品牌标识加品牌名称,有时则只使用品牌标识而不加品牌名称。[29]尽管并不是所有的品牌名称都拥有一个独特的标识,但大多数都有标识。图3.5展示了六个著名的标识,这些都是全球数以百万计的人们所熟知的标识。例如,耐克强风看起来就像公司的名字一样著名,其他的如壳牌石油、可口可乐和图3.5中其他的标识也是如此。消费者记住这些标识并且在这些标识出现的时候很容易识别出这些标识所代表的品牌。(为了检验这一点,用一点时间来想象下面这些著名品牌的标识：百事、拉夫劳伦、汤米希尔费格服装、星巴克咖啡、梅赛德斯奔驰汽车、丰田汽车、Arm & Hammer 烘焙苏打和克拉克杰克爆米花。)

图 3.5 著名标识

标识的设计非常不同,从高度抽象的设计到那些描述自然场景的设计,从简单的到复杂的。总体来说,好的品牌标识：① 容易被识别；② 向所有目标受众传递完全一致的意义；③ 唤起积极的感觉。[30]毋庸置疑,尽管标识起到有价值的沟通作用,并且通过它们对品牌感知和品牌形象的作用影响品牌资产,但有关标识的已经发表的研究却很少。一项重要的研究表明,增强品牌标识喜好度的最好策略是选择一个中等复杂的设计而不是过于简单或者过于复杂的设计。那些自然的设计(相比抽象的图案)被发现能产生更好的消费者反馈。[31]Cingular 大量轩敞的标识可能很好地示范了标识不要过于简单也不要过于复杂这一点。Cingular,一个无线通信行业的重量级公司,虽投入巨资却选择了一个简单而独特的图案,见图 3.6。在 Cingular 同 AT&T 合并之前(AT&T 的标识也在图 3.6 中),Cingular 的员工亲切地将这个图案叫做"Jack",因为这一形象与曾经被孩子们热爱的游戏中的 Jack 很相似。

图 3.6　Cingular 的标识

更新标识

随着时间的流逝，品牌标识可能变得过时了。这时公司需要根据时代的不同更新标识使之与时代更加协调。例如，代表 General Mill 的 Betty Croker 品牌的标识是一个叫做 Betty Crocker 的虚拟的人。Betty Crocker 已经代表了这个品牌形象超过 85 年，在这段时间中她经历了许多变化。图 3.7 展示了最近的四个 Betty Crocker 的形象。目前正在使用的版本，也就是在 1996 年推出的为了纪念 Betty Crocker 75 岁生日的这个版本，是根据 70 个女性的形象用数字技术合成的。

图 3.7　Betty Crocker 的形象变化

许多其他的品牌会定期更新其标识。在后面脚注中提供的链接会带给你许多著名品牌的标识演进，例如阿迪达斯、BP、谷歌、John Deere、耐克、索尼和雅马哈。[32]

3.4 包装

一个品牌的包装可以看成是一种容器和包装物,它一方面会保护其中的产品,另一方面也会促进产品的销售。在货架上的产品大多数是瓶装、盒装或者以其他的方式进行包装。在我们目前讨论的内容中,包装一词包括很多形式和内容,如软饮料瓶和麦片盒属于包装,装CD和DVD的唱片盒属于包装,装新鞋的盒子也属于包装。营销传播专家非常重视品牌包装在传播中起到的关键作用,这种观点有如下的一些表达,"包装是最便宜的广告形式","每一种包装都等同于5秒钟的商业广告","包装是一个沉默不语的推销员","包装也是产品。"[33]包装在销售现场之所以能起到关键的传播和销售作用,是因为购物者在选择一个产品并将其放在购物车之前仅仅花费很短的时间去浏览一下产品——大约10秒到12秒。[34]

超市和大卖场(如Wal-mart和Target)的日益发展以及其他自助零售店的涌现使得包装的作用远远超出了传统的盛放和保护产品的功能。包装也用于:① 将注意力吸引到某一品牌上来;② 在销售现场的竞争中脱颖而出;③ 证明价格和价值对于消费者的合理性;④ 代表品牌的特征和优势;⑤ 传递情绪;⑥ 最终促成消费者的品牌选择。包装对于区分同质的产品或者相对乏味的产品非常重要,包装可以不断地提醒消费者我的品牌是什么,它怎样使用,它怎样给消费者带来好处。[35]简单来说,包装在增强品牌资产方面起到重要作用,它通过传递功能的、象征性的和经验上的益处来创造和加强品牌知晓并创建品牌形象。

3.4.1 包装结构

包装通过不同的象征成分来传递品牌的意义,如颜色、设计、形状、尺寸、物理材料和信息标签。[36]这些成分在一起就构成了我们提到的包装结构。这些结构的要素必须和谐地相互配合从而唤起消费者已有的那些品牌营销者期望的意义。好的包装背后深层次的要求是完整性。也就是说,人们是对一个整体而不是各个单独的部分进行反应。

下面的部分会讨论不同的品牌结构成分。因为这些介绍是更加描述性的而非科学的推导,因此你应该发现这些特征是引人思考的而非确切的定义。感兴趣的同学可以在下面每个包装成分的事例后面加上自己想到的其他例子。

包装中颜色的使用

包装颜色具有传递给期望购买者不同认知和情绪意义的能力。[37]研究已经有说服力地证实了颜色在影响我们感官方面的重要作用。例如,在一项研究中,研究者通过添加食品色素来改变布丁的颜色,生成深棕、中棕和浅棕色三种"口味"。实际上,三种颜色布丁的口味是完全一致的,都是香草味。但是,研究发现三种棕色的布丁都被感觉尝起来是巧克力味的。并且,深棕色的布丁被认为是有最好的和最重的巧克力味;浅棕色布丁则被认为是奶油味最大的,可能是因为奶油的颜色是白色。[38]这个研究虽然本身并不属于包装的范畴,但却为包装中颜色的应用提供了重要的启示。

因此,在包装中对颜色的使用是有效的,因为颜色会影响人们的心理和情绪。例如,所谓的长波颜色如红色、橙色和黄色拥有较强的激活值进而可以引起兴奋的情绪状态。[39]红色通常用如积极、刺激、能量和生机勃勃这样的词汇来描述。使用这一颜色作为基本颜色的品牌包括 Close-up(牙膏)、Tylenol(药品)、可口可乐(软饮料)和 Pringles(薯片)。橙色是一种刺激食欲的颜色,经常同食物联系在一起。著名的使用橙色包装的食品品牌包括 Wheaties(麦片)、Uncle Ben's(大米)、Sanka(咖啡)、Stouffer's(冷冻食品)和凯洛格的 Mini-Wheats(麦片)。黄色则能够有效地吸引注意力,同时它又是一种暖色,易引起消费者愉快的感觉。Cheerios(麦片)、柯达(胶卷)、Mazola(玉米油)和 Pennzoil(汽油)都是一些使用黄色包装的品牌。

绿色则意味着丰收、健康、镇静和安详。绿色包装有时在饮料中使用(如喜力啤酒、七喜、雪碧和激浪),很多时候则被蔬菜品牌使用(如 Green Giant),大多数时候更被带有薄荷的产品使用(如 Salem 香烟),也被许多其他品牌使用(Irish Spring 除臭肥皂、富士胶卷等)。绿色现在也是环保产品的象征,并且还是消费者寻找减脂、低脂、无脂产品的线索(例如 Healthy Choice 产品)。蓝色代表着冷静和爽快。蓝色经常同洗衣和清洁产品(如 Downy 织物柔软剂和 Snuggle 除静电纸)和护肤产品(例如妮维雅润肤乳和 Noxzem 护肤品)联系在一起。最后,白色代表着纯洁、干净和温柔。Gold Medal(面粉)、Special K(麦片)、Dove(润肤露)和 Pantene(洗发水)是一些使用白色包装的品牌。

除了一般颜色带给包装上情绪的影响,使用精致光滑的表面和合理的配色方案(黑和白或金和银)也会给产品增添高雅和尊贵的气质。化妆品包装经常使用金色(例如露华浓的 MoistureStay 唇彩)或银色的包装(例如 Almay Sheer 化妆品)。

需要注意的一点是,颜色的意义会随着文化背景的不同而不同。这里所做的讨论是基于北美文化的,并不一定在其他地方也适用。来自其他文化背景的读者应该确定这些讨论的例外之处和同北美包装颜色使用不一致之处。有趣的是,一家网站登载了一项全球性的研究,该研究已经进行了数十年,针对不同的颜色所代表的意义。超过3万人参与到了这一研究中,他们对每一个颜色与不同意义的联系都做了回答。例如,对于你来说下面的哪一种颜色暗示了下面的意义或情绪:高贵、幸福、可靠、品质和力量?如果想看看其他人都是如何想的并且自己也想试试的话,可以访问 http://express.clormatters.com/colorsurvey/。如果想知道更多的关于颜色符号的信息,可以参照脚注中所列的网站。[40]

包装中的设计和形状线索

设计是指包装中不同要素的组织形式。一个有效的包装设计不仅看起来十分顺畅,而且能够提供给消费者一个关注点,同时还能传递有关品牌性质和好处的意义。包装设计者将不同的要素组合在一起来确定品牌的形象。这些要素包括——除了颜色之外——形状、尺寸和标签设计。

一种唤起不同感觉的方法是通过选择包装上线条不同的斜度、长度和厚度。水平线代表着安然和宁静,能够唤起平静的感觉。对于这种反应存在着心理学上的解释——人们更加容易在水平而不是垂直方向上移动视线;垂直移动不如水平移动自然,并且会对眼部肌肉产生更大的压力。但是垂直线会引起力量、自信甚至是骄傲的感觉。Energizer(电池)、Aquafresh(牙膏)和 Jif(花生酱)都在包装上使用了垂直线条。我们还可以想一下运动员的制服,垂直的线条有时也出现在运动服上(例如纽约扬基队著名的条纹)。对于大多数人来说斜线在西方世界代表着向上运动,因为人们的阅读习惯是从左向右,因此将斜线看成是递增的而非递减的。Armor All(汽车蜡)、Gatorade(能量饮料)和 Dr. Pepper(软饮料)在它们的包装设计上都使用了斜线。

形状也会唤起特定的情绪,并且具有特定的意义。总体来说,圆形、曲线代表着温柔;而尖利的和有棱角的线条则意味着刚毅。包装的形状还影响容器看起来的体积。总体上,如果两个包装具有相同的体积但形状不同,其中较高的会看起来装得更多,因为高度经常同体积联系起来。

对于长方形的包装,研究表明长宽高之间不同的比例会影响消费者的品牌选择。[41]这看起来有些奇怪,但是数学家、建筑学家、艺术家和很多其他人都发现长方形比率为1.62 是黄金比例,这一比例在金字塔的建筑中和巴特农神庙的外观上以及其他一些大师级的画作上都有体现。[42]长方形物体上的比率似乎提高了感知的和谐、平衡甚至是美感。在消费者研究中,研究者研究了四种商品的包装——麦片、饼干、肥皂和洗涤剂——并且发现包装盒边长的比例能够预测品牌的市场份额。这表明包装的形状是一种战略决策,需要认真的考虑和市场测试。简单来讲,盒子不仅仅是一种容器,还是一个承载了微妙的信息和品牌吸引力及质量线索的载体。

包装的尺寸

许多产品都有多个不同的型号尺寸。例如软饮料就有 8、12 和 24 盎司的瓶子,1、1.5 和 2 升的容量,以及 6、12 和 24 个的包装。厂家提供不同尺寸的产品来满足不同市场细分的独特需求,代表不同情况下的使用情况,以及在零售店更多的货架空间。消费者对于包装的尺寸的感知有一些有趣之处。特别的,对于某种产品,其消费量是否取决于该产品包装容器的大小?例如,消费者会在购买大包装后相比小包装消费得更多吗?初步的研究表明消费者的确在购买大包装后使用产品的量更多。这种行为的一种解释是消费者认为他们购买大包装比小包装获得了更低的单位价格。[43]但是这一发现并非在所有产品中都成立,因为对于一些产品(如洗衣漂白剂和维生素)的消费是几乎固定不变的。研究还表明独特形状的包装会被认为比普通形状的包装盛放的产品更多。原因在于独特的或不规则的形状会吸引消费者更多的注意力,并且因为大包装会比小包装更吸引人,所以消费者在看到不规则形状包装时对于体积的判断会产生误差。也就是说,由于大包装和不规则形状的包装都会吸引注意力,消费者在潜意识里会将不规则的形状同更大容量联系起来。[44]

包装的物理材料

另一个重要的考虑是制成包装的材料。当新包装材料使得包装设计更具吸引力并且更有效时,销量和利润就会上升。包装材料可以唤起消费者的情绪,这种唤起通常是在潜意识里。包装中如果还有金属成分,则会带来力量、耐用,或者是不方便、冷酷的感觉。塑料包装则意味着轻便,清洁,也或者是便宜。比较柔软的材质如丝绒、毛革和绸缎通常与柔和联系在一起。金属箔可以传递高品质的形象并且带来一种声望卓著的感觉。饮料产品例如啤酒和汽酒通常使用箔片来表现品牌的高端。最后,木质材料有时也会用在包装中以引起一种刚毅的感觉。

3.4.2 包装评价:VIEW 模型

我们已经讨论了大量的包装特征来描述包装如何向消费者传递信息,但是到底什么样的包装是一个好包装呢?尽管通常来讲没有一个对于所有包装情况都适合的标准答案,但我们仍可以使用四个特征来评价一个特定包装的好坏:明显性(visibility),信息性(information),情绪感染(emotional appeal),可使用性(wonkability),也就是 VIEW。[45]

明显性(V = Visibility)

明显性是指包装在销售点吸引注意力的能力。包装的目的是使得产品在货架上引人注目又不至于过分显眼而损害品牌形象。亮色调的包装在赢得消费者注意方面非常有效。新颖的包装图案、尺寸和形状也能加强品牌的明显性进而吸引消费者的注意力。

在许多不同产品类中的品牌,如软饮料、麦片等会在一年中根据季节和假日调整包装,以此来吸引消费者注意力并使得品牌适应季节的要求。通过将品牌同特定季节或节假日的消费情绪联系起来,公司给了消费者一个购买理由,即同那些从不更换包装的乏味品牌显著区别的独特包装品牌的理由。心形的 Whitman 的 Sampler(图 3.8)就是一个吸引人的、吸引注意力的以及表达浪漫的包装设计,这是情人节的完美包装。

图 3.8 有效的季节性包装设计

信息性(I = Information)

VIEW 模型的第二个要素涉及包装上所包含的不同形式的产品信息(如产品的成分、使用说明、主要益处、营养成分和产品使用警告)。包装的目标是既能提供给消费者合适类型和数量的信息,又不至于在包装上填充大量的信息进而影响主要信息的传递或降低包装的身价。

包装上的标签也起到影响消费者购买行为的重要作用。例如,研究证明在香烟包装上展示传达吸烟有害健康的图画形象会使更多的人戒烟并愿意劝说其他人戒烟。[46]研究还发现包装上低脂肪的标签会起到显著作用,这种产品相比没有低脂肪标签的产品使得产品摄入量提高50%。[47]这种标签对于正常体重的消费者来说,可以使一些食物看起来更加健康;对于超重的消费者来说则消除了他们对所有食物的摄入量的顾忌,最终导致了人们对食品消费的增加。这种低脂肪标签和增加食物摄入量之间关系的深层原因包括:① 低脂肪标签使得消费者相信产品比真实的情况含有更少的热量;② 消费者在摄入标有低脂肪标签产品时,暴饮暴食的罪恶感会降低。一些人在吃标有低脂肪标签的产品时认为多吃一些并没有什么不好,但他们忽略的一点是这种食品可能含有较少的脂肪但却并不意味着更少的热量。这些人进而会吃得过多而不会产生这样做的罪恶感。

一些例子表明,在包装上标注一些简短并容易记忆的标语是一个聪明的营销手段。当品牌和标语之间通过广泛和有效的广告建立起强烈的联系时,包装上的标语是最有效的。这时包装上的标语实际上就是一种对品牌广告的具体的提示,能够促进消费者对广告内容的回忆,因此提高尝试购买的可能性。在包装上标注广告口号是利用了心理学上的编码特定性原理。我们在第20章讨论销售点沟通的作用时会具体讨论这一原理。

情绪感染(E = Emotional Appeal)

VIEW模型的第三个成分是情绪感染,这一点关注包装唤起消费者期望的感觉或情绪的能力。包装设计者通过使用颜色、形状、包装材料和其他方法试图唤起如高雅、卓越、愉悦和快乐的感觉。一些品牌的包装几乎不含有任何情绪要素,只是强调信息内容,而另一些品牌却强调情绪内容,仅仅包含很少的信息内容。Heinz番茄酱的包装很好地说明了包装情绪价值。Heinz同其他同类产品一样,过去一直使用玻璃瓶的包装。之后公司开始用塑料瓶来包装番茄酱。但其实玻璃瓶和塑料容器都是很乏味的包装。为了吸引美国消费番茄酱的主力军——孩子,Heinz最终设计了一种感染情绪的、非常好玩的包装,包装上是非常鲜亮的颜色和条纹状的图案设计。孩子们喜欢不同的番茄酱颜色(红、绿和紫色)以及相似颜色的包装。

什么能决定包装中应该强调信息还是情绪?主要的决定因素是产品类别的性质和内在涉及的消费者行为。如果消费者的品牌选择决策是基于如完成最佳购买或做出一个慎重的选择这样的目标,那么包装必须提供充分具体的信息来促进消费者的选择。但当产品和品牌选择是为了追求娱乐、幻想和感官刺激的话,包装就必须包含所要求的情绪内容来促进购买行为。

我们这里的讨论并不是说包装不是强调信息就是强调情绪。尽管一些产品中品牌的包装确实不是强调这点就是那点,但仍有许多产品类别要求包装一定要结合信息和情绪的内容同时满足消费者理性和感性的需求。麦片就是这样一种产品。消费者要求营养成分的信息以便能在大量的品牌中做出明智的选择,研究表明消费者在选择麦片时的确会受到营养成分信息的影响,如蛋白质、纤维、钠、维生素和矿物质。[48]麦片选择也受到情绪因素的影响——安全性、怀旧情绪、激动,等等。

可使用性(W = Workability)

VIEW 模型的最后一个成分可使用性,指的是包装的功能而不是它怎样传播和沟通。几个可使用性的问题比较突出:① 包装是否能保护内含的产品;② 包装是否使产品在零售商和消费者处都易于保存;③ 包装是否简化了消费者打开包装获得和使用产品的程序;④ 包装是否能帮助零售商抵御未预期到的消费者触碰损害和偷窃;⑤ 包装是否环保。

近年来大量的包装创新提高了可使用性。这其中包括带有可倾倒壶嘴的汽油和糖的容器;易倒容器(例如 Heinz 番茄酱);适合很多食品种类的微波容器;保存奶酪和其他食品的拉锁式密封袋;一次性袋子和盒子;圆柱桶装食品(如酸奶、苹果酱和布丁);占据较小冰箱空间的简装 12 包装啤酒和软饮料;易拿、易开和易倾倒的涂料包装(见图 3.9)。

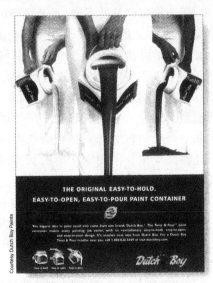

图 3.9　Dutch Boy 的易拿、易开、易倾倒涂料包装

针对孩子的 Go-Gurt 酸奶的推出很好地表现了一个"可使用的"包装能够改变消费者行为并提高销量。因为在饮用一个标准包装的酸奶时一定需要一个勺子,而很多少年儿童一般在学校并不饮用酸奶。因此,标准包装的酸奶的销售仅仅限于成人和那些少数愿意带一个勺子去学校的孩子。General Mill Yoplait 部门的营销经理在推出 Go-Gurt 品牌桶装酸奶时开发了一个针对这一问题的简单却有效的解决方案。在该产品推出的第一年,Go-Gurt 在全美的销售额超过了 1 亿美元,并且该产品还使得 19 岁以下青少年饮用酸奶的比例增长了一倍,达到了六分之一。Go-Gurt 这一品牌名之所以促进了产品的推广,是因为这一名字表明酸奶是用圆桶装的并且可以在运动的状态下饮用。[49] Yoplait 还开发了一种针对成年人的类似的桶装酸奶,叫做 Yoplait Express。

此外,一些公司还开发了诸如"职能包装"式的包装方式,这些包装内含磁条、条形码和电子芯片,使得其能够同设备、电脑和消费者进行沟通。例如,微波加热食品的包装能够"告知"微波炉加热食品所需的时长。宝洁公司已经尝试了一个职能包装项目,每当消费者从货架上购买了宝洁产品,包装就会将销售信息传递到电脑的数据库中去,这时安装在包装上的微型芯片就会向店铺货架发送一个信号(货架上装有印刷电路板)。这样做的目的当然是想向公司提供即时的销售数据进而促进供应链的管理。[50]

许多包装的发明提高了环境的可使用性:从塑料包装转变为能循环利用的纸包装,许多快餐连锁店减少了泡沫包装的使用,一些公司将它们的包装从塑料变为硬纸板包装。但不可否认的是,有太多的包装是环境浪费的——这些包装占满了垃圾场并且在生产它们的过程中产生了过量的温室碳排放物。公司需要在减少用来包装和保护它们产品的包装物上做更多的努力。

3.4.3 量化 VIEW 的内容

总结来说,大多数的包装依据 VIEW 的标准来看做得并不好,但是包装并不总是必须要遵循所有的 VIEW 要求,因为根据产品的不同,每个标准的重要性也不同。情绪感染对于一些产品非常重要(如香水),信息性则对于另一些产品来说最重要(如作为生活必需品的食物),而明显性和可使用性对于所有产品来说都比较重要。在最后的分析中,包装要求的重要性通常更取决于特定的市场和竞争环境。

尽管我们已经对 VIEW 的四个成分进行了非常简明的介绍,但这些介绍还仅仅局限于一般性的描述,现在我们需要通过一个机制和程序来使得各个成分在个案分析的基础上能够被量化,进而判断一个新的包装计划是否会获得成功。表 3.2 展示了完成这一目标的主要程序,我们还将其应用在了图 3.9 中的新型涂料包装中。同量化五个品牌采用决定因素一样(图 3.2),每一个 VIEW 因素首先对其重要性进行打分以决定新包装的合适性,接下来看新包装在每个成分上表现如何,也就是它的评价得分。将这个简单的选择模型使用在 Dutch Boy 涂料包装上就得到了一组假设重要性和评价得分数据。因为可使用性被认为是对这种包装来说最重要的成分,并且 Dutch Boy 涂料在这个成分上的得分是"最高分",因此这个新包装设计得到了令人满意的总分 49 分。应该注意的是每一个包装成分的重要性分数在不同的包装情况下不同,并且评价得分也由于包装设计的不同而不同。这种简单的模型尽管不是一种最终主观的决策,但却能使人们的思考过程更加结构化进而得到类似的结论。

表 3.2 量化 VIEW 成分的事例

VIEW 成分	重要性(I)	评分(E)	$I \times E$
明显性	3	4	12
信息性	2	5	10
情绪感染	2	1	2
可使用性	5	5	25
总分	NA	NA	49

3.4.4 设计一个有效的包装

包装对于品牌的成功至关重要,因此我们在这里推荐一个系统的方法。图 3.10 给出了包装设计的五个步骤。下面将依次讨论这些步骤。[51]

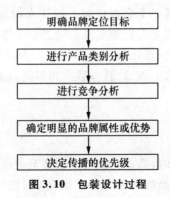

图 3.10　包装设计过程

步骤 1：明确品牌定位目标

最开始的一步要求品牌管理团队能够明确该品牌想要在消费者的心目中怎样定位，并且怎样区别于竞争品牌。品牌期望的是什么样的地位和形象？例如，当 Pfizer 公司开发 Listerine PocketPaks（一种包装可降解的漱口水）时，公司的目标是设计一个既美观又有功能性的包装。特别的，包装设计要使得消费者在户外也能够进行口腔护理，并且要易于携带，在不同情况下可以被不同性别的人使用。[52] 品牌名称 PocketPaks 从语言上描述了该包装设计能够适合人们裤子和上衣的口袋。

步骤 2：进行产品类别分析

在确定了品牌要代表什么（步骤 1）进而确定包装要传达什么信息之后，重要的一步是要研究产品类别和相关产品类别，以确定会影响包装决策的相关的趋势和事件。也就是说要做到有备无患。

步骤 3：进行竞争分析

在了解了竞争对手包装所使用的颜色、形状、图案和材料之后，包装设计者接着就可以准备设计能够传递期望的形象（步骤 1）并且足够独特和差异化（步骤 2）的包装方案来抓住消费者的注意力。

步骤 4：确定明显的品牌属性或优势

正如我们之前讨论的那样，研究表明消费者在选择一个品牌或移动到下一个品牌之前仅仅停留很短的时间——大约 10~12 秒。因此至关重要的一点是包装上不要充斥过多的信息，要突出对消费者最重要的好处。在包装上标明定位利益的一般原则是"少而精"。[53] 要成为一种有效的沟通工具，包装必须强调一个或两个真正的品牌优势而不是罗列许多并不会抓住消费者注意力或影响他们购买决策的内容。

步骤 5：决定传播的优先级

在确定了最为明显的品牌优势后（步骤 4），包装设计者在这一步中必须确定包装上语言和图案的优先次序。尽管可能在步骤 4 中已确定了三个重要性均等的优势，但设计者仍需要确定三个中的哪一个会在包装上抓住人的最大的视觉或语言的注意力。这是一个非常艰难的决定。因为人们通常愿意给三个优势同样的注意力。非常重要的是包装设计者要认识到,这些放置在销售点的包装广告通常处于一个非常吵闹的环境中且持续时间很短。认识到这一点后,将包装空间留给最重要的品牌优势就容易多了。

小结

持续地推出新品牌对于多数商业组织的成功是至关重要的。营销传播可以通过传播新品牌的相对优势,展示新品牌与消费者固有购买习惯和价值观相兼容,减少真正的或感知到的复杂性,增强品牌的沟通性并使得品牌容易试用,来促进品牌的采用和接纳过程。

品牌名称是品牌包装上的一个重要的因素,它会影响和决定新品牌是否会获得成功。品牌名称同包装图案和其他产品特征共同来传播和定位产品的形象。品牌名称给予产品身份,并使其同市场上的其他产品区别开来。一个好的品牌名称可以激起信任、自信、安全、力量、持久、速度、地位和许多其他美好的联想。一个好的品牌名称必须满足以下几个基本的要求:它必须描述了产品的优势和好处;要同产品的形象相匹配;要容易记忆并朗朗上口。本章中一个主要的部分就是探讨了选择一个品牌名称的五个步骤。另一部分则讨论了品牌标识的属性和作用。

包装也许是作为一种沟通手段的最为重要的产品组成部分。它加强了广告中建立起的联想,在销售点使得品牌从竞争对手中脱颖而出,并且使得消费者接受价格和价值的合理性。包装设计依赖于支撑品牌形象的符号的使用并向消费者传递想要的信息。大量的包装线索被用于这个目的,包括颜色、设计、形状、品牌名称、物理材料和产品信息标签。这些线索必须协调一致地在消费者心中引发营销传播者期望的意义。可以应用 VIEW 模型来评价包装设计,这一模型中包含的要素有明显性、信息性、情绪感染和可使用性。最后的结论部分给出了包装设计的五个步骤。

讨论题

1. 根据你个人使用手机的经历,请设计一款能够在你的年龄段群体中获得成功的新手机。基于这款手机所具有的新属性,再为这款手机取一个品牌名称并解释原因。

2. 只考察 VIEW 模型中的可使用性,请列举几个包装并说明这些包装代表了高水平还是低水平的可使用性。

3. 重复第 1 题中的练习,但换成为一个新的豆奶品牌设计品牌名称。这种产品中最知名的品牌可能就是 Silk,也就是豆和奶两个词的合体。

4. 选择杂货店中的一种产品类别,分析这类产品中各种不同品牌为了吸引消费者注意而设计的包装的特点。指出一些使得某些品牌更多或更少引人注目的包装特点。

5. 根据你的喜好选择一种产品类别并分析其中三个竞争品牌的品牌名称。运用本章介绍的品牌名称基本要求来分析每个品牌名称。将三个品牌名称按由好到坏进行排序并说明你的理由。

6. 选择一个品牌并分析它的包装结构。说明为什么这个品牌结构对于其所在的产品类别和所选择的品牌名称是有效的。

7. 假设你所在公司的业务是为客户设计品牌名称。其中一个客户是一家大型汽车公司。这家公司正在推出一款能够和丰田普锐斯相抗衡的混合动力汽车。你的任务是为这款新汽车设计名字,名字可以是字典中已有的词汇,也可以是创造的新词,如 Lexus 或 Acura。给出你的品牌名称提案并说明理由。

8. 举出几个不同于本章例子的品牌标识,并且说明为什么这些是有效的标识。

9. 选择一个新品牌并具体说明该品牌如何满足或没有满足下列成功要素:比较优势、兼容性、复杂性、可试验性和可观察性。注意:为了达到本题的目的,最好是选择一个创新产品的品牌而不是已有产品的简单延伸。

10. 选择一个包装产品类别,对其中的三个竞争品牌应用 VIEW 模型。确定模型中的四个组成部分,并说明它们如何应用到你所选择的产品中。然后使用下面的步骤,根据其对你所选择的产品类别的重要性,为模型中的每个成分赋予权重:

a. 将 10 分分配给四个组成部分,高的分数代表重要性更高,分数总和为 10。

b. 然后,评估每个品牌在每个成分上的表现,并给出从 1(表现不好)到 10(表现非常好)的得分。这样你就会得到 12 项得分:四个 VIEW 成分×三种品牌。

c. 用品牌表现在每个成分上的得分乘以该成分的重要性(来自步骤 a),并加总四个乘积。

d. 每个品牌的加总得分反映了你所感知的该品牌包装在 VIEW 模型中的表现——分数越高,你就认为包装越好。总结三个品牌的得分并给出每个品牌包装的整体评价。

11. 什么会决定一个新的产品或服务相对竞争产品具有比较优势?请指出下面每种产品的比较优势:一次性照相机,混合动力汽车,等离子电视。由于这些产品对于竞争产品也有相对劣势,所以请给出一个总体的陈述,说明即使它们不可避免地具有缺点,消费者仍然愿意接受新产品。

12. SUV 的名字有很多,例如福特探险者,开拓者,水星登山家,林肯领航员,斯巴鲁森林人,马自达纳瓦霍,无限 QX-4,本田护照,牧马人,奥兹摩尔比勇敢者,丰田汉兰达等。假设你为一家汽车公司工作,你的公司推出了一款宣称比其他 SUV 更安全的新车。你会为这款车起什么名字?你为什么会起这个名字?

13. 糖的替代品已经在在市场上存在多年。该领域历史上的两家领先公司是 Equal(蓝色包装)和 Sweet'N Low(粉色包装)。一款叫做 Splenda 的黄色包装产品是最新的一款人造糖产品并且成为新的市场领导者。这家公司宣传该品牌时的口号是"来源于糖,所以甜蜜如糖"。以 Splenda 为例,说明营销变量影响消费者成为该品牌的知晓者、尝试者和重复购买者的过程(参见图 3.1)。

14. 一家波士顿钻石总经销商发明了一种切割钻石的新方法,能够使钻石形状更加对称并且更加闪亮。这家经销商还发明了一种观赏钻石的仪器(叫做比例仪器),使得消费者在观赏钻石时看到八个完美的心型和八个箭头。这种独特切割方法的发明者将其命名为燃烧的心灵(Hearts on Fire)。请运用本章的概念评价这个名字并提出一个备选名字。

第 2 部分

整合营销传播决策的基础：目标市场选择、定位以及广告目标确定与预算制定

第 4 章　目标市场选择
第 5 章　定位
第 6 章　广告目标确定与预算制定

第4章

目标市场选择

第二部分通过给出营销传播四个基本决策的理论和实践综述,来建立理解营销传播性质和功能的基础,这四个基本的营销决策是:目标市场选择,定位,广告目标确定和预算制定。第4章介绍了目标市场的选择,这是有效的营销传播的关键要素。这一章重点关注于四组根据受众定义的特征,这些特征单独或共同影响人们对营销传播活动的反应:行为,心理,人口,地理人口。我们将细致地讨论每一个特征,主要强调:(1)人口的年龄结构;(2)家庭构成的变化(例如独身家庭数量的增长)。

宏观营销传播洞察　通过吸引带头人,获取青少年市场

　　青少年是出了名的难被到达的目标群体。这是因为许多青少年几乎从不读报纸和杂志,并且他们对电视、广播和网络的偏好又高度差异化。由于通过传统的大众媒体渠道很难到达青少年,因而营销者一直在寻找非传统的、节约的方式来接触这个群体。一个有效的方法是通过接触那些参加啦啦队夏令营或其他活动的啦啦队长这一群体来吸引更广泛的高中学生群体。啦啦队长在高中通常是非常受欢迎的,她们使用的流行品牌可以通过口传营销影响一大批青少年。

　　宝洁公司是啦啦队活动的主要赞助者之一。在这些活动中,宝洁分发免费的产品试用装,并且向啦啦队长们提供营养信息,请化妆师给她们提供使用宝洁CoverGirl系列化妆品的建议。也有许多其他公司在啦啦队活动中发放样品,希望这个具有影响力的群体能够在回到校园后成为营销者新品牌或成熟品牌的代言人。

　　资料来源:Adapted from Brian Steinberg, "Gimme an Ad! Brands Lure Cheerleaders," *The Wall Street Journal Online*, http://online.wsj.com April 19,2007(assessed April 19, 2007)。

本 章 目 标

在阅读本章后你将能够:

1. 理解针对特定消费者群体进行有针对性的营销传播的重要性并意识到目标市场选择决策是所有营销传播决策的起始和最基础的部分。

2. 理解行为因素在选择目标消费者群体时的作用。

3. 描述心理定位的实质。

4. 理解主要的人口发展情况,如人口中年龄结构的变化等。

5. 解释地理人口学的意思并理解这种形式在目标市场选择中的作用。

6. 明确消费者的任何一个特征——无论是年龄、种族还是收入水平——都不足以单独完成一个精确的营销传播目标的确定。

4.1 介绍

本章扩展了第 1 章所讨论的目标市场选择的内容。你可能会回忆起第 1 章曾给出了一个营销传播过程的模型并介绍了不同形式的"基础"和"执行"决策。基础决策的部分可以总结如下:

所有的营销传播都应该:① 直接针对特定的目标群体;② 清晰地定位;③ 为了达成一个特定的目标;④ 在预算的范围内进行以达成目标。

选定所要针对的特定目标受众是所有营销传播决策的始点。因此,本章的目的是介绍营销传播实践者如何确定目标客户。目标市场的选择允许营销传播者精确地传递他们的信息,防止将信息传播到不是目标范围内的人群中。因此,目标市场选择意味着有效的努力。选定非目标市场就好比不瞄准篮筐胡乱地投篮,通常在 20 尺之外投进篮筐已经是件很难的事了,何况你还没有一个确切的篮筐目标。营销传播努力如果没有集中在特定的受众身上也是这个道理。

本章关注四组单独且共同影响人们消费和对营销传播反应的特征:行为、心理、人口和地理人口。每一种特征方法指的是营销者按照该方法对消费者进行测量分组。特别地,行为变量代表有关受众行为的信息——根据过去的购买行为或在线调查结果。心理变量抓住了消费者心理和生活方式的方方面面,包括他们的态度、价值观和动机。人口变量反映了可测量的人口统计变量,包括年龄、收入和种族。地理人口变量则基于分布在不同地理区域(如不同邮政编码区域和不同的社区)的不同消费者的人口特征。

下面让我们对根据受众特征定义的四组变量特征进行讨论。我们首先通过两个方面的考虑来区分四个一般的目标市场选择方法:① 获取(测量)目标市场选择所基于的特征的数据的难度如何;② 消费者的特征在多大程度上能预测其选择行为。图 4.1 中将这两个考虑分别放置在了纵轴(测量的容易程度)和横轴(行为的可预测性)上。因此我们可以看出人口统计信息很容易获取,但是它对消费者行为的预测能力却较差。在另一端,行为数据的获取最难或者说最为昂贵,但却能较好地预测消费者的行为。地理人口信息和心理信息在这两个极端之间。我们的讨论将从最能预测的一端(行为)开始,到预测能力最差的(人口)一端结束。

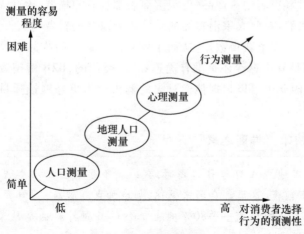

图 4.1　四个特征的分类

4.2　基于行为的目标市场选择

让我们向前回忆 10 年，假设你是一个成功的企业家，在繁华街区拥有一家非常酷的商店。你的商店主要吸引专业人士和职场白领。在你生意开始的最初 5 年，你一直对每一位客户的购买行为进行记录。你精确地知道他们购买了什么、选择了什么以及花了多少钱。现在我们假设你准备对某一系列产品进行促销并打算通过邮递和电子邮件的方式发布这一信息。尽管你可以向你所有的客户都发送信件，但你想使你的选择更加节约，不至于在不合适的顾客身上浪费钱。

那么，你怎样做出你的目标选择决策？在实际中，你不需要根据人口信息（比如选择那些在 25 岁和 39 岁之间的人）或他们的心理状态来做出决策，因为你有更好的决策依据，这就使你知道他们过去是否购买过你将要打折的产品。因此，根据消费者过去的行为你就知道哪些人更可能对促销感兴趣，因为他们过去购买过或者没有购买过该产品。据此，你会向那些过去曾经购买过产品的消费者发布通知。基于他们过去的购买行为，你提高了你的邮件广告赢得回报的可能性，也不至于在那些几乎不可能购买该产品的消费者身上浪费投资。

这个例子虽然非常简单，但却解释了如何根据行为确定目标市场的核心要义，也就是说，这种形式的目标市场选择基于人们怎样行为（人们对某一特色产品或一些相关产品的真实行动）而不是他们的态度和生活方式（心理），他们的年龄、收入和种族（人口），或者是他们住在哪（地理人口）。行为测量提供了针对目标受众进行营销传播信息选择的最好依据，该观点认为人们过去的行为是其将来行为的最好预测。坦率地说，如果我们有详细的行为数据，我们几乎就不需要根据任何其他的非行为数据来选择目标市场了。然而，在一些营销传播情况下行为数据是无法获得的，营销传播者不得不依赖于稍差一点的数据来做出必要的目标市场选择决策。例如，完全创新性新产品的营销者没有消费者过去的行为信息可以参考，从而难以确定最好的目标客户。类似的，许多产品的厂家通过零售店销售产品,但很多商店都没有扫描器,因此无法跟踪记录消费者的购买行为。当然,有些大宗消费品的营销者可以有消费者购买行为的具体数据,因而可以从跟踪的公司那里获得数据,从而了解到人们购买的物品以及在什么情况下购买了该物品(例如是有优惠券还是没有优惠券)。类似的,B2B营销者也持有客户购买行为的具体数据,因此也可以根据他们过去的购买行为更好地选择目标市场进行未来的营销传播。

IMC聚焦 荣大快印,"券商之家"

北京地铁木樨地站A口与B口之间,有一座不起眼的四层小楼,这是一家快印店;每到新股发审前夜,这里都会熙来攘往,加班加点。牌匾上"券商之家"四个字泄露了打印店生意兴隆的秘密——80%的上市公司书面材料都是从荣大快印券商之家打印出来送往证监会的。

荣大快印成立于2000年,其主营业务是为证券公司、基金公司、银行、期货公司及上市公司等客户提供专业而有特色的图文设计、制作服务。公司是国内最早从事财经印务服务的专业服务商之一,在行业内率先通过了ISO9001质量管理体系认证。公司通过近十年的行业沉淀,在证券印务领域的市场占有率达90%以上,得到了近百家券商的认可,在业内享有"券商之家"的美誉。

快印店成立已经有10年左右的时间了,几经周折,最后定位于专注于金融业的快印公司,而其最主要的客户是证券公司。快印公司为证券公司提供符合证监会要求的专业的排版、文档制作以及打印服务。由于公司对券商所用各种材料的要求和规格把握十分到位,尤其是报送证监会的材料更为熟悉,因此其赢得了诸多券商尤其是券商投行部的认可,成为券商制作上会材料的首选公司。荣大公司与国电、水利水电、国研科技、海通证券、银河证券、广发证券、中国农业银行、浦发银行等60余家大型企业建立了长期合作关系。

除了提供打印服务,荣大快印还提供操作间,配备办公桌、网线,并供应食品、饮料等,发行人跟券商可以在这里商量项目,随时对证监会反馈的材料进行答复或补充。而这家店也充分利用了积累下来的券商资源,成立了一家财经公关公司,专门为IPO项目提供IR服务。

IPO造就了荣大快印的券商之家,成为为券商打印首发材料的细分行业老大。"一家IPO上报发审委的材料一般是整整一个行李箱,打字复印费用至少需要两万块钱,最多时打字复印费就需要四五万块。"一位保荐人透露。

资料来源:1. 包涵,《IPO过会注重书面审查,荣大快印垄断券商材料报送》,《华夏时报》,2010年7月17日。

2. 中国经营网,http://jinrong.cb.com.cn/14041456/20110810/255202.html。

讨论题:
你认为荣大快印的"专注性"是否可持续?为什么?

在线的根据行为的目标市场选择

除了传统零售领域内的根据行为进行目标市场选择,更加理想的目标市场选择的地点是互联网。网站正越来越多地跟踪其用户的在线站点选择行为,以使得广告商能更好地服务目标受众。如 Revenue Science 和 Tacoda 这样的公司通过跟踪互联网用户上网的行为向广告商提供信息,广告商则希望根据消费者在线搜索的行为习惯来更好地选择目标市场。例如,假设一家高尔夫球设备厂商(一家如 Callaway 高尔夫公司的厂家)希望能到达最有可能购买它的最新球杆的消费群体——一种大约要花费 300 美元以上的球杆。在寻求 Revenue Science 和 Tacoda 这样的公司的帮助时,Gallaway 可以要求确定那些花费很多时间浏览高尔夫球相关网站的消费者。在了解了这些个人信息后,技术上则很容易将 Callaway 的新产品广告放置在这些高尔夫冲浪者经常访问的网站上。因此,在线的根据行为的目标市场选择的本质就在于它能够针对那些最有可能感兴趣购买该类产品的个人进行网络广告——这可以通过他们的网站选择行为进行判断。

有针对性的营销传播的基本原则是"向鸽子飞的地方瞄准"。换句话说,不要期望鸽子会恰巧飞过而朝空中胡乱打枪,相反,如果猎手在确定了鸽子的方位后再开始射击就会提高命中鸽子的可能性。但并不是所有的营销传播实践者都会听从这个建议。基于行为的目标市场选择是一种包含了"向鸽子飞的地方瞄准"这一原则的目标定位方法。

美洲航空公司通过 Revenue Science 的服务确定了最好的放置在线广告的位置。那些经常访问包含有旅行类文章的网站的人被认为是很可能会出差旅行的目标人群。美洲航空公司的广告据此投放在华尔街日报的网站(http://online.wsj.com),即那些被认为是商务旅行者们会访问的网站。这种基于行为的目标市场选择取得了很大的成功。[1]

为了促销 Aquafina Alive——一种新品牌的低热量维生素增强型饮料,百事可乐通过 Tacoda 公司的服务确定了能够到达那些关注健康的消费者的最佳网站。Tacoda 跟踪了多达 4 000 家网站,在一个月的时间内跟踪了访问这些网站中有关健康生活方式内容的流量。百事公司在这些网站上通过放置 Aquafina Alive 的弹出式广告来到达这些关注健康的人群。广告活动的成果显示同之前的广告活动相比,点击 Aquafina Alive 广告的人数增加了三倍。[2]

隐私问题

这些例子中一个典型的问题是,营销领域的技术进步一方面使得其能够增强服务消费者的能力,另一方面也提高了消费者的隐私被侵犯的危险。由于在线的基于行为的目标市场选择的应用,上网者可能越来越多地收到同他们非常相关的产品的广告。但是这种益处是来自像 Revenue Science 和 Tacoda 这样的公司在上网者没有同意或不知道的情况下记录了其上网行为。这样做的危害是什么?从好的方面来讲,上网者仅仅收到了那些其感兴趣的产品广告。但从另一方面说,又有谁希望被人审视自己的行为呢？你想要别人在他们愿意的时候观察到你在一年中的某段时间内所看的每一个电视节目吗？很可能不想这样。同样地，互联网也是如此。你想要商业公司跟踪你的上网点击行为吗？生活中很多事情都是如此，因此，需要权衡取舍。

4.3 基于心理的目标市场选择

从历史来看，营销者几乎完全按照受众的人口统计特征来做出目标市场选择的决策——例如考虑市场的年龄、性别、收入水平和民族/种族。但是有经验的实践者最终意识到，人口统计信息仅仅揭示了消费者购买偏好、媒体使用习惯和购买行为的一部分内容。正是因为这个原因营销传播者开始研究消费者的心理特征以便更加丰富地理解消费者如何对营销传播努力做出积极的反应。

例如，考虑一下如果你想对乘坐豪华游轮的旅行者进行营销，你怎样确定目标客户？年龄和收入这些人口信息毫无疑问会对确定合适的受众产生一定的帮助，也就是说，你会认为年龄稍大的人（35岁以上）以及收入中等或较高的人是目标群体。但是并不是每一个处于同样年龄段或收入水平内的人都会同样地对去加勒比海的游轮广告做出反应；只有那些有钱且年长的分处于两种特定心理细分——"奢侈的休闲者"和"全球探险家"——的人才是游轮的主要目标客户。[3]

总体来说，心理测量指的是关于消费者态度、价值观、动机和生活方式的信息，这些信息同消费者对某一产品类的购买行为密切相关。例如，针对越野车（SUV）的研究可以评估SUV拥有者参与活动的类型（例如野营和钓鱼、参加体育比赛，或者DIY建筑，等等）以及测量他们对拥有或不拥有SUV相关事情的价值观和态度（例如他们认为安全的价值如何、他们对环境的态度以及他们对控制的需要）。这些信息在设计广告信息和选择合适的媒体时都非常有用。

用户定制化心理描述

大量的市场调查公司都会针对个体的客户进行心理研究。这些研究一般是针对特定的产品种类。比如，一个用户个性化心理研究问卷中涉及的题目就是基于产品类别的独特性质来选择的。表4.1给出了一组出现在一个银行客户心理研究中的陈述。被访者要回答他们是非常同意该陈述还是不同意该陈述。研究者依据回答分析调查的结果，最终，将1 000名被访者分成了四个心理群组——"担忧的传统者"、"银行的忠诚者"、"无忧的投资者"、"富有的银行家"。结果发现是这四组人有显著不同的银行消费行为。[4]资助这一研究的地区银行则运用这一结果更好地服务于它的客户，他们设计了分别适合每一个群体的服务并且对每个群体采取了不同的沟通方式。例如，针对"担忧的传统者"的沟通方式强调安全和保险，而针对"无忧的投资者"的沟通则强调收益率。

表 4.1 银行客户心理研究

本地银行更容易借给我钱	与银行的长期关系比价格更重要	没有足够的时间研究所有的金融替代品
银行家对投资的了解不如经纪人多	所有的银行都一样	我担心是否为未来攒够了钱
我听从银行家的建议管理钱	我更倾向于所有的服务收取同样的价格	我宁愿投资共同基金而不是买光盘
我的债务过高	我总是货比三家,寻找最好的交易	
我从没想过银行会没有 ATM 机	我喜欢去大堂办理银行业务	

资料来源：James W. Peltier, John A. Schibrowsky, Don E. Schultz, and John Davis, "Interactive Psychographics: Cross-Selling in the Banking Industry," *Journal of Advertising Research* 42 (March/April 2002), Table 1. Reprinted from the *Journal of Advertising Research*, © Copyright 2002, by the Advertising Research Foundation。

通用的心理描述

除了针对用户特定需求的个性化心理测量研究,品牌经理还可从心理测量(不涉及任何特定的产品或服务)研究的服务机构处购买现成的心理测量数据。最有名的是 Yankelovich MindBase 心理细分系统。表 4.2 总结了 8 个一般的 MindBase 细分并且用描述性的语言给每一组起了名字,例如"我是有表现力的"、"我是慢拍摇摆乐"、"我是见多识广的"。营销者可以使用这些描述来设计创新性的广告活动,以最好地与他们目标受众的态度、价值观和生活方式相匹配。

表 4.2 Yankelovich 思维区分

我非常乐意表现自我,我的格言是及时行乐。
我非常享受生活,并不畏惧表现自己的个性。对待生活,我的态度是"活在当下",我相信未来是无限的,我可以成为我想要成为的人,做任何我想要做的事情。

我是一个能够自我激励的人,我的格言是没有耕耘就没有收获。
在个人生活和工作方面,我都是一个有追求、有抱负的人。我看重自我存在的价值,认为自己富于智慧,我的目标是在事业、家庭以及人际交往等多个方面都获得成功。

我非常忙碌,我的格言是时间才是关键。
我的日常生活节奏非常紧张,我正在寻找如何更好地将一些事情控制并将其简单化。在消费过程中,我有着自己明确的需求,并乐于表达。我最看重的是便利、尊重以及实用,因为我可以将更多地时间放到生活中重要的事情上。

我是一个稳定的人,我的格言是做正确的事情。
我认为自己是一个积极的人,家庭是我生活动力的来源。我努力地去过一种稳定的生活,在做决策时,无论是个人生活方面还是市场方面的决策,我会依据自己的本能做出成熟的思考。

我是一个务实的人,我的格言是轻松上路。
在生活中,我按照自己的节奏去追求能够实现的目标。我希望充实我的生活,乐于尝试新鲜食物,并愿意获得一些全新的体验。

我是一个非常富有经验的人,我的格言是理智与情感。
我聪明机智、正直,向往生活中的美好事物。同时,我对于自己和所从事的职业有着很高的期望。在工作中,我努力去承担最主要的工作,在职业生涯中,我希望能够不断地丰富自己的经验。

（续表）

我是一个谨慎的人，我的格言是防患于未然。
我是一个成熟的人，我认为生活中目标的不断实现给我带来了满足感。我过着一种健康的、充满活力的生活。我需要确认未来是安全、有价值、充满活力的。

我是一个专注的人，我的格言是心之所在即为家。
我比较传统，愿意享受家庭的舒适。有些人认为我的思想和信仰比较保守和传统，但这些的确对我起作用。对我的生活，我非常满意。我喜欢常规的东西，并不会刻意追求新奇与新意。

资料来源：Yankelovich MindBase/Segments, http://www.yankelovich.com/index.php? option = com_content&ask = category&sectionid = 21&id = 42&ltemid = 88. Yankelovich © 2005。

第二个最著名的心理测量细分系统是 SRI 咨询公司商业智库（SRIC-BI）的 VALS 系统。美国 VALS 细分系统根据购买者心理特征和几个关键的人口变量，如年龄和家庭收入，将美国成年消费者分为 8 个细分部分。日本和英国的 VALS 可以帮助你理解这些国家的消费者。你可以通过在 VALS 网站上回答调查的问题来确定你是属于哪一个细分人群。

图 4.2 给出了 8 个 VALS 的细分内容。图中的横坐标代表了个体的基本动机，他们或者是追求完美，或者是追求成就，或者是有自我表现的欲望。纵坐标代表了个体所拥有的资源，基于他们的教育成就、收入水平、健康、活力和用户至上主义。例如，可以从图中看到，"思考者"和"信仰者"都是被追求所激发，但是"思考者"比"信仰者"拥有更多的财富资源。类似的，"体验者"和"制作者"都是受自我表达的需要所驱使，但是"制作者"相比"体验者"拥有较少的资源。我们现在讨论一下 VALS 框架中的每个细分部分。[5]

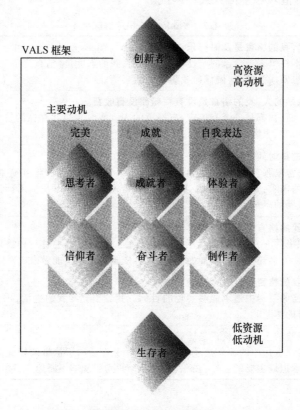

图 4.2　8 个 VALS 划分

创新者是成功的、见多识广的，有很强的控制欲和较高的自尊心的人。由于他们有如此丰富的资源，以至于他们在不同的水平上表现出了所有的三个基本动机（即理想、成就和自我表现）。他们是变革的领导者并且最善于接受新思想和新技术。创新者是非常活跃的消费者，他们的购买反映了高级阶层的高雅品位以及高端产品和服务。

思考者被理想所激励。他们成熟、满足、舒适，并且是善于思考的一群人，他们看中秩序、知识和责任。他们一般都受过良好的教育并且在决策制定阶段积极搜寻信息。他们熟悉国际大事和自然事件，非常敏感于能够拓宽他们知识面的机会。他们对社会现状中的权威和社会准则采取中性接受的态度，但也愿意考虑新想法。尽管他们的收入使他们有很多选择，但思考者一般是保守的、看重实际的消费者；他们在自己所购买的产品中寻求持久、功能和价值。

信仰者同思考者类似，是被理想所激励的一群人。他们是保守和传统的人，拥有具体的和基于传统和社会准则的信仰：家庭、宗教、社区和国家。许多信仰者表达出根深蒂固的严格的道德准则。他们遵循成规，生活中很大程度是围绕着家庭、家人、社区和他们所属的社会或宗教组织。作为消费者，信仰者是可以被预测的；他们选择相似的产品和已经成熟的品牌。他们喜爱美国产品并且一般都是忠实的客户。

成就者被获得成就的渴望所激励，他们具有目标导向的生活方式并且对事业和家庭有很深的承诺感。他们的社会生活反映了这些关注点，其生活主要围绕家庭、信仰和工作来进行。成就者过着传统的生活，在政治上很保守，尊崇权威和现状。他们看重共识、可预测性和稳定性，不喜欢风险、亲密和自我发现。他们有很多的需要，因此他们在消费者市场上非常活跃。品牌形象对成就者非常重要；他们喜欢成熟的、有声望的产品和服务，以此来彰显他们相对于同龄人的成功。他们的生活很繁忙，因此他们通常对各种节省时间的手段非常感兴趣。

奋斗者时髦并且喜欢找乐子。因为他们被成就所激励，所以非常关心其他人的观点和态度。对于奋斗者来说钱财是成功的标准，但他们实际上并没有足够的钱来满足其欲望。但他们喜欢时髦的产品，进而想效仿那些有钱人的购买方式。他们中的大多数认为自己拥有的是一份工作而不是一份事业，由于缺乏能力和专注力，他们通常无法得到提升。奋斗者是活跃的消费者。对于他们来说，购物既是一种社交活动又是一个向他们的同龄人展示自己购买力的机会。作为消费者，他们会在财务状况允许下保持某种冲动。

体验者被自我表现所激励。他们是年轻、有热情并且冲动的消费者。体验者会对新的选择很快产生热情，但这种热情同样也会很快消退。他们寻求变化和兴奋，尝试新事物，不落俗套，喜欢风险和刺激。他们通过锻炼、运动、户外娱乐和社会活动来释放自己的能量。体验者是急切的消费者，他们将收入中相当高的一部分用在时尚、娱乐和社交上。他们的购买行为反映在他们重视外表和扮酷上。

制作者同体验者类似，都是被自我表现所激励。他们表现自己并通过身体力行的方式体验世界——建一座房子，抚养孩子，修车或者种菜——并且他们具有足够的技能和能量来使自己的计划成功。制作者是很实际的人,他们有建设性的技能但同时也很自负。他们生活在传统的家庭、实际工作和体育娱乐的范畴之内,对这个范围以外的事情都漠不关心。他们怀疑新事物以及大型机构,例如大公司。他们尊崇政府的权威和工会组织,但也反感政府对个人权利的侵犯。他们对拥有物质财富并不感冒,除非拥有这些财富是为了一个实际的或者功能性的目的。相比奢侈品消费他们更看重价值,因此他们更多地购买基本的必需品。

生存者生存在狭小的生活空间内。他们没有什么资源可利用,通常认为世界变化得太快了。他们对熟悉的事物感觉到很舒服并且主要关注安全问题。因为他们必须注重满足需要而不是填充欲望,因此没有表现出强烈的基本激励动机。生存者是小心谨慎的消费者。他们对于大多数产品和服务来说都代表了一部分市场。他们对自己喜爱的品牌非常忠诚,尤其是当他们能够以折扣价购买的时候。

为了确定新产品和服务的目标消费者,公司的产品设计团队可以同 SRIC-BI 咨询团队共同工作。想象一下,如果一家汽车厂商想要测试一款创新性新汽车的接受程度,他可以进行一系列的焦点小组访谈,每一组都只包括 VALS 中的一种人(例如,其中一组由创新者构成,而另外一组则由成就者构成)。一般来说,每种 VALS 类型的人对不同的产品特征和优势组合都会有不同的反应。得到基于 VALS 类型的焦点小组反馈可以使新产品团队选择那些对新设计概念反应最为积极的消费者群组作为目标市场。对目标市场清晰的定位,对目标消费者的偏好和需要的清楚认识,有助于设计团队更有效地工作。在接下来的阐述中,我们可以进一步了解 VALS 的知识如何协助营销传播者得出最好的产品定位以及最有效的创新的诉求。

4.4 基于地理人口的目标市场选择

地理人口一词是地理和人口的联合体,它形象地表述了这种目标市场选择的方式。地理人口目标定位的潜在假设是居住在相似地区的人们,例如在同一社区或在同一邮政编码地区,人口特征和生活方式也相似。因此,了解人们住在哪里也会带来一些有关他们一般市场行为的信息。一些公司已经开发了一种将地理区域划分为一般群体的服务,在每个群体中人们都有相似的人口和生活方式特征。这些公司(括号中是它们的服务产品的名字)包括:CACI(ACORN),Donnelly Marketing(ClusterPlus),Experian(MOSAIC),Claritas(PRIZMNE),SRIC-BC(GeoVALS)。下面将讨论 Clarita 的 PRIZMNE 地理人口聚类系统。地理人口聚类系统已经在很多国家推广了,不仅仅限于美国,还包括加拿大、西欧的大多数国家、一些非洲国家、澳大利亚和日本。[6]

PRIZMNE 是一组首字母缩写,PRIZM 代表邮政编码市场潜力打分指数(Potential Rating Index by ZIP Markets),NE 代表 Claritas 早期细分系统的最新演进(new evolution)。PRIZMNE 分类系统将美国的每一个社区都划分到了 66 个集群中,该划分基于对社区人口特征的分析。这些特征包括如教育水平、民族/种族、占主体的年龄段、职业成就和房屋类型(如是自有房屋还是租赁房屋)等变量。通过对这些人口特征进行复杂的统计分析，Claritas 确定了 66 个组群，这些组群都有相似的人口特征。每个组群都用一个鲜明的描述性短语来形容。例如"上流社会"，"小巷名流"，"波西米亚一族"，"乡村休闲一族"，"白色尖桩篱栅"，"平民百姓"，"郊区先锋"，"城市居民"。下面我们简要地介绍其中三个群组的特征，以让读者更好地理解群组是怎样被描述的。[7]

波西米亚一族指的是一群年轻的、流动居住的城市居民，他们代表了整个国家最为自由的生活方式。波西米亚一族是一群年轻单身者或夫妇，学生或专业人士，西班牙裔，亚裔美国人，非洲裔美国人，白领。他们非常喜欢尝试新事物，是最新电影的首批观众，频繁地光顾夜店，使用最新款式的手提电脑。波西米亚一族只占美国总家庭数的2%。波西米亚一族家庭的平均年龄不到 35 岁，收入水平大约为 5 万美元，大多数未婚，多数租住在高层公寓，一般都有大学学历，大多从事专业职业和白领工作。他们并没有任何显著的民族或种族特征。

白色尖桩篱栅代表那些美国中产阶级家庭。这些家庭中的人都很年轻，收入中等，结婚并有子女——是曾经美国家庭的典型代表。但如今，并不是完全为"白肤色白领"了，"白色尖桩篱栅"代表了种族的差异，其中包括大量的非洲裔美国人和西班牙裔美国人家庭。白色尖桩篱栅家庭的平均年龄在 25 岁到 44 岁之间，收入大约是 4.8 万美元，他们大多结婚生子，接受过大学教育，工作岗位比较多元化，既有蓝领又有白领。

郊区先锋包括那些生活方式较为折中的家庭，包括不同的人群，有单身者、新近离婚者、单亲家庭，他们大多搬进了较为陈旧的内环郊区地带。他们居住在较为古老的房子中，这些房子一般配有花园。这些人中既有非洲裔美国人、拉美裔美国人，也有白种人，他们大都从事蓝领工作，生活方式也是上班族类型的。这类家庭的平均年龄不到45 岁，收入大约在 3.3 万美元左右，一般为高中或以下学历。美国有超过 1% 的家庭属于这个群组。

许多主流的营销机构都使用 PRIZMNE，Donnelly 的 ClusterPlus 或其他的地理人口聚类服务工具帮助他们制定重要的营销传播决策。选择合适的地区以缩小电视广告投放的范围，以及确定直邮广告的合适家庭，仅仅是两种能够得到地理人口数据帮助的营销决策。不必多说，地理人口数据对于其他的营销目的，例如确定在哪个地区开辟新门店也是非常有用的。

4.5 基于人口的目标市场选择

在撰写本书之时，地球上总人口数预计有 66.7 亿。预计世界总人口数在 2025 年将达到 80 亿，在 2050 年将达到 90 亿。表 4.3 列出了 2007 年人口数量排名前 25 位的国家；我们从中可以看出中国和印度的人口数量都超过了 10 亿，作为第三名，美国的人口数则少了很多，为 3.01 亿。（请注意，人口数量的估计会因来源的不同而不尽相同，因为估计者对生育率和平均年龄会有不同的假设。）

表 4.3 2007 年人口数量排名前 25 位的国家

1	中国	1 321 851 888	14	德国	82 400 996
2	印度	1 129 866 154	15	埃及	80 335 036
3	美国	301 139 947	16	埃塞俄比亚	76 511 887
4	印度尼西亚	234 693 997	17	土耳其	71 158 647
5	巴西	190 010 647	18	刚果（金）	65 751 512
6	巴基斯坦	164 741 924	19	伊朗	65 397 521
7	孟加拉国	150 448 339	20	泰国	65 068 149
8	俄罗斯	141 377 752	21	法国	63 718 187
9	尼日利亚	135 031 164	22	英国	60 776 238
10	日本	127 433 497	23	意大利	58 147 733
11	墨西哥	108 700 891	24	韩国	49 044 790
12	菲律宾	91 077 287	25	缅甸	47 373 958
13	越南	85 262 356			

资料来源：http://www.census.gov/cgi-bin/ipc/idbrank.pl, U.S. Census Bureau, International Database。

美国人口的有趣之处在于其有史以来人口的构成就十分多元化。美国以"大熔炉"著称，已经吸引了来自世界各地的移民，这使得美国成为一个由具有不同文化、不同背景的人组成的混合体。许多现在来到美国的移民来自拉美、亚洲、东欧，而历史上更多的则来自西欧国家。表 4.4 列出了美国人口祖先的分布。有趣的是，有超过 7% 的美国人简单地认为自己就是"美国人"，这一比例高于 1990 年的 5%。[8] 换句话说，许多美国人并不认同某一特定的祖先了——这很可能是因为美国人的国家自豪感以及美国人祖先的多元化、混合化特征。

表 4.4 美国人口祖先的分布

德国人	15.2%
爱尔兰人	10.8%
非洲裔美国人	8.8%
英国人	8.7%
美国人	7.2%
墨西哥人	6.5%
意大利人	5.6%
波兰人	3.2%
法国人	3.0%
美洲印第安人	2.8%
苏格兰人	1.7%
荷兰人	1.6%
挪威人	1.6%
苏格兰—爱尔兰人	1.5%
瑞典人	1.4%

资料来源："A County-by-County Look at Ancestry," *USA Today*, July 1, 2004, 7A. Reprinted with permission。

变化的年龄结构

美国人口特征最为戏剧性的变化就是人口年龄的增长。美国人的中位数年龄在

1970年是28岁,1980年是30岁,1990年是33岁,2000年是36岁,预计到2025年将为38岁。表4.5给出了各个年龄段人口数量的分布。

表4.5 2006年美国人口各年龄段分布

年龄	人口(百万人)	百分比(%)
少年儿童(20岁以下)		
5岁以下	20.42	6.8
5—9岁	19.71	6.6
10—14岁	20.63	6.9
15—19岁	21.32	7.1
合计	**82.08**	**27.35**
青年人(20—34岁)		
20—24岁	21.11	7.0
25—29岁	20.71	6.9
30—34岁	19.71	6.6
合计	**61.53**	**20.51**
中年人(35—54岁)		
35—39岁	21.19	7.1
40—44岁	22.48	7.5
45—49岁	22.80	7.6
50—54岁	20.48	6.8
合计	**86.95**	**28.98**
中老年(55—64岁)		
55—59岁	18.22	6.1
60—64岁	13.36	4.5
合计	**31.58**	**10.52**
老年人(65—74岁)		
65—69岁	10.38	3.5
70—74岁	8.54	2.8
合计	**18.92**	**6.31**
高龄老人(75岁以上)		
75—79岁	7.38	2.5
80—84岁	5.67	1.9
85岁以上	5.96	2.0
合计	19.01	6.34
美国总人口	**300.07**	**100**

资料来源:Year Age Groups for the United States, Population Division, U.S. Census Bureau, May 17, 2007。

人口学家(研究人口趋势的人)将那些在1946年到1964年间出生的7 700万人称为婴儿潮一代。这一人口激增的时期开始于第二次世界大战结束(1945年)后,进而持续了20年。以2009年为参照点,婴儿潮一代最年轻的人是45岁,而最年长的人则为63岁。婴儿潮产生的影响可以从下列主要人口发展的数据中看出:

1. 婴儿潮一代在到达生育年龄后,造成了一个新的小型婴儿潮。我们可以从表4.5中看出,美国孩子和少年的总人数在2006年达到8 200万。

2. 在生育低潮期的20世纪60年代中期到70年代（在这之前大多数的婴儿潮一代处于孩童年龄），只有少量的婴儿出生。因此，相比于人口众多的前一代人，美国现在只有较少量的年轻人（20岁到34岁）。

3. 中年人（35岁到54岁）的数量激增，在2006年达到了8 700万。婴儿潮一代的逐渐成熟是营销者所面临的最重要的人口变迁。

少年儿童

美国19岁以下群体的比例从1965年（婴儿潮的鼎盛时期）的40%降到了2006年的27%。但这个群体仍然是一个重要的群体，人数超过8 000万（见表4.5 各个年龄的人数分布——例如5岁以下，5岁到9岁，10岁到14岁，15岁到19岁）。

营销者一般将4岁到12岁的人群称为儿童，以区别于幼儿和少年。这个年龄段的孩子或者直接购买，或者会对每年数十亿美元的购买额产生直接的影响。单就儿童这个年龄段的总支出来看，在20世纪60年代、70年代、80年代每十年就会翻一倍，20世纪90年代翻了三倍。

学龄前儿童　学龄前儿童的年龄在5岁以下，代表了近年来增长很快的一个群体。1990年是自婴儿潮顶峰1957年（430万）以来孩子出生最多的一年（420万）。玩具、家具、衣服、食品和许多其他产品和服务的营销者一般都在试图吸引这些孩子的父母，有些时候则直接针对孩子进行营销。

图4.3　吸引学龄前儿童

小学年龄儿童　这一群体的孩子包括6岁到11岁的儿童。这些孩子会直接影响产品的购买并间接影响他们父母的购买。如图4.3所展示的那样，这个年龄段的孩子会影响其父母对衣服和玩具的选择，甚至会影响其父母对牙膏和食品品牌的选择。瞄准孩子和他们的家人的广告及其他形式的营销沟通方式近些年来日益增多。每年都会有大量的新产品推出，专为迎合孩子的口味。例如，以Hot Wheels玩具闻名的Mattel公司，已经将品牌扩展到了滑板、滑雪板和极限运动装备领域，这些产品仍然使用Hot Wheels的品牌名。迪士尼公司推出了迪士尼梦想台式电脑，这是一款电脑和显示器的组合套餐，显示器被设计成了米老鼠耳朵的形状。营销者通过网络虚拟社区的方式越来越多地接触到了这些孩子，尤其是女孩。例如，芭比女孩网站已经有数百万的注册用户。[9]（为了更好地理解孩子们如何在社会化中成为消费者并更好地理解广告，读者可以阅读本章后脚注中提到的文章。）[10]

十岁左右的孩子　十岁左右的孩子——他们既不是幼儿也不是少年——是营销者所定义的另一个消费群中的小群体。十岁左右的孩子通常是指8岁到12岁的孩子。十岁左右的孩子一般都有他们自己形成的关于品牌喜好的观点，很大程度上受同龄人的影响,想要那些使自己看起来很酷的产品和品牌。像 Limited Too 这样的零售商将其大量的营销传播努力都花费在了十岁左右的孩子身上,以满足他们日益增长的对时尚衣物的欲望(https://www.limitedtoo.com)。

一项关于十岁左右的孩子(也包括了一些 13 岁到 14 岁的孩子)的研究,重点分析展示了十岁左右的孩子的物质价值观以及这些价值观如何与他们的人口特征变量、购买相关行为和对广告与促销的卷入程度相联系。[11] 为了衡量物质主义——包括购买和拥有产品的欲望,对这些物品的享用程度,以及对能用来购买产品的金钱的欲望——研究者开发了一个叫做"年轻人物质主义量表"(YMS)的新测量方法。被访者对问卷中的 10 个陈述回答从"非常不同意"到"非常同意"的不同选项。一些陈述包括"我喜欢花时间购物胜过几乎任何其他事情","我真的很享受购物的感觉","当你长大后,你越有钱,你就会越幸福"。根据美国家庭的样本,大约 1 000 名 9 岁到 14 岁之间的少年儿童完成了 YMS 问卷并回答了其他一些问题。研究者用统计方法将 YMS 上的得分同其他测量联系起来,得出了下面的描述性结论:

1. 男孩比女孩更加物质主义。
2. 来自低收入家庭的孩子更加物质主义。
3. 高物质主义的孩子更加频繁地购物。
4. 高物质主义的孩子对新产品表现出更大的兴趣。
5. 高物质主义的孩子:(a) 更可能收看电视广告;(b) 更可能让父母购买那些他们在电视上看到的产品;(c) 对名人代言反应更强;(d) 更有可能向他们的父母施加压力购买产品;(e) 在圣诞节和庆生时会比同龄人花费更多;(f) 有厌学倾向并且分数较低。

少年 在美国有超过 2 500 万这个年龄组内的消费者,年龄在 13 岁到 19 岁之间,他们有可观的收入并且对个人和家庭购买具有重要的影响力。[12] 少年通常指的是千禧一代或 Y 一代(同他们之前的 X 一代对应,我们下面的部分会讨论 X 一代)。要重点注意的是,没有一个确切的定义说何时出生的人应被归入千禧一代,也没有普遍接受的时间段。为了防止同此前的一代,也就是 X 一代(本书中定义为出生在 1965 年到 1981 年间的一代人)相重叠,我们认为 Y 一代是在 1982 年到 1996 年之间出生的一代人。因此,在 2009 年,Y 一代应该包括所有 13 岁到 27 岁之间的人,或者说是美国人口中的 6 000 万。现在的讨论只关注千禧一代中的少年。

Teenage Research Unlimited 进行了一项研究,该研究跟踪少年的成长趋势和态度,研究估计美国少年每年的支出超过 1 500 亿美元。[13] 少年比以往有更强的购买影响力和实际的购买力,这使得越来越多的营销传播项目开始针对这一群体。例如,惠普电脑改变了他们"回归学校"电脑的营销策略,从努力吸引父母而投放在传统媒体上的价格导向的广告转向了能接触到少年群体的在线广告,广告中还应用了幽默等元素。[14]

少年群体以其墨守成规的、自恋的和变化无常的消费者而著称。这些特点带来了巨大的市场机会的同时,也给营销传播者带来了新的挑战。当少年群体将购买某一品牌当作是成为潮流群体一员的个人标志时,一个已经被接纳的产品将会获得巨大的成功。但是,今天流行的产品和品牌很可能明天就过时了。

据说少年群体很不喜欢"被营销"。同所有的消费者一样,营销传播者给他们提供有用的信息非常重要,但是少年宁愿自己获取信息——例如从互联网上或者从朋友那里——而不是被动地接受信息。营销传播人员在向少年群体传播有用信息的时候要格外小心,要避免显得专横跋扈。互联网是一个接触到少年群体的非常有效的媒介。而像MySpace和Facebook这样的社交网站也将成为营销青少年消费者行为的有效渠道。

图4.4 吸引少年消费者

青年人

图4.5 吸引婴儿潮出生的消费者

学术上对这群人的称谓是X一代,指的是1961年到1981间出生的美国人。[15]但是,为了避免同婴儿潮一代(1946年到1966年)和Y一代(1982年到1996年)重叠,我们可以简单地将这群人定义为1965年到1981年出生的一代人。因此,在2009年,X一代的人有超过6 500万,年龄从28岁到44岁。因为X一代人是紧接着婴儿潮出生的一代,大约结束于1964年,所以这群人也被称为生育低谷期出生的人。但给这代人的标签并不只是这些,X一代人比历史上任何一代都有更多的称谓,大多数称谓都是自嘲的:逃避者,玩世不恭者,抱怨者,无聊的孩子,失去希望的一代,等等。正如每一组人被以刻板印象看待一样,这些称呼仅仅抓住了X一代人中部分群体的特征,远远不能概括这个群体的复杂性以及群体中不同人的差异性。

全球聚焦 I Do 婚戒　因爱而生

在西方婚礼上，常有这样一段对话响在耳边：

"此刻起，无论顺境还是逆境，贫穷还是富有，疾病或是健康，你是否愿意爱她、安慰她、尊重她、保护她，始终如一，不离不弃？"

"Yes, I do."

令人称奇叫绝的是，恒信钻石机构索性就将"I Do"作为其婚戒的专属品牌。

从字面上看，"I Do"两字，代表的是新人对婚姻长久永恒的承诺。从品牌上看，I Do 则顺理成章地成为消费者选择一个契合自己对婚姻情感理解的载体。

"I Do"品牌的创立者李厚霖，从事珠宝行业近二十年，目前掌管着恒信钻石机构旗下的亚洲超大规模的恒信钻石宫殿，并直接参与恒信钻石机构在中国的业绩发展和扩张。李厚霖主导的核心经营模式——恒信钻石宫殿，在北京、上海等城市建立了上千平方米的超大规模店面。它依靠单店规模优势、优质的产品、丰厚的钻石文化宣扬和营造，挤压着传统的、普遍的30—60平方米的珠宝专柜。

"恒信钻石宫殿"模式，在初期暂时取得了市场优势。由于中国也只有像北京、上海这样的城市才能接纳钻石宫殿这种上千平方米的超大规模店面，而更多城市的市场则无法满足"钻石宫殿"的要求，因此钻石宫殿对市场及资金的苛刻要求决定了这种模式不可能进行大规模的复制，很快，恒信钻石就面临市场扩张的瓶颈。为此，在一线城市之外的城市，李厚霖创立了"I Do"品牌。

在"I Do"店里，粉红的玫瑰花、欧式婚纱陈列、"I Do"宣言墙、情侣求婚区等西方婚庆元素处处可见。粉色及白色是"I Do"店的主打色，导购顾问也无一例外地粉色着装，因为女孩子无一例外地都喜欢粉色。除了店面布置，品牌最好的广告就是其文化内涵。

从品牌需求来看，全国每年结婚的新人有近 1 000 万对，婚庆消费总额高达 2 500 亿元。我国近五年来平均每年有 800 多万对新人登记结婚，珠宝消费平均 5 659 元/对，地级以上城市珠宝的消费达 7 643 元/对。中国珠宝市场已由几年前仅占全球1%跃居为世界第三大市场，总体市场容量巨大，并有很大的上升空间。尽管这些数据是针对整个珠宝婚庆市场，并非特指钻石，但有一点毋庸置疑，那就是绝大部分珠宝企业都是靠婚庆消费市场来生存的。

市场调查表明，2006年中国的钻石消费额就达到196亿元，而单婚戒消费一项就占到钻石消费的78%。在每10件钻石饰品的销售中，就有7件是以结婚为诉求的。虽然钻石进入中国不过20年，但国人常常将钻石与婚戒混为一谈，即"结婚买钻戒"。多年的诸如"钻石恒久远，一颗永流传"之类的商家宣传和市场培育让钻石在中国更多的不是奢侈品的概念，而演变成了必需品概念，即钻石根本不是可有可无的奢侈品，而是结婚必需品。

正因其独特的体验式营销定位，2006年诞生的李厚霖"I Do"全球婚戒典范在2007年的深圳国际珠宝展上首度高调亮相，艳惊业界；其位于北京高端商圈如新光天地、东方广场、乐天银泰、新世界等一线商圈的15家店面，以及上海淮海路旗舰店、久光百货、港汇广场等8家顶级商圈的店面,营业面积超过1万平方米,营业额牢牢占据商场珠宝销售的前三位。李厚霖在一线城市确立了婚戒品牌的霸主地位之后,"I Do"又稳步进军各大省会城市,品牌店相继落户沈阳、长春、济南、郑州、乌鲁木齐、南京、福州、武汉、成都、昆明等城市,在东南沿海一带经济发达城市如大连、青岛、苏州、常州等也吸引了大批看好"I Do"这一品牌的合作者。

自2008年起,"I Do"全球婚戒典范已成为都市白领眼中婚戒的不二之选。该品牌每年以1.5倍的速度递增的门店在全国一二线城市顶级商圈落户,市场份额稳步递增。

资料来源:1. 索振魁,《I Do细分珠宝市场,扬帆婚戒蓝海》,饰界营销网(http://www.coad.cn/marketing/yingxiao/480.html),2011-08-02。

2. "I Do"官方网站:http://www.hiersun-ido.com/aboutus/index.html。

讨论题:

"I Do"品牌为何能在短期内迅速崛起并深入人心?支撑其品牌迅速扩张的主要因素是什么?

全球聚焦 中国人口结构的变化

根据2010年第六次人口普查结果,2010年中国31个省、自治区、直辖市和现役军人的总人口为133 972万人,全国人口中,城镇居民66 558万人,占总人口的49.68%;乡村居民人口67 415万人,占总人口的50.32%。总人口中,男性为68 685万人,占总人口的51.27%;女性为65 287万人,占总人口的48.73%。其中,0岁至14岁的人口为22 246万人,占总人口的16.60%;15岁至59岁的人口为93 962万人,占总人口的70.14%;60岁及以上的人口为17 765万人,占总人口的13.26%(其中,65岁及以上的人口为11 883万人,占总人口的8.87%)。

人口结构影响了家庭成员的组成,从而影响到中国的家庭结构构成。在中国人口结构变动的作用下家庭结构也呈现出以下特征:

第一,家庭规模小型化,城乡缩减速度不一。1953年中国家庭平均人口为4.33人,1973年是4.81人,1982年为4.4人,2002年降至3.39人,2005年为3.13人,2010年为3.10人,1973年至2005年32年间家庭平均人口减少了1.77人,下降幅度高达36.80%。随着城市人口数量的快速增长,城乡户籍制度改革施行,城市家庭数量快速上升,城市家庭结构小型化更加明显。人口增速的降低、计划生育政策的推行和城市化进程加快是家庭规模小型化的主要原因。最初的家庭规模是与生产生活方式有密切联系的。在农村,以人力劳动为主要形式的传统的农业劳动需要家庭人口间的配合。所以,农村家庭户人口数目较多;以单位为生产方式的城市劳动使劳动者的工作与家庭联系较少,家庭成员彼此之间的生产依赖性降低,家庭规模也就相应缩小。计划生育政策和年轻人婚育观的变化,使中国人口出生率保持在了较低水平,很多人的生育观从以前在强迫下不得不少生到现在主动晚生、少生、不生,并且出现了很多的单身家庭、丁克家庭、空巢家庭和丁宠家庭,这种家庭的出现极大地冲减了中国家庭户人口数量。

第二,核心家庭数量多、比例大,夫妻核心家庭数量上升明显。在所有家庭类型当中,核心家庭所占比例是最大的。1990年是67.31%,到2000年虽然缩减到56.02%,但仍占绝大多数比例,这与1990年至2003年间中国各个年龄层人口所占比例变化明显相关,这期间0岁至15岁以下人口以及15岁至24岁年龄段人口所占比例减少,这些年龄段人口多充当核心家庭当中的子女角色,他们的数量减少加上25岁至54岁人群数量增加,促成了夫妻核心家庭比例的大幅上升。

第三,家庭成员角色多元化,隔代抚养现象明显,家庭结构由"正金字塔"转向"倒金字塔"。伴随计划生育政策特别是独生子女政策实施的一代人成年组成家庭,传统金字塔形家庭结构发生逆转,由以前的"正金字塔"转向"倒金字塔","421"家庭逐渐成为新的家庭的主要形式。中国目前核心家庭数量多,这与适婚适孕年龄人群数量增长有关。婚后25岁至35岁年轻人进入孕龄,成为主要的生育人群。这些年轻人所组成的核心家庭的一大特征是夫妻双方均处在事业开创时期或是发展的关键时期,任何一方都不能将大部分精力放在照顾子女上,很多年轻人选择将年幼子女进行托管,幼儿园和其他亲属是主要的托管对象。按照通常的生育年龄计算,这些年轻夫妇的父母大多在50岁至60岁之间,这个年龄段的中年人具有一定的经济实力,自我料理能力强并且还有充裕的时间和精力帮助子女照顾下一代,所以目前出现大批年轻夫妇将低龄子女交由其父母照顾,自己在工作之外对子女教育起辅助作用。祖父母、外祖父母在家庭中担当双重家庭角色,在教育孙子女的过程中不单单以隔辈角色出现,必要时充当父母角色对其进行教育,家庭成员角色时见重叠。

第四,婚姻挤压效应明显,男性一人户家庭将增加。影响婚姻拥挤的原因很多。广义的影响因素包括出生性别比、死亡率性别差异、人口迁移、夫妇年龄差偏好、年龄结构变动、再婚、历史婚姻拥挤的传递和个人性格相貌与社会经济条件;狭义的影响因素只包括出生性别比、死亡率性别差异、人口迁移、夫妇年龄差偏好、年龄结构变动。中国重男轻女的思想自古即有,生育男童传宗接代是很多家庭的生育目标,男孩偏好有悠久的历史渊源。在实行计划生育政策之前,人们的生育预期压力并不大,加之科技水平有限,新生儿性别选择现象不严重。20世纪70年代后,由于国家对生育数量的限制,为了在有限的生育指标当中实现传统意义上的传宗接代职能,用各种办法对新生儿进行性别选择是解决问题的方法。从20世纪70年代起,中国人口出生性别比偏高现象就已非常明显。第四次全国人口普查时为111.4。第五次全国人口普查时为116.86,到2005年时该数字上升到118.58,均远远高出国际上所认为的正常水平103—107。男女性别比从出生时起升高,然后随着出生儿年龄增长相对平衡,步入老年之后,性别比开始下降。通常,男女初婚年龄在25岁至35岁之间,男女年龄差距为两岁,出生性别比偏高导致中国人口年龄结构分布不均和男女性别比加大,中国目前以及今后都面临可怕的女性短缺,将使得每年有数以百万的年轻男性在本国找不到异性配偶,2020年前后,将有超过2 000万男性的婚姻权利的实现将受到限制,社会将出现大批"剩男"。以男子组成的单人家庭和以未婚成年男子为子女的核心家庭比例逐渐升高。

中国家庭结构的变化,颠覆了传统的家庭伦理观,改变了传统意义上的家庭模式,使得家庭的概念更加泛化,其最直接的表现是家庭消费模式的变革,家庭消费朝着更加理性化、丰富化、人性化的方向发展,更注重展示家庭的品味、格调,以及天人合一的精神追求,家庭消费决策更趋于系统化和科学化。这些变化无疑给营销者带来了新挑战和机遇。

资料来源:1. 中华人民共和国国家统计局,《2010年第六次全国人口普查主要数据公报》,2011年4月28日。

2. 中华人民共和国国家统计局,《2000年第五次全国人口普查主要数据公报》,2001年5月15日。

3. 孟霞,《当代中国社会人口结构与家庭结构变迁》,《湖北社会科学》,2009年第5期,第38—41页。

4. 王跃生,当代中国家庭结构变动分析,《中国社会科学》,2006年第1期。

5. 王跃生,当代中国城乡家庭结构变动比较,《社会》,2006年第3期。

IMC 聚焦 南航高端经济舱:给您一个新选择

继国航、川航在其部分精品航线上增设超级经济舱后,南航也紧随其后,于2010年3月份在国内推出了高端经济舱(W舱)这一国际流行的客舱服务。所谓高端经济舱即提供超越经济舱的增值服务,通过差异化服务吸引商务旅客,最大限度地满足不同层次旅客的出行需求。通俗解释就是买全价的经济舱机票,可享受接近头等舱或公务舱的待遇。高端经济舱的运营模式在国外早有先例,英航、美联航、法航等航空公司都有相应的成功案例。有数据显示,日航自从在欧洲航线推出高端经济舱后,乘客数量仅下降了1个百分点,但是客座率提升了9个百分点,达到了84%,运营成本降幅超过10%。

2010年,南航宣布在国内推出这一国际流行产品,大刀阔斧地对266架性能优越的飞机进行改造,提供近7000个W舱座位。首批改造完成的飞机于2010年3月28日投入运营广州、深圳至北京、上海的航线。目前,南航这一产品服务的航线范围有五大类,分别是全国至上海、杭州,全国至北京、天津,全国至广州、深圳,全国至沈阳、大连,全国至长春、哈尔滨。以全国至上海、杭州为例,旅客购买全国各地始发至上海、杭州往返程或缺口程的机票,在座位允许的情况下,回程时可将上海、杭州免费互换。

高端经济舱设置在公务舱和经济舱之间,它的主要特点是:比普通经济舱多40%的空间,乘客的双腿可以完全平伸。高端经济舱扩大了原经济舱座椅的前后间距,由31英寸扩大为35—37英寸(增加10—15厘米),根据机型大小设置了24—53个高端经济舱座位,并通过加装门或隔帘分离出专门的区域,使这部分旅客拥有了更独立的空间和更宽敞的座位。

W舱的出现颠覆了传统的头等舱（F舱）、公务舱（C舱）、经济舱（Y舱）组成的三舱布局。票价虽为经济舱的全价，但客舱空间更为宽敞、更具私密性，还能享受到量身打造的差异化增值服务。比如：①"四个一"空中服务，譬如，乘务员会在航班起飞前为旅客赠送一瓶饮用水，旅途中增添一张毛毯、一份报纸，配餐中增加一份小餐点。②专用值机柜台：逐步设置专用值机柜台，使用统一标志，清晰标明"高端经济舱柜台"，高端经济舱旅客可使用这类值机柜台确保快速值机。南航值机人员还将为旅客在预留的座位区域中选择座位，或主动询问旅客的喜好帮助其选择座位。国内航班高端经济舱旅客排队时间最长将不超过8分钟，如排队较长或超过8分钟标准时，将增开高端经济舱旅客柜台并及时疏导。同时将为高端经济舱旅客提供5公斤的额外免费行李度。③"三个优先"地面服务：南航高端经济舱旅客享受登机优先、行李优付、机票超售时优先升舱的服务。遇到航班超售、"溢出"等不正常情况时，高端经济舱旅客可优先免费升舱。④通乘登机服务：南航对头等舱、公务舱、高端经济舱旅客提供局部航线目的地通乘登机服务，即购买指定航线上F、C、W舱机票，旅客可在回程时将相邻始发地进行免费互换，让旅客更加自由、方便地选择行程。

　　资料来源：1. 梁永军、郭瑛，《南航高端经济舱：比头等舱实惠比经济舱舒适》，《中国民航报》，2010年5月19日。

　　2. 傅大伟，《南航独家推出高端经济舱：脚可以伸直》，深圳新闻网，2010年3月18日。

讨论题：
你是如何评价南航的这一新举措的？这种高端经济舱真的是物有所值吗？

小结

　　本章旨在强调有针对性的营销传播的重要性。基于行为、心理、人口以及地理人口特征对特定的消费者群体进行品牌营销传播是所有营销传播决策的初始的和最基础的部分。随后的营销传播决策（定位、广告目标确定以及预算制定）都不可避免地与这一初始的目标选择决策相关。因此，目标市场决策至关重要。

　　对于品牌管理者而言，选择目标市场的最为有效的方法应该是通过分析产品过往的购买行为来确定目标客户。基于消费者过往的购买行为信息，就有可能较为准确地预测他们将来的购买行为。因此，营销计划就应该瞄准那些在行为信息上表明其会成为主要的潜在客户或者对广告或其他销售信息有积极反馈的消费者。同时，了解消费者的在线搜索行为也能够帮助品牌投放的广告与浏览特定网页的消费者的志趣相匹配。

　　营销传播也可以通过借助于对消费者行动、兴趣和观念（或者生活方式）的了解去更好地理解人们想要什么以及他们对广告、邮件直投或其他形式的营销传播活动可能产生的反应，从而进行目标客户的选择。可以用心理测量来描述这一目标客户选择的方式。用户定制化心理测量是针对特定的产品和品牌进行的不同的心理群组的识别，

SRI 咨询公司商业智库(SRIC-BI)的 VALS 系统也为目标市场的选择提供了有用的信息。VALS 系统基于个体的基本动机和拥有的资源将消费者细分为 8 个部分。

地理人口特征的获取也是选择目标客户的重要依据。这一目标市场选择策略按照地理区域划分不同的消费群体,假设居住在相似地区的人们拥有相似的人口特征和生活方式。Donnelly Marketing 公司的 ClusterPlus 和 Claritas 公司的 Prizmne 是两款知名且颇受好评的地理人口聚类系统,按照邮政编码对地理区域进行分类。Prizmne 分类系统将美国的每一个社区都划分到了 66 个组群中,每个组群都用一个鲜明的描述性短语来形容,例如"波西米亚一族"、"乡村休闲一族"、"平民百姓"、"郊区先锋"和"城市居民"。地理人口信息在直接营销决策、选择零售门店或在选定的市场进行广告投放时尤其有用。

本章的最后部分回顾了美国的人口结构及其变化以及中国人口结构及中国家庭结构的变化等。

讨论题

1. 本书的大多数读者都是 X 一代或 Y 一代的人群。仅仅由于你和其他 X 一代或 Y 一代的人一样,就足以成为营销传播者将广告投放于该人群的理由吗?

2. 请举出吸引 VALS 八类群体中三类人群的杂志广告例子。尽可能具体地描述你所长大的环境。想出一个能够概括这个环境的名字(类似 PRIZMNE 群组的名字)。

3. 人口统计学家称美国家庭的总数在增长而每户的人数在下降。这种情况为生产和营销家用器皿、家用电器和汽车的厂商提供了哪些启示?

4. 基于你的个人背景和 VALS 模型,你怎样给你和你的家庭所认识的人们分类?

5. 在阅读了关于世界和美国人口的章节后,请更新书中的数据,详见 http://www.census.gov/main/www/popclock.html。

6. 你如何看待将产品定位于孩子,例如 4 岁到 12 岁的小孩?除了从你个人的角度外,从其他两个角度讨论这个问题:首先,从一个准备定位于孩子的产品从而获得利润的品牌经理的角度,其次,从一个伦理学家的角度。想象一下这两类人将会如何评价以孩子为营销对象的营销活动。

7. 你属于 VALS 的哪一个细分?(访问 http://www.sric-bi.com/VALS/presurvey.shtml。

8. 当我们讨论成年人市场时,注意到应该将这群人描绘为充满活力的、忙碌的、向前看的、充满吸引力的或浪漫的。请对一些成年消费者进行访谈,看看他们是如何看待针对他们的广告的。你的访问结果和其他同学的访问结果可以带来一场有趣的课堂讨论。

9. 如果你要设计一项针对一个能够和星巴克匹敌的低价咖啡连锁店的消费者心理研究,人们的哪些生活特征(例如,人们的兴趣爱好、价值观、人们参与的活动)会成为你判断他们对你的新连锁店感兴趣的依据?

10. 假设你是一种食品的品牌经理,这种食品的消费者包括所有美国人——黑人、白人、西班牙裔、亚裔和其他人种。你正在考虑在电视黄金时段进行一个扩展的广告活动,这一广告原本使用拉美裔演员,目标在于吸引拉美裔消费者。不考虑成本的因素,你对这一广告活动有哪些建议?

11. 在什么意义上在线行为定位侵犯了隐私权?

12. 请解释中国人口不断老龄化的原因,并讨论这将为营销和营销传播提供了哪些启示。

13. 用你自己的语言解释在线行为定位如何起作用。

14. 非洲裔美国人、拉美裔和亚裔消费者不属于一样的三个市场细分,相反,他们代表了多个由拥有同样价值观和语言的人们组成的市场。请解释。

15. 从哪种意义上来说,消费者的行为信息比人口统计变量信息更能预测他们将来的购买行为?

第5章

定　位

第 5 章从营销传播实践者的角度来探讨品牌定位的问题,并且还从消费者的角度审视定位的相关事宜。定位主张是对品牌意义和独特性这一中心思想的高度概括,一个好的定位主张必须能反映一个品牌的竞争优势并且能够激励消费者进行购买。接着讨论了发展一个定位主张的起始点以及品牌定位的问题。我们不仅对消费者怎样处理营销传播信息给予了细致的关注,尤其细致地探讨了哪些营销传播活动会促进消费者对营销传播信息的注意、理解和记忆。

宏观营销传播洞察　王老吉红遍中国

凉茶是广东、广西地区的一种由中草药熬制、具有清热祛湿等功效的"药茶"。在众多老字号凉茶中,又以王老吉最为著名。王老吉凉茶发明于清道光年间,至今已有 175 年,被公认为凉茶始祖,有"药茶王"之称。到了近代,王老吉凉茶更随着华人的足迹遍及世界各地。

20 世纪 50 年代初,由于政治原因,王老吉凉茶铺分成两支:一支完成公有化改造,发展为今天的王老吉药业股份有限公司,生产王老吉凉茶颗粒(国药准字);另一支由王氏家族的后人带到香港。在中国内地,王老吉的品牌归王老吉药业股份有限公司所有;在中国内地以外的国家和地区,王老吉品牌为王氏后人所注册。加多宝是位于东莞的一家港资公司,经王老吉药业特许,由香港王氏后人提供配方,在中国内地独家生产、经营王老吉牌罐装凉茶(食字号)。

2002 年以前,红色罐装王老吉在广东、浙南地区销量稳定,盈利状况良好,有比较固定的消费群,其饮料的销售业绩连续几年维持在 1 亿多元。但要走向全国,企业不得不面临一个现实难题——红罐王老吉当"凉茶"卖,还是当"饮料"卖？

在广东,传统凉茶(如颗粒冲剂、自家煲制、凉茶铺煲制等)因下火功效显著,消费者普遍当成"药"服用,无须也不能经常饮用。而"王老吉"这个具有上百年历史的品牌就是凉茶的代称,可谓说起凉茶就想到王老吉,说起王老吉就想到凉茶。因此,红罐王老吉受品牌名所累,并不能很顺利地让广东人将它作为一种可以经常饮用的饮料,销量大大受限。

另一个方面,加多宝生产的红罐王老吉配方源自香港王氏后人,是经国家审核批准的食字号产品,其气味、颜色、包装都与广东消费者观念中的传统凉茶有很大区别,而且口感偏甜,按中国"良药苦口"的传统观念,消费者自然感觉其"降火"药力不足,当产生"下火"需求时,不如到凉茶铺购买,或自家煎煮。所以对消费者来说,在最讲究"功效"的凉茶中,它也不是一个好的选择。

而在加多宝的另一个主要销售区域浙南,主要是温州、台州、丽水三地,消费者将"红罐王老吉"与康师傅茶、旺仔牛奶等饮料相提并论,没有不适合长期饮用的禁忌。加之当地在外华人众多,经他们的引导带动,红罐王老吉很快成为当地最畅销的产品。企业担心,红罐王老吉可能会成为来去匆匆的时尚,如同当年在浙南红极一时的椰树椰汁,很快又被新的时髦产品替代,一夜之间在大街小巷上消失得干干净净。

在两广以外,人们并没有凉茶的概念,甚至在调查中频频出现"凉茶就是凉白开"、"我们不喝凉的茶水,泡热茶"等看法。普及凉茶的概念显然费用惊人。而且,内地的消费者"降火"的需求已经被填补,他们大多是通过服用牛黄解毒片之类的药物来解决的。

如果用"凉茶"概念来推广,加多宝公司担心其销量将受到限制,但作为"饮料"推广又没有找到合适的区隔,因此,在广告宣传上不得不模棱两可。很多人都见过这样一条广告:一个非常可爱的小男孩为了打开冰箱拿一罐王老吉,用屁股不断蹭冰箱门。广告语是"健康家庭,永远相伴"。显然这个广告并不能体现红罐王老吉的独特价值。

在重新定位的研究中发现,广东的消费者饮用红罐王老吉主要在烧烤、登山等场合。其原因不外乎"吃烧烤容易上火,喝一罐先预防一下","可能会上火,但这时候没有必要吃牛黄解毒片"。

而在浙南,饮用场合主要集中在"外出就餐、聚会、家庭"。在对当地饮食文化的了解过程中,研究人员发现:该地区消费者对于"上火"的担忧比广东有过之而无不及,如消费者座谈会桌上的话梅蜜饯、可口可乐都因被说成"会上火"的"危险品"而无人问津。(后面的跟进研究也证实了这一点,发现可乐在温州等地销售始终低落,最后几乎放弃了该市场,一般都不进行广告投放。)而他们对红罐王老吉的评价是"不会上火","健康,小孩老人都能喝,不会引起上火"。这些观念可能并没有科学依据,但这就是浙南消费者头脑中的观念,这是研究需要关注的"唯一的事实"。

消费者的这些认知和购买消费行为均表明,消费者对红罐王老吉并无"治疗"要求,而是作为一个功能饮料购买,购买红罐王老吉的真实动机是用于"预防上火",如希望在品尝烧烤时减少上火情况发生等,真正上火以后可能会采用药物,如牛黄解毒片、传统凉茶类治疗。

再进一步研究消费者对竞争对手的看法,则发现红罐王老吉的直接竞争对手,如菊花茶、清凉茶等由于缺乏品牌推广,仅仅是低价渗透市场,并未占据"预防上火的饮料"的定位。而可乐、茶饮料、果汁饮料、水等明显不具备"预防上火"的功能,仅仅是间接的竞争。

同时,任何一个品牌定位的成立,都必须是该品牌最有能力占据的,即有据可依。如可口可乐说"正宗的可乐",是因为它就是可乐的发明者,研究人员对于企业、产品自身在消费者心智中的认知进行了研究,结果表明,红罐王老吉的"凉茶始祖"身份、神秘中草药配方、175年的历史等,显然有能力占据"预防上火的饮料"这一定位。

由于"预防上火"是消费者购买红罐王老吉的真实动机,自然有利于巩固加强原有市场。而能否满足企业对于新定位"进军全国市场"的期望,则成为研究的下一步工作。通过二手资料、专家访谈等研究表明,中国几千年的中医概念"清热祛火"在全国广为普及,"上火"的概念也在各地深入人心,这就使红罐王老吉突破了凉茶概念的地域局限。研究人员认为:"做好了这个宣传概念的转移,只要有中国人的地方,红罐王老吉就能活下去。"

紧接着,红罐王老吉制定了推广主题"怕上火,喝王老吉",在传播上尽量凸显其作为饮料的性质。在第一阶段的广告宣传中,红罐王老吉都以轻松、欢快、健康的形象出现,避免出现对症下药式的负面诉求,从而把红罐王老吉和"传统凉茶"区分开来。

为更好地唤起消费者的需求,电视广告选用了消费者认为日常生活中最易上火的五个场景:吃火锅、通宵看球、吃油炸食品薯条、烧烤和夏日阳光浴,画面中人们在开心享受上述活动的同时,纷纷畅饮红罐王老吉。结合时尚、动感十足的广告歌反复吟唱"不用害怕什么,尽情享受生活,怕上火,喝王老吉",促使消费者在吃火锅、烧烤时,自然联想到红罐王老吉,从而促成购买。

2003年年初,企业用于红罐王老吉推广的总预算仅1 000万元,这是根据2002年的实际销量来划拨的。红罐王老吉当时的销售主要集中在深圳、东莞和浙南这三个区域,因此投放量相对充足。随着定位广告的第一轮投放,销量迅速上升,给企业极大的信心,于是不断追加推广费用,滚动发展。到2003年年底,仅广告投放累计超过4 000万元(不包括购买2004年中央台广告时段的费用),年销量达到了6亿元。

同时,(户外广告)在地面推广上,除了强调传统渠道的POP广告外,还配合餐饮新渠道的开拓,为餐饮渠道设计布置了大量终端物料,如设计制作了电子显示屏、灯笼等餐饮场所乐于接受的实用物品,免费赠送。在传播内容选择上,充分考虑终端广告应直接刺激消费者的购买欲望,将产品包装作为主要视觉元素,集中宣传一个信息:"怕上火,喝王老吉饮料。"餐饮场所的现场提示,最有效地配合了电视广告。正是这种针对性的推广,消费者对红罐王老吉"是什么"、"有什么用"有了更强、更直观的认知。目前餐饮渠道业已成为红罐王老吉的重要销售传播渠道之一。

另一方面,在频频的消费者促销活动中,同样是围绕着"怕上火,喝王老吉"这一主题进行。如在一次促销活动中,加多宝公司举行了"炎夏消暑王老吉,绿水青山任我行"刮刮卡活动。消费者刮中"炎夏消暑王老吉"字样,可获得当地避暑胜地门票两张,并可在当地度假村免费住宿两天。这样的促销,既达到了即时促销的目的,又有力地支持巩固了红罐王老吉"预防上火的饮料"的品牌定位。

红罐王老吉成功的品牌定位和传播,给这个有175年历史的、带有浓厚岭南特色的产品带来了巨大的效益:2003年红罐王老吉的销售额比上年同期增长了近4倍,由2002年的1亿多元猛增至6亿元,并迅速冲出广东,2004年,尽管企业不断扩大产能,但仍供不应求,全年销量突破10亿元,2005年全年销量稳过20亿元,2006年加上盒装,销量近40亿元,2007年销量则高达90亿元,2008年至2010年年销售额均达120亿元以上。

2008年,加多宝集团在汶川地震的赈灾晚会上,一鸣惊人地捐款一亿元人民币,引发了"王老吉"在全国的又一轮热潮。热心公益的举动,使"王老吉"的形象深入人心。

资料来源:《红罐王老吉品牌定位战略》,《哈佛商业评论》,中文版,2004年11月号。

讨论题:

如何评价"王老吉"的成功?"王老吉"的品牌定位有哪些值得借鉴的地方?

―――― **本章目标** ――――

在阅读本章后你将能够:

1. 理解品牌定位的概念及实践应用。
2. 理解清楚定位涉及意义的创造,意义的创造是一个建构的过程,需要使用标志和符号。
3. 详细阐述品牌营销者如何从文化构建的世界中获取意义进而定位他们的品牌。
4. 描述品牌怎样以不同种类的优势和属性来定位。
5. 阐明描绘消费者处理信息的两种观点并说明每种观点同品牌定位的关系。

5.1 介绍

本章关注品牌定位。一个品牌的**定位**代表其在目标受众整体印象中的关键特征、优势或形象。品牌传播者和营销团队一般必须明确**定位主张**,定位主张是概括品牌意义和同竞争品牌区别的中心思想。很显然,定位和目标市场选择决策——第4章的内容——是密切相关的:定位决策是针对目标群体而制定的,而目标市场选择的决策是基于对品牌如何定位以及如何同竞争对手区别而做出的。

5.2 定位理论:创造意义

定位的概念和实践的基础是意义。这一部分通过符号学的观点来讨论意义的本质。**符号学**,宽泛地讲,是对符号的研究以及对产生意义的事件的分析。[1]这里强调的重点是,符号学的观点将意义视为一个建构的过程。也就是说,意义一方面由信息源对传播要素的选择决定,另一方面,也是同等重要的,还被接收者独特的社会文化背景以及他接触到信息时的思维方式所决定。换句话说,意义不是被强加到消费者身上的,相反,消费者积极参与到构建营销传播信息的意义中去,这种意义也许同营销传播者最初想要传播的相同,也许不同。营销传播的目标就是,通过做任何可能的事情来提高消费者将信息理解为营销传播者想要的那种的可能性。

符号学的基本概念是符号(sign),是 signify 的名词形式。所有形式的营销传播都是用符号来创造信息。当你读到符号一词时,你很可能会想到这个词汇在日常生活中经常被使用——例如路标上的各种符号,店铺的符号,那些卖车或卖房子的张贴标志,以及无形概念如幸福的符号(笑脸是幸福的符号)。符号一词的总体概念包含了这些日常生活中的事物,但也包括其他种类的符号,包括词汇、视觉、触觉和任何其他的能够被感官所感知的事物以及可以向接收者传播意义的事物,接收者在符号学中叫做解码者。

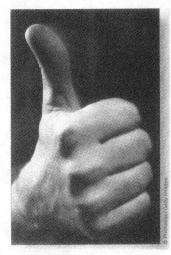

图 5.1 竖起大拇指

形式上,**符号**是指在某些情境下能向某人(解码者)表达某物(指示物)意义的物理的或可感知的事物。[2] 例如美元符号($)被全世界的人所理解,它表示了美国流通货币的意思(同时也是澳大利亚、加拿大、中国香港、新西兰和其他一些国家和地区的流通货币)。竖起大拇指(图 5.1)这一符号则表示对某个行动或事件的积极反应或赞成。例如,电影批评家通过竖起大拇指来表示他们喜欢一部新电影。当孩子们在艺术比赛或体育活动中表现出色时父母也会竖起大拇指。有趣的是,在中东地区竖起大拇指的意义同西方社会完全不同。这种符号使用的差异就引出了下面的讨论,解释了意义是从属于人的而不是符号本身;换句话说,意义既是带有个人特性的又是取决于情境的——意义是构建出来的!

5.2.1 意义的含义

尽管我们通过使用符号来同他人分享我们的意思,但这两个词(符号和意义)并不同义。[3] 符号仅仅是用来引起其他人注意到我们期望发出的意思的刺激物。但语言的或非语言的符号本身并没有意义;相反,人们为符号赋予意义。意义是人们对外部刺激的内部反应。人们赋予同样的语言或姿势以不同的意义,相信我们都经历过试图向一个来自不同背景或文化的人解释某事的情况。根据这个逻辑,意义并不包含于营销传播信息本身之中,而是由信息接收者所感知的。因此,定位一个品牌时的挑战是要确保消费者按照营销传播者的意图那样翻译和解释符号。

当符号对于发出者和接收者的相关领域经验来说非常常见和熟悉时,期望的结果就很可能实现了。有经验的领域,也叫做知觉场,是一个人储存在记忆中的经验的总和。在知觉场中重叠和共同的部分越多,符号被接收者/解码者按照发出者的意图进行翻译的可能性就越大。当营销传播者使用消费者所不理解的词汇、视觉图像或其他符号时,传播的有效性就会大打折扣。这个问题在为另一个文化圈中的消费者设计营销传播项目时尤为凸显。

到目前为止我们已经在理论上讨论了意义。现在给出意义的定义。意义可以被认为是当人们在一个特定的情境下被展示了某种符号时在人的内部所引起的想法和感觉。[4] 需要弄清楚的一点是意义对于一个个体来说是内部的而不是外部的。换句话说,意义是主观的和高度依赖于情境的。我们再一次强调,意义不是强加于我们的,而是由符号的解码者所构建的,例如消费者每天都要面对成百上千的广告和其他营销传播信息。

5.2.2 意义转移:从文化到产品再到消费者

营销传播进行的文化和社会系统承载着意义。通过社会化的过程,人们学习文化价值观,形成信仰,并且对这些价值观和信仰的物理和人为表现变得熟悉。文化的人为表现根据其意义体现价值,这种意义又是代代相传的。例如,林肯纪念馆和埃利斯岛对于美国人来说是自由的象征。对于德国人和世界其他地区的许多人来说,现在已经倒塌了的柏林墙过去象征着压迫和绝望。黄丝带意味着危机以及对释放人质和军人平安归来的希望。粉丝带代表着对乳腺癌患者的支持。红丝带则越来越成为一种国际社会共同抗击艾滋病的标识。带有红色、黑色和绿色条纹——代表鲜血、成功和非洲的富饶——的黑人解放旗帜代表了民权。

营销传播者在定位他们的品牌的过程中从文化构建的世界吸取意义并将意义转移给他们的品牌。广告是一种尤其重要的意义转移和定位手段。广告在转移意义中的作用可以通过下面这段话来了解:

> 广告是以一种潜在的意义传递方式来发挥作用的。它通过一种特定的广告方式将消费品与富有文化构建的象征意义的世界联系起来。这时,富有文化构建意义的一些已知特性注入到未知的消费品中,从而实现了从文化世界向(消费者)产品的意义传递。[5]

当接触到一则广告(或者其他形式的营销传播信息)时,消费者不仅仅从广告中获取信息,还会积极地为所广告的品牌赋予意义。[6]或者说,消费者将广告视为需要翻译的文本[7](这里文本是指所有形式的声音的或书写的词汇或图像,当然包含广告在内)。为了更好地解释和说明前面的内容,我们考虑一下下面的广告例子。

我们回想一下几年前推出的本田雅阁的广告,那个时候美国消费者并不信任日本汽车,甚至还认为只有非美国人才会购买,他们自己只购买美国车型。就在本田公司开始在美国生产汽车之后,本田也开展了一个印刷广告运动,广告宣传每五台在美国销售的雅阁汽车中就有四台是在美国生产的。除了在印刷品上宣传这一事实外,两页的广告上面还标有五个美国文化象征的巨幅照片:汉堡包,牛仔靴,特大号自行车(不同于那些时髦的亚洲和欧洲赛车),棒球和爵士乐团。通过将自己同这些著名的美国消费者文化符号联系起来,本田从"文化构建的世界"中提炼出了目标受众消费者的意义,他们会立即意识到这五个象征是美国独有的。这么做的目的是巧妙地向消费者传达,被五种美国流行文化象征所围绕的雅阁汽车是美国制造的因而也就属于美国汽车。如果本田的广告商完全使用文字的方式宣传(本田是美国汽车!),大多数读者都会怀疑这种宣传,进而完全认定本田是来自日本的。但是通过以非语言的方式表现信息并且仅仅通过表现同美国文化象征的联系,消费者很可能倾向于接受本田至少是"半个美国汽车"。

请看图5.2中两则V8蔬菜汁的广告,广告中品牌被放置于健康符号的背景中——一个广告中V8成了听诊器的耳塞而另一个广告中V8组成了拉链的形状。这些广告表明由 100% 蔬菜汁制成的 V8 对健康和身材都有好处。从这一则广告中我们再一次看到了广告商使用著名的符号来从"文化构建的世界"中获取意义并将意义转移到品牌中去。

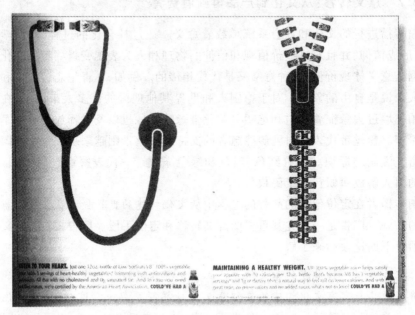

图 5.2　VS 广告的背景意义

5.3　定位实践：具体细节

品牌定位是开发一个成功的营销传播计划的最基本的初始行动。通过一个清晰的定位主张，品牌管理团队致力于通过所有形式的营销传播工具传递一致的信息。定位既是一个有用的概念又是一种无价的战略工具。

从概念上来讲，定位一词代表两层相互联系的意思。第一，营销传播者希望为品牌创造一个特定的意义并且希望这个意义牢固地保留在消费者的记忆中（将这一点想象成"定位于"消费者的脑海中）。第二，消费者记忆中的品牌意义是同他们脑海中同一类别产品或服务的品牌的意义相对比的（将这一点想象成竞争性定位）。因此，定位涉及两个相互联系的行动：在消费者脑海中定位以及同竞争品牌进行竞争性定位。换句话说，定位是在消费者的脑海中创造品牌意义的活动，这些意义始于那些与消费者对竞争品牌相竞争的想法和感觉。

战略上和策略上来讲，定位是一个简短的主张——甚至仅仅是一个词，这个主张代表了你希望消费者铭记的信息。[8]这个主张将表现你的品牌如何与竞争品牌不同以及怎样优于竞争品牌。它给了消费者一个购买你的品牌而不是竞争品牌的理由，同时还承诺为消费者的需求提供解决方案。正如我们之前提到的，一个品牌的定位主张代表了我们想要消费者怎样思考和感觉我们的品牌。这些想法和感觉应该优于竞争品牌并且会鼓励消费者想要尝试我们的品牌。一个好的定位主张应该满足两个要求：(1) 它应该反映一个品牌的竞争优势(相比同一产品类别的竞争产品);(2)它应该鼓励消费者有所行动。[9]

图5.3概括了这两个要求。图中考虑了一个策划的定位策略是否反映了竞争优势以及是否鼓励了行动。我们最简化地进行考量,每一个问题的答案不是"是"就是"否"。一个计划的定位策略就可能有四种情况:(1)这是一个失败者的策略(否/否象限);(2)一个逆流而上的策略(是/否象限);(3)为竞争对手帮忙的策略(否/是象限);(4)优胜者策略(是/是象限)。

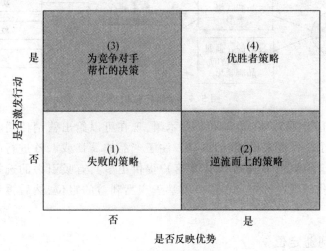

图5.3　定位策划的结果

第一,失败的策略是指该定位计划没有突出品牌的竞争优势,定位基础不足以驱使消费者产生购买产品的欲望。第二,在逆流而上的情况下,定位计划表现出了该品牌相对竞争品牌特征的优势,但它并没能给消费者强烈的选择该品牌的理由。因此,为促销这一品牌所做出的努力就好比在水中逆流而上——需要大量的工作但成效甚微。第三,"为竞争对手帮忙"指的是一个定位主张没能反映出其竞争优势,却给出了在该产品类别内做出品牌选择决策的重要原因。因此,任何定位"我们的"品牌的努力都实际上帮助了在这一产品类别内具有竞争优势的品牌。最后,"优胜者策略"是指我们将品牌定位在了相比竞争者具有比较优势的属性和益处上,并且我们给了消费者令人信服的理由来尝试我们的品牌。当考虑如何最好地定位一个品牌时,最基本之处在于要客观严格地评估定位是否指出了我们的品牌的竞争优势,以及这个优势是否足够重要,至少它能鼓励消费者尝试购买我们的品牌。

为了将这种定位的思想说明得更加具体,让我们回忆第2章讨论过的消费者视角的品牌资产框架。为了展示的需要,我们将模型中的品牌形象的部分截取出来作为我们扩展品牌定位讨论的框架图。从图5.4中可以看出,品牌的形象包括品牌联想的类型、正面的联想、联想的强度和独特性。我们现在将重点放在品牌联想的类型上。请注意图5.4中联想的类型包括品牌属性、利益和对品牌的整体评价或态度。品牌属性包括与产品相关的和与非产品相关的特征。非产品相关的特征包括品牌价格,消费者对拥有该品牌的人的类型的感知(使用者肖像),以及品牌适合使用的场合(使用肖像)。

品牌利益包括品牌满足消费者需求的方式,可以划分为功能的、象征的和体验的。

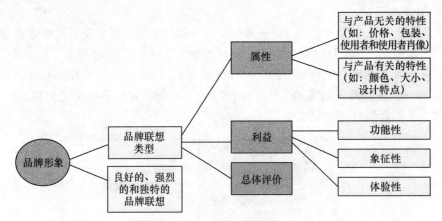

图 5.4　品牌定位的框架

我们已经有了图 5.4 的框架和一些术语,现在可以给出营销传播者定位他们品牌的可行的选项了。一般来讲,我们可以专注于产品的属性或利益进行品牌定位。因为利益相比属性会给 B2C 消费者和 B2B 客户提供更多具有吸引力的选择某一特定品牌的理由,所以,我们现在首先来考察一下基于产品利益的定位,然后再考察基于产品属性的定位。

5.3.1　利益定位

基于利益的定位可以通过引起消费者三方面的基本需求来实现:功能的,象征的和体验的。[10]快速地浏览一下基于消费者的品牌资产模型(图 5.4),你会发现这三个方面是品牌利益联想的特定形式。请注意利益和需求的区别仅仅在于角度的不同。也就是说,消费者有需求,品牌具有满足这些需求的特征。因此,利益就是品牌提供的满足需求的特征。简短地说,需求和利益可以视为一枚硬币的两面。

基于功能需求的定位

图 5.5　Crocs 广告唤起功能性需求

一个基于功能需求定位的品牌试图针对消费者目前与消费相关的或潜在的问题提供解决方案,因此,品牌宣传应侧重在其具有的特定的能够解决这些问题的利益点上。唤起功能需求是当前最流行的品牌定位的形式。例如在 B2B 营销中,销售员一般会唤起客户对于高质量产品、快速送货和更好的服务的功能需求。消费品营销者也经常唤起消费者对便利、安全、健康、清洁等的需求,这些都是能够被品牌利益所满足的功能性需求。例如,Crocs(图 5.5)唤起了消费者对轻便、舒适和防臭鞋的欲望。IMC 聚焦部分将具体地讨论这个品牌。

基于象征需求的定位

其他品牌则是基于非功能的、象征性的需求进行定位的。基于象征需求的定位试图将品牌的有用性同期望的人群、角色和自我形象联系起来。象征性需求包括自我提升、群体归属感、亲缘关系、利他主义和其他抽象的需求,这些需求往往不能被实际的产品利益所满足。在个人美容产品、珠宝、酒类、香烟和汽车等领域的营销者也频繁地唤起象征需求。

基于体验需求的定位

消费者的体验需求代表了他们对能够提供感官愉悦、多元化和在一些情况下通过认知刺激而产生的对产品的欲望。基于体验需求定位的品牌往往会宣传自己是与众不同的,并且很有高感官价值(看上去高雅,感觉奇妙,尝起来或闻起来不错,听上去悦耳,令人高兴,等等)或者在认知刺激上(激动,挑战,思想上愉快)有潜力。德芙的广告(图5.6)显示了这个品牌以往的,即定位是一种非常好的巧克力糖果(被巧克力诱惑)。广告则保证消费者能够拥有品尝一种特殊产品的体验("巧克力的感觉无与伦比")。

图5.6 德芙广告唤起体验需求

值得注意的是,品牌通常会同时提供功能的、象征的和体验的利益。有观点认为成功的定位需要一个只唤起消费者一种类型需求(功能的、象征的或体验的)的沟通策略而不是试图唤起所有的需求。[11] 根据这种观点,一个具有多重形象的品牌很难管理,因为该品牌:① 同更多的品牌竞争(纯粹功能性的,纯粹象征性的,纯粹体验性的,混合的);② 很难被消费者理解其究竟代表什么以及确切的特征是什么。这种观点听起来很有逻辑,但并不是无可辩驳的。实际上,一个合理的反驳是,一个既基于功能质量又基于象征性吸引力定位的品牌可以吸引那些渴望从产品类别中得到不同东西的使用者。因此,根据这个观点,"多重人格"定位使得消费者能精确地从品牌中得到他们想要的东西。

哪一种观点更加准确?唯一可行的结论是,单一定位还是多重定位更有效取决于竞争环境以及消费者在特定情况下的动态特征。在一个产品类中对一个品牌有效的方法并不一定对在其他产品类中的另一个品牌也有效。学术界喜欢称之为实证问题,也就是说没有一个简单的逻辑或理论能解决这一问题。只有试验和错误的经历,以及营销研究结果才能给出最终的定夺。

5.3.2 属性定位

一个品牌可以基于特定的属性或特征进行定位,因为属性代表了品牌的竞争优势,并且能够激励消费者购买该品牌而不是竞争品牌。根据图5.4,产品属性可以分成与产品相关的和与非产品相关的属性。

产品相关的属性

独特的产品设计、高品质的材料以及更多的颜色选择仅仅是众多能够提供品牌定位基础的属性中的一部分。如果你的品牌具有产品优势,尤其是消费者对该种产品真正需要的那些优势并且能够激励他们购买,那么就一定要显示出来,例如,为了吸引那些关注产品安全的消费者,丰田汉兰达的广告(图5.7)宣传在该种车型内没有任何其他汽车比丰田的安全标准更高。这就是一个直接针对那些关心个人安全尤其是孩子安全的消费者的独特的与产品属性相关的定位。

图5.7 汉兰达广告对产品相关属性的定位

非产品相关的属性：使用和使用者肖像

根据与它怎样使用相联系的形象的定位，也就是使用肖像，描述同品牌相联系的特定的和独特的使用情况。例如，广告商有时根据 SUV 和越野卡车独特的能够在颠簸地带穿越跋涉的能力来进行定位。这种广告创造了一种只有广告中的品牌能够穿越暴风雨、翻山越岭并战胜其他艰难险阻的印象。

品牌也可以根据使用该品牌的人来进行定位。使用者肖像因此变成了品牌的标志，品牌和使用该品牌的人因此合二为一。因此通过使用者肖像进行定位就等同于将品牌同广告中典型用户的代表联系了起来。请看图 5.8 中拉夫劳伦的广告。广告并没有过多宣传这家零售商丰富的服装种类。广告中最突出的特点是一位极具吸引力的模特，她代表了拉夫劳伦定位于典型的服装拥有者。从某种意义上说，拉夫劳伦服装和这位典型客户的形象是不可分割的。这是对像服装这类产品的一个巧妙的定位，因为针对这种产品的购买决策既基于满足一种功能性需要的要求，也基于在脑海中所构建的一个穿着了服装后期望得到的形象。

图 5.8 拉夫劳伦广告基于使用者肖像定位

5.3.3 再定位品牌

在一个品牌生命周期中的某些时候，品牌经理可能需要调整品牌的定位以加强品牌的竞争力。我们来看下面这个在 B2B 领域成功再定位的例子。MeadWestvaco 公司是一家全球领先的包装产品、铜版纸和特殊纸张，以及其他产品的生产厂家。其中的一种产品是一种曾经叫做 TexCover Ⅱ 的打印纸。尽管经历了一段销量很好的时期，但 TexCover Ⅱ 仅仅是该产品类中的第五大品牌并且每年的收入不到 4 000 万美元。所以尽管该产品有非常好的品质和声望，但它的表现还是不能令人满意。一家叫做 Mobium Creative 集团的广告公司被雇用帮助改善 TexCover Ⅱ 的表现。

我们在介绍 Mobium Creative 为 TexCover Ⅱ 提供的再定位策略之前，首先简单了解一下这家公司。同大多数毫无新意可言的 B2B 广告商不同，Mobium 拥有一个令其引以为傲的创新工作室。例如在它的网站（http://www.mobium.com）上写到，"兄弟，能给我一些新点子吗"，这巧妙地借用了大萧条时期的一句流行语，"兄弟，能给我一毛钱吗？"——这句话反映了想要从那些生活较富裕的兄弟那儿得到一些帮助的穷困者的恳请。Mobium 的这句话表明这就是这家创新的广告公司的全部：为客户创造新的范式和主意。事实上，有关这家公司基本的和非传统的价值系统以及商业模式已经列在了网站上（http://www.mobium.com/work），它指出，企业客户既被情绪所驱使，也被逻辑所驱使。所以 Mobium Creative 将其定位为一家相比其他 B2B 广告和品牌代理商超出常规的创新性公司。

在这个背景下，Mobium 开始着手于 TexCover Ⅱ 打印纸产品线的再定位工作。Mobium 做出了一个主要的战略转变，将品牌名称改为了更吸引人的 Tango，并且将品牌定位为"一直在表演"。Tango 这一名字很容易记忆，尽管它并不与打印纸的属性或利益点相关。新命名的品牌定位策略"一直在表演"通过一系列引人注意的广告来加强，这些广告巧妙地通过幽默和吸引人的手段来表明这一定位。

这些营销传播创新使得 Tango 第一年的收入增长了 27%。尽管整个行业面临着衰退，但 Tango 的收入持续攀升。经过短短的四年时间，这个 B2B 品牌的收入增长了 1.26 亿美元，而营销传播投入仅为 200 万美元！这对于一个较小的营销传播投入来说显然意味着巨额的回报（超过 6 000%），并且还说明了一个品牌如果被合适地定位、巧妙地命名以及获得足够的支持，将会获得多大的成功。[12]

另一个再定位的例子是关于 Olay 的 Oil 的，一个有几十年历史的护肤品牌。这一品牌创立于第二次世界大战时期，当时它是一种婴儿护肤品，宝洁公司在 1985 年从 Richardson-Vicks 公司购买了这一品牌，并将该品牌发展成了一款主流的护肤品，年收入超过 5 亿美元。然而，多年之后，这个品牌有些过时了。宝洁的消费者调查显示许多年轻女性认为这款产品更加适合老年女性而不是她们自己。她们不愿意使用的另外一个原因是她们认为这是一种过于油性的护肤品。尽管实际上 Olay 的 Oil 并不是油性的，但很显然品牌名称中的 oil 一词使得那些事实上从未使用过该品牌的年轻女性认为这是一款不适合她们的产品。基于这些富有启发性的研究证据，宝洁的品牌管理团队对 Olay 的 Oil 进行了重新定位以使它更加吸引年轻女性。整个过程分几步进行。首先，在没有任何引人注意的大肆宣传的情况下，宝洁将产品的名称从 Olay 的 Oil 变为了 Olay。公司还将品牌的标志调整得更加时髦并且减少了包装上文字的数量，使得它更加吸引年轻消费者。新的名称和外观使得该产品既吸引了年轻的女性，又没有使原有的核心客户婴儿潮一代和老龄女性流失。

为了发展和保持兴旺，品牌在有些时候必须重新定位。Olay 的 Oil 成熟的形象对于上百万的年轻消费者毫无吸引力，她们不会使用她们认为油性的油腻的产品。将 Oil 一词从品牌名称中去掉并更新了包装，宝洁公司使得这个老牌子获得重生。有趣的是，Olay 这个名字原本是由开发该产品的化学家编造出来的，但这个名字在该产品进行全球推广时却成为一个难以置信的好名字。这个词在大多数语言中都有很好的发音。[13]

IMC 聚焦　不仅可爱，而且成功

Crocs 是一个老少皆宜的鞋类品牌。许多人都有好几双这种看起来丑陋笨拙由泡沫树脂制成的鞋子。对于每个产品所有者来说，另外还有很多人宁死也不愿穿 Crocs。不管你的个人观点如何，事实是 Crocs 很快就成为成功的品牌。这家总部

在科罗拉多的公司成立于2002年,由三个经常划船旅行的兄弟组建。有一次在加勒比航行的时候,其中一个人穿了一双在加拿大购买的泡沫木底鞋。周围人的赞许使得他们开始开设自己的公司制造他们称之为 Crocs 的鞋。他们从一家加拿大公司购买了用来制作 Crocs 的材料泡沫树脂的所有权。这种叫做 Croslite 的树脂非常轻便,抗菌而且合脚。在将最初的木底鞋背上加上带之后,他们就开始在船展和其他活动中销售 Crocs 以吸引潜在购买者。没过多长时间,口碑营销就使得 Crocs 的销售量大涨并且在许多不同类型的零售店中开始销售。

在2003年公司实现了100万美元的销售额后,2007年的销售额超过了8亿美元并且远销40多个国家!品牌的成功很大程度上取决于它满足了消费者对鞋的舒适和易于打理这一功能性需求。品牌惊人的成功还可以归功于创造性的营销,将 Crocs 同大学、专业运动队和其他高端感觉联系在一起。从这一点上来讲,当购买了 Crocs 时,消费者就购买了一个承载了同你的大学情感联系的功能性产品。

全球聚焦 产品一视同仁的象征

许多消费者知道农产品通常从美国以外的其他国家进口而不是在美国种植和收获。但很多来到本地杂货店或超市的人却很少知道其他国家的农民的收入很低并且农场主很难赚到利润。低廉的工资和微薄的利润很大程度上取决于种植产品的经济学。例如,咖啡不仅在拉美国家,如巴西和哥伦比亚种植,也在非洲种植,并且越来越多地在越南种植。在大多数年份,咖啡供大于求,任何熟悉基本经济学原理的人都知道这种不平衡会导致价格下跌。激烈的竞争使得价格和工资降到了使种植者很难谋生、工人供养家人压力很大的地步。另一方面,低廉的咖啡价格为那些进口低价咖啡的国家的零售商和消费者带来了好处。换句话说,这种形势不是一种双赢的局面,而是发达国家的企业和消费者以发展中国家的种植者和工人的牺牲换来自己的利益。有没有解决这种不平衡的方法?也许有,请继续往下阅读。

解决方法不是竞争性市场,因为供求的不平衡不可避免地导致未来更低的产品价格。因此,唯一的可能使种植者和工人获得更高利润和工资的方法就是某种形势的人为干预——也就是,迫使其他供求经济以外的东西进入到这个关系中。事实上这已经发生了,因为许多发达国家的消费者愿意付高价以使得贫穷的工人和种植者能够生存。这些消费者被称为是"乐活族(LOHAS)"消费者,他们代表了"健康和可持续的生活方式"。根据最近的研究,美国成年人中的三分之一,也就是大约5 000万人属于这类人。

但即使消费者是乐活取向的,怎样知道他们要购买哪种产品?越来越多的是许多像咖啡、葡萄、芒果、菠萝这样的产品都被贴上了"公平贸易认证"的标签。这个标签意味着发展中国家的工人为他们的努力获得了比供求不平衡时更高的工资和利益。大型零售连锁企业如麦当劳、Dunkin' Donuts 和星巴克都提供公平贸易咖啡,许多超市也供应越来越多的公平贸易标识的产品。另一个用来表示公平贸易的标识是"雨林联盟认证",宝洁的咖啡产品就标有这个标识。

乐活运动反映出消费者的象征性需求——公平和承担社会责任的感觉——有时超越了他们想要付最低价的功能性需求。这种形式的利他主义使得贫穷国家的工人和农民能够维持生计并继续种植他们国家经济所依赖的农产品。公平交易获得了双赢的局面,而不是此前的富国获利/穷国损失的局面。

5.4 定位实施:了解你的客户

营销传播者致力于用他们的努力影响消费者品牌相关的信念、态度、情绪反应和选择。最终的目标是鼓励消费者选择我们的品牌而不是竞争对手的品牌。为了实现这一目标,营销传播者设计广告、促销、包装、品牌名称、展销和其他形式的品牌相关的信息——所有的这些信息都是被设计用来让消费者理解品牌意义和品牌定位的。这一部分将从消费者的角度来看定位的问题,我们会分析个体如何接收营销传播信息并被营销传播信息所影响。

接下来我们将讨论几种基于消费者怎样处理营销传播信息并使用这些信息在市场上从众多可行的选择中做出最终选择的不同观点。我们将这些观点命名为消费者信息处理模型(consumer processing model,CPM)和享乐与体验模型(hedonic experiential model,HEM)。从消费者信息处理模型(CPM)的角度来看,信息处理和选择被认为是合理的、认知的、系统的和理性的。[14] 相反,从享乐与体验模型(HEM)的观点来看,是追求乐趣的情绪、幻想和感觉驱动了消费者对营销传播信息的处理与行为改变。[15]

在讨论这两个模型之前我们需要特别强调的一点是:消费者行为非常复杂和具有差异化,不可能通过两个极端的模型完全把握。你应该将这两个观点看成是能够锚定住连续的可能的消费者行为的测量标准——形象地讲,从"冰冷"的 CPM 观点到"火热"的 HEM 观点(见图5.9)。在连续轴上的 CPM 一端,消费者行为是基于纯理性的——冷静的、有逻辑的和理性的。而在 HEM 的一端,消费者行为是基于纯感情的——火热的、心血来潮的甚至是非理性的。但是,大多数行为居于冰冷和火热之间。在最后的

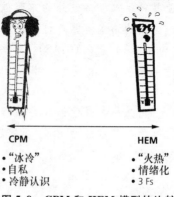

图 5.9 CPM 和 HEM 模型的比较

分析中,我们还会探讨有关极端消费者行为的观点,发现这两种观点都能用来解释消费者为什么以及怎样采取行动。

5.4.1 消费者信息处理模型

消费者面临的信息处理情境和相应的营销传播者的传播要求可以用下面这段话来描述:

> 消费者不断地被那些要求做出相同选择的相关的信息所轰炸。消费者对信息如何反应、怎样被翻译解释,以及信息之间如何整合对其选择都有至关重要的影响。因此,营销传播者向消费者提供什么信息、提供多少信息,以及怎样提供信息的决策要求对消费者如何处理、翻译和整合那些用来做出选择的信息有充分的了解。[16]

下面我们将通过几个相互联系的阶段来探讨消费者的信息处理过程。[17]尽管营销传播努力在影响这一过程中的所有阶段都有重要作用,我们关注前六个阶段是因为最后两个阶段(决策制定和执行)是由所有的营销组合要素决定的,而不仅仅由营销传播本身决定。

阶段 1:接触信息

阶段 2:关注信息

阶段 3:理解信息

阶段 4:赞同理解的信息

阶段 5:将接受的信息留存在记忆中

阶段 6:从记忆中提取出信息

阶段 7:从备选方案中选择

阶段 8:根据选择采取行动

阶段 1:接触信息

营销传播者的基本任务是向那些有可能按照期望处理信息、理解品牌定位,并且在定位和消费者的偏好结构一致时,会按照营销者提倡的那样采取行动的消费者传递信息。从定义上来讲,接触或者暴露是指消费者与营销传播者的信息发生接触(他们看到了一则杂志广告,听到了一个广播广告,注意到了一则互联网横幅广告,等等)。尽管接触信息是进行信息处理的最初阶段,因为消费者仅仅接触到了营销传播者的信息并不保证该信息会对消费者产生任何影响。然而获得接触度对于传播的成功是一个必要但不充分的条件。最终的成功一般取决于信息质量和频率。前面这句话中加了一个修饰语,最终的成功"一般"取决于信息的质量和频率,因为有证据表明仅仅不断重复信息就会提高接收者认为信息是真实的可能性。这叫做真实效应。[18]

在实践中,使消费者接触到品牌的信息是两个关键的管理决策的函数:① 提供足够的营销传播预算;② 选择合适的发布品牌信息的媒体和手段。换句话说,如果投入了足够的资金并且选择了合适的媒体,那么高比例的目标受众将会接触到品牌信息;不充足的预算和较差的媒体选择将会导致低水平的接触。

阶段2：关注信息

外行人一般用"关注"来表示一个人是否真正听了或思考了讲话者（例如老师）的讲话内容，或者他的思维其实是在他自己的世界内游走。对于心理学家来说，注意一词基本上代表了同样的意思。在规范的使用中，**注意**意味着将认知资源投入到接触的信息中并进行思考。事实上，消费者仅仅能关注一小部分的营销传播信息。这是因为需要我们注意的信息太多（我们几乎被广告和其他商业信息所包围），而我们的信息处理能力却是有限的。为了使有限的处理能力被有效地利用，消费者往往会有选择地调配脑力资源（处理能力），仅仅针对那些与当前目标有关的和有趣的信息。

例如，最初的好奇心被满足后，大多数不在新车卖场中的人，尤其是奢侈品牌如梅赛德斯-奔驰，都不会对列有奔驰详细介绍的广告产生太大关注，因为该产品同他们的关系不大。相反，那些急切地想要购买一辆豪华汽车的人很可能将有意识的注意力投入到梅赛德斯-奔驰的广告中，因为这同他们的兴趣高度相关。注意，在前面这句话中我们强调"有意识的注意力"。这是为了将这种有意识的、能控制的注意力形式同那种自动的或相对自动的和表面的注意力形式区分开，后者往往发生在像人们对高音噪声的反应这样的情况下，即使噪声源同人们没有任何关系。[19]

怎样避免选择性注意？一个简短的回答是营销传播者可以通过创造真正能唤起消费者对产品相关需求的信息时就能够最有效地获得消费者的注意。通过创造新颖的、引人入胜的、带有美感的、吸引眼球的等类型的信息也能够提高消费者注意广告和其他形式的营销传播信息的可能性。我们将在下一章中讨论这些吸引注意力的策略，还将讨论提高消费者注意品牌信息积极性的方法。

总的来说，注意力涉及有选择性地分配信息处理的能力。有效的营销传播能够通过唤起那些同目标受众最相关的需求来激发消费者的兴趣。这并非易事；营销传播环境（商店、广告媒体、展销）本身就充斥着竞争性的刺激和信息，它们也是为了争夺消费者的注意力，然而嘈杂的信息环境会减弱信息的有效性。[20]

阶段3：理解信息

理解就是要领会信息并且能对这种刺激和符号创造意义。当营销者想要传递的意义或者定位同消费者从信息中真正获取的意义一致时，营销传播就是有效的。理解一词通常同感知一词相互替换使用，因为它们所指的都是一种解释和翻译的过程。由于人们是对他们所处的感知的世界进行反应而不是对真实的世界进行反应，因此理解或者说感知就是营销传播领域最重要的话题之一。[21]

解释刺激的感知过程叫做**感知编码**。其中包括两个阶段。**特征分析**是最初的一步，接收者分析刺激物的基本特征（例如尺寸、形状、颜色和角度等），然后据此进行最初的分类。例如，我们能够通过分析如尺寸、是否有引擎以及控件的数量将汽车同自行车区分开来。柠檬和橙子可以通过它们的颜色和形状进行区分。感知编码的第二个阶段是**积极合成**，这一步大大超越了仅仅分析物理的特征。接收信息的情境或情况对决定感知到什么和怎样解释,或者说接收到了什么意义有重要作用。如何解释和翻译这一刺激,是由刺激的特征同在这一刺激的情境中可能出现的期望联合或合成起来决定的。例如,一家折扣店(情境)的橱窗中摆放的一件人造皮毛大衣很可能被认为是廉价的仿制品;然而,同样的一件大衣如果在一家昂贵的时装商店中销售(一个不同的情境),就会被认为是一件高品质的时髦的衣服。

此外,更重要的一点是,消费者对营销刺激的理解是由刺激的特征和消费者本身的特征来决定的。期望、需求、人格特质、过往经验和对刺激物的态度都对消费者的感知起到重要作用。根据影响感知因素的主观性质,理解通常是异质的和因人而异的。

下面这段话是一段经典的对感知的异质性特征的阐述:

> 我们并不是简单地以一种确定的方式对所发生的事件或环境中的一些冲突做出反应(除了那些已经变成条件反射或习惯性的行为)。我们往往根据自己带给情境的意义来解释和采取行动,而我们每个人带给情境的意义又不尽相同。[22]

这段引言来自球迷对1951年在达特茅斯和普林斯顿大学之间进行的一场激烈的橄榄球赛的反应的分析。这场比赛非常情绪化并且比赛的双方爆发了争论和打斗。有趣的是,球迷对这场肮脏比赛的反应也根据支持球队的不同分成了两派。达特茅斯的球迷认为普林斯顿的球员是肇事者,而普林斯顿的球迷则认为达特茅斯的球员有过错。也就是说,球迷对事件的经历和他们解释事件的方式取决于他们认为谁是"好人"。简单来讲,我们的个体差异影响了我们的所见!

因此个体的情绪也会影响他对刺激物的感知。研究表明,当人们情绪良好时,他们更有可能从记忆中提取积极的信息而不是消极的信息,更有可能感知到事物的积极方面,并且更有可能对各种刺激进行积极的反馈。[23]广告者深知这一点,或者至少是直觉上知道这一点,他们会通过幽默或者怀旧的形式使得信息接收者处于好心情。

错误理解 人们有时会错误地理解或错误地解释信息,以使得这些信息同他们已有的信念或期望一致。这通常是在无意识下进行的,但是扭曲的感知和信息误解却是很常见的。引起对营销传播信息的错误理解主要有三个原因:① 信息本身有时就是误导性的和不清楚的;② 消费者受到他们固有偏见的影响进而"看到"他们选择看到的事情;③ 对广告的处理通常发生在时间压力下或嘈杂的背景中。道理上很简单:营销传播者不能假定消费者会按照他们想要的方式对信息进行解释和翻译,因此在投入印刷、发布广播或进入其他媒体之前进行信息测试是非常重要的。并且,重要的是营销传播信息需要重复进行,以确保大多数观众和读者最终会理解营销者想要的意义。

阶段4:赞同理解的信息

信息传播的第四个阶段是关于消费者是否同意(如接受)他已经理解的信息观点。从营销传播的角度来看,消费者不但理解信息而且还同意信息(相比较反对或完全拒绝)是至关重要的。仅仅是理解不能确保信息会改变消费者的态度或影响他们的行为。要知道一则广告试图通过某种方式定位一个品牌并不等于受众会接受该信息。例如,我们可能会清楚地理解一个零售商将自己宣传为提供卓越的服务,但是如果我们曾经亲身经历过低于这个零售商宣传的那种水平的服务，我们就不会同意这个定位。

赞同取决于信息是否是可信的（能使人相信的和可信赖的）以及它是否包含同消费者重要的价值相一致的信息和诉求。例如，相比获得功能性价值而言，一个对消费某个特定产品的象征性意义更加感兴趣的消费者更可能被一个将品牌同一个令人喜欢的群体相联系的广告所说服，而不是一个仅仅介绍普通的产品特征的广告。此外，使用可信赖的代言人是另一种增强信息可信度的方法，而可信度可以通过构建使人相信的信息而不是不切实际的宣传来提高。

阶段5和6：存储和搜寻以及提取保存的信息

我们之所以把信息处理的这两个阶段——存储和搜寻以及提取保存的信息放在一起讨论，是因为它们都涉及记忆因素。记忆的话题非常复杂，但这种复杂性不会给我们带来困扰，因为我们的兴趣点是非常实际的内容。[24]

从营销传播的角度来看，记忆涉及消费者对于营销刺激记住（认知和回忆）了什么以及他们在进行产品选择时怎样接触到并提取信息。记忆这个话题与学习是不可分割的，所以下面的章节我们首先讨论记忆的基础，然后分析学习的基础，最后重点强调对于营销传播来说记忆和学习规律的实际应用。

意义的要素　记忆包括长期记忆（LTM）、短期记忆，或者说是工作记忆（STM），以及一些感官的存储（SS）。信息由一个或多个感官接收器所接收（视觉、嗅觉、触觉等）并且被传递到合适的SS中，除非注意力被分配到了刺激中，否则信息会马上流失（在不到一秒的时间内）。留下的信息接下来被传递到了STM中，STM是一个即时的信息处理中心，它将来自感官的信息同来自LTM的信息整合起来。有限的处理能力是STM最突出的特征，个体只能在一定时间内处理有限数量的信息。过多数量的信息会导致认知和回忆能力的下降。并且，在STM中没有被思考到或复述的信息将在30秒或更短的时间内流失。[25]这就是当你从电话簿中找到一个电话，但在拨打电话之前又很快忘记号码时所发生的一样。你必须再次借助于电话簿，并且自己重复号码——复述——以确保你不会再次忘掉。

信息从STM中转移到LTM中，认知心理学家认为LTM是一个虚拟的可以存储无限信息的仓库。在LTM中的信息被分成了条理分明的和相互联系的认知单元，这有多个不同的名称，如图式、记忆组织包裹或知识结构。这三个名称都反映了LTM由相关信息、知识和信念之间的联系所组成。图5.10给出了一个知识构成的图示。这代表了一个婴儿潮一代的消费者关于大众甲壳虫的记忆结构，她在大学期间（20世纪60年代后期）第一次拥有了一辆甲壳虫，2008年为了庆祝自己61岁的生日，她再次购买了一辆。

营销传播者的挑战是要提供给消费者那些它们会存储在LTM中的正面价值的信息，这些信息会在稍后时候影响消费者选择我们的品牌而不是竞争者的品牌。这就是为什么品牌信息的沟通必须实现长期记忆并时刻能从记忆中提取出来。也就是说，消费者接触到品牌信息的时间点一般同消费者需要提取该信息并用来做出购买决策的时间分离开来——有时是几个月。营销传播者通过促进消费者对同营销者兴趣一致的信

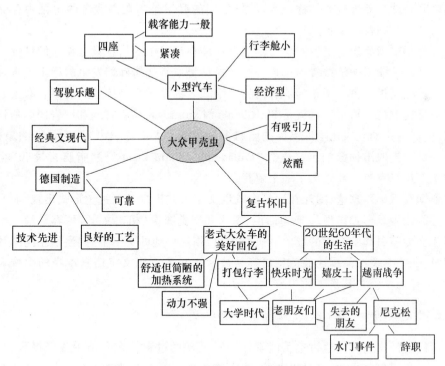

图 5.10　消费者对大众甲壳虫的知识构成

息的学习,不断地试图改变消费者的长期记忆,或者说是知识结构。

学习的类型　两种学习的类型同营销传播努力相关。[26]一种形式是在营销者的品牌和这个品牌的特征或利益之间加强联系。形象地说,营销传播者希望在品牌和它积极的特征和利益中间建立起金属绳索(而不是脆弱的绳子)。换句话说,目标就是将品牌的本质牢固地定位在消费者的记忆中。总体来说,联系是通过不断重复宣传、创新地传播产品特征以及具体地展示品牌优势来增强的。例如,Philadelphia Extra Light 奶酪(图 5.11)将品牌同羽毛相比较并且将品牌同广阔的天空形象联系起来,这些作为一种具体的类比表现了该品牌的脂肪含量就像羽毛一样轻(只有 6%)并且品质像天空一样美好。Philadelphia Extra Light 奶酪试图在消费者脑海中建立强烈的联系,这不仅是一种健康食品,而且口味也不错。

图 5.11　在品牌和这个品牌的特征之间加强联系

营销传播者通过建立完全新的联系促进第二种形式的学习。回到我们在第 2 章对品牌资产的讨论,我们这里说的建立完全新的联系就等同于之前讨论的通过在品牌和它的特征及利益之间建立强烈的、良好的和独特的联系来增强品牌资产一样。所以,这里面的联系是指在消费者的记忆中存储品牌与它的特征和利益的关系。

搜索和提取信息 消费者学习到的和存储在记忆中的信息只有在它们被搜索到并提取出来时才能影响消费者的选择行为。这种提取是如何确切发生的超出了本章探讨的范围。在这里知道一个新的信息同另一个知名的并且容易接触到的概念联系起来会促进信息提取就足够了。这就是 Philadelphia Extra Light 品牌管理和广告团队所试图实现的,他们使用羽毛来比喻该品牌的脂肪含量很低。人们提取出"羽毛是轻的象征"要比从记忆中提取出抽象的语义概念"Philadelphia Extra Light 奶酪脂肪含量低"容易得多。双重编码理论对此做出了一个解释。

根据双重编码理论,图片在记忆中既以文字形式出现又以视觉形式出现,而文字则不太可能以视觉形式出现。[27]换句话说,图片和视觉图像(相比文字)更容易被记忆是因为图片更能够引起脑海中的形象。研究表明,相比单纯的文字信息,当信息同图片一同出现时,那些有关产品属性的信息更容易被回忆起来。[28]当文字信息本身的图像表现较差时,图片的价值尤其重要。[29]

CPM 总结

我们已经比较详细地讨论了消费者信息处理的过程。在介绍中我们提到,当消费者的行为是深思熟虑的、经过思考的,或者简单地说是高度认知性的时候,CPM 观点就很好地描述了消费者的行为。很多消费者的行为都属于这种。但是我们再一次强调,行为也是被情绪、享乐和体验考虑所激发的。接下来我们需要考虑 HEM 观点以及这个模型对营销传播和品牌定位的应用。

5.4.2 享乐与体验模型

我们再一次强调的是理性的消费者信息处理模型(CPM)同享乐与体验模型(HEM)并不是相互排斥的。的确,有充分的证据表明个人通过理性和体验性交互作用过程来理解现实,它们的相对影响力取决于形式和情绪卷入的程度——情绪卷入越高,体验性过程的影响就越大。[30]因此,HEM 模型可能更好地解释了在消费者无忧无虑、快乐,以及遇到高兴的结果时是怎样处理信息的。[31]

CPM 观点认为消费者的目标是"获得最好的购买","用钱换来最多的东西"以及"获得最大化的效用",而 HEM 观点认为消费者通常为了一时的快乐而消费产品,或者是为了追求娱乐、幻想或感官刺激。[32]享乐观点认为产品消费来自对享受乐趣、实现梦想或有一个愉快感觉的预期。相比而言,CPM 观点则认为选择行为是基于深思熟虑的评价,被选中的产品比其他产品更加功能化并能提供更好的结果。

因此,从 HEM 的角度来看,产品不仅仅是一个客观的实体(一瓶香水,一个立体音响系统,一罐汤),而是主观的符号,能够促成感觉(*feelings*)(如爱和骄傲),预示快乐(*fun*)并可能实现梦想(*fantasies*),也就是图 5.9 中的 3F。最能与 HEM 观点相契合的产品包括表演艺术(例如歌剧和现代舞),所谓的造型艺术(例如摄影和手工艺),流行娱乐形式(例如电影和摇滚音乐会),时装秀,体育比赛,休闲活动和修养活动。[33]但重要的是要意识到任何产品——并不仅仅是这些例子——都可能在选择和消费的背后有享乐和体验的因素。例如,在考虑购买例如滑板、汽车、自行车或家具这类产品时,人们会随之产生许多愉快的感觉和想象。甚至一直以来广告风格以用事实说话闻名的宝洁公司,也将宣传的重点从汰渍去污粉的表现上调整到更多地专注于同洗净衣物相联系的情绪上。

HEM 和 CPM 两种不同观点为营销传播实践提供了意味深远的实践意义。在 CPM 导向的营销传播努力中,一般会通过文字的刺激物和理性的说服来定位一个品牌并影响消费者的产品知识和信念;HEM 方法则强调非语言的内容或煽动情绪的话语,目的在于产生形象、幻想和积极的情绪及感觉。例如,斯巴鲁傲虎,一种四轮驱动的汽车,可以很大程度上将其在美国的成功归功于使用保罗·霍根(也因鳄鱼·邓迪而闻名)作为品牌代言人的广告活动,广告获取了他勇敢、迷人和脚踏实地的来自澳洲内陆的形象。这个著名的广告活动通过在消费者和品牌之间建立情感的联系为斯巴鲁傲虎赢得了成功。[34]

尼桑 Altima Coupe 的广告是 HEM 方法应用在广告上最好的范例。这则广告很少提及产品属性和功能的信息,仅仅是说"真正的表现"。相反,广告通过将迷你版的尼桑变成运动鞋的形状来直接唤起乐趣和兴奋的情绪。看到这则广告的消费者无须费神;情绪和幻想就在最突出的位置——这款汽车将会实现"真正的表现",这句话还可以以任何消费者想要表达此意的句子进行翻译。相反,如果尼桑的品牌管理团队认为 CPM 方法对品牌更有利,那么广告就将出现具体的产品属性和利益,以唤起目标受众更加理性的需求。

之前的讨论和例子已经强调了在 CPM 和 HEM 广告中的不同运用,但很明显这两种方法也同样适用于其他形式的营销传播。例如,一个销售员可能会通过强调产品的属性和有形的好处来销售产品(CPM 方法),也可能试图传递消费者一旦拥有该产品伴随而来的乐趣、幻想和愉悦。成功的销售员会利用两种方法并且根据顾客的个性和需要选择更主要地使用其中一种方法。也就是说,成功的销售员知道怎样根据不同的客户来调整他们的说辞——当然希望他们能够诚实做事并且维护他们的道德标准。

最后,没有哪个单独的定位策略在所有的情况下都有效,无论是针对 CPM 还是 HEM。哪一种最有效则取决于产品种类的特定性质、竞争形势以及目标受众的特征和需要。回到定位的基础上来,品牌可以定位成唤起功能性的需求,这是同 CPM 观点一致的,也可以唤起象征的或体验性的需求,这同 HEM 的方法更加一致。

小结

本章介绍了品牌定位的概念和实践,它代表了品牌在目标受众整体印象中的关键特征、优势或形象。定位主张是概括品牌意义和同竞争品牌区别的中心思想。因为意义是定位的基础,因此本章介绍了符号学的概念并将意义的产生描述成一个消费者积极参与到营销传播信息中并构建意义的过程,这也意味着消费者的理解可能同传播者想要传播的相同,也可能不同。进一步讨论的是符号学的基本概念符号,符号是指在某些情境下能向某人(翻译者)表达某物(指示物)的意义的物理的或可感知的事物。最后讨论的是当为品牌进行定位时,营销传播实践者如何从文化构建的世界中获取意义并传递给他们的品牌。

本章指出一个好的定位主张必须满足两个要求:① 它应该反映一个品牌的竞争优势(相比同一产品类的竞争产品);② 它应该鼓励消费者有所行动。在考虑了这两个要求之后,我们得出了四种可能的品牌定位结果:失败者,成功者,逆流而上者,为竞争对手帮忙者。

本章还讨论了各种品牌定位方法的细节内容。可选择的方法包括利益定位——品牌基于功能性的、象征性的或体验性的需求进行定位——和属性定位。后面的这种形式包括基于产品相关属性的定位或基于使用或消费者肖像的定位。

本章还描述了消费者选择行为的基础。我们给出了两种相对不同的选择行为的观点:消费者信息处理模型(CPM)和享乐与体验模型(HEM)。CPM 将消费者视为善于分析的、系统的和有逻辑的决策制定者。根据这个观点,消费者被激发并实现期望的目标。CPM 过程涉及接触、编码、储存、提取和整合信息,以使得人们能够在众多的选项中做出合适的选择。根据 CPM 进行的品牌定位强调逻辑的陈述和功能性的特征,而不是情绪和象征意义。相比较而言,HEM 观点认为消费者行为来自对乐趣、幻想和感受的追求。因此,一些消费者行为主要基于情绪的考虑而不是客观的、功能性的和经济的因素。有关 CPM 和 HEM 对消费者选择的不同观点对营销传播者很重要,很显然那些影响消费者选择行为的技术和创新性策略是由消费者的主要取向决定的。

讨论题

1. 一些杂志广告仅仅展示一张产品的图片和产品的名称,除了简单的品牌陈述外没有任何其他的文字内容。举出一个这样的例子并解释广告想要传达什么意思。询问两个朋友对这个广告的理解,比较你的朋友和你的回答的不同点,然后对此得出一个结论。

2. 一些专家认为国家、州和城市可以像产品一样进行定位来获取旅游收入。如果你是一名中国居民,请说明你会如何定位你的家乡来吸引更多的游客。如果你是一名外国人,请说明你会如何为你的国家或家乡进行宣传来吸引游客。

3. 你最喜爱的运动鞋品牌(阿迪达斯、耐克、锐步等)是如何进行定位的?

4. 图 5.11 展示了一位消费者对大众甲壳虫汽车的知识构成。请画出你对自己最想拥有的汽车品牌的知识构成。

5. 营销传播的一个现实是同样的符号对不同的人意味着不同的意思。从你的个人经历中举出一个这样的例子。这个例子对营销传播有何启示?

6. 解释下面每一个相关的概念:感知编码、特征分析和积极合成。选择一种包装消费品,解释包装设计者如何应用特征分析的方法来设计包装。

7. 你所在的学院或大学怎样给自己定位?如果你负责给出一个新的定位,或者说是再定位,你会如何定位你所在的学院或大学?请说明理由。

8. 所有的营销传播环境都是杂乱的。请解释这句话的含义并举一些例子。例子请不要局限于广告。

9. 作为一个品牌经理,假设你已经决定基于一个属性进行大力促销,这个属性对消费者非常重要,而在这个属性上你的产品相比竞争对手又没有优势。在图 5.3 的情境下,解释这个定位最终可能的结果是什么。

10. 请解释为什么注意力是高度选择性的以及选择性对品牌经理和广告商的启示是什么。

11. 在第 2 章中你曾阅读了有关杠杆(leverage)(见图 2.3)作为一种创造品牌联系的方法的内容。请将这一内容与"在充满意义的世界中将一个已知的特性转换到一个未知品牌的特性中"这一概念相联系。

12. 当讨论到展露接触作为信息处理的第一阶段时,我们提到获得曝光率是成功的必要不充分条件。请解释这一观点。

13. 根据符号学的观点,意义创造是一个建设性的过程。请解释这句话的意思并根据你的理解举出一个例子。

第6章

广告目标确定与预算制定

第 6 章讨论了四个基本营销决策中的最后两个：广告目标确定与预算制定。本章最开始讨论了制定目标的重要性，随后通过营销传播效果层次模型解释了营销传播目标的制定取决于了解各个层次的目标受众处在何种位置。接下来细致地讨论了制定合理营销传播目标的要求，以及营销传播目标是否应该根据销售和销售前（传播）目标来形成。最后探讨的是营销传播预算，首先在预算理论上进行探讨，其次是细致地讨论了实际的预算制定方法。在这一部分共涉及了四种方法：销售额比例法，目标和任务法，竞争均势法（要细致评估市场份额和广告份额），根据可承受能力制定预算的方法。

宏观营销传播洞察　花大钱买人心

你很可能看过盖可公司的广告，这是一家主流的汽车保险公司。你可能会想起广告中的那个说话带澳大利亚口音的壁虎。谁能忘记广告中那个在非种族歧视的模仿秀中却被污辱的极有智慧的洞穴人呢？这位看似麻木不仁的被冒犯者对一些行为的解释是，"这太容易了，任何一位洞穴人都会做"。从广告创意上来说，这则壁虎和洞穴人的广告是如此令人记忆深刻，但我们在此所关注的并非这一点，我们更关注的是盖可公司在这个电视广告中投入的巨大费用以及因此带来的成功。

四大汽车保险公司——国家农场、好事达、前进和盖可——在一个极为激烈的市场中竞争，使用价格战吸引新客户非常普遍。行业内的公司通过巧妙和频繁的广告来争取新客户。尽管盖可的市场份额只位于第四位，但它是所有四家最大的汽车保险公司中的广告领导者。的确，2006 年盖可在广告上投入了超过 5 亿美元——几乎是任何一个竞争对手的两倍——并且从 2001 年到 2006 年累计的广告投入超过了 20 亿美元。

大量的投入为盖可带来了回报。它目前有很高的广告知晓度——超过 90% 的被访者表明他们在过去的一年看见过或听说过盖可的广告。最接近的竞争对手是国家农场，知晓度为 80%。但除了创造品牌知晓度外，盖可是汽车保险业内唯一保持两位数品牌占有率增长的公司，它总的汽车保险业务份额增长了 13%。并且，盖可是发展新客户的最佳品牌。不用说，盖可获得的巨大成功也使得其他竞争对手开始评估自己的广告投入。盖可的例子准确无误地表明有充足广告预算支持的创新性广告能够实现多种营销传播目标,如提高知晓度、吸引新客户和提升市场份额等。

资料来源:改编自 Mya Frazier,"Geico's Bigh Spending Pays Off, Study Says", *Adveritising Age*, June 26,2007。

本 章 目 标

在阅读本章后你将能够:
1. 理解营销传播目标制定的过程和好的目标的要求。
2. 理解营销传播效果层次模型和它同制定营销传播目标的关系。
3. 理解销售额作为营销传播目标的作用以及模糊的对与精确的错之间的逻辑关系。
4. 知道品牌的市场份额和广告份额之间的关系以及对制定广告预算的意义。
5. 理解实际预算制定的不同的经验或启发法的运用。

6.1 介绍

我们回到第 1 章提到的营销传播过程模型。你会回忆起这个模型中有不同形式的"基本的"和"执行的"决策。我们将沿用这个框架,因为它同广告目标确定和预算制定特别相关。这些活动,同目标市场选择(第 4 章)和定位(第 5 章)一样,是所有接下来的营销传播决策的基础。建立在虚弱的基础上的营销传播战略几乎一定会失败。因此明智的目标和足够的预算对于成功至关重要。我们不要忘记第 1 章的总结:

所有的营销传播都应该:① 直接针对特定的目标群体;② 清晰地定位;③ 为了达成一个特定的目标;④ 在预算的范围内进行以达成目标。

本章会分析广告目标确定和预算制定,从而结束对基础营销决策的讨论。这两个话题过去大多是从广告的视角来探讨而不是从营销传播的整体角度来考察的。但是,由于这些话题实际上是很类似的,因此无论是何种营销传播形式,这一章中我们将从广告的文献说起然后扩展到所有的营销传播形式。

本章认为目标确定和制定预算应该是正式而系统的而不应该是随意的。这两个活动都为接下来执行决策提供了基础,执行决策包括信息、媒体的选择,营销传播要素的组合,以及持续的信息呈现的实现,或者说惯性。请注意,四个执行决策和所有的基础决策,都在第 1 章的营销传播过程的模型中介绍过了。你可以通过复习图 1.1 中的模型来回忆营销传播战略的整体情况。

6.2 确定营销传播目标

营销传播目标是各种营销传播要素在一段时期内(如一个业务季度或一个财务年度)单独或共同要实现的目标。目标为所有其他决策提供基础。后面的章节将会详细讨论营销传播组合中每一个组成部分要设计实现的目标,我们目前仅仅列出一组营销传播者希望通过不同营销传播工具实现的目标就足够了。在每个目标后面的括号中给出了最适合达成这一目标的营销传播工具。

- 促进新品牌的推出（品牌命名和包装，广告，促销，口碑营销和销售点（P-O-P）陈列）
- 通过提高使用的频率、使用的多样化以及购买的数量来提高已有品牌的销量（广告和促销）
- 告知经销商（总经销、代理商和零售商）和消费者品牌的改进（个人销售和经销商导向的广告）
- 创造品牌知晓度（广告，包装，销售点宣传）
- 增强品牌形象（品牌命名和包装，广告，活动赞助，事件营销和市场导向的公共关系（PR））
- 建立销售领先地位（广告）
- 说服经销商销售厂商的品牌（经销商导向的广告和个人销售）
- 刺激销售点的销量（品牌命名和包装，销售点宣传和店外宣传招牌）
- 提高消费者忠诚度（广告和促销）
- 促进公司和特殊利益的关系（市场导向的公共关系）
- 处理一个品牌的公关危机或建立一个好的公关形象（市场导向的公共关系）
- 对抗竞争对手的沟通努力（广告和促销）
- 提供给消费者立即购买而不是推迟购买的理由（广告和促销）

不同形式的营销传播所要达成的目标是不同的，但无论目标是什么，有三点原因表明了为什么必须要在制定所有重要的执行决策之前制定目标，这些决策包括信息选择和媒体选择，以及各种营销传播要素应该怎样被组合和维持[1]：

1. 达成管理共识：制定目标的过程能够真正地迫使高层营销主管和整合营销传播人员在品牌营销传播策略的实施以及某一品牌要实现的目标方面达成共识。正因为这一点，目标提供了一个管理共识的正式表达方式。

2. 指导接下来的营销传播决策：目标制定指导一个品牌的营销传播战略的预算、信息和媒体的确定。目标决定了应该投入多少资金，这一目标为实现品牌的营销传播目的而进行的信息策略和媒体选择提供了指导。

3. 提供标准：目标提供了测量结果的标准。正如我们之后会详细讨论的，好的目标为一个营销传播项目预期的结果提供精确的、量化的标准。实际的结果可以同这些预期结果进行比较以确定营销努力是否实现了最初的计划。

6.2.1 营销传播效果层次

对营销传播目标制定的完整理解需要我们首先从客户的角度来看传播的全过程。一个叫做效果层次的模型对理解这一问题很有帮助。层次框架认为营销传播目标的选择取决于目标受众在接触到这一营销传播活动前对这一品牌的经验程度。[2]

层次效果的比喻形象地认为，要想获得营销传播的成功，不同营销传播要素必须通过一系列的心理阶段来提升消费者，就像人爬梯子一样——一步接着一步，最后到达梯子的顶端。有很多层次模型被构建出来,所有的模型都基于这个想法,即成功的营销传播要素将人们从最初的不知晓状态移动到了最终购买该品牌的状态。[3] 层次里中间的阶段代表逐渐接近品牌购买的步骤。图6.1中的层次模型更为全面,在梯子的顶端加入了品牌忠诚这一步。[4] 请在继续阅读之前仔细分析这个图。

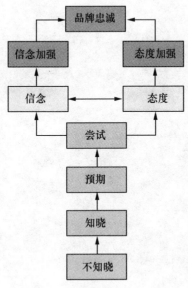

图 6.1　营销传播效果的层次

通过一个真实的广告可以更好地理解整个图中的每一阶段,也就是每个层次。我们来看图6.2中一个叫做Pegetables的品牌的广告。从图中我们可以看出这个广告似乎是同宠物相关的。仔细看一下品牌名称——Pegetables,代表了宠物一词(pet)中的p同蔬菜一词(vegetables)去掉字母v的结合体,也就是说,专为宠物设计的蔬菜。这是一种很简单的产品,但它却为我们理解多种营销传播要素如何协调地使消费者经历不同的层次阶段提供了很好的例证。

将消费者从不知晓提升到知晓

在最初进入市场的时候,消费者并不知道Pegetables的存在以及它独特的属性(毫无疑问很多特点都不知道)。因此最初的营销传播的当务之急是要让消费者知道有一种叫做Pegetables的产品。除非消费者知道这个品牌,否则这个品牌很难成为消费者购买的选项。在所有的营销传播工具中,广告(通过大众媒体或其他)一般是最有效和最节约的迅速创造品牌知晓度的方法。有时广告商过分地将重点放在通过使用离奇幽默创造滑稽广告或使用露骨的性诉求手法来建立品牌知晓度。然而,请阅读IMC聚焦,其中介绍了一个创造知晓度并不一定能确保消费者会进一步向层次顶端移动进而购买品牌并成为忠诚的重复购买客户的案例。

创造一个预期

仅仅是品牌名称知晓并不足以使人们购买品牌,尤其是消费者已经拥有了一个消

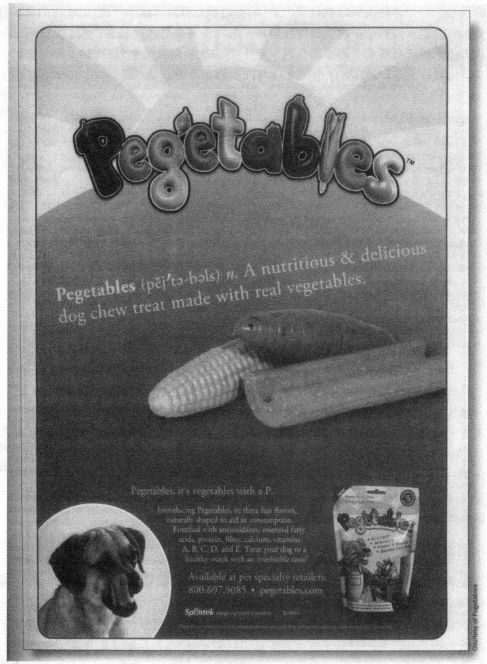

图6.2　广告的传播效果层次

费相关问题的解决方案时或者人们仍然不确定新的解决方案是否可行时。广告和其他营销传播要素必须向消费者灌输他们购买和体验一个品牌会获得什么样好处的期望。应该注意的是消费者角度的预期是基于产品如何定位的,这是第5章的内容。

在 Pegetables 的例子中,消费者被告知 Pegetables 是一种真正由蔬菜(玉米、胡萝卜、芹菜)制成的营养可口的狗粮。这就是 Pegetables 的定位,也是 Pegetables 的品牌管理团队想要向目标受众的脑海中灌输的期望。在消费者拥有一定程度的预期后，他们就会尝试购买 Pegetables 产品来看看品牌是否信守了承诺（基于他们的宠物是否喜欢该产品）。

鼓励尝试性购买

促销和广告有时会共同推动消费者尝试性购买，从而影响消费者从目前购买的品牌转移至其他品牌。正如名字所说的，尝试性购买就是消费者首次尝试某一品牌。因为大多数的广告仅仅是希望能够诱导和吊起人们的胃口——或者说是创造预期，因此需要更具吸引力的方法来使消费者尝试购买。这就是促销对营销传播的作用。在包装产品中，免费的试用装和优惠券是吸引消费者尝试新品牌的有效手段。而在昂贵的耐用品的例子中，价格折扣和回扣一般能够鼓励如试驾汽车者的尝试购买行为。

形成信念和态度

在第一次尝试了品牌之后，消费者就会形成品牌表现的信念。对 Pegetables 来说，这个信念可能是，"我的狗非常喜欢这款食品，因为它由真正的蔬菜制成，肯定对狗有益"。这些信念接下来将会成为形成整个品牌态度的基础。信念和态度是相互加强的，图 6.1 中由双箭头连接这两个要素。如果 Pegetables 达到了宠物主人的预期，对品牌的态度就很可能是积极的；但是，如果品牌没有达到引起尝试性购买的预期，态度就可能是矛盾的甚至是消极的。

加强信念和态度

一旦针对某一品牌的信念和态度作为第一手产品使用经验的结果形成了，接下来的营销传播仅仅需要加强消费者从尝试产品中得到的信念和态度。图 6.1 中指的就是信念加强和态度加强。加强的目的在营销传播者持续地信守承诺并不断地宣传这一点时就实现了。

实现品牌忠诚

一旦品牌持续地满足预期并且没有更好的品牌出现，那么消费者就会成为该品牌的忠实购买者。这是最终目标，因为正如我们已经提到过的，维持现有客户要比发展新客户成本小得多。[5]

品牌忠诚位于营销传播效果层次的最顶端。但忠诚并不是一个始终能保证的结果。强烈的品牌忠诚偶尔会出现。例如，一些消费者总是购买同一品牌的可乐；其他人一直抽同一个牌子的香烟；一些人一直用同一个牌子的体香剂、牙膏、洗发水甚至是汽车。但是在许多其他的例子中，消费者从未对任何品牌形成强烈的偏好；相反，他们不断地从一个品牌转变到另一个品牌，不断地尝试，尝试，再尝试，从未对任何品牌形成忠诚。消费者行为就如约会一样，一些人始终行动却从未专一。

品牌忠诚是营销传播者追求的目标。获得消费者忠诚需要比竞争品牌更好地满足消费者的需求并且不断地向消费者传播产品的优点以加强消费者与品牌相关的信念和态度。(再看一下图6.1作为复习。)但有趣的是,不同的营销传播要素可能在实现品牌忠诚的目标中相互冲突。广告能够使消费者降低对价格的敏感以及在使消费者更加忠诚方面起到长期的作用,但促销却会减弱忠诚度,会将消费者"训练"为价格敏感的,并因此倾向于在提供价格折扣的品牌中来回转换。[6]

章节总结

从以上对营销传播层次效果的讨论中可知,品牌营销传播方案的目标在任何情况下都取决于消费者所处的层级。尽管个体消费者不可避免地出现在不同的层次水平上,但关键点是要确定大多数消费者所在的位置。例如,如果研究发现目标受众的主体仍然不知道品牌的存在,那么创造品牌知晓度就是最重要的目标。但如果目标受众的大多数已知道品牌但不清楚它代表了什么,那么营销传播的任务就变成了设计一个能够鼓励消费者尝试购买品牌的预期的信息。

6.2.2 确定恰当的营销传播目标的条件

一个营销传播目标是一个执行计划的确切的陈述,关系到一个营销传播方案在一个特定的时间内计划实现的目标。这个目标基于知晓目标受众处于层次效果中的哪个位置,知道产品类中目前的和预期的竞争形势,以及品牌必须面对的问题或可行的机会。

营销传播目标的确切内容完全取决于品牌所处的独特形势。因此,在没有当前竞争形势的具体细节(例如由市场研究提供的信息)的情况下讨论目标的内容是不可行的。但是我们可以确定好的目标必须达到的要求。让我们首先明确并不是所有的目标都制定得很好。考虑下面的例子:

例A:品牌X下个业务季度的目标是实现销售的增长。

例B:品牌X下个业务季度的目标是将整体品牌知晓度从目前的60%提高到80%。

这两个极端的例子有两个重要的区别。首先,例B显然更加具体。其次,例A设定了一个销售的目标,而例B设定的是销售前目标(提高知晓度)。下面的部分介绍了好的目标必须满足的特定标准。[7]我们将在介绍这些标准的过程中再回到这两个例子中。这些标准被列在了图6.3中。

1. 包括确切的关于谁、什么和何时的陈述
2. 要量化和可测量
3. 明确变化量
4. 必须是切实可行的
5. 必须内部一致
6. 必须是清晰的书面形式的

图6.3 好的营销传播目标必须满足的标准

目标中必须包括确切的关于谁、什么和何时的陈述

目标的陈述必须确切。至少,目标应该明确目标受众(谁),指明首先要确定的目标(什么)——例如知晓度,并指出目标将被实现的时间框架(何时)。例如,Pegetables的营销传播活动(图6.2)可能会有下面这样的目标:① 在广告活动开始的最初四个月内,调查应该显示所有的宠物狗主人中有25%的人知道Pegetables品牌;② 在广告活动开始的最初六个月内,调查应该显示至少有50%的目标受众知道Pegetables品牌名称并且知道该品牌是由蔬菜制成的专为狗设计的食品;或者③ 在广告活动开始的最初一年内,至少500万的家庭已经尝试过Pegetables。

我们回到两个假设的目标(例A和例B),例B的确切程度很到位,给了品牌经理一些有意义的能够知道他们努力的标准,同时也提供了一个明确的标准来评价营销传播活动是否最终达成了目标。相反,例A就太过宽泛了。假设销售在活动过程中增长了2个百分点。既然销售量的确增长了,那么是否意味着营销传播活动成功了呢?如果不是,增长多少才能视为成功呢?

目标必须量化和可测量

这个条件要求广告目标以量化的形式陈述以便于测量。在Pegetables案例中一个不能测量的模糊的目标如"营销传播应该提高消费者对Pegetables的了解",这个目标缺乏可测量性,因为它没有明确消费者到底要了解哪个方面的产品优势。

目标必须明确变化量

除了要量化和可测量之外,目标必须明确他们想要实现的变化量有多大。例A(提高销售)没有满足这个要求。例B(将品牌知晓度从60%提高到80%)满足了这一点,因为它明确了任何小于20%的知晓度增长都应被认为是没有达到要求的表现。

目标必须是切实可行的

不切实际的目标没有任何用处,这就好比没有目标。一个不切实际的目标是不可能在营销传播活动的时间内实现的。例如,一个在市场的第一年只有15%知晓度的品牌不可能期望通过很少的营销传播预算在第二年将知晓度提高到45%。

目标必须内部一致

为某个特定的营销传播方案的要素制定的目标必须同为其他营销传播要素制定的目标相协调(内部一致)。如果一家厂商宣布减少25%的销售人员,同时又宣布广告和促销目标是提高零售分销的20%,那么这两个目标就是不一致的。没有足够的销售人员,零售商不可能分配给这个品牌更多的货架空间。

目标必须是清晰的书面形式的

为了更好地促进沟通并使得评估更加容易,目标必须清晰陈述并且以书面形式确

定,以保证目标能够传递给营销传播员工,因为他们将肩负起实现目标的重任。

6.2.3 营销传播目标必须与销售相联吗?

我们可以宽泛地区分两种类型的营销传播目标:销售目标和销售前目标。销售前目标一般是指传播目标,传播努力将会提高目标受众的品牌知晓,增强他们对品牌的态度,将他们的偏好从竞争对手的品牌转移到我们的品牌,等等。相比而言,使用销售作为特定广告活动的目标意味着营销传播目标是提升一定数量的销售。营销传播实践者和教育者传统上拒绝使用销售量作为一个合适的目标。但是,最近的观点认为有影响的销售总是代表着任何营销传播努力的目标。

下面我们将首先讨论这个问题的传统观点(偏爱销售前目标,或者说是传播目标),然后介绍另一个不同的观点(偏爱销售目标)。根据黑格尔的辩证思维——先提出一个命题,然后提出理论的对立命题(反命题),然后将二者统一起来——我们将传统的和最新的观点分别视为命题和反命题,紧接着将二者统一起来。

传统观点(命题)

该观点认为使用销售作为品牌产品营销传播努力的目标有两点不妥之处。第一,一个品牌在任何期间内的销售量是很多因素共同作用的结果,不仅仅是广告、促销和其他营销传播因素,还包括经济形势、竞争形势以及品牌使用的营销组合变量——价格水平、产品质量、分销策略,等等。根据传统观点,确定广告或其他营销传播要素在一段时期内对销售的单独的影响是不可能的,因为营销传播仅仅是决定品牌销量的许多因素中的一个。

第二,营销传播努力对销量的影响一般是有延迟的,或者说是滞后的。例如,在任何给定时期内的广告在该时期内并不必然影响销售量,但是在稍后的期间内可能会有影响。一方面,今年针对某一特定车型的广告可能对消费者的购买行为只有有限的影响,因为消费者还不想购买新车。另一方面,今年的广告可以影响消费者下一年对广告车型的选择,如果他们想购买新车的话。因此,广告可以对消费者的品牌知晓、品牌知识、期望、态度和最终的购买行为有决定性的影响,但是这种影响并不一定发生在测量广告对销量影响的时候。

传统观点的支持者因此认为使用销量作为一个营销传播的目标是具有误导性的。他们的观点基本上认为将销售量作为目标是不切实际的,因为营销传播对销量的确切影响不能被准确地测量。

新观点(反命题)

相反,一些营销传播权威人士认为营销传播者应该总是以销量和市场份额的方式来确定目标,不这样做就是一种逃避的行为。这个非传统的新奇的观点认为营销传播的目的不是仅仅创造品牌知晓度,传递信息,影响预期或者增强态度,也应该包括带来销量。因此,根据这个观点,总是可能在一定的精确性上测量营销传播对销量的影响的。销售前或传播目标例如提高品牌知晓度被认为是"精确的错误",而对销量的测量被认为是"模糊的正确"。[8]

为了更好地理解模糊的对和精确的错之间的逻辑（或者叫 VR 和 PW），我们需要仔细分析构成两种对立观点的要素：对和错以及精确和模糊（见图6.4）。首先，对与错涉及营销传播目标的选择。新观点认为销量目标是正确的目标，任何其他的目标都是错误的。其次，精确与模糊是关于能否精确地测量营销传播是否实现了目标。

目标制定事宜	可能的选择
• 目标的选择	• 选择正确或错误的目标
• 测量的准确性	• 准确性是精确的还是模糊的

图 6.4　模糊的对 vs. 精确的错的逻辑

如果以品牌知晓度为传播目标的话，可以相对确定的是任何营销传播活动开始后发生的品牌知晓度的变化都可以主要归结于营销传播的努力。因此，广告对品牌知晓度的影响可以被相对精确地测量。但是，正如我们之前讨论的，因为很多因素会影响品牌销量的水平，所以广告和其他营销传播工具对销量的影响只能相对粗略地、不精确地估计，或者说，是模糊的。

因此，VR 和 PW 观点的区别说明了非常重要的一点，即营销传播者，尤其是他们的广告代理商，可能陷入了自欺欺人的境地，例如，他们会认为一个提升了消费者知晓度和一些其他销售前目标的广告活动是有效的。这个观点的倡导者认为营销传播如果不能带来销量和市场份额的增加，就不能说是成功的。因此，如果营销传播成果仅仅是创造更高水平的知晓度或提升品牌形象，而不是提高了销量或市场份额的话，那么这种努力就是无效的。

追求可信赖的结果的观点（统一）

尽管没有一个明确的答案判断究竟是传统观点更正确还是新观点更正确，但有一点是肯定的：公司及其主管及财务主管越来越多地要求营销传播方案的结果可信赖。代理商被施加越来越多的压力来开发能够满足底线效果的广告活动——提高销量和市场份额，提高投资回报率（ROI）。尽管很难测量营销传播对销量的确切影响，在对结果可信赖要求越来越高的大环境下，对于广告商和其他营销传播者来说至关重要的是尽最大的可能来测量在特定财务期间内的营销传播方案是否提升了品牌的销量、市场份额和 ROI。

但也不是说不应该在评估营销传播对销售前目标，如提高品牌知晓度等的影响，而是说，对影响的测量不能仅仅停留于此。例如，如果有一种直接的转化方式能将知晓度的提高转化为销售的提高，知晓度就可以看成是销售的合适的代替。但遗憾的是，我们很少能找到这样的例子。一个营销传播活动可能显著地提高了品牌知晓度但是对销量只有有限的影响。正因为如此，品牌经理就不应该听信广告商的误导，也就是品牌知晓度的提升就意味着传播活动的成功。

我们回到营销传播的层次效果，知晓度的提高会带来销售的提高，是仅仅当梯子上的其他阶段也被顺利通过时。总的来讲，对营销传播有效性的评估应该包括但不局限于销售前目标。将销量定位为营销传播的目标会确保这个最终的目标不会被遗忘。

> **IMC 聚焦** 顾此失彼？
>
> 　　为了迎合在 21 世纪初十分流行的不吃碳水化合物的饮食习惯，Miller Brewing 公司实施了一个积极的广告活动，在这个活动中他们将 Miller 的淡啤酒同 Anheuser-Busch 的 Bud 淡啤酒进行比较。通过幽默而有力的广告，Miller 的广告试图说服消费者 Miller 才应该是他的优先选项，因为它只含有 Bud 淡啤酒一半的碳水化合物含量。这个广告活动对 Miller 的淡啤酒市场产生了重要影响，最终结果是它的市场份额上升而 Bud 下降了。
>
> 　　但就在这个广告活动之前，Miller 曾试图通过进行一个露骨的性诉求的广告来提高 Miller 淡啤酒的销量。这个广告被称为"争论"，因为在广告一开始的场景中两个衣着暴露的女性正为 Miller 淡啤酒究竟味道好还是不好而打斗撕扯。之后的一系列场景中，一些性感的女人带有挑逗意味地展示 Miller 淡啤酒的优点。这一广告产生了可观的蜂鸣效果，但由于其将女性视为性对象，这也在女性圈中和其他范围内产生了争论。
>
> 　　尽管 Miller 淡啤酒的品牌忠诚度提高了，但是实际的销售却下降了 3%。在一个跟踪 Miller 各个品牌表现的财务分析员会议上，Miller 淡啤酒的主管在回顾这个广告活动时说："知晓度不是问题，但实际的购买考虑就成了问题、机会和挑战。我们希望我们为品牌花的钱能够带来真正的购买考虑而不仅仅是建立知晓度。"

6.3　营销传播预算

　　建立预算在很多方面都是最重要的营销传播决策。预算制定是非常关键的决策，因为营销传播努力，如广告，一般是非常昂贵的。（营销传播的巨额投资可以从全球聚焦中看出，其中列出了中国前 10 名营销商广告费支出排名。）并且，花费过多或者过少带来的后果都是非常严重的。如果营销传播投入过少，销量就不会达到预期，利润就会下滑；而如果投入过多，不必要的花费就会减少利润。

　　当然，这个令品牌经理两难的问题取决于我们将多少定义为"太少"和"过多"。正如大多数营销和商业决策，"魔鬼在起作用"！制定预算不仅仅是最重要的营销传播决策之一，而且是最复杂的，我们将从理论上探讨如果目标是最大化利润那么广告预算应该如何制定。为了简化下面的讨论，我们将仅仅关注广告。当然，所有关于为广告制定预算的建议都适用于所有营销传播要素。

6.3.1　预算理论

　　理论上来讲，广告和其他营销传播要素的预算制定是一个简单的过程，假定我们都认为最佳的投资水平是能够最大化利润的投资水平。这个假设为制定广告预算提供了一个简单的原则：只要来自投资的边际收入大于边际成本，就应该继续追加广告投资。

　　我们需要详细阐释一下这个清晰的原则。根据经济学基本理论，边际收入（MR）

和边际成本(MC)是相对于总收入和总成本的变动,这些变动来自影响总收入和成本水平的商业因素(如广告)的变动。利润最大化原则是一个非常直白的经济学道理:利润在 MR = MC 的那一点时达到最大化。在任何低于这一点(MR > MC)的投资水平上,利润都没有达到最大值,因为可以通过增加广告投资来增加利润。同样,在任何高于这一点(MR < MC)的投资水平上,存在边际损失。用实务的话来说,这意味着只要每一块钱的广告投资产生超过一块钱的收入,就应该继续增加广告投资。

我们可以认为制定广告预算是回答一系列的"如果/那么"问题的过程——如果我们在广告中投入了×元,那么会产生多少收入?因为预算是在真实的观测到销售对广告的反应之前制定的,这要求对"如果/那么"问题的回答发生在事实之前。(类似的,这就好比要预测在给定的一天中一个人会捉到多少条鱼,但仅仅知道鱼桶中诱饵的数量。)这就是问题的复杂之处。为了实现预算制定的利润最大化原则,广告决策者必须知道将要制定预算决策的每个品牌的销售—广告反应函数。因为这样的信息几乎无法知道,完全不切实际的理论(利润最大化)预算的制定在真实的广告决策制定中只是一个空想。为了完全理解这一点,我们需要解释一下销售—广告(S-to-A)反应函数的概念。

销售—广告反应函数是指以产生的收入计算的反应或产出与投入到广告中的资金之间的关系。同许多数学函数一样,S-to-A 函数勾画出了每一水平有意义的投入(广告支出)相对应的产出(在这里是销售收入)。表 6.1 给出了一个假定的 S-to-A 反应函数,其中列出了一系列的广告支出以及每个广告支出水平对应产生的收入。边际成本、收入和利润也被列了出来(列 C 到 E)。

表 6.1 一个假定的 S-to-A 反应函数

(A) 广告支出(美元)	(B) 销售反应(美元)	(C) 边际成本(美元)	(D) 边际收益(美元)	(E) 边际利润(MR − MC)
1 000 000	5 000 000	NA	NA	NA
1 500 000	5 750 000	500 000	750 000	250 000
2 000 000	6 500 000	500 000	750 000	250 000
2 500 000	7 500 000	500 000	1 000 000	500 000
3 000 000	10 000 000	500 000	2 500 000	2 000 000
3 500 000	10 600 000	500 000	600 000	100 000
4 000 000	11 100 000	500 000	500 000	0
4 500 000	11 500 000	500 000	400 000	− 100 000
5 000 000	11 800 000	500 000	300 000	− 200 000

我们假想的决策制定者正考虑在某一时期内投入 100 万美元到 500 万美元之间的数额于某一品牌的广告上。表 6.1 的列 A 中列出了多种可能的广告投入水平,范围在 50 万美元到 500 万美元之间。为了简单起见,我们假设有可能精确地知道每个投入水平带来的收入水平。列 B 就列出了每个广告水平对应的收入。如果你画出 A 和 B 两列的关系,你会发现在投入为 200 万之前,收入对投入的反应是缓慢上升的,在 200 万这一点,收入显著升高,尤其是在 300 万这点。从这一点向后,收入对投入的反应逐渐减弱。这时我们很容易得到边际利润的水平,即在每一个边际收入上减去边际成本即

可。在广告投资为400万美元时,利润达到了最大值,这一点上 MR = MC = 50 万美元。任何在该点之下的投资都会继续产生边际利润,而任何超过400万美元的投资点都会导致边际损失。基于这个例子,你就可以完全理解前面提到的利润最大化原则了,也就是利润在 MR = MC 时达到最大值。

如果在实际中营销传播人员能够精确地估计 S-to-A 反应函数(图6.1中的A列和B列),那么制定最大化利润的广告预算简直是小菜一碟。但是,因为 S-to-A 反应函数会受到大量因素的影响(例如广告执行的创新性,竞争品牌广告的强度,品牌营销组合的总体质量,广告发布时的经济形势等),并且不仅仅被广告投资额所影响,所以很难明确地知道特定水平的广告投资会产生多少销售。换句话说,在大多数情况下,很难得到任何对精确 S-to-A 反应函数的估计。

因此,如果在预算决策制定前不知道 S-to-A 反应函数,那么总收入曲线就无法构建,进而,每个水平的投资下的边际收入就无从得知。简单地说,应用利润最大化进行预算制定需要几乎无法得到的信息。由此可见,这个制定预算的方法代表了一种理论观点却不是一种可行的方法。更必要的是,营销传播预算制定者需要更加实际的方法来建立预算——那些不能保证利润最大化但却更容易使用并且貌似正确的方法。

6.3.2　预算实践

由于准确预测销售对广告的反应十分困难,公司一般都通过使用判断,应用相似情况的经历、使用单纯的凭借经验的方法,或启发法来制定预算。[9]尽管由于他们没有提供一个直接同被广告品牌的利润相联系的广告预算而广受批评,但这些启发式方法还是继续被广泛地使用。[10]最常被美国、欧洲甚至是中国的 B2B 公司和消费品公司应用的实务预算制定方法包括销售额百分比法、目标和任务法、竞争对等法和尽力而为法。[11]

销售额百分比法

使用销售额百分比法的公司会简单地以过去的(如去年)或预期的(如明年)的销售量的一个固定比例作为品牌的广告预算。例如,我们假设一家公司一般将预期销售额的3%投入到广告中并且这家公司预计未来一年某一品牌的销量将达到1亿美元,那么广告的预算就是300万美元。

对美国前100大消费品广告商的调查发现,略高于50%比例的公司使用预期销售额百分比法,而20%使用过去销售额百分比法。[12]这是可以通过预期得到的,因为决策的制定应该同公司未来预期的行为相一致而不是基于过去已经完成的行为。

问题是大多数公司应将销售收入中的多大比例投入到广告中去?实际上,这个比例是很不相同的。例如,在大约200种产品和服务中,近年来将销售额中的最高比例投入到广告中的是木质家具行业,它们将销售额中的18.4%投入到了广告中。其他的一些投资两位数比例到广告中去的行业包括交通行业(16.9%)、酒类(16.8%),食品(11.9%),橡胶和塑料鞋(11.7%),玩具(10.9%)。大多数产品类别平均的投入比例低于5%。实际上,200种B2B和B2C产品和服务投入的平均比例是3.1%。[13]

对销售额百分比法的批评　销售额百分比法被频繁地批评为不合逻辑。批评者认为这种方法倒置了销售额和广告的关系。也就是说,广告和销售额的顺序应该是广告带来销售,意味着销售额的水平是广告的函数:销售额 = f(广告)。使用销售额百分比法则与这个逻辑相反,倒置了因果关系,将广告视为销售额的函数:广告 = f(销售额)。

根据这种逻辑和方法,当预期到销售额会上升时,广告预算也会提高;但预期到销售额会下降时,预算也会减少。应用销售额百分比法使得很多公司在经济不景气时削减广告预算。但是,相比减少广告,在这种时期更加明智的做法是增加广告以防止未来的销售下滑。如果盲目地使用销售额百分比法就等于盲目和武断地凭借经验做出商业判断。如果没有经过调整的使用,这种预算制定方法就是另一个精确的错误(相比于模糊的正确)的决策制定的例证,正如我们在此前讨论制定营销传播目标时提到的一样。

在实际中,有经验的营销者不仅仅使用销售额百分比法。相反,他们使用最初通过或初步确定的方法来制定一个初步的预算,再根据要实现的目标和任务,竞争广告的投入和资金的可得性来调整预算。

目标和任务法

目标和任务法一般被认为是最合理最可靠的广告预算制定方法。使用这种方法,广告决策制定者——或者是任何其他营销传播负责人员——必须明确他们期望广告(或一些其他的营销传播要素)对品牌所起的作用然后据此制定预算。这种作用一般通过传播目标来确定(例如提高品牌知晓度20%),但也可以使用预期的销售量和市场份额(如将市场份额从15%提高到20%)。

目标和任务法是 B2C 及 B2B 公司最为频繁使用的广告预算制定方法。调查表明超过60%的消费品公司和70%的 B2B 公司都使用这种方法。[14]下面是应用目标和任务法的步骤[15]:

1. 第一步是要建立确切的需要被实现的营销目标,例如销售量、市场份额和利润贡献。

我们来看大众汽车(VW)在美国遇到的营销和广告挑战。尽管这家一度名声大噪的汽车公司在20世纪60年代和20世纪70年代通过它的大众甲壳虫车型大获成功,但在20世纪90年代中期却面临着如何能够抓住美国消费者的最后机会,由于大众无法跟上美国消费者的需要,美国消费者已经转向了其他进口车型和国内其他车型。[16]同上一年相比,高尔夫和捷达两款汽车的销量都下降了50%。大众的营销目标(不要同它具体的广告目标相混淆,我们随后将讨论广告目标)因此就是稳步提高高尔夫和大众两款车型的销售量以及它在美国汽车市场的份额——从仅仅售出2.1万辆高尔夫和捷达上升到在不远的将来销售25万辆大众汽车。

2. 执行目标和任务法的第二步是评估要实现整个营销目标所必须执行的传播职能。

为了实现其相当大胆的营销目标,大众需要实现两个传播职能。第一,它要稳步提高消费者对高尔夫和捷达品牌名称的知晓度;第二,它要建立大众是提供"诚实、可靠和买得起的汽车"的公司形象。简单来讲,大众需要增强高尔夫和捷达的品牌资产。

3. 第三步是在执行上述两个职能的过程中确定广告在整个传播组合中的作用。

在给定其产品性质和沟通的目标下,广告是大众组合的关键部分。

4. 第四步是要建立需要用来实现营销目标的特定广告目标,这个目标是基于可测量的传播反应来制定的。

大众可以制定类似下面的目标:① 将捷达在目标市场中的品牌知晓度从45%提高到75%;② 将调查中认为大众产品是高质量的受访者比例从15%提高到40%。这两个目标都是确切的、量化的和可测量的。

5. 最后一步是根据需要实现的广告目标的支出来制定预算。

鉴于大众极具挑战性的目标,需要投入大约1亿美元来进行广告活动,以获得更高的品牌知晓度,在美国消费者中增强公司的形象,并最终稳步地提高大众产品的销售量。大众的广告商的首席执行官解释说,广告面临的挑战是如何"为汽车购买者提供坚实、清晰、专注于产品的广告,从而为他们提供有助于其做出明智选择的信息"。

总的来说,广告预算制定的目标和任务法的命名恰如其分,因为它首先基于建立一个清晰的目标,广告能够据此进行设计并达成目标,然后确定为了实现指定目标广告必须执行的任务。随后就可以通过计算要实现确定的任务所需要的资金数量来制定整体的广告预算。简单来说是,制定目标——确定为了实现目标而需要执行的任务——确定要实现任务所要花费的成本。这种简洁方法的最终结果是一个广告预算,这个预算的制定基于系统的过程而不是随意的决策或者死板的惯例,如使用销售额中固定的比例。

竞争对等法

竞争对等法通过分析竞争对手的动态进行预算制定。一家公司可能获悉它的主要竞争对手将销售额的10%投入到广告中,所以就调整了它自己品牌的广告预算。在瞄准了竞争对手投入的信息之后,公司可能不仅仅会匹配而是超过竞争对手在广告上的投资。有趣的是,研究表明公司在广告方面投资巨大可以给消费者品牌质量很高的信号。的确,这种广告行为可以同生物界的信号行为相比较,一些如雄性孔雀的动物拥有一些可供炫耀的特征,如雄性孔雀美丽的羽毛。这可以作为显示他们优秀的身体素质的信号。有证据表明广告投资对品牌也有类似的作用。[17]

关注竞争对手的广告投资(或者是在其他营销传播要素上的投资)的重要性不能被夸大。为了完全理解这一点,有必要理解市场份额(share of market,SOM)和广告份额(share of voice,SOV)的概念和它们的关系。这些概念涉及一个单一的产品类别,考虑了在一个财务年度中每个品牌的收入和广告支出同该产品类别的总体收入和广告支出的关系。一个品牌的收入同该行业总收入的比例叫做品牌的市场份额。相似的,一个品牌的广告支出同该行业总广告支出的比例叫做品牌的广告份额。

市场份额和广告份额一般是相关的:具有较大广告份额的品牌一般也有较大的市场份额。例如,表6.2和表6.3列出了前十大无线通信品牌(见表6.2)和十大啤酒品牌(见表6.3)的广告支出、广告份额和市场份额。市场份额同广告份额之间的关系很明显。也就是说,具有较大市场份额的品牌一般也有较大的广告份额。但这并不意味着广告份额导致了市场份额。实际上,广告份额和市场份额之间的关系是双向的:一个品牌的广告份额部分地导致了它的市场份额。同时,拥有较大市场份额的品牌能够负担更大的广告份额,而市场份额较小的品牌只能做少量的广告。

表6.2 前十大无线通信品牌的广告支出、广告份额和市场份额

品牌	广告支出(百万美元)	广告份额(%)	市场份额(%)
Verizon	644.2	25.94	24.3
Cingular	411.3	16.56	18.4
AT&T	522.4	21.04	14.8
Sprint	477.9	19.24	9.5
Nextel	160.0	6.44	6.4
Alltell	53.3	2.15	5.6
Voicestream	203.7	8.20	4.7
U.S. Cellular	8.6	0.35	2.9
Leap	1.9	0.08	0.3
Western	0	0.00	1.0
合计	2 483.3	100.00	87.9*

* 市场份额未达100%是因为此处仅为前十大无线通信品牌的数据。

资料来源：Reprinted with permission from the June 24, 2002 special edition of *Advertising Age*. Copyright, Crain Communication Inc., 2002。

表6.3 前十大啤酒品牌的广告支出、广告份额和市场份额

品牌	广告支出(百万美元)	广告份额(%)	市场份额(%)
Bud Light	93.6	16.64	16.7
Budweiser	131.7	23.41	16.3
Coors Light	121.4	21.58	8.1
Miller Lite	102.9	18.29	7.7
Natural Light	0.1	0.02	4.0
Busch	9.4	1.67	3.7
Corona Entra	31.9	5.67	3.0
Busch Light	0.1	0.02	2.7
Miller High Life	21.8	3.87	2.6
Miller Genuine Druft	49.7	8.83	2.6
合计	562.6	100.00	67.4*

* 市场份额未达100%是因为此处仅为前十大啤酒品牌的数据。

资料来源：Reprinted with permission from the June 24, 2002 special edition of *Advertising Age*. Copyright, Crain Communications Inc., 2002。

市场份额和广告份额的关系是竞争对手间的枪术比赛。如果一个大市场份额的品牌将广告份额减少到相当小的水平，那么它们就很容易将市场份额让给侵略性的竞争对手(如表6.2中的 VoiceStream)。相反,如果市场份额相对较小的品牌(表6.3中的 Coors Light 和 Miller Lite)开始变得具有侵略性,那么领导品牌(Bud Light 和 Budweiser)就不得不提高广告投入以应对挑战。

四种一般的市场份额/广告份额情况 图6.5给出了一个评估一个品牌是否应该提高或减少广告投入的框架,决策取决于品牌的市场份额(横轴)和竞争对手的广告份额(纵轴)。[18]尽管在这个二维的空间内有很多种可能的关系,但我们仅仅讨论四种一般的情况,如图6.5中的各个象限,或单元,分别称作A、B、C、D。每种情况下的广告预算制定如下：

单元A:在这种情况下,你的品牌的市场份额相对较低而你的竞争对手有很高的广告份额。表6.3中的Corona Extra相比Budweiser就处于这种形势下。这种情况下的建议是广告者应该考虑减少广告投入并且寻找另外的利基市场来同其他小份额的品牌竞争。

单元B:在这种情况下,你的市场份额相对较高而你的竞争对手的广告份额也较高。这就是表6.3中Bud Light与Coors Light和Miller Lite相比的情况。Bud Light应该提高它的广告投入,以保卫它目前的市场份额。如果不这样做,市场份额很可能就会丧失于侵略性的竞争对手之手。

单元C:在这种情况下,你的市场份额较低而你的竞争对手的广告份额也比较低。表6.2中的Nextel和Alltell基本就处在这样的关系中。这种情况的一般建议是积极地攻击低广告份额的竞争对手,通过更高的广告投入来实现。这就是Nextel比Alltell的投入多三倍的原因。换句话说,这是一个从垂死的或故步自封的竞争对手那里夺取市场份额的好机会。

单元D:在这种情况下,你在市场中的位置很有利,拥有较高的市场份额,并且你的竞争对手并不是很有侵略性,他们的广告份额也较低。因此,你可以通过维持你的广告投入来保持相对于竞争对手的市场份额领先地位。

这些只是确定一个品牌的广告预算的指导,而不是不可违背的金科玉律。一般来说广告预算——以及其他所有营销传播要素的预算——必须要在知道竞争对手的动作的情况下制定。[19]这是因为市场份额的增长机会和维持现有份额的挑战很大程度上取决于竞争对手努力的质量和有效性。并且,品牌经理一般应该按照不同市场的分类进行预算制定而不是基于全国的情况进行制定,因为竞争实际只发生在各个单独的市场。

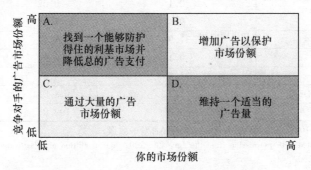

图6.5 广告份额的作用和广告支出的意义

竞争干扰的影响 在制定广告预算时紧盯竞争对手的动向至关重要。这在你的品牌的广告必须同竞争对手的广告争夺消费者的回忆时尤其重要,这种情况叫做竞争干扰。如果你的品牌是特定产品类中唯一做广告的,你可能仅仅需要很少的广告预算,但当竞争对手也非常积极地为他们的品牌做广告时,预算就要大得多,而仅仅提高广告投入并不会保证品牌销售量的提高。[20]

有很多原因能解释产品类别中的已有品牌相比那些不熟悉的品牌更能经受来自竞争品牌广告的干扰。一般来说已有品牌的市场份额一般会超过其广告份额,而新建品牌的广告份额一般会超过其市场份额。[21]因为在嘈杂的广告环境中那些参与竞争的不熟悉品牌相比已有品牌在传递它们的独特性时是处于劣势的,即使是已有品牌同样也遭受着竞争品牌的干扰。[22]因此由于相对小份额的品牌受到竞争广告的影响很大,所以它们往往更需要避免嘈杂的传统媒介,转向其他的营销传播工具——例如使用事件营销、病毒营销和其他产生蜂鸣的方法,或者任何非传统的广告媒介。

可见,克服竞争干扰不仅仅是拼钱的问题,更是拼心智的问题。一个叫做编码变异性的心理学理论解释了广告商怎样成为明智的出钱者。[23](编码指的是将信息转移到记忆中。)简单来说,编码变异性理论认为当要记忆的事物和该事物的信息之间能够建立起多个路径或联系时,人们对信息的记忆就增强了。

在广告的例子中,品牌代表了要被记忆的事物,品牌的属性和利益则代表了品牌的信息。广告至少可以通过两方面的差异化来执行创造多个路径从而增强受众对广告信息的记忆,这两个方面是:广告信息本身和承载广告的广告媒体。也就是说通过改变广告发布的方式(信息)和投放广告的地方(媒体)来加强对广告信息的记忆并因此减轻竞争干扰的影响。

换句话说,当品牌 X 以单一的信息在单一的媒体中进行广告时,记忆中仅仅建立了一条路径。但是当品牌 X 在两种媒体中进行广告时,记忆中就会建立起两条路径,消费者可以从中提取关于品牌 X 的信息。提高信息执行方式的数量和信息传递的媒体数量将会增加路径的数量。同样,当消费者在该品牌竞争的市场中进行选择时,消费者提取出关于品牌 X 的信息的可能性也提高了。

至此,我们结束了有关制定广告预算的竞争对等法的讨论。这种方法的应用很广泛,因为你的品牌广告的有效性直接受竞争者广告的强度和质量所影响。市场份额大的品牌相比小品牌一般会从它们的广告努力中获得更大的收益,因为小品牌很难克服竞争干扰的影响。当然,无论市场份额如何,至关重要的是要始终跟踪竞争对手的营销传播投入,以确保竞争没有加剧并且你在品牌上的投资是充分的。

尽力而为法

在所谓的**尽力而为法**中,公司仅仅在其他事情预算后还有剩余资金的情况下才会投资广告。实际上,当使用这种方法的时候,广告和其他营销传播要素相比于其他投资选项的重要性降级了,并且被认为对于品牌当前的成功和未来的发展相对不重要。有些时候由于销售的下滑,营销传播的资金就很短缺。在这种时期,产品和品牌经理在严格地削减他们的广告和其他营销传播投资时理性地行事。然而,在许多竞争性的营销环境中,营销传播人员抗争财务计划人员对营销传播的忽视的努力是非常重要的。挑战在于品牌经理必须证明广告和其他营销传播努力确实能够产生效果。在缺乏令人信服的证据时,我们可以理解财务经理只有在广告取得效果之后才会给广告分配资金。

章节总结

大多数广告预算制定者都会将两个或多个方法联合使用而不仅仅完全依靠一种方法。例如,一个广告者可能在开始制定预算前在脑海中就已有一个销售额百分比的数字,但随后又会根据预期的竞争行为、资金可得性和其他考虑进行相应的调整。

并且,品牌经理通常发现在一年的过程中调整预算是必要的,这样做可以使投入紧跟市场形势的变化。许多广告者在运作中都认为他们应该"在鸭子飞的时候射击"。换句话说,在市场形势和竞争形势需要更大量投资时对广告和其他营销传播要素进行大量投资是合理的,相比那种根据提前制定好的固定预算进行投资,这种方式更为合理,因为它紧跟了当前的形势。简单来说,营销传播支出应该基于当前的市场形势,而不是在知道需要增加或减少预算的市场情况发生前就确定了预算。

全球聚焦 全球前25名营销商广告费支出排名

全球的广告支出非常巨大,正如下面表中列出的,全球前25位的广告主近年来在广告上的花费总共570亿美元。他们都是在全球提供产品和服务的世界著名公司。美国企业巨头宝洁洁公司位居首位,广告收入超过85亿美元,就连这份榜单的最后一名,其广告支出也达到了10亿美元。

排名	广告主	总部所在地	广告支出(百万美元)
1	宝洁	辛辛那提	8 522
2	联合利华	伦敦/鹿特丹	4 537
3	通用汽车	底特律	3 353
4	欧莱雅	克利希	3 119
5	丰田汽车	东京	3 098
6	福特汽车	密歇根	2 869
7	时代华纳	纽约	2 136
8	雀巢	瑞士	2 114
9	强生	新泽西	2 025
10	戴姆勒克莱斯勒	斯图加特	2 003
11	本田汽车	东京	1 910
12	可口可乐	亚特兰大	1 893
13	迪士尼	伯班克	1 755
14	葛兰素史克	布伦特福德	1 754
15	日产汽车	东京	1 670
16	索尼	东京	1 620
17	麦当劳	伊利诺伊	1 611
18	大众	沃尔夫斯堡	1 609
19	Reckitt Benckiser	伯克希尔	1 550
20	百事可乐	纽约	1 530
21	卡夫食品	伊利诺伊	1 513
22	达能集团	巴黎	1 297
23	通用电气	康涅狄格	1 253
24	百胜集团	路易斯维尔	1 178
25	新闻集团	纽约	1 104

全球聚焦 中国广告花费前十位的行业与品牌(2011年第一季度)

根据 CTR 发布的上半年中国广告市场分析报告的数据显示,2011 年上半年化妆品/浴室用品依然是广告投放量最大的行业,但其对整体增长的贡献减弱,上半年广告投放仅增长 7%,同时广告投放增长减缓的还有饮料行业,增幅为 9%。而区域特征明显的地产、商业服务业、娱乐休闲业则加大了宣传力度。从行业贡献程度上来看,上半年推动广告市场增长的前五大行业发生了明显变化,分别为农业、房地产/建筑工程行业、金融业、衣着和个人用品。

中国广告花费行业 TOP 5 2011 H1

排名	行业	变化(%)
1	化妆品/浴室用品	7
2	商业及服务性行业	13
3	饮料	9
4	食品	9
5	药品	13

资料来源:CTR 媒介智讯 2011.1—2011.6。

广告主方面,与去年同期相比,上半年 TOP 10 品牌仅有一席发生改变,麦当劳新上榜,江中跌出前十,投放增长的品牌涨幅也趋于平稳。

同时,通过对比日化行业广告投放量最大的 TOP 10 品牌发现,日化行业的大品牌的媒体策略调整,开始步入中心市场精耕期。表现较明显的是宝洁,由于成本上涨与终端消费力不足迫使其缩减地方台广告投放,中心向一线城市有所转移。

中国广告花费品牌 TOP 10 2011 H1

排名	品牌	变化(%)
1	欧莱雅	23
2	肯德基	9
3	康师傅	31
4	娃哈哈	-3
5	玉兰油	-19
6	伊利	-2
7	中国移动通信	2
8	蒙牛	-5
9	三精	14
10	麦当劳	28

资料来源:CTR 媒介智讯 2011.1—2011.6。

小结

本章详细介绍了营销传播目标确定和预算制定的方法。广告目标的制定取决于消费者行为的类型以及所涉及的特定产品种类的信息。进而,我们给出了层次效果模型来说明消费者如何对营销传播信息做出反应,此外,我们还讨论了这种反应对制定目标的意义。接下来讨论了开发有效目标的条件。最后一部分讨论了赞成和反对将销售量作为制定目标基础的观点。

本章结束于对营销传播预算制定过程的解释。预算制定决策是最重要的决策之一,也是最难的决策之一。复杂之处在于确定销售—广告反应函数的难度。理论上来讲,预算制定非常简单,但是理论的要求在实践中一般都很难达到。正因为如此,实践者使用了很多凭借经验的方法或启发法来实现虽不完美但能令人满意的预算制定决策。销售额百分比法、目标和任务法是最主要的预算制定方法,而跟随竞争形势调整以及尽力而为则是在制定预算过程中应该考虑的其他方法。

讨论题

1. 我们可以认为创造预期是许多广告和其他营销传播信息最重要的功能。举出两个杂志广告的例子,说明广告者试图建立预期。解释广告者试图在受众的脑海中建立怎样的预期。

2. 第5章专注于探讨营销传播的定位问题。解释定位和创造预期这两个概念的相似之处。

3. 运用营销传播效果层次模型(图6.1)来解释两个人从恋爱到最终结婚这一过程。

4. 重复问题3,但这次将模型应用到一个相对生僻的品牌上。根据Pegetables的例子(图6.2),确定一个不知名的品牌并说明营销传播应该怎样做来使目标消费者经历层次模型中的各个阶段。

5. 你会建议哪些行业将收入的更大比例投入到广告中去?请给出原因。

6. 请比较精确的错和模糊的对两种广告之间的区别,并为每个举一个例子。

7. 有一些批评者认为销售额百分比预算方法不合理,请解释原因。

8. 请解释一个广告预算制定者怎样混合运用多种预算制定方法。

9. 请用你自己的语言解释为什么估计销售—广告反应函数极其困难。

10. 知名品牌的市场份额一般会超过广告份额,而不知名品牌的广告份额一般大于市场份额。请以竞争干扰这一概念为出发点,解释这一现象。

11. 请画一张图来展示你对编码变异性理论在广告范畴内的应用的理解。使用一个真实的品牌作为例子。

第 3 部分

广告管理

第 7 章　广告管理概述
第 8 章　广告信息的有效性与创造性
第 9 章　信息诉求与代言人
第 10 章　广告信息效果的测量
第 11 章　广告媒体：策划与分析
第 12 章　传统的广告媒体
第 13 章　互联网广告
第 14 章　其他广告媒体

第7章

广告管理概述

第三部分通过八个章节来考察广告管理的各个方面。本章介绍了关于广告作用和重要性的基础知识,提供了各行业的广告销售比率,并描述广告的功能。随后本章将从客户角度对广告管理流程进行概述,并探讨广告公司在帮助客户方面的作用。本章还将从财务角度对广告进行讨论。

宏观营销传播洞察 广告是神秘莫测的吗?

提到执行一个简单的任务时,人们常会使用以下说法:"这又不是火箭科学。"对于我们之中的多数人来说,火箭科学用来与其他活动进行比较,是复杂性的集中体现。科学家是如何将火箭和上面的人送到月球上的,这简直令人无法想象。这一壮举的深远影响以及数学才能、机械复杂性和计算机成就在其中的汇集都非常令人惊异。将人们安全送入外太空并返回的复杂性超出了普通人的能力。对于那些在追求超越自然力量和科学极限方面没有受过很好训练的人来说,火箭科学不适合他们。

这与广告有什么关系呢?营销和广告从业者 Sam Hill 提出了一个大胆的言论:"广告是火箭科学。"[1] 与火箭科学进行类比,你可能会立刻反对这个言论并认为它的提出者是个古怪的人。但让我们来评价一下 Hill 的说法到底有没有道理吧。

具体来说,他的论点是广告就像是火箭科学,其本身是非常复杂的活动。你可能会立即反驳:"任何人都能创作广告,怎么能说广告是复杂的呢?"火箭科学需要它的从业者拥有物理学、数学、计算机科学和工程学的高级学位,与它不同,没有接受过广告方面正式训练的人也可以创作广告。如果任何人都能做,那它能有多复杂?

广告的复杂性不在于创作一个广告本身,而在于创造一个成功的广告运动。一个成功的广告运动要求将合适的信息通过合适的广告媒体传递给目标受众。但由于竞争环境、消费者的口味和偏好瞬息万变,要实现上述任务并不容易。简单来说,广告环境比火箭科学家面对的环境更加动态。关于重力、机械和计算的工作能够简化为高度可预测的项目并用数学公式表达出来,而广告的环境却由于大量因素的作用在不断变化,而且所有广告努力的目标,即消费者本身也是复杂和不可预测的。根据 Hill 的观点:"消费者在向一个方向拉,客户在向另一个方向推,而竞争者在向这个或那个方向移动。一个小的错误将导致一个耗资上亿的广告与中场休息时上个厕所没有任何区别。"² 广告的复杂性可以很好地总结为：

> 事实是广告在很多方面都比火箭科学要难。火箭发射失败时是一个新闻，而广告运动成功时才是新闻。³

本章目标

在阅读本章后你将能够：
1. 了解广告的重要性及公司将销售收入投资在整合营销传播工具上的百分比。
2. 意识到广告可以格外有效，但在广告上投资存在风险和不确定性。
3. 认识到广告具有多样的功能。
4. 从客户和广告公司的角度探究广告管理过程。
5. 理解广告公司的功能及报酬机制。
6. 探索何时在广告上增加和缩减投资是合理的。
7. 通过研究广告弹性，理解以下观点：强有力的广告是在品牌资产银行中的存款。

7.1 介绍

本章介绍了第一个主要的 IMC 工具——广告，以及广告管理的基本原理。开篇部分关注广告在美国及其他地方的重要性。第二部分探索广告管理过程，描述广告功能，考察广告公司的作用。结尾部分对两种对立观点进行了详细讨论，一种赞成在广告上进行投资，另一种认为某些情况下缩减投资是明智的。这部分还会介绍广告弹性的概念并将其与价格弹性进行比较，来确定品牌经理应增加广告支出还是降低价格。

首先，明确定义本章和接下来七章的主题有助于清楚地区分广告和其他形式的营销传播。

> 广告是一种通过可识别的信息源进行传播的付费的中介形式，用来说服接受者现在或未来采取某种行动。⁴

这个定义中的"付费"一词将广告与公共关系区分开来，后者是另一种相关的整合营销传播工具。公共关系内容的新闻价值使其在媒体上免费获得空间或时间。"中介传播"一词用于区分广告和人对人形式的传播，前者一般通过印刷和电子媒体传送（间接的），后者包括个人销售和口碑。最后，这一定义强调了广告的目的是"影响行为"，现在或是在将来。影响行为的观点符合第 1 章中介绍的 IMC 的第五个特征：任何形式营销传播的最终目标都是影响行为，而不仅仅是影响行为的先兆，如消费者的品牌感知度及其对广告中品牌的喜好度。

向最终消费者营销品牌的公司做的广告最多（B2C 广告）。在 B2C 领域，一般消费品公司的广告投入尤其多，但服务提供商（如无线电话服务）和耐用消费品公司（如汽车）的广告投入也很多。有些针对其他公司而非直接针对消费者进行营销的公司做的广告也很多（B2B 广告）。它们的很多广告登在吸引专业人士的商业杂志上，这些人可能会购买B2B广告中的产品。然而有趣的是,B2B广告者同样使用传统的消费者媒体(如电视)到达那些一般不订阅商业刊物的受众。下面以一家不为行业外多数人所知的公司所进行的一项电视广告运动为例进行说明。派克汉尼汾是生产胶皮管、阀门等类似产品的工业企业,几年前这家公司的市场部门开展了公司长期以来的第一场电视广告运动。

工程师是派克汉尼汾公司产品的主要目标群体,产品广告便在那些吸引工程师的有线电视节目中播放。这些节目包括《TLC的废品旧货栈战争》(巧手之人在节目中使用废弃物品制作机器)和历史频道的《现代奇迹》(关注科技壮举的节目)。这场广告运动旨在提高工程师对派克汉尼汾的知晓度,使派克汉尼汾的名字更加突出,当人们对阀门或胶皮管的购买需求被唤起时能够想到它。

有趣的是,这场广告运动使用的是幽默这种在B2B广告中非典型的方式。例如,在一个电视广告中,两个工程师模样的人坐在一家寿司店中,看起来正在与餐厅另外一端两位有魅力的女性调情。当其中一位女性用筷子夹起一块寿司放到唇边时,一位工程师问他的同事:"你看到了我看到的吗?"另一位工程师答道:"噢,是的。"在这段简短的对话中,场景转换到一个实验室中,一个机器人手臂正从一个桶中捞起一只龙虾。"工程师用不同的方式看世界。"当这句广告运动的标语出现在屏幕上时,寿司店和实验室两个场景的关联便清晰地展现出来。派克汉尼汾的这场广告运动赞扬了工程师和工程学成就,希望通过这种做法增加真实(而不是电视上的)工程师推荐使用公司产品的可能性。[5]

这个例子要说明的是并非只有消费品公司才会做广告,所有类型的公司都会做广告。因此,本章及其他与广告相关的章节中介绍的内容可以广泛应用于所有公司。

7.2 广告的重要性

全球聚焦 消费者最相信哪类产品信息

有影响力的全球市场研究公司尼尔森每半年会进行一个网上调查,用于评估消费者对一系列营销事件的态度。一份最近的调查针对互联网用户对产品和服务信息各种来源的信任程度。来自世界上47个国家和地区的超过2.6万名参与者回答了他们对13种不同来源的信息的信任程度,其中包括传统广告媒体(电视、报纸、杂志和广播)、在线广告和其他消费者的推荐。

回答有些信任或完全信任每种信息来源的受访者比例如下所示:

消费者推荐	78%
报纸	63%
消费者的网上评论	61%
品牌网站	60%
电视	56%

（续表）

杂志	56%
广播	54%
品牌赞助	49%
我注册的邮件	49%
电影放映前的广告	38%
搜索引擎广告	34%
网络横幅广告	26%
手机短信广告	18%

这个调查的结果足够明确：全球的消费者信任来自其他消费者的信息超过来自传统广告媒体的信息，对在线广告和手机广告的信任程度更低。不管来源如何，对广告的整体信任程度在不同国家和地区之间有很大的不同。菲律宾人和巴西人对所有形式的广告的信任程度最高（同为67%），而意大利人（32%）和丹麦人（28%）对广告的信任程度最低。对广告信任程度最高和最低的五个国家和地区分别为：

最高的五个国家和地区

菲律宾	67%
巴西	67%
墨西哥	66%
南非	64%
中国台湾	63%

最低的五个国家和地区

拉脱维亚	38%
德国	35%
立陶宛	34%
意大利	32%
丹麦	28%

从这些调查数据中可以明显看出，全球消费者对不同来源的产品和服务信息的信任（或不信任）程度有很大差别。既然我们主动选择将来自其他消费者的信息与不管我们是否愿意接受都强加给我们的广告做比较，那么我们最信任这些信息也就不足为奇了。尤其令人惊讶的是不同国家和地区的人们对广告的信任程度竟有如此大的差别，特别有趣的是欧洲消费者对广告的信任程度非常低。

资料来源：尼尔森公司，"Trust in Advertising: A Global Nielsen Consumer Report," October 2007。

2008年美国广告支出估计已经超过了2 940亿美元[6]，相当于在居住在美国的3亿男性、女性和儿童的每一个人身上花费将近1 000美元。多年以来广告支出平均约占美国国内生产总值的2.2%。[7]不必说，广告在美国至少是一个十分重要的行业。

广告支出在其他主要工业化国家也是非常可观的，但不及在美国的重要程度。

2008年美国以外的全球广告支出总计约3 600亿美元。[8]值得注意的是,发展中国家——尤其是金砖四国(巴西、俄罗斯、印度和中国)——的广告支出正以一个比美国及全球其他国家更快的速度增长。[9]参见全球聚焦,其中讨论了全球消费者对广告的信任,以及与广告相关的信任和消费者对从其他消费者处得到信息的信任之间的比较。

美国的一些公司每年花费超过20亿美元为其产品和服务做广告。在最近的一年,宝洁公司在美国花费了48.9亿美元为其产品做广告;AT&T,33.4亿美元;通用汽车,32.9亿美元;时代华纳,30.8亿美元;威瑞森(Verizon),28.2亿美元;福特汽车公司,25.7亿美元;葛兰素史克,24.4亿美元;沃尔特·迪士尼,23.2亿美元;强生公司,22.9亿美元;联合利华,20.9亿美元。[10]表7.1列出了在最近一年中美国广告支出前50名的公司。可以看出,甚至美国政府(排在第29位)都在广告上花费了11.3亿美元。政府广告主要用于宣传药物控制、美国邮政服务、美铁铁路服务、禁烟运动以及军队招募。

表7.1　2006年美国广告支出前50名公司

	公司	总部所在地	广告支出(美元)
1	Procter & Gamble Co.	Cincinnati	4 898.0
2	AT&T	San Antonio, Texas	3 344.7
3	General Motors Corp.	Detroit	3 296.1
4	Time Warner	New York	3 088.8
5	Verizon Communications	New York	2 821.8
6	Ford Motor Co.	Dearborn, Mich.	2 576.8
7	GlaxoSmithKline	Brentford, Middlesex, U.K.	2 444.2
8	Walt Disney Co.	Burbank, Calif.	2 320.0
9	Johnson & Johnson	New Brunswick, N.J.	2 290.5
10	Unilever	London/Rotterdam	2 098.3
11	Toyota Motor Corp.	Toyota City, Japan	1 995.3
12	Sony Corp.	Tokyo	1 994.0
13	DaimlerChrysler	Auburn Hills, Mich./Stuttgart, Germany	1 952.2
14	General Electric Co.	Fairfield, Conn.	1 860.2
15	Sprint Nextel Corp.	Reston, Va.	1 775.2
16	McDonald's Corp.	Oak Brook, Ill.	1 748.3
17	Sears Holdings Corp.	Hoffman Estates, Ill.	1 652.8
18	L'Oreal	Clichy, France	1 456.3
19	Kraft Foods	Northfield, Ill.	1 423.2
20	Macy's	Cincinnati	1 361.2
21	Honda Motor Co.	Tokyo	1 350.8
22	Bank of America Corp.	Charlotte, N.C.	1 334.4
23	Nissan Motor Co.	Tokyo	1 328.9
24	PepsiCo	Purchase, N.Y.	1 322.7
25	Nestle	Vevey, Switzerland	1 315.0
26	News Corp.	New York	1 244.5
27	J.C. Penney Co.	Plano, Texas	1 162.3
28	Target Corp.	Minneapolis	1 156.9

(续表)

	公司	总部所在地	
29	U.S. Government	Washington	1 132.7
30	Home Depot	Atlanta	1 118.1
31	Pfizer	New York	1 104.9
32	Berkshire Hathaway	Omaha, Neb.	1 093.4
33	Wyeth	Madison, N.J.	1 076.8
34	Wal-Mart Stores	Bentonville, Ark.	1 072.6
35	JPMorgan Chase & Co.	New York	1 062.5
36	Novartis	Basel, Switzerland	1 052.2
37	Estee Lauder Cos.	New York	1 031.3
38	Merck & Co.	Whitehouse Station, N.J.	1 024.2
39	Citigroup	New York	1 012.2
40	AstraZeneca	London	1 005.3
41	Viacom	New York	934.1
42	Schering-Plough Corp.	Kenilworth, N.J.	931.5
43	American Express Co.	New York	928.7
44	General Mills	Minneapolis	920.5
45	Microsoft Corp.	Redmond, Wash.	912.2
46	Yum Brands	Louisville, Ky.	902.0
47	Dell	Round Rock, Texas	882.5
48	Best Buy Co.	Richfield, Minn.	878.7
49	Capital One Financial Corp.	McLean, Va.	863.7
50	Lowe's Cos.	Mooresville, N.C.	838.5

资料来源:"100 Leading National Advertisers," *Advertising Age*, June 25, 2007, S-4。

7.2.1 广告与销售比率

正如第6章指出的,在最近的一年,近200种B2C和B2B产品与服务的平均广告与销售比率为3.1%。也就是说,平均来讲,美国公司每1美元的销售收入中,约3美分用于广告支出。表7.2提供了更加细致的说明,列出了六个行业——汽车、计算机与软件、药物、食品、个人护理产品及电信服务——的公司的广告与销售比率。这些产品类别广告支出占销售收入的百分比在1.3%(IBM)与29.9%(雅诗兰黛)之间。从表7.2中还能够看出,大多数公司的广告与销售比率在2%到10%之间。

表7.2 六大产品类别广告与销售比率

行业/公司	销售收入 (百万美元)	广告费用 (百万美元)	广告费用对销售收入 比率(%)
汽车			
大众	18 262	419	2.3
戴姆勒-克莱斯勒	79 899	1 952	2.4
通用汽车	129 041	3 296	2.6
丰田	77 692	1 995	2.6
本田	51 648	1 351	2.6
福特	81 155	2 577	3.2
日产	39 153	1 329	3.4
行业平均			**2.73**

（续表）

行业/公司	销售收入（百万美元）	广告费用（百万美元）	广告费用对销售收入比率（%）
计算机与软件			
IBM	39 511	517	1.3
戴尔	36 100	883	2.4
惠普	32 244	829	2.6
微软	29 730	912	3.1
苹果	9 307	384	4.1
行业平均			**2.70**
药物			
雅培	11 995	374	3.1
雷诺菲-安万特	12 456	463	3.7
辉瑞	25 822	1 105	4.3
拜耳	9 723	554	5.7
礼来	8 599	561	6.5
诺华	14 998	1 052	7.0
必治妥施贵宝	9 729	691	7.1
默克	13 808	1 024	7.4
强生	29 775	2 290	7.7
阿斯利康	12 449	1 005	8.1
惠氏	11 054	1 077	9.7
葛兰素史克	18 961	2 444	12.9
先灵葆雅	4 192	931	22.2
行业平均			**8.11**
食品（HT）			
康尼格拉	10 279	366	3.6
雀巢	24 889	1 315	5.3
卡夫	20 931	1 423	6.8
通用磨坊	9 803	920	9.4
Kellogg	7 349	765	10.4
金宝汤	5 120	564	11.0
行业平均			**7.75**
个人护理			
联合利华	17 222	2 098	12.2
宝洁	29 462	4 898	16.6
欧莱雅	4 942	1 456	29.5
雅诗兰黛	3 446	1 031	29.9
行业平均			**22.05**
通信			
Qwest	13 923	362	2.6
Verizon	88 144	2 822	3.2
Sprint Nextel	41 028	1 775	4.3
Deutsche Telekom	17 124	815	4.8
AT&T	63 055	3 345	5.3
行业平均			**4.04**

资料来源：Adapted from "U. S. Company Revenue Per Advertising Dollar," *Advertising Age*, June 25, 2007, S-14。

这张表还揭示了每个行业中较小的竞争者一般会将销售收入中相对更大的部分投资于广告。这是因为市场份额较小的公司为了使自己更有竞争力，通常需要在广告上花费更多，所以广告与销售比率更高，因为与更大的竞争者相比，它们的销售收入相对较少。最后，值得注意的是，个人护理产品这一类别的广告与销售比率平均为22.05%，大大高于其他产品类别相应的平均值。这是因为个人护理产品的销量一般不太基于产品表现，而是更多基于形象，这就需要更多的广告支持，给消费者传递一种好印象。正如一位从业者所言："在工厂，我们制造化妆品；在商店（以及在广告中），我们销售希望。"[11]

7.2.2 广告效果是不确定的

广告是昂贵的，其效果通常是不确定的。正因为如此，很多公司有时认为应当缩减广告开支或彻底放弃广告。市场经理——尤其可能是首席财务官——有时会认为当他们的品牌已经大获成功时就没有必要做广告了。在经济低迷时期，公司会特别倾向于从广告中抽出资金——在广告上少花一美元就是为公司多省下一美元。例如，在2001年的经济低迷以及当年年末紧跟着到来的经济衰退时期——部分由于世界贸易中心和五角大楼遭到恐怖袭击带来了经济下降——美国广告支出下降了4—6个百分点。如此之大的下降自20世纪20年代末到30年代初的大萧条后还未在美国出现过。[12]

这种行为无疑没有意识到广告不只是当前的支出（正如在会计中的用法），而是一种投资。尽管业界人士完全认同建造一个更高效的生产设施是对公司未来的一种投资这一事实，他们中有很多人通常认为，当财政压力要求降低成本时，广告可以被大量缩减甚至是彻底放弃。然而，宝洁公司——世界上做广告最多的公司之一——的前首席执行官形象地把广告比喻成锻炼身体。

> 如果你想要你的品牌保持健康，就需要经常锻炼。当你有机会去看电影或做其他事情来代替健身时，你偶尔可以去做——这相当于挪用资金用于销售促进。但这样做并不好。如果脱离了正规的训练，你迟早要付出代价。[13]

当被问到诸如宝洁、凯洛格、通用磨坊、可口可乐和百事可乐这样伟大的公司有何共同之处时，博思艾伦（一家主要咨询公司）的副总裁对上述这种观点深表认同。他认为，所有这些公司都意识到了持续的投资支出是广告成功的关键要素。"他们不会通过挪用预算来提高某些季度的利润，他们知道广告不应该被当作可自由决定的可变成本。"[14]这种观点应该提醒了你我们在第1章中关于为营销传播努力建立惯性的讨论。广告动量就像是锻炼身体。停止锻炼，你将失去良好的体魄并可能增加体重。停止做广告，你的品牌将可能失去它的部分资产及市场份额。

7.3 广告的功能

众多商业公司以及非营利组织相信广告。一般而言，广告被重视是因为人们普遍认为它具有五种重要的传播功能：提供信息、影响行为、提醒和增加显著性、增加附加值、相互提携。[15]

7.3.1 提供信息

广告最重要的功能之一是宣传品牌[16],即广告使消费者知晓新品牌,将品牌独有的特征和好处告诉他们,促进正面品牌形象的塑造。由于广告是一种有效的传播方式,能够以相对较低的单个接触成本达到广大受众,因此它可以促进新品牌的推广,提高对现有品牌的需求,后者在很大程度上是通过提高消费者对成熟产品类别中现有品牌的首要意念(TOMA)来实现的。[17]广告还具有另一个有价值的信息功能——既针对被广告的品牌也针对消费者——教会消费者现有品牌的新用途。这一实践被称为使用拓展广告,以下例子即为代表[18]:

- 金宝汤通常是在午饭或其他非正式场合饮用,被广告宣传为适合在正式的家庭餐甚至是早餐中食用。
- 佳得乐原本用于剧烈运动,被广告宣传为患流感时饮用的补充液。
- Special K,一种早餐麦片,被广告宣传为下午吃的点心或夜宵。

7.3.2 影响行为

有效的广告影响潜在消费者,使他们尝试被广告的产品和服务。有时广告影响一级需求——建立对整个产品类别的需求。更经常的是,广告试图建立二级需求,即对公司品牌的需求。B2C 和 B2B 公司的广告都为消费者和顾客尝试某一品牌而非其他品牌提供了充分的理由和情感诉求。全球聚焦介绍了星巴克专业咖啡连锁发起的首次全国电视广告运动,该运动旨在影响消费者,使其在它的连锁店而非其他地方购买专业咖啡。

7.3.3 提醒和增加显著性

广告使消费者始终保持对公司品牌的新鲜记忆。当与被广告产品相关的需求被唤起时,过去广告产生的影响使广告品牌进入消费者购买的考虑集。这被称为使品牌更加显著,即丰富品牌的记忆轨迹,使得面临相关选择情境时,品牌能够浮现在脑海中。[19]有效的广告还能增加消费者对成熟品牌的兴趣,进而提高其购买品牌的可能性,否则消费者不会选择该品牌。[20]此外,广告还被证明可以通过提醒那些最近没有购买某品牌的消费者有关该品牌的可得性及其所拥有的更好的属性来影响品牌转移。[21]

7.3.4 增加附加值

公司可以通过三种基本的方式为它们提供的产品或服务增加附加值:创新、提高质量及改变消费者感知。正如以下引文所说,这三种增值方式是完全相互依存的:

没有质量的创新仅仅是新奇。没有质量和/或创新的消费者感知仅仅是吹捧。有了创新和质量,如果没有转化为消费者感知,不过就像众所周知的在空旷的森林中树木倒下的声音。[22]

广告通过影响感知为品牌增加附加值。有效的广告使品牌看起来更优雅、更时髦、更有声望、质量更高,等等。的确,涉及五种非耐用产品(如纸巾和洗发水)和五种耐用产品(如电视和相机)中的 100 种品牌的研究表明,广告支出越多,消费者感知到被广告品牌的质量越高。[23] 因而,有效的广告能够通过影响感知质量及其他感知带来市场份额增长和更大的盈利。[24]

通过增加附加值,广告能够为品牌带来更多的销售量、收入和利润,并降低不可预知的未来现金流的风险。在财务用语里,所有这些都可以被贴现现金流(DCF)的概念涵盖。通过使品牌更有价值,广告能够产生递增的 DCF。一位广告从业人员将广告增加附加值的功能总结为:"广告建立了品牌。品牌创造了企业。让我们将现金流贴现!"[25] 在会计世界里,广告绝对会不可避免地带来积极的财务结果。将其销售收入以更大比例投资于广告的公司已经被证实能够降低其股票价值在股票市场整体下跌的时期也随之下降的风险。[26]

7.3.5　相互提携

广告只是营销传播队伍中的一个成员。广告最基本的功能是不时地推动其他营销传播努力。例如,广告可能会被当成分发优惠券和彩票,并为它们及其他促销工具吸引注意的手段。另一个重要作用是辅助销售代表。广告预售公司产品,并在销售人员与潜在顾客之间个人接触前为其提供有价值的推广。由于向潜在顾客介绍产品特征和好处需要更少的时间,销售努力、时间及成本都得以降低。而且,广告可以使销售代表的言论合法化或更加可信。[27]

广告还提高了其他营销传播工具的有效性。例如,消费者在电视或杂志上看到广告后,能够在商店认出产品包装,并且更容易认同品牌价值。广告还能够增加降价的效果。我们知道与零售商在没有任何广告支持下的降价相比,当其对降价进行广告宣传时,消费者对降价更易于做出响应。[28]

7.4　广告管理过程

正如本章开篇的营销传播洞察中所言,人们有时认为创作广告是一件简单的事,任何人都能做。这种观点在某种意义上并不完全错误。任何有文化的人都能构造一个广告。当然,任何有文化的人也都能写一个故事或做一首诗。但不是所有作家或诗人都一定能写出好书或做出好诗,他们的努力通常是无效的。广告也是如此:问题不仅在于做,而是要做得好,好到广告能够获得关注并最终影响购买选择。广告带来的挑战已经超越了创作广告信息的行为,而是还包含将广告投放到适当的广告媒体上并选择合适的方式来评估一场广告运动是否实现了其目标。

因而广告管理可以被视为包含创作广告信息、选择投放广告媒体以及测量广告努力效果的过程:广告信息、媒体和测量。这一过程通常至少涉及两方参与者:客户,即拥有要做广告的产品或服务的组织;广告公司,即负责创作广告、选择媒体及测量效果的独立组织。以下部分首先从客户视角然后从广告公司视角对广告管理进行分析。由于多数广告是针对特定品牌的,客户一般由在某品牌或产品管理职位上工作的个体所代表。这一个体及其团队负责制定影响品牌繁荣的营销传播决策。

7.4.1 广告管理过程:客户视角

图 7.1 以图形的方式说明了广告管理过程。广告管理过程由三部分相互关联的活动组成:广告战略、战略实施和广告效果评估。

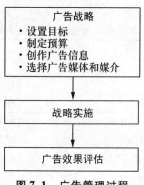

图 7.1 广告管理过程

形成与实施广告战略

广告战略形成包括四个主要活动(参见图 7.1 中顶端的文本框)。前两个是设置目标和制定预算,第 6 章在讨论所有营销传播要素时介绍过它们。形成广告战略的第三个要素是广告信息创作,为第 8 章和第 9 章的主题。第四个要素——媒体策略是第 11 章到第 14 章的主题,包括对媒体类别和广告信息具体媒介的选择。(媒介是指播放广告的具体电视节目——电视称为媒体,节目称为媒介。)

实施广告战略

战略实施涉及广告运动中必须进行的战术的、日常的活动。例如,强调电视超过其他媒体是一个战略选择,对特定类型节目及播放广告时间的选择则是战术实施问题。同样,强调某品牌某个特定好处的决策是对广告信息的战略考虑,而广告信息真正的传递方式则是创意实施的问题。本书更加关注战略而非战术问题。

评估广告效果

评估效果是广告管理的一个关键方面——只有通过评价结果才有可能确定目标是否实现。这通常需要在广告运动开始前设置测量基准(例如,确定目标受众中知晓品牌名称的百分比),然后确定目标是否被实现。由于调研对广告控制来说至关重要,第 10 章探索了各种用于评价广告效果的测量技术。

7.4.2 广告公司的作用

广告信息战略和决策通常是由做广告的公司(客户)及其广告公司合作产生的。

本部分考察广告公司的作用并说明广告公司的组织结构。表7.3列出了美国收入最高的25个广告公司,从中能得出两个相关的要点。第一,所有这些广告公司都曾经是独立的企业,由于种种并购,它们现在多数属于大的市场组织,如宏盟集团(纽约)、WPP集团(伦敦)、IPG集团(纽约)、阳狮集团(巴黎)和哈瓦斯广告公司(苏赫斯纳,法国)。第二,很明显多数美国主要的广告公司都位于纽约这座多年来一直是世界主要广告中心的城市。不必说,美国和世界上还存在着成千上万的广告公司,尽管它们大多数的收入只是表7.3中列出的这些公司的一小部分。

表7.3 2006年广告收入排名前25名的美国广告公司

Rank	Agency	Headquarters	广告支出（百万美元）
1	JWT [WPP]	纽约	445.4
2	BBDO Worldwide [Omnicom]	纽约	444.2
3	McCann Erickson Worldwide [Interpublic]	纽约	443.4
4	Leo Burnett Worldwide [Publicis]	芝加哥	312.0
5	Ogilvy & Mather Worldwide [WPP]	纽约	290.0
6	DDB Worldwide Communications Group [Omnicom]	纽约	277.9
7	Y&R [WPP]	纽约	250.0
8	Grey Worldwide [WPP]	纽约	235.7
9	Saatchi & Saatchi [Publicis]	纽约	212.6
10	DraftFCB [Interpublic]	芝加哥/纽约	210.8
11	Publicis [Publicis]	纽约	208.0
12	TBWA Worldwide [Omnicom]	纽约	199.0
13	Euro RSCG Worldwide [Havas]	纽约	182.1
14	Doner	萨斯菲尔德	162.5
15	Richards Group	达拉斯	160.0
16	Deutsch [Interpublic]	纽约	159.9
17	Campbell-Ewald [Interpublic]	华伦	145.0
18	Bernard Hodes Group [Omnicom]	纽约	123.8
19	GSD&M [Omnicom]	奥斯汀	120.0
20	Hill Holliday [Interpublic]	波士顿	120.0
21	Cramer-Krasselt	芝加哥	117.9
22	Mullen [Interpublic]	文翰	112.0
23	RPA	圣莫尼卡	105.2
24	Goodby, Silverstein & Partners [Omnicom]	旧金山	102.0
25	Ambrosi	芝加哥	94.1

资料来源:"Top 25 Agency Brands by Advertising Revenue," *Advertising Age*, April 25, 2007 (no page listed). Most revenue amounts have been estimated. Where appropriate, each agency's parent company is shown in brackets.

要理解一家公司为何会需要广告公司,就要认识到企业一般要雇用外界的专家:律师、财务顾问、管理咨询师、税务专家,等等。这些"外界人士"为公司带来它们内部没有的知识、专业经验和效率。广告公司能够通过开展高度有效和盈利颇丰的广告运动为其客户提供巨大价值。广告公司和客户之间的关系有时能够持续数十年。当然,如果客户认为广告公司表现不佳且没能提高客户品牌的资产和市场份额,这种主顾关系也可能短暂而易变。研究表明当客户品牌的市场份额下降时,广告公司会被马上解雇。[29]

总的来说,广告客户可以通过三种方式来做广告:使用内部广告业务、根据需要向专业广告公司购买广告服务,或者选择一家全服务广告公司。一家公司可以选择不雇用广告公司,而是拥有自己的内部广告业务。这就需要雇用广告职员并承担维持职员工作所需的费用。这种安排是不合理的,除非公司会持续做大量广告。即使是在这种情况下,多数企业也转而选择使用广告公司的服务。

客户实现广告功能的第二种方式是单独购买广告服务,即广告客户并不依赖某个全服务广告公司去执行所有广告及相关功能,而是向一系列在广告的不同方面具有特殊专长的公司购买服务,这些方面包括广告创作工作、媒体选择、广告调研,等等。这种安排的好处在于广告客户可以只在需要时与广告公司接触,从而带来了潜在的成本效率。坏处在于专业公司(所谓精品店)有时缺乏财务稳定性,而且可能成本高昂。

第三,全服务广告公司为其代表的客户至少履行四个基本功能:创作服务、媒体服务、调研服务及客户管理。他们可能还会参与广告客户的整个营销过程,并收费履行其他营销传播功能,包括销售促进、宣传、包装设计、战略营销计划和销售预测。为什么广告客户要雇用全服务广告公司呢?主要的好处包括从拥有深入广告知识的专业人士处获得服务,以及在与媒体的谈判中获得筹码。主要的坏处在于当广告公司而不是公司内部履行广告功能时,客户会对广告功能失去一定的控制。虽然如此,品牌经理常常使用全服务广告公司的服务,因为这些广告公司了解它们客户的业务,并能创作出带来资产增值的广告运动。了解客户业务和客户与广告公司之间的"好的化学反应"是经理在选择某个特定广告公司作为合作伙伴时提到的两个主要原因。[30]

创作服务

广告公司拥有创作广告文案和可视化效果的广告文案撰稿员、绘图专员和创作指导。广告公司有时会创作出提升品牌资产并提高品牌销售量、市场份额和盈利能力的优秀广告运动。然而广告通常不够智慧和新颖,无法从周围混乱的众多广告中脱颖而出。

媒体服务

广告公司这一功能的任务是选择能够到达客户目标市场、实现广告目标并符合预算的最佳广告媒体。媒体策划员负责制定整体的媒体战略(在哪做广告、频率如何、什么时候做,等等),然后媒体采购员从媒体策划员选取的经客户同意的特定媒体中获取具体的媒介。媒体购买的复杂性要求对变化的媒体成本和可得性进行专门的分析及持续的研究。媒体与媒介选择专家能够比有这方面特定专业知识的客户方的品牌经理做出更有效的决策。

调研服务

全服务广告公司雇用调研专家研究客户消费者的消费习惯、购买偏好及对广告概念和广告成品的反响。广告公司调研专家提供的一些服务包括由经过专门训练的人类学家进行的焦点小组、购物中心拦截访问、人种学研究,以及对联合研究数据的获取。

客户管理

全服务广告公司的这一功能提供了将广告公司与客户连接起来的一种机制。有客户管理人员作为联络者,客户便不需要与几个不同的服务部门和专家直接接触。大多数主要广告公司的客户管理部门都设有客户经理和主管。客户经理制定战术决策,并时常与品牌经理及其他客户人员联系。客户经理负责确保广告公司能够倾听客户的利益、忧虑和偏好,并确保工作按计划完成。客户经理向主管汇报,后者更多地负责为广告公司获取新业务,并在战略层面上与客户一同工作。客户经理会被升迁到主管的职位。

7.4.3 广告公司佣金

客户通过三种基本方式对广告公司提供的服务支付佣金:基于媒体的佣金、基于费用的佣金,以及基于结果的佣金。

(1) 基于媒体的佣金是过去广告公司为客户播放或刊登广告收取佣金的主要方式。历史上,美国广告公司收取广告总额15%的标准佣金。[31]例如,假设创意广告公司为其客户ABC公司在某杂志上购买了20万美元的广告篇幅,当该购买合同到期时,创意将向杂志付款17万美元(20万美元减去15%的佣金),向ABC收取全部的20万美元,自己留下剩余的3万美元作为提供服务的收入。过去,创意赚到的这3万美元被视为广告公司为其客户ABC提供专业创作知识、媒体购买洞察力及辅助功能所获得的公平报酬。

可以设想,在客户市场经理和广告公司经理之间已经对15%的佣金机制产生了争论。分歧主要在于15%的佣金是太多(市场经理角度)还是太少(广告公司角度)。这种分歧刺激了其他佣金制度的发展。事实上,目前只有一小部分广告客户仍然支付15%的佣金,尽管存在其他佣金制度,但它可能不会完全消失。相反,一种广告公司收取低于15%固定费用的佣金制度已经被越来越多地使用。

(2) 目前应用最为广泛的支付佣金的方式是基于劳动费用的制度,广告公司像律师、税务顾问和管理咨询师那样获取报酬,即广告公司仔细记录工作时间,并根据时间投入,按小时向客户收费。这种机制中存在广告客户与广告公司之间的价格谈判,因此实际的佣金价格基于双方对广告公司提供服务的价值所达成的协议。

(3) 基于结果或表现的制度代表了广告公司收取佣金的最新方法。例如,福特汽车公司使用的佣金制度是与其广告公司商定一个涵盖服务成本的基本费用,再根据诸如预定收入水平等品牌表现目标额外提供奖励报酬。宝洁公司执行基于销售的模式,广告公司根据宝洁品牌的销售额获取一定比例的佣金。销售额增长,广告公司的佣金上升;销售额减少,广告公司的佣金下降。不必说,这种激励机制鼓励,事实上是要求,广告公司为提高品牌销售额采取任何IMC方案。通过这种佣金制度,宝洁的最大利益(品牌销售额和市场份额的增长)和广告公司的最大利益(佣金的增长)紧密地结合在了一起。除这些公司外,很多其他公司正舍弃过去基于佣金的制度,转向基于结果的某种形式的佣金制度。基于结果的制度能否成功将依赖于能够证明广告公司进行的广告和其他营销传播努力确实转化成了品牌表现的提升。[32]

7.5 有关广告投资的思考

到目前为止,我们已经引入了关于广告的话题,提供了大量的案例来说明广告的重要性,讨论了广告的功能,从客户视角提供了广告管理过程的概览,并描述了广告公司的作用和佣金。现在要问的问题是,在广告上数十亿美元的投资是否能够收回?或者更确切地说,什么时候在广告上投资是值得的,什么时候应当缩减投资?

我们可以通过检验几个方程来更好地理解关于这一复杂问题的各个方面,这些方程能够提供一个更加清晰的看待问题的视角。这几个方程涉及销售数量(或简单地称为销量)、销售收入(或简单地称为收入)和利润之间的关系。

$$利润 = 收入 - 费用 \quad (7.1)$$

$$收入 = 价格 \times 销量 \quad (7.2)$$

$$销量 = 尝试购买 + 重复购买 \quad (7.3)$$

我们首先来看方程(7.1),一个品牌在任意会计期间的利润——例如一个商业季度或一整年——是它的收入减去它的费用。因为广告属于一种费用,一个会计期间内的总利润可以通过降低广告费用来提高。同时,降低广告费用可能会带来的负面的影响是收入的降低,这可能是由于销售数量减少了或者是由于不充分的广告支持导致的单位产品的价格降低(见方程(7.2))。我们可以进一步注意到方程(7.3)中,销售数量(如销售的产品单位数)等于尝试购买量,或者说首次购买量,加上鼓励消费者对一个品牌的持续购买量——也就是维持重复购买消费者。

是否选择投资于广告或者减少广告投资在很大程度上取决于对广告将会怎样影响一个品牌销量(方程(7.3))和收入的预期(方程(7.2))。我们首先来看投资的观点,然后来看减少投资的观点。

7.5.1 投资广告的情形

从利润的角度来看,只有在广告带来的收入增加大于广告费用时,投资广告才是合适的。换句话说,如果广告费用是 X 美元,那么从长期来看(如果不必立即收回投资的话)广告带来的收入必须大于 X 美元以收回投资。我们如何预期广告的收入会超过广告费用呢?根据方程(7.3),我们可以预期到有效的广告将会为一个品牌吸引到更多的尝试者并鼓励更多的重复购买。(显然,广告并不是唯一一种能够带来尝试和重复购买的营销传播工具,促销与广告合力也会达成这些效果。)因次,有效的广告应该通过增强品牌资产来获得销售量——通过提升品牌知晓度和加强品牌形象来实现(回忆第2章的讨论)。

方程(7.2)显示了除销售量外另一个决定收入的量,即单位产品销售的价格。广告拥有加强品牌感知质量的能力,因此可以使品牌经理能够索要更高的价格;也就是说,消费者愿意为他们感知质量更高的品牌支付更高的价格。总的来说,投资广告的案例是基于,投资广告可以通过增加销售量和增加售价来增加利润,这样增加的收入就超过了广告的费用。

7.5.2 不投资广告的案例

如前文所提到的,公司经常在品牌表现良好和经济衰退时期选择减少广告支出。这是一种极具诱惑力的战略,因为在其他方面不变的情况下,降低支出将会提高利润(方程(7.1))。但是在广告预算被削减的情况下,是否真的是"其他方面不变"?这里面内在的假设是收入(和收入的组成要素——销量和价格)不会因为广告支出的削减而受到影响。但是,这种假设是基于一种过分乐观者的思维,也就是说他们认为过去的广告会继续积极地影响销售量,即使当前的广告已经被缩减和减少了。这个假设在某种意义上是不合逻辑的。一方面,它假设过去的广告将会持续地影响未来的收入;另一方面,它没有意识到现阶段广告的缺失将会对下一阶段的收入产生不良的影响。

7.5.3 哪种情形更可行?

降低广告支出对利润的影响相对来讲是确定的:对于不投资在广告上的每一美元,将会带来短期利润的一美元的提升——假设广告的减少当然不会对收入造成不良影响。然而,我们不能确定的是维持或提高广告支出是否会增加利润。这是因为我们很难确定地知道广告是否会带来品牌的大销量或更高的售价,其中的一个或两者一起都会提高收入。然而,大多数有经验的公司都愿意在广告促进收入即在收入提高方面提高利润的能力上投下赌注,而不是从费用降低的角度提高利润。

在品牌资产银行中的存款

很多营销经理持续地在广告上进行投资,甚至是在经济萧条时期,其原因在于他们相信广告会增加品牌资产并提高销量。你可以回忆第 2 章的讨论,营销传播努力通过创造品牌知晓度和在消费者的记忆中建立品牌及其特征和益处之间良好的、强烈的以及独特的联系来增强品牌资产。当广告和其他形式的营销传播创立独特和正面的信息时,该品牌就变成了一种差异化和独特的产品,并且从未来的价格竞争中相对独立出来。

广告的长期作用可以用这句话来形容:"强有力的广告代表了公司在品牌资产银行中的存款。"[33]这句机智的描述很好地抓住了广告的挑战。它还正确地指出不是所有的广告都代表了品牌资产银行中的存款,仅仅是强有力的广告——也就是,不同的、独特的、机智的和难忘的。

广告相对于价格弹性

我们回到更直接的对投资广告和不投资广告的讨论上。我们不得不面对下面的挑战:品牌经理还可以选择什么其他的备选方法来提高品牌的销售量、收入和利润?增加广告是一种选择;降价——通过直接降价或折扣促销——是另一种选择。哪种选择更好呢？得出这个答案需要我们有一个普遍的能够计量的测算方法，用来比较增加广告和降价的效果。弹性的概念就提供了这样一种计量方法。

弹性，正如你从一个基础经济学或营销学课程上回忆起来的概念一样，是一个用来衡量一个品牌的需求怎样针对如价格和广告等营销变量的变化进行反应的变量。我们可以根据下面的方程分别计算价格(E_P)和广告(E_A)的弹性系数：

$$E_P = 需求量变化的百分比 \div 价格变化的百分比 \qquad (7.4)$$

$$E_A = 需求量变化的百分比 \div 广告变化的百分比 \qquad (7.5)$$

为了解释这些概念，我们考虑一个大学毕业生奥博利的处境，他销售印有主题广告词的T恤衫。（对弹性概念非常熟悉的学生可以跳过这一部分，从后面的平均价格和广告弹性部分继续阅读）。

奥博利的生意一直以来都非常不错，他考虑通过降低目前的售价来提高销量和利润。（反转需求理论指出销售量将会随着价格的降低而升高，反之亦然。）上周（我们将其视为第一周）奥博利将他的T恤衫定为每件10美元，他销售了1 500件（$P1=10;Q1=1500$）。他决定在下一周也就是第二周，将价格降为9美元，并且销售1 800件（$P2=9;Q2=1800$）。应用方程(7.4)，我们可以很快得出需求量变化了20%，也就是($1800-1500) \div 1500 \times 100\% = 20\%$。因此，价格上11%的下降——$(10-9) \div 9 \times 100\%$——带来了销量上20%的上升。价格弹性($E_P$)的绝对值是1.82（$20 \div 11$）（见方程(7.4)价格弹性是如何计算的）。奥博利对这一结果很满意，因为相比第一周的15 000美元（10×1500），第二周的总收入达到了16 200美元（$P2 \times Q2 = 9 \times 1800 = 16200$）。因此，尽管他降低了T恤衫的价格，他还是获得了8%的收入的提升——也就是($16200-15000) \div 15000 \times 100\%$。

下面我们来考虑降价以外的另一种可能性。奥博利决定从第一周到第二周增加广告。假设在第一周，他在当地报纸上花费了1 000美元来做广告。和前面的讨论一样，他在第一周以10美元的价格销售了1 500件T恤衫获得了15 000美元的收入。假设在第二周他将广告的花费提高到1 500美元（相比第一周提高了50%），并且以10美元的价格销售了1 600件。在这种情况下，需求量的变化百分比是6.67%。也就是，($1600-1500) \div 1500 \times 100\% = 6.67\%$，这些比例的需求提升是由50%的广告支出提升带来的。因此，应用方程(7.5)，广告弹性(E_A)为$6.67 \div 50 = 0.133$。奥博利在第一周的收入是15 000美元（$P1=10;Q1=1500$），收入在第二周提高了1 000美元（$P2=10;Q2=1600$）。这些收入的增加（1 000美元）是由在广告方面增加500美元的投资实现的。所以奥博利获得了500美元的利润提升——对于一个年轻的创业者来说，这是不错的一周！

平均价格和广告弹性 我们将这个简单的例子同更加普遍的现象联系起来，告诉我们广告怎样起作用，增加广告是否合理，尤其是在与单纯降价对比的时候。我们已经知道了关于广告和价格弹性的很多内容。一项重要的研究得出，130种耐用品和非耐用品的平均价格和广告弹性分别是1.61和0.11。[34]（价格弹性在这里是一个绝对值，尽管技术上它应该是负值，因为价格上升一般会导致销量下降而价格下降会导致销量上升）。价格弹性为1.61可以解释为，价格上1%的下降会带来销量上1.61%的上升；相似地,广告弹性系数为 0.11 表示广告支出 1% 的上升将会仅仅带来 0.11% 的销量上升。

因此,价格变化带来的销售数量反应比广告变化带来的销售数量反应平均大 14.6 倍(1.61÷0.11)。单单对耐用品来说,平均的价格和广告弹性是 2.01 和 0.23,表明对于这种产品来说,价格变化带来的销售数量反应比广告带来的反应平均高 8.7 倍。相比而言,非耐用品的平均价格和广告弹性分别是 1.54 和 0.09,表明降价带来的销量变化比广告带来的销量变化高 17 倍。

经理应该做什么? 这些结果是否说明品牌经理总是应该降价而不是增加广告呢?当然不是!正如你从本书中学到的以及在别处学到的,每一种情况都是独特的。敷衍了事的回答("这就是你应该做的")是绝对错误和误导性的。不是这里提到的每个品牌都有着相同的价格和广告弹性。"平均"一词,正如我们讨论中所用到的,意味着一些品牌处于平均水平,而其他品牌高于或低于平均水平;也就是说,弹性系数的分布是围绕着平均水平的。大体上,我们可以考虑四种广告和价格弹性的结合。对每一种情况我们都会确定提高利润的方法,增加广告或降低价格。[35]

情况 1:保持现状。在这种情况下消费者具有稳定的品牌偏好,例如在产品生命周期中的下降阶段或在一个较成熟的利基市场。在这类市场中,需求没有很强的价格或广告弹性;因此,基本上可以通过保持现状和保持目前的价格及广告水平来使利润最大化。或者简单地说,在这种情况下,品牌经理不应该降价或提高广告水平。

情况 2:通过增加广告建立品牌形象。在这种广告弹性大于价格弹性的情况下,明智的做法是在增加广告上比提供价格折扣上投入更多。这种情况可能发生在新产品、奢侈品和由形象及符号来代表的产品(化妆品、时装、家具、酒类等)身上。这种情况下提高利润的策略是通过增加广告来建立品牌形象。

情况 3:通过价格折扣来增加销量。第三种情况的特点是在成熟的消费品市场,消费者拥有大多数品牌的完全信息,消费者在品牌之间的转换非常频繁。因为品牌之间差异很小,市场更具有价格弹性而不是广告弹性。价格折扣会比广告投资带来更多的利润增加。

情况 4:增加广告和/或价格折扣。这种情况下市场既是价格弹性的又是广告弹性的。这种情况发生在,产品类中的品牌具有内在的区别(麦片、汽车、器皿)以及季节性的产品(草坪用品、季节性衣物、节日礼物)。在这种情况下,提供资讯的广告能够影响消费者对产品属性的认识(例如,施可得化肥比竞争品牌效果更加持久),但是因为品牌都很类似,消费者也很在意价格的对比。

在特定情况下,给定价格和广告弹性,就可以在数学上计算增加广告还是降低价格能带来更多的利润。数学计算超出了本书讨论的范围,但有兴趣的读者可以参考其他的资料。[36]希望这一部分传递了这样一种观点,投资(增加)还是不投资(减少)广告的抉择,必须在确定品牌在特定的市场中面临的广告和价格弹性后才能做出。我们在之前的讨论中提供了一些基本的指导原则来决定是应该增加广告支出还是应该降低价格。重要的是要认识到每种情况都有其特殊性。并且,重要的是要理解"平均"适用于一个产品类中的所有品牌,但特定的品牌可能通过投放机智的广告以建立一个具有吸引力的广告形象或通过特别吸引人的方式提供功能性信息来使其同其他品牌区别开来。

你作为一个品牌经理的任务是同你的广告公司一同工作,开发一个广告活动使你的品牌从大量的竞争品牌中脱颖而出。请注意,比较来讲,平均水平的职业篮球运动员每场比赛都能得到5—10分。但科比·布莱恩特、阿伦·艾弗森、德克·诺维茨基、凯文·加内特和勒布朗·詹姆斯这样的球员每场却能得到超过20分。也许你的品牌也能通过有效的广告超过平均水平。如果不能,并且你的产品类中的广告弹性很小的话,那么合适的战略可能不是增加广告投资而是维持甚至降低价格。换句话说,形式(例如情况1和情况3)不利于进一步的广告投资的话,在广告上继续浪费资金就是不明智的。然而,如果市场对于广告反应良好(例如情况2或情况4),那么就要准备投资发展一个创新的和有效的(如强有力的)广告运动,使得你的广告代表品牌资产银行中的存款。

广告支出、广告弹性和市场份额

某一品牌的广告对于其销售量、收入和市场份额——也就是其在整个产品类收入中的相对比例——的影响由它相对于同一产品类中的其他品牌投入多少(广告份额,或SOV)以及广告效果共同决定。在早些时候我们提到的强有力的广告是品牌资产银行中的存款。为了完全理解这一观点,我们需要探讨广告"强度"这一概念。事实上,我们拥有广告强度的测量方法,这一测量方法和我们之前讨论的广告弹性相似。表7.4列出了近年来美国十大啤酒品牌可以用来解释广告弹性和强度的真实数据。但是在我们继续进行之前,有必要引入最后一个方程——方程(7.6)。

$$\text{SOM}_i = A_i^e / \sum_{j=1}^n A_j^e \tag{7.6}$$

表7.4 广告弹性对品牌市场份额的影响

啤酒品牌	广告支出(百万美元)(A)	假定的弹性系数(B)	(A)^(B)*(C)	预测的SOM(1)(D)(%)	(A)^(B)**(E)	预测的SOM(2)(F)(%)
百威	338.60	0.11	1.90	12.83	1.90	12.46
米勒	227.50	0.11或0.15	1.82	12.28	2.26	14.82
库尔斯	160.30	0.11	1.75	11.82	1.75	11.48
布希	22.50	0.11	1.41	9.52	1.41	9.25
Natural	0.10	0.11	0.78	5.25	0.78	5.10
科罗娜	52.80	0.11	1.55	10.46	1.55	10.16
米狮龙	40.10	0.11	1.50	10.15	1.50	9.85
喜力	111.50	0.11	1.68	11.36	1.68	11.03
美国花旗	5.20	0.11	1.20	8.11	1.20	7.87
吉斯通	6.00	0.11	1.22	8.23	1.22	8.00
总计	964.60	NA	14.79	100	15.23	100

注:* 假设所有十个啤酒品牌的弹性系数均为0.11。
** 假设米勒的弹性系数为0.15,而其他所有品牌的弹性仍为0.11。

方程(7.6)表明品牌的预计市场份额(第i个品牌在产品类中的SOM)等于它的广

告水平(A_i)的广告弹性(e)次方除以产品类中所有品牌的广告水平(品牌 $j=1$ 到 n，n 为产品类中品牌数量)的广告弹性次方的总和。[37] 这可能看起来有些抽象，但是表 7.4 通过一个非常直观的美国啤酒行业的例子使得这个方程更加贴近现实。

数据的第一列——列 A，列出了十大啤酒品牌近年来的广告支出。例如，安豪泽布施在它的旗舰品牌百威上花费了 3.386 亿美元来做广告。这十大品牌的广告总支出接近 10 亿美元(9.646 亿美元)。列 B 做了一个简单的假设，每一品牌的广告都具有相同的强度(或弱度)，都具有相同的 0.11 的弹性系数，这也同之前讨论的许多消费品的平均弹性相似。注意到米勒有两个弹性系数——0.11 或 0.15，我们将会在后面解释为什么这个品牌有两个系数。

列 C 中广告支出以弹性系数为幂进行了乘方，符号^代表幂函数。因此百威 3.386 亿美元的 0.11 次方等于 1.90，米勒的结果是 1.82。(当然，列 C 的其他数都进行相同的运算。)列 C 中的每一个数值——十大品牌的各个数值，在数量上等于方程(7.6)的 A_j^e。列 C 中所有数的总和是 14.79，等于方程(7.6)中的 $\sum_{j=1}^{n} A_j^e$。

这样，根据方程(7.6)，列 C 中的每一个数值都除以这列数的和，得到列 D 中的数值，也就是对十大品牌市场份额的预测。当然，方程(7.6)简单地假定广告是市场份额的唯一决定因素。如果是那样的话，列 D 中的市场份额应该和真实的市场份额显著相关。事实上，尽管在表 7.4 中没有列出，真实的和预测的市场份额的相关系数是 0.55，这说明广告是啤酒行业市场份额的一个重要的决定因素。

列 E 列出了一组新数，假设所有的弹性系数都等于 0.11，除了米勒之外(米勒的系数现在取为 0.15)。换句话说，这里我们假设米勒的广告比竞争对手的广告更加"强有力"，可能是由于更具创新性的广告内容以及新颖和极具吸引力的广告信息。如果这是事实的话，那么预测的市场份额将会是列 F 中的数据。要注意的是米勒的市场份额大约增长了 2.5(从列 D 中的 12.28 到列 F 中的 14.82)，而其他品牌的份额都下降了。米勒的收益(由于假设的更好的广告)导致了其他竞争者的损失。

总的来说，这个练习展示了利用广告弹性的概念将广告"强度"的理念转化为数值的可能性。方程(7.6)基于简单的假设——广告独自影响市场份额，但抛开简单化不谈，这使得我们能够清晰地看到创造更好的、更具创新性的和更加强有力的广告的效果。也就是说，强有力的广告相对于竞争者的努力可以带来市场份额的增加。接下来的两章将进一步细致地讨论广告创新性和广告信息策略的概念。

小结

本章对广告进行了介绍。首先，广告被定义为一种通过可识别的信息源进行传播，用来说服接受者现在或未来采取某种行动的付费的中介形式。然后我们着眼于在美国和其他地方广告的重要性。例如，2008 年，美国广告支出达到约 2 940 亿美元，美国以外的全球广告支出估计总计约达 3 600 亿美元。这部分还讨论了几个产品类别的广告与销售比率。

接着探讨的是广告具有的功能,包括提供信息、影响行为、提醒和增加显著性、增加附加值以及相互提携。随后,广告管理过程是从客户视角加以探讨的。接着介绍了广告公司的作用及支付佣金的方式。

结尾部分对赞成投资广告的观点和认为应视情况缩减投资的反对观点进行了详细论述。在讨论中,我们重点关注了广告相对于价格弹性的问题。我们指出价格变化带来的销售数量反应比广告变化带来的销售数量反应平均高14.6倍。尽管这似乎表明降低价格比增加广告支出更能使收入增长,但我们还指出并不是所有广告客户都处于"平均"水平,也并不是所有广告都面临相同的情况。因此,增加广告投入和降低价格哪个战略更好完全取决于每个特定产品类别所面临的情况和该产品类别中竞争者的情况。最后,我们探讨了广告支出和弹性系数在影响市场份额上所起的作用。

讨论题

1. 请说明在什么情况下本章讨论的五种广告功能之中,其中一种比其他几种更重要。

2. 广告被认为是"品牌资产银行中的存款",但仅仅在"广告是强有力的"情况下有效。请解释。

3. 请举出一个课本之外的使用拓展广告的例子。

4. 请分别给出支持和反对使用广告公司的理由。

5. 广告公司的佣金支付正变得越来越表现导向和成果导向。解释这种佣金制度如何起作用,以及为什么这种方法比其他方法要好。

6. 使用方程(7.1)至方程(7.3),解释广告能够影响品牌营利性的各种不同方法。

7. 在讨论价格和广告弹性时,我们给出了价格弹性和广告弹性哪一个更强的四种情况。其中第二种情况称作"通过增加广告建立品牌形象"。请用你的话来解释为什么在这种情况下提高广告支出比降价更加有利。

8. 研究结果表明销售量变化对价格变化的反应平均为对广告支出变化反应的14.6倍。请解释这一情况对于考虑通过提高广告支出还是降价来提高销量的品牌经理意味着什么。

9. 研究结果还表明非耐用品(相比耐用品)对降价(相比于广告增加)更加敏感。请解释这种差异。

10. 通过建立一个电子表格(如Microsoft Excel)来展现你对方程(7.4)和表7.4中数据的理解,对不同的啤酒调整不同的弹性系数。例如,你在讲米勒的系数从0.11变为0.15时保持其他系数不变,然后再变化喜力啤酒的系数。

第 8 章

广告信息的有效性与创造性

第 8 章探究了广告管理过程中的创造性。讨论了创造有效广告信息的基本要求和创造性的作用，着重强调了新颖性和适当性。最后的主题涉及公司形象与倡导性广告。

宏观营销传播洞察 "1984"，也许是最具创意的广告

多数人会赞同这个观点：电视广告的质量通常处于中等水平，不是特别坏，也不是特别好。尽管数量很少，但一些广告非常糟糕，以至于我们立刻就会拒绝观看。在广告质量分布的另一个极端位置上，是少数格外优秀的广告。这类广告的一个例子是苹果公司为其 Macintosh 电脑所做的广告，它于 25 年前播出。很多广告界人士都认为其是有史以来最佳的广告执行。

当时，苹果电脑公司刚刚开发出世界上最用户友好的计算机，需要突破性的广告来推广其新的 Macintosh 品牌，该品牌在当时可谓计算机科技界的一场革命。苹果公司的创始人之一史蒂夫·乔布斯在 Macintosh 推出时只有 29 岁，他让自己的广告代理公司 Chiat/Day 创作了一个爆炸性的电视广告，该广告将 Macintosh 刻画成了一台真正革命性的机器。在当时，Chiat/Day 的创意人员面临着一项富有挑战性的任务，因为 Macintosh 的主要竞争对手是实力很强并且比自己大得多的"蓝色巨人"（IBM）。（在 1984 年，戴尔、惠普及其他个人电脑品牌还不存在，在个人电脑产业中只有苹果与 IBM 之间的竞争，而 IBM 是公认的领导者，因其商用电脑而闻名。）然而，Chiat/Day 制作了一则广告，在广告中，IBM 被间接地讽刺为乔治·奥威尔的小说《1984》中被人看不起又令人恐惧的老大哥形象。（在书中，老大哥掌握着政治权力，个人尊严和自由被政治上的一致性所取代。）这则一分钟长的广告就是在这个背景下创作出来的，取名为"1984"，并在 1984 年 1 月 22 日的第 18 届超级碗赛事期间播出，此后从未在商业电视上重播过。这并不是因为广告无效，相反，它产生了不可思议的口碑效应，因而不需要重播了。

这个广告……以一个坐满僵尸般人们的屋子的画面作为开始，这些人正盯着一个巨大的屏幕看，屏幕上，老大哥正在讲着关于"信息净化……不道德的事实传播"和"思想统一"的冷酷的话。

与这个黑暗的背景形成对比的是，一名穿着运动服（白色运动上衣和大红色运动短裤，这是广告中仅有的原色）的女性跑进屋内，将一个锤子猛掷向屏幕，导

致了巨大的爆炸,粉碎了老大哥的影像。然后电视屏幕上闪过以下信息:"1月24日,苹果电脑将推出 Macintosh。你将看到为什么1984不会像'1984'一样。"[1]

这则非凡的广告被一些人认为是史上最佳电视广告。[2]它牢牢地抓住了人们的注意力,从超级碗期间播出的众多广告中脱颖而出,令人难忘,被数以百万计的人们讨论,并且它最终帮助 Macintosh 销售了大量电脑。而且,它还为 Mac(Macintosh 的简称)创造了一个独特的形象,正如一个观察家描述的:

> Mac 是女性,相反,IBM 是男性。IBM 不仅是男性,还是老大哥般的男性。苹果也不只是女性,而是新女性。她强大、健壮、独立,以及最重要的,解放。毕竟这是年轻运动员所代表的。在20世纪80年代,她代表着授权与自由。[3]

本章目标

在阅读本章后你将能够:
1. 了解能够提升广告效果、创造性和黏性的要素。
2. 描述创意大纲的特征。
3. 讲解广告信息可选择的富有创意的形式。
4. 理解手段—目的链的概念及其在广告战略中的作用。
5. 了解 MECCAS 模型及其在广告创意指南中的作用。
6. 认识公司形象与倡导性广告的作用。

8.1 介绍

包括 B2B 和 B2C 在内的大多数产品类别的广告者一般都会面临这样一种广告情境:受众被众多广告持续轰炸。这种状态被称为广告干扰,因此,广告信息必须有足够的创造性才能获得接收者的注意并实现更大的目标,如提升品牌形象及促进潜在消费者购买被广告的产品。本章和下一章探讨广告的信息方面,研究以下问题:什么是广告的创造性?如何产生好的广告信息?广告要有持续的影响力需要什么?富有创意的广告形式有哪些,它们应在何时使用,为什么使用?理解消费者价值如何能产生有效的广告?

本章首先关注的问题是如何使广告有效以及广告创造性的相关话题。第二部分介绍了广告从业人员广泛应用的多种创作形式。接下来探讨手段—目的链的概念,它作为广告创意指南,具有驱动消费者产品与品牌选择的价值。最后,讨论从品牌导向的广告转向公司形象和倡导性广告。

8.2 创造有效的广告

上一章已经大致介绍了广告公司和广告的创作者,现在我们开始探讨广告公司和客户是如何一同开展有效的广告运动的。我们无法给出简单的回答,但为了得到答案,我们必须首先试图理解有效广告的含义。在某种意义上,定义有效广告是容易的:如果广告实现了广告者的目标,它便是有效的。这种观点从产出方面或者说根据它所达成的定义阐明了有效性。从投入角度或者说根据广告本身的成分定义有效广告则要困难很多,在这一问题上存在多种观点。

尽管无法为有效广告的构成提供一个单独的、通用的定义,但我们可以概括有效广告的一般特征。[4]有效的广告至少满足以下要素:

1. 有效广告是合理营销战略的延伸。广告只有与协调的整合营销战略中其他组成部分相容时才会是有效的。正如第 1 章所述,所有的营销传播工具必须被整合在一起,并用同一个声音"说话"。

2. 有效广告站在消费者的角度上。广告陈述的方式必须与消费者而不是营销者的需求、愿望和价值相关。简而言之,有效广告通过反映消费者在面对具体产品类别进行品牌选择决策时所寻找的东西连接目标受众。擅长创造性思维的广告从业者常用以下内容来表述这一观点:"消费者不想被广告轰炸,他们想要被那些能够改变他们生活的理念所激发。广告带来交易,理念带来变革。广告反映我们的文化,理念设想我们的未来。"[5]

3. 有效广告通过独特的方式突出重围。广告商在不断地争夺消费者注意。获得关注并不简单,因为消费者每天从印刷品、广播、网络及其他信息来源看到大量广告。事实上,电视广告被喻为"视听墙纸"——暗讽消费者对广告的关注几乎与他们看了自己的墙纸几年后对上面细节的关注程度相当。[6]

4. 有效广告从不过度承诺。这一观点在伦理和商业方面都是不言而喻的。消费者知道自己被欺骗时会怨恨广告商。有效广告不会承诺超出被广告产品能力所及的东西。

5. 有效广告不会让创意压倒战略。广告的目的在于告知、激发并最终卖掉产品,广告的创造性不仅仅是为了动听。这样说或许并不公平,但广告公司过于看重在广告业界的各种年度典礼上拿奖,如法国戛纳国际广告节、伦敦国际广告奖及美国克里奥广告奖。

有效广告的创造性是带有目的的,即根据确定的具体任务或广告运动必须达成的目标(参见上一章),广告团队(广告公司与客户品牌管理团队)面临的挑战是在广告执行中连接目标受众,从众多广告中突出重围,并根据品牌相比竞争者所具有的优势对品牌进行最佳定位。以下部分讨论了创造性的含义。

8.2.1 创造性:CAN 三要素

有效广告通常是具有创造性的。何谓创造性?遗憾的是,对于广告来说,这一点令人难以捉摸,没有简单的答案[7],但人们存在以下共识,即具有创造性的广告通常都有三个共同点:连通性、合适性和新颖性(CAN)。[8]

连通性

连通性强调的是广告是否能在情感上反映目标受众的基本需求和愿望,这些基本需求和愿望影响品牌选择决策。如果一则广告反映了目标受众成员的购买动机,那么该广告被认为是连通的。例如,如果目标受众中的大部分成员在购买汽车时都会考虑社会地位,那么没有表现出汽车社会地位功能的广告就没有连通其消费者。相反,如果有竞争力的价格和交货速度对集团购买者而言是最重要的,那么反映这些动机的广告也是连通的。

简单来说,连通的广告与品牌的目标受众相关——它们包含消费者正在寻找的信息,反映消费者形成品牌印象和做出品牌选择决策时所经历的情感。广告首先必须与目标受众建立一种联系,才能被称为有创造性。

合适性

连通性要求广告针对目标受众的动机提供信息或营造氛围,合适性则从广告信息的角度衡量创造性。**合适性**指广告必须提供被广告品牌相对于产品类别中其他品牌情况的相关信息。从定位(第 5 章)的角度来看,广告的合适性取决于广告信息是否传递了品牌的定位策略并反映了品牌与竞争品牌相比的优势和劣势。合适的广告也是连贯的,即所有广告信息都在一致地传递单一的、明确的信息。

新颖性

新颖的广告是独特、新鲜和出乎意料的,它们与消费者预期中特定产品类别里某品牌的典型广告不同。新颖性吸引消费者对广告的注意,使他们进行更多的信息处理,比如尝试理解被广告的品牌。不新颖的广告无法从众多竞争广告中脱颖而出,吸引消费者的注意。

新颖性最常与广告创造性联系在一起,但新颖性仅仅是广告创造性的一方面。爵士音乐家 Charlie Mingus 的一段话道出了同样的含义,虽然是在完全不同的背景下,但却同样适用于广告:"创造性不只是不同。每个人都能演奏得很怪异,这很容易,难的是像巴赫一样简单。把简单的东西变复杂是平凡,把复杂的东西变简单,特别简单,才是创造性。"[9]

广告公司有时会设计出独特、与众不同、出乎意料和怪异的广告。然而不是仅仅因为与众不同和怪异,这些广告就是有创造性的。真正有创造性的广告必须使目标受众产生共鸣(连通性),并针对品牌定位策略提供信息或营造氛围(合适性)。新颖的广告只有同样也连通且合适时,才是有创造性的。满足 CAN 三要素的广告才是有效的!

8.2.2　让信息具有黏性

除了有创造性外,广告商还想让他们的广告具有黏性。**有黏性的广告**是指能使受众理解广告商想要表达意思的广告;它们能够被记住,能够改变目标受众与品牌相关的看法或行为。[10]这样的广告产生持续影响:它们具有黏性。

考虑下面这个黏性信息的例子。这则信息是有关一个城市的传奇故事(第 18 章有更多相关内容),尽管它的的确确是假的,但它已经广泛传播,并且很多人把它当成是真的。这个故事的简略版本是,一名男性匪徒在商场洗手间里抢劫女性并令她们脱光衣服,以为这样一来自己便不会被逮到。一个更完整的版本是,一名男性匪徒进入女士洗手间并隐藏在隔间里,直到更衣室里只剩下一名女性。此时他站在马桶上,将手枪对准旁边的隔间,要求那位女士交出所有贵重物品,命令她脱光衣服并放在一个袋子里,塞到他的隔间,然后他准备离开,离开时在洗手间门上挂上了"故障"的牌子。根据这个故事,匪徒有充分的时间逃脱,因为那位裸体的女性碍于被他人看到而无法离开洗手间。[11]

我想大多数读者都会赞成上面这则信息是具有黏性的。它使人难忘,很具体,令人恐惧,有些可信,又值得告诉别人,提醒他们使用商场里的洗手间时要当心。但一般而言,有黏性(会产生相对的持续影响)的信息具有什么特征呢?我们现在介绍它们的六个共同特征。上面这个故事是一种独特的信息形式,而下面的六个特征适用于任何类型的信息,包括广告在内。[12]

简单

有黏性的广告既简单又深刻。正如裸体女性的故事既简单又深刻一样,如果一则广告表达了品牌的核心理念或关键定位,它便可被称为是简单的,也就是广告在执行时只保留了重要的本质内容,并抓住了需要传达的关键要素。简单的广告符合创造性CAN 要素中的合适性。违背简单特征的广告或者是没能抓住品牌的本质——定位策略,或者是表达了过多信息,冲淡了关于品牌本质的信息。

出乎意料

有黏性的广告偏离受众预期时,能够激起受众的兴趣和好奇心。在第 5 章中我们指出,营销传播者要获得消费者的注意是困难的,因为市场上充斥着众多广告,消费者的天性是只有选择地关注那些与其目标相关的信息,传播者必须克服这种天性。注意出乎意料与创造性 CAN 特征中新颖性的相似之处。有黏性的信息也是有创造性的。

我们通常认为商场里的洗手间是安全的,并且不会有暴徒强迫女性脱光衣服,因此裸体女性的故事符合出乎意料的标准。信息的这种出乎意料或是新颖性能够引起注意,容易被理解,并使接收者将信息传播给他人——这就是为什么虚构的故事成为都市传奇。如果广告想对受众产生黏性,它们也需要出乎意料。广告商通常使用古怪的方法引起受众注意,例如,在 Wendy 餐厅的广告中,男人们有着亮红色的辫子,而这是小Wendy(Wendy 餐厅创始人的女儿,与这家快餐连锁店同名)的发型。

具体

有黏性的创意要有具体的画面而非抽象的表达。例如,匪徒强迫一名女士脱光衣服并交出贵重物品的画面是非常具体的,因而是有黏性的。正如我们将要在第 9 章详细讨论的那样,广告商会将广告信息具体化,以促进消费者学习和回忆品牌信息。具体化基于一个简单的观点:人们更容易记住和回忆起具体的而非抽象的信息。当品牌主张是看得见的且生动的时,它们更加具体(而非抽象)。具体化通过使用有形的、实质的(即具体的)词语和表达来实现。例如,小型敞篷载货卡车的营销者通过展示卡车拖着的巨大装载量来表现具体性。相对而言，没有实例支持就说卡车"坚固"是抽象的。

再考虑一个具体性的例子。很多读者都知道，当抓痕和伤口接触葡萄球菌后会引发一种严重的、抗药的传染病。这对大学生及其父母来说是影响重大的，尤其是当学生们处于充满葡萄球菌的环境中时——健身房、更衣室、集体宿舍里的洗手间，等等。这种感染源被称为耐甲氧苯青霉素金黄色葡萄球菌（MRSA）。虽然提到这个名字会使MRSA看上去更熟悉，但事实上多数人很难记住首字母更不用说全名了。这种严重的传染病有时被称为"超级细菌"——即一种抗药的有机体。试问以下哪个更具体：MRSA还是超级细菌？由于你的回答可能是后者，你现在应该更能理解为什么具体的信息（超级细菌）比抽象的（MRSA）更有黏性。

可信

有黏性的广告是可信的。它们有一种权威性，并告诉人们为什么要相信它。例如，那个裸体女人的都市传奇故事在网络上流传时，被认为是出自美联社新闻稿的故事。尽管完全是假的，但这个受人尊敬的新闻来源具有可信性，因此令这个故事更有黏性（与说它来自一个不知名的小镇报纸相比）。第9章将在介绍代言人的作用时详细讨论可信性的特征和重要性，现在我们只需要说，可信的广告具有黏性，因为我们认为它们是事实而非假冒的。

富于感情

人们喜欢那些能够激发情绪和挖掘情感的广告。例如，关于城区购物商场窃贼的传说就是有黏性的，因为它激发了恐惧的情绪——恐惧的情绪在很多都市传奇中都很常见，因为这是一种强烈的情绪。类似的，广告主可以通过唤起那些同所广告品牌所在的产品类别有关的情绪来使消费者关注被广告的品牌。我们会在本章稍后讨论情绪创意广告战略时更加具体地讨论使用情绪诉求的方法。

故事性

黏性信息的第六个特征是有故事可讲。根据定义，故事具有情节、人物和场景——这些也都是洗手间中裸体女人的都市传奇中所具有的特征。广告主有时也会为了抓住它们品牌的关键特征而讲故事。一个非常好的例子是赛百味餐厅根据一个叫做杰瑞德的人的故事而推出的长期广告运动。[13]赛百味的广告代理公司根据杰瑞德的故事宣传说赛百味三明治可以帮助人们减肥。杰瑞德的体重曾经一度超过400磅，腰围60英寸。在感觉胸痛并住院后，他的主治医师警告他说，如果他不能大幅降低自己的体重，那么他将无法活过35岁。这终于引起了杰瑞德的重视，他开始实行自己的节食计划，只吃赛百味食品，午餐吃的全是素食，而晚餐则是六英寸的火鸡。这个节食方案再加上大量的运动，杰瑞德成功减掉了几乎250磅的重量。长话短说，赛百味连锁店最终听说了杰瑞德的故事并据此设计了广告运动。这个故事非常具有鼓舞性，使得成千上万的消费者相信赛百味三明治比其他快餐店的食品更健康。

故事包含了我们之前讨论过的大多数黏性特征：它们通常很简单却很深刻，一般都很具体,也包含了出乎意料的结果和情感要素。并且通常以一种非常可信的方式呈现。杰瑞德的故事体现了所有这些特征。

总结一下,黏性信息是那些能产生持久影响的信息。黏性信息的特征包括,简单、出乎意料、具体、可信、富于感情和故事性,简称 SUCCESs(最后一个小写字母 s 是黏性一词的首字母,而前面六个大写字母取自六个特征的首字母)。[14] SUCCESs 的缩写很好地概括了想要粘住消费者的广告创意所需要的特征。

作为这一部分的结束,我们要注意到黏性广告并不必须满足所有六个 SUCCESs 特征。事实上,大多数广告也没有做到这一点。例如,故事在广告中的运用相对比较少,大多数广告也并不特别花费心思突出可信性,而是更多地依靠广告主的声誉。保持其他量不变,一般我们可以认为广告中包含的 SUCCESs 特征越多,这则广告黏住消费者的可能性也越大。

8.2.3 对创造性与黏性广告执行的说明

除了本章开篇营销传播洞察部分那个非常有创意(而且有效!)的广告外,下面的例子也说明一些广告和广告运动在创造性的 CAN 要素和黏性的 SUCCESs 要素方面有很好的表现。

Miss Clairol:"她是……还是不是?"

想象一下你是生活在 1955 年的纽约的一位广告文案撰写人员。你被指派的工作是为一个到现在(1955 年)为止还未在全国范围内进行营销和广告宣传的产品进行广告创意设计。产品是:染发剂。品牌是:Miss Clairol。你的任务是:设计一个创意战略来说服上千万的美国女性购买 Miss Clairol 染发产品——当时还叫做 Hair Color Bath。并且,这个具有挑战性的工作还发生在这样的文化背景下:在公共场合吸烟、穿长裤以及染发对于体面的女性来说是明显不合适的。

真正被指派了这一任务的人是雪莉·波利考夫,一位博达大桥广告公司(Foote, Cone & Belding)的广告文案撰稿人。在 Miss Clairol 进行广告活动的时候,还没有染发这一行业。由于社会的反对,女性一般羞于染发,因为居家发型染过后往往会显得不自然。一种提供自然外观颜色的产品有很大可能会被接受,但是需要说服女性,广告的染发产品真正会给她们带来她们希望的自然色彩。

雪莉·波利考夫这样解释这个著名的说服女性 Miss Clairol 能够带来自然色彩的广告的背景。

在 1933 年,就在我结婚之前,我丈夫带我去见我未来的婆婆。晚饭后我们乘车回家,我问他:"我表现得怎么样?你妈妈喜欢我吗?"他告诉我他母亲对他说:"她染发了吧,不是吗?"接着我丈夫就问我:"你染发了,是吗?"这成为我和丈夫之间的一段轶事;每次我们看到光彩照人的女性,我们都会说:"她是……还是不是?"20 年后(当我为 Miss Clairol 客户服务时),我走在林荫大道上大声自言自语,因为我要听见我所写的内容。那句话再次进入了我的脑海。突然,我意识到,"就是它了。这就是我要的广告运动。"我知道(一个有竞争力的广告公司)不会再找到更好的方案了。我马上就知道了这一点。当你年轻的时候,你对每一件事都很确信。[15]

广告词"她是……还是不是"实际上紧跟着品牌口号"她的秀发颜色如此自然,只有她的美发师知道其中的奥妙!"标题抓住了读者的注意力,而口号则承诺了一个毋庸置疑的产品利益:产品的表现如此完美以至于只有专家才能识别出她头发的颜色是不是真正的颜色。这个出色的广告设计使得上百万的美国女性变成了产品的用户,Miss Clairol的收入也直线上涨。[16]

从黏性的六个特征来说,这个广告运动至少在五个方面都很出色:简单,具体,可信,富于情绪以及故事性。

绝对伏特加

在1980年以前,美国几乎不存在进口的伏特加品牌。三种进口品牌(俄国的红牌伏特加、芬兰的芬兰伏特加以及波兰的Wybrowa伏特加)的份额不足美国市场总量的1%。瑞典——一个此前同伏特加联系不大的国家的名字——的绝对伏特加(Absolut Vodka)在1980年进入美国市场。除了好听的名字之外(名字的寓意是绝对好的伏特加),这个品牌最具特色之处是瓶子的形状很独特——是一种非常有趣的透明瓶子。

广告预算非常有限,并且只能在印刷媒体上广告(啤酒、白酒和蒸馏水广告不允许在电视上出现),绝对伏特加品牌的广告公司TBWA,设定的目标是迅速建立品牌形象。广告公司的想法非常简单,展示一个全页的酒瓶图片,附上两个词的标题:第一个词总是品牌的名字——绝对(Absolut),这个词也被用来修饰第二个词,或者描述品牌(绝对完美),或者描述消费者(绝对精明),或者是将品牌同积极的地点、人物或者事件相联系(例如,绝对巴塞罗那)。在之后的二十多年里,成百上千的印刷广告陆续推出,而"绝对"也成为伏特加行业的顶尖品牌,直到进入21世纪后才被Grey Goose、Ketel One和许多其他高端品牌所取代。(可以登录www.absolutad.com查阅"绝对"的印刷广告。)这个广告运动在2007年停止,取而代之的是另一个名为"在一个绝对的世界"的广告运动。结束这个早期著名的广告运动的原因在全球聚焦里有所体现。

这个广告在SUCCESs中的简单性方面做得尤其出色。

美国家庭人寿保险鸭子(The Aflac Duck)

直到21世纪早期,名为美国家庭人寿保险公司(Aflac)的附加保险公司始终默默无闻。事实上,这是一个严重的问题:尽管该公司在多年间已经在广告宣传上花费巨资,但还是没有多少消费者记得甚至听过Aflac这个名字。Aflac的首席执行官和总裁认为必须通过一个有创意的广告运动将公司品牌知晓度提高到一个必要的水平。被雇用完成这一任务的是当时一家不出名的广告公司——卡普莱泰勒集团。被指派到这个项目上的创意团队想出了许多点子,但在几周的创意努力后,这些方案都没能通过消费者是否记得住做广告的公司的名字的检测。

就在最后期限的前几天,创意团队中的一员在午餐后散步走了很长时间并一直大声念叨着"Aflac"的名字。在一遍又一遍地重复这个名字后,这位创意人员感觉自己就像一只嘎嘎叫的鸭子。他兴奋地回到办公室,同他的同事一起迅速写出了现在著名的"会说话的鸭子"广告的第一个脚本。这个创意开启了广告史上最为先驱性的广告之一,在1999年12月31日CNN千禧年特别节目上首演,随后就在各主流大学的橄榄球赛上播放。广告中提出了一个问题,"附加保险是什么?它叫做什么?"不起眼的鸭子马上大声叫道:"Aflac!"这个广告运动在最初期就大获成功,将Aflac的品牌认可度从10%提高到了90%。[17]在2006年,Aflac又开始了一个针对小型企业的成功广告运动,在2008年,又推出了新的针对每一个型号公司的B2B广告,这成为正在进行中的消费者广告的有力补充。就像从前一样,那只标志性的鸭子出现在每个新场景中,每次都展示一个Aflac能给客户带来的好处(图8.1)。

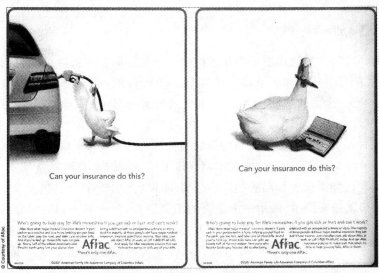

图8.1 使用"会说话的鸭子"的Aflac广告运动举例

今天,Aflac鸭子仍然与消费者和企业在一起。调查表明,只要鸭子继续出现在最不可能的场景中,它就会继续引起消费者的共鸣并提升Aflac的形象。[18]这个广告运动在创意方面表现得尤其好,并且至少做到了黏性特征的两个要求:简单和具体。

全球聚焦 为何要封杀一个超成功的广告运动

绝对瓶子导向的印刷广告推出了1 500多个版本并持续了25年。这项运动在很多年中极其成功,但是伏特加行业逐渐发生了变化,到20世纪90年代,逐渐出现了十余种高端伏特加品牌同绝对进行竞争。绝对不再是超高端品牌了,广告的力量耗尽了——或许也可能是负责广告的人已经厌烦了创造一个接一个的"绝对……"并且,在九个国家进行的研究表明消费者不再受到瓶子广告的吸引。

2007年推出了一个名为"在一个绝对的世界"的广告运动,取代了著名的瓶子广告运动。这个新广告运动揭示了在一个完美的、绝对的世界中生活的景象。例

> 如,在一个版本中,怀孕的男人和他们兴高采烈的妻子生活在一起。在另一个版本中,警察和抗议者在打架——不是用枪和棍棒,而是用枕头!这个广告传递的信息是绝对伏特加是为这个完美世界而设计的完美品牌。旧的广告运动局限于印刷广告,而新的广告运动则适用于多种媒体,包括电视和互联网。

耐克鞋

运动鞋与服装公司耐克和它的广告代理公司威登肯尼迪因其新颖迷人的广告而闻名于世。具有代表性的例子发生在2004年,当时威登肯尼迪为耐克公司创作了一个非常有趣的广告运动。在不同画面中出现的是专业运动员们在打冰球、排球、棒球、保龄球、拳击,等等。你可能会质疑,这有什么大不了的,成百上千的运动产品广告都在做同样的事情。耐克的这些广告出众的地方在于,著名运动员们进行的并非他们为人们所熟识的那项运动。例如,画面中出现的是,网球运动员安德烈·阿加西正在打棒球,如今已失宠的橄榄球四分卫迈克尔·维克则以一名出类拔萃的冰球运动员形象出现。环法自行车赛冠军阿姆斯特朗在画面中是一名优秀的拳击手,网球运动员塞雷娜·威廉姆斯正在排球运动中打出一记凶狠的发球,而棒球投手兰迪·强森看上去就像一个专业的保龄球手。与其他耐克广告一样,这场广告运动以细致入微的方式说明,耐克就像那些为它代言的著名运动员一样,是特别且非凡的。[19]

这些广告在SUCCESs要素的以下方面表现得非常好:简单、出乎意料、具体和富于感情。

本田英国

一则在英国播出的长达两分钟的电视广告赞美了本田雅阁汽车非凡的工程设计。这则名为"Cog"的广告呈现了一个机械奇迹,而它恐怕需要拍摄600次才能呈现得如此完美。后来,这则广告被上传到了互联网上。广告中描述了各个汽车零件同时运转的一个非常细致的过程,这一过程使人联想到一系列动态连锁事件,一个球滚落下来,掉入管内,旋转到书架上,翻转进入一个篮子中,最后到达底部。这则广告想要向消费者展示的是制造一辆本田雅阁汽车所需要的所有零件和技术方面的奇迹。美国广播节目 *Prairie Home Companion* 的主持人 Garrison Keillor 在画外音中朗读的简单语句使广告中复杂的视觉流程富含意义:"事物的运转不是很美妙吗?"显然,"Cog"广告为广告传奇提供了素材。(可以通过在谷歌中搜索 Cog 和 Honda,从网上找到这则广告。)

SUCCESs要素中的简单、出乎意料和具体是这则广告中展现得最好的三个方面。

苹果 iPod 与人物轮廓

由于 iPod 可以存储上千份歌曲和图像文件,iPod 的拥有者可以在任何时间、任何地点听他们喜欢的旋律或浏览图像。尽管这一产品属于高科技产品,但 iPod 的电视广告在设计方面却是简单而极富创造性的。在 iPod 的每一个广告中,出现的都是霓虹灯背景下手持 iPod,正在听音乐并随音乐扭动的人物轮廓。广告的创造性主要在于其设计上的简单,同时它又与那些典型的广告(在广告中使用产品的是可辨认的人物形象而非人物轮廓)有所不同。

iPod 的广告在简单和出乎意料方面的表现非常好。

吉尼斯啤酒在非洲

来自爱尔兰的著名啤酒品牌吉尼斯闻名于世,并且是长时间以来爱尔兰消费者所钟爱的饮品。但近年来,一些变化正悄然发生。很多年轻的爱尔兰人对吉尼斯啤酒并没有特别的偏好,并且它在爱尔兰的销量已经在下跌,这主要是由于竞争者正努力通过价格折扣抢夺市场份额,还有一个原因是消费者的偏好转移使红酒的消费量提升。面对这样一个烦扰的情况,吉尼斯的制造者增加了在其他国家的广告投放,以实现品牌增长,弥补其国内的销售下跌。其中,获得增长的一个区域是非洲,现在吉尼斯在非洲的消费量已经大大超过了爱尔兰!

吉尼斯在非洲消费量增长的一个原因在于一场广告运动的成功,这个广告运动的主人公是一位名叫 Michael Power 的虚构的国际记者。广告公司 Saatchi & Saatchi 在一则 5 分钟的动作冒险广告中介绍了 Power 这一人物形象。在 1999—2006 年间播放的广告中,Power 被刻画为一名动作英雄,他通过强大的内心、快速的思考和坚持不懈的精神而非蛮力越过了重重障碍。Power 不仅拥有智慧,而且时髦、身体健康、体格健壮,还很友好。在广告中经常出现他和朋友一起喝吉尼斯啤酒的画面。在非洲,Michael Power 和吉尼斯的形象是紧密联系着的。[20]

这些广告在 SUCCESs 框架的具体、可信、富于感情和故事性方面的表现非常好。

8.2.4 广告成功与失误

前面的讨论已经描述了有创造性和有黏性广告的一般特征,并以几个广告运动作为例子。现在介绍一个概念框架,这个框架明确了在何种情况下广告运动可能获得成功或者遭受失败。图 8.2 给出了这样一个框架,该框架从广告信息的说服力和信息执行的质量两个方面来概括和衡量广告的影响效果。[21]

一则广告信息可以被视为向读者、观众或者听众传达一个价值主张。一个**价值主张**就是广告信息的核心部分以及消费者投入他的时间观看广告所获得的回报。这种回报形式可能是消费者需要的信息,也可能仅仅是观看广告过程中享受的经历,就像成千上万的人在观看"Cog"广告时所获得的感受一样。研究表明,有一个强烈的卖点和销售主张会显著提高创作出有效广告的可能性。[22]

尽管有说服力的信息是创造出有效广告的必要条件,但这是远远不够的。正如图 8.2 所展示的,广告还必须被有效地执行。因此,广告信息可以被概括成四种类型:① 成功的广告运动;② 营销失误;③ 广告公司失误;④ 彻底的灾难。这一分类的标准是价值主张是否有说服力,以及广告公司对这些主张的执行是否有效。

图 8.2 信息说服力和执行质量的组合

成功的广告运动

成功的广告运动来自充满说服力的价值主张以及有效的(例如,有创意的或者有黏性的)的执行。简单来说,成功的广告运动有效地传达充满意义的价值主张。品牌管理团队(来自客户一边)和创意团队(来自广告公司一边)在这种情况下都出色地完成了工作。

营销失误

广告代理公司可能给出了一个极具创意的执行方案,但这却不能弥补有说服力的价值主张的缺失。营销失误源于品牌管理团队的失误,他们没能确定一个能够将该品牌同竞争品牌进行区分的价值主张。一个被正确执行的坏主意就是一个错误。如果广告运动没有达到预期的效果,那么广告代理公司可能会被解雇,但在营销失误的情况下,错误的根源在于品牌管理团队没能向广告公司提供能够利用的优质原材料。俗话说,巧妇难为无米之炊。

广告公司失误

这种形式的广告失误来源于广告公司没能设计一个有效的创意,即使品牌管理团队已经给广告公司提供了具有说服力的价值主张。简单来说,在这种情况下,一个曾经优秀的想法,最终却功败垂成。

彻底的灾难

差劲的价值主张以及平庸的广告执行是广告灾难的来源。品牌管理者和广告创意团队要负均等的责任。这种灾难是可以避免的,例如在广告正式印刷或投放前可以进行价值主张和创意的前测研究。

广告公司和它的客户如何能提前——也就是说,在印刷或上线之前——预知广告是否会成功?首先,对于消费者与产品相关的需求、期望、过去经历的研究能够提供给品牌经理关于一个价值主张是否有效的信息。许多美国和英国的广告公司都设有一个叫做客户策划的职位。尽管在不同的公司该职位的工作会略有区别,但总体上客户策划负责代表客户的声音。客户策划人员对客户的研究进行解读,通常是以定性的方式,这些解读会成为广告创意发展的关键输入。[23]其次,执行的有效性可以通过在发起广告前进行前测来判断。第10章将会具体讨论评估信息和执行有效性的方法。

8.3 撰写创意大纲

文案撰稿人和其他创意人员的工作都会遵循一个创意纲要,这一文案用于指导文案撰稿人和其他创意人员最终设计出符合客户需求的方案。纲要的意思就是一个广告项目的客户告知或简要地向广告代理公司介绍客户对于计划中的广告活动的期望。**创意纲要**是客户和广告公司间的非正式合约,代表了双方就广告运动要实现的目标所达成的共识。

尽管不同的创意纲要在细节确切性上有所不同,但大多数的纲要都至少会回答以下问题:

8.3.1 背景

首先要解决的问题是:当前开展的工作的背景是什么?这一问题需要简要地回答为什么广告公司会被请来完成这个广告活动。客户想要通过这一活动获得什么?例如,客户的目的也许是推出一款新产品,或者是从竞争者手中夺回失去的销售额,或者是推出一款已有产品的新型号。背景介绍的部分需要包括对与产品类别相关并影响产品成功的竞争环境和文化动力的分析。

8.3.2 目标受众

我们需要通过广告运动到达哪些人?这是一个典型的选择目标市场的问题。根据消费者的行为、心理、人口统计变量或者人口地理信息,创意人员就会产生一个确切的市场目标。这就是广告的核心,正如某些运动赛事一样。例如,高尔夫球传奇人物哈维·彭尼克这样教导那些想要提高球技的学生:"当你在打球时,要把击球当成你人生最重要的时刻。要去除一切杂念,选择目标并精确地瞄准它。"[24]他对于高尔夫球手"精确瞄准"的建议也同样适用于广告创意:你必须瞄准之后才能射击目标!

8.3.3 想法和感觉

目标受众目前对我们的品牌的想法和感觉是什么?研究和客户策划对于广告工作的基础性作用就体现在这里。这里给出的建议是在设计广告之前进行研究。在客户策划人员对研究结果解读的帮助下,广告创意人员就可以准备设计基于研究的广告,这些广告根据创意人员已知的受众的想法和感受向受众传递信息,而不是仅仅根据一些假设。当然,没有正式的研究,也可以设计出有效的广告(回忆 Aflac 广告以及它是如何开发出来的);但是,如果在进行广告创意前进行正式的研究,广告成功的几率就会提高很多。

撰写广告文案和创作视觉图版的人员必须绞尽脑汁来开发广告创意。创意人员经常抱怨市场研究报告和其他类似的指引过度限制了他们创意灵感的发挥。尽管创意人员艺术创作自由的想法可以理解,但我们不能忘记广告归根结底是一个业务,这个业务的职责是帮助客户销售产品。创意人员最终的目标是写出能够影响消费者预期、态度和最终的购买行为的广告文案。广告创意人员并不能只是随心所欲地追求创意的实现。[25]

8.3.4 目标和测量

我们想要目标受众对品牌产生哪些看法或感觉？有哪些可测量的效果是广告要达成的？这条准则就是用来提醒每个人，客户想要广告实现的目的是什么。这需要一个简短的陈述来说明广告想要在目标客户中引起的关键感觉或想法是什么。例如，广告可能计划在情感上感动观众，使他们感觉想要一种更好的生活方式，或者引起他们对当前不安全生活习惯的焦虑。有没有当前需要改变的感知？例如，如果目标市场中大量的消费者认为品牌的定价过高，我们如何才能够改变这一感知并说服他们因为其卓越的品质，所以这个品牌值这个价钱。得知了这一点后，创意人员就可以设计合适的广告来达成这一目标。在给定了多个目标之后，就可以按照重要性进行排序，并专注于最重要的目标。

并且，尽管这不是广告行业在设计创意大纲时的一般做法，但这样做是很有帮助的，也就是说，不仅要说明期望达到的目标是什么，还要说明怎样测量这些目标是否达成。通过提前明确测量方法，客户和广告公司就始终处在同一步骤上，跟踪的研究就可以评估广告运动是否真正实现了所设计的目标。[26]

8.3.5 行为结果

我们想要目标受众做什么？除了想法和感觉外，这一准则关注于广告运动计划要鼓励目标受众所要进行的具体行为。广告可能想促使消费者索要更多的信息，可能是上网参加抽奖或比赛，可能是联系销售人员，还可能是在下周之内光顾零售店来享受限时购买的机会。

8.3.6 定位

品牌的定位是什么？文案撰写人员时刻被提醒着他们的创意工作要反映品牌的定位主张。品牌管理团队必须清晰地表述品牌的意义，或者是明确想要在目标受众的心理中代表什么。在这种情况下，创意大纲可以向广告公司建议一个客户想要使用的品牌口号，或者要求广告公司提供另一个可供使用的口号。IMC 聚焦中介绍了大量著名的广告口号，还提供了有关消费者正确地确定品牌口号的信息。

8.3.7 信息和媒体

想要设计的信息大体是什么？什么媒体最适合到达目标受众？这一准则确定了品牌能传递给消费者的最具区分性和鼓励性的品牌信息。该信息应该着眼于品牌的优势而不是产品的特征。因为可信性是受众能够接受信息主张的关键因素，所以创意大纲中的这一部分需要通过关于产品特征的证据来支持信息的观点。文案撰写人员需要在这一范围内进行工作，但仍然可以发挥创造性。关于合适媒体的选择，客户需要同广告公司共同合作来确定最适合到达目标受众的媒体。创意人员会被确切地告知他们需要设计什么——可能是一系列的电视广告以及用于支持的杂志广告。

8.3.8 战略

战略是什么？对这一问题的回答就是一个确切的指导广告工作完成的广告战略。这个战略陈述使得文案撰写人员理解他们的创意工作必须适应整体的营销传播战略，该战略不仅包括广告，还包括其他的组成部分。例如，战略陈述可能指出除了广告之外，一个新品牌的推出还会伴随有其他一系列的活动，如一个激进的蜂鸣构建活动，一个鼓励消费者试用的网络促销活动。

8.3.9 细节

何时以及价钱怎样？这一部分的创意大纲确定广告提交客户审议的最终期限，并明确开发交付物——如一个完整的电视广告——的确切费用。

总结来说，创意大纲是一个由品牌团队（客户）准备的文件，该文件的起草可能需要客户同广告公司的客户经理进行合作，该文件的目的在于启发创意人员和渠道的工作。一个真正有价值的创意大纲需要在完全理解客户的广告需求的基础上进行起草。还需要获取市场研究数据来告知广告公司市场竞争环境以及将要被广告的品牌和其竞争对手的消费者感知。

IMC 聚焦 你对广告口号到底了解多少？

口号，或者叫标语，在广告中起到重要作用。有效的口号浓缩了品牌的核心定位以及价值主张，并为消费者提供了难忘的能够同竞争者区分的标签。一些口号已经成功使用了几十年，下面表 A 中的口号就被认为是现代营销中最成功的口号。看看你是否能将口号同公司匹配起来。

同这些著名广告相比，当前的广告似乎没有那么有效，所以也不容易被记住。最近一个对 500 人的调查发现，只有 5% 的人能够识别 29 个广告中的一半。只有 3 个广告被超过 50% 的人识别。表 B 展示了一些口号、使用这些口号的公司或品牌，以及正确识别的百分比。

表 A

广告标语		公司	
1."钻石恒久远，一颗永流传。"	1."滴滴香浓，意犹未尽。"	A. 麦斯韦尔(1915)	F. 莫顿盐业(1911)
2."只管去做。"	2."冠军的早餐。"	B. 麦片(1935)	G. 伊卡璐(1964)
3."带来清凉的瞬间。"	3."是她……或不是她？"	C. 温迪公司(1984)	H. 可口可乐(1929)
4."口味醇美，热量更低。"	4."不鸣则已，一鸣惊人。"	D. 戴·比尔斯(1950)	I. 安飞士(1962)
5."我们更努力。"	5."牛肉在哪里？"	E. 米勒淡啤(1974)	J. 耐克(1988)

*广告标语开始时间

表 B					
公司或品牌	广告标语	正确识别率(%)	公司或品牌	广告标语	正确识别率(%)
好事达保险	"我们搞定一切。"	87%	可口可乐	"真实。"	5
国营农场	"你的好邻居。"	70	胡椒博士	"是你。"	5
沃尔玛	"天天低价。"	67	通用电气	"梦想启动未来。"	5
通用电气	"我们带来美好生活。"	39	喜力啤酒	"专注啤酒。"	4
雪碧	"服从你的渴望。"	35	米克劳啤酒	"减少的是热量,不是口感。"	4
塔可钟	"不只有汉堡。"	34	西尔斯超市	"好生活,低价格。"	4
麦当劳	"我就爱它。"	33	克莱斯勒	"灵感源于标准。"	3
第一资本集团	"你的钱包里有什么。"	27	科罗娜	"超越常规。"	3
佳得乐	"由你决定。"	19	Arby's 快餐	"你今天吃什么?"	2
雪弗兰	"美国的革命。"	17	Miller	"良好的通话。"	1
杰西潘尼	"全部都在里面。"	15	别克	"美国精神。"	1
尼桑	"转换。"	12	凯马特	"就这里,就现在。"	1
丰田	"抓住这种感觉。"	11	史泰博	"那很简单。"	0
百威啤酒	"正确。"	10	温迪公司	"这里有更好的。"	0
Sierra Mist 饮料	"对,是有点像。"	6			

资料来源:表 A 中的品牌及其广告语来自 Deborah L. Vence,"The Test of Time," *Marketing News*, December 15, 2004, 8-9. 表 B 中的品牌及其广告语来自 Becky Ebenkamp, "Slogans' Heroes, Zeroes," *Brandweek*, October 200, 2004, 17。

(A) 答案:1. D;2. J;3. H;4. E;5. I;6. A;7. B;8. G;9. F;10. C。

8.4 富有创意的广告形式

根据广告的本质和广告信息设计开发的过程,有无数种方法来设计广告创意。[27]几种相对独特的广告创意形式已经发展了数年,代表了同时代的大多数广告形式。[28]表8.1 总结了六种形式并将它们分成三类:功能导向的、象征或体验导向的,以及产品类别导向的。

你可能会想起在第 5 章对定位的讨论中,分类是基于功能性的、象征性的和体验性的需求或利益。我们使用同样的区分维度来解释不同类型的创意广告。功能导向的广告满足消费者对有形的、物质的和具体的利益的需求。象征或体验导向的广告战略则指向心理需求。而产品类别主导的战略(表 8.1 中的通用广告和先发制人广告)并不一定使用哪一种类型的方法,而是力求设计成在同一产品类别中超越竞争对手。最后,要着重注意的是,同大多数分类的情况一样,下面部分所讨论的不同类型在具体的广告应用中,边界非常模糊。换句话说,不同类型间的区分非常细微而不是非常清晰,并且一个广告创意可能会同时使用多种创意方法。

表 8.1　创意广告的类型

功能导向	象征或体验导向	产品类别导向
独特的销售主张	品牌形象	通用
	共鸣	先发制人
	情感	

8.4.1　独特的销售主张广告的创作形式

在独特的销售主张（USP）创作形式中，广告主基于代表有意义的、与众不同的消费者利益的独特产品属性，提出一个具有优势的价值主张。USP 广告的主要特征是确定一个使品牌变得独特的重要区分特点，并设计一个竞争对手不能做出或者没有做出过的广告主张。从独特的产品特征到一个消费者切身相关的利益造就了 USP。USP 方法最适合那些品牌拥有长期竞争优势的公司，例如一个复杂技术设备的制造商或者精致服务的提供者。

吉列感应剃须刀在宣称"这是唯一一款能够感知并根据你的面部需求进行调整的剃须刀"时就用到了 USP 方法。尼古丁贴片（NicoDerm CQ）的 USP 使用体现在该款产品是"你唯一能够使用 24 小时的尼古丁贴片"。处方药氟替卡松使用了对比广告法（我们在第 9 章会进一步讨论），广告宣称只有它——而不是西替利嗪、地氯雷他定、氯雷他定或者艾丽格拉——被（食品和药品管理局）批准用来缓解由室内过敏、室外过敏或非过敏性刺激引起的鼻炎。蒂森吸尘器的广告则宣称其是唯一"不会丧失吸力"的品牌。Wet Ones 湿巾则宣传其是唯一一不含酒精和香料的湿巾。

从许多方面来说，USP 都是最佳的创意技巧，因为这种方法给了消费者一个清晰的原因去选择广告主的产品而不是竞争对手的产品。如果一个品牌真的拥有相对竞争对手的优势，那么广告就应该充分挖掘这一优势。USP 广告没有被更经常使用的唯一原因是许多产品类别内的品牌之间差别不大。这样品牌就没有可用于广告宣传的优势，因此不能不使用处于战略维度另一侧的象征，即心理策略。

8.4.2　品牌形象广告的创作形式

USP 战略是基于宣传广告品牌和竞争品牌之间的物质的和功能性差异，而品牌形象类型的广告则注重心理而不是物质的差异。这种广告试图通过将品牌与某些象征符号相联系来建立品牌的形象或定位。通过给品牌灌入一个形象，广告者从文化构成的世界中提取意义，并将意义传递给品牌。事实上，就是将现实世界中已知的特性与被广告品牌未知的特性相关联。[29]

通过广告开发一个品牌形象相当于创造一个独特的品牌定位或品牌个性。这对于那些在几乎没有差异的产品类别市场和所有品牌都比较类似的市场进行竞争（瓶装水、软饮料、香烟、牛仔裤，等等）的品牌是尤其重要的。因此，百事曾经被称为是软饮料的新一代。激浪一直将自己作为一个潮流品牌，适合那些喜好另类生活方式的年轻人。绝对伏特加酒，正如我们之前讨论的，经常把自己同能够增强自身在嬉皮士群体中品牌声誉的积极形象联系在一起。可能最经典的品牌形象广告莫过于万宝路的香烟广告运动了,广告运动中充满了牛仔的形象。牛仔——自由和个性的象征——借助于这个广告运动而与万宝路品牌联系在一起,一些牛仔形象所代表的意义现在已经传递给了万宝路。牛仔等同于自由和个性,而万宝路等同于牛仔,因此,通过这种联系,万宝路本身就成为牛仔生活品质的代表。

品牌形象广告在性格特征上是可转移的(相对于信息性的)。也就是说,可转移的广告将使用一个品牌的经历同一组独特的心理特征联系起来,而如果没有广告的展露,这些特征则不会如此紧密地同品牌相联系。这种广告就是可转移的(相对于信息性的),这种转移通过赋予品牌一种区别于其他类似品牌的独特体验来实现。在重复广告之后,品牌就同广告以及广告中的任务、场景或事件联系起来。[30]

可转移的广告有两个显著的特征:① 相比单纯地对品牌进行客观描述,这种广告让使用品牌的经历更加丰满、温暖、令人振奋,也更加享受。② 这种广告将使用品牌的经历和广告中的情景紧密相连,以至于消费者在回忆广告的时候无法忘记这个品牌。例如,万宝路香烟和牛仔的形象在许多消费者的认知结构中不可避免地交织在一起。[31]正如我们之前所提到的,吉尼斯啤酒和小说人物 Michael Power 在大多数非洲消费者心中也是不可分割的。

8.4.3 共鸣广告的创作形式

在广告的情境中,共鸣一词同物理中声音在物体周围回响的概念类似。类似的,广告同观众的生活经历产生共鸣。一个共鸣广告战略是心理研究的延伸,这种广告构建了一个刻画目标市场细分生活状态的广告运动。

共鸣广告并不专注于产品主张或品牌形象,而是力求展现目标受众能够发现自己生活经历映像的场景和情景。基于这种战略的广告试图将广告中的情景与消费者记忆中的经历进行配对。例如,联合利华香皂品牌多芬推出了一个将品牌同"真女人"而不是那些完美无瑕、美丽得无法接受的模特相联系的广告运动,同这些极具吸引力的模特相比,尽管真女人肤色较深,皮肤上有些斑点和皱纹,更加丰满,并不完美,但她们依然美丽。真女人的不完美同目标受众产生共鸣,这种不完美比完美无瑕更具吸引力,因为前者是真实的,而后者却是人工制造的。

图 8.3 共鸣广告

8.4.4 情感广告的创作形式

情感广告是第三种象征或体验导向的广告形式。很多当代的广告通过使用情感战略更加深入地接触消费者。许多广告业内人士和学者认为人们通常基于情感的因素购买产品,情感诉求的方法如果运用得当并运用在恰当的品牌上,就会取得巨大的成功。广告中情感的运用涉及积极情绪和消极情绪,包括浪漫、怀旧、怜悯、激动、快乐、恐惧、

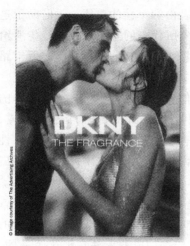

图8.4 情感广告

内疚、厌恶和后悔,等等。第9章会具体介绍几种情绪诉求方法。

尽管情感战略几乎可以用于任何品牌的广告,情感广告似乎对那些原本就同情感密切相关的产品类别(食品、珠宝、化妆品、香水、时装,等等)尤其有效。例如,DKNY香水的广告(图8.4)很明显是一个浪漫诉求的广告。

8.4.5　通用广告的创作形式

当广告主做出一个任何其他相同产品类别中的公司都能做出的广告主张时,该广告采用的就是通用广告形式。广告主并不想将其品牌同竞争对手进行区分,也不想宣称自己品牌的优越性。这种战略最适合在产品类别中占据主导地位的品牌。在这种情况下,做出通用性广告主张的公司会获取由广告刺激带来的大部分需求。

例如,坎贝尔公司在罐装汤市场居于主导地位,几乎占据了三分之二的市场份额。任何促进汤市场总体增长的广告都会给坎贝尔公司带来好处。这就解释了坎贝尔公司在过去几年进行的"汤是美食"广告运动。这个广告赞美喝汤的好处,但却没有提到人们应该购买坎贝尔汤。坎贝尔公司在这个广告运动之后推出了另一个广告,该广告仅仅是说,"永远不要低估了汤的力量"。类似的,AT&T的"打电话同朋友联络"广告运动,也属于这种广告类型,该广告鼓励人们拨打长途电话,当时AT&T公司垄断了长途电话市场(从那以后激烈的市场竞争削弱了垄断)。

8.4.6　先发制人广告的创作形式

先发制人广告是第二种产品类别导向的广告技术,在这种广告形式下,广告主做出一个通用类型的主张,但同时宣称自己品牌的优越性。这种方法大多用于产品或服务之间几乎没有功能性区别的市场中。先发制人广告是一种聪明的战略,因为抢先宣称自己品牌的优越性可以阻止竞争品牌进行同样的宣传。任何军队机构在招聘时都可以宣传其能够让参与者"引爆潜能",但在陆军进行这样的宣传后,其他部队就无法再如此宣传了。大通曼哈顿银行和化学银行合并后成立的JP摩根大通,在合并完成后不久就投入4 500万美元进行广告运动,该广告将大通银行称为"关系银行"。在清楚地认识到先发制人的重要性后,大通的首席营销官这样解释广告运动的目的,"将关系一词铭刻在我们的品牌上,抢先于行业中的任何公司首先使用它"[32]。

Visine眼药水的广告宣传该品牌能够"去除红眼病"。所有的眼药水都可以去除红眼病,通过首先进行广告宣传,Visine做出了一个消费者只能将去除红眼病和Visine相联系的陈述。其他公司由于害怕被贴上模仿者的标签就无法再使用这一陈述。Hanes Smooth Illusions连裤袜使用了一个聪明的先发制人的陈述,将其比作"无需手术的瘦身法"。另一个巧妙的先发制人广告是日产汽车在多年前对千里马汽车的营销活动。在广告运动之前,千里马同行业内的福特金牛和丰田克雷萨斯等车型在中高端市场进行竞争。为了避免残酷的价格战和价格折让,日产想要为千里马建立一种更加高端和高性能的品牌形象。基于广泛的市场研究,千里马的广告公司设计了一个先发制人的广告陈述,将千里马称为"四门的运动跑车"。当然,所有的轿车都有四门,但是千里马却抢先明确了自己跑车的地位。尽管价格有所上涨,但千里马的销售量还是比前一年增加了43%。[33]

最后一个先发制人的例子是花旗银行为了提高人们对身份盗用的警觉意识而进行的广告运动。在一系列的电视广告中,身份盗用者冒充受害人实施犯罪。例如,从一位老年妇女的口中却传来了男性小偷的声音,这个小偷盗用了受害人的信用卡并利用受害人的身份进行消费。尽管任何其他金融机构都可以宣传对身份盗窃的预防意识,但却没有人能再模仿花旗银行的广告形式了。

8.4.7 本节小结

我们已经讨论了六种一般的创意广告类型,并将它们分为功能导向的、象征或体验导向的和产品类别导向的形式。这些选择能帮助我们理解广告主可用的不同方法以及影响创意类型选择的因素。如果你认为这些方法是纯粹的和相互独立的,那就大错特错了。因为不同方法之间存在着不可避免的重叠,广告主很可能有意识或无意识地同时使用两种或两种以上的方法。

实际上,许多广告专家认为广告同时反映创意广告维度两端的要求时最有效——也就是说,广告既宣传了功能性的产品利益,又突出了象征或心理的利益。一家纽约的广告公司提供的证据在一定程度上证明了两种利益的同时使用要优于只使用一种利益。该公司检测了168个电视广告,其中的47个既包含了功能性诉求也包含了心理诉求,而另外121个只包含了功能性诉求。通过使用回想和说服的测量,广告公司发现包含功能性和心理诉求的广告明显比只包含功能性诉求的广告表现好。[34]

最后,一定要清晰地认识到,无论选择了什么创意类型,都必须要清晰地在消费者脑海中定位。也就是说,有效的广告必须清楚地说明品牌是什么以及它同竞争品牌相比如何。有效的定位需要公司充分地知晓它的竞争情况并发掘自身的竞争弱点。品牌是相对于竞争对手而定位于消费者心中的。定位这个概念的发起人认为成功的公司必须是"竞争对手导向的",从竞争对手的定位中寻找缺点,并进行营销活动来攻击这些缺点。[35]管理咨询师也认为许多营销人员和广告主在"营销和广告是产品的竞争"这一假设下进行工作实际上是犯了错误。他们对此的理解是:

> 它们都是最好的产品。世界上所有的营销活动都是在客户脑海中的感知。感知就是事实。其他所有的都是幻觉。[36]

这段陈述也许有些过头,但这段话想要说明的关键是品牌有多好(或多么有声望、多么可靠、多么性感,等等)更多地取决于人们怎样想,而不是客观的事实。而人们如何想在很大程度上取决于有效的广告活动,这些广告活动创造独特的销售主张,建立具有吸引力的品牌形象,或者将品牌同竞争对手区别开来,或者牢牢地在消费者脑海中留下希望得到的印象。

这一部分要记住的是广告创意战略的选择由三个关键问题所决定：① 目标受众对于该产品类别的需求和购买消费动机是什么？② 我们的品牌相对于同一产品类别中的竞争品牌的优势和劣势是什么？③ 竞争者是如何做广告的？有了这些问题的答案，品牌管理团队就可以同广告公司合作准备设计广告运动了，这个广告运动要使用一个既能同时吸引目标受众，又能在最大限度上优于竞争品牌使用的方法的广告创意。

8.5 以手段—目的链与阶梯法则作为广告创意指南

前面的讨论所强调的是，消费者（或是在 B2B 营销中的客户）应该是广告信息最重要的决定因素。手段—目的链的概念为我们理解消费者或客户与广告信息之间的关系提供了一个有用的框架。一个手段—目的链代表了品牌属性、使用品牌和消费维度获得的结果以及结果所加强的个人价值之间的联系。[37]之所以说这些联系构成了一个手段—目的链条，是因为消费者看见了品牌及其属性，对它们的消费会产生结果，而这又是实现最终价值目的的手段。理论上来讲，手段—目的链如下所示：

$$[\text{属性} \to \text{结果}] \to \{\text{价值}\}$$
$$\text{手段} \to \text{目的}$$

属性是被广告的品牌的特征和基本方面。例如，对于汽车来说，属性就包括尺寸、蓄电池容量、引擎性能、美观性，等等。**结果**是消费者在消费品牌时希望获得的（好处）或避免的（损害）。地位的提升、便利性、性能、安全和转售价值是同汽车相关的积极结果（好处），而故障、错误运转和较低的转售价值是消费者希望避免的结果（损害）。对于大屏幕等离子电视来说，屏幕尺寸和分辨率是导致结果的属性，这些结果包括相对于旧型号电视的清晰画面（好处），以及相对于液晶电视（发光二极管技术）的高能耗（损害）。

总结来说，需要着重理解的是属性存在于品牌内，而消费者所经历的结果是品牌购买和使用所带来的。总体来说，品牌属性和消费这些属性所带来的结果是人们实现价值目的的手段。

价值代表了人们持续持有的信念，这些信念与人们认为生命中什么是重要的有关。[38]它们同人们想要达到的最终生活状态有关，超越了具体的情况，知道人们对行为的选择和评价。[39]一般来说，价值决定了结果的相对吸引力，并负责组织产品和品牌在消费者认知结构中的意义。[40]

价值是人类行为许多方面的起始点、催化剂和动力的来源。消费者行为，正如其他种类的行为一样，涉及对价值状态或结果的追求。品牌属性和它们的结果并不是自我驱动的，而是需要被作为达成最终目标价值状态的手段。从消费者的角度，目的（价值）驱动了手段（属性和它们的结果）。现在让我们更加全面地分析给行为以动力的价值。

8.5.1 价值的本质

心理学家已经对价值进行了广泛的研究,并构建了多种价值分类方法。本章采用的观点是,十种基本价值就可以充分代表人们在不同文化构成的世界中的所有重要价值。表8.2列出了这些价值。[41] 得出这些价值的研究在20个不同文化的国家和地区进行:澳大利亚、巴西、爱沙尼亚、芬兰、德国、希腊、荷兰、中国香港、以色列、意大利、日本、新西兰、中国内地、波兰、葡萄牙、西班牙、中国台湾、美国、委内瑞拉和津巴布韦。这些国家的人拥有一些共同的价值观,我们现在依次进行简要介绍。[42]

表8.2 普遍的价值

1. 自我导向	6. 安全
2. 激励	7. 适合性
3. 享乐主义	8. 传统
4. 成就	9. 善良
5. 力量	10. 普世主义

1. 自我导向。这种价值类型的特点是独立的想法和行动。包括对自由、独立、选择自己的目标以及创造力的渴望。

2. 激励。这种价值来源于对多样性的需求以及实现精彩人生的愿望。

3. 享乐主义。享受生活和获得快乐是这种价值类型的基础。

4. 成就。这种价值类型的定义是通过在社会标准下展示自身的竞争力来享受个人的成功。被认为是有能力的、有野心的、聪明的和有影响力的是成就价值的不同方面。

5. 力量。力量价值需要在对人或资源(财富、权威、社会力量以及公认)的控制下获得社会地位和声誉。

6. 安全。这种价值类型的核心是对安全、和谐和社会稳定的渴望。这种价值包括对个人、家庭甚至国家安全的关心。

7. 适合性。自律、顺从、优雅、抑制可能伤害他人或违反社会规范的行为或冲动是这种价值类型的基础。

8. 传统。这种价值包含对所属文化和地区传统习俗的尊重、承诺和接受。

9. 善良。善良的激励目标是对家人和朋友福祉的保护及增强。它包括诚实、忠诚、乐于助人、真正的朋友以及以一种成熟的方式去爱他人。

10. 普世主义。普世主义代表了个人想要理解、认可、包容和保护所有人及自然的福祉的动机。它包含了世界和平、社会正义、平等、与自然合一、环境保护和明智等观念。

8.5.2 哪些价值与广告最相关

上面所讨论的十种价值是对全世界人类心理的合适概括。但要注意的是,它们适用于生活的所有方面,并不仅仅适用于消费者行为。所以,十种价值对消费者的重要性并不相同,因此它们对广告者的广告运动设计活动的重要性也不同。在继续阅读之前,请花一段时间再审视一下这些价值,并选出那些你认为最适合频繁在大众媒体上做广告的产品或品牌的价值。

如果你和我一样,你就会认为,前面的六个价值——从自我导向到安全——适用于许多广告和消费情况,而后四种一般不是消费者行为的驱动力。后面四种当然在某些广告情境下是适用的(例如教堂、慈善组织这类的非营利组织的广告活动),甚至可能在东方比在西方更加适合,但是对于大多数产品和服务来说,它们不能代表一般的消费者行为。因此,你应该认识到自我导向、激励、享乐主义、成就、力量和安全是驱动大量消费者行为的因素并应作为广告者最终目标的价值目的。

8.5.3 手段—目的链在广告中的运用:MECCAS 模型

有效广告的创意需要品牌经理对人们想要从产品类别和具体品牌中获得什么价值有一个清楚的了解。因为不同的消费者从一个品牌中需要的价值不同,我们就仅仅需要从市场细分的层面讨论价值。一个品牌广告主,在知道了市场细分层面的价值后,就明确了应该向市场细分强调什么产品属性和结果,而这就是帮助消费者实现最终价值目的状态的手段。一个正式的模型,叫做 MECCAS 模型(means-end conceptualization of components for advertising strategy,广告战略成分的手段—目的的概念模型),为将手段—目的链应用于广告信息的创意提供了具体的步骤。[43]

表 8.3 给出并定义了 MECCAS 模型的不同层次。展示广告信息和挖掘或激发价值取向的结构包括价值导向、品牌结果和品牌属性,以及创意战略和杠杆点。[44]价值导向代表了广告战略关注的消费者价值和目的水平,可以被视为广告执行的背后驱动力。其他的成分都是为达成目的水平而进行的。在进入下一部分对 MECCAS 方法应用的介绍之前,请仔细阅读表 8.3 中的定义。

表 8.3 广告战略 MECCAS 模型

组成元素	定义
价值导向	广告的最终价值,是广告执行与实施的驱动力。
品牌影响	借助广告传达给消费者的使用某特定品牌所获得的主要利益和积极方面的影响。
品牌属性	能够体现出品牌价值与利益的品牌的具体属性。
创新的战略与杠杆点	传递价值导向的总体广告方案

资料来源:Thomas J. Reynolds and Jonathan Gutman, "Advertising Is Image Management," *Journal of Advertising Research* 24(February/March 1984), 27—36。

下面的部分运用 MECCAS 框架对六则广告进行了分析。每一个都对应表 8.2 中前六个价值中的一个。需要注意的是这些应用是作者的事后解读。我们并不清楚在这些案例中广告主在设计广告时是否应用了正式的手段—目的分析。但是,这些分析有助于我们加强理解怎样将手段—目的逻辑转换成真正的广告设计。

自我导向和劳力士手表

自我导向包括对自由、独立、选择自己的目标的渴望。在劳力士广告中作为驱动力的价值导向是引起消费者拒绝大众化的需要(参见广告的标题"打破成规"),这代表了那些希望自由选择和摆脱社会压力束缚的消费者诉求。

享乐主义和牛排

享乐价值的基础是享受生活和获得乐趣。图 8.6 中的广告展现了一份令人垂涎欲滴的牛排,这被大多数的非素食主义者所喜爱。引人注意的标题——没有被称为鸡肉叉的餐具——暗示着只有牛排(而不是鸡肉)才配得上一个为其而命名的餐具。广告主 The Beef Checkoff Program 很鲜明地在吸引那些想要享受生活中的小情趣的人。

图 8.5 自我导向价值的 MECCAS 模型

图 8.6 享乐主义的 MECCAS 模型

成就和家得宝

在能力和成就的诉求中,图8.7中的广告简述了一个普通消费者重新装修房子所取得成功喜悦的小故事(请回忆SUCCESs模型中的故事性成分)。艾米在家得宝员工的帮助下,证明了她真的能处理好这件事,并克服了其他人对她重装房间的怀疑。这则家得宝的广告代表了一种正确吸引那些将价值赋予家装进步目标的消费者的方法。

图8.7 成就的MECCAS模型

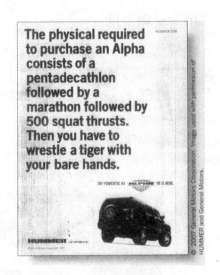

图8.8 力量的MECCAS模型

力量和悍马阿尔法

作为一种价值目的状态,力量需要在对人或资源(财富、权威、社会力量以及公认)的控制下获得社会地位和声誉。图8.8中的悍马阿尔法的广告将该车型称为"强力H3阿尔法"。广告正文部分提供了广告的杠杆点,暗示潜在购买者——阿尔法男士,毫无疑问地——必须通过一项艰苦的"身体测验"才能购买一辆阿尔法。这暗示着坚韧的人才是悍马阿尔法的主人:人如其车。这则广告巧妙地向悍马阿尔法的潜在购买者传递了信息:他们是一群坚强、严格和充满力量的人,将会因为拥有这辆汽车而赢得地位和声誉。

安全和新斯波林

个人和家庭的安全是安全价值对拥有和消费许多产品的基本要求。一个新斯波林抗生素药膏的广告使用了讲故事的方法,其中暗示了即使很小的割伤或擦伤也可能引起严重感染。这个故事描述了新斯波林的属性以及该品牌能够比其他品牌对严重的葡萄球菌感染(MRSA)起到更好的防护作用。安全的价值目的状态的杠杆点在广告中一目了然,一位母亲拥抱着一个健康的孩子,母亲说道:"我永远不会再留下未治愈的割伤。"

8.5.4 识别手段—目的链：阶梯法则

阶梯法则是一种用于确定属性（A）、结果（C）和价值（V）之间联系的研究方法。该方法之所以被称为阶梯法，是因为这种方法需要在品牌的属性、结果（手段）和消费者价值（目的）之间构建一个层级的或阶梯的结构。阶梯式访谈是一种深入的、一对一的，一般至少持续 30 分钟到 1 个小时的访谈。同调查相比，阶梯式访谈试图寻找到消费者购买产品或品牌的根本或深层次原因。[45]

一个访谈者首先确定受访者认为产品类别中哪些因素是最重要的，基于此，访谈者开始尝试确定消费者脑海中从属性到结果、从结果到抽象价值的联系。在进行一个阶梯访谈时，访谈者首先给受访者一个具体的属性，通过探究，逐步发现受访者如何将属性同更加抽象的结果相联系，以及这些结果又如何同更为抽象的价值相联系。在第一个属性有关的联系被穷尽后，访谈者就进行下一个重要属性，如此进行下去，直到所有重要的属性都被发掘了一遍；这一般涉及 3—8 个属性。探究一般通过下面的问题来完成[46]：

- 为什么这个属性对你很重要？
- 这个属性是如何帮助你的？
- 你从这里得到了什么？
- 你为什么想要那样？
- 如果那样的话，你又会如何？

让我们以图 8.7 中的家得宝广告为例来说明阶梯方法的使用。假设一个访谈者问一位消费者为什么自己动手进行家居改造很重要。她的回答是："我不想依靠任何人。"访谈者接下来的提问（"自己动手给你带来了什么"）又让受访者说道"一个漂亮的家对我非常重要，而我又无法负担请其他人帮我整修的费用"。访谈者接着问道："为什么这对你很重要？"受访者回答道："我想要我的父母为我感到骄傲。我想让他们知道我有能力自己养活他们的外孙，并且我可以给他们一个漂亮的家。"

我们看到，在这个虚拟的描述中，重装家居最终联系到了成就价值和来自父母骄傲的满足感。图 8.7 中的广告很明显是基于这样的观点，存在一个由像艾米这样的人组成的市场细分，他们想要通过改进家居来实现自己的野心，获得认可，也许还让其他人——以及他们自己——为其成功感到骄傲。

8.5.5 识别手段—目的链：实践中的问题

总结来说，对于 MECCAS 方法要记住的是它为将广告主的观点（例如，一个具有良好和不好结果的品牌属性）同消费者的观点（为实现最终状态或价值而对产品和品牌的追求）相联系提供了一个系统的步骤。有效的广告并不关注于产品属性和结果本身；相反，它专注于展示广告品牌如何给消费者带来利益并使他们实现生命中最希望得到的东西——自我导向、激励、享乐，以及其他表 8.2 中的价值。产品和服务在它们能够满足的价值上有所不同；但是，所有的产品和服务都能至少满足一些价值，而精确的广告和市场研究的任务就是确认和接近这些价值。广告和其他形式的营销传播是同消费者关系最为密切的，因此当这些传播的进行是基于正确的属性、结果和价值之间的联

系时,它们就是最有效的。⁴⁷

但是,手段—目的方法和阶梯方法也是有其缺陷的。对此的主要批评有如下几点:首先,一些人认为阶梯方法"强迫"受访者确认属性、结果和价值组成的层次结构,而这可能在访谈之前或在没有访谈者的引导之下是不存在的。其次,一些人认为消费者可能在属性和结果之间存在清晰的联系,而在结果和价值间却不一定存在联系。最后,一些针对阶梯方法的批评认为,该方法根据几个个体的回答就将A→C→V整合成单一的链条,接着进行粗糙的整合进而构成最终的层次结构,这一做法想当然地认为受访者能够代表全部的目标受众。⁴⁸

这些批评都有其根据,但现实情况是,所有广告创意战略都有其不完美之处。阶梯法的价值在于其强迫广告者确认消费者如何将产品属性同更抽象的概念如利益和价值相联系。因此这种系统的方法确保了广告的重点会被放在传播利益并暗示最终价值状态上,而不是仅仅关注属性本身。消费者也可能对一些产品类别和具体品牌无法建立品牌结果和价值之间的联系。所以,尽管手段—目的链可能只包含A→C的部分而不是整体的A→C→V,但系统的阶梯方法的作用就在于鼓励有创意的员工专注于产品的利益而不是属性。

8.6 公司形象与倡导性广告

到目前为止我们讨论的广告一般被称为品牌导向性广告。这种广告专注于具体的品牌并试图最终影响消费者购买广告的品牌。

另一种形式的广告叫做公司广告,这种广告不注重具体的品牌,而是注重公司的整体形象或同公司利益相关的经济或社会问题。这种形式的广告是非常普遍的。⁴⁹在公司广告上的持续投资会增加公司的资产,就像品牌导向的广告代表着品牌资产银行中的账户一样。下面我们将讨论两种不同类型的公司广告:① 形象广告;② 观点或倡导性广告。⁵⁰

8.6.1 公司形象广告

公司形象广告试图提高公司声誉的认可度,为公司及其产品建立美誉度,或者用一些具有意义和社会接受的活动对自己进行身份确认。这种类型的公司广告注重在受众(如消费者、股东、员工、供应商和潜在投资者)中建立良好的形象。这种广告并不需要受众采取具体的行动,仅仅是想要受众产生对公司良好的态度以及对公司活动的支持。⁵¹例如,通用汽车公司对混合动力大巴的广告并不宣传任何通用汽车品牌,而是像其他公司形象广告一样,试图通过与节能和清洁相联系提高公司的形象。图8.9中的广告给出了另一个公司社会责任广告的

图8.9 公司形象广告

例子。在这个例子中,金鱼品牌推出了像鱼一样思考的营销活动来激励母亲对孩子的乐观和积极思考。通过与一个高层次的目标联合,金鱼品牌更加深化了同消费者的关系。

一般而言,研究发现高管人员将身份确认和形象建立视为公司广告的重要目标。[52] 公司形象广告并不仅仅想让消费者对公司感觉良好。公司越来越多地使用公司形象来促进销售和财务表现。[53] 研究表明一个积极的公司形象能够对消费者的产品评价,尤其是在购买决策具有风险时产生积极的影响。[54] 不能够提升销售额的公司广告很难在当今要求营销可计量性的大环境下进行。

8.6.2 公司倡导性广告

另一种形式的公司广告叫观点广告或倡导性广告。在使用倡导性广告时,公司对一个重要的但存有争议的社会问题发表观点,目的在于影响大众的看法。[55] 这种广告支持公司的立场和最佳利益,明显或隐晦地攻击反对者的立场并否认反对者观点的正确性。[56] 例如,一家大型石油公司进行了一个广告运动,攻击刚刚兴起的玉米原料乙醇汽油工业的经济节约性和能源有效性。如果这个广告运动能够说服选民及其代表相信支持乙醇行业发展的基金是完全没有意义的,那么这种宣传就服务了公司的利益。

倡导性广告是一个充满争议的话题。[57] 商业高管们在这种形式的广告是否代表了公司资源的有效分配上存在分歧。批评者质疑这种广告的合法性以及其作为一种节税支出的地位。由于进一步的讨论超出了本章的范围,有兴趣的读者可以参看尾注中的相关资料来源。[58]

IMC 聚焦 2008 年中国北京奥运会营销

2001 年 7 月 13 日,北京赢得了 2008 年奥运会的承办权,消息传来举国欢庆。2004 年 8 月 29 日,当北京市市长、北京奥组委执行主席王岐山在雅典奥运会闭幕式上接过奥运会会旗的一刹那,筹办 2008 年北京奥运会也进入了新的阶段。王岐山在接过会旗时,深有感触地说,奥运会进入了"北京周期"。为了举办这次奥运会,北京奥组委、北京市发改委、国资委等单位共同主办了一次奥运推介会,从奥运场馆建设商机、城市基础设施建设运营商机、现代制造业发展商机、服务业发展商机、环保与资源综合利用产业发展商机、旅游业发展商机等角度,对奥运经济及其市场和商机进行总体介绍。据初步测算,从 2001 年起到 2008 年,北京市总投资将达到 1.5 万亿元人民币。

2008 年北京奥运会不仅仅是体育界的盛世,更是一个营销上的经典案例。本届奥运会最终确定了以"新北京、新奥运"为主题,突出"绿色奥运、科技奥运、人文奥运"的理念。

北京奥运营销主要传播两个理念:一是奥运和体育的精神,二是向世界展示中国文化和中国社会的发展。一个成功的营销既要有营销的元素,又要有恰当的传播媒介,而北京奥运会的营销在这两个方面都做得非常出色。

众所周知,奥运形象元素是奥运营销传播的基础,是营销推广的起点。奥运的形象元素一般包括会徽、口号、吉祥物、奖牌、火炬、礼仪服饰等。据了解,奥运会会徽的征集评选工作于 2002 年 4 月正式启动,整个会徽诞生历时 1 年零 4 个月,最终从1985件应征作品中精挑细选出来。北京2008年奥运会会徽——"中国印·舞动的北京",潇洒飘逸、气韵生动,有其深厚的人文内涵和独特的外部形象。会徽将中国的传统印章、书法艺术和体育运动结合起来,巧妙地凸显了"京"字,寓意明了,意蕴动人。印章轻轻盖下,一个飞扬的"京",一个舞动的"文",一个飞奔的人,张开双臂,拥抱着天地,欢迎着五湖四海的朋友……"同一个世界,同一个梦想"的口号则体现了和谐的理念,蕴含了"和为贵"等中国文化的精髓。五个可爱的福娃更是表达了北京对世界的盛情邀请"北京欢迎你"。金镶玉的奖牌尊贵典雅,形象地诠释了中华民族自古以来以"玉"比"德"的价值观,充分体现了对运动员的礼赞,是中华文化和奥运形象的完美合璧。而奥运火炬的设计灵感则来自另一个中华文化元素:"渊源共生、和谐共融"的祥云。火炬造型来自中国传统的纸卷轴,让人联想到中国文化五千年的源远流长。而源于汉代的漆红色明显地区别于以往奥运火炬的冷色调,融入了"中国红"的特色,热烈的色彩产生了醒目的视觉效果,同时浓浓的书卷气使火炬整体不失稳重、大方。以"元代青花瓷"为灵感的奥运礼仪服饰高贵典雅,灵动的设计达到了传统和现代的完美结合。所有这些成功的元素设计为北京奥运会营销打下了良好的基础。

与此同时,恰到好处的营销传播媒介设计则是推广的渠道。特许纪念品的专卖使得各种形象元素以实体的方式呈现。专卖店开在全国各地,通过顾客购买把奥运元素传播到世界。而媒体宣传则更为重要,大众媒体、互联网、出版物等各种形式被充分运用。中央电视台以刘翔等大众熟悉的体育明星、演艺明星等为代言制作播放了一大批公益广告,有效地传播了北京奥运会的理念。而事件营销、体验营销等也披挂上阵。奥运志愿者的招募和选拔掀起了全社会关注奥运、参与奥运的激情,各大高校的学生积极参与,充分调动了年轻人的积极性。奥运加油用语、手势的设计和普及,让最广泛的人群参与到奥运中来。每一个奥运特色元素的诞生,都是从来自世界各地的作品中千挑万选,集合了当代最优秀、最有创意的设计师的智慧。而奥运火炬的全球传递更是点燃了人们的热情,火炬手的选拔给予了更多普通人参与奥运的机会。奥运火炬传递所之处,全城出动,为火炬手呐喊助威,让每一个人都可以切身地感受奥运的精神。

除此之外,北京奥运会也充分发掘了各类公共关系资源,如赞助商关系。通过全球奥运合作伙伴在世界各地的活动,北京奥运会的理念被传播到了世界各地。而赞助商的选拔也调动了企业界参与奥运的热情。同时,北京奥组委还推动和奥运有关的各类公益项目,如推动赞助商做好保护地球臭氧层的环保工作,体现"绿色奥运"的理念。奥组委以奥运的名义提倡和平、休战,把奥运精神传播到世界各地。

资料来源:1.《北京奥运行动规划》,搜狐体育,2002年7月13日。
2. 汪涌,《北京为2008年奥运总投资将达1.5万亿元》,《羊城晚报》,2004年3月10日。
3. 赵银平,《中国印:中国文化与奥林匹克精神的完美结合》,中国新闻网,2003年9月22日。
4. 侯艳,《北京奥组委首次披露2008年奥运会会徽诞生经过》,《京华时报》,2003年6月2日。

讨论题:
2008年北京奥运会策划的成功经验是什么?

小结

本章讨论了创造性广告并展示了大量的创造性广告实例。首先要问的一个重要问题是：有效广告的一般特征是什么？我们的讨论指出有效的广告必须：① 是合理营销战略的延伸；② 站在消费者的角度上；③ 以独特的方式突出重围；④ 从不过度承诺；⑤ 不会让创意压倒战略。接下来的部分介绍了广告想要真正具有创造性所必须满足的三个特征（连通性、合适性和新颖性）。随后的部分讨论了为了达到"黏性"，也就是对消费者产生持续影响的能力，广告必须具有的一些要素。这些特征包括简单性、出乎意料性、具体性、可信性、富有感情和故事性。

本章涉及的另一个重要话题是广泛运用的广告创意形式。我们介绍了六种具体的创意类型——独特的销售主张、品牌形象、共鸣、情感、通用和先发制人——并举出了相应的例子。

本章还对手段—目的链和 MECCAS 模型进行了讨论，这一模型被用于真正的广告运动设计中。手段—目的链和 MECCAS 模型在产品属性和结果与消费者对产品属性的认识（手段）以及这些结果满足消费相关的价值的能力（目的）之间架起了桥梁。MECCAS 模型为设计能够同时考虑属性、结果和价值的创意广告提供了一个组织化的框架。

本章讨论的最后一个话题是公司广告。这种广告同一般的品牌导向的广告存在显著差异。公司广告注重提升公司美誉度，提高公司整体形象，并倡导同公司相关的社会和经济事件。我们讨论了两种形式的公司广告：形象广告以及观点（倡导性）广告。

讨论题

1. 在本章开始部分讨论有效广告必须站在消费者的角度时，有下面的引言："消费者不想被广告轰炸，他们想要被能够改变他们生活的理念所激发。广告带来交易，理念带来变革。广告反映我们的文化，理念设想我们的未来。"你认为这段引言的意思是什么？

2. 在讨论广告新颖性时，本章提到新颖性是广告创新性的必要但不充分条件。请解释。

3. 根据广告"黏性"的讨论，给出了三个广告者想要具体化广告的例子。电视广告是一个不错的事例来源。请详细解释你所选择的广告所体现的具体性。

4. 分析三则杂志广告，说明每则广告满足了 SUCCESs 的哪些要素。

5. 在你看来，哪些 SUCCESs 要素最重要？请根据每个要素达成信息黏性的能力对六个要素从大到小进行排序，并解释。

6. 在讨论创意广告类型中的独特的销售主张（USP）时，我们提到，从许多方面来讲，USP 都是最积极的创意技术。你是否同意这一观点？请解释。

7. 本章给出了几个品牌形象广告的例子。请再举出两个使用了品牌形象或可转换性创意类型的例子。

8．有效广告的一个要求是能够突破竞争对手重围的能力。请解释这一点的意思，并举出几个成功实现了这一点的广告实例。

9、选择一个杂志或报纸广告并应用 MECCAS 模型解读该广告。请解释你认为这则广告的价值导向、杠杆点等分别是什么。

10．请解释 USP 和品牌形象创意类型之间的区别，并指出在哪些具体情况下一种创意类型比另一种更有可能被使用。请给每个创意类型举一个例子，不要使用书中提到的例子。

11．运用本章介绍的阶梯方法，选择一个产品类别，对一个人（最好不要是亲密的朋友）进行访谈，构建对于这个人来说很重要的两个产品属性的层次图或阶梯图。换句话说，在确定了受访者在你所选择的产品类别中最看重的两个产品属性后，使用本章列出的探寻方法的类型，看看受访者如何在头脑中将产品属性同结果相联系，然后将结果扩展到最终价值状态。一定要坚持问下去。

12．一些批评者认为倡导性广告或观点广告不应该被视为一种合法的节税支出。你对此的观点和看法是什么？请解释。

13．选择两个在电视上播放了一段时间的广告，具体描述你认为他们的创意信息的类型是什么。

第9章

信息诉求与代言人

第9章探讨了各种信息类型在广告中的应用及代言人的作用。首要强调广告者为提升消费者对广告信息加工的动机、机会与能力所付出的努力。

宏观营销传播洞察 幽默与比较在广告中的运用

你可以回忆一下看过的电视广告,广告中苹果的 Mac 电脑与非 Mac 电脑进行比较,后者被简单地称为 PC。在一系列广告中,一个比较时髦的人(电影《录取通知》中的演员 Justin Long)穿着很酷的办公室便装,是 Mac 的化身。比较而言,一个落伍的、笨拙的形象(来自《每日秀》的演员 John Hodgman)穿着更正式的商务装,是普通 PC 的化身。在每个广告中,时髦的 Mac 形象都令落伍的 PC 人物出丑,暗示 Mac 电脑的优越性。

根据在延长期播放的不同广告的数量,我们完全有理由相信这个广告运动在美国是成功的。然而有趣的是,苹果在进入日本市场时必须对广告运动进行大修改。首先,虽然直接比较在美国广告中很常见,但日本消费者厌恶对抗风格的广告,他们认为这种广告粗鲁、无礼且没有层次。其次,存在一个有趣的文化反转现象,在美国广告版本中,PC 形象穿的正式的服装类型在日本得到的评价比 Mac 电脑人物穿的办公室便装更为积极。

由于美国和日本之间的这些文化差异,苹果的 Mac 电脑在进入日本之前,需要对广告进行改变。在日本的版本里,Mac 和 PC 人物之间善意的玩笑取代了美国版广告中的对抗形式。日本版没有让扮演 PC 和 Mac 的演员分别穿着落伍和时髦的衣服,二者之间只存在细微的差别,PC 人物穿着办公室服装,Mac 人物穿着周末的休闲服装。Mac 还给 PC 起了一个绰号——waaku——"工作"一词比较和善的日语版本。[1]

这里谈到了两个问题——幽默的使用和比较型广告的应用,本章涵盖的多个话题中也包含这两个问题。并且,开头关于增强消费者加工广告信息的动机、机会和能力的部分也与这段内容相关,因为幽默和比较型广告策略可以用于增加消费者关注和加工广告的动机。

---------------------- **本 章 目 标** ----------------------

在阅读本章后你将能够:
1. 理解广告者为增强消费者对广告信息加工的动机、机会与能力所付出的努力。
2. 描述广告代言人的作用。
3. 说明一个有效的代言人需要满足的条件。
4. 理解选择代言人时应考虑的因素。
5. 探讨 Q 值在选择广告代言人时的作用。
6. 描述幽默广告的作用。
7. 说明在广告中使用恐惧诉求的逻辑。
8. 理解广告中内疚感诉求的本质。
9. 探讨广告中性诉求的作用和潜在的风险。
10. 说明阈下信息与象征意义嵌入的含义。
11. 理解音乐在广告中的作用。
12. 理解比较型广告的作用及采用比较型广告时应考虑的问题。

9.1 介绍

正如在第 8 章中反复指出的,广告者一直面对两方面的挑战:大量广告的干扰和那些通常对广告信息不感兴趣的受众。广告想要有效,必须要冲出重围,且充分激发受众关注广告信息并对它们进行更高级的加工。正如第 8 章中所说,有效的广告通常是有创造性的,有创造性的广告往往具备连通性、合适性和新颖性(CAN 要素)。

本章介绍了用于创造广告信息的一些常见方法。首先探讨广告者如何增强消费者对广告信息加工的动机、机会与能力。接下来的主要部分探讨在广告中广泛使用的代言人。本章在第三部分介绍五种流行的广告信息:幽默、恐惧诉求、内疚感诉求、性诉求和阈下信息。本章还会介绍音乐在广告中的作用,以及使用比较型广告的好处和坏处。

如果可能的话,我们试图确定创造有效广告信息的一般法则。但一般法则并不等同于科学定律或原理。那些更高形式的科学真理(如爱因斯坦的相对论和牛顿的万有引力定律)与广告不属于同一领域,原因如下:第一,广告想要影响的消费者购买行为是复杂的、动态的,随情况发生变化,因而很难简单直接地说明广告要素如何在所有情景和所有类型的市场中起作用。(回忆第 7 章营销传播洞察中提出的问题:"广告是神秘莫测的吗?")第二,广告本身有各种不同的形式,除了对幽默、性、恐惧诉求或其他单一维度的使用外,它们还在很多方面有不同之处。这种复杂性使得我们很难对任何特定的广告特征给出普遍的结论。第三,产品在科技复杂程度和吸引消费者的能力方面各有不同,因此不可能找到对所有产品、服务和情境都有效的广告方法。

因此,所有的发现和结论都应该被当成试探性的而不是权威性的。正如哲学家给出的建议:"寻找简单然后怀疑它。"[2]认为某个特定广告技术在所有情境下都能获得成功的想法未免太天真。任何信息形式的有效性都会受到一些因素的影响,如竞争的本质,产品的特点,品牌资产及其市场地位,广告环境,以及消费者参与的程度。在前面的介绍中,我们强调了"其他因素的影响",在阅读下面的章节时,你也需要谨记这一点。

9.2 增强消费者对广告信息加工的动机、机会与能力

没有单一的方法可以使人们形成良好的品牌态度或是按照营销传播者所希望的那样行事。合适的影响策略取决于消费者特性(对营销传播信息加工的动机、机会与能力)和品牌实力。如果消费者对了解一个产品感兴趣,并且公司品牌比竞争品牌拥有明显的优势,那么合适的说服策略便是:设计一则广告信息,明确地告诉人们为什么你的品牌是优越的。很明显,结果应是:消费者可能会因你的论点而动摇,这将导致相对持久的态度变化,以及较大的行为变化——他们会购买你的品牌而不是竞争对手的。[3]

然而事实是多数产品类别中的品牌相互之间是相似的,因此消费者一般不急于投入精力加工那些提供不了多少新内容的广告信息。因此,面对双重打击(参与度很低的消费者和一个与竞争对手相似的品牌)的营销传播者需要找到能够充分激发消费者热情的方式,使他们聆听或阅读营销传播者传递的信息。因此,营销传播者为了增强MOA要素(动机、机会和能力)所做的任何事都可能会提高营销传播的有效性。

图9.1为下面关于营销传播者如何增强MOA要素的讨论提供了一个框架,六个策

I. 增强消费者的动机去……
  A. 关注信息,通过……
- 诉诸享乐性的需求(食欲诉求、性诉求)
- 使用新颖的刺激物(不寻常的图片、不同的广告形式、大量的场景)
- 使用强烈或突出的线索(动作、大声的音乐、多彩的广告、名人、大图片)
- 使用动作(复杂的画面、剪辑)

  B. 加工品牌信息,通过……
- 提高品牌与消费者的相关性(使用反问、恐惧诉求、戏剧化的呈现方式)
- 增强消费者对品牌的好奇心(用悬念或惊奇作为开端、使用幽默、在广告中呈现很少的信息)

II. 增强消费者的机会去……
  A. 解码信息,通过……
- 重复品牌信息
- 重复关键场景
- 在多种场合下重复广告

  B. 减少加工时间,通过……
- 创造完全形态的加工(使用图片和影像)

III. 增强消费者的能力去……
  A. 进入原有知识结构
- 提供一个背景(使用语言框架)

  B. 创造新知识结构
- 促进以范例为基础的学习(使用具体化、示范和类比)

图 9.1 增强消费者加工品牌信息的动机、机会和能力

资料来源:修改自 Deborah J. MacInnis, Christine Moorman, and Bernard J. Jaworski, "Enhancing and Measuring Consumers' Motivation, Opportunity, and Ability to Process Brand Information from Ads," *Journal of Marketing* 55 (October 1991), 36. 经美国营销协会出版的 *Journal of Marketing* 的许可翻印。

略将被逐一讨论和举例说明。[4]需要强调的是，我们不能认为消费者会仅仅由于营销传播信息通过某些媒体传播就关注它们，关键在于为了增强消费者加工信息的动机、机会和能力，需要付出额外的努力。在继续阅读本章之前请仔细阅读图9.1中的内容，这样你将对下面讨论的问题有一个大致的了解。

9.2.1 获取信息的动机

图9.1说明营销传播者的目标之一是增强消费者关注广告信息和加工品牌信息的动机。本部分只讨论"关注"这一内容，下个部分将讨论"加工"这一内容。

关注有两种形式：自觉的和非自觉的。[5]当消费者认为广告或其他形式的营销传播信息与其当前的购买目标相关时，他们会产生**自觉的关注**。也就是说，当信息被认为与需求相关时，它们会被自觉地关注。营销传播者通过诉诸消费者信息性或享乐性的需求吸引消费者的自觉关注。相反，**不自觉的关注**是由于使用吸引注意的策略而非消费者对身边话题本身的兴趣而产生的。用于吸引不自觉关注的策略包括使用新颖的刺激物，强烈或突出的线索，复杂的图像，以及以音乐电视的形式对播出的广告进行剪辑。

诉诸信息性或享乐性的需求

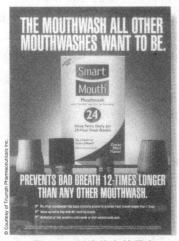

图9.2　诉诸信息性需求

消费者最有可能关注满足其信息性需求或能使他们感觉良好（满足享乐性需求）的信息。关于信息性需求，是指消费者关注那些提供相关事实和数据的刺激物。比如，一个想要从学校宿舍搬到公寓中住的学生会注意与公寓相关的信息。寻找公寓的人会关注分类广告和与公寓相关的谈话，即使他没有积极地搜寻信息。再比如，参考图9.2中Smart Mouth漱口水的广告。这则广告信息性地指出，该品牌"抑制口腔异味的时间比其他漱口水长12倍"，同时这则广告还提供了其他相关的细节，告诉消费者为什么要考虑购买该品牌。（这则广告使用了将在本章后面介绍的一种策略——间接比较。）

消费者关注能够使他们感觉良好的信息时，**享乐性需求就被满足了**。人们最有可能关注那些能让他们联想到好时光、快乐以及生命中有价值的东西的信息。例如，通常在广告中广泛使用的吸引注意的策略包括使用孩子和温暖的家庭场景，以及性或浪漫诉求。类似的，人们饥饿的时候尤其可能关注开胃食品的广告。因此，许多餐厅和快餐的营销者会在下班后的高峰时段在广播里为自己打广告。由于同样的原因，快餐的营销者还在深夜在电视上为自己打广告。不用说，当消费者正经历对品牌所在产品类的需求时，就是向他们传播信息的最佳时间。

使用新颖的刺激物

有数不清的方法可以让营销传播者使用新颖的刺激物吸引不自觉关注。正如我们在第8章中讨论的。一般而言，**新颖的信息**是不寻常的、独特的、不可预知的以及有些出乎意料的。这样的刺激物可以比那些熟悉的、常规的刺激物吸引更多的关注。这可以用人类适应的行为概念解释。人们会适应周围的环境:当一个刺激物变得越来越熟悉时,人们便对它不再敏感。心理学家称之为习惯化。例如,如果你每天都开车经过一块广告牌,你可能每次都很少注意它。如果这块广告牌被移走了,你可能会注意到它已经不在那了。或者说,我们关注例外。

有大量关于新颖性的例子。比如,图9.3是亨氏番茄酱的一则广告,它使用了吸引眼球的图画,来传达亨氏番茄酱是独一无二的观点。传统的亨氏瓶子被一层番茄片覆盖,盖子是连着茎的番茄。广告的底部明确了这幅图的意义,"没有人像亨氏这样培育番茄酱"。这则新颖的广告既吸引了注意,同时又巧妙地传达了亨氏品牌在番茄酱中的独特性。

图9.3 使用新颖性吸引注意

使用强烈或突出的线索

强烈或突出的线索(更大声、更富色彩、更大、更明亮等)更有可能吸引注意。这是因为消费者很难抵挡此类导致不自觉关注的刺激物。人们只需要漫步在商场、百货公司或超级市场,观察各式各样的包装、陈列、景象、声音和气味,就能理解营销传播者为吸引注意付出的努力。

广告同样可以使用强烈和突出来吸引注意。例如,图9.4是奥毕特清香瓜味白香口胶的广告,这是一种除牙渍、美白牙齿的口香糖,广告中使用了明亮活泼的色彩,并通过对比(和新颖性)吸引消费者对产品包装及其上面突出的品牌名称的关注。图9.5(凯托薯片的广告)创造性地使用了一只奶牛来吸引对品牌的注意,并传达了凯托薯片真正由奶酪制成的信息。

图9.4 使用强烈性吸引注意

图9.5 使用突出性吸引注意

使用动作

图 9.6 使用动作吸引注意

广告者有时使用动作吸引和引导消费者关注品牌名称及相关的广告文案。(很明显,动作一般用于电视广告中,因为它本身是一种动态的媒体。但这个问题与印刷广告——杂志和报纸这样静态的广告展示更密切相关。因此,艺术和摄影上的技术被用于制造动作的表象,尽管没有任何东西真的在动。)印刷广告中会使用正在下落的物体(如翻转的硬币)、看上去正在奔跑的人,以及开动中的汽车等来吸引注意。埃克塞德林偏头痛药丸(图 9.6)描绘了一种动态的感觉,并传达了如下信息:埃克塞德林的使用者能在服药后 30 分钟缓解痛楚——从茧的蛰伏状态(使用前)到一只活跃的蝴蝶(使用后)。

9.2.2 加工信息的动机

增强加工动机是指提高广告接收者阅读或聆听广告信息并决定广告中所说的是否与其相关的兴趣。提高加工动机能够加强品牌态度对购买意愿的影响,这也是它的积极作用之一。[6] 为了增强消费者加工品牌信息的动机,营销传播者要做两件事:① 提高品牌与消费者的相关性;② 增强消费者对品牌的好奇心。提高品牌相关性的方法包括使用恐惧诉求(本章后面将做介绍),应用戏剧化的呈现方式提高品牌对于消费者自身利益的重要性,以及用反问的方式激发消费者对被广告品牌的兴趣。[7](反问并不需要回答,而是利用这种修辞的方式促使人们思考问题背后暗含的答案是什么。)

图 9.7 使用悬念增强加工动机

使用幽默,在广告中呈现很少的信息(从而促使消费者对品牌进行思考),或给出带有悬念或惊奇的信息都能够提高消费者对一个品牌的好奇心。Viva 纸巾的广告(图 9.7)使用悬念这一要素(一个装有意大利面和肉丸的盘子在橱柜的边缘摇摇欲坠)吸引读者注意,并给了读者更加深入地思考这一广告的理由。首先,注意力立刻被彩色的盘子(与灰色的墙壁形成鲜明对比)所吸引,然后墙壁上垂直的刻痕很自然地将注意力引向最为重要的产品以及该品牌的相关信息。

9.2.3 解码信息的机会

只有当消费者理解了关于品牌的信息并将它与现有记忆结构中关于产品类的信息整合起来时,营销信息才可能是有效的。因此,营销传播者的目标是让消费者解码信息,并为了实现这一目标,让解码尽可能简单和快捷。促进解码的秘诀在于重复:营销传播者应当重复品牌信息,重复关键场景,以及在多种场合下重复广告。[8]通过重复,消费者能够获得更多机会解码营销传播者希望传达的重要信息。这就是为什么我们会看到广告总在每天晚上的电视上重复播放,有时甚至有些过度,因为广告者知道,要想传递他们的观点,重复是必要的。

9.2.4 减少信息加工时间的机会

如果营销传播者能够减少消费者阅读、聆听和最终了解营销传播信息所花费的时间,信息会更有可能被加工。使用图片和影像能够创造一种对信息整体的加工形式(或完全形态),由此消费者将很容易对信息的整体进行解码,而不是一点一点地加工信息或努力思索广告者的主张是什么。正如那句俗语所说,有图有真相。观察图9.8 中 NyQuil Cold & Flu 药品的广告。画面中一个茶匙上放置了一张舒适的床,它所传达的信息是一勺 NyQuil 能带来"一夜好睡眠"。这则广告中吸引注意的图片与最少的文字内容相结合,成功地令人形成对该品牌的整体印象:这种药能为得了感冒的人提供一些东西(睡眠)。

图 9.8　使用完全形态减少加工时间

9.2.5 进入原有知识结构的能力

以品牌为基础的知识结构代表了消费者长期记忆中品牌与关于该品牌的想法、感受及信念之间的关联。一般而言,消费者对与他们已有知识相关的新信息的加工能力最强。例如,如果一个人对计算机非常了解,那么用计算机语言呈现出的信息最容易被理解。一般来说,营销传播者的任务是让消费者要么进入已有的知识结构,要么创造新的知识结构。

为了促进消费者进入已有的知识结构,营销传播者需要为文字内容或图片提供一个背景。语言框架是提供背景的一种方式,它是指一个广告中的图片被置于适合的词汇或短语的背景中,使广告接收者能够更好地理解品牌信息和营销传播信息的关键卖点。在杜邦的 Teflon 防刮服饰品牌的广告中,人们的注意力都被装满铜线、大头针及玻璃碎片的一个看上去并不协调的锅所吸引。多数消费者认为尖锐的物体能够轻易地刮坏不粘锅。由于这种普遍的观点与广告中不协调的画面相背离,广告文案必须要对画面进行澄清。有限的文案内容简单地指出杜邦的 Teflon 服装是防刮的,并鼓励读者访问其网站(http://teflon.com)获取更多信息。

9.2.6　创造新知识结构的能力

有时营销传播者需要为他们想让消费者了解的品牌信息创造知识结构,这要通过促进以范例为基础的学习来实现。范例是某一特定概念或想法的样本或原型。通过使用具体化、示范或类比,营销传播者能够促进诉诸范例的学习。例如,考虑新鲜这个概念。我们都知道新鲜是什么意思,但它却是一个相当抽象的概念,很难用言语表达。也就是说,很难不通过举例的方法解释清楚什么是新鲜。在引入"新鲜日期"(在包装上印上饮料能够保持新鲜的最终日期)的做法时,百事健怡的品牌经理面对的就是这种情况。如果你是百事健怡的品牌经理,你会选择哪种产品来举例说明新鲜?他们的选择是用人们日常认为新鲜的产品(榨橙汁、捏面包)的图片形式作为范例,并通过类比传达如下观点:消费者应当检查百事健怡的包装罐以确保产品没有过期。密谷大牧场沙拉酱的广告(图9.9)中使用了类比的方法,该品牌能够"锦上添花",使蔬菜的味道更好——就像糖霜使蛋糕的味道更好一样。

具体化

在前面的章节,我们已经简单地讨论了具体化。为了促进消费者学习和检索品牌信息,具体化在广告中被大量使用。**具体化**基于一个直观的理念:相比于抽象的信息,人们更容易记住和检索具体的信息。当品牌主张可感知、具体可见、真实、明白和生动时,它更加具体(相对抽象)。具体化通过使用具体的语言和实例来实现。以下是几个例子:

1. 强生婴儿粉的广告将品牌定位为能够让使用者感到"像出生时那样柔软"。为了具体化这一主张,一连串年龄倒转的场景展现在受众面前,首先是一个三十多岁女人的画面,然后是她二十多岁时的画面,接着是十几岁,最后是她的婴儿时期。音乐伴奏中贯穿着"让我成为,让我成为你的宝贝"的歌词。这则美丽还有些感人的广告将强生的主张(即它的婴儿粉能让使用者感受到婴儿般的柔软)具体化了。

2. 安诺星药片的生产者需要一种具体化的方式将其品牌展现为"剧烈头痛的强效镇痛剂"。通过展示一个煮熟的鸡蛋随着音响效果分裂开,剧烈的头痛被具体化了。

3. 运动员脚部用药托萘酯通过展示以下画面将其镇痛功能具体化:一个人的脚被置于火上(代表运动员脚部的灼烧感),而由于托萘酯的使用,火被"熄灭"了。

4. 普瑞纳的康多乐狗粮能够为狗充电并让它们能够保持奔跑的状态,为了传达这个概念,某杂志上的广告将该品牌画在一个电池里,而电池被公认为是充电的仪器。在这个具体化运作中,电池是具有象征意义的,它有效地用图像方式传达了广告文案中更加抽象的主张。

5. 为了让消费者认为 Tums EX "好过 Rolaids 两倍",广告中 Tums 后面展示的是一个大锤,而 Rolaids 后面展示的是一个正常尺寸的锤子。然后在广告中出现的在钉钉子时大锤子的速度是正常尺寸锤子的两倍,从而具体化了 Tums 的主张。

6. 另外一个 Tums 的广告在其标题中称"科学研究发现 Tums 是现有的最纯的钙"。这一主张被以下图像形式具体化:一包 Tums 装在一个空的牛奶瓶子里(钙的范

图9.9 使用类比创造知识结构

例),同时"钙"字与 Tums 并列构成了新的"钙"字。

7. 最后,好乐门的广告(图9.10)中展示了一罐好乐门 Extra Light 蛋黄酱,这个罐子变得很细,以至于商标滑落了下来,这个图像具体化了广告暗含的主张:该品牌对于管理体重而言是一个好的选择。

图9.10　以范例为基础的学习中的具体化

9.2.7　本节小结

前面的讨论强调了广告者及其他营销传播者能够从增强消费者对营销信息加工的动机、机会与能力中获益。各种各样的传播工具使广告者能够实现目标：影响消费者与品牌相关的态度、购买意愿并最终影响其行为。广告者所做的任何能够增强消费者MOA要素（关注和加工广告信息的动机、机会和能力）的事都有益于品牌资产并能增加消费者购买品牌的可能性。提高消费者关注和加工广告信息的动机的一种方法是使用广告代言人。

9.3　广告代言人的作用

被广告的品牌经常从众多著名公众人物中选择代言人。[9]据估计,世界上大约有六分之一的广告请名人代言。除了名人之外,产品还会请非名人代言,也称为普通人代言。以下讨论仅限于名人代言人。

大量电视明星、电影演员、著名运动员甚至已故著名人士被各种品牌选为代言人。广告者和广告公司愿意支付巨额薪金给那些受目标受众喜爱和尊敬的名人,他们希望这些名人能够对消费者关于被代言品牌的态度和行为产生积极影响。大多数情况下,这种投资是合理的。例如,研究表明当公司公开宣布名人代言合同时,公司股价会上涨[10];而当媒体报道公司某一品牌代言人的负面新闻后,公司股价会下跌。[11]

顶级的名人为其代言服务收取巨额报酬。例如,近年,高尔夫球手泰戈·伍兹从其代言的多家公司获得了1亿美元的收入。比较而言,如果一个薪水还算体面的人每年能赚25万美元,那么他要工作400年才能赚到泰戈·伍兹通过代言活动只用一年就能赚到的钱！表9.1列出了美国代言收入最高的运动员通过代言活动获得的收入。

表 9.1 2007 年美国运动员最高代言收入

排名	运动员	运动项目	广告代言收入（美元）
1	泰格·伍兹	高尔夫	100 000 000
2	菲尔·迈克尔森	高尔夫	47 000 000
3	勒布朗·詹姆斯	NBA	25 000 000
4	戴尔·恩哈德	全美汽车比赛	20 000 000
5	迈克尔·维	高尔夫	19 500 000
6	科比·布莱恩特	NBA	16 000 000
7	沙克·奥尼尔	NBA	15 000 000
7	杰夫·戈登	全美汽车比赛	15 000 000
9	佩顿·曼宁	橄榄球	13 000 000
10	德文·韦德	NBA	12 000 000
11	汤姆·布雷德	橄榄球	9 000 000
12	凯文·加内特	NBA	8 000 000
13	布雷特·弗耶	橄榄球	7 000 000
13	阿伦·艾佛森	NBA	7 000 000
13	德里克·杰特	棒球	7 000 000
13	迈克尔·维克	橄榄球	7 000 000
17	特雷西·麦克格雷迪	NBA	6 000 000
17	亚历山大·罗德里克斯	棒球	6 000 000
19	文斯·卡特	NBA	5 000 000
20	罗格·克莱门斯	棒球	3 500 000
20	蒂姆·邓肯	NBA	3 500 000

资料来源：修改自 Jonah Freedman,"The Fortune 50,"*SI. com*, http://sportsillustrated.cnn.com/more/specials/fortunate50/2007/index.html（accessed January 14,2008）。

9.3.1 代言人特征：TEARS 模型

大量研究表明代言人的两个一般特征——可信性和吸引力——影响其效果，每个属性又由一些不同的子特征组成。[12] 为了帮助学生记忆，我们用首字母缩写词 TEARS 代表五个特征：可靠性（trustworthiness）和专业性（expertise）是可信性的两个维度，外表吸引力（attractiveness）、可尊敬度（respect）和（与目标受众的）相似性（similarity）是吸引力这一概念的组成部分。表 9.2 列出并定义了上述五个特征。

表 9.2 代言人特征 TEARS 模型的五个组成部分

T = 可靠性	被视为可信、可依赖——能够被信任的人
E = 专业性	关于被代言品牌具有特定技能、知识或能力
A = 外表吸引力	根据特定群体的吸引力概念，看到他令人感到愉快
R = 可尊敬度	由于个人品质和成就而被钦佩甚至是尊敬
S = 相似性（与目标受众）	代言人在一些与代言相关的特征（年龄、性别、种族等）上与受众的匹配程度

可信性：内化过程

可信性最基本的含义是指相信某人的倾向。当代言人等信息来源被认为是可信的时,受众的态度通过一种名为内化的心理过程改变。当接收者将代言人在某一问题上的立场接受为自己的态度时,**内化**便产生了。即使信息来源被遗忘或改变立场,内化的态度依然倾向于维持下去。[13]

可靠性和专业性是代言人可信性的两个重要子特征。TEARS 模型中的 T 为**可靠性**,指信息源的诚实性、正直性和可信赖性。尽管专业性和可靠性并不是互斥的,但被认为高度可靠的代言人常常不是专家。代言人的可靠性取决于受众对其代言动机的感知。如果消费者认为代言人的动机纯粹是个人利益,那么与被认为通过代言品牌得不到任何好处的代言人相比,前者的说服力更弱。

名人通过他在专业方面(荧屏上、体育界、公共职务等)的表现和通过大众媒体展现在公众面前的个人生活方面的表现获得受众的信任。广告者选择那些被广泛认为诚实、可信赖以及可靠的人作为代言人,以此来利用可靠性的价值。[14]泰戈·伍兹在代言收入方面位列美国运动员首位(参见表 9.1)并不意外,因为人们普遍认为伍兹在个人生活和专业生活方面无可挑剔。

一般而言,代言人必须令人们相信,他没有试图操纵受众并且他的陈述是客观的。这样做可以使人们认为他是可靠的进而是可信的。同时,一个代言人在一些特征如性别和种族等方面与受众越匹配,他就越可能被认为是可靠的。例如,当一个代言人与受众的种族相同时,他的可靠性会得到提升,从而促进受众对被广告的品牌形成更为积极的态度。[15]

代言人可信性的第二个方面是 TEARS 模型中的 E,即专业性。**专业性**是指代言人拥有的关于他所代言品牌的知识、经验或技能。因此,当运动员为与体育相关的产品代言时,他被认为是专家。类似的,专业知识也适用于美容产品和时尚用品的代言。成功的商业人士被认为是管理领域的专家。例如,由于唐纳德·特朗普在商业地产交易领域有着丰富的商业背景,他被认为在商业方面有很高的专业性,因此也就理所当然被选为电视节目《学徒》的创始人。专业性并不是绝对的。一个代言人是否是真正的专家并不重要,重要的是目标受众如何评价代言人。相比被认为是非专家的代言人,被认为是专家的代言人在改变受众在某方面的态度上更有说服力。

吸引力:认同过程

影响代言人有效性的第二大特征是**吸引力**。尽管外表吸引力可能是一个重要的属性,但吸引力不仅仅是外表吸引力,还包括任何消费者可能认为的代言人比较好的方面:智力水平、个性、生活方式、威力,等等。当消费者发现代言人身上某些有吸引力的东西时,说服便通过**认同**产生。也就是说,如果消费者认为一个代言人是有吸引力的,他们就会认同该代言人,并可能采纳代言人的态度、行为、兴趣或偏好。

TEARS 模型确定了吸引力概念的三个组成部分:外表吸引力、可尊敬度和相似性。也就是说,一个代言人是否被认为是有吸引力的取决于他是否在外表上有吸引力,除了外表吸引力以外是否还有可尊敬的地方或是否在与代言相关的特征上和目标受众相似。满足任一特征都可以产生感知吸引力,它并不要求代言人同时具备所有这些特征。但拥有所有吸引力特征的代言人将非常令人敬畏。

首先，TEARS 模型中的 A——外表吸引力在很多代言关系中都是一个关键因素。[16] 职业高尔夫球手魏圣美作为代言人的成功是最好的例子。近年，她通过代言赚得 2 000 万美元（参见表 9.1），这简直令人无法相信，因为她从未在职业高尔夫球赛中获胜过。为什么广告公司及其品牌管理客户常常选择有高度吸引力的名人代言产品？原因是研究表明使用外表具有吸引力的代言人的广告和被广告的品牌能够得到更积极的评价。[17]

TEARS 模型中的 R——可尊敬性是吸引力特征的第二个组成部分。可尊敬性代表被钦佩或被尊敬的品质，这种尊敬是因某人的个人品质或成就而产生的。如果说代言人的外表吸引力是整个吸引力特征的"形式"，那么可尊敬性则是"功能"或实质的要素。甚至在品牌—代言人关系中，有时功能（可尊敬性）还要胜过形式（外表吸引力）。

名人因其表演水平、运动能力、有吸引力的个性、在社会问题中的立场（环境、政治问题、战争与和平等）以及其他品质而被人尊敬。前拳击手穆罕默德·阿里比世界上任何其他的运动员都更好地诠释了可尊敬性这一维度，他既在拳击场上表现出了不可思议的技能，又在拳击场以外的问题上有着自己的立场。被尊敬的个体一般是令人喜欢的，令人喜欢的名人若代言某一品牌，将能够提升品牌资产。品牌将获得其代言人被人尊敬的某些特征。总之，当一个被尊敬或喜爱的名人代言某一品牌时，对名人的尊敬和喜爱将延伸到与其相连的品牌上，从而通过对消费者的品牌态度产生积极影响来提升品牌资产。

TEARS 模型中的 S——**相似性**是吸引力的第三个组成部分，代表代言人在一些特征上与受众的匹配程度，如年龄、性别、种族等。相似性是一个很重要的特征，因为人们更喜欢那些与自己有着相同特点的个体。这当然是在老调重弹，"物以类聚，人以群分"。

在品牌—名人关系中，相似性的重要性意味着一个名人最好与其代言品牌的目标受众具有相似的人口特征和心理特征。有证据表明当产品或服务的受众群体具有异质的偏好时，代言人与受众在相似性上的匹配尤为重要。例如，由于人们对餐厅、戏剧和电影的偏好非常不同，与受众相似的代言人能够对消费者的态度和选择产生最大的影响。相反，当受众成员之间具有相对同质的偏好（如管道维修、干洗和汽车修理等服务）时，代言人与受众在相似性上的匹配便不那么重要了。在这种情况下，代言人关于产品或服务的经验或专业知识将对受众的态度和行为产生最大的影响。[18]

9.3.2 选择代言人应考虑的因素："No Tears"方法

上一部分介绍了能够影响代言效果的名人代言人的一些特征。TEARS 模型确定了五个特征，它们分别是可信性和吸引力的组成部分。现在我们开始讨论品牌经理和广告公司是如何为他们的品牌选择特定的代言人的。我们使用"no-tears"来描述代言人的选择。与 TEARS 相比，小写的"tears"代表这个词的真实含义，即目前的讨论要确定的是品牌经理和广告公司如何选择代言人才能避免因不明智的决策而伤心（隐喻：眼泪）。

广告经理在选择代言人时考虑各种因素，其中最重要的有：名人与受众的匹配度、名人与品牌的匹配度、名人的可信性、名人的吸引力、成本、合作难度、代言的饱和度和带来麻烦的可能性。[19]

名人与受众的匹配度

在选择代言人时,品牌经理必须考虑的第一个问题是:代言人是否与目标市场有积极的联系?代言篮球鞋的沙奎尔·奥尼尔、勒布朗·詹姆斯、艾伦·艾弗森以及其他NBA巨星很好地匹配了那些十几岁立志灌篮、盖帽、抢断和投三分的受众。姚明能够很好地匹配不断增加的立志成为篮球明星的中国年轻群体。塞雷娜·威廉姆斯(网球明星和时尚爱好者)能够很好地匹配所有种族中那些崇拜既有竞争力又有外表吸引力的运动员的年轻女性。

名人与品牌的匹配度

广告经理要求代言人的行为、价值观、外表和举止能够与被广告品牌希望树立的形象一致。例如,化妆品公司伊丽莎白·雅顿的营销主管在提到选择身为超模和演员的凯瑟琳·泽塔琼斯作为代言人的原因时说道:"凯瑟琳在事业和家庭方面都做得很好,她是一位母亲,有着永恒的美丽,这与我们希望为品牌树立的形象是一致的。"[20]

如果一个品牌有一个健康的品牌形象并希望突出这一特征,那么它的代言人也应该有健康的形象。例如,德国运动鞋制造商阿迪达斯签约的代言人包括蒂姆·邓肯、凯文·加内特和特雷西·麦格雷迪,因为他们都很谦虚并有着健康的形象。比较而言,有意将自己打造成"坏男孩"形象的品牌会选择完全不同的代言人。在NBA中,艾伦·艾弗森或文斯·卡特就非常符合"坏男孩"的形象。假如一个品牌经理希望通过将品牌描绘为无与伦比的耐用、可靠和坚固来提升品牌资产,那么在退役前连续参加了2 632场棒球比赛的巴尔的摩金莺棒球队运动员卡尔·瑞普肯就是拥有这些品质的最佳人选。为何中国的李宁公司选择相对并不著名的NBA球员达蒙·琼斯作为代言人?请参见全球聚焦中对这个中国运动鞋品牌领导者的讨论。

> **全球聚焦** 让世界了解李宁
>
> 美国的学生可能从未听过李宁,它是中国最大的运动鞋提供商。(熟悉李宁的读者可能知道这家公司是2008年北京奥运会的赞助商。)除非你是NBA的超级球迷,否则你可能也不知道一个名为达蒙·琼斯的篮球运动员,在本书英文版编写的时候,他是克里夫兰骑士队的后卫,但从1998年开始,他还为其他9个NBA球队效力过。
>
> 李宁主要为中国市场生产鞋和运动服装,它主要的鞋生产线是飞甲系列篮球鞋和天羽跑鞋。李宁的销售额不足10亿美元,但却增长迅速,它的管理层希望品牌能够获得更大的成长并追赶上国际品牌耐克和阿迪达斯在中国的迅速增长。公司为实现这个目标使用了一个明确的策略,即选择NBA球员达蒙·琼斯作为品牌代言人。NBA篮球在中国非常流行,很大程度上是由于姚明以及易建联等新的中国球员的成功。事实上,NBA认为中国是它的第二大市场。

> 为什么选择达蒙·琼斯作为李宁品牌在中国的代言人呢？李宁的广告语是"一切皆有可能"，达蒙·琼斯作为 NBA 球员的运动生涯与李宁的广告语是匹配的。开始时，琼斯是一个名不见经传的球员，为了进入联盟并留在那里，他必须非常努力地打球。他的职业生涯向年轻的篮球爱好者证明，努力工作能够实现意想不到的成就——一切皆有可能！但选择达蒙·琼斯代言李宁品牌还有其他的原因，最重要的可能是：作为一家相对较小的公司，李宁支付不起一个 NBA 巨星高昂的代言费用。而且，李宁需要的是渴望一份鞋合同的代言人，他要愿意到中国来，与中国的年轻人见面并穿着李宁的鞋和衣服展示他的球技，能够有一个积极的形象，并与品牌互动而不是成为"麻烦"。达蒙·琼斯符合所有的标准，于是李宁和琼斯之间的关系有了一个良好的开端。
>
> 资料来源：Stephanie Kang and Geoffrey A. Fowler,"Li Ning Wanted an NBA Endorser, And Damon Jones Needed a Deal," *The Wall Street Journal*, June 24, 2006, A1;"Li Ning Company Limited," http://en.wikipedia.org/wiki/Li-Ning_Company_Limited(accessed January 16, 2008).

名人的可信性

选择一个名人作为代言人的首要原因是他的可信性。可靠并在产品方面知识丰富的人最有能力说服其他人采取特定的行动。这部分地解释了为何奥普拉·温弗瑞推荐的大多数产品都在一夜之间大获成功。我们之前在 TEARS 模型下讨论了可信性的两个组成部分——可靠性和专业性，在此不做深入探讨。

名人的吸引力

选择代言人时，广告经理会对其吸引力的各个不同方面进行评估。正如我们之前在 TEARS 模型中讨论的那样，吸引力包含多个方面，并不只是外表吸引力。另外需要注意的是，广告经理一般认为吸引力不如可信性及代言人与受众和品牌的匹配度那么重要。

成本

请一个名人做代言人要花费多少成本是一个重要的考虑因素，但并不应对最终选择产生决定作用。控制其他因素时，要选择成本更低的名人做代言人。但所有其他因素并不能都保持一致，因此，与所有涉及选择的管理决策一样，品牌经理必须通过成本收益分析来决定是否比较昂贵的代言人能带来更高的投资回报。遗憾的是，这并不是一个简单的计算，因为很难计算出由于使用代言人而获得的收入数目。尽管很困难，但管理层必须尝试计算出选择其他与品牌想要树立的形象及目标市场相匹配的名人作为代言人能够获得的投资收益。

合作难度

与某些名人合作是相对容易的，而与另一些名人合作是困难的——他们难驾驭、固执、傲慢、喜怒无常、无法接近或很难管理。品牌经理和广告公司希望能避免与那些不愿改变自己日程安排、不愿在代言之外与品牌有所联系的人发生争论。例如，牛仔裤厂商 Tarrant Apparel Group 对流行歌手杰西·辛普森提起民事诉讼，原因是她"不肯穿她代言的衣服拍照做宣传"。[21] 尽管辛普森与品牌及目标市场非常匹配，但由于与她合作非常困难，她的代言是失败的。

代言的饱和度

名人所代言的其他品牌的数量是另一个关键的考虑因素，当然它没有前面列出的因素那么重要，但仍需得到评估。如果代言人过度曝光，即代言了过多产品，他的可信性可能会遭到质疑。[22] 尽管泰戈·伍兹本可以代言更多其他的品牌（如果他愿意），但这位广告代言史上最具影响力的代言人却有意地控制了自己代言品牌的数量（如耐克、别克和 EA Sports）。[23]

带来麻烦的可能性

最后一个需要评估的因素是名人在与品牌建立代言关系后陷入麻烦的可能性。品牌经理和广告公司需要考虑代言人陷入麻烦的可能性。假如一个代言人在广告运动的过程中被判有罪或是形象遭到破坏，被代言的品牌将受到怎样的负面影响？坦白说，这一问题并没有简单的答案，尽管学者已经开始用复杂的手段对其进行研究。[24]

很多广告者和广告公司不愿意找名人做代言人，他们的顾虑不是没有道理的。回想一下最近几年和以往发生的与代言人相关的新闻事件：① 篮球运动员科比·布莱恩特被指控在科罗拉多实施强奸，尽管他后来被判无罪，但此后不久，麦当劳公司拒绝和科比续约，使他继续作为其代言人，一家推广 Nutella 巧克力榛子产品的小得多的意大利公司也采取了同样的做法。但布莱恩特相对较快地从他受损的形象中恢复过来；表 9.1 显示布莱恩特在 2007 年以 1 600 万美元的代言收入在美国运动员中排名第六——仅仅在他被控告强奸四年之后。② 游泳运动员、奥运会金牌得主迈克尔·菲尔普斯从雅典奥运会回国后因 DUI（酒后驾车）被捕。③ 田径明星马里昂·琼斯在被调查并证实服用兴奋剂后名声扫地。④ 创纪录的本垒打球手贝瑞·邦兹被指控服用兴奋剂（与美国职业棒球大联盟里其他的一些运动员一样）。⑤ 拳击手迈克尔·泰森原本是一个很活跃的代言人，但被指控强奸并获刑（更不用说他服满刑期后在一场比赛中咬掉了对手埃万德·霍利菲尔德一只耳朵的事情了）。⑥ 女演员斯碧尔·谢波德本来有一个为牛肉行业代言的非常赚钱的差事，但令她极为尴尬的是，新闻报道揭露了她不愿吃牛肉的事实。⑦ 歌手迈克尔·杰克逊被指控犯有狎童罪，尽管后来被判无罪。⑧ 网球运动员詹妮弗·卡普里亚蒂的大好前途在她很年轻时就由于情绪问题和滥用药物而歪了方向。尽管后来她成功复出，但她的代言收入再也无法与威廉姆斯姐妹、安娜·库尔尼科娃以及玛莉娅·莎拉波娃这样的网球明星匹敌。⑨ 前足球运动员和演员 O.J. 辛普森被指谋杀，但没有被判定有罪。⑩ 经常有关于布兰妮·斯皮尔斯、林赛·罗韩和帕丽斯·希尔顿被指酗酒和滥用药物的新闻。⑪ 职业橄榄球四分卫迈克尔·维克因参与斗狗而被逮捕、判刑、监禁。他的代言收入在 2007 年为 700 万美元（参见表 9.1），但在2008年将可能为0,尽管此后他可能自我救赎并被重新接受为产品代言人。

由于花费几百万美元聘请代言人存在发生上述事故的风险,目前选择代言人的过程中有越来越多的严格审查。[25]然而没有选择过程是保证不会失败的,这也是一些广告者和广告公司不愿请名人做代言的原因。有一种做法是选择已故名人做"代言",他们很著名并且受到目标受众的尊敬,对目标受众而言很有吸引力,而且最好的一点在于,在广告中使用他们没有任何风险,因为他们无法参与到会玷污自己名誉并影响他们在死后所代言的品牌的行为中。另一种无风险的做法是使用代言角色(Aflac的鸭子、皮尔斯·伯利的面团宝宝、政府员工保险公司的壁虎、Kmart的蓝光先生等)代替人类代言人,避免后者容易因为一些不好的行为损害到与他们联系在一起的品牌的形象。[26]

9.3.3　Q值的意义

不必说,品牌经理和广告公司在选择高价的名人代言人时,一般要进行大量思考。由纽约一家名为市场评估的公司(http://www.qscores.com/pages/Template1/site11/30/default.aspx)开发并提供的商用的Q值能够帮助选择过程的进行。Q值中的Q代表商,原因大家很快就会知道。

市场评估公司通过向由1800个人组成的全国性的代表样本邮寄问卷的方式,为超过1700位公众人物(艺人、运动员及其他著名人士)计算了Q值。针对每个公众人物,参与者都要回答两个简单的问题:① 你听说过这个人吗?(熟悉性测量)② 如果听说过,你对他的评价如何,很差、一般、不错、很好还是你最喜欢的人之一?(受欢迎程度测量)用调查对象中回答特定公众人物是"我最喜欢的人之一"的百分比除以听说过这个人的百分比,以此计算得到每个公众人物的Q值或商。也就是说,受欢迎程度百分比除以熟悉性百分比,商即为此人的Q值。这个计算揭示了有多大比例的人对某人是熟悉的,以及有多大比例的人将其视为自己最喜欢的人之一。

例如,假设市场评估公司进行的一项研究得出的结果是,90%的调查对象熟悉布兰妮·斯皮尔斯,15%将其视为自己最喜欢的之一。因此,布兰妮的Q值(表示为不含小数点的形式)为17(即15除以90,结果差不多为17%)。比较而言,假设在同一个调查中,布拉德·皮特的Q值为——用将其视为最喜欢的人之一的比例55%,除以熟悉他的百分比95%——58(一个极高的Q值)。广告者并没有集体选择布兰妮作为他们产品的代言人也就不足为奇了,而既然布拉德如此受欢迎,很多广告者都会选择他代言自己的品牌。

Q值为品牌管理者和广告公司提供了有用的信息,但在选择名人代言品牌时还要考虑更多,而不仅仅是Q值。在决定一个名人代言人是否与品牌形象及其目标市场很好地匹配时,最终主观判断也会起到作用。

9.4　幽默广告的作用

政治家、演员、演说家、教授及我们中的所有人都曾经使用过幽默的方式,以期得到他人好的反应。广告者同样使用幽默,希望能实现各种各样的传播目标——获得注意、指导消费者理解产品主张、影响态度、增强回忆并最终引发消费者行为。有大量广告使用幽默,它们包括大约25%的美国电视广告和超过35%的英国电视广告。[27]基于四个国家(德国、韩国、泰国和美国)的电视广告样本进行的研究表明,所有这些国家的幽默广告一般都使用失谐解困。[28]美国杂志和广播广告中的幽默一般也使用失谐解困。[29]失谐发生在广告含义不能直接被理解的情况下,失谐促使消费者弄清楚广告的含义并解决这种困境。当广告含义最终被确定(例如,当广告中的幽默被发现)时,消费者会感到很惊奇[30],也正是这种惊奇产生了一种幽默的反应,进而引发对广告和被广告品牌本身的一种积极态度。[31]

图 9.11　在杂志广告中使用幽默

图 9.11 中的 Fresh Step 广告是在杂志广告中运用幽默的一个例子,栩栩如生的图画中描绘的是一只猫正努力掩盖自己的关键部位。这个广告中的失谐解困发生在读者阅读位于底部的文案时,它写道:"如果你闻不到味道,你就很难找到你的垃圾桶。"一般而言,与电视和广播媒体相比,在杂志广告中幽默相对较少使用。[32]

在广告从业者和学者之间存在争论的一些问题包括:通常情况下幽默是否有效以及什么类型的幽默最有效。[33]广告公司的管理层认为幽默在吸引对广告的注意和创造品牌知晓方面尤其有效。[34]有证据显示,幽默能够对消费者对广告的态度产生积极影响,进而对他们关于广告品牌的态度产生积极影响,尽管只有在消费者没有很强的动机加工广告中更多的实质信息时,这条影响链(幽默→对广告的态度→对被广告品牌的态度)才最有可能发生。[35]

关于幽默效果的研究暂时得到了如下结论[36]:
- 幽默是吸引对广告注意的一种有效方法。
- 幽默能够提高消费者对广告信息的回忆。[37]
- 幽默能够增加人们对广告和被广告品牌的喜爱程度。
- 幽默不会对理解产生损害,事实上如果幽默与被广告品牌相关,它可能会增强对广告主张的记忆。[38]
- 与非幽默相比,幽默不能提高说服力。
- 幽默不增强信源的可信性。
- 产品性质影响使用幽默的适合性。具体来说,对已有产品而非新产品使用幽默更有效。幽默也更加适合那些更强调感觉或体验的产品,以及那些卷入度不是很高的产品(如比较便宜的消费品)。

如果能在适合的情境下被正确使用,幽默会是一种极其有效的广告方式。在广告中使用幽默的复杂性在于针对不同的人口群甚至是不同的个人,幽默方式会有不同的效果。例如,幽默广告无法对男性和女性引起同样的注意度。[39]除了人口统计变量的差别能够影响对幽默的反应以外,研究还证明了只有当消费者对被广告品牌已经有正面的评价时,幽默的广告才会比不幽默的广告更有效;当消费者原本对被广告品牌有负面的评价时,幽默的广告不如不幽默的广告有效。[40]这一发现与人际关系中的现象类似:一个人试图幽默,如果你喜欢他,会比不喜欢他的情况下更有可能认为他是有趣的。最后,研究表明对幽默有更多需求的人(即更倾向于寻找消遣、智慧和荒谬的事情)比那些在这方面需求较低的人对幽默广告更有共鸣。[41]

总之,广告中的幽默对于实现多种营销传播目标来说是一种极其有效的手段。当然,广告者在计划使用幽默时应该谨慎处理。首先,幽默的效果因受众特征的不同而不同,对某些人来说有趣的东西对其他人来说可能一点也没意思。[42]其次,在一个国家或地区被认为有趣的东西在其他地方不一定有同样的效果。最后,幽默的广告可能会分散受众的注意力,导致他们忽略了广告内容。在娱乐性(通过幽默)和提供足够的信息以影响态度和行为之间的确存在着明确的界限,因此,在冒险投资于幽默广告之前,广告者应该认真研究他们的目标细分市场。

9.5 对消费者恐惧的诉求

正如我们在本章前面讨论的那样,营销传播者使用多种方法以增强消费者加工信息的动机、机会与能力。与预期一致,恐惧诉求在增强动机方面尤其有效。令人遗憾的是,消费者生活在一个存在恐怖主义威胁、自然灾害(如影响印度洋周围国家的可怕的海啸)和犯罪并充斥着健康问题的世界里。据估计,约有1 500万美国人忍受着非理性恐惧,焦虑症折磨着大约13%的成年人。[43]

广告者意识到人们具有理性和非理性的恐惧,因此尝试通过恐惧诉求促使消费者加工信息并采取行动。广告中的恐惧诉求将消极后果与下面的行为之一联系在一起:① 不使用被广告品牌;② 参与危险行为(如酒后驾驶、吸烟、吸毒、吃不健康食品、驾驶时不系安全带、发短信,以及发生不安全的性行为)。[44]

9.5.1 恐惧诉求的逻辑

对消费者采用恐惧诉求的内在逻辑是它能够刺激消费者对信息的卷入程度,从而促使他们接受信息中的论点。恐惧诉求可能采取的形式包括社会指责和身体危险。例如漱口水、除臭剂、牙膏以及其他产品使用恐惧诉求的方式是,强调如果口气不清新、腋下不干爽、牙齿不完美洁白,等等,那么可能就会遭受社会指责。广告者用来诱发对身体危险和未知问题产生恐惧的产品和主题包括烟雾探测器、汽车轮胎、不安全的性行为、在饮酒或使用其他药物后驾驶、未保过险。保健品广告经常诉诸恐惧,广告公司认为使用恐惧诉求的逻辑是:"有时你不得不吓吓人们,让他们珍惜生命。"[45]

9.5.2 适度的紧张感

除了到底应不应该使用恐惧诉求这一基本的伦理问题外,广告者要决定的一个重要问题是威胁的强度应该有多大。广告者是应该使用轻微的威胁仅仅去吸引消费者的注意,还是应该使用巨大的威胁,使消费者根本无法遗漏广告者想要传达的任何观点?尽管人们进行了大量研究,但对于最优的威胁强度还没有形成统一的意见。然而对于下面的说法还是存在一致性的:受众从广告威胁中经历越多的恐惧,他们越可能被说服采取广告中建议的行动。[46]

一般而言,多大强度的威胁能够有效激起受众恐惧在很大程度上取决于主题与受众的相关性如何,相关性越大,激发恐惧反应所需要的威胁强度越小。也就是说,对某一主题高度卷入的人能够被相对较"轻"的恐惧诉求激发,而激发卷入度低的人则需要强度较高的威胁。[47]

为了说明威胁强度与事件相关性之间的关系,下面我们将米其林轮胎的一个轻度威胁的广告运动与一个劝阻酒后驾车的威胁强度更高的广告进行比较。米其林的一个长期广告运动包含一系列电视广告,广告中,可爱的小孩坐在轮胎上或被轮胎环绕。这些广告暗示(轻度威胁)父母为了孩子的安全,应当考虑购买米其林轮胎。在这种情境下,能够引起恐惧的轻度威胁就足够了,因为对于大多数父母来说,孩子的安全是与他们最相关的问题。

比较而言,思考:试图劝阻酒后驾车和驾驶时发短信的公益广告,要想到达目标受众——高中生和其他年轻人——需要多大强度的威胁?很多年轻人最不想听到的就是他们应该或不应该做什么。所以,尽管安全问题与多数人相关,但对于认为自己刀枪不入的年轻人来说,它并不那么相关。因此,要想使高中生意识到酒后驾车或驾驶时发短信给他们自己以及他们的朋友带来了怎样的危险,需要使用很强的恐惧诉求。[48]

9.5.3 与稀缺性诉求相关的例子

广告者和广告公司通过以下方式诉诸稀缺性:在广告中强调,商品有着大量需求但却供给短缺时,它们会变得更加抢手。[49]简单来说,稀缺和正在变得稀缺的东西更有价值。销售人员和广告者常常使用这种方法鼓励人们马上购买,他们会说,"只剩下几个了","今天之后我们就不会有任何存货了"以及"它们卖得真的很快"。

心理逆反理论能够解释稀缺性的作用原理。[50]这种理论认为,人们会反抗任何减少他们自由或选择的事情,他们甚至比之前更想要被去掉或受威胁的选项。因此,当产品看上去可得性较低时,它们在消费者心里会更有价值。当然,稀缺性诉求并不总是有效。但如果说服者是可信和合法的,那么能激发如下反应的稀缺性诉求就会是有效的:"这种产品没剩下多少了,所以无论如何我最好现在就买下来。"

可能世界上没有什么地方对稀缺性这种影响策略的使用比新加坡还多。在闽南语中,kiasu这个词的意思是"怕输"。根据国立大学心理学系一位讲师的观点,即使并不确定自己是否真的想要某个东西,新加坡人都会倾其所有。[51]对于一些东西,很多新加坡人会一哄而上,而另一些东西却又无人问津。不必说,营销者已经在利用这一文化特征销售各种产品了。例如,一家新加坡汽车经销商宣称,他正在搬家,目前限量销售316i型号的宝马车250辆,手动挡的价格为78 125美元,自动挡的价格为83 125美元。所有250辆车在四天内销售一空,经销商还被迫多订购了100辆,它们也被很快售出,尽管需要等上几个月才能发货。

怕输的心理使新加坡人实际上成为稀缺性策略的目标,但新加坡的消费者与其他地方的消费者一样,只有在稀缺性确实存在的情况下使用这类说服策略,他们才容易受到影响,否则消费者会怀疑这是在误导他们并拒绝接受这种明显通过欺骗方式销售产品的做法。

9.6 对消费者内疚感的诉求

与恐惧诉求相似,内疚感诉求想要触发消极情绪。当人们破坏规则、违背自己的准则和信念或表现得不负责任时会感到内疚。[52]内疚感诉求的作用是很大的,因为它们在情绪上激发成熟的个体,使他们采取行动来减轻内疚感。广告者和其他营销传播者会诉诸内疚感,并试图通过宣称或暗示使用被宣传的产品可以减轻内疚感来说服潜在消费者。[53]一个针对大量杂志进行的分析表明,每20个广告中大约有1个包含内疚感诉求。[54]例如,考虑兽医宠物保险的一则杂志广告,这是一家针对宠物意外伤亡销售保险的公司。画面上是一只看上去很悲伤的狗的照片,周围的标题令宠物主人产生内疚感:"(你的宠物)不会知道你负担不起治疗费用,但是你知道。"这个广告使用的是对预期内疚感的诉求,即广告试图通过暗示人们,如果付不起兽医的治疗费用,他们将无法照顾好自己的宠物,来引发读者的内疚感。如果广告发挥了设想中的作用,消费者将通过购买宠物保险来减轻内疚感。

虽然证据有限,但它们表明,如果使用内疚感诉求的广告缺乏可信性或广告者被认为有操纵意图,那么内疚感诉求将是无效的,在这种情况下内疚感不但没有增加反而会减少。[55]因此,如果广告被视为缺乏可信性或具有操纵性,那么内疚感诉求很难对信念、态度或与广告相关的行为产生积极影响。需要再次强调广告特征的作用,在这里,诉诸内疚感的广告是否有效在很大程度上取决于感知的广告可信性和操纵意图。

9.7 性诉求在广告中的运用

前两种广告诉求——恐惧和内疚感基本是消极的(即人们一般会避免经历这两种情感),而广告诉求中使用的"性"一般是人们想要接近而非远离的。广告中经常使用性诉求,并越来越外显。在几年之前使用这种外显的性是不可思议的,而现在它代表着广告的一种前景。[56]这种趋势并不仅限于美国,事实上,性的外显性在其他地方更普遍也更明显,如巴西和某些欧洲国家。

9.7.1 性诉求在广告中的作用

事实上,它有一些潜在的作用。[57]首先,广告中关于性的内容能够吸引并长时间占据人们的注意力,通常广告会对有吸引力的模特摆出的具有挑逗性的姿势进行特写。[58]这被称为性的阻止能力作用。Three Olives伏特加酒的一个广告运动是这种作用的代表,这场运动中的每个广告都刻画了这样一幅画面:在一个巨大的马提尼杯中,有一个有吸引力、摆出诱人姿势的女模特,在杯子旁的显著位置是一个反问句(回忆之前在

MOA要素部分对反问的介绍):"你的马提尼杯里是什么?"这个问题中含有明确的双关语,一方面指出Three Olives应该是你杯中的伏特加,另一方面暗示喝Three Olives可能吸引到漂亮的女士。

第二个潜在作用是增强对广告观点的回忆,尽管研究表明,只有当关于性的内容或符号适合产品类和广告创意时,它们才会增强回忆。[59]当广告执行与被广告产品之间关系适当时,性诉求能产生显著的更好的回忆。[60]

广告中关于性的内容的第三个作用是引起情感反应,如情绪唤起甚至是性欲。[61]这些反应能够提高广告的说服力,相反,如果广告引发了厌恶、尴尬或不安等负面情绪,广告的说服力则会下降。[62]之前提到的Three Olives品牌伏特加酒的广告设计是为了唤起目标受众的情绪,主要为年轻和中年的男性。健怡可乐在20世纪90年代投放的一个广告是诉诸性欲的代表作,在广告中,喜欢偷窥的一群女性正带着明显的愉悦感从她们所在的办公楼偷看旁边建筑工地上的一位性感工人,他脱掉自己的上衣,然后打开了一瓶健怡可乐。

关于性的内容是会引起正面还是负面的行动取决于性内容与广告主题的相关性。一个有趣的市场实验对这一点进行了检验,它将杂志广告改为两种产品的广告:棘轮扳手(与性诉求不相关的产品)和身体调和油(与性诉求相关的产品)。这个研究还根据广告中女模特所穿裙子的不同包括三个版本:在端庄版本中,模特穿着衬衫和休闲裤;在诱惑版本中,她穿着与端庄版本中同样的衣服,但衬衫的纽扣是完全打开的并在底部打了一个结,一部分腹部和乳沟暴露在外;在裸体版本中,模特完全没有穿衣服。研究发现受访者最喜欢诱惑版本和身体调和油的组合,裸体版本和棘轮板手组合中的模特最没有吸引力。[63]这个研究是在30年前进行的,所以不确定在我们现在生活的这个在性方面更加开放的社会里,是否还能得到同样的发现。

性内容很难有效果,除非它与广告的主要卖点直接相关。但使用恰当的话,性内容能够引起注意、增强回忆并与被广告产品建立积极的联系。

9.7.2 广告中性诉求的潜在风险

关于这一点,我们已经指出,如果使用恰当的话,广告中的性诉求将是有效的,但没有提及使用性诉求的潜在风险的讨论是不完全的。有证据显示,在广告中使用外显的性内容可能干扰消费者对广告观点的加工并降低对广告的理解。[64]而且,很多人认为广告将女性(和男性)刻画为愚笨的性对象是一种侮辱行为。例如,在老密尔沃基啤酒的广告中描绘例如一艘满载斯堪的纳维亚相貌的漂亮女性的渔船,她们穿着蓝色的比基尼,面前却是一群渔民。这个广告随后引起了强烈抗议。老密尔沃基的制造商施特罗酿酒公司的女性雇员控告她们的老板,称这个广告营造了工作场所中一种令人备受性困扰的氛围。[65]不管这个特定例子说明了什么,一个主要的观点是广告中的性可能被理解成对女性(和男性)的贬低,因此,在使用时应当谨慎。

Miller Lite啤酒的一个电视广告(配音为激烈的争辩)是广告中使用有问题的性内容的一个代表。(这个广告之前在第6章中的IMC聚焦中讨论过。)这个广告在2002—2003赛季的美国国家足球联盟(NFL)比赛中曾多次播放,你可能记得曾看到过它。广告刻画了两个性感的女性先是在游泳池里然后是在湿水泥中互相撕扯对方的衣服,因为她们在争论选择 Miller Lite 啤酒是因为它"口感更好"还是因为它"不会有啤酒肚"。这个广告无疑吸引了数百万观看 NFL 比赛的人的注意,并可能唤起了他们的情感,帮助他们回忆品牌名称。同时,这个广告也引发了关于广告适当性的伦理问题。事实是很多人——男性和女性都认为广告将人刻画为愚笨的性对象是一种侮辱行为。全世界的人和广告监管者都在考虑广告中对性的使用问题。[66]广告中的性可能导致不好的结果,因此应该谨慎使用。

总结来说,应当注意,在广告中"裸露皮肤"并不必然等同于性别歧视或物化男性和女性。例如,在"Got Milk?"广告(图 9.12)中刻画了一名引人注意的女演员,并配以广告文案,内容是关于牛奶中的营养物质在"维持健康的体重"和帮助消费者"看到自己的好处"方面发挥着非常重要的作用。

图 9.12 广告中性的运用

9.8 阈下信息与象征意义的嵌入

阈下一词指的是,刺激物呈现的速度或可见水平在知觉意识的阈值之下。一个例子是以裸耳无法辨别的分贝水平播放信息的自助录音磁带(如帮助戒烟的磁带)。知觉意识无法感觉到的刺激物可能会被下意识察觉,这种可能性引发了广告评论家的很大顾虑,也鼓励了研究者们的思考。尽管广告者非常不可能使用阈下方法,但调查显示很多美国人认为广告者确实在使用它们。[67]广告界代表极力否认使用阈下广告。[68]

对阈下广告最初的反对出现在 50 多年前,针对的是一名研究者,当时他宣称阈下信息的使用令新泽西一家电影院的可口可乐和爆米花的销售获得了增长。在电影《梦旅人》中一个 5 秒钟的时间间隔内,"喝可口可乐"和"吃爆米花"这两条阈下信息在屏幕上仅仅出现了 1/3 000 秒。尽管肉眼可能无法看见这些信息,但研究者詹姆斯·维卡利称,可口可乐和爆米花的销量分别增长了 58% 和 18%。[69]尽管维卡利的研究在科学上是没有意义的,因为他没有使用正确的实验程序,但这个研究引起了公众对阈下广告的关注,并促使国会召开了听证会。[70]美国联邦从未在这方面进行过立法,但从那以后阈下广告就一直受到广告评论家的关注,让广告从业者感到为难,也令广告学者好奇。[71]

20 世纪 70 年代和 80 年代,随着三本标题具有煽动性的书籍的出版,争论再一次激烈爆发,这三本书为:《阈下诱惑》、《媒介性利用》和 The Clam Plate Orgy。[72]这些书的作者 Wilson Key 称,阈下广告技术被大量使用并且具有影响消费者选择行为的能力。

为何阈下广告不太可能奏效

很多广告从业者和营销传播学者对 Key 的论据持怀疑态度,并强烈反对他的结论。对于谁对谁错很难有明确的答案,这部分是由于评论者对阈下广告的定义不同。事实上,阈下刺激有三种不同的形式。第一种形式代表依靠视速仪使可见刺激物以非常快的速度(如在维卡利的研究中为 1/3 000 秒)出现。第二种形式是在听觉信息使用加速的讲话。第三种形式涉及在印刷广告中嵌入隐藏的象征意义(如性图像或语言)。[73]

Key 在书中所写的是上述的最后一种形式——嵌入,它也是广告研究者已经研究了的形式。为了更好地理解嵌入,考虑几年前杂志上刊登的 Edge 剃须膏的一则广告。这个广告的画面上是一个脸上满是泡沫的男子,他的脸看上去近乎出神,广告镜头着重突出了他指尖上的 Edge 剃须膏。除了一个明显可见的性唤起场景(如,在一个场景中,一个性感的男子站在冲浪板上,在有弗洛伊德象征意义的水管里冲浪),这个广告还包含三个模糊的裸体人物,他们被喷绘在男子嘴唇上方的剃须泡沫中。

关键的问题在于:这个广告中包含的裸体人物能否使消费者真的去购买 Edge 剃须膏?为了回答这个问题,我们需要检验能够使嵌入影响消费者选择行为的程序。程序的第一步要求消费者有意识或下意识地加工被嵌入在 Edge 的杂志广告中的象征意义(裸体的人物)。第二步,作为对线索进行加工的结果,消费者必须对 Edge 剃须膏产生比看广告之前更强烈的欲望。第三,由于广告是针对品牌的,而且广告者想要卖的是他们的品牌而不只是产品类中的任何品牌,所以象征意义的嵌入要求消费者对特定品牌产生欲望,在这个例子中是 Edge,而不是对产品类中的任何品牌产生欲望。最后,消费者需要把对被广告品牌的欲望转化为实际的购买行为。

有证据支持这一系列事件吗?尽管关于这个问题只有有限的几个研究,但有各种实际的问题可能使嵌入无法在真实市场环境下产生效果。[74]在广告中使用嵌入效果甚微,主要可能是由于为了防止消费者察觉,图像必须被隐藏起来。如果知道了广告中的手法,很多消费者会很厌恶这些狡猾的广告。因此,防止被消费者觉察意味着与更加生动的广告表现相比,嵌入是一个相对较弱的技术。因为多数消费者用于加工广告的时间和努力都很少,一个较弱的刺激物意味着对多数消费者不会有太大的影响。[75]

即使消费者在真实的广告条件下确实注意到了性内容的嵌入并对它进行了解码,这个信息能否对品牌选择行为产生足够的影响仍然存在很大的疑问。标准的(阈上的)广告信息本身也很难影响消费者,阈下信息怎么可能更有效呢?例如,男性会仅仅因为他们有意识或下意识地在产品广告中发现了裸体女人就选择 Edge 剃须膏吗?

嵌入各种象征意义的阈下广告可能因使用较弱的刺激物而无效,下面的引文总结了这一观点。请注意引文承认阈下知觉是一个真实的现象(即大量研究证明,人们能够在无意识的情况下感知刺激物),但阈下刺激的微弱影响在真实市场环境下是无效的,在真实情况下,众多品牌为了吸引消费者的注意而相互竞争。

一个世纪以来的心理学研究证明了一个普遍原理,即强的刺激物比弱的刺激物对人们行为的影响更大。阈下知觉是一个真实的现象,但它得到的效果是微乎其微的,并且要想产生效果一般需要一个精心构造的环境。阈下刺激通常都太弱了,以至于接收者不只是没有觉察到刺激物,甚至不知道自己正在接受刺激。结果,由于在相同感官渠道中存在其他刺激物,或是注意力被集中在另一个感官道上,阈下刺激的潜在影响很容易变得无效。这些因素对阈下刺激任何可能的市场应用来说都是很大的难题。[76]

因此总结来说,阈下广告中的象征意义嵌入可能是无效的,并且无法影响消费者的选择行为。现在我们的讨论转向一个不同的技术——阈下唤起,它能够影响消费者的选择行为。

阈下刺激能够影响品牌选择的特殊情况

人类的很多行为都不是在意识的控制下进行的,而是自动产生的(即没有认知的介入)。如果利用人类心理这方面的特征,营销传播者可以使用一种名为阈下唤起的技术来影响消费者的品牌选择。简单来说,阈下唤起包括利用知觉阈值以下的速度向人们展示单独的语言或图像。这些语言或图像能够激发或唤起人们的知识、信念、刻板印象或其他认知。

这些认知能够在适当的条件下影响个体行为。要想使阈下唤起有效,唤起主题必须与个体的当前需求、动机或目标相一致。也就是说,一个人无法被下意识地诱导进行某种行为,除非他有需求这样做。[77]例如,被"大方"、"帮助"和"给予"这样的词(都与慷慨相关)唤起的个体不会自动捐钱给慈善事业,除非他们本身有欲望去帮助别人。而且,一个被唤起的需求产生影响的时间是有限的,不能长期作为驱动判断和行为的积极因素。

因此,广告者可能会激发人们关于品牌的下意识的想法或感觉,但如果消费者现在不是正在市场上购买与之相关的产品,那么他们就不会按照这种想法或感觉来行动。一般来说,从这方面来看,大众媒体广告几乎没有效果,因为观看广告和购买决策在时间上一般是分开的。而购买点广告(如商场里的广播)恰好(虽然不道德)为阈下唤起消费者购买特定品牌提供了一种媒介。

之前的讨论展现在读者面前的可能是一些混合的信号:一方面,在广告中嵌入内容被称为可能无法影响消费者的选择行为;而另一方面,上述最后两段提出使用阈下唤起可能会起作用。正如我们在本章前面和其他地方指出的那样,营销传播方法一般不会在所有情况下都有效。根据"视情况而定"的原则,唯一恰当的结论是阈下广告可能在多数情况下都是无效的,尽管它能够在有限的情况下有可能影响消费者的选择行为。IMC聚焦描述了一个使用阈下唤起的研究,研究表明这种形式的阈下"广告"能够影响品牌选择。为了理解阈下唤起能够影响消费者品牌选择的这种特殊情况,请认真阅读这部分内容。

IMC 聚焦　阈下知觉启动与品牌选择

想象一下你参加了大学里的一项研究。当你到达实验地点的时候,实验者告诉你和其他参与者,这个研究涉及一个视觉检测任务。她解释说,25 个图像将分别出现在电脑屏幕上,每个图像由一连串大写的字母 B 组成(BBBBBBBB)。她进一步指出,有时一串 B 中会包含一个小写的字母 b,如 BBBBbBBBB。你的任务是保持警觉并指出在 25 个字符串中有多少个包含小写的字母 b。

荷兰的研究者用以上研究程序来掩盖涉及阈下广告研究的真正目的。研究的参与者看到的不只是 25 个偶尔混有小写 b 的大写 B 字符串,他们还在不知道的情况下看到了阈下唤起语言的图像,这些图像在包含 B 字符串的图像之前出现在屏幕上。唤起语言在电脑屏幕上停留的时间非常短,只有 23 毫秒(即 23/1000 秒)。研究者想要知道让被试者在潜意识下看到一个真实的品牌名称是否会使他们在实验结束时选择那个品牌。

与一般的实验一样,大约一半被试者被分到"实验"组,另一半被分到"控制"组。所有被试者都参与同样的视觉检测任务,但"实验组"的被试者将多次被"Lipton Ice"这个品牌名称唤起,而"控制组"的被试者将被与 Lipton Ice 包含同样字母的名词"Npeic Tol"唤起同样多次。

这个实验还有一个特点:在参与视觉检测任务和面临唤起语言之前,一半被试者吃了咸的食物,这使他们感到很渴("口渴组");而另一组没有吃这种咸的食物("不口渴组")。

在视觉检测任务之后,被试者要指出他们更愿意喝哪种饮料——Lipton Ice 茶饮料还是 Spa Rood(一个荷兰的矿泉水品牌)。研究者预测,被"Lipton Ice"唤起的被试者更有可能选择这个品牌,但只有当他们在"口渴组"时,这一结论才成立。也就是说,由于"口渴组"被试者的需求与唤起他们的词语相一致,因此在面对 Lipton Ice 和另一种饮料时,阈下唤起会使他们选择前者。然而,尽管"不口渴组"的被试者也反复被"Lipton Ice"阈下唤起,但他们不会压倒性地选择 Lipton Ice 品牌(与 Spa Rood 矿泉水相比),因为他们与"口渴组"的被试者不同,这些被试者没有与阈下唤起相一致的需求。

研究结果支持了研究者的预测。具体来说,"口渴组"被 Lipton Ice 唤起的被试者中约有 85% 在 Lipton Ice 和 Spa Rood 之间选择了前者。比较而言,"口渴组"被 Npeic Tol 唤起的被试者中只有 20% 选择了 Lipton Ice。在"不口渴组"中,被 Lipton Ice 唤起的被试者比被 Npeic Tol 唤起的被试者更有可能选择 Lipton Ice,但这种选择上的差异(54% 对比 32%)要远远小于"口渴组"中两组被试者的选择差异(80% 对比 20%)。

这个研究的发现明确表示,阈下广告(以阈下唤起语言的形式)能够在理想情况下影响消费者的选择行为,这种情况是指品牌选择紧随看到阈下唤起语言之后。为了确定这种影响在更真实的市场环境下是否还会出现,需要进行更多的研究,比如品牌名称唤起和品牌选择在时间上并不接近；唤起发生在真实的购物环境中，而此时消费者置身于众多品牌之中并要做出多个品牌选择决策。目前介绍的这个研究是有趣的，但它无法确定阈下广告在真实的市场环境下是否仍"有效"。

注：上面的描述对这个研究进行了简化，并且只介绍了研究者进行的两个实验中的一个。

资料来源：修改自 Johan C. Karrenmans, Walfgang Stroebe, and Jasper Claus, "Beyond Vicary's Fantasies: The Impact of Subliminal Priming and Brand Choice," *Journal of Experimental Social Psychology* 42 (November 2006), 792—798.

9.9　音乐在广告中的作用

事实上从声音能够被记录开始，音乐就一直是广告领域一个重要的组成部分。叮当声、背景音乐、流行歌曲和古典音乐被使用在广告里，用于吸引注意、传达卖点、为广告奠定感情基调以及影响听众情绪。在对从纺织品柔顺剂到汽车等各种东西进行的宣传中，知名艺人、非声乐伴奏和不知名的歌唱家被广泛使用。席琳·迪翁的歌曲《我整夜开车》被用在克莱斯勒的一系列广告中。著名摇滚歌手鲍勃·迪伦的《爱情手杖》被使用在《维多利亚的秘密》的广告中。雪佛兰根据提到 Chevy 或 Chevy 产品的歌曲发起了一场重要的广告运动，这些歌曲来自沙滩小子(《409》)、唐·马克林(《美国派》)、艾尔顿·约翰(《鳄鱼摇摆》)以及王子(《红色小巡洋舰》)。[78] 照办乐队的歌曲《天蓝色的天空》出现在一系列大众汽车的广告中。唱片集《叶子》中的《永远为你》被用在卡迪拉克凯雷德的一个广告中。[79]

很多广告从业人员和学者都认为音乐能够行使多种有益的传播功能，包括吸引对广告信息的注意，让消费者处于正面情绪中，甚至还有传播被广告品牌的含义。[80] 例如，考虑在百事可乐的一则著名广告中使用的音乐。在这个广告中，超市里的监控录像捕捉到了一个可口可乐送货员的滑稽动作。当汉克·威廉姆斯的著名歌曲《你那欺骗的心》作为背景音乐播放出来时，送货员走近与他自己的可口可乐冷柜相邻的百事可乐冷柜，鬼鬼祟祟地看着百事可乐冷柜，打开它，然后拿出一罐百事可乐，这时许多罐百事可乐掉在地面上，产生了巨大的声音，大到令送货员非常难堪。这个经典的广告在吸引注意方面非常突出，并巧妙地传达了一个信息：百事可乐可能比可口可乐更好。如果没有《你那欺骗的心》作为背景音乐，这个广告远不会如此成功，广告中的音乐有助于提升受众对广告的兴趣，并将广告情节(一个送货员发生了"欺骗"行为)与广告的主要观点完美地结合在一起：百事可乐非常好，以至于可口可乐的员工都转移了忠诚度。

一个经典的研究举例说明了广告中音乐的潜在影响。[81] 这个研究使用经典条件作用影响研究参与者对一支圆珠笔的偏好。[82] 你可能在心理学或消费者行为学的课上学到过，非条件刺激(US)是指环境中能自然唤起人们的愉快感觉或想法的东西，如婴儿、小狗、春天的花和冬天的第一个雪球都会使多数人产生良好的情绪。条件刺激(CS)在实验条件开始之前在情感和认知上是中性的。简单来说，经典条件作用的实现过程是：US 与 CS 的组合导致情绪从 US(在这个例子中是音乐)转移到 CS(圆珠笔)。

这个研究的实验参与者被告知，广告公司想要为一个圆珠笔广告选择音乐。然后在被试者观看关于圆珠笔的幻灯片时，他们会听到音乐。一半被试者听到的是电影《油脂》中的音乐，这是正面的 US；其余的被试者听到的是古典印度音乐，这是负面的 US。这个研究表明音乐和笔之间的简单联系会影响产品偏好：暴露在《油脂》音乐之下的被试者中，约有 80% 选择了被广告的圆珠笔；而暴露在印度音乐下的被试者中，只有 30% 选择了被广告的圆珠笔。[83]

值得注意的是，消费者有时会对那些在广告中使用著名歌曲的广告者非常挑剔。因为人们经常将特定的音乐家和歌曲与自己生命中的特殊时刻以及个人不寻常的事情联系在一起，所以当广告者不敬地在广告中使用人们钟爱的音乐时，他们会对这种行为感到气愤。例如，很多婴儿潮时期出生的人在听到鲍勃·迪伦、尼尔·扬和范·莫里森等艺术家的音乐被用于促销产品时都会感到忧虑不安。披头士乐队的歌迷因听到这个团体 1967 年的颂歌《你只需要爱》被用在宝洁 Luvs 纸尿裤的广告中而感到不舒服。

9.10 比较型广告的作用

广告者在广告中直接或间接将他们的产品与竞争产品进行比较并称自己的更优越的做法被称为**比较型广告**。比较型广告在两方面有所不同：比较的直接性和比较的目标是被直呼其名还是用笼统的说法。[84]在一些国家和地区（如比利时、韩国和中国香港），使用比较型广告是非法的；而且除了美国和英国以外，在比较型广告合法的国家，它的使用也不多。[85]

为了更好地理解比较型广告，介绍几个例子会非常有用。图 9.13 中 Vicks NyQuil 的广告直接将它自己与竞争者泰诺治疗多种症状的感冒药进行比较。这个广告指出，Vicks NyQuil 能够缓解咳嗽长达八小时，而泰诺的产品只能缓解四个小时。

图 9.14 中 Allegra 广告是一个间接比较型广告。这则广告中没有提及任何竞争品牌，但它的图画和文案内容指出：一剂 Allegra "有效的时间比大多数 OTC（非处方）过敏药长 4 倍"。

图 9.13　直接比较型广告举例

图 9.14　间接比较型广告举例

9.10.1 比较型广告更有效吗？

在决定使用比较型广告还是更加常规的非比较型广告时，广告者将面对以下问题[86]：

- 比较型和非比较型广告在影响品牌知晓、消费者对广告主张的理解和可信性方面相比如何？
- 比较型和非比较型广告在对品牌偏好、购买意愿和购买行为的影响上是否有差别？
- 诸如消费者的品牌偏好和广告者的市场份额这些因素对比较型广告效果的影响如何？
- 在何种具体的情况下广告者应该使用比较型广告？

研究者已经进行了大量研究，检验比较型广告运作的过程、产生的结果以及与非比较型广告相比它的效果如何。[87]有时研究结果是不确定甚至互相矛盾的，缺乏明确的结果是意料之中的事，因为广告是一个复杂的现象，在不同情境下，它在执行环境、受众人口特征、媒体特征和其他因素方面是不同的。但通过回顾将比较型广告和非比较型广告进行对比检验的研究，我们能够暂时得出以下一些结论[88]：

- 比较型广告在增强品牌名称回忆方面表现更好。
- 比较型广告能够更好地促进对广告论点的回忆。
- 比较型广告被认为有点不如非比较型广告可信。
- 比较型广告能够产生对被广告品牌更加积极的态度，尤其当广告中是新品牌（与已有品牌相对应）时。
- 比较型广告能够产生对被广告品牌更强的购买意愿。
- 比较型广告能够产生更多购买行为。

上面列出的很明显都是使用比较型广告的好处，但一种形式的广告不会在所有情况下都比另一种广告好。下面将介绍在决定是否采用比较型广告时应考虑的一些具体问题。

9.10.2 采用比较型广告时应考虑的问题

情境因素

在确定比较型广告是否比非比较型广告更有效时，受众、媒体、信息、公司和产品特征都发挥着重要的作用。例如，如果人们事先对比较品牌（与被广告品牌进行比较的品牌）就有偏好，那么比较型广告就不那么有效了。

独特优势

在宣传那些与竞争品牌相比具有独特优势的品牌时，比较型广告特别有效[89]，此时比较型广告提供了一种很有效的方法来传达这种优势。Vicks NyQuil 的广告（图 9.14）是这种情况的代表。相对于非比较型广告，比较型广告还被证明能够提高产品类中挑战者与领导者之间的感知相似性。[90]但研究也表明，在某些情况下，间接比较型广告比直接比较型广告更有效。一个研究发现,如果要将品牌定位成比某一具体的竞争品牌更好,直接比较型广告比间接比较型广告更有效;但如果要将品牌定位成比产品类中所有品牌都好,间接比较型广告比直接比较型广告更有效。[91]

可信性问题

当比较型主张看上去更可信时,比较型广告的效果更好,有三种方式能够实现这一点:① 找一家独立的研究机构支持广告中关于优越性的主张;② 向人们展示重要的测试结果以支持广告主张;③ 使用一个人们信赖的代言人。

评估效果

由于比较型广告关于被广告品牌的主张是相对于另一个品牌的,同时还由于消费者以一种相对的方式对这种比较型信息进行解码,评估比较型广告效果的测量方法对以相对形式措辞的问题最为敏感。也就是说,为了最大化敏感度,问题的语言表述或措辞应该与消费者的解码思维相匹配。例如,关于 Vicks NyQuil 的广告(图 9.14),有两种备选问题可以用来确定消费者是否认为 Vicks NyQuil 在缓解咳嗽上是一个有效的品牌:① 有多大的可能性 Vicks NyQuil 缓解咳嗽的效果能够持续很久(非相对框架);② 有多大的可能性 Vicks NyQuil 缓解咳嗽的效果比泰诺感冒药更持久(相对框架)。研究已经表明,相对框架在评估消费者看过比较型广告后的观点时更有效。[92]

IMC 聚焦　益达借力"微电影"营销

近年来,传统电视广告搭在互联网平台所衍生出来的"微电影广告"成为一种既符合互联网传播特性,又有利于企业品牌形象建设的新兴网络视频广告形式,是电视广告在网络平台发展的新契机。

为了在同类产品市场上争取更大的市场占有份额,向更多消费者传达"关爱牙齿,更关心你",从理性和感性上与消费者进行深度沟通,让受众感受在生活中"酸甜苦辣,总有益达",益达开展涉足微电影,以此营销自己,提升品牌形象。

2010 年,由天联广告公司为箭牌公司旗下的益达无糖口香糖量身打造的一则微电影广告在电视和网络上播出,故事的情节是由桂纶镁和彭于晏分别饰演的敦煌沙漠加油站女工和机车骑士在加油站邂逅。该广告一经播出,立即引起了媒体的强烈关注以及网友的疯狂转载,"你的益达也满了"这句广告词也成为了红极一时的流行语。调查显示,在短短的三个月中,消费者对益达品牌的认知增长了 40 至 50 个百分点。该广告也荣获第四届创意功夫广告奖暨 2010 梅花传播奖的最佳明星电视广告奖金奖。

2011 年,"益达"再次聘请彭于晏和桂纶镁领衔主演了一组名为《酸甜苦辣》的微电影系列广告。该系列广告分别以"酸"、"甜"、"苦"、"辣"四个主题依次独立成篇,讲的是一对在沙漠加油站中邂逅的年轻男女,因为一种无法言喻的默契和好感开始搭伴旅行、浪迹天涯,以及在途中发生的片段式故事。怦然心动的"甜"、醋意横飞的"酸"、快意江湖的"辣"和天涯海角的"苦"这"四部曲"采用"电视媒介+网络视频广告"的组合投放。根据益达为该组微电影广告媒介投放计划的安排,广告中篇幅相对较短的"酸"与"甜"在全国256个城市的电视台中播出,而"苦"和"辣"则采用网络视频的方式与观众见面。同时,优酷、土豆、PPS、新浪视频和"益达"活动官网也陆续播出这四段故事。为了配合此次宣传,箭牌公司联手新浪微博,举办了益达"关爱牙齿,说不出的酸甜苦辣"有奖活动,网友在益达活动网站上或新浪微博中,输入"说不出的酸甜苦辣"活动关键词,发表自己说不出的酸甜苦辣,分享微博,就有机会赢得各种精美礼物。活动还利用二维码技术设置活动微博链接,让受众可轻松获取活动网址,直接通过手机登陆。广告片的男女主角甚至现身亲自为"益达"微博网友实现心愿,向他们的爱人及亲友传递深埋在心里的"说不出的酸甜苦辣",身体力行"关爱牙齿,更关心你"的理念。

该组微电影系列广告不仅在网络上有着很高的点击率及好评数,而且在由新浪和广告门联合主办的"2011首届微电影节"中斩获"最佳微电影形象代言"金奖、最佳广告主奖和最佳微电影推广奖,更以所有评委的非匿名之选摘得"最有效使用广告"类别唯一金奖。通过此渠道的宣传,高达98%的广告认知者表示这个广告吸引其购买益达产品,受访者喜好度为100%;益达的提示后认知达到100%,且益达品牌的无提示第一提及率要远高于其他品牌,达到49%;1个月内,超过261万人次点击查看了益达的互动内容,有53 505人点击关注二维码。

接着,2012年10月10日,《酸甜苦辣Ⅱ》大结局预告片的播出再次吊足了广大观众的胃口。在这一季中,彭于晏与桂纶镁上演的爱情故事中发现了连凯扮演的"第三者",激发了两个男人之间的碰撞,而这一戏剧性的安排在桂纶镁愤然离开后达到高潮,故事看似戛然而止,结尾只留下"未完待续"的字样。

此次预告片投放之后,益达官方微博随即发起了结局大猜想的投票活动,先后共有13 300余人参与转发,调查显示,有70%的消费者希望知道接下来两人的爱情故事走向何方。

2012年11月,由彭于晏与桂纶镁联合出演的微电影广告《酸甜苦辣Ⅱ》大结局在Beyond的《情人》歌声中落下帷幕,两人再续前缘,"一起为爱加满"。

据博雅公关提供的最新数据,"酸甜苦辣"系列广告播出至今,电视、网络等渠道的收看者累计已达到20.4亿人次,其中仅《酸甜苦辣Ⅱ》的微博转发量就高达34万次,与国内微电影共同成长的"酸甜苦辣"系列,在助力益达超越绿箭一举登上国内口香糖市场第一品牌位置的同时,也为业界树立起了微电影营销的新标杆。

资料来源:1. 李紫超,《从电影发展到微电影的全新理念》,中国经济网。
2. 郑晓君,《微电影——"微"时代广告模式初探》,《北京电影学院学报》,2011年第6期,第9—13页。

讨论题:
1. 你如何评价益达这次微电影营销活动?
2. 你认为微电影未来的营销价值有多大?

小结

本章主要讨论了三个问题。第一部分主要介绍广告者用于增强受众加工广告信息的动机、机会与能力的方法。其中描述和列举的内容包括提高消费者注意和加工信息动机的广告努力,增加消费者解码信息的机会并减少加工时间的方法,以及提高消费者进入原有知识结构和创造新知识结构的能力的策略。

第二部分主要关于广告代言人的作用。TEARS 模型(可靠性、专业性、外表吸引力、可尊敬度和相似性)为决定其效果的代言人特征提供了一个方便的首字母缩写词。以下为品牌管理者在真正选择名人代言人时考虑的最重要的因素:名人与受众的匹配度、名人与品牌的匹配度、名人的可信性、名人的吸引力、成本、合作难度、代言的饱和度和带来麻烦的可能性。关于名人代言人的讨论表明,代言人通过可信性和吸引力两个特征对消费者产生影响。可信性通过内化过程发挥作用,而吸引力通过认同机制起作用。

最后几个部分介绍了多种广告的信息诉求方法。本章讨论的被广泛使用的广告方法包括幽默、恐惧诉求、内疚感诉求、性诉求、阈下信息、音乐的使用以及比较型广告。讨论涉及实证研究,并指出了选择这些信息要素时应考虑的因素。

讨论题

1. 运用吸引力、专业性和可信性的概念,解释为什么泰戈·伍兹会是一位有效的代言人。然后再分析一下莎拉波娃。
2. 本章的开头部分引用了哲学家怀德海的一句话"寻找简单并怀疑它"。请从广告方法的有效性方面来解释这句话的意思,例如在广告中使用幽默。
3. 请举出杂志广告中的例子来说明下面每一点:(a)一项提高消费者处理信息积极性的努力;(b)提高消费者对信息进行编码的机会。请证明你所举的例子是恰如其分的。
4. 请举出两个广告例子来说明以范例为基础的学习,请解释说明为什么你所选的广告促进了以范例为基础的学习。
5. 吸引力是代言人的一个特征,但并不局限于外表的吸引力。很多人会认为英格兰足球明星大卫·贝克汉姆非常吸引人。除了外表方面,还有哪些地方会被认为是具有吸引力的?
6. 请考虑"带来麻烦的可能性"这一因素,如果你是一位品牌经理,请举出三个你由于害怕惹麻烦而不想聘为代言人的娱乐或体育明星。
7. 喜剧和电视演员比尔·科斯比已经代言吉露布丁多年。假设你是吉露的品牌经理,你的任务是选择一位新代言人代替科斯比先生,你会选择谁?请给出原因。
8. 电视直销广告是一种一般时长为30—60分钟的广告。这类广告一般在非黄金时段播出,经常涉及的产品包括减肥产品、生发产品和保健产品。这些电视广告经常使用医生和其他健康专家作为代言人,宣传广告品牌的效果。使用本章的概念解释为什么健康专家在这类广告中出现。

9. 你可能见过那些通过引发恐惧感来阻止人们酗酒和酒后驾车的广告。在你看来,这种广告形式对于你这个年龄段的群体起作用吗?请具体解释原因。

10. 感染艾滋病的恐惧和很多大学生相关。据此,你认为轻度恐惧方法是否会对影响学生节制性行为或进行安全的性行为起到作用?如果你不认为这种方法会起作用,请具体解释原因。

11. 举出三种或四种产品的例子,你认为这些产品适合使用引起消费者内疚的方法来促进他们的购买。哪些产品不适合这种方法?请说明原因。

12. 消费者偶尔会觉得电视广告非常幽默或者很好看。一些广告研究人员认为这样的广告可能会抓住消费者的注意力,但却往往在促进产品销售方面没有效果。你在这一问题上的观点是什么?请解释你的立场。

13. 请举出几个你认为很幽默的电视广告的例子。给定广告品牌的类型以及目标受众,你认为使用幽默的方法合适吗?请解释你的观点。

14. 举出几个电视或杂志广告使用性诉求方法的例子。描述每一个广告,然后解释这种性诉求方法对该品牌是否合适。

15. 请评论下面的观点:"广告中对性的使用简直泛滥了。"

16. 题为"Understanding Jingles and Needledrop:A Rhetorical Approach to Music in Advertising"(见尾注 80)的文章认为广告中的音乐向听众和观众传达了具体的意义。换句话说,音乐通过传达速度、激情、悲伤、成就等情绪来同人们交流。举出两个通过音乐向人们传达意义的广告,并指出传达的情绪、观点或行动是什么。

17. 复印杂志中的两则对比型广告。分析每一则广告,指出为什么你认为该广告使用了对比型广告的方法以及你是否认为该广告是有效的。

第10章

广告信息效果的测量

第10章涉及广告信息效果的测量,探讨了信息研究的行业标准和品牌管理团队及其广告公司希望从这种形式的研究中获得的信息类型。

宏观营销传播洞察 **哪些要素令广告可看?**

在明略行公司对数千个在美国、欧洲和其他地方播放的电视广告的研究中,这家国际广告研究公司确定了"值得注意"的广告——那些观众关注的以及让人看了感到愉快的广告——比普通的广告更能被记住并更有可能驱动销售。[1]但什么使一个广告比另一个更值得注意呢?根据明略行公司的研究,能够区分值得注意和不那么值得注意的广告的一些特征包括:

幽默 在广告中有效地使用幽默是决定广告可看性的关键因素。幽默能够增加观众的关注度和乐趣。

音乐 在被归为值得注意的广告中,有略多于50%以音乐为显著特征;比较而言,只有20%的普通广告强调了音乐。

画外音 值得注意的广告很少使用持续的画外音(只有10%左右),而普通广告经常使用这种技术(约50%)。值得注意的广告倾向于只在广告结尾处使用画外音。

节奏 值得注意的广告比普通广告更有可能使用快节奏。

名人 值得注意的广告比普通广告更经常使用名人。名人能够很好地吸引注意,而且能够吸引特定的年龄群体、对特定事物有着共同爱好的人,等等。

可爱的事物 包含儿童和动物(睡觉、玩耍、学走路的婴儿;嬉戏、喝水、打盹的小狗)的广告更值得注意,主要是因为这些"可爱的事物"即使没有提高关注度,也增加了观看的愉悦性。

电视广告要想成功,抓住并保持观众的注意力是非常关键的。很多广告通过使用大音量或闪光灯引起了非自觉注意,但这些并不足以提高观众的关注度或愉悦性。观看另一些广告可能是愉悦的,但它们可能没有将信息和被广告品牌很好地联系起来。值得注意这个概念在广告中是相对较新的,它强调的是,一个有效的、有影响力的广告必须要能够使人们关注它和感到愉悦。

这就将我们引入了本章的主题:需要在广告印刷或播出前(事前测试研究)以及它

们出现在杂志、报纸或电视、广播上之后(事后测试研究)进行广告研究来测试广告。广告中不能假设有创意的广告就是有效的,他们必须对广告效果进行测试。可看性只是决定广告效果的众多因素之一。

本章目标

在阅读本章后你将能够:
1. 说明广告研究的基本理论和重要性。
2. 描述各种用于测量消费者对广告信息识别和回忆的研究方法。
3. 探讨广告的情感反应测试。
4. 分析说服力测试的作用,包括消费者偏好的事前和事后测试。
5. 说明广告效果单一信源测试的含义和操作方法。
6. 检验关于电视广告效果的主要结论。

10.1 广告研究介绍

前两章探讨了广告创意的作用(第 8 章)以及代言人和广告手法——幽默、性诉求、内疚感诉求等的作用(第 9 章)。一个定义完善的价值主张是广告取得效果的关键,但可以通过使用不同的有创造性的广告策略(如 USP、品牌形象和通用方法)和信息策略来实现第 6 章中介绍的营销传播的重要目标。简言之,品牌经理和广告公司在创作广告时可以使用很多方法。

同时,品牌管理团队有责任进行广告研究,以确定与投资广告之前相比,推出的广告是否是成功的。换言之,在缺乏研究证据的情况下假定广告是成功的,这种行为是自以为是甚至有些愚蠢的。在整个商业领域中盛行的财务责任制(回忆第 2 章中的内容)要求在广告投入媒体之前、在媒体传播时及之后对广告进行测试。

好的商业实践要求对广告开支是否合理进行检验,尤其是投资于美国和全世界广告的那些资金。因此,在测试广告效果上的时间和金钱花费非常高。本章将介绍广告研究领域里最重要的一些方法。

10.1.1 广告研究既费力又费钱

测量广告效果既费力又费钱,但这种努力带来的价值要超过为它付出的成本。不经过正式的研究,多数广告者无法了解广告信息是否是有效的,他们也无法了解未来广告的哪些方面需要改进。广告研究帮助管理层提高广告在实现营销目标和产生合理投资回报方面的贡献。

现代广告研究起源于 19 世纪,当时通过对广告的回忆和记忆两个因素来测量印刷广告的效果。[2] 现在,多数全国性的广告者只有在进行测试后才会考虑投放电视或杂志广告。一份针对美国最大的广告者和广告公司的调查显示,超过 80% 的受访者在全国范围内投放电视广告之前会进行事前测试。[3] 有趣的是,这些广告在接受测试时一般处于未完成状态。对尚未加工完全的广告进行测试的目的是降低修改广告的成本。[4] 研究表明,测试未完成的广告与测试已完成的广告获得的效果基本是相同的。[5] IMC 聚焦中讨论了经常被用于测试的电视广告的各种雏形。这段内容是比较重要的,因为本章会贯穿有关广告各种雏形的内容。

IMC 聚焦　电视广告的事前测试

　　一家广告公司的工作从其与客户端的品牌管理团队共同开发的一个创意大纲开始。正如我们在第 8 章中介绍的,创意大纲是通过引导文案编写人按客户需要进行创作,用于激发文案编写人的文档。创意大纲代表了客户和广告公司之间一种非正式的契约,用来确保双方同意广告运动想要实现的目标。创意大纲的其他特征还包括:它确定了品牌定位、品牌的整体营销战略,以及品牌的关键价值主张。从这个大纲出发,文案编写者和广告公司的其他人员会开发两个或更多适合于实现约定目标的广告创意。但不能立刻制作出一个完整的广告,那可能很轻易就花费 50 万美元或者更多,而是应该在没有完成时对广告概念进行测试,这样比较实际也比较划算。在电视广告研究中,测试会涉及五种未完成的形式。与最终广告距离最远的形式是故事板,而从动画形式到现场版,这些形式越来越接近完成的广告。下面简要介绍每种广告形式。

　　1. 故事板:这种未完成的形式呈现出的是一系列关键的视觉画面和相应的声音脚本。视觉画面按顺序被贴在张贴板上,另外上面还有故事版的名称。与动态的广告不同,故事板形式是完全静态的。人物素描代替了将出现在最终广告中的真实的演员或名人。故事板的测试通常在由消费者组成的焦点小组中进行。

　　2. 动态脚本:这是用由一系列伴随声音的图画组成的电影或录像带来代表广告。动态脚本形式仍然带有故事板的原始特征,但又通过依次拍摄图画融入了动态的要素。

　　3. 相片脚本:一系列相片伴随声音被拍摄成影片或录像带,用来代表广告。这种版本更加真实,因为它展现的是真实的人,而不是像故事板或动态脚本那样呈现的仅仅是真实人物的图画。

　　4. 借镜脚本:截取已有广告中的片段并将它们连接在一起,用来代表广告。因此,借镜脚本形式抓住了广告的真实,但又不需要支出巨额费用拍摄原创广告。

　　5. 真实的动态脚本:这种预完成版本需要拍摄真实的表演,用来代表广告。这种版本最接近最终的广告,但它表现的不完全是将在最终广告中使用的真实场景或人物。

　　资料来源:修改自 David Olson, "Principles of Measuring Advertising Effectiveness," American Marketing Association, http://www.marketingpower.com(accessed October 14, 2004);和 Karen Whitehill King, John D. Pehrson, and Leonard N. Reid, "Pretesting TV Commercials: Methods, Measures, and Changing Agency Roles," *Journal of Advertising* 22(September 1993), pp.85—97。

10.1.2　为何要考虑广告研究

　　广告研究包括一系列目的、方法、测试和技术。一般来说,广告研究包括两方面:媒体效果测量和信息效果测量。后面几章将重点讨论媒体效果,本章主要讨论信息效果的测量。

信息测量主要关注的问题包括实现品牌知晓、传达文案观点、影响态度、唤起情感及影响购买选择。简言之,**信息研究**要测量的是广告信息的效果。(信息研究又称为**文案研究**或**文案测试**,但这些名称太过局限,因为信息研究包括对广告所有方面进行测试,而不只是针对文案。)

广告信息研究有四个阶段:① 文案形成阶段;② "雏形"阶段(如动画和图像的未完成形式,参见 IMC 聚焦);③ 广告完成但还未投放到电视或其他媒体上;④ 广告投放媒体之后。[6] 也就是说,广告研究既包括在形成阶段对广告进行事前测试(在投放媒体之前),也包括在投放媒体之后对广告的事后测试。事前测试是为了在投放之前剔除无效的广告,而事后测试是为了确定广告是否实现了预设目标。

广告研究有时是在真实的广告环境中进行的,有时是在模拟或实验室情境下进行的。从填写问卷(如态度量表)到生理测量仪(如测量眼睛移动的瞳孔仪)都可用来测量广告效果。信息研究不存在唯一的形式,而是应当根据广告者和广告公司想要了解的问题来选择不同的广告效果测量方法。

10.1.3 信息研究的行业标准

尽管信息研究很流行,但很多研究都没有做到最好。有时研究到底想要测量什么并不明确,研究方法常常不能满足一个好的研究的基本要求,有时根据研究得出的结果很难判断被测试的广告是否有效。

广告研究领域的成员已经注意到了这些问题并为广告研究者建立了更高的评价标准。美国的广告公司发布了**广告文案定位测试(PACT)**,用于弥补广告研究的缺陷。这份文件主要针对电视广告,但与所有媒体广告的测试都相关。

PACT 由九大信息测试准则构成[7],这些准则并不只是声明,它们为如何进行广告研究提供了非常有用的指南。这些准则不需要记忆,你的阅读目标应该是理解如何进行好的信息研究。(注意,PACT 准则的制定者针对的是文案测试而非信息测试。以下的叙述中使用的仍是文案测试,尽管我们之前说过,"信息研究"更为合适。)

准则 1

一个好的文案测试系统需要提供与广告目标相关的测量方法。在选择评估广告效果的方法时,首先要考虑的是广告运动要实现的目标(如建立品牌知晓或改变品牌形象)。例如,如果一个广告运动的目标是唤起观众强烈的情感,那么对品牌知晓度的测量就不足以用来判断广告信息是否成功地实现了它的目标。

准则 2

一个好的文案测试系统需要在每次测试前对如何使用结果达成一致。在收集数据前明确如何使用研究结果能够确保所有相关者(广告者、广告公司和研究公司)对研究目标统一意见,并能降低在解释测试结果时产生冲突的可能性。这条准则的目的在于鼓励在真实测试前使用决策规则或行为标准来建立测试结果,而这种结果将是广告在投放媒体后所得到的效果。

准则 3

一个好的文案测试系统能够提供多种测量方法,因为单一的测量方法一般不足以用来评估广告的整体表现。广告影响消费者的过程是复杂的,所以多种测量方法比单一测量方法更能捕捉广告效果的各个方面。

准则 4

一个好的文案测试系统基于人类对信息的反应模式——接收、理解并对刺激物做出反应。由于广告想要实现的目标各不相同,一个好的文案测试系统要能够回答关于潜在行为模式的问题。例如,如果消费者主要由于情感因素购买某一特定产品,那么信息研究应该使用测量情感反应的方法而不是简单地测量消费者对文案观点的回忆情况。有趣的是一直以来信息研究都过多地关注了人类行为的理性和认知方面,而对情感的关注不足。学者和业界人士正越来越多地认识到,情感因素在引导消费者行为方面至少和认知因素同样重要。[8]后面我们还会讨论情感在广告和以信息为基础的广告研究中的作用。

准则 5

一个好的文案测试系统应当考虑广告刺激是否应当多次曝光。这条准则强调的问题是,单次曝光测试(只将广告向消费者展示一次)是否能充分说明广告的潜在影响。由于广告通常需要多次曝光才能产生完全的效果,因此信息研究需要向受访者多次展示测试广告。[9]例如,单次曝光测试不足以用来确定广告是否成功地传达了产品的多元优势;相反,如果一个广告的目的只是为某新品牌创造知晓度,那么单次曝光就足够了。

准则 6

一个好的文案测试系统认为一份更加完整的文案能够被更好地评估。因此,一个好的系统要求至少要对完成情况相同的备选文案进行测试。测试结果一般因完成情况的不同而不同,例如对图片或脚本形式的电视广告进行的测试(参见 IMC 聚焦)。由于测试未完成面对广告造成的信息缺失有时并不重要,有时却十分关键。

准则 7

一个好的文案测试系统能够避免广告曝光环境造成的偏差。广告所处的环境(如杂志上存在或缺少其他广告的干扰)会对广告如何被接收、加工和接受产生重大影响。因此,文案测试过程应该尝试复制广告在真正投放时所处的环境。

准则 8

一个好的文案测试系统重视样本确定的基本问题。这条准则一般要求样本能够代表目标受众,从而使测试结果能够得到推广;同时,它还要求样本量足够大,从而能够得到可靠的统计推论。

准则 9

最后,一个好的文案测试系统具有信度和效度。对任何研究而言,信度和效度都是最基本的要求。对信息研究而言,一个可靠的测试每次对同一个广告的测试结果都是一致的,而一个有效的测试能够预测广告的市场表现。

上述准则为广告研究领域建立了一套较高的标准,如果想要使广告效果测试有意义,那么就应按照这些准则去做。

10.1.4 品牌经理与广告公司需要从信息研究中获得什么?

正如我们在第2章中所说,营销传播的目的是提升品牌资产,从而最终提高品牌销售额和市场占有率。回顾第2章的内容,从消费者的角度来讲,品牌资产包括两个组成部分:品牌知晓度和品牌形象。所以广告的作用是提高品牌知晓度,改变品牌态度和构成品牌形象的积极联想,并最终提高品牌销售额和市场占有率。因此,需要通过进行信息研究提供一些诊断性信息,它们包括广告带来的预期品牌资产提升和销售增长潜力(事前测试研究)以及最终广告是否真的实现了这些目标(事后测试研究)。

继续讨论之前,需要强调的是广告界已经花了很多年的时间,试图确定什么广告测量方法能够最准确地预测广告效果。尤为著名的一个研究是由广告研究基金会(ARF)资助的,它对35种不同的测量方法进行了评估,比较哪种方法能够最好地预测电视广告产生的销售效果。[10] 尽管付出了巨大努力,ARF 的文案效度研究项目既缺乏结论又充满争议。[11] 大概它给出的唯一明确的结论是没有一种方法在所有情况下都是最合适和最好的。每个品牌—广告情境都要求对广告想要实现的目标以及用于确定这些目标是否实现所使用的适当方法进行细致的评估。

由于广告研究中使用的方法非常多,在本章中我们不可能穷其所有。近些年确实出现了很多信息效果的测量方法,也有很多公司专注于测量广告效果,如斯塔奇读者服务公司、布鲁索内研究公司、明略行公司、Ameritest、盖洛普和罗宾逊公司、梅普斯和罗斯公司、Ipsos-ASI、ARSgroup,等等。

10.2 两种类型的广告研究

一般来说,信息研究有两种类型:定性研究和定量研究。我们首先简要讨论定性研究,然后主要关注定量方法。这并不是因为后者更为重要,而是因为定量研究在广告行业中占有支配地位,并且与定性研究相比,定量研究的使用有一段更加完善的历史。

10.2.1 定性研究

这种形式的研究之所以被称为定性是因为它并不基于与广告文案和人们对该文案的反应相关的数字结果和统计分析。定性研究致力于了解和解释那些能够影响人们对广告反应的广告要素。焦点小组访谈是定性广告研究的方法之一。例如,首先将一个新推出的广告的故事板呈现给焦点小组访谈的参与者,然后由组织者试探性地鼓励受访者分享他们对广告的想法和感受。

还有更为复杂的定性广告研究方法,试图更好地理解消费者从广告中得出的推论以及驱使其想法和行为的心理模式。民族研究就是这类方法之一。这种形式的研究要求广告研究者将自身完全投入到对产品和品牌在人们生活中所起作用的研究中。民族学较少依赖于向大量的人口样本提出关于他们想法和意见的问题,而是更多依赖于对少数消费者行为的深入观察。民族学家在人们家里或其他消费以及产品和服务产生的地方观察人们的行为。除了观察真实的消费行为以外,民族研究者还对消费者进行深入的访谈,以了解他们的消费行为和影响行为的力量,如广告。[12]

萨尔特曼隐喻诱引技术

萨尔特曼隐喻诱引技术(ZMET)是民族研究的一种具体形式。[13]这种方法有一些基本的假设,如多数人类沟通包含非语言要素(图片、场景和音乐),人们的想法和感受产生非语音的图像,以及隐喻是深入了解人们想法和感受的重要机制。[14](隐喻的基本思想是人们根据其他东西理解和体验事物。例如,我们说某人有"鹰眼"是指他有着敏锐的目光;有时我们将产品比作"柠檬"是指它们有致命的缺陷。因此,"鹰眼"和"柠檬"是代表其他事物的隐喻。)隐喻能够展现并塑造人们的想法。理解了人们想到品牌使用的隐喻,我们就能将其应用到开发与人们对品牌的想法和感受能够产生共鸣的广告文案上。

关于 ZMET 如何实施的细节超出了本书的讨论范围。(细节参见注释 13 引用的文章。)很多读者在营销调研的课上接触过 ZMET。不管怎样,这段简要的讨论主要说明的是:萨尔特曼隐喻诱引技术这类定性研究能够成为开发广告文案的重要投入。因此,与下面要介绍的定量方法不同,ZMET 主要用于开发而非测试广告文案。

10.2.2 定量研究

定量研究涉及对广告可能产生(事前测试研究)或已经产生(事后测试研究)的效果的测量。以下部分我们会针对一些全国性广告者使用得比较多的方法进行讨论。讨论之前有两点需要明确。首先需要认识到的是,很多广告者,尤其是较小的公司和组织,根本不对创作中的广告或是已经发布的报纸或电视广告进行广告研究。他们的理由是没有足够的时间和资金进行研究。但其实这种理由有些缺乏说服力,因为错误(如播出了差的广告)带来的损失要远远大于测试广告问题所花费的时间和金钱。尽管比较正式的研究相对更好,但我甚至可以说任何没有进行过哪怕是快速且并不完善的研究的广告都不应该被投放到媒体上。

以下引文指出了在对定量信息研究方法进行详细说明之前需要明确的第二点:

> 测量是实现控制并最终改善的第一步。如果你无法测量某个事物,你就不能理解它。如果你不能理解它,你就无法控制它。如果你无法控制它,你就不能对它进行改善。[15]

上述引文说明广告研究对于测量广告效果以便不断对广告进行改善是十分重要的。

定量研究方法究竟测量的是什么呢？为了解决这个问题，我们先回顾一下前面讨论过的文案测试准则。PACT 准则 4 规定，一个好的文案测试系统基于人类对信息的反应模式。也就是说，在确定测量什么之前，我们必须了解广告能够引发人们怎样的反应。请思考：广告可能产生什么效果？你是否曾经考虑过这个问题？广告可能产生各种各样的效果，包括：① 创造品牌知晓度；② 将品牌特点和优势传达给潜在消费者；③ 加强与人们之间的情感联系；④ 影响与购买相关的信念，对关于被广告品牌的态度产生积极（或消极）的影响；⑤ 使人们的品牌偏好发生转移；⑥ 鼓励试用和重复购买行为。

广告能够通过多种方式影响人们。品牌经理、广告公司和研究者必须首先确定广告运动想要达到的效果，只有这样他们才能对广告的影响进行有效测量。接下来要做的就是通过研究来测量广告运动是否实现了它的目标。正如前面的引文所说，如果你无法测量，你就无法控制。如果你无法控制，你就不能产生影响。

方便起见（同时为了必要的简化），我们将信息研究划分为四组方法：识别与回忆、情感反应、说服、销售反应。这样划分的目的是提供一个可以代表品牌经理和广告公司用于测量广告效果的主要方法的样本。表 10.1 总结了这些主要类别及每个类别中包含的具体测量方法。

表 10.1　信息研究方法举例

识别与回忆测量
• 斯塔奇读者服务（杂志）
• 布鲁索内测试（电视）
• Burke 隔日回忆测试（电视）
情感反应测试
• 人脑图像
• 自我报告
• 心理测试
说服力测试
• Ipsos-ASI 电视测试法
• ARS 说服测试法
销售反测试（单一信源系统）
• AC 尼尔森的扫描跟踪
• IRI 的行为扫描

简言之，识别与回忆测量评估的是广告是否成功地影响了品牌知晓度以及与品牌相关的想法和感受。情感反应测试用于判断广告是否对消费者产生了情感唤起。说服力测试能够表明广告是否有可能影响购买意愿和行为。最后，销售反应测试可以确定广告运动是否影响了消费者购买被广告品牌的情况。

10.3　识别与回忆的测量

看过广告之后，消费者可能会产生不同程度的品牌知晓，最初级的是仅仅注意到了广告但并没有对具体内容进行加工。然而广告者的目的是使消费者注意到广告的具体片段、内容或特点并将它们与被广告的品牌联系起来。识别与回忆都代表了消费者对广告信息的记忆,但对比更像是论述题的回忆测量,相当于多项选择题的识别测量更多关注于浅层记忆。[16] 从第 2 章对品牌资产的讨论中,我们注意到,与回忆相比,识别代表更低级别的品牌知晓。也就是说,品牌经理不只想让消费者识别一个品牌的名称及其特点或优势,还希望消费者能够在没有任何提示的情况下回忆起这些信息。

一些广告研究公司向广告者提供关于如何使广告引起更高知晓度的信息,知晓度一般通过识别或回忆测量进行评估。下面介绍三种服务:斯塔奇读者服务(杂志广告识别)、布鲁索内测试(主要用于电视广告识别)和隔日回忆测试(电视广告回忆)。[17]

10.3.1 斯塔奇读者服务

斯塔奇读者服务是由 GfK 北美客户研究公司提供的测试服务,测量杂志广告是否能在被阅读后实现其主要目标。斯塔奇对消费者杂志和商业期刊上的广告引起的知晓度进行测试。每年根据对超过 10 万人进行的访谈、140 多个杂志上的 7.5 万多条广告进行研究。每条广告的样本量在 100—150 人之间,大多数访谈在受访者的家中,或针对商业期刊,在办公室或商业场所进行。访谈在刊物出版前期进行。刊物发行后,会给读者一段适当的时间,让他们有机会阅读或浏览,然后访谈开始并持续一整个星期(周刊)、两个星期(双周刊)或三个星期(月刊)。

斯塔奇访谈人员针对每个被研究的杂志选择有资格的读者。有资格的读者是指在访谈进行之前已经浏览或阅读过杂志的部分内容,并且他们在年龄、性别和职业上符合为特定杂志设置的要求。一旦确认了受访者的资格,访谈人员便针对特定杂志开始询问每个被研究广告的相关信息。受访者首先会被问道:"你看过或读过这则广告的任何部分吗?"如果受访者的回答是"是的",接下来受访者对广告不同部分(插图、标题等)的知晓度就会通过事先规定好的提问程序来确定。然后根据以下定义将受访者分为产生了注意的读者、产生了联想的读者、读了一些的读者和读了很多的读者[18]:

- 产生注意的读者是指那些记得自己曾经在被研究的杂志上看到过这则广告的受访者。
- 产生联想的读者不只注意到了广告而且还看或阅读了其中明确指明品牌或广告者名称的部分内容。
- 读了一些的读者是指阅读了广告文案任何一部分内容的受访者。
- 读了很多的读者是阅读了一半或一半以上广告文字内容的受访者。

每个经历过斯塔奇分析的杂志广告都会根据它们在上述四个方面的得分形成一些指数。已经确立的有两种指数:一种指数将一个广告的得分与其所在杂志中所有广告的平均得分进行比较,另一种指数(被称为 Adnorm 指数)将一个广告的得分与相同产品类且广告尺寸(如整页广告)和颜色类别(如由四种颜色构成)相同的其他产品广告的得分进行比较。因此,一个达到平均水平的广告其指数为 100。相比之下,例如,指数为 130 表示特定广告的得分比类似广告高 30%,而指数为 75 则表示该广告的得分比类似广告低 25%。

图 10.1 中的例子是斯塔奇评价过的《体育画报》上的一则广告。这则起亚索兰托

的广告正文包含大量内容,它所得到的斯塔奇读者指数表示,39%的受访者记得自己曾经看到(或注意)过这则广告,37%能够联想到它,27%读过一些,10%读过很多广告中包含的正文。(对于没有参与过斯塔奇测量过程的读者,请注意斯塔奇过去将黄色小标签附在广告上,用来显示这些比例,但现在已不再附加这些标签,而是在单独的报告中披露广告得分。)

图 10.1　斯塔奇评价过的起亚索兰托广告

在金快活龙舌兰酒的一则明显使用了性诉求的广告中,一男一女穿着湿漉漉的游泳衣,女人的腿环绕在男人的胸前。这则广告非常引人注目,并且创造了一种品牌与情感之间的联系,尽管只有一小瓶龙舌兰酒出现在了广告画面上的一个角落里。事实上除了一个只含有五个字的标题"追逐白日梦"外,这则广告根本没有正文部分,它在注意、联想、读了一些和读了很多方面的得分分别为58%、54%、39%和39%,明显比起亚索兰托的广告的相应得分要高得多。(参见全球聚焦中对龙舌兰酒市场发展情况的有趣的评论。)

斯塔奇测量过程的一个基本假设是受访者确实记得他们是否在某期杂志上看过某个特定的广告。斯塔奇技术有时备受批评,原因是在所谓的伪广告研究(如使用还未正式出版或被修改了的刊物进行的研究)中,受访者报告说他们看到过事实上并没有发布的广告。进行斯塔奇研究的公司并不认为上述这类研究是有效的,他们声称伪研究在限定杂志读者资格和向受访者提问方面没有遵循正确的程序。研究表明,如果以正确的方式进行访问,多数受访者能够十分准确地识别他们在特定杂志上看过或读过的广告。在这个研究中,识别出没有看过的广告的情况非常少。[19]

由于人们的记忆具有与生俱来的弱点,几乎可以肯定的是斯塔奇得分不能代表确切的百分比,它们可能存在两种误差。一种是人们报告说他们看过或读过一则广告,但事实上他们没有;另一种是人们报告说他们没有看过一则广告,但事实上他们看过。尽管如此,重要的并不是确切的得分,而是同样的广告刊登在不同的杂志上或同一本杂志上刊登的不同广告的相应得分的对比。例如,图10.1中的起亚索兰托广告得到的指数得分(被称为Adnorm指数得分)为72(注意)、74(联想)、73(读过一些)和59(读过很多)。这些指数表示与所有当期《体育画报》上刊登的具有相似尺寸和颜色的广告相比,这则广告在注意方面的表现比平均水平差28%(指数为100表示广告表现处于平均水平,因此100-72=28),比联想得分的中位数低26%,比读了一些得分的中位数低27%,比读了很多得分的中位数低41%。很明显,这则广告的表现在平均水平之下。比较而言,前面提到的金快活龙舌兰酒广告的Adnorm指数为107(注意)、108(联想)、105(读过一些)和229(读过很多)。与具有相似尺寸的广告相比,唤起性的金快活广告在注意、联想和读过一些方面略好于平均水平,但在读过很多方面的得分远远高于平均水平。由于斯塔奇从20世纪20年代就开始进行这些研究并且已经汇集了丰富的原始数据或评价标准,广告者和媒体策划人员可以参考这些大量的信息,对不同杂志的相对优势和特定广告的效果进行判断。

全球聚焦 威士忌酒好在哪儿?

酿酒行业比大多数行业都更加动态,可能是因为大多数潮流倡导者都是25—39岁的人,随着人们年龄的增长,这个群体中总是失去一些成员,又加入一些新成员,而新一代的人一般与他们的前辈不同。酒的消费趋势在每一代人中似乎都不同,或者说与文化发展同步,文化发展决定了什么是性感的而什么不是,什么是时髦的而什么是庸俗的。例如,在20世纪90年代互联网蓬勃发展的日子里,年轻的专家们发现苏格兰威士忌与吸烟、男人间的情谊以及当时流行的类似活动是一致的,于是苏格兰威士忌的消费暂时获得了增长。当更为传统的"红"酒（苏格兰威士忌、波旁威士忌等）被视为"父辈的饮品"、过于阳刚并且陈旧时，"白"酒（如伏特加）的消费获得了增长。

伏特加可能是过去几十年里酿酒行业中表现最稳定的产品了。毫无疑问，这很大程度上是由于绝对伏特加这类广告运动为品牌从而也为整个产品类创造了时尚的形象。伏特加的营销者一直愿意通过向本身没有什么味道的产品中加入可口的味道来提高产品品质（香橙、柠檬、香草等）。这些加入的味道使伏特加成为更可口的饮品，并由于迎合口味偏好不同的消费者而扩大了市场。

龙舌兰酒的营销者现在正向伏特加的营销者学习，向龙舌兰酒里添加味道，过去人们饮用的都是这种酒的"原始"状态。一家位于拉斯维加斯的名为 Tukys 的公司开创了这一趋势，它从墨西哥进口大批散装的龙舌兰酒，然后在美国将其与各种味道混合在一起，它的龙舌兰酒口味包括西瓜、酸橙、咖啡、草莓和橙子/柑橘。Tukys 探索性的努力为添加了味道的龙舌兰酒开创了市场，它的重量级竞争者、拥有大约一半美国龙舌兰酒市场份额的金快活于 2006 年也跟着推出了自己的添加了味道的龙舌兰酒，2007 年这种酒的销量增长了将近 50%，证明了金快活的营销能力。

伦理学家的顾虑是，由于这种产品的味道过于刺激，年轻人本来会避免尝试，但这种营销伎俩会使他们对产品产生兴趣。除此之外，仅从战略营销的角度考虑，向龙舌兰酒中添加味道的一个可能的弊端是，它可能从根本上改变消费者对龙舌兰酒的感知——从带有强烈的墨西哥风格的传统饮品和由发酵蓝色龙舌兰植物（百合花家族的一个尖叶成员）产生的独特味道，到被非传统主义者和那些不理解这种产品悠久、珍贵传统的人消费的一种时髦饮料。比较而言，你能想象苏格兰的酿酒公司在苏格兰威士忌里加入味道吗，比如说香草苏格兰、柠檬苏格兰、樱桃苏格兰或其他？这真的是无法想象的，不是吗？

资料来源：修改自 James Amdofer，"Tequila Tries a Flavor Shot to Maintain Sales," *Advertising Age*, January 10, 2005, 4, 36; "Tequila + Flavor," April 14, 2006, http://www.beverage-news.com/ 4-14flavoredtequila.html（accessed January 30, 2008）; "Wholesalers vs. Retailers: He Said, She Said," January 7, 2008, http://www.winespiritsdaily.com/2008/01/wholesalers-vs-retailers-he-said-she.html（accessed January 30, 2008）。

10.3.2 布鲁索内测试

布鲁索内研究公司（BRC）向广告者提供消费者对电视广告识别的相关信息以及他们对这些广告的评估。（BRC 也对杂志广告进行测试，但此处的讨论仅限于电视广告。）过去，BRC 将一组广告图板随机邮寄给一些家庭，并通过提供象征性的金钱激励来鼓励这些家庭回答问题。从 20 世纪 90 年代末开始，BRC 不再使用邮寄的方式，而是转为从网络上收集数据，因为在网络上进行广告测试更有效率、成本更低，并且跟邮寄的方法同样有效。[20]

BRC 的标准测试程序如下：将 15 条广告通过电子邮件的方式发送给网络受测用户。对于每个被测试的广告，受访者首先看到的问题是："你记得在电视上看到过这则广告吗？"问题后面跟着广告中的六个关键场景和相应的脚本，每个场景下面都有三个选项："是"、"不"和"不确定"。回答"是"（他们记得自己看过这则广告）的受访者继续回答关于这则广告的一系列问题。（回答"不"或"不确定"的受访者直接跳至下一个被测试的广告。）重要的是，任何能够确定广告者的东西（如在脚本中提到的品牌名称）都被去掉了，所以识别出广告的受访者可以回答他们是否记得广告中品牌的名称。（具体了解 BRC 的网络测试程序请登录 http://www.bruzzone-research.com/ONLINE_DEMOq.HTM。查看该网站非常有用，它能提高你对接下来要讨论的内容的理解。）

图 10.2 展示了布鲁索内测试的一个脚本范例。[21] 这则由 Taco Bell 发起的名为 "Carne Asada Taquitos" 的 30 秒广告在 2007 年超级碗比赛中首次播出并在播出后不久接受了 BRC 的测试。这份脚本显示，这则广告主要描述了两只狮子关于 Taco Bell 当时的一款新产品烤牛排玉米卷（西班牙语为 carne asadataquitos）的谈话内容。该广告有着低调的幽默，有点可爱，并且值得一看。

狮子 1	你闻到了吗？
狮子 2	是的，露营者。我喜欢右边的那个人。
狮子 1	不、不、不，是烤牛排玉米卷。Carne（发"r"的音时卷起舌头）Asada 牛排。
狮子 2	Carne Asada.
狮子 1	是的，我知道。发音很有趣，就像 Carne（强调"r"的卷舌）Asada。
狮子 2	Carne Asada.
狮子 1	不，这样说比较性感，Carne（"r"卷舌）Asada。
狮子 2	Carne Asada.
狮子 1	不、不，像 Ricardo Montalban 一样性感，知道吗，Carne（"r"卷舌）Asada。
狮子 2	Carne Asada. Ricardo Montalban?
播音员	（公司）新出的烤牛排玉米卷，使用的是 Carne Asada 牛排。
狮子 2	噢，好吧，Carne Asada。
狮子 1	不，还是不对。
播音员	到面包外面去想。

图 10.2　Taco Bell 的 "Carne Asada Taquitos" 广告脚本

布鲁索内测试程序首先要求受访者回答他们是否记得曾经看过这则广告，然后回答他们对这则广告有多感兴趣以及广告使他们对被广告品牌（Taco Bell 的烤牛排玉米饼）产生了怎样的感受。受访者还要根据自己的理解从 27 个词中选出符合广告特征的选项，这些词包括有趣的、吸引人的、可信的、巧妙的，等等。选择完毕后，受访者要指出广告者（在这个例子中是 Taco Bell）是否应当投放这则广告。随后，他们需要回答有多喜欢这则广告（从"非常喜欢"到"非常不喜欢"）以及是否记得被广告的品牌是什么。

由于 BRC 已经进行了很多次这种测试（BRC 对 1992 年和 2007 年之间的 16 届超级碗比赛中播出过的近 800 个广告进行过测试），因此已经建立了关于广告平均表现水平的一系列标准,可以将参与测试的新广告与之进行比较。BRC 的广告反应模型(ARM)将反应连接到 27 个词上,再连接到与消费者对广告(广告态度)和对被广告产品(产品态度)的态度上,最终连接到广告的整体效果上。图 10.3 为对 Taco Bell 的"Carne Asada Taquitos"广告进行的 ARM 分析。

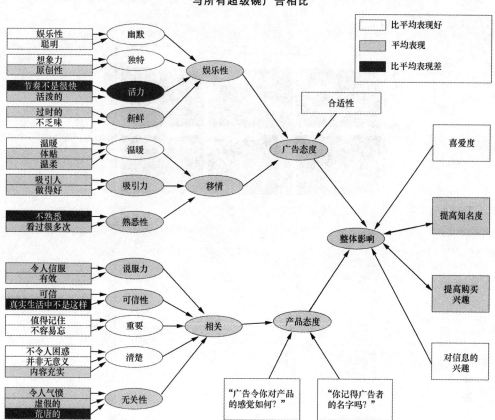

图 10.3　Taco Bell"Carne Asada Taquitos"广告的广告反应模型(ARM)

首先需要注意位于这个分析右上角处的颜色图例。白色的词表示广告表现好于平均水平(与 BRC 的标准相比),浅灰色的词代表广告处于平均水平,深灰色的词表示广告低于平均水平。从图 10.3 中可以看出,Taco Bell 的广告在幽默、独特、温暖、重要和清楚这些方面的表现高于平均水平。同时,该广告在活力(有意设计得比较柔和)方面的表现低于平均水平。图 10.3 的右半部分显示,这个广告在娱乐性、价值、移情和相关方面的表现处于平均水平。因此,该广告在广告态度和产品态度上的得分与平均水平相当(根据布鲁索内标准)。结论为超级碗期间播放的一个广告的整体效果处于布鲁索内在 2007 年测试的很多超级碗期间播放的广告的平均水平。

作为比较,考虑由安海斯—布希公司发起、名为"感谢军队"的广告。图 10.4 中的六个关键场景显示,这个广告设置的背景环境是机场,旅客在等待为美国军队送行。图 10.5 为对这个广告进行的 ARM 分析。"感谢军队"广告在独特、新鲜、温暖、说服力、可信性、重要和清楚这些方面的得分高于平均水平。同时,该广告在活力和幽默(它明显不是充满活力和幽默的)方面的得分低于平均水平。图10.5的右半部分显示,这个广告在娱乐性和价值方面的得分为平均水平,但与预想的一样,它在移情和相关方面的表现好于平均水平。因此,这个广告在广告态度和产品态度上的得分都高于平均水平,并且广告的整体效果好于平均水平。根据布鲁索内标准,这是一个效果非常好的广告,并且考虑到情感上的影响,它很值得一看(依据下一章开篇营销传播洞察中要介绍的明略行公司的可看性概念)。

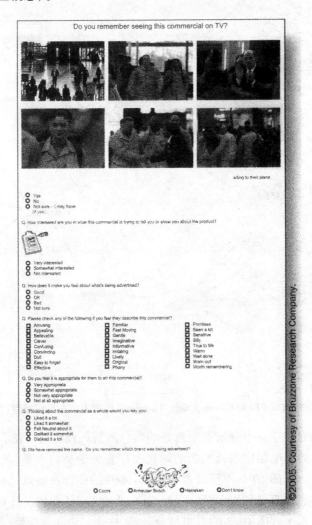

图10.4 "感谢军队"广告的BRC测试中的关键场景和问题

总之,BRC测试为广告的真实市场表现提供了一种有效预测,并且与其他文案测试方法相比,这种方法相对比较便宜。由于布鲁索内测试只能在电视广告播出之后进行,它无法在广告投放之前对广告是否应该播出提供建议。尽管如此,BRC测试还是能够评估广告效果,并为广告是否应该继续播放提供了重要的决策信息。

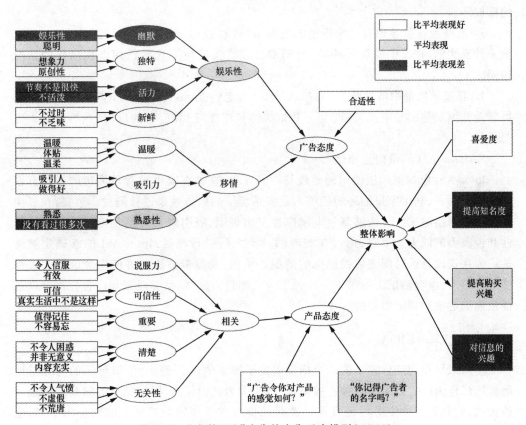

图 10.5 "感谢军队"广告的广告反应模型(ARM)

(基数:1992—2005 年所有超级碗广告,n = 694)

10.3.3 隔日回忆测试

许多公司通过测试受众能否回忆出自己曾经在杂志或电视上看过广告来确定广告是否对受众产生了充分的影响。例如,盖洛普和罗宾逊、梅普斯和罗斯公司是两家针对印刷媒体上的广告提供回忆测试的著名研究公司。Ipsos-ASI 是一家专注于对电视广告进行消费者回忆测试的研究公司,以下主要讨论这家公司使用的测试方法。

Ipsos-ASI 电视测试法

法国公司 Ipsos 收购了美国的 ASI 市场研究公司。合并后的这家国际化公司(名为 Ipsos-ASI 的广告研究公司)在 50 多个国家进行各种各样的广告研究,其中最重要的广告研究服务是电视测试法。这种方法按照以下程序对电视广告的可回忆性和说服力进行测试:

1. 公司首先在募集消费者时告诉他们,他们的任务是评估一个电视节目,这其实是一种伪装,因为研究的真正目的是要评估消费者对电视节目中插播的广告的反应。

2. 公司将包含一段 30 分钟电视节目(如情景喜剧)的录像带邮寄给位于全国各地的消费者,电视节目中含有插播的广告。这一步骤实际上复制了真实情况下黄金时段的播放环境。

3. 消费者被引导观看录像带里的电视节目(以及暗示观看其中插播的广告)。这是一种真实的、在家中的观看环境,与消费者在真实情境下观看任何电视广告的情况相同。

4. 看过录像带中电视节目(和广告)的一天之后,Ipsos-ASI 的职员与消费者被试取得联系并测量他们对电视节目(与一开始的伪装相呼应)和广告的反应,当然后者为主要目标。

5. Ipsos-ASI 测量信息回忆

Ipsos-ASI 电视测试法使用的是最基本的方法,这种在家里观看录像带的方法有很多优点。第一,利用家里的环境能够对真实情境下的广告效果进行测量。第二,在真实的节目里插播测试广告能够测量电视广告突出重围、吸引观众注意及影响信息可回忆性和说服力的能力。第三,通过在观看的一天之后进行测量,Ipsos-ASI 能够确定被测试广告在这段延迟时间之后被记忆的情况。第四,录像带方法允许使用全国的代表性样本。第五,电视测试法提供了一些说服力的测量方法,使品牌经理和广告公司可以选择最能满足他们特定需要的方法。

关于回忆的争议

使用回忆作为广告效果的一个指标引发了很多争议。[22] 例如,可口可乐的管理层拒绝将回忆作为广告效果的一种有效测量方法,因为他们认为,回忆测量的只是广告是否被接收,而非是否被接受。[23] 而且回忆测量的偏差在于年轻的消费者能回忆出更多,也就是说,回忆的得分随年龄的增长而递减。[24] 很多证据显示广告在回忆方面的得分并不能预测其销售表现,即无论使用哪种回忆测量方法,销售量并不随可回忆性的提高而增长。[25] 最后,有证据显示,回忆测试显著低估了以情感为主题的广告的记忆性,并高估了以理性或思考为主题的广告的记忆性。[26] 甚至有研究发现消费者对广告的回忆与他们对广告的喜爱负相关。[27]

在本部分的最后,要明白没有哪个测量广告效果的方法在任何情况下都是完美的。回忆测量固然有其局限性,但这并不代表回忆测量就是不恰当或不明智的,而是也应对回忆(和识别)之外的其他因素进行测量。接下来的部分介绍其他的测量方法,包括情感反应测试、说服力测试和销售反应测试。

10.4 情感反应测试

研究者越来越多地意识到能够对接收者的感受和情绪产生积极影响的广告将非常成功,因为消费者行为不仅仅被理性控制,甚至不仅仅主要由理性控制,还会被基本的感受和情绪支配。事实上,一些品牌被人们喜爱是因为它们在自己和消费者之间建立了一种很强的情感联系。这类品牌被称为"至爱品牌",人们对它们怀有热情。[28] 不必说,品牌经理希望他们的品牌处于至爱状态,这要求他们诉诸消费者的情绪和心理。

由于情绪对消费者的行为具有重要影响,同时情感导向的广告呈现出越来越多的趋势，人们为测量消费者对广告的情感反应而付出的努力也相应增多。[29]这完全合理，因为研究表明，越是被喜爱的品牌越有可能被记住和说服消费者。[30]

广告研究者一般使用三种方法测量消费者对广告的情感反应：人脑图像、自我报告测试和心理测试。下面的讨论大部分基于心理测试，只针对前两个进行简要介绍。

10.4.1　神经科学与人脑图像

第一种方法——人脑图像是广告研究的最新方向，它运用神经科学领域的知识并使用功能性磁共振成像设备(fMRI)检测伴随神经活动产生的血液中含氧量和血液流动的变化。如果人脑的一个区域变得更加活跃，它将消耗更多氧，从而增加该区域的血液流动。更多血液流向人脑中控制情感的部位表示人对广告产生了更多情感反应。（提示：你可以回忆一下，在第2章的IMC聚焦中，我们介绍了针对为何消费者喜欢可口可乐超过百事可乐进行的神经科学测试。）

尽管向学生介绍这种测量消费者对广告的情感反应的新方法非常重要，但它并不是没有局限性，并且在将情感反应与广告联系起来这方面，它还处于起步阶段。在广告研究者自信fMRI在消费者对广告的情感反应方面能够提供可靠和有效的测试之前，还有很多工作需要做。神经科学家们正大量投资于这一领域，广告研究公司也将更多投资于这方面的知识以及即将到来的测试科技进步。

10.4.2　自我报告测试

第二种广泛使用的用于确定消费者对广告的情感反应的方法是**自我报告测试**，这种方法让消费者报告自己的感受，包括语言自我报告和视觉自我报告。[31]在语言自我报告中，研究者让消费者用传统量表给自己对特定广告的情感反应打分。例如，受访者可能会被问到他们对某个陈述的同意或反对程度，如"这个广告给我一种温暖的感觉"。相反，视觉自我报告则采用卡通人物代表不同的情感和情绪状态。对于每个广告可能引发的情感，消费者从几个卡通人物中选择一个来代表他们对广告的情感反应。例如，研究者可能通过使用微笑程度不同的"笑脸"来评估消费者对特定广告的情感反应的强度。

10.4.3　心理测试

第三种用于测量消费者对广告的情感反应的方法是心理测试仪，它能够测量人们对广告的自主反应。自主反应产生于自主神经系统，后者由供给血管、心脏、平滑肌和腺体的神经和神经节组成。由于自主神经系统几乎不受个体随意控制，因此研究者可以使用生理功能上的变化来代表广告所引发的唤起反应的真实、无偏的程度。这类反应包括面部表情、出汗和心率。[32]心理学家认为，这些生理功能的确容易受到广告所引起的心理过程的影响。[33]

为了使大家理解心理测试的潜在价值，现在思考我们之前介绍过的金快活龙舌兰酒广告的例子，画面上，一对年轻情侣极具挑逗性地拥抱在一起，还有一个启发性的标题："追逐白日梦。"在广告的事前测试中，有些人认为它很吸引人；有些人会说他们不喜欢它,因为他们认为这个广告过于暗示性且没有什么意义;还有一些人为了给研究者留下(他们认为的)好印象而装作被广告激怒。也就是说,最后这类人其实很喜欢这个广告,但是在研究者的询问下做出了相反的回答,从而掩盖了他们真实的评价。这种情况下,心理唤起测试能够在广告研究中发挥重要作用,即防止在标准问卷测量中产生的自我监控行为和回答偏差。

电流计

电流计(又称心理电流反应检测器)是用来测量皮肤电反应或 GSR 的一种装置。(此处电流指的是由化学反应产生的电流。)当广告的某个要素刺激了消费者的自主神经系统时,掌心和手指的汗腺会产生一种生理反应。根据唤起强度的不同,这些汗腺会有不同程度的张开,而当汗腺张开时,皮肤电阻会下降。电流从一个手指发射出来并从其他手指出去,然后通过被称为电流计的仪器完成回路,通过以上方式,测试者能够测量广告激发的情感反应的程度和频率。简单来说,通过测量每分钟的排汗量,电流计间接地评估了某一广告引起的情感反应。

有证据显示 GSR 是反映广告产生的温暖程度的有效指标。[34] 很多公司都发现电流计是评估广告、直接邮寄广告、包装广告及其他营销传播信息潜在效果的有用工具,使用电流计的广告研究从业者称它能有效预测广告激发消费者购买行为的能力。[35] 事实上,由于从业者认可了电流计解释广告激励属性的能力,GSR 研究又被称为激励响应法或 MRM。

瞳孔计

广告的瞳孔测量法使用一种名为瞳孔计的仪器,测量被试者在看电视广告或印刷广告时瞳孔的扩张。被试者的头部被固定在一个位置上,以便对瞳孔反应进行持续的电子测量。对广告特定要素的瞳孔反应能够代表正面反应(更大的扩张)或负面反应(相对较小的扩张)。虽然并非没有任何争议,但 20 世纪 60 年代末之后出现的一些科学证据显示,瞳孔反应与刺激物对人们产生的唤起相关,甚至还与人们的好恶相关。[36]

10.5 说服力测试

如果广告者的目标是影响消费者对被广告品牌的态度和偏好,可以使用说服力测试。进行这种研究的公司包括 Ipsos-ASI 和 ARSgroup。接下来的部分将介绍 Ipsos-ASI 电视测试法和 ARS 说服测试法,我们会介绍更多关于后者的内容,因为 ARSgroup 在记录其广告服务方面做得非常出色。(你可能觉得广告研究领域的公司名称非常奇怪,但实际上这些名字并不比 IBM 或 AT&T 这种著名公司的名字更奇怪。你觉得它们奇怪可能是因为在阅读本章之前你对这些研究公司并不熟悉。)

10.5.1 Ipsos-ASI 电视测试法

我们在前面讨论广告回忆测量时详细介绍了这个方法。(花时间复习一下前面的介绍绝对值得。)简言之,电视测试法是让被试者在家中观看录影带中的电视节目,其中插播电视广告。消费者看过节目和广告的一天后,研究者打电话给他们,测量他们对广告的回忆情况以及他们是否被说服。说服的测量是通过评估消费者对被广告品牌的态度、他们品牌偏好的转移及其与品牌相关的购买意愿来进行的。

10.5.2 ARS 说服测试法

ARSgroup 是世界上最活跃的广告测试研究提供商,它测试个人销售主张、电视广告及其他营销传播信息。它测试从原型(如动画或图片脚本)到完结形式的不同阶段的广告。测试过程称为 ARS 说服测试法,ARS 代表广告研究系统,测试过程如下:

> 在一般的 ARS 测试中,广告会暴露在从(八个)主要城市抽取的(800—1 000)名男性和女性(16 岁以上)面前,他们被邀请观看一些典型的电视节目,节目中会插播测试广告和其他不相关内容。ARS 说服测量的是人们在观看节目之前和之后的品牌偏好,它的测度是看电视前后选择测试产品的受访者百分比之差,看后减去看前。[37]

换句话说,ARS 说服测试法首先让被试者回答如果被抽中赢得一"篮"免费产品,他们希望在众多产品类中得到哪些品牌(前测)。被试者并不知道在产品和品牌列表中有一个"目标品牌",它随后将出现在被试者观看的一个被测试广告中。在观看过一个其中插播测试广告的电视节目之后,被试者再次回答如果被抽中他们更想获得哪些品牌(后测)。ARS 说服得分为后测中被试者偏好目标品牌的百分比减去前测中偏好该品牌的被试者百分比(参见下面的等式)。一个正的得分表示测试广告使偏好向目标品牌转移,并且加强了原本就选择了该品牌的人的品牌偏好。

$$\text{ARS 说服得分} = \text{目标品牌的后测\%} - \text{目标品牌的前测\%} \quad (10.1)$$

ARSgroup 已经对 4 万多个广告进行了测试,并通过这些证明了 ARS 说服得分能够预测广告播出后的实际销售表现(虽然并非没有争议[38])。也就是说,得分高的广告能够产生更大销售量,增加更多市场份额。

ARS 说服得分预测的正确性

根据在七个国家(其中包括比利时、德国、墨西哥、美国)进行的 332 个广告测试结果,ARSgroup 已经证明,ARS 说服得分与市场份额的变化相关[39],分析中共包括 76 个产品类的 148 个品牌(有些品牌有多个广告参与了测试)。首先按照前面介绍的程序对所有 332 个广告进行测试,然后将广告投放一段时间后和广告投放前品牌的真实市场份额进行比较。因此,关键问题在于 ARS 说服得分是否能够准确预测广告带来的市场份额增长(或降低)。也就是说,在 ARSgroup 实验室中得到的测试分数是否能准确地预测真实市场表现? 这显然是之前介绍的 PACT 准则 9 中提到的效度问题。表 10.2 中列出了 332 个测试的结果。ARS 说服得分整体来说是正确的,这说明它们能够准确地预测市场份额变化,事实上,ARS 说服得分对市场份额变化的相关系数很高($r = 0.71$)并且决定系数也很高($r^2 = 0.51$)。

表 10.2　ARS 说服得分与市场结果

ARS 说服得分范围	平均市场份额变化	实现市场份额变化的广告的百分比（%）			
		0.0＋	0.5＋	1.0＋	2.0＋
＜2.0	－0.2	47	12	2	0
2.0—2.9	0.0	53	19	6	0
3.0—3.9	0.5	80	46	26	6
4.0—6.9	0.8	80	58	33	9
7.0—8.9	1.6	100	87	56	36
9.0—11.9	2.2	100	97	72	49
12.0＋	5.4	100	100	94	83

资料来源："Summary of the ARS Group's Global Validation and Business Implications 2004 Update," June 2004, 17.

为了充分理解这些结果揭示的内容，现在我们来仔细观察表 10.2 的第一行，它包括所有 ARS 说服得分很低（小于 2.0）的广告，这一行内容说明得分小于 2.0 的广告很难拉动市场份额提高。事实上，"平均份额变化"一列显示，ARS 说服得分小于 2.0 的广告平均带来了市场份额 0.2 个百分点的损失。其后的四列内容说明在 ARS 说服得分小于 2.0 的广告中，只有 47% 能够维持原有的市场份额或获得很小的增长，而 53%（即（100－47）×100%）实际上都遭受了市场份额的损失！而且，只有 2% 产生了 1 个百分点或以上的市场份额增长，没有广告获得 2 个百分点或以上的份额增长。

在另一个极端，高效的广告（即 ARS 说服得分为 12.0 及以上的广告）中，100% 产生了市场份额增长。事实上，在这些广告中，100% 带来了 0.5 个百分点以上的份额增长，94% 产生了至少 1 个百分点的份额增长，83% 使份额增长至少 2 个百分点。ARS 说服分数为 12.0＋的广告平均产生的市场份额增长高达 5.4 个百分点。

再来看另外一行数据，ARS 说服得分处于 4.0—6.9 这一中间位置的广告。这些广告平均产生了 0.8 个百分点的市场份额增长，其中 80% 维持或增加了其品牌的市场份额，58% 带来了 0.5 个百分点或以上的份额增长，33% 产生了至少 1 个百分点的份额增长，9% 获得了至少 2 个百分点的份额增长。处于其他得分范围的广告也可以用类似的方式进行解释。

显然，这 332 个测试的结果说明 ARS 说服得分能够有效预测市场表现。大体上，ARS 说服得分越高，被测试广告在播出后越有可能带动真实市场中的销售增长。因此，这些研究告诫广告者，他们不应在测试表现不好的广告上投入太多。表 10.2 说明，ARS 说服得分小于或等于 2.0 的广告很可能不会带来任何市场份额的增长，得分在 2.0 与 2.9 之间的广告，其中有很大比例（（100－53）×100%＝47%）会遭受份额损失。只有当广告的测试得分在 3.0 与 3.9 之间时，我们才能预期它们会带来显著的份额增长。

由于既得利益，ARSgroup 当然希望报告其测试系统能够对市场表现提供准确的预测，但 ARSgroup 的负责人在由同行审阅的期刊（如 *Journal of Advertising Research*）上发表文章的事实验证了他们的结论。而且，互相独立的广告学者也认可了 ARS 说服测试法。[40]

10.6 销售反应测试(单一信源系统)

正如我们在第2、6、7章所讨论的,确定广告带来的销售影响是非常困难的,但已经有研究方法能够评估广告运动对品牌销售产生的影响,尤其是对于消费品(CPG)。(请注意讨论仅限于广告,但这一部分介绍的单一信源系统的主要提供者也对其他营销传播变量产生的销售影响进行测试,如销售促进和销售点。)

单一信源系统(SSS)已经发展为测试广告产生的销售影响的方法。SSS因三个技术发展的出现而成为可能:电子电视仪、通用产品代码(UPC标识)的激光扫描和分股电缆技术。单一信源系统使用光学扫描设备从家庭调查对象中收集购买数据,并将它们与其人口统计特征及最为重要的关于市场的自变量信息(如影响家庭购买的广告)合并在一起。下面介绍两种主要的单一信源系统:AC尼尔森的扫描跟踪和IRI的行为扫描。

10.6.1 AC尼尔森的扫描跟踪

扫描跟踪信息收集法有两个非常有趣的特征。首先,也是最重要的是,扫描跟踪通过让众多作为样本的家庭(住户购物研究的调查对象)使用掌上扫描仪来收集他们购买的数据。这些扫描仪被放置在调查对象的家中,通常放在厨房或餐厅的墙上。扫描跟踪的参与者每次购物回来后,都要对购买的每个产品的条形码进行扫描,无论产品是在哪里购买的(连锁杂货店、独立超市、大卖场或批发市场)。[41]

其次,扫描跟踪的第二个独特的地方在于调查对象还使用他们的掌上扫描仪扫描他们使用过的所有优惠券,并记录所有商店购买交易和影响他们购买决策的商店特征。样本成员每个星期拨打免费电话,将存有由一系列电子哔哔声记录的数据的扫描仪对准电话,通过这种方式向AC尼尔森传递购买和其他数据。AC尼尔森的扫描跟踪向广告者和广告公司提供了关于广告短期和长期影响的无价信息。

10.6.2 信息资源公司的行为扫描

信息资源公司(IRI)大约于30年前推出行为扫描服务,当时它开创了单一信源的数据收集。IRI在美国的五个市场选择家庭作为行为扫描调查对象:马萨诸塞州的匹兹菲尔德、威斯康星州的奥克莱尔、爱荷华州的达拉彼得、得克萨斯州的米德兰、科罗拉多州的大强克逊。(IRI还在许多其他国家选择行为扫描调查对象。)选择这些小城市是因为它们与电视台的距离足够远,所以为了有好的收看效果,家里必须安装有线电视。而且,这些城市里的杂货店和药店都装有能够读取包装上UPC标识的光学扫描仪,从而能够精确记录被调查家庭成员所购买的产品类和品牌。

每个市场中大约会招募3 000户家庭组成一个行为扫描调查组,其中约三分之一的家庭电视上装有电子仪器,参与的调查对象有资格参与抽奖。因为每个参与行为扫描的家庭在杂货店购物结账时都会出示他们的身份证,IRI只需将其身份证号与光学扫描的购买记录连接起来,就能精确地知道每个家庭购买了哪些东西。(从2002年开始,

IRI开始向调查对象提供掌上扫描仪,以便他们记录自己在传统杂货店以外的商店的购买行为,如大卖场和特大购物中心。这使得 IRI 的行为扫描法能够像 AC 尼尔森的扫描跟踪法一样覆盖所有零售商店。)

调查对象还向 IRI 提供详细的人口统计信息,包括家庭规模、收入水平、拥有的电视数量、阅读的报纸和杂志种类以及家庭中谁购物最多。(请注意 AC 尼尔森的扫描跟踪法同样收集这类信息。)然后 IRI 将所有这些数据合并到一个单一信源里,从而确定哪些家庭购买了哪些产品和品牌,以及他们对广告和其他导致购买的变量反应如何。因此,**单一信源数据**包括:① 家庭的人口统计信息;② 家庭购买行为;③ 真实世界和市场情况下被测试的新的电视广告在家庭面前的暴露程度(或严格来说,被家庭看到的可能性)。

有线电视的存在(以及有线电视公司与广告者之间的合作)使 IRI 能够在电视信号到达家庭前截取和分离信号,并向两类被调查家庭(测试组和控制组)传送不同的广告。因此,分股电缆的特性和光学扫描的购买数据使 IRI 能够知道每个家庭有机会看到哪个广告以及这个家庭购买了多少被广告的品牌。

广告量测试 VS. 文案测试

IRI 的行为扫描法能够测量电视广告效果,它提供两种测试:广告量测试和文案测试。在两种测试中,测试广告都在行为扫描的两个市场里播放了一整年。在广告量测试中,被调查家庭被分为测试组和控制组,同样的广告被传送到两组家庭中,但区别是在测试期间广告播放的次数不同。两个组对于被测试品牌在整体购买行为上的任何差别显然是由广告在两组之间的广告量差异造成的。

第二种测试形式是文案测试,是指在播放次数相同的情况下改变广告内容,即测试组在测试期间被暴露于一个新广告下,而控制组有机会观看与新广告插播在同一位置的一则公益广告(PSA)或一个同样品牌的旧广告。无论哪种测试,每组所有家庭的整体购买数据能够使我们容易确定,广告文案或广告量的差异是否造成了购买行为的差异。

测试程序

为了更好地理解行为扫描的单一信源数据如何被用于诠释广告和销售行为之间的关系,思考这样一种情况:一种新零食的生产者想要对宣传该品牌的电视广告的效果进行测试。行为扫描的测试程序为:① 选择两个市场进行测试(可能是得克萨斯州的米德兰和科罗拉多州的大强克逊);② 在这些市场里的所有杂货店和药店贮存这一品牌;③ 使用特殊的分股有线电视有选择地播放品牌的一则新广告,使每个市场中有大约一半调查对象有机会观看这个新广告,另一半有机会观看公益广告;④ 使用光学扫描仪记录所有调查对象在杂货店的购买行为;⑤ 比较两组调查对象的购买行为。

如果广告是有效的,那么与那些只暴露于公益广告之下的人相比,有机会观看测试广告的调查对象中将有更多人购买被宣传的产品。尝试购买被广告品牌的调查对象的百分比代表这个新的电视广告的效果,而重复购买的百分比代表品牌被喜爱的程度。

总之,广告测量的单一信源系统(AC 尼尔森的扫描跟踪和 IRI 的行为扫描)使品牌经理和广告公司能够确定广告是否能不仅仅提高品牌知晓度、促进信息回忆、影响消费者与品牌相关的态度或实现其他行为之前的目标。除此之外,单一信源系统提出了一个关键问题,即一个广告运动是否拉动了品牌的销售增长并增加了品牌的市场份额。

10.7 有关电视广告的主要结论

ARSgroup 进行的大量测试对增强我们对电视广告优劣势的理解起到了非常重要的作用。关于电视广告如何提高品牌的销售表现和市场份额,我们总结了四个主要结论:① 广告文案必须是独特的;② 广告只有量没有说服力是不够的;③ 广告效果终究会消退;④ 广告来得快消得也快。[42]

10.7.1 结论一:所有的电视广告并非唯一——广告文案必须是独特的

ARSgroup 的研究表明拥有强有力的销售主张的广告是与众不同的,因而能够得到更高的 ARS 说服得分。一个广告是否具有一个强有力的销售主张是由什么决定的呢?研究表明任何关于新品牌或已有品牌的新特性的差异化信息都会使一个销售主张更有可能得到较高的分数。[43]虽然关于新品牌和新特性的广告平均来讲更具说服力,针对已有品牌的广告仍然可以通过品牌差异化使自己具有说服力,即将被广告品牌与竞争品牌区分开,并给消费者一个购买它的独特理由。[44]Mentadent ProCare 牙刷的电视广告(图 10.6 为其图片板形式)是一个获得了很高 ARS 说服得分(11.2 分)的广告,因为它包含了一个强有力的销售主张:这种牙刷有着柔韧的手柄,使人们能够温柔地刷牙。

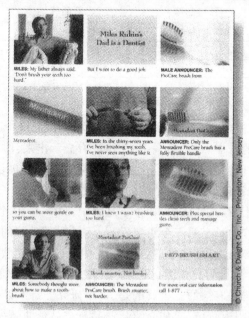

图 10.6 具有强有力的销售主张的广告举例

前面的讨论说明了一个重要的广告准则:有效的广告必须是有说服力和独特的,它必须拥有一个强有力的销售主张。这一点要求在将广告投放于任何媒体之前,对广告进行严格测试。回忆父母对孩子那个经典的警告:"过马路之前要看好",类似的劝告也可以针对广告信息对广告者说:"投放广告前请进行测试!"坦白说,在没有事先确认广告信息是否有足够的能力将消费者偏好转移到被广告品牌上的情况下,投资于一个媒体运动是愚蠢的。正因为如此,精明的广告者总是应该在广告投放前进行事前测试。

菲多利文案测试

为了对各种咸味零食和小甜饼品牌的电视广告效果进行测试,菲多利的营销研究者和品牌经理委托 IRI 用四年时间在行为扫描市场里进行了 23 个分离面板实验[45],所有这些实验都是文案(与广告量相对)测试,将暴露在菲多利品牌广告下的一组家庭(广告组)与没有机会看到那个广告的另一组家庭(控制组)进行比较。每个测试都至少在两个行为扫描市场进行,并持续整整一年的时间。除了广告组和非广告组,菲多利行为扫描测试还根据以下内容进行分类:① 被测试品牌是一个新品牌(如 SunChips 在测试时是新品牌)还是已有品牌(如 Ruffles);② 品牌销售额相对较大(如 Doritos)还是较小(如 Rold Gold)。

进行这些测试的目的是确定暴露在菲多利品牌广告之下的家庭是否比那些没有机会看到这些电视广告的家庭购买量更大。23 个菲多利行为扫描测试的结果如表 10.3 所示。

表 10.3　23 个菲多利品牌广告效果的行为扫描测试

	已有品牌	新品牌	合计
大品牌	13% ($n=8$)*	67% ($n=3$)	27% ($n=11$)
小品牌	71% ($n=7$)	100% ($n=5$)	83% ($n=12$)
合计	40% ($n=15$)	88% ($n=8$)	57% ($n=23$)

* 表中项目的解释如下:一共有 8 个(在 23 个中)测试涉及大的已有品牌。在这 8 个测试中,只有 1 个测试,或 13% 发现,观看广告的家庭与没有机会看到广告的控制组相比在销售量上有显著的增长。

表 10.3 中第一个需要注意的现象是,在 23 个被测试品牌中,57% 的广告在 1 年测试期里带来了销售量的增加。(尽管表 10.3 中没有显示出来,但 12 个广告带来了显著的销售增长,它们平均使广告组产生了比控制组多 15% 的购买量。)关于表 10.3 的第二个重要发现是,针对销售量较小的品牌的广告在推动销售增长方面比针对大品牌的广告更加有效。事实上,在被测试的 12 个小品牌中,83% 或 10 个品牌在一年的广告期间内获得了显著的销售增长。第三个重要发现是,针对新品牌的广告中有 88% 产生了显著的销售增长,而针对已有品牌的广告中只有 40% 带来了销售增长。

菲多利品牌的 23 个行为扫描测试说明,广告并不总是有效的。事实上,只有略多于一半的测试显示广告是有效的。重要的是,这个研究支持了以下发现:只有当广告提供的信息是独特的、有报道价值的,如介绍新产品或产品延伸,它们才会是有效的。

10.7.2 结论二:多并非好——只有量是不够的

充分理解第二个主要结论要求我们首先理解广告"量"这一概念。后面的几章将会对这个概念有更多的介绍,但现在我们应该将广告量理解为:在一个 IRI 行为扫描测试中,一则广告针对同一组调查对象重复播放的频率。(下一章将在讨论总收视率或 GRP 这一媒体策划概念时为广告量提供一个更完善的解释。)电视广告的播放越频繁意味着广告量越大或总收视率越高。显然,广告量和广告支出也是相关的——广告量越大,成本越高。

基于这一背景,我们现在考虑关于广告效果的第二个重要结论,即一个品牌投入的广告量本身并不能很好地预测销售表现。也就是说,仅仅增加广告量不能直接转化为更好的品牌表现。广告要想对品牌的销售和市场份额产生积极的影响,广告文案还必须是独特和有说服力的(参见前文介绍)。广告从业者可能会非常认同以下说法:"投放无效广告跟不投放是一样的,只是前者的成本更高。"[46] 没有说服力的、不独特的广告不值得播放或印刷,这一点怎么强调都不为过。

一个里程碑式的研究支持了这一结论,这个研究基于行为扫描的单一信源数据对许多测试进行了分析。一个著名广告学者和他的同事发现,如果广告没有说服力,那么即使是将电视广告量变为双倍或三倍,也没有可能实现销售量的增长。[47]

表 10.4 清楚地反映了广告量和销售之间的不相关,表中呈现的结果基于使用单一信源数据对 CPGs 各个品牌进行的研究。表 10.4 中的数据来自广告量测试,测试中两组测试家庭都有机会看到一个特定品牌的完全相同的广告,但广告支出或广告量在两组之间是不同的。之后会基于通过光学扫描设备在杂货店获得的购买数据,对这些家庭关于被广告品牌的后续购买进行比较。

表 10.4　广告量、说服得分和销售之间的关系

测试序号	广告量差异	ARS 说服得分	销售差异
1	334 GRP	-1.3	NSD*
2	4 200	0.6	NSD
3	406	1.8	NSD
4	1 400	2.6	NSD
5	695	2.7	NSD
6	800	2.8	NSD
7	2 231	3.5	NSD
8	1 000	3.6	NSD
9	900	3.7	NSD
10	1 800	4.0	NSD
11	947	4.2	NSD
12	820	4.3	NSD
13	1 364	4.4	NSD
14	1 198	4.4	NSD
15	583	5.9	SD**

（续表）

测试序号	广告量差异	ARS 说服得分	销售差异
16	1 949	6.7	SD
17	580	7.0	SD
18	778	7.7	SD
19	1 400	9.0	SD
20	860	9.3	SD

注：* NSD：被广告品牌的购买量在分股有线电视的两个组之间在90%的置信水平上没有显著差异。
  ** SD：被广告品牌的购买量在分股有线电视的两个组之间在90%的置信水平上有显著差异。
资料来源：Margaret Henderson Blair, "An Empirical Investigation of Advertising, Wearin, and Wearout," *Journal of Advertising Research* 27（December 1987/January 1988）, pp.45-50。经广告研究基金会 *Journal of Advertising Research*，1987年授权重新印刷。

表10.4列出了20个广告量测试的数据，每个测试都检验了在真实市场环境下广告对产品销售的影响。在每个测试中，广告都有两个关键特征。第一个是品牌广告的总收视率或广告量的数值，它在表10.4中表示为两组家庭之间的广告量差异。该值为零意味着在测试期间两组家庭面对的广告投放量（表示为总收视率）相同，而广告量差异大于零表示其中一组比另一组有机会看到更多品牌广告。第二个关键的广告特征是在每个测试中得出的测试广告的ARS说服得分，这些分数涵盖从较低的-1.3（测试1）到较高的9.3（测试20）。最后，对于每个被报告的测试，最后一列表示两组之间是否存在统计上显著的销售差异。

因此，例如测试8显示两组之间的广告量差异为1 000 GRP，但这个被测试广告却得到了一个低于平均水平的ARS说服得分——3.6。由于该广告的广告量在两个测试组之间存在很大差异，但却相对没有说服力，所以结果就是在一整年的测试期结束时，两组家庭之间没有显著的销售差异（NSD）。也就是说，如果一个广告没有说服力，那么它是无法用增大广告量来弥补的。

现在观察测试15。两组家庭之间的广告量差别为583 GRP，而这个新广告在测试中得到的ARS说服得分为5.9。结果是：被测试品牌的这个具有中等说服力的广告产生了显著的销售差异（SD）。

表10.4还表明，即使是在像测试2（GRP差异为4 200）和测试7（GRP差异为2 231）这样广告量差异巨大的例子中，也没有得到显著的销售差异。这两个测试对应的（在研究时）年广告支出分别为2 100万美元和1 100万美元，但在投放一整年之后在销售反应上却没有差异。比较而言，从测试15到测试20，尽管它们的广告量与测试2和测试7相比相对较小，但却产生了显著的销售差异。因此，可以得出的结论是，在这些测试中决定销售差异的最主要的因素是被测试广告的说服力。只要ARS说服得分大于等于5.9，在测试结束时就会发现显著的销售差异；在所有ARS说服得分低于5.9例子中，都没有产生显著的销售差异。

如果推广到被测试广告以外，那么上述结论说明一个广告的说服力是绝对关键的：决定广告运动能否转化为销售表现改善的主要因素是说服力，而不只是广告量。投资于没有说服力的广告就像是把钱扔掉。广告量是重要的，但只有当广告呈现的是一个有说服力的故事时，它才成立！[48]

关于金宝汤公司的发现

ARSgroup 对金宝汤公司进行的研究为广告说服力的重要性提供了额外的证据。[49] 图 10.7 展示的是 ARSgroup 对金宝汤公司某品牌的多个广告进行的测试结果,我们假设这个品牌是 Prego 意大利面酱。该图的横轴以四个星期为单位被分为 18 个时间段,纵轴代表该品牌的市场份额。如图所示,在第一个时间段里,Prego 的市场份额为 19.6。

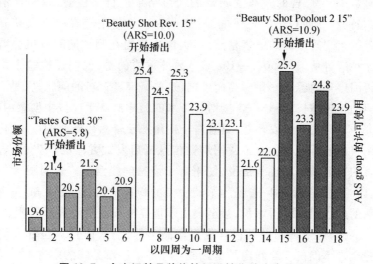

图 10.7　金宝汤某品牌能够促进销售的广告的作用

在第二个时间段有一个新广告(名为"Tastes Great 30",30 表示它是一个 30 秒的广告)被投放。当 ARSgroup 对这个广告进行测试的时候,它得到的 ARS 说服得分为 5.8。投放这个新广告不久之后,Prego 的市场份额从 19.6 蹿升至 21.4——增长了将近 2 个百分点。其后,Prego 的市场份额在 20.4(阶段 5)和 21.5(阶段 4)之间变化。接着在阶段 7,一个新广告开始播出("Beauty Shot Revised 15"),Prego 的市场份额不可思议地增长了 4.5 个百分点,达到 25.4。

注意上述结果与 ARS 说服得分为 10.0 的这个新广告的强度的相关性。在接下来的几个月内,Prego 的市场份额下降到了 22.0(阶段 14)。然后在阶段 15,另一个新广告开始播出("Beauty Shot Poolout 2 15")。这个广告的 ARS 说服得分为 10.9,它使 Prego 的销售立刻获得增长,市场份额达到了 25.9。市场份额在阶段 18 下降到 23.9,但与阶段 1 的初始份额 19.6 相比,这仍然代表市场份额在略多于一年的时间内获得了 4.3 个百分点的增长——对于一个已有的产品类来说,不管采用什么标准,这都是一个相当大的市场份额增长。这些结果表明,有说服力的广告能够对市场份额的增长起到相当大的作用。

媒体量和创意内容之间的关系

除了 ARSgroup 得到的结果,针对额外的广告量在什么条件下能够或不能增加品牌销量的问题,来自学术界的重要研究也已经提供了进一步的分析。[50]这个研究项目测试了47个真实的电视广告,这些广告来自从众多成熟产品类中挑选出来的人们熟悉的品牌(即诸如冷冻菜、点心条和远程通话服务等产品类中的品牌)。每个广告都按照其语调或内容中是否包括以下内容进行分类:① 理性信息(即广告传达了关于产品特征和好处的细节);② 启发式方法(即广告使用了可信或可靠的代言人,以及那些使用图片或音乐传达品牌信息的广告);③ 基于情感的线索(即广告使用温暖诉求、迷人的风景以及讨人喜欢的音乐——所有这些都能产生积极的情绪)。

研究者对这47个广告的广告量测试的销售结果进行了检验,以验证消费者群体(面对大广告量的组和面对小广告量的组)之间在广告量上存在的巨大差异是否会导致测试组和控制组之间显著的销售差异。(大广告量组在测试期间有机会看到的特定品牌的广告比小广告量组多50%—100%。)另外重要的是,他们还检验了广告量对销售的影响是否因广告内容而变化。简而言之,这些研究者针对的问题是,是更大的广告量会均匀地驱动销售增长,还是广告量增长带来的影响取决于广告中创意内容的类型。

这个研究中非常重要的发现是,只有对于使用基于情感的线索的广告,广告量的增长才引起了销售的显著增长。对于使用理性信息或启发式方法的广告,广告量的增加没有带来显著的销售增长。也就是说,使用基于情感的线索的广告对更大的广告量有积极的反应,因为这种类型的广告唤起了消费者的积极情绪;比较而言,包含理性信息或启发式方法的广告很难获得增长,甚至会由于重复播放而使消费者厌烦。

需要注意的是,这个研究中只包含成熟产品类的广告,而且只包含人们熟悉的品牌。它的结论也许不能推广至新产品类或成熟产品类中新品牌的广告上。但在这两种情况下,信息型广告的大广告量(即那些提供理性信息或使用启发式方法的广告)也许不能很好地驱动销售。相反,在使用基于情感线索的广告(即情感型广告)上投入更多可能会使销售获得充分增长。

10.7.3 结论三:好事终有头——广告效果终究会消退

从之前介绍的金宝汤 Prego 的例子中,我们学到的另一个重要问题也被其他大量证据所支持,即广告效果最终会消退,因此必须定期更新,以维持或增加品牌销售。[51]学术界和从业者的研究令人信服地证明,随着一个品牌 GRP 的逐渐增加,该品牌广告的说服力随着时间的推移而下降。[52]这里提到的是**疲倦效应**,它的结果是随着时间的推移,GRP 逐渐增加,广告的效果逐渐减弱。有趣的是,熟悉的品牌(即消费者有直接使用经验或通过营销传播信息了解过的那些品牌)比不熟悉的品牌消退得更慢。[53]这说明更强大的品牌,即那些拥有更大资产的品牌(回顾第2章中的讨论),能够在更长的时间里持续使用广告创意,不需要很频繁地更新广告,也因此能从广告投入中获得更大的成功。古语"知识导致知识"在这个情况下则对应为"成功导致成功"。通过延缓疲倦效应的产生,拥有更大品牌资产的熟悉品牌能够经历逐渐增长的营销传播效果。

这一结论告诉我们,需要定期对广告进行重复测试(例如,使用 ARS 说服测试),以确定广告还保持多少说服力。当说服力下降到3.0—3.9这个范围内或更低时(参见表10.2),也许就到了该用新的或修改过的广告代替原有广告的时候了。

10.7.4 结论四：不要一意孤行——广告来得快，消得也快

要精确地确定广告对销售产生的影响是困难的，因此在很多情况下，广告者首先发起一场广告运动，然后让它持续一段时间。尽管最初可能没有证据显示广告推动了销售增长，但一些广告者倾向于"坚持"，希望伴随着重复曝光（增加广告量），广告能够最终收获积极的结果。"别太快放弃这场广告运动"或"我们只是需要耐心"这类想法经常被用于维持还存有疑问的广告运动。

关于广告者应该对一场广告运动坚持多久的问题，从之前讨论的 23 个菲多利行为扫描文案测试的结果中，我们能够得到一些启发。尽管在表 10.3 中没有明确显示，但菲多利行为扫描测试的第四个重要结论是，有 12 个（总共有 23 个）菲多利品牌的广告产生了显著销售增长，而这些广告的效果都是在前六个月产生的。更值得注意的是，在这 12 个测试中，有 11 个广告带来的销售增长都是发生在前三个月！广告来得快，消得也快。

注意，尽管有耐心是件不错的事，但有耐心和一意孤行之间是有区别的。有时广告者需要接受下面这个事实：广告运动并没有推动销售增长。沉没成本这个经济学概念可以应用在这种情况下。具体来说，这个概念告诉我们，决策的制定不能依据过去的支出，而应考虑未来的可能性。不能将过去的沉没成本作为理由，继续进行那些无法带来销售增长的活动。明智的决策制定者必须时刻准备好走出过去的错误（如考虑不够周详的广告运动），接受过去的支出是沉没成本的事实，尽量不要犯同样的错误，以及通俗来说就是不要继续花钱打水漂。

小结

尽管测量广告效果很困难而且通常很昂贵，但却非常重要，它能使广告者更好地了解广告表现以及为了改善广告表现，他们需要做出哪些改变。基于信息的研究评估了广告信息的效果。多年以来产生了很多测量广告效果的方法，这种多样性存在的原因是，广告有不同的功能，所以需要多种方法对广告效果的不同指标进行测试。

用于测量识别和回忆的方法包括斯塔奇读者服务、布鲁素内测试和隔日回忆测试。皮肤电反应和瞳孔的扩张这些心理测试方法用于评估广告激发的情感唤起。Ipsos-ASI 电视测试法是一种让消费者在家观看录影带的方法，用于测量消费者对电视广告的反应。ARS 说服测试法在消费者观看品牌广告之前和之后分别对消费者偏好进行事前和事后测试，它用于测量偏好的转移。单一信源数据收集系统（IRI 的行为扫描和尼尔森的扫描跟踪）用光学扫描的方法从家庭测试组中收集购买数据，然后将它们与电视观看行为和其他营销变量合并，这类方法用于评估广告对实际购买行为的影响。

没有单一的广告效果测量方法是完美的，也没有任何特定方法适用于所用情况。方法的选择取决于广告运动想要实现的具体目标。而且在评估广告效果时，多种测量方法一般比单一的方法更好。

本章的最后一部分基于一些研究提出了关于电视广告效果的一些结论，这些研究

涉及广告效果的测量、增加广告量的作用、创意文案的影响以及这些广告要素是否能带来销售增长。主要得出的结论有以下四个：① 要想推动销售增长，广告文案必须是独特的；② 广告只有量是不够的；③ 广告效果终究会消退；④ 广告来得快，消得也快。

讨论题

1. 一般认为对广告有效性的测量应该关注销售量的变化而不是一些销售量的前提，而测量由广告带来的销售量的变化又是极其困难的。你是如何看待这个问题的？为了回答这个问题，请参照第 6 章关于使用销售量作为营销传播目标的章节。

2. PCAT 准则 2 要求一个好的文案测试系统需要在每个文案进行检测前确定结果将如何使用。请解释这条准则的确切意思和重要性。分别举两个例子，一个是一个预期的结果但缺乏足够的行动，另一个则具有合适的标准。

3. 广告研究的事前测试方法和事后测试方法有什么区别？你认为哪一个更重要？一定要充分解释你的观点。

4. 本章介绍了布鲁索尔测试方法。请说明为什么布鲁索尔测试在确定电视广告的有效性上比回忆测试更加合适。为了促进你的讨论，请思考选择题和简答题之间的区别。

5. 请表述你对本章的下面这句引文的理解："如果你无法测量某个事物，你就不能理解它。如果你不能理解它，你就无法控制它。如果你无法控制它，你就不能对它进行改善。"

6. 如果你是广告公司的客户经理，你会如何劝说你的客户使用斯塔奇读者服务？

7. 一个测量电视广告有效性的 BehaviorScan 测试会花费你一大笔钱，对于一个新的麦片品牌经理来说，这笔钱可能高达 250 000 美元。为什么这笔钱相比花费 50 000 美元来做一个知晓度测试还是值得的？

8. 假设从现在开始几年后，在你从学校毕业并开始一份工作之后，有一天你打开自己的邮箱然后发现了一份来自信息资源公司（IRI）的邮件，邮件中请你成为一名 BehaviorScan 调查的小组成员。你对于接受此邀请有什么保留意见吗？假设这封信来自 ACNielsen 而不是 IRI，你的顾虑又会是什么？

9. 选择三则最近的知名品牌的电视广告，指出每个广告试图达成的目标，然后草拟一个计划来说明你会如何检测这三则广告的有效性。请具体说明。

10. 电视广告在投放之前要经过多步的检验。包括故事板、样片、胶片、脚本、现场样片和完整的广告（见 IMC 聚焦）。你对于使用未完工的广告来预测真实的市场表现有何顾虑？请具体说明并在合适的地方运用 PACT 准则。

11. 你认为使用生理测量方法，如电流计的价值何在？

12. 参照表 10.2，在表中 ARS 说服得分分值介于 7.0 分至 8.9 分之间支出插入一行。在脑海中记着这一行，解释每个数在不同的分享分之间的区别。例如，56% 在 1.0 + 这一列的意义是什么？

13. 请对比 Ipsos-ASI 电视测试法和 ARS 小组说服法之间的区别。

14. 在单一信息源数据的背景下,请解释权重测试和文案测试的区别。为了证明你对此问题的理解,请为同一个品牌设计一个权重测试和一个文案测试。

15. 根据表10.3的文案测试的结果,在测试的23个广告中,仅有57%对销售产生了显著的影响。假设菲多利测试的结果在总体上是适合电视广告的,那从这个数据结果中你发现了什么?

16. 请解释为什么提高广告的权重并不是增加品牌销量的充分条件。

17. 在成熟产品市场,知名品牌只有通过在品牌广告中使用情感线索才会提高销量,请说出你对这一现象的理解。

18. 在你看来,为什么拥有较强品牌资产的知名品牌的广告的寿命比不知名品牌更久?

第11章

广告媒体:策划与分析

第11章详细介绍了媒体策划与分析中涉及的四个主要活动:选择目标受众、确定目标、媒体与载具选择及媒体购买。本章对媒体选择和成本考虑进行了深入讨论。

宏观营销传播洞察 OPPO广告"物有所值"吗?

OPPO公司是广东一家致力于研发数码电子产品的公司。这是步步高视听电子有限公司2002年策划的一个品牌,主要打算制作音乐手机、液晶电视、等离子电视、时尚数码等高端科技产品,以打破"步步高"品牌一向给人做小家电(DVD、电话机、复读机等)印象的束缚。OPPO公司于2008年正式推出音乐手机产品,现已推出了Ulike、Real等系列手机20余款。

OPPO从进入手机行业以来,开始推出OPPO Real品牌,继而推出OPPO Ulike,一直面向喜欢时尚、自由的年轻人群。其中,OPPO Real主打校园用户,OPPO Ulike主打白领女性,OPPO Find主打年轻男性。

对于很多消费者而言,OPPO似乎就是在一夜之间声名鹊起的。从2005年5月份开始,一则主题为"我的音乐梦想"的电视广告开始在央视一、二、三套的黄金时段热播。在去年红极一时的湖南卫视的《超级女声》总决选中,广告时段里"我的音乐梦想"的广告以每套节目十几次的频率出现。

到了2010年,OPPO的广告攻势更是愈演愈烈。从国内电视、网站等多个渠道都可以看到OPPO的最新广告片,该广告片由莱昂纳多代言,由法国著名导演热雷米·阿孔所执导拍摄完成。之前,OPPO已经先后请金敏智、鞠知延等韩国女星代言过其MP3或手机产品,而此次升级邀请莱昂纳多代言,拍了一个广告大片《OPPO Find探索之旅》在各大视频网站热播,同时还在微博上推广互动游戏,从而引发各种关注和热议。据OPPO官方称,该系列广告共有五支,这支广告只是开篇,后续的广告中,莱昂纳多将继续寻找片中出现的神秘女子,他们会一次次相遇,又一次次擦肩而过。

2011年6月14日,随着以国际影星莱昂纳多·迪卡普里奥为主角的OPPO广告同时在迅雷下载客户端、迅雷看看17个黄金推广位置出现,迅雷"尊享日"营销活动正式拉开了序幕。据统计,仅"尊享日"计划推出当天,OPPO广告的浏览量便超过2.7亿次。

这样的广告轰炸策略由来已久。近年来,步步高和OPPO的广告在中央电视台、湖南卫视等高收视率频道的黄金时段中大量出现,并在全国范围内为众多卫视最火的节目冠名,保守估计今年步步高旗下这两个手机品牌的广告费用总规模或许将超过 10 亿元人民币。

在国产手机界,步步高旗下的 OPPO 手机可谓知晓度颇高:一直以来,其采用广告密集投放的方式对电视、网络等平台进行轮番轰炸,且不惜重金邀请明星代言,长时间的坚持也确实收到了成效:很多人已对 OPPO 品牌不再陌生。

引用艾媒咨询《2010—2011 年度中国手机市场发展状况研究报告》的数据统计,在 2G 手机市场中,步步高和 OPPO 分别占据 3.1% 和 3.3% 的市场份额,在 2G GSM 市场上,步步高与 OPPO 合计拿下近 10% 的市场份额。

资料来源:
1. 刘振、徐军,《OPPO 与魅族:异曲同工的品牌之路》,《经营管理者》,2006 年第 8 期。
2. 中金在线:http://news.cnfol.com/110728/101,1587,10360860,00.shtml。
3. 中国营销资源在线:http://www.21cmo.net/article/view/18370。

讨论题:
OPPO 的密集广告与以往的广告有何不同?这种密集式广告策略可持续吗?

本 章 目 标

在阅读本章后你将能够:
1. 描述为了媒体策划目的而将目标受众分类的主要因素。
2. 解释到达率、接触频率、总收视率、目标收视率、有效收视率和其他媒体概念。
3. 讨论三次展露假说以及其在媒体和媒介选择中的作用。
4. 描述媒体选择的效率指数过程。
5. 区分三种形式的广告投放:连续式、脉冲式和间歇式。
6. 解释新近原则及其对在不同时间投放广告的意义。
7. 计算每千人成本。
8. 审视真正的广告计划。

11.1 介绍

此前的三章已经分析了广告战略的信息组成。尽管有效的信息是成功的广告的基础,但除非选择了能够有效地到达目标受众的媒体,否则这些信息毫无用处。本章和后面三章重点探讨媒体问题。本章将探索媒体策划过程以及影响媒体选择的不同因素。第 12 章将分析传统的印刷媒介和广播媒介——杂志、报纸、电视和收音机。第 13 章关注在线媒体,而第 14 章分析了其他的广告媒体(例如电影中的植入式广告和电影院广告)。

11.1.1 有用的专业术语:媒体和载具

广告实践者对媒体和载具概念的区分。**媒体**是一般的承载广告信息的传播方法——也就是电视、杂志、报纸,等等。而**载具**是指广告所投放的特定的传播节目或印刷选择。例如,电视是一种具体的媒体,而美国超模、CBS晚间新闻和周一晚间橄榄球报道则是承载电视广告的载具。杂志是另一种媒体,《时事》、《商业周报》和《世界报道》则是杂志广告所投放的载具。每一种媒体和每一种载具都具有一些独有的特征和优点。广告者试图选择那些同所广告的品牌最为协调的,同时也能够最经济划算地到达目标受众并传达期望的信息的媒体和载具。全球聚焦提供了能够获得世界各国媒体载具有用的信息的网站。你们一定要到这个网站上体验一下,在那里你们会得到丰富的信息。

11.1.2 信息与媒体:唇齿相依

广告信息和广告不可避免地联系在一起。媒体和信息是一种唇齿相依的关系,每一种都需要同另一种相协调。流行的说法是如果没有媒体策划师,广告创意人员将寸步难行。[1]创意人员和媒体专家必须共同合作来设计能够有效地和经济地将正确的品牌概念传递给目标受众的广告。广告实践者都认为有效地到达目标受众是选择广告媒体时最重要的考量。[2]广告者现在比以往任何时候都重视媒体策划,媒体策划者也正获得越来越高的地位。[3]这是因为广告信息只有在被投放到能够以合理的成本最好地到达目标受众的媒体和载具中时才是有效的。

从许多方面来看,媒体和载具的选择都是最复杂的营销传播决策,因为它必须做出很多不同的决策。除了要决定使用哪一种媒体外(电视、广播、杂志、报纸、户外广告、互联网或其他媒体),媒体策划者还必须确定每个媒体内的特定载具,并确定怎样在不同的媒体和载具之间分配预算。此外,还需要确定投放广告的地理位置以及怎样随着时间的进展分配预算。下面这段话清晰地表明了媒体选择的复杂性:

> 一个广告者正在考虑一个简单的阅读杂志广告投放计划,他必须从30个可行的满足编辑条件和目标受众要求的杂志中进行选择,还必须将多达10亿的计划备选方案缩小到几个可行的方案以在预算的限制内最大化广告的目标。为什么有10亿之多?每个月度的计划有两种选择:选择一个特定的出版物或者不选择。因此,总的可行的计划数等于2的30次方……现在再想象一下还要考虑60个黄金时段以及25个日间播放电视节目、12个有线电视网、16家广播台、4种全国性报纸,每个载具要进行4.3次(平均每个月有4.3周),还要有每月超过20次的刊载。[4]

11.1.3 选择与购买媒体与载具

分析广告行业怎样做出同媒体和载具相关的决策是有用的。正如第7章讨论的,传统的全业务广告代理商一直以来既负责为他们客户的品牌设计广告信息,也负责计划购买投放这些信息的媒体时间和空间。但是,最近以来,媒体策划在执行上发生了巨大的变化。震动广告行业的事件是通用汽车公司(GM)决定将它的许多汽车品牌的媒体策划和购买整合到一家单独的公司中。过去,媒体的计划和购买由通用每个品牌所聘请的广告公司来完成,现在所有的计划都由这家叫做GM Planworks的公司来完成了。这个业务单元每年要处理大约30亿美元的媒体策划资金。通过将媒体策划和购买整合，GM 在很多品牌上显著节省了成本。[5]

其他主要的公司也在效仿通用的做法，将媒体策划从创意设计服务中分离出来。联合利华将其在美国高达 7 亿美元的媒体购买权从它的各个广告代理商手中转移到了一家单独的媒体购买者手中。类似的，卡夫食品也将其在北美的 8 亿美元的媒体策划和购买预算整合到了一家媒体策划和购买者手中。

传统的全业务广告商却批评这些变化。他们认为创意服务和媒体策划是相互关联而不可分割的，如果广告商仅仅被指派做广告创意而另一家独立的公司完全负责计划媒体选择，那么这些服务之间的共生关系将被破坏。一家主流广告公司的高层这样说：

> 你不能总是将一个客户的各个部分隔离开。我们从媒体角度获得的见解也会促进我们的创意设计服务。我真的很难相信广告公司如果失去了这种密切关系的话是否还会有效率。[6]

一个媒体策划公司的首席执行官则表达了不同的见解：

> 将媒体购买和计划从创意设计中分离出来可以为那些在多品牌环境中发展的客户带来好处。即使通用公司有不同的汽车产品线，有不同的目标和战略，但还是有理由将所有的计划运营都合并到一个中心位置。这给了他们一个机会来应用其在不同的产品线内学到的知识和战略性思考，而且这种学习可以更快更有效。[7]

显然双方都有其依据，但现在的问题是，魔鬼已经从瓶子中被放出来了。历史上全能的全业务广告公司正在消亡。这个变化可能带来的最重要的意义是加强了媒体策划在广告过程中的重要性。创造有效的广告信息是关键性的，但将这些信息投放在正确的媒体和载具中同样重要。

全球聚焦　寻找适应全球的媒体选择

假设你有兴趣知道美国任何一个城市或州的新闻媒体的情况，而且你的兴趣超出了美国的范围，想要知道在世界上任何城市可用的新闻媒体和广告媒介的情况。例如，你怎样才能知道莫斯科的报纸有哪些，而巴塞罗那有哪些电视台呢？幸运的是，有一家叫做 Kidon Media-Link（http://kidon.com/media-link）的网站可以提供这些信息。Kidon 网站提供了各种新闻来源的直接链接，这些也代表了潜在的广告机会。来到 Kidon Media-Link 的主页，选定你所感兴趣的城市的内容，确定国家，选择期望的城市，然后查阅可用的媒体。最新的新闻都在该城市可用的媒体中提供了。你很值得花时间访问一下 http://www.kidon.com 并且知道更多的关于这个提供全球媒体直接链接的有趣资源的情况。

11.2　媒体策划过程

媒体策划是有关广告时间和广告空间上的投资，以最大化实现营销目标的战略过程。媒体策划所面临的挑战是如何在一个特定的策划期内，将有限的预算用于不同的广告媒体、媒体内的不同载具以及不同时间内。正如图 11.1 所示的那样，媒体策划包括协调三个层次的战略：营销、广告和媒体战略。整体的营销战略（包括目标市场确定和营销组合选择）为广告和媒体战略的选择提供了动力和方向。广告战略——包括广告目标、预算和信息以及媒体战略——是整体营销战略的延伸和扩展。

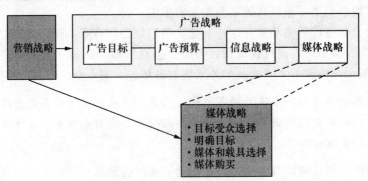

图 11.1　媒体策划过程模型

为了解释和说明，让我们来看 Smart Fortwo 汽车广告活动的例子。Smart Fortwo 在 2008 年早期进入美国市场。它是欧洲 Smart 系列汽车的兄弟车型，欧洲 Smart 从 20 世纪 90 年代后期就进入市场了，此前已经在 36 个国家销售了超过 77 万辆。[8] Smart Fortwo 是一款双座椅汽车，车身内还有合理的 8 英尺乘以 10 英寸的行李摆放处。[9] 不同 Smart Fortwo 车型的价格从 1.2 万美元到 1.7 万美元不等。[10]

尽管在写本书时还无法知道哪些美国消费者会购买 Fortwo，但是在其他国家 Smart 主要吸引了那些需要在狭小的空间内停车的城市居民，这在欧洲一些主要城市里非常普遍，它也同时吸引了那些希望价格相对便宜且省油的汽车消费者。现在让我们假设 Smart Fortwo 主要针对美国城市的单身消费者进行营销，尽管媒体宣传可能接触面更广进而会吸引到郊区的消费者。进一步假设目标消费者见多识广，他们关心环保，喜欢冒险。Fortwo 的媒体战略必须从 Smart 美国（戴姆勒·梅赛德斯-奔驰品牌下的一个部门）的整体战略中延伸出来，也就是要求其在 2009 年销售出大约 3 万辆。

媒体战略不可避免地同广告战略的其他方面相联系（见图 11.1）。我们假设 Fortwo 在 2009 年有 1 500 万美元的广告预算，等于 2009 年销售的 3 万辆车中每辆车有 500 美元用于预算。进一步的假设目标是要在目标消费者中建立 Fortwo 的品牌知晓度并且传递便捷、省油和冒险汽车的品牌形象。广告战略决策同时也向媒体战略提出了限制（Fortwo 2009 年的广告活动最多能花费 1 500 万美元）并提供了媒体选择的方向。

媒体战略本身包括四组互相联系的活动（见图 11.1）。
1. 选择目标受众
2. 确定媒体目标
3. 选择媒体种类和载具
4. 购买媒体

下面的部分我们将具体地讨论前三个活动。媒体购买将会一带而过，因为它更加适合作为新闻传播和编辑记者的专业选修课。

11.3 选择目标受众

有效的媒体战略首先要求确认目标受众。不能精确地定义目标受众将导致媒体展露的浪费;也就是说,一些不会购买的群体会接触到广告,而潜在的客户会流失。从媒体战略的目的出发进行的目标受众分类需要使用四种主要类型的信息:产品购买信息,地理信息,人口信息,生活方式/心理信息。购买者地理信息的获得,不仅为目标受众的瞄定,而且也为广告信息的传递奠定了重要的基础。[11]地理、人口和心理信息一般共同来确定目标受众。例如,Fortwo 的目标受众可能被定义为:年龄在 18—49 岁之间的男性和女性(人口信息变量),收入超过 5 万美元(同样是人口信息),大部分时间居住在市中心(地理信息),他们见多识广、关心环保,并且喜欢冒险(心理特征)。以如此具体的术语确定的目标受众对信息和媒体战略都有明显的意义(参见 IMC 聚焦中苹果使用者的例子)。

11.4 确定媒体目标

在确定了向哪些目标受众传递广告信息后,下一个媒体策划的考虑就是确定在策划的广告期间内广告计划要实现的目标。媒体策划者在制定目标时会面临下面的问题:① 在特定的时间内我们想要我们的广告信息到达多大比例的目标受众;② 在这段时间内我们需要我们的广告信息以多大的频率接触到目标受众;③ 为了实现前两个目标需要总计多少的广告;④ 随着时间的推移我们如何分配预算;⑤ 购买之前,需要多长时间让广告到达客户;⑥ 实现这些目标的最经济的方式是什么?

业内人士对于每一个目标都有一个专业术语:① 到达率;② 接触频率;③ 广告量;④ 持续性;⑤ 新近;⑥ 成本。下面的部分将分别讨论每个目标,稍后的部分将讨论它们的相互依赖性。

11.4.1 到达率

广告经理和媒体专家一般将有效地到达特定的受众作为选择媒体和载具的最重要的考虑。[12]到达率的问题涉及让广告信息被目标受众听见或看见。

更确切地说,到达率代表在广告信息被投放到载具中的特定的时间段内接触到的目标受众的比例。大多数媒体策划者使用的时间段是四周时间。(因此在一年内有 13 个为期四周的媒体策划时间段。)一些媒体专家也使用一周作为策划时间段。

无论策划时间段的长短——一周,四周,一整年,或是其他时间长度——到达率都代表了在这段时间内所有目标消费者中有机会看见或听见一次或多次广告信息的比例。(广告人员使用看见的机会这个表达来指所有的广告媒体,无论是视觉的还是听觉的。)广告者当然并不确定他们的目标受众是否真的看见或听见了广告信息。广告者仅仅知道目标受众接触到了哪些载具。从这些载具接触的数据,推断出人们有机会看到载具所承载的广告信息。

其他广告策划者用来描述接触率的术语包括 1 + 净覆盖率和非重叠受众。我们稍后会清晰地说明为什么这些术语可以与到达率相互替换。

到达率的决定因素

以下这些因素可以提高一个特定广告计划的到达率：① 使用多种媒体；② 每种媒体内使用差异化的载具；③ 差异化每天广告和电视广告播出的时间。

一般来讲，当一个媒体计划将广告预算在多种媒体中分配而不是仅仅投入单一的媒体时，将会到达更多的目标客户。例如，如果 Fortwo 仅仅在网络电视上做广告，它的广告到达率就会比同时在数字电视、杂志、广播台和全国性报纸上做广告低。如果广告者只想在报纸上做广告，他将会失去美国 40% 的成年人口，因为这部分人并没有每天看报纸的习惯。相似的，仅仅在选择性的电视节目中做广告，会错失那些不看这些节目的人。因此，使用多种媒体会更大限度地提高到达受众比例的概率。总体来说，使用的媒体越多，广告信息到达媒体习惯不同的人的可能性就越大。

第二个影响到达率的因素是媒体载具使用的数量和强度。例如，如果 Fortwo 的媒体策划者选择在一种杂志而不是多种杂志上为汽车做广告，广告就只会到达较少的客户。阅读了这段之后，很显然的是——至少是事后诸葛亮——一个在每个媒体内使用不同载具的广告运动会比仅仅专注于一种或有限数量载具的广告运动更好地覆盖目标客户。如果 Fortwo 仅仅在一种杂志上做广告，广告活动就无法到达那些不阅读该杂志的目标受众。

第三，差异化广告播出的时间段可以提高到达率。例如，黄金时段的网络电视广告和非黄金时段的数字电视广告的组合会比单纯在黄金时段投放广告到达更多的潜在汽车购买者。

总结来说，到达率是在设计品牌的媒体计划时的一个重要考虑。广告商希望在预算允许的范围内到达尽可能高比例的目标受众。但是，到达率本身并不是媒体策划的一个充分的目标，因为它没有说明目标受众需要接触到所到达的广告品牌信息的频率是多少。因此，广告接触的频率也必须被考虑。

IMC 聚焦　苹果使用者个性与苹果机个性相匹配吗？

你可能还记得第 9 章营销传播洞察中提到的苹果公司的广告活动，活动中将其 Mac 电脑同普通的 PC 进行比较。一个时髦青年代表了苹果电脑，而一个笨拙愚蠢的人则代表了普通电脑，这其中苹果电脑巧妙地表达了自己的优势。

想知道真实的苹果电脑用户同广告中的人物形象是否相似吗？一项 Mac 和 PC 拥有者的调查显示，许多 Mac 的拥有者的确更像广告中的时髦青年。Mindset Media 的研究让 7 500 个在线参与者在 20 个个性因素上进行打分——既有 Mac 使用者又有 PC 使用者。下面是一些描述 Mac 拥有者心理特征的关键发现：

优越感——Mac 的拥有者一般都有强烈的自负感，并且比 PC 拥有者更可能自命不凡。Mac 拥有者没有 PC 拥有者那样谦虚，他们对认同感有很强的需要。

开放——作为一个群体，Mac 拥有者比大多数人更加关心情绪。他们还更加喜欢在星巴克这样的咖啡店喝咖啡，购买有机食品并且驾驶混合动力汽车。

音乐发烧友——Mac 拥有者更可能购买音乐 CD，在电脑上听音乐，比 PC 拥有者花费更多的钱来下载音乐。

教条主义——同 PC 拥有者相比，Mac 拥有者更少地遵循教条，在政治和社会问题上也更加自由开放。

生态意识——Mac 拥有者比一般大众更加关心环保，并且愿意为"绿色"电子产品支付更多的钱。

在 2006 年到 2008 年期间，苹果公司大约进行了 40 次 "Mac vs. PC" 的广告活动。在此期间，Mac 电脑的市场份额从 2.5% 猛增至 7%。尽管除广告外的其他因素也毫无疑问在 Mac 的增长中起到了重要作用，但广告活动无疑为 Mac 电脑成为美国第三大销量电脑做出了重要贡献。

11.4.2 频率

频率是指在媒体策划期内目标受众接触到承载品牌广告信息的媒体载体的平均次数。频率实际上代表媒体计划的平均频率，但是媒体人员使用频率一词来简称平均频率。

为了更好地理解频率的概念以及它如何同到达率相联系，我们来看表 11.1 中的例子。这个例子提供了 10 个假设的 Fortwo 目标受众的信息以及他们在连续四周内对时尚杂志的接触。（为了简单起见，我们假设时尚是唯一被用来为 Fortwo 做广告的载具。）例如，受众 A 分别在第二周和第三周接触到时尚两次；受众 B 在所有的四周都接触到了时尚；受众 C 在四周的时间内从未接触过这个杂志；受众 D 分别在第一、三和四周接触了三次，其他的六个受众也以此类推。注意到表 11.1 中的最后一列中显示，每周 10 个人中只有 5 个（50%）接触到了时尚，因此有机会看见在这个载具中投放的 Smart Fortwo 的广告。这反映了单一的载具（在这个例子中是时尚杂志）不可能到达所有受众的事实。

表 11.1 Fortwo 刊登在时尚杂志上的广告的假定频率分布

星期	A	B	C	D	E	F	G	H	I	J	合计接触
1		×		×	×		×		×		5
2	×	×			×		×		×		5
3	×	×		×				×		×	5
4		×		×		×	×			×	5
合计接触	2	4	0	3	2	1	3	1	2	2	

(续表)

描述统计			
频率分布(f)	百分比(f)	百分比($f+$)	受众成员
0	10%	100%	C
1	20%	90%	F、H
2	40%	70%	A、E、I、J
3	20%	30%	D、G
4	10%	10%	B

到达率(1+接触)=90
频率=2.2
GRP=200

频率分布的概念

表11.1的下半部分是Fortwo媒体计划的频率分布以及到达率和频率的描述统计。频率分布代表了目标受众中有多大比例（表11.1中的"百分比f"）接触到了时尚杂志$f(f=0,1,2,3,4)$次,进而有机会看到Fortwo在该杂志上做的广告。累计频率一列（表11.1中的"百分比$f+$"）代表频率的累积值($f=0,1,2,3,4$)。

例如,至少被接触两次的人有70%。请注意,对于任何f值,在百分比$f+$一栏中的百分比代表该值对应的百分比f一栏中的值加上所有比其大的值。看表11.1中的百分比f一栏,你会发现有40%的人接触到了两次（受众A、E、I和J）。接触到3次的人的比例有20%（受众D和G）。接触到4次的有10%（受众B）。因此,接触到2次及以上的受众的累积比例是70%（40+20+10=70）。

有了这些介绍,我们就可以说明一下到达率和频率是如何计算出来的了。从表11.1中我们可以看到Fortwo广告的10名目标受众中的90%在四周的广告期内至少接触到了一次广告。（百分比$f+$一栏,$f=1$时,1+的累积比例是90%。）90%就代表了这个广告的到达率。广告实践者一般将百分号去掉来表示到达率,仅仅使用数字。在这个例子中,到达率等于90。

频率是频率分布的平均值。在这个例子中,频率等于22.2。也就是说,20%的人到达了1次,40%的人到达了2次,20%的人到达了3次,10%的人到达了4次。也就是说,在数学上,平均频率（或者简单地叫做频率）等于

$$[(1\times 20)+(2\times 40)+(3\times 20)+(4\times 10)]/90 = 200/90 = 2.22 \quad (11.1)$$

在这个假想的情况下,Fortwo目标受众中的90%接触到了该广告,他们在四周的广告期间内平均接触2.2次。这个值2.2代表这个简化的媒体计划频率。（精确值是2.22,但媒体实践者一般保留一位小数。）要注意的是频率是由所有频率的和除以到达率得到的。

11.4.3 广告量

制订媒体计划的第三个目标是决定需要多大的广告量才能实现广告目标。有很多不同的方法来确定一个特定的广告期间内的广告数量。这一部分我们介绍三种方法:

总收视率、目标收视率和有效收视率。首先,我们先解释一下收视率的意义。

什么是收视率?

广告中收视率的概念同日常生活中收视率的概念不同,有其特殊的意思。广告中的收视率是指受众中有机会看到在载体中刊登的广告的比例。

我们通过电视来说明一下收视率的意义。在2009年,美国大约有1.145亿的家庭拥有电视。[13]因此,在一个期间内的一个**收视点**代表全部拥有电视的家庭的1%,也就是114.5万家庭。

假设在2009年的某一周,一个叫做房屋的电视节目被1 000万的家庭收看,那么在这一周房屋节目的收视率就是8.7(1 000万除以1.145亿),简单来说就是在2009年的这一周中有9%的拥有电视的家庭收看了这一档节目,这就是收视率的意思。重要的是要理解收视率的概念适用于所有的媒体和载具,并不仅仅是电视和电视节目。

总收视率(GRPs)

注意到表11.1下部写明Fortwo在时尚杂志中的投放产生了200的总收视率。总收视率,或者叫GRPs,反映了一个特定的广告计划所传递的广告量。其中"总"是关键之处。总收视率反映了一个特定的广告计划的总覆盖率,或者说接触到一个广告的重复受众。将这些词同前面给出的关于到达率的词进行比较——净覆盖率和无重复受众。

回到我们假设的Fortwo在时尚杂志中做广告的例子,到达率是90,意味着我们受众的10个中有9个接触到了至少一本时尚杂志。这个例子的总收视率是200,因为受众在四周的广告期间内多次(平均2.22次)接触到了承载有Fortwo广告的载具。

从这些讨论中我们可以很明显地看出总收视率等于到达率乘以频率。

$$总收视率 = 收视率 \times 频率 = 90 \times 2.22 = 200$$

通过简单的数学推导,我们又可以得到下面的数量关系:

$$到达率 = 总收视率 \div 频率$$

$$频率 = 总收视率 \div 到达率$$

换句话说,我们知道到达率、频率和总收视率中任何两个量,就可以很容易得到第三个量。

在实践中确定总收视率

在广告实践中,媒体计划者通过确定需要多少总收视率以实现目标来制定媒体购买决策。但是,由于频率分布和到达率及频率的数量在事前是未知的(在媒体计划制订的时候),媒体计划者需要采用其他的方法来确定一个特定的计划会得到多少总收视率。

事实上,有一个简单的方法能予以确定。总收视率可以通过将包含在媒体计划中的各种载具的收视率进行加总来得出。记住,总收视率就是一个媒体计划中所有载具收视率的和。例如,2008年1月21日到1月27日,收视率最高的10个电视节目是:

节目	电视网	家庭收视率
《美国偶像》——星期二	Fox	16.2
《美国偶像》——星期三	Fox	15.1
《真心话大冒险》	Fox	12.9
《60分钟》	CBS	9.5
《CSI》	CBS	8.6
《叫我第一名》	CBS	8.6
《交易不交易》——星期一	NBC	8.5
《交易不交易》——星期三	NBC	8.5
《豪斯医生》	Fox	8.5
《法律与秩序》:SVU	NBC	8.4

资料来源：Nielsen Top 10 TV Ratings：Broadcast TV Programs @ Nielsen Media Research, http://www.nielsenmedia.com (accessed February 4, 2008).

假设一个广告者恰好在2008年1月21日到1月27日之间在每个电视节目上都投放了一则广告。在这种情况下，广告者就会得到104.8的总收视率(16.2 + 15.1 + … + 8.4 = 104.8)。简单来说，一个特定的媒体计划所产生的总收视率就等于包含在计划中的所有载具的收视率的和。

目标收视率

总收视率的一个重要的变形是目标收视率。目标收视率，或者说是**TRPs**，对收视率进行调整，只反映那些匹配广告者目标受众标准的人群情况。回到Fortwo的例子，我们假设这个广告的目标群体是18—49岁之间收入在5万美元以上并一般居住在城市的人群。我们考虑之前提到的10个电视节目，假设接触这些节目的人中只有30%是Fortwo的目标受众。因此，尽管在每个节目中投放广告可以带来104.8的总收视率，但只有31.4的目标收视率(104.8×31.4)。

从这个简单的例子中，我们很容易看到总收视率代表了一定程度的浪费覆盖，因为一些受众并不是广告者想要到达的目标人群。相比较而言，目标收视率是一个更好的代表广告计划无浪费广告量的指标。总收视率等于总广告量，其中一些被浪费掉了；目标收视率等于净广告量，其中没有浪费。

有效到达率的概念

通常，我们通过比较每个广告计划所产生的总收视率(或目标收视率)来比较不同的广告计划方案。但是较高的总收视率(或目标收视率)并不一定等于好的广告计划。例如，两个广告计划要求完全一样的预算。我们将这两个方案称为X和Z。方案X产生了95%的到达率以及2.0的平均频率，进而产生了190的总收视率。(再次注意到达率定义为在四周的广告期间内至少接触到一次广告载具的受众的百分比。)方案Z则能提供166的总收视率，到达率为52%，频率为3.2。

哪个计划更好呢？方案X在总收视率和到达率方面显然更好，但方案Z有更高的频率。如果品牌想要更高的展露数量，进而要求广告更有效率，那么方案Z也许比方案

X 更好,即使它带来较少的总收视率。同样,我们也可以用目标收视率作为比较。

正是由于我们刚刚提到的原因,许多广告者和媒体策划者都对总收视率和目标收视率的概念提出了批评,他们认为"这些概念建立在值得怀疑的基础之上,每个展露都是相同价值的,第 50 次展露和第 10 次及第 1 次完全一样"[14]。尽管总收视率和目标收视率还是媒体策划中重要的一部分,但是广告业已经越来越不仅仅是用单纯的广告量概念,而是转向媒体有效性的概念。[15] 媒体有效性考察的是目标受众的成员有多大机会接触到广告品牌的广告。媒体实践者通常使用有效到达率和有效频率这两个可以互换的词来表示一个有效的广告计划向目标受众传递足够的但不多余的广告。尽管两个词都是可以接受的,但我们这里仅仅使用有效到达率这个概念。

有效到达率基于这样的思想,一个广告计划只有在广告计划期内(如前面的讨论,四周)到达目标受众的次数刚刚合适(不是过少也不是过多)的情况下才是有效的。换句话说,存在理论上广告展露的最大和最小值的范围。但是多少是过多或过少呢?很遗憾,这一点恰恰就是广告中最为复杂的问题之一。唯一能肯定的是,"不一定,要看情况"!

有些时候,这取决于消费者对广告的品牌的知晓水平、市场份额、受众对品牌的忠诚度、信息的创造性和吸引力,以及广告想要为品牌实现的目标。实际上,每周高水平的广告展露对于忠诚客户来说可能是无效率的。[16] 特别的,那些拥有高市场份额和消费者忠诚度的品牌一般需要较少的广告展露来实现广告的有效性。类似的,风格独特的广告活动只需要较少的展露度就能实现他们的目标。广告如果想将对消费者的作用提高到更高的效果层次,就需要更多数量的广告展露来实现一点点的有效性。例如,让消费者知道有一个品牌叫做 Fortwo 只需要较少的广告,但如果要说服消费者 Fortwo 是小巧安全的汽车就需要更多的广告了。

需要多少展露?

从之前的讨论中,我们可以看到只有通过进行复杂的研究调查才能确定有效展露的最小和最大数量。因为这种性质的研究调查很费时间和成本,广告者和媒体策划者一般使用经验法则来定义展露的有效性。广告行业在这个问题上的看法很大地受到了**"三次展露"假说**的影响,这个假说说明了广告要达到有效率所需要的最低展露度。这个假说的提出者,一位叫做 Herbert Krugman 的广告从业者认为,消费者对一个品牌广告的最初接触就类似于回答"它是什么"这一问题。第二次接触要回答的是"那又怎么样",第三次接触就仅仅是提醒消费者已经通过前两次接触得到的信息了。[17]

这个很大程度上来自直觉而不是实证数据的假说在广告业中简直成了《圣经》。很多广告实践者将三次展露假说理解为,当一个广告计划在品牌投放的载具上投放了小于三次的广告时,广告计划就是无效的。

尽管我们可以直观地理解频率小于三次是不够的,但这种对三次展露假说的理解过于依赖字面的意思,并且没有理解到 Krugman 的意思是对广告信息的三次接触而不是对载具的三次接触。[18] 二者的区别在于载具的展露,或者说我们之前提到的看到一则广告的机会(OTS)并不等同于广告的展露。一本杂志的读者当然一定会接触到杂志中的一些广告,但更有可能的是读者不会接触到全部,甚至是大部分投放在杂志上的广告。类似的,一个电视节目的收看者很可能错过一些在一个30—60分钟节目中投放的广告。因此,真正接触到任何载具上的广告的消费者的数量——Krugman 的真实想法——要小于接触到承载信息的载具的人的数量。(在继续阅读之前,一定要确保你已经完全理解了载具展露和实际广告展露的区别。)

除了这种一般对三次展露假说的误解之外,还应该知道并不存在一个在所有的广告情况下都绝对正确的特定的最小展露次数——3、7、17 或其他任何数字。不能过分强调对一个产品或品牌有效的(或无效的)对另一个产品或品牌也适用。"不存在魔法数字,不存在任何情况下都成立的广告展露数字,即使我们指的是广告展露而不是 OTS。"[19]

广告实践中的有效到达策划

广告策划者一般认可的观点是,在四周的媒体计划内少于三次的展露一般被认为是无效的,而超过 10 次的展露一般则被认为是过多的。有效到达的范围因此被认为是 3—10 次之间。

使用有效到达而不是总收视率作为媒体策划的基础对整个媒体战略有重要的影响。特别的,有效到达策划一般会导致使用多种媒体而不是仅仅依靠电视,仅仅使用电视是在使用总收视率测量时经常出现的情况。黄金时间的电视节目在带来高水平的到达(1+展露)上尤其有效,但未必能带来有效到达(3+展露)。因此,使用有效到达作为决策标准通常会放弃一些黄金时段的到达,以通过其他媒体获得更高的频率(总成本相同)。

这一点可以通过表 11.2 来说明,表中比较了四种使用不同媒体组合的广告方案,年广告预算都为 2 500 万美元。[20]方案 A 将 2 500 万美元完全投入到网络电视广告中,方案 B 将 67% 投入到电视中、33% 投入到广播中,方案 C 则在电视和杂志之间平分,方案 D 将 67% 投入到电视中,将 33% 投入到户外广告中。

表 11.2 年预算为 2 500 万美元的备选媒体方案和四星期媒体分析

	方案 A: 电视(100%)	方案 B: 电视(67%)、 广播(33%)	方案 C: 电视(50%)、 杂志(50%)	方案 D: 电视(67%)、 户外(33%)
到达率(1+接触)	69%	79%	91%	87%
有效到达率(3+接触)	29%	48%	53%	61%
频率	2.8	5.5	3.2	6.7
GRP	193	435	291	583
ERP	81	264	170	409
每 GRP 成本(美元)	129 534	57 471	85 911	42 882
每 ERP 成本(美元)	308 642	94 697	147 059	61 125

注意到方案 A(100% 使用电视)带来最低水平的到达率、有效到达率、频率和总收视率。在电视和杂志之间的平均分配(50/50)(方案 C)会产生很高水平的到达率(91%)。而电视和广播的组合(方案 B)及电视和户外广告的组合(方案 D)也能产生

较高水平的频率、总覆盖率,以及接触到3次或以上的广告的消费者比例。

并且,仅仅使用电视的方案同其他方案相比,带来很少的总覆盖率和很低的有效视率(ERPs)。(注意,表11.2中ERPs等于有效到达率或3次以上展露率同频率的乘积,例如方案A产生了81的有效到达率,$29 \times 2.8 \approx 81$。)方案D,组合了67%的电视和33%的户外广告,在总覆盖率和有效收视率方面最为突出。这是因为人们在上下班和参加其他活动时能够频繁地看到户外广告。

那么,我们是否能够下结论说方案D最好而方案A最差呢?并不一定。很明显,看到一个广告牌产生的影响要远小于看到一个具有吸引力的电视广告产生的影响。这个例子说明了媒体策划的一个基本方面:主观因素在分配广告预算时也必须被考虑在内。从表面数字上来看,方案D更好。但是,主观判断和过去的经验可能更加偏爱方案A,因为能够通过展示消费者消费并喜欢产品的生动画面来有效地为产品打广告的方法只有通过电视。只有电视才能满足这一要求。其他媒体(广告、杂志和户外广告)可以用来补充电视广告的关键信息。(每种媒体的优势和局限会在下一章进行讨论。)

我们再回忆第6章讨论的内容:模糊的正确比精确的错误更好。到达率、频率、有效到达率、总收视率、目标收视率和有效收视率都能够精确地呈现,但是如果在实践中盲目地使用,就可能会成为精确的错误。有洞察力的决策者从不仅仅依赖数字来制定决策。相反,数字仅仅应该被用来作为据此制定的额外信息,决策的制定最终要依靠洞察力、智慧和判断。

另一种方法:频率价值策划

广告研究者提出了三次展露假说之外的另一种方法。[21] 频率价值策划的目标是(从一组备选计划中)选择每GRP最高展露价值的媒体计划,也就是说,目标是选择"更物有所值"的媒体计划。频率价值策划是一种试图通过选择最有效的广告计划来得到最多广告投资回报的方法。下面是执行的步骤:

步骤1. 估计计划中每个水平的载具或OTS的展露效用。[22] 展露效用代表目标受众在广告计划期内看到一个品牌的广告的每个额外机会的价值。表11.3列出了从0到10+的OTS以及它们的展露效用。(注意这些效用不是在所有情况下都是不变的,每个品牌广告情况下需要特别确定。)能够看出第0个载具展露的展露效用是0。第一个展露显著地增加了效用,达到0.5;第二个OTS贡献了额外0.13个单位的效用(总效用达到了0.63);第三个展露为第二个展露又贡献了0.09个单位的效用(总效用达到0.72);第四个展露增加了0.07个单位;以此类推。我们可以看到这个效用函数反映了每个OTS带来的递减的边际效用。在OTS是10的时候,达到了最大的效用水平1.00。因此,这表明超过10的额外OTS不会带来额外的效用。通过画出表11.3中的效用函数,我们可以发现图形不是线性的,而是向原点处凹。换句话说,每个额外的展露带来递减的效用。

表 11.3 不同 OTS 水平的展露效用

OTS	展露效用
0	0.00
1	0.50
2	0.63
3	0.72
4	0.79
5	0.85
6	0.90
7	0.94
8	0.97
9	0.99
10 +	1.00

步骤 2.估计所考虑的各种媒体计划的频率分布。电脑程序,比如我们在本章后面要讨论的程序,可以用来实现这个目标。表 11.4 展示了两个备选媒体计划的分布。从表 11.4 的 B 列(计划 1)到 D 列(计划 2),我们可以看出目标受众中的 15% 预计会接触到 0 次计划 1(8% 接触到 0 次计划 2),11.1% 的受众预计接触 1 次计划 1(21% 接触到 1 次计划 2),12.5% 接触到 2 次计划 1(17.6% 接触到 2 次计划 2),13.2% 接触到 3 次计划 1(13.6% 接触到 3 次计划 2),等等。

表 11.4 两种媒体计划的频率分布和价值

OTS	计划 1			计划 2	
	(A) 展露效用	(B) 目标百分比	(C) OTS 价值(A×B)	(D) 目标百分比	(E) OTS 价值(A×D)
0	0.00	15.0%	0.000	8.0%	0.000
1	0.50	11.1%	5.550	21.0%	10.500
2	0.63	12.5%	7.875	17.6%	11.088
3	0.72	13.2%	9.504	13.6%	9.792
4	0.78	11.0%	8.690	10.9%	8.611
5	0.85	8.4%	7.140	8.6%	7.310
6	0.90	6.3%	5.670	6.6%	5.940
7	0.94	5.0%	4.700	5.2%	4.888
8	0.97	3.9%	3.783	3.9%	3.783
9	0.99	3.1%	3.069	3.0%	2.970
10 +	1.00	10.5%	10.500	1.6%	1.600
总计			66.481		66.482
GRPs			398.600		333.800
展露效用指数 (价值/GRPs)			0.167		0.199

步骤 3.评估每个 OTS 水平的 OTS 价值。[23]在表 11.4 中的 OTS 值(计划 1 的 C 列,

计划2的E列)等于展露效用一列与目标百分比一列的乘积。因此,在OTS为1时,计划1的展露价值是0.5×11.1=5.55,计划2的展露价值是0.5×21.0=10.5。在OTS为2时,展露价值是0.63×12.5=7.875(计划1)和0.63×17.6=11.088(计划2),等等。

步骤4. 确定所有OTS水平的总价值。在计算了每个OTS水平的价值后,将每个展露价值进行加总就得到了总价值(计划1:5.55+7.875+9.504+…+10.5=66.481;计划2:10.5+11.088+9.792+…+1.6=66.482,计划1和计划2几乎相等。)

步骤5. 计算展露效用的指数。这个指数的计算是用每个计划的总价值除以该计划产生的总收视率。表11.4中的总收视率可以使用表11.1中计算收视率的同样方法来得到。特别的,计划1的398.6的总收视率(在表11.4的底部)等于(1×11.1)+(2×12.5)+(3×13.2)+…+(10×10.5)。(你可以通过计算计划2的总收视率来确保完全理解了这个推导。)计划1的展露效用指数就是0.167(66.481÷398.6),而计划2的指数是0.199(66.482÷333.8)。

从这些计算中我们能得到什么结论?较高的指数值代表较高的效率。这表明表11.4中的计划2是更加有效的。计划2在同计划1的展露价值相等的情况下(66.482比66.481)有更少的总收视率因而花费更少,所以有更高的效率指数。并且,尽管计划1到达10次以上的目标受众的比例更高(10+OTS=10.5%),计划2更加专注于至少到达目标受众1次而不是将支出浪费在到达10次或更多之上。计划2的1+OTS等于92%,而计划1的1+OTS等于85%。

尽管这种频率价值策划的方法比三次展露假说理论上更加可靠,但是后者的理念早已经深入营销实践当中,而前者在最近才刚刚被引入。这里的意思不是说这个新方法应该被忽略,而是说广告业还没有广泛地采纳这一方法。值得注意的是应用频率价值策划方法的难点在于估计展露效用,正如在表11.3中所列示的那样。没有简单的方法能够估计展露效用,这也是为什么许多媒体策划者喜欢使用经验法则的缘故。

11.4.4 连续性

连续性是关于广告在广告活动期间内怎样分配的问题。基本的问题是:广告预算应该在整个广告期间内平均分配,还是预算应该集中在某一段时间内以达到最大的效果,抑或是应该使用介于这两者之间的安排?通常来讲,哪种方法最好取决于特定的环境。但一般来说,始终一致的广告计划可能会受困于在任意一个时间点上的广告量都太小。相反,一个高度集中的广告计划可能会受困于在广告期间的某一个时期内展露过多而在其他时期内过少。

一般广告者有三种关于在广告活动期间内分配预算的方法:连续式、脉冲式和间歇式。为了理解这三种方法的区别,我们考虑一个销售各种乳制品公司的广告决策。图11.2展示了由于使用的方法不同,每月的广告分配也不同。假设每年可用的广告预算是300万美元。

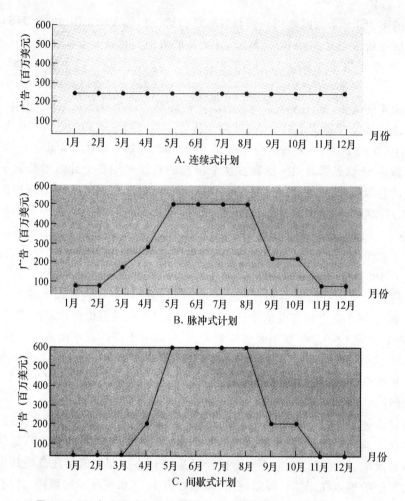

图 11.2 一个冰激凌品牌的连续式、脉冲式和间歇式广告计划

连续式广告投放

在连续式广告投放中,在整个活动中的每个时期内投入相等或基本相等的广告预算。图 11.2 中的图 A 展示了连续式广告投放的一个极端的例子,总计 300 万美元的预算在 1 年 12 个月中平均分配,每个月 25 万美元。

这种广告分配方法只有乳制品在全年的每个时期内的消费都均等的情况下才说得通。但是,尽管乳制品在全年都有消费,但还是在五月、六月和七月,当人们吃冰激凌的时候消费得更多,并且这种产品还是公司一个特别重要的产品线,而且对广告的支持非常敏感。这就要求一年中不连续的广告预算分配。

脉冲式广告投放

在脉冲式广告投放中,一些广告在活动的每个期间内都被使用,但是每个期间的数量各不相同。在图 11.2 的图 B 中,这家乳品公司的脉冲式投放计划显示其广告在冰激凌消费较高的月份——五月到八月的投放量很高(每个月花费 50 万美元),公司在全年的每个月也都有广告投放。在冰激凌消费相对较少的一月、二月、十一月和十二月，最小的每月广告支出有5万美元。

间歇式广告投放

在间歇式广告投放中，广告者在活动中的每个时期内的投入不同，并且在一些月份中投入为0。如图11.2中的图C所示，乳制品公司在四个冰激凌高消费的月份中每月（五月到八月）投入60万美元，在冰激凌消费中等的月份每月投入20万美元（四月、九月和十月），但是在冰激凌低消费的月份投入为0（一月、二月、三月、十一月和十二月）。

所以，脉冲式和间歇式是比较类似的，因为它们都在一年中分配不同水平的广告支出，但区别在于脉冲式在每个时期内都有投放而间歇式并非如此。下面的比喻会有助于打消脉冲式和间歇式之间的混淆和困惑。一个人的脉搏连续地在最高和最低的范围内波动，但从不停止。但是间歇式投放就像是飞机，有时降落在陆地上，但在飞行时又处在不同的高度。因此，一个脉冲式广告投放计划总是跳动的（一些广告在每个广告期间内都被投放），但间歇式投放在一定时期内飞得很高但在另一些时候却消失了。

11.4.5 近期策划（货架模型）

一些广告实践者认为间歇式和脉冲式广告投放必然会带来广告成本的巨大增加，尤其是电视广告的花费方面。根据非连续性广告投放（间歇式或脉冲式）的逻辑，没有多少广告者负担得起全年持续的高广告投入。根据这种观点，广告者只能在几个选定的时间内做广告——也就是说，在有最大的机会达成传播和销售目标的时期内做广告。这种观点进一步认为在投放广告的期间内，应该有足够的频率来证明广告努力是有效的。换句话说，该观点认为非连续性广告投放（脉冲式或间歇式）同获得有效到达（3+）的目标必须一道出现在品牌经理选择投放广告的广告期间内。

乍一看非连续性广告投放的逻辑是无可辩驳的。但是这种观点的审慎性已经受到了纽约媒体专家Erwin Ephron的有力挑战。Ephron和他的支持者认为广告行业不能证明广告预算分配有效到达（3+）标准的价值，这个有问题的标准又导致了不合理的间歇式分配。Ephron建立了一种更加偏爱连续式投放的观点，他称之为近期原则，也叫做货架模型。[24]

由于间歇式是一种断断续续的广告投放方式，类似的，我们考虑零售货架在一年的不同时期内偶尔缺货对品牌销售带来的影响。在货架是空的时候，品牌的销量显然也为零。只有在货架上摆放了一些数量的产品时品牌才会获得销量。这也是间歇式广告的类似之处："货架"在一定时期内是空的（没有广告投放），在其他时期是满的。

近期原则或者说货架模型，建立在三个相互联系的观点之上：① 消费者对某一品牌广告的首次展露是最有力的；② 广告的基本作用是影响品牌选择，广告的确影响了处于该品牌市场中的消费者的子集的产品选择；③ 获得一个品牌高水平的周到达率应该比获得高频率更加被强调。下面让我们来分析这三个观点。

有力的首次展露

经验证据（尽管并无把握）已经证明对广告的首次展露比随后的展露对销售会产

生更大的影响。[25]（之前表11.3中给出的效用曲线就是基于首次展露有最大的影响这一逻辑。）通过使用前面章节提到的数据和广告,研究者对代表12个产品种类（洗衣粉、香皂、洗发水、冰激凌、花生油和咖啡粉等）的142个品牌进行了一个广泛的研究后发现了有趣的结论。研究者证明这些品牌的首次展露会带来最高比例的销售,随后的展露只能再带来很少的额外销售。[26]

影响品牌选择

近期策划的概念基于这样的思想:消费者的需求决定广告的效果。如果广告在消费者在市场上寻求一种特定产品时出现,这时的广告是最有效的,即能够让消费者选择被广告的品牌而不是其他品牌的广告机会。"广告的任务是影响购买。近期策划的任务是将信息放置在那个窗口中。"[27]

尽管近期策划是基于首次广告展露最有力的看法,但这并不意味着一次展露就足够了。问题在于短期内的额外展露对于那些不需要该种产品的消费者来说是一种浪费。换句话说,这里的逻辑是,品牌可以通过在一个广告期内（一个到达目标）到达更多的消费者一次而不是频繁地到达较少的消费者（一个频率目标）来获得更大的销量。

近期策划并不必然意味着广告预算的减少;相反,预算相比间歇式广告的预算的分布更加不同。具体来说,近期策划在广告进行的一年中将预算分配给更多的周,每周分配得较少（更少的GRP或TRP）。近期策划使用一周而不是四周作为策划时间,并且试图在预算允许的尽可能多的周内到达尽可能多的目标消费者。

最优化每周到达

据此,我们认为媒体策划者应该设计着眼于提供连续呈现（或接近连续）的广告,以达成最优化每周到达的目标,而不是三次展露假说中所包含的有效到达。

近期策划的逻辑可以概括为:

1. 不同于三次展露假说,三次展露假说认为广告必须要教会消费者有关品牌的知识（因此需要多次展露）,而近期原则,或者说货架空间模型认为广告的作用不是教育而是影响那个消费者的品牌选择。"除非是一种新品牌、一种新的利益,或者一种新的使用方法,否则并没有太多关于学习的东西。"[28]因此,大多数广告的目的是提醒、加强或者引起此前的信息而不是教育消费者有关产品利益和使用的知识。

2. 为了达成影响品牌选择的目的,广告因此必须在消费者准备好购买一个品牌时到达消费者。从这个逻辑上来讲,广告的目的是"租用货架",以保证品牌出现的时间同消费者做出购买决策的时间接近。"眼不见,心不想"是一个关键的广告准则。

3. 广告信息在消费者接近购买时间时最为有效,单一的广告展露如果接近消费者做出品牌购买决策的时间,那么它就是有效的。

4. 单一展露的成本效率大约是接下来展露价值的三倍。[29]

5. 策划者应该分配预算使得广告更经常地到达更多的消费者,而不是将预算仅仅集中在某些时期内多次展露。

6. 如果没有预算的约束,一个理想的广告应该达到每周到达率100（到达全部目标受众至少 1 次),并且在一年的 52 周中都维持这一水平。这样的广告计划会产生 5 200 周到达率。因为大多数广告者不能承受这种水平的广告预算,所以次优的方法是在尽可能多的周内到达尽可能高比例的目标受众。这个目标可以通过以下方式来实现:① 使用 15 秒的电视广告以及更为昂贵的 30 秒电视广告;② 将预算在较为便宜的媒体上分配(如广播),而不是全部用于电视广告;③ 购买较为便宜的电视节目,而不是把全部预算都用于黄金时段的电视节目。所有这些策略都会省出预算空间,使得广告计划能够持续而不是偶尔地到达较高比例的目标受众。

折中:不一定

媒体计划应该达到持续的而不是间断的呈现,这种观点具有很强的吸引力。但是,没有一种方法对所有品牌都一样有效。近期策划的逻辑意识到了这一点,因此它指出对于新品牌、新的利益和使用一种品牌的不同方法,广告的目标的确应该是教育而不仅仅是提醒。另一位广告业的高层人士总结如下:

> 我们总是相信首次展露最为有效,但我们不想拘泥于死的教条。每个品牌都有不同的情况。一个产品类别中的领先者同具有较少市场份额的竞争对手相比有不同的频率需要。认为每个品牌都有相同的频率需求是不正确的。[30]

作为一名学生,收到这种"混合信号"会觉得非常困惑。毫无疑问的是,如果能有明确易懂而又非常直观的理论说,"这就是你应该做的",会使人舒服许多。但遗憾的是,广告实践并不是这样简单。我们重复一个在全书中反复强调的观点:什么方法有效取决于品牌所面对的具体情况。如果一个品牌非常成熟,那么有效的周到达(货架模型)可能是分配预算的合理方法。相反,如果品牌是全新的,或者是新的利益或用法,或者广告的信息非常复杂,那么预算就应该以一种能够达到教会消费者品牌的好处和用法所需的足够频率的方式来分配。换句话说,如果这种情况发生了,间歇式广告计划就比周到达计划更加合适。

这些关于广告如何运行的对立的观点可以通过"强"和"弱"广告模型来区分。[31]"强"模型认为广告非常重要,因为广告能够教会消费者有关品牌的知识并且会鼓励尝试性购买进而导致重复购买。"弱"广告模型认为对于消费者来说大多数广告信息都不重要,并且消费者从广告中并没有学到什么。这是因为广告通常是那些消费者已经知道了的品牌。从这一点上来看,广告仅仅提醒消费者他们已经知道的事情。

这两个对立观点的折中在于承认广告在任何时间的确会对小部分比例的消费者有影响,并且这些人是恰好在广告期间想要购买产品的人。例如,某报纸上刊载的某家零售店对某品牌电视进行促销的消息会提升客流量,并且会鼓励那些来自在此时需要一台新电视的消费者的购买。但是大多数消费者在这个时间并不需要电视。因此可以说广告是通过有准备的消费者的机会来实现其有效性的。[32]

那么从以上这段讨论中我们是否可以得出结论说,单一的广告展露就足够了,并且广告时间和货架应该按照近期最优化来安排并且频率应该被忽略?当然不是。相反,你应该理解为不同的广告情况决定了到达率还是频率更加重要。消费者熟悉的品牌需要较少的频率,而新的或者相对不熟悉的品牌需要更高水平的频率。包含复杂信息的品牌(包含技术细节或微妙的设计)通常也需要更多的频率。[33]在短期内提供特殊属性的品牌也需要更多的频率。例如,当一个快餐连锁店在有限的时间内提供一种特殊的三明治时,就需要频繁的广告来告诉消费者产品的信息并提高客流量。

11.4.6 成本考虑

媒体策划者试图通过一种成本优化的方式来分配广告预算从而为实现其他的目标留有余地。一种最重要的和普遍使用的衡量媒体效率的指标是每千人成本。每千人成本(可以简略地称作 CPM,M 指的是罗马数字的 1 000)是到达 1 000 人的成本。这种衡量可以通过改进的方式来指代到达 1 000 个目标受众的成本,不包括那些不属于目标市场的人。这种改进的衡量叫做目标市场千人成本(CPM-TM)。

CPM 和 CPM-TM 的计算是,广告投放在一个特定的广告载具上的成本除以载具的总市场到达(CPM)或目标市场到达(CPM-TM):

$$CPM = 广告的成本 \div 到达的接触点的总数(以千为单位)$$

$$CPM\text{-}TM = 广告的成本 \div 到达目标市场的接触点的总数(以千为单位)$$

接触点一词在这里代表被投放在特定载具上的单一广告所到达的任何种类的广告受众(电视观众、杂志读者、广播收听者,等等)。

计算示例

为了示范 CPM 和 CPM-TM 是如何计算出来的,我们来考虑下面这个非常规的广告情况。在一所著名大学的周六橄榄球比赛期间,一家本地的飞机广告服务商提供在飞机尾部喷涂广告的服务。成本是每条信息 500 美元。橄榄球场能容纳 8 万名观众并且每周六都满座。因此,这个例子的 CPM 就是 6.25 美元,即用每条信息的成本(500 美元)除以人数(80 个 1 000)得到,这些人很可能接触到(有机会看到,或 OTS)了飞机上的广告信息。

现在假设一个新开的学生书店通过飞机广告服务来向大约两万名一般每场比赛都参加的学生宣传它的开业。因为在这个例子中目标市场只是总受众中的一部分,CPM-TM 就是一种更加合适的千人成本计算方法。CPM-TM 在这个例子中就是 25 美元(500 美元÷20)——这比 CPM 高四倍,因为目标受众是总受众人数的四分之一。

为了进一步说明 CPM 和 CPM-TM 的计算,再看一个一般的广告情况。假设一个广告商想在真人秀节目《美国偶像》中宣传自己的品牌,根据尼尔森的调查数据,《美国偶像》在某一周的收视率是 16.2,意味着大约有 1.83 亿的家庭有机会看到该节目中的商业广告。在周四晚间《美国偶像》2008 年 30 秒广告 78 万美元的成本基础上,CPM 如下:

$$总收看 = 18\,273\,600 \text{ 家庭}$$
$$30 \text{ 秒广告的成本} = 780\,000 \text{ 美元}$$
$$CPM = 780\,000 \div 18\,273.6 = 42.68(\text{美元})$$

如果我们假设做广告的品牌的目标市场只包括 13 岁到 34 岁之间的女孩和年轻女

性,并且这个子市场代表着总受众中的 60%——或者说 10 964 160 个观看《美国偶像》的女孩和年轻女性——进而 CPM-TM 是

$$CPM\text{-}TM = 780\,000 \div 10\,964.16 = 71.14(美元)$$

小心使用！

CPM 和 CPM-TM 在比较不同广告载具的效率方面很有用。但是因为如下的原因,它们必须被小心使用。首先,它们是成本效率的测量——不是有效性的测量。某一个载具可能非常节约成本但是也完全无效,因为它到达了错误的受众(如果使用了 CPM 而不是 CPM-TM),或者不适合做广告的产品种类和品牌。做一个类比,一辆 Smart Fortwo 汽车毫无疑问比一辆 SUV 更加省油,但却在达成某个目的方面是效率更低的。[34]

CPM 和 CPM-TM 测量的第二个局限是它们在媒体之间缺乏可比性。正如下面的章节所要强调的,不同的媒体有不同的作用,因此定价也不同。广播有更低的 CPM,但并不意味着购买广播时段比购买更加昂贵的电视时段更好。

最后,CPM 统计可能被错误地使用,除非在某一个媒介内的不同载体基于同一标准进行比较。例如,投放在日间电视节目的广告的 CPM 比投放在晚间黄金时段的广告的 CPM 要低,但是这是没有可比性的。恰当的比较应该是日间节目之间或黄金时段节目之间的比较而不是跨时段的比较。类似的,比较黑白杂志的 CPM 和彩色杂志的 CPM 也是不恰当的,除非两个广告被视为在展示品牌方面的效率一样。

11.4.7 权衡利弊的必要性

我们现在已经细致地讨论过了多种不同的媒体策划目标——到达率、频率、广告量、连续性、近期性和成本。尽管在介绍每一个目标的概念时并没有直接以其他目标为参照,但重要的是要认识到实际上这些目标在某种程度上是相互抵触的。也就是说,给定固定的广告预算(例如 Fortwo 的 1.5 亿美元),媒体策划者不能同时最优化到达率、频率和连续性目标,他必须要做出权衡,因为他是在固定的广告预算的情况下进行工作的。因此,优化某一目标(例如最小化 GPM 或最大化 GRPs)要求牺牲其他的目标。这就是数学上有约束条件的最优化问题:在有限制(如有限的预算)的时候,多种目标不可能同时达到优化。

在固定的广告预算的情况下,媒体策划者可以选择最大化到达率或频率,但不可能两者都达到。在到达率提高的情况下,频率就会牺牲掉,反之亦然:如果你想到达更多的人,你就不可能在固定的广告预算的情况下频繁地到达他们;如果你想频繁地到达他们,你就不能到达很多人。(顺便说一句,这个讨论可能会使你想到在基础的统计学课程里学到的在第一类错误(α)和第二类错误(β)之间的权衡。也就是说,在固定样本量的情况下,决定减少第一类错误的概率(如从 0.05 降到 0.01)必然会使第二类错误的概率提高,反之亦然。)

作为一个广告实践者,"鱼与熊掌不可兼得"。品牌经理面临着广告约束的限制,这是总要遇到的情况,所以他们必须要决定到底是频率更重要(三次展露假说)还是到达率更重要(近期原则)。

因此，每个媒体策划者必须决定在他做出广告决策时所面临的情况下最好的选择是什么。正如我们之前讨论的，达到有效的到达(3+展露)在品牌是全新的或者介绍品牌新的利益和用法时非常重要。在这些情况下，广告的任务是教育消费者，并且一部分的教育是反反复复进行的。信息越复杂，就越需要反复地有效传达信息。但是，对于那些消费者已经熟知的广告来说，广告的任务更多的是提醒消费者。在这种情况下的广告预算最好以最大化到达率来进行配置。

11.5 媒体排期软件

在有时相互抵触的目标之间(到达率、频率等)做出明智的权衡是一个困难的任务，差不多有成千上万种可供选择的广告排期方案，这取决于不同的媒体和媒体载具如何联合在一起。幸运的是，由于能够协助媒体策划人员选择媒体和载具的电脑模型的存在，这个令人生畏的任务就没有那么可怕了。这些模型基本上是寻求对目标函数的优化(如选择一个能够产生最大水平的到达率或最高的频率的排期方案)，并且满足例如不要超过广告预算上限这类的限制条件。电脑算法(一种解决问题的电脑程序)在可行方案中进行搜索并选择能够最优化目标函数并满足所有限制条件的媒体方案。

为了举例说明，我们假设一个媒体策划者已经决定在一个为期一个月的广告活动中投入600万美元，广告的对象是一个假想的SUV越野吉普车，这款车型号较小，拥有混合燃料引擎，很省油，将被命名为Esuvee-H。[35]预算将在电视和杂志广告之间分配，在推出的当月将其中的450万美元投在电视上，其余的投在杂志上。(简单起见，我们只讨论媒体计划中的杂志部分。)进一步假设Esuvee-H的目标市场是年龄在18—49岁之间收入超过45 000美元的男性，他们还是户外导向的。

使用一个电脑媒体排期软件来从大量的杂志选项中选择"最佳"的杂志包含下面的步骤：

步骤1：开发一个媒体数据库。这个媒体策划的初始步骤涉及三项活动：① 确定可能的广告载具；② 明确它们的得分；③ 确定每个载具的成本。表11.5说明了媒体数据库中包含Esuvee-H的关键信息。

表11.5　Esuvee-H的媒体数据库

杂志	评分	4C/Open广告成本(美元)	月出版次数
American Hunter	7.0	29 830	1
American Rifleman	8.7	44 470	1
Bassmaster	8.8	34 855	1
Car & Driver	10.8	149 350	1
Ducks Unlimited	2.9	24 925	1
ESPN Magazine	15.6	148 750	2
Field & Stream	18.7	101 600	1
Game & Fish	5.8	20 540	1
Guns & Ammo	13.5	30 780	1

(续表)

杂志	评分	4C/Open 广告成本（美元）	月出版次数
Hot Rod	18.5	72 790	1
Maxim	24.6	179 000	1
Men's Fitness	9.5	49 425	1
Men's Health	18.3	121 425	1
Motor Trend	14.5	127 155	1
North American Hunter	10.5	27 210	1
Outdoor Life	15.7	55 700	1
The Sporting News	10.7	49 518	4
Sports Illustrated	44.3	226 000	4

* 4C/open stands for a full-page, four-color ad purchased without a quantity discount. Cost information is from *Marketer's Guide to Media*, 27 (New York: VNU Business Publications USA, 2004), 149—152.

† Maximum insertions are based on how frequently a magazine is published. *The Sporting News* and *Sports Illustrated* are published weekly, which thus would enable one ad in each of the weeks during the four-week scheduling periol. With the exception of *ESPN Magazine*, which is pubilshed every other week, all other magazines under consideration are published monthly.

步骤2:选择最优化媒体排期的标准。媒体排期最优化选择包括最优化到达率(1+)、有效到达率(3+)、频率和GRPs。在下面的讨论中，我们将最大化到达率作为Esuvee-H一个月的推出杂志活动的最优化标准。

步骤3:明确限制。这包括确定媒体策划期的预算限制，以及确定每个载具的最大广告插入量。本次活动的预算被定为150万美元。换句话说，计算机算法被告知要选择花费不超过150万美元的能最大化到达率的杂志。

除了总体的预算限制，表11.5中还确定了杂志插入限制。这些插入限制的目的是确保最优解不会推荐比四周的策划期能够插入的最大广告量还要多的广告。我们从表11.5中可以看到，除了三个例外（《ESPN杂志》、《体育新闻》和《体育画报》），其他的杂志都是每月出版一次。因此，表11.5中大多数杂志的最大插入量被限制为1，《ESPN杂志》为2，而《体育新闻》和《体育画报》为4。尽管广告者又是在同一期杂志中为一个品牌投放不同的广告，我们这里简单假设Esuvee-H的广告在每个杂志的每一期中不超过1个。

步骤4:最后一步是要根据特定的目标函数，在满足预算和插入数量的限制的情况下，寻找优的媒体排期方案。下面将示例这是如何实现的。

11.5.1 假设示例:Esuvee-H的一个月杂志排期

我们假设Esuvee-H的媒体策划者正在众多的杂志中选择最优化的四周排期方案，以适宜地到达18—49岁之间的男性，收入在45 000美元以上，户外导向（他们喜欢打猎、钓鱼、骑车、野营，等等）的目标群体。我们假设美国大约有6 700万的18—49岁的男性。假设这个群体中只有40%满足Esuvee-H的收入45 000美元以上的要求，那么Esuvee-H的目标市场群体就有2 680万（6 700万×0.4）。下面所有的策划都是基于这些估计的。

Esuvee-H 数据库

媒体策划者准备了一个包含有 18 种适合达到目标受众的媒体的数据库（表 11.5）。这些杂志由于大多被那些参加如打猎、钓鱼、骑车的户外活动，并且收入在 45 000 美元以上的男性阅读而被选择。

第二个关键的输入是杂志打分。打分（见表 11.5 的第二列）是用杂志的受众规模除以 Esuvee-H 的目标市场的规模（估计是 2 600 万人）得到的。[36]接下来，成本（第三列）根据每个杂志对一次整页四色广告的投放的收费来得到。最后，最大插入量（最后一列）是根据每个杂志的出版期来确定的。如我们之前所讲的，18 种杂志中的 15 种都是每月出版一次，而《ESPN 杂志》是每月两次，《体育新闻》和《体育画报》则是每周一次。因此，在四周的期间内，在这 15 种杂志上只能投放一次广告，而在《ESPN 杂志》上可以投放两次广告，而在《体育新闻》和《体育画报》上则可以各投放四次。

目标函数和限制

表 11.5 中的信息被输入到了电脑媒体排期程序中。[37]基于这些信息，程序被要求在为期四周的推出杂志广告活动中最大化到达率（1+）并且不要超过 150 万美元的预算。

最优排期方案

如果广告在表 11.5 中列出的所有杂志中都进行投放（包括在能够进行多次投放的杂志中进行多次投放），那么总广告费用将达到接近 250 万美元。这个数字是不可接受的，因为杂志广告的预算限制是 150 万美元。为了使得能够满足预算限制并且最大化到达率的目标也能满足，从这些杂志中做出选择也是必要的。这就是媒体排期算法所要实现的。

给定 18 种媒体各自不同的最大插入量，有多种不同的杂志组合可供选择。但是，在几秒钟之内，算法就会确定唯一一种花费小于或等于 150 万美元并且最大化到达率的杂志组合方案。表 11.6 给出了解决方案。

表 11.6　Esuvee-H 的 ADplus 媒体计划

	频率分布情况		
	频数	频率	累积频率
XYZ 广告公司　Esuvee-H 目标群体规模：26 800 000 目标群体描述：男性/18—49 岁/$45 000/户外爱好者	0	27.8	100.0
	1	5.1	72.2
	2	10.3	67.1
	3	14.7	56.8
	4	15.2	42.1
	5	11.7	26.9
	6	7.3	15.1
	7	4.1	7.8
	8	2.2	3.7
	9	1.0	1.5
	10+	0.5	0.5

(续表)

评价汇总	
到达率(1+)	72.2
有效到达率(3+)	56.8
总收视率(GRPs)	293.9
平均频率(F)	4.1
整体印象(000s)	78 765.2
千人成本(CPM)	$18.32
收视成本(CPP)	$4 909

媒具	评价	广告成本	千人成本	广告	总成本	成本占总体比例
Guns & Ammo	13.5	$30 780	$16.20	1	$30 780	2.1%
North American Hunter	10.5	27 210	18.42	1	27 210	1.9
Game & Fish	5.8	20 540	25.17	1	20 540	1.4
Outdoor Life	15.7	55 700	25.22	1	55 700	3.9
Hot Rod	18.5	72 790	27.96	1	72 790	5.0
Bassmaster	8.8	34 855	28.15	1	34 855	2.4
American Hunter	7.0	29 830	30.29	1	29 830	2.1
The Sporting News	10.7	49 518	32.89	4	198 072	13.7
Sports Illustrated	44.3	226 000	36.26	2	452 000	31.3
American Rifleman	8.7	44 470	36.33	1	44 470	3.1
Men's Fitness	9.5	49 425	36.98	1	49 425	3.4
Field & Stream	18.7	101 600	38.62	1	101 600	7.0
Men's Health	18.3	121 425	47.16	1	121 425	8.4
Maxim	24.6	179 000	51.72	1	179 000	12.4
Ducks Unlimited	2.9	24 925	61.09	1	24 925	1.7
			$27.78	19	$1 442 622	100.0%

表11.6给出的最优解包括：在《体育新闻》中的4个广告，在《体育画报》中的2个广告，以及在其他13个杂志中的各1个广告。（三种杂志——《汽车与司机》、《ESPN杂志》和《汽车时尚》没有被放在最后的解中。仔细阅读表11.5会发现这些杂志获得到达率的成本相当昂贵。）这个排期方案的总成本是1 422 622美元，比最高限制150万美元少77 378美元。请注意，如果再加入任意一个广告都会超过预算限制。没被包含在内的三个杂志中最为便宜的是《汽车时尚》，为127 155美元。如果把广告投放在该杂志中（或者《汽车与司机》或《ESPN杂志》），总成本就会超过150万美元的限制。表11.6中的解就是在满足预算限制的情况下最大化到达率的最优解。

解释该方案

我们来仔细地看一下表11.6中的数据。首先注意到左上角的信息提供了媒体排期方案的细节内容（广告公司、客户名称、目标市场规模和目标市场描述）。

表 11.6 中接下来相关的信息是频率分布。为了解释这里的频率分布,我们回顾此前(表 11.1)对在世界各地杂志上投放广告的 Smart Fortwo 的讨论,涉及 10 个家庭市场。回顾下面这些概念将是有帮助的:① 展露水平(f);② 频率分布,或每个 f 水平对应的受众接触百分比(百分比 f);③ 累积频率分布(百分比 $f+$)。如果 f 等于 0,表 11.6 中的百分比 f 和百分比 $f+$ 就分别是 27.8 和 100。在 f 等于 0 时累积频率当然是 100——也就是说,100% 的受众会在四周的广告期内至少接触到 Esuvee-H 在杂志载具上的广告 0 次或以上。

进一步注意到百分比 f 和百分比 $f+$ 在 f 等于 1 时分别为 5.1 和 72.2。也就是说,电脑程序估计 5.1% 的受众会接触到 15 种杂志中的一种,而 72.2% 的受众会在四周的时间内至少接触到一种。要注意的是在表 11.6 中间位置评价总结下面显示的到达率是 72.2%。到达的定义是受众接触到 1 次或以上(1+)的百分比,到达的水平仅仅由百分比 $f+$ 一栏中相应的值确定,也就是当 f 等于 1 时,该值为 72.2。这里也应该明确的一点是由于 27.8% 的观众接触到 0 次,这一值的补值(100 - 27.8 = 72.2)就是受众至少接触到一次的比率——也就是到达受众的比率。

因此,这个最优的方案带来了 72.2 的到达率,这也是数据库中包含的 18 种杂志的最大到达率组合水平,同时满足 150 万美元的预算限制。

这个最优的方案带来了 239.9 的 GRPs。这里的 GRP 值是用每个杂志的得分乘以投放在该杂志中的广告量来得到的 [(Guns & Ammo = 13.5 × 1) + (North American Hunter = 10.5 × 1) + … (Ducks Unlimited = 2.9 × 1) = 239.9 GRPs]。

进一步,这个杂志计划预计会平均到达受众 4.1 次(见评价总结下面的平均频率,表 11.6)。我们此前定义频率等于 GRPs 除以到达率,你就可以计算出频率等于 239.9 ÷ 72.2 = 4.0706,表 11.6 中近似取为 4.1。

有效到达率(3+)是 56.8%。也就是说,大约 57% 的受众接触到了 3 种或以上的载具。这个值是通过表 11.6 上方频率分布部分得到的,在 f 等于 3 时对应的百分比 $f+$ 一栏的值。

每千人成本(CPM)是 18.32 美元。这个值的计算如下:① 受众规模是 26 800 000;② 72.2% 的受众——或者说 19 349 600 的受众被表 11.6 所列示的杂志计划所到达;③ 每个人平均到达了 4.0706 次(在表 11.6 中,频率值保留一位小数,近似为 4.1);④ 总次数就是用到达的人的总数乘以每个人被到达的次数,也就是 78 765 200(见表 11.6 中的评价总结);⑤ 媒体计划的总成本是 1 422 622 美元(见表 11.6 下部的总成本一栏);⑥ 因此,CPM 就是 1 442 622 ÷ 78 765.2 = 18.32(美元)。

最后,每接触点成本(CPP)就是 4 909 美元。这就是简单地用总成本除以总 GRPs 得到的(1 422 622 美元 ÷ 293.9GRPs)。

表 11.6 展示了一个好的媒体排期方案吗?从到达率的角度来讲,这个方案是输入到媒体排期算法中的 18 种杂志的组合中的最好的选择,同时又满足了 150 万美元的成本限制。没有其他杂志组合能够超过这个组合 72.2 的到达率。但是请注意,看到 Esuvee-H 广告的机会(OTS)并不等于真正看到了广告。正如我们此前讨论的那样,电视广告也同时和杂志广告一同投放。这些媒体的组合预计能带来更客观的数据并且能

够达成 Esuvee-H 推出市场的广告目标。

没有判断和经验的替代品

我们要重点强调的是如我们刚刚示例的媒体计划并不能做出最终的媒体排期决策。它们能做的是高效地进行那些需要进行的计算,以确定哪一种方案能够最优化如最大化到达率或 GRPs 的目标函数。在得到了这个答案后,确定媒体方案是否满足如下面一章会讨论的其他非量化的目标就是媒体策划者的任务了。

11.6 媒体计划回顾

现在我们已经确定了媒体策划的基本内容,我们现在通过考察几个真实的媒体方案加深进一步的理解。首先是健怡胡椒博士(Diet Dr Pepper)的方案,接下来是萨博 9-5 豪华汽车的方案,最后是奥林巴斯照相机的方案。介绍这些方案的目的在于让学生获得开发媒体方案和实施这些计划框架的深入理解。当然我们的目的不是让学生将这些内容刻板地记住。

11.6.1 健怡胡椒博士的方案

扬雅广告公司为健怡胡椒博士设计的广告运动获得了广告大奖,从而成为消费品设计媒体方案的典范。[38]尽管这并不是当前最新的策划方案(这也解释了为什么下面的描绘仅仅限于过去),但方案实施时的基本思想在现在仍是适用的。

广告运动的目标市场和目的

健怡胡椒博士的目标受众是 18—49 岁的成年人,他们是健康软饮料的消费者。健怡胡椒博士广告运动(题为"你所追寻的味道")的目的是:

1. 提高胡椒博士的销量 4 个百分点,并且使它的增长率至少达到软饮料行业平均水平的 1.5 倍。

2. 提高消费者对于影响该产品类品牌选择的关键品牌利益和形象因素的评价:它非常提神,同普通的胡椒博士的口感一样好,适合在任何时间饮用,并且是一个很娱乐的饮料品牌。

3. 加强那些能将健怡胡椒博士同其他品牌区别开来的关键品牌特性——尤其是说健怡胡椒博士是一种独特的、聪明的、有趣的、娱乐的饮料品牌。

创新性策略

健怡胡椒博士的创新性策略是将品牌定位为"尝起来更像是普通的胡椒博士"。这是一个关键的陈述,该陈述基于一项调查,调查显示健怡胡椒博士的尝试购买者中有接近 60% 是被想要购买一种味道和胡椒博士相似的健康饮料的动机所驱使的。广告运动的重要部分是大量使用 15 秒的广告,此前主要的软饮料品牌并不使用这种广告,例如可口可乐和百事可乐;它们更加偏好长广告的娱乐性价值。大量使用 15 秒广告传递了它的关于味道的陈述("尝起来更像是普通的胡椒博士")并且将其同竞争的健康饮料区别开来。并且,通过使用更加便宜的15秒广告,就能购买更多的广告点,因此获得更高的周到达率(回忆之前我们对货架空间理论的讨论),获得更高的频率,并在相同的广告预算下产生更多的广告量(GRPs)。健怡胡椒博士在该年的广告支出总计为2 030万美元。

媒体策略

健怡胡椒博士的广告计划产生了总计1 858的GRPs,累计的年到达率为95,频率为19.6。这些是通过表11.7中所列出的全国媒体方案流程图所实现的。

全部12个月和每周开始的日期被列在了表头上。表中的方格反映了每个电视载具在每周的时期内在18—49岁的目标成年人内达到的GRPs。第一个方格41,对应着超级碗,意味着将健怡胡椒博士的广告投放在从1月17日开始的橄榄球比赛中获得了41的总收视率。将广告投放在通往超级碗之路节目中会获得额外10个点的收视率,这一节目从1月24日起播出。

注意到健怡胡椒博士的媒体计划包括将广告投放在职业和大学生橄榄球比赛节目中、赞助不同的特别活动(如美国乡村音乐奖和高尔夫球比赛)以及连续地在黄金时段播出广告。

在表11.7的底部是按周分解的GRPs统计(如从1月10日开始的一周的GRPs是86),按月分解的统计(1月的GRPs是227),按季度分解的统计(1月到3月第一季度的GRPs是632)。可以看出媒体计划是间歇性的,因为广告只投放在52周中的三分之二中,其余的三分之一没有投放。总结来说,媒体计划在不同的特别活动中突出了健怡胡椒先生,在一年中持续地通过在黄金时段投放广告来维持连续性。

11.6.2 萨博9-5媒体方案

9-5车型是萨博进入奢侈品汽车领域的代表车型,它要同知名的高档品牌,如梅赛德斯、宝马、沃尔沃、雷克萨斯和英菲尼迪竞争。[39]尽管是一家很独特的汽车公司——公司原先是生产飞机的——萨博在美国加强品牌形象方面几乎无所作为。萨博的消费者知晓度很低,并且品牌形象定义不清晰。

广告活动的目标市场和目的

在推出9-5车型之前,萨博的产品系列很吸引年轻的消费者。为了使它的新型奢侈汽车获得成功,广告必须吸引高端家庭和相对富裕的年长的消费者。

推介广告活动要达成下面的目标:① 为新型的9-5车型产生激情和兴奋;② 提高萨博车的整体品牌知晓度;③ 鼓励消费者光顾并进行试驾;④ 在推出的这一年销售11 000台汽车。

表 11.7 健怡胡椒博士的媒体方案

项目	1月						2月				3月				4月				5月					6月				7月				8月					9月				10月					11月				12月		
	27	3	10	17	24	31	7	14	21	28	7	14	21	28	4	11	18	25	2	9	16	23	30	6	13	20	27	4	11	18	25	1	8	15	22	29	5	12	19	26	3	10	17	24	31	7	14	21	28	5	12	19
18—49岁总收视率 (GRPs)																																																				
体育赛事																																																				
NFL Championship Games					41																																															
Road to the Superbowl						10																																														
FOX "Game of the Week"																																								28								24			25	
NBC "Game of the Week"																																										13					22			20		
NBC Thanksgiving Game																																																	22			
ABC Monday Night Football																																																				25
4Q赛事总计					41	10																																		28		22				20	10	24	22		45	25
SEC Championship Game																																										35						22			33	
SEC-CFA Regular Game																																								8												
SEC Thanksgiving Game																																																	6			
SEC Local/Conference Fee																																																				6
SEC赞助总计																																								28		35									33	
体育赛事总计					41	10																																		28	8	35				20	10	46	24	28	78	25
体育活动																																																				
McDonald's Golf Classic																																																				
Daytime Emmy Awards																																																				
Country Music Awards																					23																															
Garth Brooks Special																			1																																	
Michael Bolton Sponsorship																																																				
May Event Print															32					17		18																														
JC Penney LPGA Golf															12																																					
Harvey Penick Special																										1																										
Diners Club golf																																																				
体育活动总计															61	18				17		41				1																										
系列活动																																																				

（续表）

	1月					2月				3月				4月				5月					6月				7月				8月					9月				10月					11月				12月		
18—49岁总收视率(GRPs)	27	3	10	17	24	31	7	14	21	28	7	14	21	28	4	11	18	25	2	9	16	23	30	6	13	20	27	4	11	18	25	1	8	15	22	29	5	12	19	26	3	10	17	24	31	7	14	21	28	5	12	19
Prime		53						53				54			34	35				35					35					25																						15
May Event Prime Scatter																			29	28																26																
Late Night		6		5				5												3										4																						
Syndication			14					14				13					8			8						8							1	25																		
Cable		13						14				14				11				11													8																			
系列活动总计		86	126	15	86	81		85				85				56	57			54	86	28	86	58		43	25			25						25				26								28	8	35	20	10	46	24	28		78			15
整合日期		86	126	15	86	81		85				85				56	57			54	147	46	103	127	59	43	25			25						25				26																					
总体计划																																																					
超出预算部分																																																					
18—49总收视率/周																																																					
18—49总收视率/月		227						137				238				167				477						102				75			51						52				91					108				103
18—49总收视率/季度		632														746														178														302									

创新性策略

萨博9-5被定位成一款能带来性能和安全完美结合的高档汽车。创新性广告策略将萨博描述成一个欧洲高档汽车生产厂商,神秘并充满智慧。需要密集的广告投放来传递创新性的信息并达成公司的三个广告目标。

媒体策略

为了在年长的和富有的目标消费者群体中获得高水平的到达率和频率,并且达成销售11 000台萨博9-5汽车的目标,公司设计了整合的媒体活动方案。媒体计划在表11.8中列出。首先值得注意的是电视广告在1月就开始了,而9-5车型的推出是在4月。网络和数字电视广告从1月中旬开始持续到2月上旬,接着在汽车推出后的整个5月又重新进行。注意到最初的网络电视活动每周都产生了74个GRPs(在1月19日、1月26日和2月2日开始的三周),在数字电视上的广告则每周带来40个GPRs。在9-5车型推出后,5月的网络和数字电视广告又分别带来了95和60点的GPRs。或者换句话说,5月份总计获得了620个GPRs $\{[(95 \times 4)+(60 \times 4)]\}$。

表11.8进一步说明萨博还进行了全年的(从一月份起)不间断的杂志广告。萨博使用了多种不同的杂志来到达目标市场。这包括汽车杂志(如人车志,公路与赛道),运动杂志(滑雪与网球),家庭杂志(玛萨斯图尔特生活和建筑文摘),商务杂志(金钱,福布斯和职业女性),以及大众读物(如时代周刊和纽约杂志)。除此之外,它还在《今日美国》和《华尔街日报》上全年进行全国范围的广告。最后,在推出的这一整年,它还进行了互联网横幅广告。

总结来说,这是一个非常成功的媒体方案,达成了预期的目标,并且使得萨博9-5奢侈汽车的推出大获成功。

11.6.3 奥林巴斯相机媒体方案

随着新厂商的频繁进入,相机业务的竞争越来越激烈,并且越来越多元化。[40]曾经只有柯达、佳能、奥林巴斯和尼康是这个市场的主宰者,但现在如索尼和惠普这样的公司也参与到竞争消费者的行列中来。现代的相机是一种精密的消费电子仪器,不再是简单的点击式设备了。为了成功地将公司的相机业务转移到更加广阔的消费电子产品领域,奥林巴斯的高层意识到要进行一个整合营销传播活动来改变消费者和零售商对奥林巴斯的印象——从奥林巴斯仅仅是点击式相机的制造商变为奥林巴斯是电子仪器的主要生产者。当奥林巴斯聘请马丁公司为其推出的两个新品牌Stylus Verve和m:robe设计媒体方案时,这种改变就真正开始了。

广告活动目标

第一个产品,Stylus Verve,具有奥林巴斯旗舰产品Stylus Digital的所有特征,但独特之处在于它有六种颜色可供选择。为了做出更大的跳跃,奥林巴斯在2005年早期推出了一款全新的产品,m:robe——一种MP3和相机的组合体。马丁公司的职责就是设

表 11.8 萨博 9-5 的媒体方案

	1月					2月				3月				4月				5月				6月					7月				8月					9月				10月					11月				12月			
	29	5	12	19	26	2	9	16	23	2	9	16	23	30	6	13	20	27	4	11	18	25	1	8	15	22	29	6	13	20	27	3	10	17	24	31	7	14	21	28	5	12	19	26	2	9	16	23	30	7	14	21
有线电视						74 wk													95 wk																																	
网络电缆						40 wk													60 wk																																	
杂志																																																				
报纸																																																				
USA Today																																																				
3 PBW (2x)															1X			1X																																		
SPBW (1x)																	1X																																			
T Page (58x)					1X	1X1X1X				1X	2X2X2X2X2X2X2X2X2X							2X1X	1X	1X	1X	1X	1X1X1X1X1X1X1X1X1X1X1X1X1X																			1X3X2X			1X2X2X2X2X								
1/4 PBW (8x)											4X2X2X							4X2X2X																											3X1X2X			1X1X2X2X1X				
Wall Street Journal																																																				
3 PBW (2x)															1X			1X																																		
SPBW (1x)																	1X																																			
PBW (12x)		1X1X				1X					1X2X1X							1X2X1X2X2X2X2X2X1X				1X	1X1X1X1X1X1X1X1X1X1X2X1X																				1X2X2X1X			2X1X2X1X				
4 col x 14" (63x)																												1X1X1X1X1X1X1X1X1X1X1X1X1X1X1X1X1X1X1X1X1X1X1X1X1X1X1X1X1X1X1X1X1X1X1X1X1X1X1X1X																									
4 col x 8" (8x)																	2X4X2X																																1X2X2X1X1X2X1X			
交互																																																				
Interactive																																																				

说明:

1x, 2x 等: 在杂志 USA Today 或 Wall Street Journal 中每周出现的次数 (1x 为出现一次, 2x 为出现两次)
3 PBW: 3 页的黑白杂志广告
S PBW: 宽页黑白杂志广告 (在两个页面出现的广告, 类似插页)
Interactive: 在 Wall Street Journal Interactive Edition 中出现的网络旗帜广告

PBW: 但也的黑白杂志广告
T Page: 特殊的广告位置
1/4 PBW: 1/4 页面的黑面的黑白杂志广告

计一个能够促进 Stylus Verve 和 m:robe 成功推出的媒体方案,同时还能促进市场对奥林巴斯的印象从单纯的相机厂家向电子产品设计者的转变。

策略

高密度的以事件为导向的媒体策略被用来实现这些目标。总体上的想法是将奥林巴斯的信息投放在能够使人们议论的、产生蜂鸣的、带来免费媒体覆盖的、有长期性的和有影响力的媒体上。重要的是要选择既能到达男性又能到达女性的媒体,并且要适合奥林巴斯 10—12 月的销售季。

媒体和载具

公司选择了电视节目来获得高收视率并满足之前提高的目标要求。非常适合的是那种高度密集的、广泛播出的并且一年仅一次的节目活动。Stylus Verve 的广告就被投放在了例如世界职业棒球大赛、全美音乐盛典、感恩节大游行和新年夜摇滚音乐会上。m:robe 的广告则被安排在了高度引人注目的节目上,如超级碗和格莱美颁奖晚会上。网络又为网络电视计划增加了频率和连续性。投放在数字频道 E! 和 ESPN 的广告相互补充并且既覆盖了娱乐节目又覆盖了体育节目。而在《欲望都市》和《老友记》上投放的广告则进一步加强了受众对这两款产品的蜂鸣效应。

除了电视之外,例如在《人们》杂志的"最性感男人"、《体育》书刊的"年度体育人物"和《时代周刊》的"年度人物"这类杂志栏目中,也刊载了四页 Stylus Verve 的广告。这些杂志的特刊能够到达数百万的读者,他们会在一个积极的内容下接触到广告信息。并且,这些信息在被人们谈论时又会被赋予人们自己的观点和看法,例如,他们是否同意对最性感男人的评选结果。作为 m:robe 推出的一部分,公司还使用了年度发行量最大的杂志《体育》书刊的泳装版,以及滚石的最富有摇滚明星版,这些都完美地同产品的音乐属性联系在了一起。

户外广告同样起到了重要作用,如在奥林巴斯的四个关键市场进行广告以及在最好的 25 个市场进行的剧院广告。对户外广告的选择主要是基于交通流量以及奥林巴斯零售商的接近性。从感恩节周末开始为期五周的剧院广告充分利用了假期电影院的大客流。并且,另两个品牌都使用了网站高度明显的广告以及赞助事件。选择的网站必须同目标市场高度相关,并且网站上还必须有高访问流量的娱乐和体育事件区域——例如,E! 在线的娱乐内容和福克斯体育对棒球联赛以及全美橄榄球联盟赛事的报道。

m:robe 的在线广告超越了单纯网站广告的范围进入了一个全新的维度。为了使 m:robe 驱动奥林巴斯进入消费者电子产品领域,在线要素需要表达 m:robe 的体验并帮助定义这些点以同竞争品牌相区别,并且在超级碗期间帮助支持广告投放。为了实现这些目标,一个无名的互动网站被用来开发了一种 pop locking 舞步,后来在超级碗期间播放的奥林巴斯广告中,这种舞步成为大家关注的焦点。(pop locking 是一种舞蹈风格,在这种舞蹈中,人或者动画人物身体紧张起来,或快速伸展他们的肌肉,然后控制关节部位。"机器人"舞就是一种 pop locking。) 在这个互动网站上,用户可以让网站上的人物形象跳 pop lock,或者把自己的头部照片上传到网站上,看他们自己跳 pop lock

这个网站在朋友和家人之间口口相传,在这个过程中,人们从其他人的博客和其他网站上获得相关信息。

表11.9展示了奥林巴斯Stylus Verve和m:robe品牌整合媒体方案的流程图。因为方案不是按照产生多少总收视率来购买的,所以没有列出收视率一类的统计数字。注意其中用到的不同的媒体(赞助事件、全国性电视、印刷媒体、在线广告、剧院广告和户外广告)和各种载具。

结果

Stylus Verve广告运动开始于8月的美网,结束于新年。在这期间,奥林巴斯的无提示品牌知晓度提高了23%。广告还使得消费者认为奥林巴斯既时尚又创新。m:robe的推出使得人们对奥林巴斯作为数字音乐领域公司的感知度从0提高到5%,这与成熟品牌iRiver势均力敌;并且一项广告跟踪研究表明20%的受访者认为奥林巴斯品质出众,这比苹果iPod的17%还要好。当奥林巴斯在年度消费者电子产品展览中宣布购买超级碗广告作为推出m:robe的计划的一部分时,零售商的感知也受到了极大的影响,《今日美国》和《华尔街日报》还对这则消息进行了报道。

小结

对媒体和载具的选择是整个营销传播决策中最为重要也是最为复杂的决策之一。媒体策划必须同营销战略和广告战略的其他方面协调一致。媒体策划的战略方面包括四步:① 选择接下来所有努力所指向的目标受众;② 明确媒体目标,一般通过到达率、频率、总收视率(GRPs)或有效收视率(ERPs)来表示;③ 选择一般的媒体种类和每种媒体内部的特定载具;④ 购买媒体。

各种不同的因素会影响媒体和载具的选择;最重要的考虑是目标受众、成本和创新性。媒体策划者通过确定那些到达期望的目标受众、满足预算限制、同广告者的创新性信息相匹配并起到促进作用的标准来选择媒体载具。有很多方法可以制订一段时间内媒体投放的计划,但媒体策划者一般使用某种脉冲式或间歇式的广告计划,广告在一些时间投放,在另外一些时间不投放,不连续。近期原则,或者说广告的货架空间模型,对间歇式广告计划的使用提出了挑战,并且认为每周的有效到达应该是决策选择的标准,因为它会保证广告在消费者要做出品牌购买决策时投放。

本章提供了媒体策划者在制定广告媒体决策时各个考虑方面的具体解释,包括到达、频率、总收视率(GRPs)、有效收视率(ERPs)和成本及连续性考虑。同一媒体内的不同载具通过千人成本进行比较。

本章还具体地讨论了计算机化的媒体选择模型。这个模型需要关于载具成本、收视率、投放的最大数量以及成本限制等信息,最终会得出一个满足预算约束的最大化目标函数。最优化标准包括最大化到达率(1+)、有效到达率(3+)、频率和总收视率。

本章以对健怡胡椒博士、萨博9-5汽车以及奥林巴斯Stylus Verve和m:robe相机的媒体方案的介绍作为结束。

表 11.9　奥林巴斯 Stylus Verve 和 m:robe 品牌的媒体方案

	9月					10月				11月					12月				2005年1月					2月				3月		
	30	6	13	20	27	4	11	18	25	1	8	15	22	29	6	13	20	27	3	10	17	24	31	7	14	21	28	7	14	21
赞助商活动	US Open	OFW																					OFW							
国际电视			Style				ESPN, HCTV						Macy			BW			DC								GR			
有线电视															TBS, ESPN, E!									ESPN, Style		E!-AA				
网络电视								WS					SOY										SB							
网络体育																														
国际杂志 Print																														
The Daily (Fashion Week)												NYT				NYT														
USA Today					NYT SD										PEO SI						PEO	TME								
Customer Magazines																									SI					
互联网络													VERVE								m:robe									
剧场																														
户外																														
Top 25 DMAs																														
纽约																														
圣弗朗西斯科																														
洛杉矶																														
芝加哥																														
明尼阿波利斯																														

电视节目：

报纸和杂志：
NYT：New York Times
SD：Time Style & Decision
PEO：People Magazine
SI：Sports Illustrated
TME：Time Magazine

讨论题

1. 为什么确定目标受众是制定媒体战略时的首要关键步骤?
2. 请比较作为媒体选择标准的 TRPs 和 GRPs。
3. 为什么到达率也被称为净覆盖率或无重复受众?
4. 一个电视节目广告计划制定了下面的媒体载具频率分布:

f	百分比 f	百分比 $f+$
0	31.5	100.0
1	9.3	68.5
2	7.1	59.2
3	6.0	52.1
4	5.2	46.1
5	4.6	40.9
6	4.1	36.3
7	3.7	32.2
8	3.4	28.5
9	3.1	25.1
10 +	22.0	22.0

   a. 这个广告计划的到达率是多少?
   b. 有效到达率是多少?
   c. 这项计划产生了多少 GRPs?
   d. 这项计划的频率是多少?

5. 假设在问题 4 中的电视广告计划的成本是 200 万美元,到达了 240 万受众。这项计划的 CPM 和 CPP 是多少?

6. 一本叫做 *LNA Ad $Summary* 的刊物是刊登各个品牌在广告投入多少经费的免费信息资源。请到图书馆中找到最新一期的 LNA,找到下面这些品牌的广告投入和它们用到的媒体:山露、潘婷洗发水和耐克运动鞋。

7. 根据三次展露假说,解释对广告信息的三次展露与对媒体载具的三次展露的区别。

8. 接上题,如果广告主使用了后者,这一决定的潜在假设是什么?

9. 请用自己的语言解释新近原则(或者称为广告的货架空间模型)背后的逻辑和原理。这一模型总是制定媒体投放时间策略的最佳依据吗?

10. 一档电视节目的收视率为 17.6。2008 年美国大约有 1.128 亿拥有电视的家庭,如果其中一个 30 秒的电视广告的成本是 60 万美元,那么这一广告的 CPM 是多少?现在假设一个广告主的目标受众只包括 25—54 岁的人群,大约占该节目总观众的 62%,这种情况下 CPM-TM 是多少?

11. 哪一个对广告主更重要:最大化到达率还是最大化频率?请具体解释。

12. 如果在为期四周的广告计划中将全部广告花费都投入在一档节目中,其产生的到达率将会低于将花费分散投入在不同的电视节目中。为什么?

13. 下面是五档电视节目的收视率和在其中插入广告的数量:C1(收视率=7,广告插入=6),C2(收视率=4,广告插入=12),C3(收视率=3,广告插入=20),C4(收视率=5,广告插入=10),C5(收视率=6,广告插入=15)。总体来看这个广告投放计划会带来多少 GRPs?

14. 假设在加拿大有 3 000 万拥有电视的家庭。一档黄金时段电视节目在每晚九点播出,收视率为 18.5,收视份额为 32。在晚九点的时候,有多少台电视机观看这档节目或其他节目?(提示:收视率的计算基于总体的家庭数量,而收视份额的计算基于在某一特定时间打开电视的家庭数量,在本例中指在晚九点打开电视的家庭数量。由于在计算收视率和收视份额时所用的分子是一样的,你可以根据收视率信息计算打开电视的家庭总数。)

第12章

传统的广告媒体

第 12 章对传统广告媒体进行了分析,主要对四种主要媒体的独特特征和优势/劣势进行了评价:报纸、杂志、广播和电视。

宏观营销传播洞察 电视效果在减弱吗?

自 2010 年国家广电总局 61 号令后,电视广告经营进入了"变革"时代,传统媒体市场出现了广告投放"分流"局面。各媒体的市场份额分别是电视广告仍高居 76%,接下来的是报纸 13%,户外 5%,杂志 3%,电台 3%。从广告投放的增幅来看,电视媒体虽然仍占据主要投放份额,但增长逐年变缓,2010 年增幅达 11%。相比之下,网络广告投放在 2010 年增长最快,投放总额超过 250 亿人民币,增幅达 51.6%,其次是广播达 25.1%,户外达 22.1%,杂志达 7%,报纸达 3%。

当人们的资讯方式和娱乐方式日渐多元化的时候,电视在人们生活中,尤其是都市主流消费人群中的份额正在下降,查一下开机率这几年的变化,就可以清楚地看到,在 2/8 原则中的 20% 社会最富有消费力的阶层(企业主、经理人、商务人士、专业人士等高收入阶层),由于工作节奏日益加快,正与电视渐行渐远,其对电视的收视概率比普通人少很多,这也直接导致了许多面向中高端阶层的商品及品牌因为不希望把预算浪费在无效的人群上而大量减少了电视广告的投入。另一方面省级卫视的大量诞生,致使每个家庭用户可收视的频道达到了 50—70 个,而每个频道每天都有几十个完全不同的广告,收视的分散化、转台的频繁化和广告干扰度的飙升,已是不争的事实,广电总局关于黄金时段限制广告插播的规定更是雪上加霜,广告大量云集在一个时段,其效果的下降可想而知。

越来越多的广告主正在思考将预算从电视转移出来,这几年户外广告的增长就是一个证明。户外广告在特定区域、特定空间的强制性所产生的有效传播,造就了这两年户外广告投放量的增长。当然,每一个媒体形式都有其媒体形式本身的局限。比较而言,户外广告往往只能表现一个静止的画面,只适合提升品牌知晓度,对于提高品牌认知度和偏好度贡献十分有限,而电视广告则以音频加视频,以故事形式呈现创意的方式更生动、更丰富,不仅能提高知晓度,更能改变消费者对品牌的认知,提升偏好度。

这几年,由于传媒新技术的开发应用,传统的电视视听方式被突破、被改变,一些有别于过去的电视广告形式迅速呈现,例如公交车上的移动电视、出租车上的电视、地铁中的电视、商务楼宇中的电视、大卖场中的电视,等等,虽然它们的存在环境、空间、传播的方式不尽相同,但无可置疑地构成了新崛起的传媒力量。

资料来源:

1. 《安吉斯 2010 中国广告花费报告》,安吉斯传播公司,2010。
2. 中国新广告研究中心新媒体研究课题组,《非典型电视广告时代的崛起——关于新电视广告媒体价值的研究报告》,《中国广告》,2005 年第 4 期。

讨论题:

你是如何看待传统媒体广告投放分流这一局面的?在当今新媒体的迅速发展下,电视媒体的优势是否依然存在?如何发挥电视媒体的优势?

本章目标

在阅读本章后你将能够:

1. 描述四种主要的传统广告媒体(报纸、杂志、广播和电视)。
2. 论述报纸广告及其优势和劣势。
3. 评价杂志广告及其优势和劣势。
4. 描述广播广告及其优势和劣势。
5. 论述电视广告及其优势和劣势。
6. 理解每个广告媒体用于确定广告载具受众规模的研究方法。

12.1 介绍

本章主要介绍四种主要的大众广告媒体:报纸、杂志、广播和电视。各个独立的部分将对每种媒体进行集中介绍,主要介绍它们的优势和劣势,以及每个媒体用于测量广告载具受众数量的研究方法。

在最近的一年里,在这四种媒体上美国的广告支出总计约 1 900 亿美元,其中电视所占比例将近 42%,报纸约 31%,杂志(包括 B2B 杂志)约 16%,广播略高于 11%。[1]

基本观点

需要认识到的一个重要问题是,没有哪种广告媒体总是最好的。一个媒体的价值取决于品牌在特定时间所面对的环境:广告目标、这一目标针对的目标市场、可用的预算。下面的类比可以阐明这一观点。假设有人问你:"什么样的餐厅最好?"你可能很难给出单一的回答,因为你会意识到,什么是最好的取决于你在具体场合的特定需求。在某些情况下,价格和服务速度是最重要的,此时像麦当劳这样的快餐店便脱颖而出;在某些场合下,氛围是最重要的考虑因素,此时一家优雅的法国餐厅可能是最理想的选择;而在另一种情况下,你或许想在用餐优雅和价格合理之间寻求一种平衡,此时你会偏爱走中间路线的餐厅。总之,在各种情况下都"最好"的餐厅是不存在的。

对于广告媒体来说也是这样。哪种媒体"最好"完全取决于广告者的目标、创意需求、竞争挑战和可用预算。要确定哪种媒体或媒体组合是最好的,需要对被广告品牌的需要和资源进行仔细考察。

接下来我们将按照以下顺序对广告媒体进行介绍:首先介绍的是两种印刷媒体:报纸和杂志,然后是广播媒体:广播和电视。我们将对电视进行最深入的讲解,因为在广告支出中它所占的比例最大,而且这种媒体目前的发展是最动态的。

12.2 报纸

报纸在工作日会到达约 5 300 万个美国家庭,在星期日这一数字约为 5 500 万。[2] 55%的美国成年人阅读日报,约 57% 阅读周报。[3] 2009 年,中国报纸种类达 2 080 种,总印数达 437 亿份。历史上,报纸曾是最主要的广告媒体,但后来电视超越了报纸,成为获得最多广告支出的媒体,这其中的部分原因是多年来报纸的读者数量在不断下降。

很明显,地方性广告是报纸广告的主体,但报纸也在更积极地努力增加全国性广告,非营利的销售与研究组织报纸广告局(NAB)对这些努力起到了促进作用。NAB 提供各种各样的服务,通过简化购买报纸版面的工作以及提供折扣让报纸更具吸引力这些方式来帮助报纸和全国性广告者。

12.2.1 购买报纸版面

尤其是对于那些在多个城市的报纸上购买版面的广告者来说,以往购买报纸版面的一个主要问题是报纸的页面大小和栏目空间是不同的,因此广告者无法用单一的广告匹配每份报纸。类似的,想象一下在电视上做广告,如果不是所有电视网和地方电视台都将广告固定为 15 秒、30 秒或 60 秒,而是一些地方电视台只接受 28 秒的广告,另一些更喜欢 23 秒、16 秒或 11 秒的广告,那么对广告者来说,购买电视时间将如噩梦般可怕。购买报纸版面就存在这样的问题,直到报纸广告行业出台了**标准广告单位(SAU)系统**,这种标准化的系统使广告者能够从适合所有美国报纸的 56 种标准广告尺寸中任意选择。

在这个系统下,广告者根据报纸栏目的宽和高来准备广告和购买版面。栏目宽度有六种:

1 栏:$2\frac{1}{16}$ 英寸

2 栏:$4\frac{1}{4}$ 英寸

3 栏:$6\frac{7}{16}$ 英寸

4 栏:$8\frac{5}{8}$ 英寸

5 栏:$10\frac{13}{16}$ 英寸

6 栏:13 英寸

版面的高从 1 英寸到 21 英寸不等。因此,广告者可以购买小到 1 英寸×$2\frac{1}{16}$ 英寸、大到 13 英寸×21 英寸的广告版面,包括介于二者之间的各种宽和高的组合。为一个特定广告选好尺寸后,它便可以在全国范围内的报纸上刊登了。各个报纸的版面费率可以相互比较,并根据发行量进行调整。例如,在最近的一年,《芝加哥论坛报》(发行量:576 100)的 SAU 每栏—英寸的日费率为 731 美元,而与之竞争的《芝加哥太阳时报》(发行量:382 800)相应的费率为 499 美元。[4] 表面上《太阳时报》比《论坛报》更便宜,但如果以每千个读者为基础进行调整,那么在《论坛报》获得 1 栏—英寸广告的千人成本(CPM)约为 1.27 美元(731÷576.1),而《太阳时报》的 CPM 约为 1.3 美元(499÷382.8)。由此可见,若以 CPM 为基础进行计算,《论坛报》其实要稍便宜一些。当然,广告者在进行广告决策时,不能只关注成本,还必须考虑受众特点、报纸形象和一些其他的因素。

购买报纸版面时还必须考虑广告的位置。版面费率只适用于 ROP(被随意安置版位)广告,即广告可能出现在任何位置、任何版面,具体由报纸决定。如果广告者更喜欢某个版面位置,比如财经版的页面顶端,那么广告者和报纸之间需要进行协商以核定额外费用。

12.2.2 报纸的优势与劣势

与所有广告媒体一样,报纸具有各种优势和劣势(参见表 12.1)。

表 12.1 报纸的优势和劣势

优势	劣势
• 受众在适当的心理模式下对信息进行加工 • 覆盖大众受众 • 灵活性 • 可以使用详细的文案 • 时效性	• 杂乱 • 不是一个有高度针对性的媒体 • 对于偶尔打广告的广告者来说费率更高 • 印刷质量一般 • 对于全国性广告者来说购买过程复杂 • 读者构成发生了变化

报纸的优势

由于人们读报纸时关注的是上面的新闻,而广告呈现的是商店开业、新产品和促销等新闻,因此他们处于适合对广告进行加工的心理模式下。

报纸的第二个优势是覆盖大众受众,或读者面广。报纸的覆盖面并不局限于特定的社会经济或人口统计群体,而是涵盖所有阶层,但平均来说报纸读者在经济上比电视观众更高端,大学毕业生比广大民众更有可能读报纸。由于在经济上处于优越地位的消费者看电视相对不多,报纸便为到达这些消费者提供了一个相对便宜的媒体。一些专门性的报纸也能够到达大量潜在消费者。例如,绝大多数大学生会读校园报纸,一项最近的调查显示,71% 的大学生至少读过他们学校最新出版的五期报纸中的一期。[5]

灵活性或许是报纸的最大优势。全国性的广告者可以根据特定的购买偏好和地区性市场的特点来调整文案,地方性的广告者可以通过针对特定地区的不同报纸插页来改变文案。另外,广告文案还可以放置在与被广告产品相匹配的报纸版面。婚礼配饰零售商在新娘版打广告,金融服务提供者在财经版打广告,体育用品商店在体育版打广告,等等。报纸灵活性的第二个方面是,这种媒体允许广告者设计多种不同尺寸的广告(一共 56 种),而在其他大众媒体打广告,可供选择的尺寸和长度很少。

报纸的另一个优势是可以使用详细的文案。报纸广告中可以包含详细的产品信息和大量的评论,在这一点上其他任何媒体都无法与之相比。

报纸的最后一个重要优势是时效性。较短的提前期(从刊登广告到报纸发行之间的时间)允许广告者将广告文案与当地市场的发展或有新闻价值的事件联系起来。广告者可以迅速开发文案或对文案进行修改,从而对动态的市场发展加以利用。

报纸的劣势

杂乱是报纸的一个问题,也是所有其他主要媒体的问题。报纸的读者面对着众多广告的相互竞争,但他们的时间是有限的,因此只有一部分广告能够引起读者注意。但值得注意的是,一项全国性的调查显示,消费者认为报纸在广告方面的杂乱程度显著低于电视、广播和杂志。[6]

报纸的第二个劣势是它不是一个有高度针对性的媒体。报纸能够到达各类人群,但除了少数例外(如校园报纸),它无法有效到达特定的消费者群组。媒体专家认为,与电视网络相比,报纸在有效地针对特定受众方面表现得很糟糕。[7]

偶尔购买报纸版面的广告者(如不常在报纸上打广告的全国性广告者)支付的费率比经常购买报纸版面的广告者更高(如地方性广告者),并且很难获得更好的、非ROP位置。事实上,报纸的价目表(称为刊例)显示,对全国性广告者收取的费率高于地方性广告者。

一般来说,报纸的印刷质量一般。因为这个以及其他原因,一般不认为报纸能像杂志和电视那样提高产品的感知质量、优雅性或是对挑剔的顾客的吸引力。

对于想要在多个市场获得报纸版面的全国性广告者来说,购买困难这个问题尤其严重。除了向全国性广告者收取高费率之外,每份报纸还需要单独联系。幸运的是,正如我们之前提到的,NAB在促进全国性广告者购买报纸版面方面取得了很大的进步。

报纸的最后一个重要劣势涉及报纸读者构成的变化。虽然多数人都曾经读报纸,但在过去的一代人中,读者人数持续下降。最忠实的报纸读者是年龄在45岁以上的那些人,而年龄在30—44岁之间的消费者人数众多,且对广告者来说很有吸引力,但他们在阅读日报方面已经不如从前频繁了。

印刷报纸的读者数量已经下降了,但值得注意的是所有主要的报纸都创建了网站,用来吸引那些不买印刷报纸的读者。所以报纸的实际读者数量(电子版和印刷版读者数量的总和)要远大于报纸的发行量。报社正通过在自己的网站上加入搜索引擎,然后对搜索结果旁边弹出的广告进行收费的方式增加自己的广告收入。[8]

12.3 杂志

虽然杂志被视为一种大众媒体,但其实存在着数千种特殊兴趣类杂志,既有消费者导向的也有商业导向的,用于吸引表现出特定兴趣和生活方式的受众。2009年,中国期刊种类达9 548种,印数达31.1亿册。事实上,标准收费与数据服务公司(现在被简称为SRDS媒体解决方案公司)是一家追踪杂志行业(以及其他多数媒体)信息的公司,它的资料显示,有超过3 000个消费类杂志分属于各个特定类别,比如汽车(如《汽车族》),综合刊物(如《纽约客》),体育(如《体育画报》)以及女性时尚、美容和装扮(如《瑞丽》)。除了消费类杂志,还有很多其他刊物被归为商业类杂志。显然,无论是针对消费者还是商务人士对产品进行宣传,广告者都可以从众多杂志中进行选择。广告者和媒体策划员可以从SRDS获得标准广告费率、联系方式、读者资料等信息,这些信息有助于媒体策划和购买。

12.3.1 购买杂志版面

很多因素都会影响广告者对杂志载具的选择,其中最重要的是所选的杂志要能够达到构成广告者目标市场的人群。但由于一般来说总有几种备选载具能够满足关于目标市场的这一目标,广告者可以从中进行选择,因此成本考虑也发挥着极其重要的作用。

对使用杂志媒体感兴趣的广告者能够获得大量关于杂志读者构成的人口统计信息,这些信息会在每个杂志的广告刊例中向广告公司和潜在广告者提供,很多杂志的广告刊例都能在网上找到。例如,表12.2展示的是《高尔夫大师》的人口统计资料,这些信息基于康泰纳仕集团提供的数据,《高尔夫大师》是它旗下拥有的杂志之一。《高尔夫大师》读者的平均年龄为50.2,平均家庭收入为131 445美元。这个杂志显然对年纪较大、经济上更富裕的消费者最具吸引力。

表12.2 《高尔夫大师》的人口统计资料

	读者人数(单位:千)	构成比例(%)	指数
读者总数	2 651	100	100
年龄			
18—34	269	10	69
35—44	631	24	85
45—54	793	30	94
55—64	603	23	125
65+	354	13	181
平均年龄	50.2		
教育水平			
大学毕业	1 602	60	107
读过大学	2 215	84	107
职业			
高层管理者	591	22	133
专业人士/管理者	1 412	53	98
家庭收入(HHI)			
$100 000+	2 088	79	106
$150 000+	967	37	130
$250 000+	323	12	162
平均HHI	$131 445		

资料来源:康泰纳仕,2006年9月,http://www.condenastmediakit.com/gd/circulation.cfm(accessed March 3, 2008)。

表12.2 还根据年龄、教育水平、职业和家庭收入对读者进行了细分。每个人口统计群组对应的第一列是读者数量(以千为单位),第二列是每个细分的人口统计小组在《高尔夫大师》读者总数中所占的比例。例如,《高尔夫大师》的读者中有24%属于35—44岁这个年龄组,60%为大学毕业,53%为专业人士或管理者,37%的家庭收入在150 000美元以上。图12.1的最后一列指数是用第二列中的比例除以该群组在人口中所占的比例计算得到的。例如,《高尔夫大师》的全部读者中,只有10%属于18—34岁这个年龄组,这个数字大大低于该群组在总人口中所占的比例。18—34岁这个年龄组的指数仅为69就反映了这一现象。比较而言,《高尔夫大师》的全部读者中有13%年龄在65岁以上(即有很多时间打高尔夫球和阅读高尔夫球杂志的退休人员),但其高达181的指数表明,该年龄组中阅读这个杂志的人数比例要比它在总人口中所占的比例大得多。

广告刊例还以价目表的形式向潜在广告者提供相关的成本信息。表12.3为《体育画报》价目表的部分内容,其中包括不同版面大小(整版、2/3版、半版、1/3版等)的广告以及四色和黑白广告的费率。例如,将一个整版、四色的广告在《体育画报》上刊登一次,广告者需要支付32万美元。但与杂志一贯的价格政策相同,根据连续12月内在《体育画报》上购买的广告版数,广告者可以获得相应的累积折扣。累积数量折扣是对广告者继续购买特定杂志版面的激励措施。

表12.3 体育画报的部分价目表(费率基准 = 3 150 000) 单位:美元

	四色	黑白
整版	320 000	194 350
2/3 版	262 315	159 965
1/2 版	218 500	133 170
1/3 版	145 820	89 585
第二跨页	735 885	N/A
封三	352 015	N/A
封底	415 955	N/A

资料来源:《体育画报》价目表#66,2008年1月14日生效,http://sportsillustrated.cnn.com/adinfo/si/rate-card2008.pdf (accessed March 3, 2008)。

虽然每个杂志都有自己的广告刊例,但广告者和广告公司不需要为获取它们而联系每个杂志。SRDS会将广告刊例汇编起来提供给(当然,是收费的)广告者和广告公司。而且,只要简单地在谷歌中输入"体育画报价目表"这类关键词进行搜索,就可以在网上找到价目表。关于每个杂志(或在广告行业中被称为书)的信息包括编辑特色、费率、读者资料、发行量和联系信息。

广告者在对购买不同杂志的广告进行比较时使用的是我们在第11章和前面的报纸媒体部分介绍过的千人成本。每个杂志的千人成本信息可以从两个辛迪加杂志服务公司获得:米迪马克研究公司(MRI)和西蒙斯市场调研局(SMRB)。这些公司提供的数字既有以笼统的读者类别(如全体男性)为基础得到的千人成本,也包括细分群组(如18—49岁的男性、男房主)的千人成本。这些更具体的细分群组使广告者能够比较不同杂志载具到达目标市场的千人成本(CPM-TM),而不仅仅是总的千人成本。在进行杂志载具选择决策时,千人成本数据是很有用的,但也必须要考虑很多其他的因素。

12.3.2 杂志的优势与劣势

根据广告者的不同需求和资源,杂志也具有优势和劣势(参见表12.4)。

表12.4 杂志的优势与劣势

优势	劣势
• 一些杂志能够到达大量读者	• 不具有侵入性
• 针对性	• 提前期长
• 生命周期长	• 杂乱
• 印刷质量高	• 地理选择上受到一定限制
• 能够呈现详细信息	• 发行量随市场变化
• 能够以权威的方式传递信息	
• 潜在的高参与度	

杂志的优势

一些杂志能够到达大量读者。例如,《美好家园》《读者文摘》《体育画报》和《时代》这些杂志的读者总数超过2 500 万。

但杂志与其他媒体最大的不同在于定位特定读者的能力(被称为针对性)。如果一个产品存在一个潜在的市场,那么最有可能的情况是,至少有一个期刊能够到达那个市场。针对性使广告者能够实现有效而非浪费的曝光。这使得广告更加有效,并且到达千个目标消费者的成本更低。

杂志还以其生命周期长著称。与其他媒体不同,杂志通常被用做参考,并且会被放在家里(以及理发店、美容院、牙医诊所和医院等)几个星期。杂志的订阅者有时会与其他读者传阅自己的期刊,这进一步延长了杂志的生命周期。

从质量的角度考虑,杂志作为一个广告媒体,在优雅、品质、美丽、威望和对挑剔的顾客的吸引力方面是优越的。这些特点的产生是由于杂志的印刷质量较高,并且广告周围的内容常常会涉及被广告的产品。例如,在 *Bon Appétit* 上打广告的事物看上去总是很精美,《美好家园》上的家具很高雅,《时尚》和《绅士季刊》上的衣服特别时髦。

杂志也是提供详细产品信息并以权威方式传递这些信息的一种非常好的渠道。也就是说,由于杂志的内容中常常包含一些本身就呈现出深刻见解、专业性和可信性的文章,这些杂志上的广告也因此带有了类似的权威感或正确性。

杂志最后也是特别重要的一个特点是它能够使消费者参与到广告中,或者从某种意义上说,它能够引起读者的兴趣并使他们考虑被广告的品牌。这种能力产生的原因是,与广播和电视这类更具侵入性的媒体相比,杂志具有自我选择和读者控制的特征。连环漫画《家庭马戏团》体现了这种能力(尽管是无心的),这个漫画体现了学龄前儿童对周围世界的代表性想法。在漫画的开篇,比利对她的妹妹多莉说:"我告诉你电视、广播和书的区别……电视通过图像和声音把东西塞进你的脑袋里,你甚至都不用思考。"在下一幅图中,他说:"广播只是通过声音和语言把东西塞进你的脑袋里,你可以自己来拼凑画面。"在最后一部分中,比利称:"书是安静的朋友!它们让你自己想象画面和声音,它们令你思考。"[9]如果将上述文字中的书换成杂志,那么它就相当好地刻画了杂志的优势。

杂志的劣势

杂志也有一些劣势(参见表12.4)。首先,与电视和广播对观众和听众注意力的侵入本质不同,杂志不具有侵入性,读者能够控制自己面对的杂志广告量。

提前期长是杂志的第二个劣势。对于报纸和广播媒体来说,随时调整针对特定市场的广告文案相对比较容易。比较而言,杂志的截稿日期早,因此在实际出版日前几个星期,广告材料就要准备好。例如,下列杂志的四色广告截稿日标注在其后的括号里:《美好家园》(7周)、《时尚》(10周)、《体育画报》(4周)、《时代》(5周)。[10]

与其他广告媒体相同,杂志存在杂乱的问题。在某些方面,杂乱的问题对于杂志来说比电视更糟糕,因为读者可以只专注于编辑内容而跳过广告。

杂志还比其他媒体提供更少的地理选择,尽管像《体育画报》这种发行量较大的杂志非常有针对性。例如,《体育画报》的广告费率按照发行区域制定,包括7个主要地区、所有50个州以及33个大城市。一个广告者可以选择只在克里夫兰、俄亥俄发行的《体育画报》上打广告,在这种情况下,他需要为一个整版、四色的广告支付20 142美元。比较而言,如果换成像洛杉矶这样更大的市场,刊登同样的广告需要花费34 145美元。[11]

杂志的最后一个劣势是每个市场的发行量不同。例如,《滚石》在大城市的读者比乡村地区多,因此想要到达年轻男性的广告者便不会很成功地到达非大城市的读者。这就使广告者必须在《滚石》之外的一个或更多杂志上刊登广告,从而增加了媒体购买的总成本。广播和电视在这方面能够更好地满足广告者的需求,并提供更加均匀的市场覆盖。

12.3.3 杂志受众的测量

在选择杂志载具时,广告者关键要知道备选杂志能够到达的受众数量。确定一个特定杂志的读者规模看似容易,只涉及对杂志订阅者数量的计算。遗憾的是,实际上它要复杂得多,由于以下因素的存在,订阅计数的方式不足以确定杂志的读者数量:第一,杂志的订阅量是通过各种中间机构统计出来的,因此很难准确地了解哪些人订阅了哪些杂志。第二,杂志通常是通过报摊、超市和其他零售商店发售的,而不是通过订购,这就完全消除了谁买了什么杂志的相关信息。第三,医院、理发店和美容院等公共场所提供的杂志会被很多人阅读,而不只是订阅者。最后,个人杂志订阅者通常会将期刊与其他人分享。

由于上述原因,订阅杂志的人数和实际阅读杂志的人数是不相等的。幸运的是,我们之前提到的两个服务公司MRI和西蒙斯专门从事杂志读者的测量和确定受众规模。

这些公司提供了相似而有竞争力的服务。

简单来说，两家公司都使用大量的全国性概率样本，并让受访者回答出他们的媒体消费习惯（如读哪些杂志）以及对大量产品和品牌的购买行为。然后统计人员会使用推论的方法将样本结论推广至整体人群。广告者和媒体策划人员会运用读者信息、详细的人口统计数据以及产品和品牌使用数据，对不同杂志的绝对价值和相对价值进行评估。

并非所有的杂志受众测量都是完美的，因为存在三个需要注意的问题：第一，读者调查的受访者要对众多杂志（以及很多其他媒体载具）进行评价，这可能使受访者感到疲劳并导致仓促或错误的回答；第二，样本量通常都比较小，对于那些发行量较小的杂志来说更是如此，这会导致在向整体人群推广时产生较大的抽样误差；第三，样本构成可能缺乏读者代表性。[12]此外，由于这两家读者服务公司使用的研究方法不同，他们得到的结果通常是有差异的。例如，西蒙斯与MRI对下列大发行量杂志读者数量的估计为：《美好家园》（西蒙斯估计的为4 847万，MRI估计的为3 792万）、《时尚》（2 425万，1 687万）、《国家地理》（4 538万，3 162万）。[13]如果以上述估计中较小的数字为基准计算百分比，那么两家公司估计的数字差异分别为27.8%、43.7%和43.5%。因此媒体策划人员面临的挑战是，要确定哪个公司估计的受众规模是正确的，或者二者的估计是否都是错的。[14]

12.3.4 利用西蒙斯和MRI报告

尽管存在上述问题，媒体策划人员还是必须充分利用西蒙斯和MRI得出的受众估计和读者资料。两家公司都会发表关于产品和品牌使用数据的年度报告，并提供详细的媒体信息。以进口啤酒为例，表12.5是一份简化的报告，它将有助于理解西蒙斯和MRI的报告。[15]你所在学校的图书馆可能订购了西蒙斯或MRI的电子版数据库，如果是这样的话，你可以查阅一份近期的报告并浏览一下其中提供的大量信息。

表12.5 关于进口啤酒的MRI报告示例（以所有成年人对自己在过去六个月内是否喝过进口啤酒的回答为基础）

	合计 '000	A '000	B % Across	C % Down	D 指数
合计	218 289	42 264	19.4	100.0	100
年龄 18—24	28 098	6 494	23.1	15.4	119
年龄 25—34	39 485	10 247	26.0	24.2	134
年龄 35—44	43 532	10 241	23.5	24.2	122
年龄 45—54	42 127	8 028	19.1	19.0	98
年龄 55—64	29 660	4 540	15.3	10.7	79
年龄 65 以上	35 387	2 713	7.7	6.4	40
教育程度：大学毕业或以上	54 849	15 545	28.3	36.8	146
教育程度：读过大学	59 432	11 454	19.3	27.1	100
教育程度：高中毕业	69 653	10 061	14.4	23.8	75
教育程度：没有高中毕业	34 355	5 204	15.1	12.3	78
教育程度：研究生	17 836	4 847	27.2	11.5	140

(续表)

	合计 '000	A '000	B % Across	C % Down	D 指数
人口调查区:东北地区	41 475	10 346	24.9	24.5	129
人口调查区:南部地区	79 054	12 893	16.3	30.5	84
人口调查区:中北地区	49 092	7 658	15.6	18.1	81
人口调查区:西部地区	48 668	11 366	23.4	26.9	121
互联网五分位 I(重度)	43 620	11 443	26.2	27.1	135
互联网五分位 II	43 677	10 170	23.3	24.1	120
互联网五分位 III	43 664	8 773	20.1	20.8	104
互联网五分位 IV	43 659	6 059	13.9	14.3	72
互联网五分位 V(轻度)	43 668	5 819	13.3	13.8	69
电视(总计)五分位 I	43 655	6 230	14.3	14.7	74
电视(总计)五分位 II	43 642	7 802	17.9	18.5	92
电视(总计)五分位 III	43 675	8 943	20.5	21.2	106
电视(总计)五分位 IV	43 658	9 564	21.9	22.6	113
电视(总计)五分位 V	43 658	9 726	22.3	23.0	115

资料来源:MRI 报告,2006 年秋。

MRI 和西蒙斯的报告在数据结构上与表 12.5 中包含的内容是相同。这些报告中的每个详细表格都是人口统计划分与产品或品牌使用的交叉列表。表 12.3 呈现的是进口啤酒的饮用与年龄组、教育程度、地理分区以及互联网和电视五分位(随后会进行解释)的交叉列表。对表 12.5 的解释如下:

1. 第一行(合计)是所有美国人口中购买进口啤酒的人数。因此,在收集数据时,在 218 289 000 个居住在美国的成年人中,有 42 264 000 人(见列 A)或 19.4%(见列 B,%Across)在过去六个月内至少喝过一次进口啤酒。

2. 每组详细的条目是对产品类(在这个例子中是进口啤酒)和特定人口群组分别用四种不同方式(表示为列 A、B、C、D)进行估计得出的数字:

a. 列 A 是对产品使用者总数(以千为单位)的估计。请注意表 12.5 中的数据是以千为单位的,表示为'000,所以第一行的 42 264 代表 42 264 000 个进口啤酒饮用者。在所有这些人中,6 494 000 个饮用者的年龄在 18—24 岁之间,10 247 000 个饮用者的年龄在 25—34 岁之间,等等。

b. 列 B(%Across)反映的是每个细分群组在产品使用者总数中所占的百分比。例如,年龄在 18—24 岁之间的 28 098 000 个人中(见合计列),MRI 估计有 6 494 000 个进口啤酒饮用者。因此,列 B 中的百分比(在这个例子中为 23.1%)表示列 A 中的数值占合计列相应数值的百分比。

c. 列 C(%Down)表示每个人口统计细分群组中的产品使用者占产品使用者总数的百分比。例如,在所有 42 264 000 个进口啤酒饮用者中,有 6 494 000 人的年龄在 18—24 岁之间,占进口啤酒饮用者总数的 15.4%。注意列 C(%Down)中的每个数值都是用列 A 中相应行的数字除以列 A 中的合计值(即 42 264 000)计算得到的。

d. 列 D(指数)衡量的是特定人口统计群组中产品消费百分比与总人口中产品消费百分比之间的比较。例如,在所有美国成年人中,19.4% 的人至少偶尔饮用进口啤酒。比较而言,在 18—24 岁之间的消费者中,23.1% 为进口啤酒饮用者(19.4% 和 23.1% 这两个数字分别显示在列 B,%Across 中),列 D 中的指数反映了它们之间的关系。因此,年龄在 18—24 岁之间的消费者对应的指数按以下方式进行计算:(23.1÷19.4)×100 = 119。这个指数表示年龄在 18—24 岁之间的人饮用进口啤酒的可能性比整体人口大 19%。比较而言,年龄在 55—64 岁之间的消费者对应的指数为 79[(15.3÷19.4)×100 = 79],他们饮用进口啤酒的可能性比指数为 100 的整体人口小 21%。总的来说,每个年龄组对应的指数显示,对进口啤酒的消费大体上随年龄的增长而下降。类似的,基于教育程度的指数(见表 12.3)显示,大学毕业和拥有研究生学位的人饮用进口啤酒的可能性更大。比较而言,拥有高中学历和没有高中毕业的个体饮用进口啤酒的可能性更小。

这是否意味着进口啤酒的营销者应该只针对年轻消费者和那些教育程度更高的人呢?也许不是。例如,尽管年龄在 45—54 岁之间的人(指数为 98)比更年轻的人消费进口啤酒的可能性更小,但在这个年龄段中仍有约 800 万人确实会饮用进口啤酒,所以仅仅因为指数略低于 100 就放弃如此多的消费者是不明智的。虽然谨慎的进口啤酒营销者不会忽略这些年长的消费者,但根据表 12.5 中的指数,针对年长消费者的媒体投放量应该比针对年轻消费者的少。

现在我们来看表 12.5 中关于互联网和电视的数据,注意,在合计列中,根据互联网和电视使用量,美国成年人的总数(218 289 000)被分为规模基本相同的五组。因此,五分位 I 代表最重度的互联网用户和最重度的电视观众,而五分位 V 代表最轻度的互联网用户和最轻度的电视观众。表 12.5 的列 D 显示,重度互联网用户更有可能是进口啤酒饮用者(五分位 I 和 II 的指数分别为 135 和 120),并且进口啤酒的消费量在轻度的互联网五分位中逐渐下降。相反,重度电视观众(五分位 I 和 II)消费进口啤酒的可能性比轻度电视观众更小。广告者应该如何使用这些数据呢?

在使用 MRI 和西蒙斯报告中提供的媒体数据时,广告者必须权衡各种信息,利用好这些报告。有证据显示,媒体策划人员太经常以过于单纯的方式使用 MRI 和西蒙斯报告,这种方式无法完全利用这些报告提供的所有信息[16],他们倾向于过度关注列 D 中的指数。尽管这些指数反映了细分群组的产品使用百分比与总人口中产品使用的相对情况,但它们并不代表全部。

关注这些指数以外的东西非常重要,需要考虑每个人口统计细分群组中使用产品类的整体规模和增长潜力。因此,例如,尽管在只有高中教育水平的美国人中,饮用进口啤酒的比例比那些大学毕业的人小(高中毕业生的指数为 75,大学毕业生的为 146;见表 12.5),但高中毕业生的人数(69 653 000)远大于大学毕业生的人数(54 849 000)。因此,进口啤酒广告者不应该忽视那些没有大学毕业的人,而应通过下列方式培育这个市场:开发诉诸他们生活方式的广告以及在能够特别有效地到达他们的媒体载具上打广告。

12.3.5 定制杂志

到目前为止的讨论主要集中于由那些主营业务是创作和发行杂志的公司(即杂志出版商)出版的杂志。但近些年来的一个重要发展是，特定品牌的营销者正在开发专注于他们自己品牌的简报和杂志以及与这些品牌和品牌购买者兴趣相关的期刊。这些定制杂志或者以在线的电子版本("电子杂志")，或者以印刷形式向品牌使用者免费发行。

品牌营销者创制定制杂志的一个主要目的是到达现有品牌使用者，并与之建立一种能够使消费者忠诚度上升的联系。例如，《雷克萨斯杂志》向雷克萨斯汽车的拥有者发行。这本杂志既有电子版也有印刷版，它提供实用且有趣的信息，这些信息与旅行和其他能吸引大量读者的话题相关。这个定制杂志在全世界范围内发行，仅北美版每期的发行量就达到 80 万。[17]纽约著名百货公司布鲁明戴尔百货店向其 18 万名最佳顾客(每年在布鲁明戴尔百货店的消费在 3 500—5 000 美元之间的顾客)发行它的定制杂志 *The Little Brown Book*。[18]这本杂志向布鲁明戴尔百货店的主要顾客提供最新的时尚信息、艺术、文化、娱乐方面的报道，以及只针对杂志接收者的促销活动。

定制出版物正处于上升阶段，并且在很多公司的营销传播预算中所占的比例也在不断增加。事实上，一项调查显示，在公司用于营销、广告和传播的支出中，定制出版物占近四分之一的比例。[19]定制杂志能够到达品牌的现有消费者并维持其忠诚度，因此是一种有价值的营销传播工具。定制杂志不能取代刊登在传统杂志(即非定制杂志)上的广告，因为传统杂志上的广告既能到达现有品牌使用者，又能到达潜在消费者。即便如此，定制杂志在品牌的整体营销传播方案中仍有其特有的作用，特别是它可以作为与现有品牌使用者不断交流的工具。

12.4 广播

广播几乎是一种无处不在的媒体：在中国有线广播电视用户在 2009 年达到了 17 512 万户；几乎 100% 的家庭拥有收音机；多数家庭有几个收音机；几乎所有汽车上都装有收音机；广播节目综合人口覆盖率达 96.3%。[20]这些惊人的数字显示了广播作为一种广告媒体的巨大潜力。尽管广播一直是地方性广告者的最爱，但地区性和全国性的广告者也已经越来越多地意识到广播作为广告媒体的优势。

12.4.1 购买广播时间

广播广告者希望能以合理的花费到达目标消费者，同时确保电台的风格与品牌的形象及其创造性的广告战略相匹配。一些因素会影响广播载具的选择，电台风格(古典、开明、乡村、前 40 名、谈话类等)就是其中主要的一个。对于特定产品和品牌来说，某些风格显然是最适合的。

第二个要考虑的因素是选择要覆盖的地理区域。全国性广告者会从那些受众覆盖与广告者感兴趣的地理区域相匹配的电台购买广告时间。这通常意味着电台位于大都市统计区（MSA）或所谓的显性影响区（ADI），美国约有200个这样的区域，与主要的电视市场相对应。

购买广播时间时要考虑的第三个因素是时段的选择。广播时段包括：

上午　05:00—10:00
中午　10:00—15:00
下午　15:00—19:00
晚上　19:00—00:00
深夜　00:00—7:00

费率结构随时段市场吸引力的不同而变化，例如，上午和下午时段比中午和深夜时段更贵。SRDS媒体解决方案公司发布的Spot Radio Rates and Data提供关于费率和电台风格的信息。

12.4.2　广播的优势与劣势

这一部分介绍广播的优势与劣势（参见表12.6的总结）。

表12.6　广播的优势与劣势

优势	劣势
• 能够到达细分受众	• 杂乱
• 亲切感	• 不可视
• 经济	• 受众分散
• 提前期短	• 购买困难
• 转移电视广告图像	
• 使用当地的名人	

广播的优势

广播的第一个主要优势是它到达细分受众的能力仅次于杂志。大量的广告节目使广告者可以从中选择特定的风格和电台，使其与他们的目标受众构成和创造性广告战略有最佳匹配度。广播可以使广告针对特定消费者群组以自身的风格服务于特定收听爱好。

广播的第二个主要优势是它能够以私人和亲切的方式到达潜在消费者。地方性商人和广播播音员能够做到非常私人和有说服力，有时他们就像是在与每个听众进行私下的谈话。一家顶尖广告公司的代表将广播比喻为"私人世界的宇宙"和"两个朋友之间的交流"。[21]换句话说，人们选择广播电台的方式几乎与他们选择私人朋友的方式相同。人们收听那些与他们紧密联系的广播电台，正因为如此，广播可能会在消费者处于最易受说服影响的心理模式时被接收。因此，广播是一种私人和亲切的友好说服方式，有潜力增加消费者对其上广告的参与度。

广播的第三个优势是经济。根据目标受众千人成本，广播远比其他大众媒体便宜。在过去的几十年里，广播千人成本的增长比其他任何广告媒体都少。

广播的另一个相对优势是提前期短。由于广播的制作成本一般比较低，而且制定的截止日期较晚,所以广告者可以根据市场的发展变化迅速对广告文案进行调整。例如,突然的天气变化会为与天气相关的产品带来广告机会,广播节目可以很快被准备好,以适应这种情况的需要。可以根据存货量的变化以及特殊事件和假期对广播的广告文案迅速进行调整。

广播还有一个非常重要的优势就是它能够转移电视广告的图像。一个令人难忘的频繁播放的电视广告运动会使消费者在广告中的视觉和听觉要素之间产生一种心理联系。这种心理图像能够被转移到使用电视广告或改编自电视广告的声音的广播广告上。这样广播广告就唤起了听众心中的电视广告画面——与前面提到的《家庭马戏团》漫画中比利描述的方式基本相同。[22]广告者花费更低的广播成本便能有效获得电视广告的优势。与将所有预算都投资于电视广告上相比,通过使用电视广告和广播广告的组合,广告者能够到达更多受众并使广告更频繁地出现。

广播的最后一个优势是它能够借助当地的名人,有时甚至是大名鼎鼎的人物。当地市场的广播名人通常是非常受人尊敬和爱戴的,他们对零售店的代言能够提升商店的形象并促进购买。

广播的劣势

广播最主要的劣势与其他广告媒体相同,即杂乱,广播广告周围充斥着众多与之竞争的广告和其他形式的噪音、喋喋不休和干扰。广播听众为了避开广告频繁切换电台,尤其是对车上的广播。[23]不得不收听一个接一个广告所引起的恼怒,能够部分地解释为什么很多人从收听广播转为使用 iPod 和其他品牌的便携式数字音频播放器。事实上已经证明,iPod 的逐渐流行与广播收听率的下降是相关的。所谓的 AQH 收听率测量的是平均一刻钟(AQH)内调至广播频道的人数占总人口的百分比,最近五年它下降了将近 6%,在大学年龄(18—24 岁)的人口中甚至下降了更多,达到 11%。[24]

广播的第二个劣势是它是主要媒体中唯一不能使用视觉元素的。但广播的广告者通过使用声音效果和形象的语言使听众在脑海中想象出画面,来试图克服广播在视觉方面的劣势。需要注意的是很多广告运动将广播作为其他媒体的补充而不是单独的媒体,这就将广播的任务从创作视觉图像减少到激活已经在可视媒体(电视、互联网和杂志)上播放过的广告所创作的图像。比较而言,基于信息的广告运动不是必须要有视觉元素,在这种情况下,广播完全有能力传递基于品牌的信息,如抵押放款公司的利率、当地百货公司的特惠销售或汽车修理店的位置。

广播的第三个问题来自高度的受众分散化。针对性是广播的一个主要优势,但同时,广告者也无法到达多样化的受众,因为每个广播电台和节目都有自己独特的受众群体和兴趣。

最后一个劣势是购买广播时间的难度。对于想要在全国不同的市场投放广告的全国性广告者来说,这个问题尤为严重。美国有将近 14 000 家商业广播电台,由于费率结构是非标准化的,其中包括一些固定和折扣费率,因此购买时间非常复杂。能够弥补这个问题的一个可能性是发展目前还不成熟的卫星广播行业。Sirius 卫星广播和 XM 卫星广播这类公司能够在全国(甚至世界)范围内播放广播,从而为广告者提供了到达大量受众并为购买播放时间支付单一费率的机会。XM 和 Sirius 曾公布了在 2007 年合并的计划,但在 2008 年年中,这次合并最终没有获得美国联邦通信委员会和司法部的许可。

12.4.3 广播受众的测量

广播受众的测量既涉及全国性的也包括地方性的,阿比创是在两方面都有涉及、测量广播听众数量和受众特征的主要公司。在全国层面,阿比创提供缩写为 RADAR 的服务,代表无线电全方位受众调查法。RADAR 服务通过招募 7 万个 12 岁以上的被试者对广播收听情况进行估计,这些被试者要在一周的时间里将自己每天的收听行为记录在日记中,包括他们收听的广播电台、收听每个电台的时间以及他们在哪里收听广播(如车上、家里或工作时)。RADAR 的研究对广播节目的收听率进行估计,并提供受众的人口统计特征,广告者可以使用这些信息来选择与其预期目标受众相匹配的广播节目。

在地方层面,过去曾有两个测量广播受众规模的主要研究公司:Birch Scarborough Research 和阿比创。但 Birch 于 20 世纪 90 年代初终止了经营,阿比创成为地区性广播收听率数据的唯一提供商。阿比创在位于美国的超过 250 个市场测量广播收听模式,它的研究者在每个市场随机选择 250—13 000 个 12 岁以上的被试者并收集数据。受访者需要在七天的时间里将自己的收听行为记录在日记中,并以此获得相应的报酬。阿比创服务的订购者(众多广播电台、广告者和广告公司)得到的报告中将详细说明人们的收听模式、电台偏好和人口统计细分。这些信息对于广告者和广告公司来说是非常珍贵的,他们可以使用这些信息来选择与广告者目标市场构成相匹配的广播电台。

通过让人们整天携带像寻呼机一样的计量器的方式,阿比创正试图摆脱纸质的数据收集方法。在本书编写时,这种被称为便携式个人收视记录仪的数据收集方法正处于测试阶段。更多关于个人收视记录仪的内容,我们将在电视受众测量部分进行介绍。

12.5 电视

在美国和其他工业化社会里,电视几乎是无处不在的。根据 2009 年的数字,中国城镇电视机的普及率已达 86%。[25] 作为一种广告媒体,电视的独特性在于独特的私人性和说明性,但它也很昂贵,并且受制于杂乱的竞争环境。消费者认为电视是所有广告媒体中最杂乱的。

在详细说明电视的具体优势和劣势之前,我们首先介绍电视广告两个方面的特征:① 不同的节目段,或所谓的时段;② 可供电视广告投放的途径(电视网、固定栏目、电视集团、有线电视和地方广告)。[26]

12.5.1 电视节目时段

广告成本、受众特征和节目适合程度在一天的不同时间里变化很大。与广播一样,这些时间被称为时段。共有 7 个电视时段,按照美国东部标准时间如下所示:

早间时段　05:00—09:00
白天时段　09:00—16:00
傍晚时段　16:00—19:00
准黄金时间　19:00—20:00
黄金时间　20:00—23:00
夜间时段　23:00—02:00
通宵时段　02:00—05:00

三个主要时段是白天时段、边缘时段和黄金时间，每个时段都有自己的优势和劣势。

白天时段

从早间新闻节目开始，一直延续到下午4点的时间被称为白天时段。在白天时段的上午，首先是新闻节目吸引成年人，然后是特别为儿童设计的节目吸引孩子们。下午的节目重点播出肥皂剧、脱口秀和财经新闻，主要吸引在家里工作的人、退休人员甚至是与刻板印象相反的年轻男性。[27]

边缘时段

黄金时间前后的时间段被称为边缘时段。傍晚时段开始于下午的节目重播，主要针对儿童，但随着黄金时间的迫近，更多地面向成年人。夜间时段主要吸引年轻的成年人。

黄金时间

20:00—23:00之间的时间段（或在美国的一些地区是19:00—22:00）被称为黄金时间。安排在这一时段的是最好和最贵的节目，黄金时间的观众是最多的。表12.7显示的是在2008年的一周内，美国四个主要电视网在黄金时间的平均受众规模。受众规模最大为Fox的1 376万平均受众规模，最小为NBC的727万平均受众规模。有趣的是，在这个星期中，四个主要电视网的总体受众规模约为3 700万；比较而言，在1994—1995年之间的总体受众规模略多于6 200万。大约40%的下降率反映了电视网受众减少、有线电视受众持续增长的趋势。[28]

表12.7　四个主要电视网黄金时间的平均受众（百万）

电视网	估计观众数量（百万）
Fox	13.76
CBS	8.15
ABC	7.98
NBC	7.27
合计	37.16

资料来源：尼尔森媒体研究，Bill Gorman, "Weekly Network Ratings," February 25-March 2, 2008, http://tvbythenumbers.com/2008/03/04/weekly-network-ratings-february-25-march-2/2826（accessed March 7, 2008）。

电视网对黄金时间广告自然是收取最高的费率。黄金时间受欢迎的节目有时有多达2000万个美国家庭收看。为了到达观看这些黄金时间节目的大量家庭,广告者要支付昂贵的费用。例如,大获成功的歌唱比赛节目《美国偶像》为一个30秒的广告向广告者收取的费用超过60万美元。表12.8中列出了除《美国偶像》以外,2007—2008年编播季最贵的10个节目。从中我们可以发现,在这些节目中播放一个30秒广告的成本最低为208 000美元(《私人诊所》和《幸存者:中国》),最高为419 000美元(《实习医生格蕾》)。注意这些只是最贵的10个电视节目的,在2007—2008年编播季,多数黄金时间播放的30秒广告的成本在50 000—200 000美元之间。

表12.8 2007—2008年编播季最贵的10个电视节目(每个30秒广告的价格)

节目	电视网	价格(美元)
《实习医生格蕾》	ABC	419 000
《周日足球夜》	NBC	358 000
《辛普森一家》	Fox	315 000
《超能英雄》	NBC	296 000
《豪斯医生》	Fox	294 000
《绝望的主妇》	ABC	270 000
《CSI:犯罪现场调查》	CBS	248 000
《好汉两个半》	CBS	231 000
《私人诊所》	ABC	208 000
《幸存者:中国》	CBS	208 000

资料来源:"2007-2008 TV Season: Network Pricing," Advertising Age, December 31, 2007, 45。

12.5.2 电视网、固定栏目、电视集团、有线电视与地方广告

电视信号由当地电视台传送,这些电视台或者属于当地有线电视系统,或者是五大商业电视网(ABC、CBS、NBC、Fox和CW)的分支,或者隶属于独立的有线网络(如TBS、特纳广播公司)。这些当地电视台和电视网的存在提供了购买电视广告时间的不同方式。

电视网广告

在全国范围内营销产品的公司通常选择电视网来到达全国的潜在消费者。广告者一般通过广告公司,从一个或多个电视网购买想要的播放时段,并在隶属于该电视网的所有地方电视台播放广告。这种广告的成本取决于广告在一天中的什么时间播放、电视节目的受欢迎程度以及广告在一年中的什么时间播放。在最近的一年中,所有黄金时间播出的30秒电视广告在每个季度的平均成本为:一季度(一月到三月)134 800美元;二季度(四月到六月)147 900美元;三季度(七月到九月)106 300美元;四季度(十月到十二月)132 300美元。[29]

尽管每个电视网广告的价格比较贵,但它是到达大众受众的一种有成本效益的方式。考虑一个价格为300 000美元的30秒广告,在11 280万个拥有电视机的美国家庭中,它能够到达其中的15%,或大约1 692万个家庭。尽管对于30秒的广告时间来说,300 000美元的价格非常高,但到达1 692万个家庭意味着广告者到达每1 000个家庭只需要支付约17.73美元。

对于那些选择只将精力集中于精选市场的全国性广告者来说,电视网广告是低效且事实上不可行的。例如,有些品牌尽管在全国范围内进行营销,但它们主要针对某些地理区域的消费者。在这种情况下,投资于电视网广告就是一种浪费,因为它能到达许多没有目标受众的地区。

固定栏目广告

对于全国性广告者来说,电视网广告的备选方案是固定栏目广告。正如前面的讨论所说,也正如它的名字显示的那样,这种类型的广告只在选定的市场投放。

固定栏目广告在以下情况下尤其可取:公司一个市场接一个市场地推出新品牌时;由于特定市场的表现较差或竞争对手咄咄逼人,营销者需要专注于这些市场;或是公司的产品分销局限在一个或少数几个地理区域。固定栏目广告甚至还对以下这类广告者很有帮助:这些广告者使用电视网广告,但却需要在品牌潜力特别高的精选市场投放更大量的广告来补充全国性的覆盖。

电视集团广告

电视集团节目出现在下述情况下:一家独立的公司(如Disney-ABC Domestic Television Company 和 Sony Pictures Television)向尽可能多的隶属于电视网的电视台或有线电视台营销一个电视节目。由于是独立的公司向单独的电视台推销电视集团节目,因此同样的节目将会在某些市场出现在 NBC 的电视台,而在其他市场出现在 ABC 或 CBS 的电视台。电视集团节目或者是原创作品,或者是首先出现在电视网,随后又重播的节目。

有线电视广告

与对所有电视拥有者免费的电视网不同,有线电视要求用户订购(支付费用)有线电视服务,并将电视机连接到金属线上,用于接收卫星或其他信号。尽管20世纪40年代就出现了有线电视,但直到近几十年,广告者才开始将有线电视作为一种有价值的广告媒体。现在有越来越多的主要的全国性公司在有线电视上打广告。美国有线电视的家庭渗透率从1980年占全部家庭的不到25%上升到了目前占拥有电视机家庭的约85%[30],在有线电视上的广告支出也在不断增长。

有线电视广告对全国性广告者来说比较有吸引力,原因如下:第一,由于有线电视网络专注于收视兴趣的有限领域(所谓的窄播),所以与使用电视网、电视集团或固定栏目广告相比,广告者能够更好地到达目标受众(在人口统计特征和心理统计特征方面)。的确,有线电视台几乎能够到达想象得到的收视偏好。一个品牌营销者可以选择吸引各种特定收视兴趣的有线电视台,如烹饪和饮食(美食频道)、高尔夫球(高尔夫频道)、综合体育(ESPN、ESPN2等)、音乐娱乐(乡村音乐电视、MTV 和 VH1)、自然、科学和动物生命(动物星球、探索频道和Outdoor Life Network)、综合教育(历史频道和旅游频道),等等。

有线电视广告吸引全国性广告者的第二个原因是,电视网广告的高价格和逐渐下降的受众人数使广告者不得不尝试有线电视这样的替代媒体。有线电视广告增长背后的第三个原因是有线电视受众的人口统计构成。与整体人口相比,有线电视用户在经济上更高端,也更年轻。相对来说,电视网最重度的观众往往在经济上较为低端。有线电视观众相对高端的特征无疑对很多全国性广告者有着巨大的吸引力。

地方电视广告

全国性广告者过去在电视广告领域占支配地位,但地方性广告者在电视上的投入已经越来越多,他们发现,电视在千人成本上具有的优势和它展示产品的能力令投入在电视媒体上的成本物有所值。很多地方性广告者对有线电视台的使用达到了前所未有的程度。事实上,地方电视广告的增长率比其他广告媒体都高。[31]

12.5.3 电视广告的优势与劣势

与其他形式的媒体相同,电视也有一些优势和劣势(参见表12.9的总结)。

表12.9 电视广告的优势与劣势

优势	劣势
• 展示能力	• 迅速上升的成本
• 侵入价值	• 电视观众的流失
• 能够引起兴奋	• 受众分散
• 一对一到达	• 快进和跳过广告
• 能够运用幽默元素	• 杂乱
• 为销售人员和零售商提供有效帮助	
• 能够产生影响	

电视广告的优势

电视具有展示使用中的产品的独特能力,没有其他媒体能够同时通过听觉和视觉到达消费者。观众能够看见和听见正在被使用的产品,与产品使用者产生共鸣,并想象使用产品的情形。

电视还具备其他媒体无法与之相比的侵入价值,即电视广告甚至在人们不想暴露在广告下的时候也能引起他们的注意。相对来说,避开杂志和报纸广告要容易得多,只需要翻页,避开广播广告也只需要切换频道。但耐着性子看完一个电视广告通常要比试图在物理上或心理上避开它更容易。当然,遥控装置和数字视频录像机的出现使观众能够通过快进和转换频道更容易地跳过电视广告。

电视广告的第三个相对优势是它能够提供消遣和引起兴奋。被广告的产品能够活灵活现地呈现出来,或者看上去甚至是大名鼎鼎的。电视广告中的产品可以非常引人注目,并且看上去可能比实际上更令人兴奋,也没那么平凡。

电视还有一对一到达消费者的特有能力,就像是一个代言人在兜售某个特定产品。与销售代表类似,代言人和消费者之间的互动是在个人层面上发生的。

电视能够使用幽默这种有效的广告策略,在这一点上,电视比任何其他媒体都更好。正如我们在第9章介绍过的,很多最令人难忘的广告都采用幽默的形式。

除了到达最终消费者的有效性以外,电视广告还能为公司的销售人员和零售商提供有效帮助。销售人员发现,如果公司规划了一个重大的广告运动,那么向零售商销售新品牌或已有品牌就会更加容易。电视广告能够更加激励零售商为品牌增加销售支持(如通过广告特点和特别的货架位置)。

电视广告最大的相对优势是能够产生影响,即激活消费者对广告的意识并使他们更加接纳销售信息。

电视广告的劣势

作为一种广告媒体,电视存在一些明显的问题。第一个也可能是最严重的问题是,广告成本在迅速上升。在过去的20年里,电视网广告的成本增加了超过三倍。一个很好的例子是,购买超级碗期间的广告时间需要花费的成本在不断提高。1975年一个30秒广告的价格为110 000美元,到2008年,在超级碗XLⅡ中播放一个30秒广告的平均价格高达270万美元!除了购买广告时间的成本以外,制作电视广告也非常昂贵。在最近的一年,制作一个全国性的30秒广告需要花费的平均成本为372 000美元。[32]

第二个问题是电视观众的流失。电视集团节目、有线电视、互联网以及其他休闲和娱乐方式的存在使电视网的观众人数逐渐减少。五个主要电视网在黄金时间的观众份额在1980年前后为90%以上,而现在这一数字下降到了仅为60%。节目收视率在过去的40年间持续下降,最受欢迎节目的收视率在过去曾为50多点(意味着有超过50%的电视家庭在收看这些节目),而现在即使是收视率最高的节目,其收视率也很难达到20。

现在一个节目的收视率很难超过15。例如,表12.10中列出了2008年2月25日所在的那个星期收视率最高的10个节目。排名最高的节目《美国偶像》(星期二播出)收视率为16.0,排在第10位的节目(《迷失》)收视率只有7.7。[33]电视网的收视率在持续跌落。

表12.10 十大收视率最高的黄金时间电视节目

排名*	节目	电视网	收视率**	观众数量(000)***
1	《美国偶像》—星期二	FOX	16.0	28 592
2	《美国偶像》—星期三	FOX	15.7	27 553
3	《美国偶像》—星期四	FOX	14.9	26 232
4	《奥普拉的奉献》	ABC	9.5	15 680
5	《成交不成交》—星期一	NBC	9.2	15 425
6	ABC Premiere Event-Special	ABC	8.6	12 688
7	《我要唱下去》	FOX	8.4	14 395
7	《改头换面:家庭版》	ABC	8.4	14 874
9	《60分钟》	CBS	8.1	12 336
10	《法律与秩序》	NBC	7.7	11 437
10	《迷失》	ABC	7.7	12 893

注:* 基于尼尔森媒体研究公司的National People Meter样本在2008年2月25日所在星期的家庭收视率。

** 在2007年9月20日,美国约有11 280万个电视家庭。一个收视率点代表1%或1 128 000个家庭。

*** 总的观众包括所有两岁以上的人。

资料来源:"Top 10 Broadcast TV Programs for the Week of February 25, 2008," 尼尔森媒体研究。

第三个问题是严重的观众分散。广告者在任何特定节目中做广告时都不能指望去吸引大量同质的受众,因为现在有大量节目可供电视观众选择。

第四,观众在收看电视节目时花很多时间在切换电视台上,跳过或快进广告。**跳过广告**是指观众在广告播出时转换到另一个频道,以至于一位观察家半开玩笑地评论道,电视遥控器是卡尔·马克思之后资本主义的最大威胁。[34]研究显示,一个电视广告的潜在受众中有多达三分之一因跳过广告而流失。[35]虽然跳过广告的行为广泛存在,但一项有趣的研究表明,被跳过的广告在被跳过之前是被积极加工的,而且它们可能比那些没有被跳过的广告对品牌购买行为产生更积极的影响。[36]不过这种可能性在被接受为事实之前无疑需要更进一步的证据支持。

除了跳过广告以外,电视观众还可以选择快进。**快进**是指用数字视频录像机(TiVo)将电视节目和广告一起录下来,然后当观众观看之前录好的节目时用快进的方式跳过广告。研究显示快进的现象广泛存在。[37]使用 TiVo 和 ReplayTV 这些公司的硬盘录像机(DVR),观众只需简单地按一个能够快进 30 秒(电视广告的标准长度)的按钮,就可以快速跳过广告。

据估计,目前 DVR 在美国家庭中的渗透率将近 25%,即 2008 年有超过 2 800 万个家庭拥有 DVR。[38]很多 DVR 的拥有者使用这种技术快进或全部跳过广告。一项研究发现,将近 60% 的男性观众会跳过广告,这一比例在女性观众中甚至更高,达到近 70%。[39]在观看之前录好的节目时,快进广告的比例尤其高(超过 75%);但当人们观看现场直播的节目时,快进广告的比例大幅下降(降到低于 20%)。[40]其中的含义很明显:在现场直播的节目中,广告更可能被观看,这或许能够解释为什么《美国偶像》这类节目的广告价格如此之高。

随着 DVR 渗透率的增长,很多广告者将转向电视以外的媒体,因为他们担心自己在电视上的投入不能物有所值。但宝洁公司进行的一项重要研究得出了以下结论:用 DVR 快进广告的消费者对广告的回忆程度与那些以正常速度实时观看广告的人基本相同。[41]虽然如此,快进可能会对其他决定广告效果的因素(温暖的感觉、喜爱程度、整体说服力)产生消极影响,因此断定"TiVo"不会削弱广告效果是不恰当的。

由于 Tivo 的存在,即观众用快进的方式跳过广告,广告者正在开发能够减少这种行为的方法。例如,在《流言终结者》(运用科学打破迷信的电视节目)中播放的健力士啤酒广告里有这样一个场景:一个人问另一个人,一瓶健力士啤酒只含有 125 卡路里热量是不是杜撰的? 在被告知卡路里的计算是准确的之后,画外音说道:"《流言终结者》,由健力士赞助播出。"[42]肯德基也试图用以下方式避免让消费者通过录下节目快进广告:它在自己的广告中加入了包含代码词"Buffalo"的一帧,只有使用 DVR 慢放广告并逐帧观看的观众能够看到这个代码词。肯德基会在广告播放过程中说明相关细节,确保观众能够知道何时暂停自己的 DVR。认出代码词的观众可以登录肯德基的网站索取免费获得的 Buffalo Snackers 三明治的赠券。超过 10 万人在肯德基网站上输入隐藏的代码后索取了免费三明治的赠券。在广告播出的几个星期里,肯德基网站的访问量比平时增加了 40%。[43]

最后,虽然 DVR 允许消费者时移电视观看,即人们录下节目然后在方便时观看,但有另一种技术能够让消费者进一步控制自己观看电视的行为。具体来说,*Slingbox* 使人们可以位移自己对现场直播节目的观看。我们将在全球聚焦中详细介绍这种技术。

电视广告的第五个严重问题是杂乱。杂乱的产生是由非节目内容数量的增长带来的,这些内容包括公共服务信息以及对电视台和节目的宣传通告,但特别重要的是广告。事实上,主要电视网在黄金时间每一小时的电视内容里,有略多于 15 分钟或超过 25% 的时间都在播放非节目内容。[44] 正如我们之前提到的,消费者认为电视是所有主要广告媒体中最杂乱的。以下两个原因造成了电视的杂乱:电视网使用越来越多的宣传通告,鼓励观众收看被大力宣传的节目;广告者越来越多地使用短广告。虽然 60 秒广告曾经非常流行,但如今绝大多数广告只有 30 秒或 15 秒。[45] 杂乱的问题会影响电视广告的效果,因为它使消费者对总体的广告产生负面印象,把观众从电视机前赶走,或许还会降低广告识别与回忆。[46]

IMC 聚焦　央视广告招标与历届的"广告标王"

中央电视台从 1995 年开始到 2009 年,连续 16 年对黄金广告时间实行招标预售,取得了骄人的销售效果,每年招标所获得的广告收入都占当年全台广告收入的大部分。下面可以从央视历代"广告标王"的兴衰发展中,了解这一特殊的历史产物对企业发展的影响。

1995 年的孔府宴酒是央视历史上的第一个广告标王。可称为第一个吃螃蟹的企业:几乎一夜之间,孔府宴酒这家名不见经传的企业便凭"喝孔府宴酒,做天下文章"的广告语迅速家喻户晓、红遍全国。其在夺标当年就实现了销售收入 9.18 亿元、利润 3.8 亿元的历史最好成绩。然而,由于决策失误、结构调整不力和盲目扩张等原因,企业很快陷入困境。2002 年 6 月"孔府宴"品牌最终被零价转让给山东联大集团。

1996 年秦池以 6 666 万元的价码竞标成功,秦池酒凭借这个标王身份得到了各级各类媒体的充分关注。当年其销售额和利税两项指标比夺标前分别增长了 5 倍和 6 倍。1997 年当秦池以 3.2 亿元的报价再度中标时,巨额资金的投入使得秦池产业结构调整、加快发展时捉襟见肘。为了保证市场需求,秦池盲目增加生产线扩大生产规模。1997 年以后秦池的各项指标开始大幅下滑。特别是在其勾兑白酒出售被媒体曝光形象受损后,其销售额更是迅速下降,到 2002 年时只有 1996 年的 1/30,而利润一栏的显示是"空"。

1998 年爱多以 2.1 亿元打败步步高,老总胡志标成了名副其实的"标哥"。仅用两年多的时间,爱多就完成了从普通电器到品牌、再从品牌到峰顶的"超速发展",然而由于行业转折、供过于求、拖欠料款、空开支票、人才流失等原因,从顶峰跌落深渊更快,只用了一年多时间。1999 年后企业破产,胡志标也因涉嫌诈骗被判刑 20 年。

前几任标王的坎坷经历引起社会对"标王"的广泛争议和思考。1999 年和 2000 年,步步高分别以 1.59 亿元和 1.26 亿元蝉联两年标王。与前三任标王相比,董事长段永平少了前几任标王诸如"以奥迪换桑塔纳"等豪言壮语,开始稳健和低调行事,到2002年步步高从"普通商标"到"著名商标"再到"驰名商标",完成了品牌塑造的"三级跳"。

从"步步高"开始。企业投放广告和争夺标王逐渐趋于理性。2001年和2002年,娃哈哈分别以2 211万元和2 015万元夺得"标王"。跌破了央视广告招标的底线,不久其销售和利税业绩开始称雄于国产饮料市场。

2003年熊猫手机以1.0889亿元勇夺标王,将标王价码再度拉高。其后虽然经营出现困难但并非因争夺标王所致。

2004年蒙牛打败了最有力的同类竞争者伊利,最终以3.1亿元拿下了央视最富价值的广告标段,利用"神舟五号"载人飞行成功事件,通过"宇航员专用牛奶强壮中国人"的广告使其品牌深入人心。

2005年开始,央视广告招标引起了众多外资品牌的高度关注和积极参与,宝洁、联合利华、高露洁、NEC、肯德基、一汽丰田以及柯达、吉列刀片、达能等众多国际品牌蜂拥而至。最终世界500强企业宝洁以3.85亿、3.94亿和4.2亿元连续三年摘得2005年、2006年和2007年央视广告标王的桂冠。

央视广告竞拍从1995年到2010年共走过了16年风雨,从第一年的总额3.3亿元到2010年的总额109.6645亿元,这一数字创16年新高,同时标志着央视黄金广告招标额首度突破百亿大关。

从回顾中可见,16年里的11个标王企业命运各不相同。而标王的转换也见证了中国企业从狂热到理性的回归。纵观16年的发展,可以将广告标王的发展分为三个阶段:第一阶段(1995—1998年),价码从3 079万元飙升到3.2亿元。这时期呈现出了"迷信+狂热"的特点,秦池达到疯狂的顶点后,1999年爱多以2.1亿元成为标王后便走了下坡路。第二阶段(1999—2002年),价码从1.59亿元跌至2 211万元。这时期呈现"观望+调整"的特点。随着2000年爱多老总胡志标的锒铛入狱,央视开始淡化标王概念,这个时期的企业开始变得冷静。2002年央视广告招标历史上身价最低的一个标王娃哈哈以2 015万元中标。第三阶段(2003—2010年),价码从1.08万元升至最高点4.2亿元。这时期呈现出了"大胆+理智"的特点,这时期投标企业愈发清醒和理性,再也不见了当初秦池那种不计退路的浮躁和疯狂。

应该说,广告标王现象是中国广告业发展中特有的现象,它是中国媒体资源有限与企业巨大的广告投放需求以及独特的央视媒体效应分不开。伴随着央视独特的媒体地位与无可替代的效应,这种标王现象仍将存在很长一段时间。

资料来源:1. 赵雅文,《广告标王≠市场标王——央视历年广告标王发展透视及理性分析》,《新闻界》,2010年第3期。

2. 杨磊,《12年,"看央视广告招标"以变应变》,《新闻知识》,2006年第1期。

3. 屠瑜,《1995—2010年央视广告标王历年回顾》,东方网综合,2009年11月19日。

讨论题:

在当今新传播环境下,电视媒体是否仍是一种有价值的稀缺资源?这种价值是否可以长久存在下去?企业如何更有效地利用电视媒体?

| 全球聚焦 | 便携式电视机节目收看 |

假设你是一个美国公民,在欧洲(或亚洲,或任何地方)工作,错过了你最喜欢的大学或专业运动队的比赛直播。这些节目当然不是在伦敦、巴黎、阿姆斯特丹、东京或你所在的任何地方都有电视直播,你可以让在美国的一个家庭成员把录像寄给你,但在比赛结束几天之后才进行观看的愉快程度无法与实时观看相提并论。这时应该怎么办?

一种解决方法是名为 Slingbox 的设备。为了解释 Slingbox 是如何工作的,我们假设你是俄亥俄州立大学的毕业生,并从宾夕法尼亚大学沃顿商学院取得了 MBA 学位。你的专业是国际贸易,第一份工作在西班牙的巴塞罗那,你为一家在全球设有办事处的美国公司工作。你热爱你的工作和在巴塞罗那的生活,但秋季的每个星期六你都无法收看到你钟爱的 OSU Buckeyes 的足球比赛。解决方法就是使用 Slingbox,一种两磅重、价格低于 200 美元的设备。

下面介绍你如何能够通过使用 Slingbox 观看俄亥俄州足球比赛的现场直播。首先,你让在俄亥俄的父亲将新近购买的 Slingbox 连接到他的电视上。然后他再将 Slingbox 连接到他的电脑网络/路由器上。父亲把支持 Slingbox 的软件(称为 Sling-Player)通过邮件发送给你,你再将这个软件下载到你的电脑甚至是支持 Windows 的移动电话上。完成之后,你就可以在巴塞罗那或世界上其他任何你能够连接网络的地方观看俄亥俄州足球队的比赛直播了。

应该很明显,Slingbox 使你可以位移到任何地方,不管是你家乡所在州的另一个城市,还是世界各地。重要的是,消费者对电视观看行为的控制在不断增加,而 Slingbox 技术反映了在这方面的又一个进步。DVR 设备允许电视观看的时移,而 Slingbox 有助于位移。而消费者越来越多地参与到开发他们自己的电视广告这一事实(通常是提供赞助的品牌发起的竞赛的一部分),使消费者甚至能部分地控制一些电视广告的内容。

资料来源:http://www.slingmedia.com(accessed March 9, 2008); Abbey Klaassen, "Why This Box Changes Everything," *Advertising Age*, June 5, 2006, 1, 49。

12.5.4 专题广告片

要对电视广告进行完整的介绍,至少要简单地提一提专题广告片。长广告或**专题广告片**在 20 世纪 80 年代初被引入电视中,是传统短电视广告的替代品。比较而言,专题广告片是包含产品新闻和消遣内容的大型广告,一般长达 28—30 分钟,它们占据多数有线电视台近四分之一的节目时间。营销者越来越多地使用专题广告片,主要有以下两个原因:第一,在技术上比较复杂以及那些需要进行详细说明的产品能够从长广告形式中获益。第二,专题广告片使人们能够同步测量市场需求的增长情况,因为由它带来的订单多数都发生在广告片播出后的 24 小时之内。[47] 由于反应迅速,可以很容易地确定专题广告片是否推动了销售增长;比较而言,采用传统广告形式的产品很难获得如此迅速的销售反应。

在早些年，专题广告片的应用主要局限在销售护肤品、脱发治疗产品、健身器械及其他类似产品的不知名公司之间。但这种广告越来越高的声望已经促使一些消费品公司通过专题广告片来宣传自己的品牌。著名的专题广告片使用者包括雅芳、博朗、伊卡璐、克莱斯勒、雅诗兰黛、胡佛、先锋、宝洁以及西尔斯。耐用消费品制造商正越来越多地使用专题广告片，例如下面介绍的柯达。

柯达采用了一个 30 分钟的专题广告片来宣传自己的新产品——DC210 变焦数码相机。在此之前，伊士曼柯达公司在数码图像上投资了 5 亿美元，但得到的销售额和利润甚微。这个专题广告片的制作费用将近 40 万美元，其中还包括邀请观众拨打免费电话索取价值 175 美元的优惠券的成本，这种优惠券可用于在零售店购买柯达的相机和其他产品。后续的研究表明，大约每 12 个拨打电话索取折扣券的人中，便有 1 个人会在零售店订购相机，这个数字是相当惊人的，因为当时 DC210 的零售价格为 899 美元。播放 DC210 专题广告片的城市，零售额比没有专题广告片的城市高 80%。而且，零售时的推销时间也大大缩短了，因为专题广告片已经预先向消费者进行了推销。柯达的管理人员认为，专题广告片是向消费者介绍数码图像优势的一种非常划算的方式。[48]

众多广告者已经发现，在电视上播放专题广告片能够非常有效地推动销售增长，这种长广告显然已经为多数人所接受。尽管消费者会抱怨专题广告片（如含有虚假信息、具有误导性）[49]，但这种形式的长广告似乎对那些关注品牌和价格以及高度重视购物便利程度的消费者尤为有效。[50]

12.5.5 品牌植入电视节目

回顾一下我们之前讨论过的广告杂乱问题以及消费者快进和跳过广告的行为，很多观察家由此担心电视广告不再像它曾经那样有效了。品牌经理和电视网管理人员对消费者的快进和跳过广告行为做出的回应是，借用电影行业的做法，设法避免让电视观众跳过广告。你是否注意到了更加频繁地出现在电视节目中的那些品牌？这种现象并非偶然，而是品牌经理为其品牌出现在显著位置支付了费用——正如他们在电影中植入产品一样。拥有大量观众的《幸存者》节目就是产品植入的缩影，可能电视观众现在已经意识到，植入品牌的《幸存者》剧集不比几乎没有伪装的广告好多少。经常出现在《美国偶像》中的可口可乐是品牌植入的另一个例子。

与电影中的植入广告相比，品牌在电视节目中出现有以下优势：① 受众更多；② 曝光更频繁；③ 全球到达，尤其是当节目在世界范围内进行重播时。[51]

如果品牌出现的环境恰好与其品牌形象相匹配，那么在电视节目中植入品牌将非常有效。植入电视节目的缺点在于，品牌经理无法对此进行完全控制，而电视广告则需要得到他们的最终许可。有趣的是，人们觉得自己与电视节目之间的联系越紧密，即他们与节目中的角色、事件和影像产生了共鸣，他们对节目中植入的品牌回忆程度越深。[52]这说明能够引起受众高度共鸣的电视节目是植入品牌更有效的载具。

IMC 聚焦　植入式广告在中国

"植入式广告"（product placement），是指把产品及其服务具有代表性的视听品牌符号融入影视或舞台产品中的一种广告方式，给观众留下相当的印象，以达到营销目的。"植入式广告"是随着电影、电视、游戏等的发展而兴起的一种广告形式，它是指在影视剧情、游戏中刻意插入商家的产品或标识，以达到潜移默化的宣传效果。由于受众对广告有天生的抵触心理，把商品融入这些娱乐方式的做法往往比硬性推销的效果好得多。植入式广告按程度可以分为深度植入、中度植入、浅度植入；按手段可分为道具植入、台词植入、剧情植入、场景植入、音效植入、题材植入、文化植入等。

2010年春晚结束后，"植入式广告"一时间风生水起，无论是小品《五十块钱》里卖包子的夫妻胸前印有鲁花牌标志的围裙和中国平安的标志，还是小品《捐助》里详细介绍的搜狐、搜狗，赤贫寡妇送上的价值数千元的国窖1573，反复提及的三亚旅游的场景，又或者是小品《一句话的事》中不时铃声大作的夏普手机，小品《家有毕业生》对土豆网和洋河蓝色经典的强调，以及刘谦在表演魔术时"意犹未尽"地喝下的汇源果汁，甚至歌曲《拍拍拍》整个成了一部佳能相机的加长版广告。

随着电影、娱乐、传媒产业的全球化发展，植入式广告正从欧美迅速向全球蔓延，作为一种营销方式，植入式广告随着好莱坞大片进入中国观众的视野。植入式广告正在被中国电影人学习、掌握和利用。冯小刚和华谊兄弟早在合作《没完没了》时就首次使用电影贴片广告，同时在《大腕》《手机》中继续探索，在《天下无贼》中则共植入了12个品牌，获得了2 500万元的赞助费用，电影还没上映就已收回过半成本。

近年来本土植入广告一个比较成功的例子是电视剧《蜗居》。在电视剧《蜗居》里，导演并没有一味地为品牌打广告，而是在其中融入了情节发展的需要和自己的价值观。在对品牌的暗示中，更是有褒有贬，既有正面褒扬式，也有反衬烘托式，更不乏寓意深刻式，收放自如的"广告"，确实给剧情增加了不少色彩。

电视剧中的主题：权力、爱情、"小三"都有着不同的象征。路虎是宋思明的宝贝车，在电视剧中作为成功男士、为众人所喜爱的宋先生，用了长长的一个镜头来告诉观众路虎的性能有多么好，旁边的海藻很恰当地配合着惊羡的表情，简直是一个路虎的加长版广告。而在最后宋思明出事时，导演又很巧妙地让宋没有开他的宝贝路虎。《蜗居》里很少对一个东西做这样纯粹的赞扬，可以说，宋思明已经被比作了路虎，而路虎，自然也就成了成功男人的象征。

当然，《蜗居》里也不乏一些背景式的普通植入式广告。比如银行卡、三星电视、索尼电视，以及各种封面名字看得很清楚的杂志……但是这些生活化的演示由于其恰当地出现也并未引起观众的抵触。总之，《蜗居》这部电视剧将植入式广告做得游刃有余收放自如，不仅增加了经济效益，同时也给剧情增加了色彩。

但我国目前电影、电视剧植入式广告还存在很多问题。虽然不乏一些优秀的电影隐性广告案例，但大部分的植入广告在运作水准、创意表现、整合营销等方面表现得不尽如人意。具体体现在以下几个方面：

（1）广告植入生硬：例如影片《爱情呼叫转移》中，电影的结构形式让人产生了具有娱乐效力的广告片组合的印象，而并非一个具有完整结构的故事叙述，更像是为中国移动做的一部超长版的广告片。

（2）广告适度性欠佳：在一些国产影片中，品牌以过于鲜艳的方式呈现，造成冲击过度。例如在《天下无贼》中，列车上警察将疑犯的照片打印出来时，镜头居然在佳能打印机上停留超过3秒。虽然导演靠植入广告收回了过半投资，但他不得不在影片未公映时就向观众道歉。

（3）广告回报性低：如果不能考虑商品的名气、地域性、市场占有率，就无法给观众留下深刻印象。根据对《唐山大地震》植入广告效果的调研①，"必奇止泻药"作为医药类产品，市场占有率不高，观众对其品牌的认知率在所有贴片广告中最低，辨识度仅占31.8%，认可度仅占29.7%。企业并没有找到其产品和品牌与故事情节的有效契合点，而是生硬地将广告打在出租车座位布套上，植入方式简单生硬，很难让观众产生印象。

随着中国媒体投放环境越来越复杂、投入成本加大、投资效益下降等诸多因素的干扰，植入式广告仍有大行其道的趋势。但广告受众对植入式广告的接受度与容忍度是否也会越来越高，则让人拭目以待。

资料来源：汤博晖，《电影植入式广告的现状及未来发展——以〈变形金刚2〉和〈唐山大地震〉为例》，北京大学光华管理学院硕士学位论文，2011年5月。

讨论题：
如何看待植入式广告？哪种植入式广告令人喜欢和接受，哪些植入式广告令人不喜欢和不接受？

12.5.6 电视受众测量

正如我们在之前提到的，黄金时间在全国播出的一个30秒电视广告，成本可能高达270万美元（2008年超级碗期间），也可能低于10万美元。当然，固定栏目（即非全国性的）电视广告的成本要便宜得多，因为它的市场覆盖更小。并且有线电视和电视集团广告一般比电视网广告便宜，原因也是受众规模更小。从根本上来说，广告价格不同的原因是收视率。一般而言，收视率更高的节目广告价格也更高。由于价格与收视率密切相关，准确测量节目受众规模（确定收视率的基础）就成了一个非常重要、价值数百万美元的产业。广告研究者一直在探索，希望找到能够更准确地测量电视节目观众数量的方法。下面的讨论将分为电视网（全国性的）和地方受众测量。二者之间的本质区别在于，受众规模数据是通过电子科技（所谓的个人收视记录仪）收集的，还是通过纸质日记收集的。

---

① 调研数据来自北京大学光华管理学院工商管理硕士汤博晖的硕士学位论文《电影植入式广告的现状及未来发展——以〈变形金刚2〉和〈唐山大地震〉为例》，市场调研及数据收集借助了艺恩咨询公司的问卷调研平台。

全国性(电视网)受众测量:尼尔森个人收视记录仪

尼尔森媒体研究公司的个人收视记录仪代表了电视受众测量出现以来最重要和最具争议的研究创新。[53]它的使用方法是,尼尔森公司为全国范围内的样本家庭安装电视机顶盒,消费者需要按动上面的一个按钮来记录自己的收视行为。目前尼尔森的样本中包含1万个家庭(2007年美国共有11 280万个电视家庭)。这种机顶盒上有8个按钮供家庭成员使用,2个按钮供访客使用(参见图12.1),家庭成员(或访客)需要在每次选好一个特定节目时按下指定数字的按钮。记录仪会自动记录哪些节目正在被观看、哪些家庭成员在场以及多少个家庭在观看,然后应用统计方法将这些数据推论至所有家庭,并估计在给定场合下每个电视节目的收视率,如在一个特定星期二播出的《美国偶像》。每个家庭个人收视记录仪上的信息每天通过电话线提供给中央计算机,尽管在10 000个家庭中,一般只有80%确实向尼尔森传送了数据。[54]接下来这些收视信息与每个家庭的人口统计资料合并在一起,形成关于受众数量和构成的单一信源数据。

图12.1　尼尔森个人收视记录仪

你可能会怀疑,为什么有人愿意在每次坐下来看电视的时候花时间去按一个按钮?实际上,参与研究的部分家庭和家庭成员可能确实没有如实地按下按钮,确认他们正在收看电视。但由于尼尔森公司向参与研究的家庭提供报酬——两年多达600美元,所以很多参与者感到有义务去完成这项任务。

个人收视记录仪可能会以这样或那样的形式继续存在下去,关于它的争议或许也将持续下去。每年向尼尔森公司支付超过1 000万美元的主要电视网现在对这些数据的批评越来越多,它们称尼尔森低估了一些主要的人口群组,尤其是在家庭以外看电视的年轻人。

地方受众测量:尼尔森的日记固定样本

尼尔森电视网受众测量基于的10 000个家庭分散在美国各地。例如,在南卡罗来纳州的哥伦比亚(有超过50万居民的大城市,美国最大的100个电视市场之一),大概只有50个或更少的家庭被包括在尼尔森的全国样本中。显然,有更多家庭代表那些更大的市场(纽约、洛杉矶、芝加哥等),而更小的市场包括的样本家庭更少。如果只考虑哥伦比亚,根据尼尔森全国个人收视记录仪样本,要得到关于哥伦比亚市场电视收看情况的可靠统计推论,其中包含的约50个家庭未免太少了。

考虑到这一统计事实,尼尔森在对地方市场的电视节目收视率进行估计时,使用的是另一种数据收集方法。尼尔森从20世纪50年代就开始使用纸质日记来收集受众收视习惯和观看特定节目的家庭构成的相关信息。关于电视收视行为的纸质日记由从美国地方市场选取的375 000个家庭样本填写完成,每个家庭在一年中要完成四次20页的日记,分别在二月、五月、七月和十一月,这些月份在电视行业被称为"清扫"期。在日记中,一个星期中的每一天被分为若干个15分钟长的部分,由在美国210个市场中随机抽取的家庭来填写完成。参与的家庭需要记录在每个15分钟里,哪些家庭成员收看了哪些电视节目。[55]你可能会想,谁愿意花时间去如实记录他们的收视行为呢?当然,这种测量方法并不完美,因为一些参与的家庭不会认真记录谁看了什么。此外,超过10%的家庭交回的日记上存在着大量空白或包含由于字迹潦草而难以辨认的条目。

地方受众测量:尼尔森的地方个人收视记录仪

由于上述原因,电视行业坚持在地方市场使用一种更好的方法来测量收视行为,即地方个人收视记录仪(LPM)。LPM与尼尔森公司用于全国性受众测量的仪器是相同的。比较而言,纸质日记只收集四个清扫月份的关键收视数据和人口统计信息,而LPM可以每天为媒体购买者提供关于受众数量和特定节目受众构成的反馈信息。

目前LPM可以在美国的10个主要市场使用,它们代表了大约30%的美国电视家庭——波士顿、芝加哥、洛杉矶、纽约、旧金山、达拉斯—沃斯堡、底特律、费城、亚特兰大和华盛顿。到2011年,LPM服务将扩展为包括美国最大的25个市场。事实上,预计尼尔森公司会在2011年以前淘汰陈旧的纸质日记方法,后者是在美国只有三家主要电视网时发展起来的。[56]随着多个电视网和大量有线电视台的出现,用于记录电视收看行为的日记方法已经无法实现其最初的目的了。在可以使用LPM的市场里,已经证明收看电视的年轻成年人(18—34岁)实际上比日记法显示得更多。这是因为年轻的成年人太忙,无法像年长的成年人那样认真地填写纸质日记。[57]

测量家庭以外的观众(和听众)

不必说,很多广播收听和电视观看行为发生在家庭以外的地方。例如,上百万大学生在宿舍里收听广播和观看电视,但传统的阿比创和尼尔森测量系统没有将这类人群加入到他们的样本中。同样,人们经常使用广播和电视的地方还有酒吧和餐厅、健身中心、办公室、商店、工厂,等等。然而传统的阿比创(广播)和尼尔森(电视)系统遗漏了这些在家庭以外的收听和收看行为。正因为如此,阿比创和尼尔森于2005年开始合作测量人们在家庭以外的广播收听和电视观看行为。[58]遗憾的是,2008年这项合作被终止。

尼尔森的新挑战者

尼尔森公司常常被批评垄断,因为它是唯一一家测量全国和地方电视受众的主要公司。然而在 2008 年,一家名为 TNS 媒体研究的公司开始与尼尔森竞争。TNS 从 10 万个 DirecTV 用户使用的机顶盒收集电视观看数据。[59]与尼尔森的样本数量相比,它的家庭样本量要大得多,并预计将产生统计上更为可靠的受众测量结果。而且,TNS 的机顶盒数据将以秒为单位提供电视观看的相关信息(尼尔森的数据是以分钟为单位的),并将同时包含与电视广告收看和电视节目收看相关的数据。现在要想知道 TNS/DirecTV 的合作是否真的能成为尼尔森切实可行的替代品还为时过早(在 2008 年中期),但对于很多怀疑尼尔森电视节目和广告收视测量准确性的广告者来说,在电视受众测量领域会出现尼尔森替代者的这一可能性着实令人兴奋。

小结

除了户外广告(将在第 20 章介绍)和互联网广告(将在第 13 章介绍),有四种主要媒体可供媒体策划人员选择:报纸和杂志(印刷媒体)以及广播和电视(广播媒体)。每个媒体都有自己的特点,有优势与劣势。本章对每个媒体都进行了详细分析。报纸覆盖大众受众并能到达那些处于适合进行信息加工的心理模式的受众。但报纸的问题是非常杂乱、针对性有限以及其他一些劣势。杂志使广告者能够有针对性地到达受众,并以一种让读者参与其中的方式呈现详细信息。但这种媒体缺乏侵入性,而且同样有相当大的杂乱问题。广播同样能够到达细分受众而且比较经济,主要的缺点是杂乱和缺乏视觉元素。最后,电视是一种有侵入性的媒体,能够引起兴奋、展示使用中的品牌以及产生影响。电视广告的问题是杂乱、受众分散和高昂的成本。

除了分析每个媒体的优势与劣势,本章还介绍了如何购买媒体版面和时间。另一个主要内容是每个媒体受众规模和构成的测量,具体包括杂志测量的米迪马克研究公司和西蒙斯市场调研局、广播受众测量的阿比创服务,以及电视受众测量的尼尔森媒体研究公司。最后,我们对尼尔森的个人收视记录仪系统——包括地方个人收视记录仪(LPM)和便携式个人收视记录仪(PPM),以及历史上用于测量地方受众的纸质日记方法进行了详细介绍。

讨论题

1. 电视广告的优点和缺点是什么?为什么更多的国内广告主将电视广告视为一种可行的广告媒体?

2. 假设你是一款为大学生设计的新款书包的品牌经理。这些书包同每个学校的主题颜色相同并且印有学校的吉祥物。假设你有 500 万美元的资金来投入为期两个月的杂志广告计划(七月和八月)。你会选择哪一本杂志刊登广告?请解释你的选择。

3. 假设你是多种珠宝饰品的生产商。在你的产品线中,为高中学生设计的毕业耳环是最重要的产品。你正在计划一项针对高中生的广告战略。你每年拥有 1 000 万美元的预算,你会选择哪种媒体载具?你怎样制订时间计划?

4. 在图书馆中找到最新一期的 *Spot Radio Rates and Data*,比较当地三或四家广播电台的广告率。

5. 选出在你学校(或家)附近你最喜爱的服装店,并选出该服装店最适合投放广告的广播台。不要局限于该服装店已经做广告的情况,要专注于你认为最重要的方面。一定要明确写出你选择的标准以及所有你考虑的电台。

6. 杂志 A 的读者有 1 100 万,一个全页四色广告的价格是 52 000 美元。杂志 B 能到达 1 500 万读者,全页四色广告的价格是 68 000 美元。保持其他因素不变,你会选择哪一个杂志来投放广告?为什么?

7. 请试着在网上找到你最喜爱的杂志的广告价目表。仔细研究这个价目表并总结你的发现,请对比相同版面大小的黑白广告和彩色广告的价格差别(如果你找不到最喜爱杂志的价目表,就试着寻找第二喜爱杂志的价目表,以此类推)。

8. 广播是唯一的非视觉主流媒体。这是广播的一个主要缺陷吗?请简要解释你的理由。

9. 在你看来,便携式数字音乐播放器(例如苹果 iPod)会最终取代收音机吗?

10. 一位营销管理人员做了下面这段陈述:"电视直销广告就是垃圾。我不会在这种媒体上浪费我的钱。"你对他这段话的评价是什么?

11. 广告团体的成员经常认为收视记录仪具有缺陷。请举出一些原因来说明,为什么收视记录仪有时不能带来收视率和观看电视的人们的人口统计变量的准确信息?

12. 在你的图书馆里选择一期最新的 SMRB 或 MRI 出版物,并选择一种有大量消费群体的产品(软饮料、麦片、糖果等)。找出 18—24 岁、25—34 岁、35—44 岁、45—54 岁、55—64 岁以及 65 岁以上年龄群体的指数。说明这些指数是如何计算出来的,并确定一些尤其适合你所选择产品的广告的杂志。

13. 根据下面的数据,填写表中的空白处。

	总数 '000	A '000	B% Across	C% Down	D Index
全部成年人	218 289	35 144	16.1	100.0	100
18—24 岁	28 098	6 285			
25—34 岁	39 485	10 509			

14. 只根据问题 13 中的数据,如果你是一个广告主,正在决定向 18—24 岁的人投放广告还是向 25—34 岁的人投放广告,或者向两个群体都投放广告,你的决定是什么?请详细解释你的选择。

15. 在你看来,为什么有线电视观众数量的增长以牺牲网络电视观众的数量为代价?

16. 在你看来,从现在起 10 年后数字影碟播放机会对电视广告的效率产生什么影响?

17. 你对电视节目中的品牌植入怎么看?你认为这些植入广告使人厌恶还是觉得这些广告只是节目的一部分而已?你认为他们影响了你对所广告的品牌的态度和行为吗?

18. 便携式收视记录仪能够在人们离家的时候有效地跟踪记录人们听和观看的习惯。这是否可能?请说出你的想法。

第13章

互联网广告

第13章介绍了互联网作为一种广告媒体的使用方式，包括在线广告的重要性及其巨大的增长潜力。本章结尾讨论了互联网广告效果测量方法的选择。

宏观营销传播洞察 网络广播的兴起是否意味着传统媒体的衰落

在整个20世纪的大多数时间里，上一章中介绍的传统广告媒体占据着营销传播者绝大部分的广告预算。杂志和报纸在前半个世纪的大多数时间占据主导地位，但随着20年代早期广播出现以及50年代电视显现出优势，广告界发生了重大变化。尽管报纸广告直到80年代仍是一种主导的广告媒体，但电视在媒体支出中所占的份额已经在不断增长。人们可以说随着营销者不断尝试寻找不那么杂乱、能更准确地锚定潜在消费者而且更经济的广告途径，电视作为一种广告媒体其最繁荣的时期已经过去。由于互联网这种切实可行的广告媒体的出现，电视的损失(伴随其他主要媒体经历的广告收入损失)巨大。简而言之，广告媒体提供者生活在一个零和世界里。

零和的概念是指，在一个竞争环境中一部分人获得的任何收益都意味着另一部分人的损失。媒体环境大体就具有这种特征，比如说营销者增加在电视上的广告支出通常会导致他们在杂志和广播等其他媒体上支出的减少。如今，媒体世界里更重量级的是互联网广告。一家独立的技术研究公司 Forrester Research 报告称，在最近的一年里，近一半营销者增加了在互联网广告上的支出，同时减少了在杂志、报纸和邮件等传统媒体上的支出。Forrester Research 还预测，到2010年互联网广告和促销支出将与在有线和卫星电视以及广播上的总支出相匹敌。[1]事实上，2008年美国互联网广告支出共计约280亿美元，预计到2011年这一数字将达到420亿美元。[2]

根据针对2000名网络用户进行的另一项调查，消费者的互联网使用正以传统媒体为代价持续增长。61%的受访者表示，他们现在比前一年花更多的时间在互联网上。根据媒体消耗时间的零和特征，36%的受访者表示减少了电视观看，34%减少了阅读杂志的时间，30%减少了报纸阅读，27%减少了广播收听。[3]

不言自明的是，不管出现在任何地方，营销者都希望赢得人们的眼球和耳朵，而且会将广告支出花费在消费者花时间在上面的那些媒体上。由于统计数据显示，人们的眼球和耳朵越来越多地关注互联网媒体，因此营销者也相应地将其营销传播预算中更大的比例分配给互联网媒体,同时减少在传统媒体上的支出。

本 章 目 标

在阅读本章后你将能够:
1. 理解互联网广告的重要性、性质和潜力。
2. 熟悉互联网广告的两个关键特征:个性化与交互性。
3. 了解互联网广告与传统的大众导向广告媒体之间的区别,以及如何将同样的基本原则应用到这两大类广告媒体上。
4. 了解互联网广告的各种形式:展示广告、富媒体、电子邮件广告、网络博客、搜索引擎广告和行为锚定广告。
5. 理解测量互联网广告效果的重要性和各种方法。

13.1 介绍

　　互联网具有多方面的营销功能,它既可以作为一种开发需求、实施交易、填写订单、为消费者提供服务的途径,又可以作为一种多功能的广告媒体。但本章内容总体上并不是关于电子商务的,而是局限于将互联网视为一种快速增长的广告媒体。重要的是要知道,作为一种广告媒体,互联网的确切作用在不断变化:新科技不断涌现,营销者在尝试使用各种各样的在线传播方式。本章的目标是对互联网广告的大部分方面进行概述,希望学生能够对正在发生的变化和关于未来究竟会如何的不确定性有一个全面的理解。正如我们在营销传播洞察部分所介绍的,作为一种切实可行的广告媒体,互联网无疑将持续抢夺花费在传统广告媒体上的广告支出。在完成本章的学习后,你将能够对互联网的机会与潜力进行评价。

　　在前几章中介绍的传统广告媒体(电视、广播、杂志和报纸)已经满足了几代广告者的需求,但近些年来,广告者和广告公司正在付出越来越多的努力,希望找到比现有媒体更便宜、杂乱程度更低并且可能更有效的新媒体。一些观察家甚至称传统广告已经走到了尽头。[4]他们的观点是互联网广告比传统媒体更优越,因为前者几乎使消费者能够完全控制是自己接收还是避开广告信息。由于互联网的多功能性和在瞄准消费者方面的优越性,它被认为是一种更好的传播媒体。[5]但多数人都赞同,互联网只不过是IMC规划中一个潜在的关键要素,并不能取代传统媒体。[6]

　　在1994年万维网才刚刚成为一种重要的广告媒体。尽管在本书编写时,互联网在美国广告收入所占的比例不足10%,但到2011年,美国在线广告总支出预计将达到420亿美元。[7]互联网作为一种广告媒体,或许下面这个事实最能够表明它的增长:谷歌和雅虎(搜索引擎公司)在最近一年的广告收入几乎等于美国主要电视网黄金时间广告收入的总和。[8]很多公司(既有B2C公司,也包括B2B公司)都正在将营销传播预算中更大比例的部分转移到互联网广告上。

13.1.1　互联网的双重性:个性化与交互性

个性化与交互性(互联网的双重性)是互联网及互联网广告的两个关键特征。[9]个性化是指互联网用户可以控制信息流,从而使消费者能够锚定与自己相关的广告和促销。交互性是与个性化交织在一起的,它使用户能够选择那些他们认为与自己相关的信息,使品牌经理能够通过相互交流建立与消费者之间的关系。现在我们来详细说明互联网交互性特征的重要性。

传统广告媒体在吸引消费者,或者说引起心理活动的程度上是不同的。传统媒体以一种相对被动的方式吸引消费者:消费者听到或者看到关于被广告品牌的信息,但他对接收到的信息数量或比率的控制是有限的。所见(或听)即所得,有行动但没有互动。行动是单向的流动(从广告者到消费者),而互动需要有相互的行为。互惠这个概念大体上定义了互动媒体的性质。

互动广告使用户(他们不再是传统、被动的传播模式中的"接收者")能够控制他想要从一个广告中获得的信息的数量和比率。用户可以选择花 1 秒钟或是 15 分钟的时间去看一个广告,几乎完全以默读的方式参与到了与广告的"对话"中。如果需要获得额外的信息,可以按一下按钮、触摸屏幕或点击鼠标。在所有情况下,用户和广告信息提供者都在参与信息的交换——相互交流而不只是传达和接收。我们可以用一名北美足球四分卫与接球员之间的关系来类比传统媒体:四分卫将球抛出,然后接球员试图接住它。而在英式橄榄球运动中,运动员会在冲向前场的过程中来回抛球——每个运动员既传球又接球;可以用他们之间的关系来类比互动广告的互惠性。[10]

不可否认,互联网比多数广告媒体都更具交互性。但需要注意的是,互联网作为一种广告媒体不是同质的;相反,存在各种不同形式的互联网广告,包括的范围从提供的互动机会和需求通常很少的 E-mail 和旗帜广告,一直到人们主动搜索一个产品类或话题时遇到的广告(指搜索引擎广告,如人们在谷歌上搜索时出现的赞助链接),后者产生的互动较多。

13.1.2　互联网与其他广告媒体

在万维网发展早期(大致从 1994 年到 1999 年),很多商业人员认为互联网将成为广告的万能药——能够让广告信息以比传统媒体更具说明性的方式到达全世界上百万消费者的一种途径。他们认定人们对接收互联网广告有兴趣,而且这些广告能够有效地建立品牌知晓,影响态度和购买意愿,并驱动销售增长。认为互联网与传统广告媒体显著不同的观点与对应的"新经济"概念一样过于单纯,后者假定网络公司的运作规则不同于长期以来一直用于说明在"旧经济"中成功的必要条件的传统微观经济原理。

正如我们在第 12 章中介绍的,每一个主要的广告媒体都有自己特有的优势和劣势。每一种广告媒体都能够实现特定的广告目标,同时需要广告者花费一定的成本。在策划和选择一种单一的广告媒体,或更可能是一个整合的媒体组合时,广告者的目标是尽可能便宜地实现品牌的营销目标。(回顾一下我们最开始在第 1 章中介绍的内容:所有营销传播都应该:① 针对一个特定的目标市场;② 定位明确;③ 设置一个需要实现的具体目标;④ 确保在预算的约束下实现目标。)

从上一章的讨论中,我们可以发现一个明显的事实:没有广告媒体在各方面都是完美的。与之前夸张的宣传相反,互联网也不例外。事实上,人们可以辩称,互联网的交互性特征有时代表的可能是一个劣势而非优势。根据这一观点,互联网用户处于一种"向前学习"的思维模式下,而相比之下,电视观众所处的思维模式是"向后学习"。电视观众在一种轻松的心情下漫不经心地观看电视节目和广告(可以说是"向后学习"),而互联网用户是目标驱动的,他们的任务是获得信息(可以说是"向前学习")。在这种思维模式下,旗帜广告、弹出式广告和不请自来的电子邮件信息仅仅是一种打扰,会妨碍用户完成其连接互联网的主要任务。[11]

人们处于向前学习思维模式时会主动避开不请自来的广告,因此这些广告能够产生的潜在效果很小,或许仅仅能获得品牌识别。当然,互联网广告是各种各样的,上述结论不一定是普遍成立的。事实上,目前互联网广告(一些人称之为 Web 2.0,对应早期版本的互联网广告或 Web 1.0)的使用更注重用户的需求、意图以及从自己与广告和其他信息的在线互动中获得的满足感。可以说目前的互联网广告已经比较成熟,互联网广告者对互联网的使用也越来越复杂。存在多种形式的互联网广告,每一种都具有独特性。

13.1.3 互联网广告的形式

互联网广告者使用各种各样的广告形式,表 13.1 列出了本章介绍的各种形式的互联网广告。当然,互联网广告的所有形式在广告支出方面并不相同,也不是同样有效。[12] 规模最大的两种互联网广告形式——电子邮件和搜索引擎广告在所有互联网广告中所占的比例大概为 70% 或更多,其他形式的互联网广告产生的收入要少得多。

表 13.1　互联网广告形式

- 网站
- 展示或旗帜广告
- 富媒体格式
  - 弹出式广告
  - 填缝隙式广告
  - 超填缝隙式广告
  - 视频广告
- 博客、播客与社交网络
  - 博客
  - 播客
  - 社交网络
- E-mail
  - 许可式电子邮件与垃圾邮件
  - 电子邮件杂志
  - 无线电子邮件广告
  - 手机广告
- 搜索引擎广告
  - 关键词匹配广告
  - 内容导向广告
- 行为锚定广告

下面的各个部分将介绍互联网广告的主要形式。重要的是要知道,笼统和确定的主张可能具有误导性,因为互联网广告从产生到现在才经历了不到20年的时间。想象一下,要在20世纪60年代中期对电视广告的特征和效果得出确定的结论也是徒劳的。只有随着时间的推移,我们才能了解电视广告的效果如何,它有哪些优势和劣势。类似的,我们需要更多时间才能对各种形式的互联网广告做出结论性的评价。

13.2 网站

一家公司的网站本身就是它的一个广告。但除了是一种广告形式以外,网站还是公司和客户之间产生和进行交易的地方。网站可以被视为公司互联网广告努力中最重要的部分,其他广告形式(如旗帜广告、电子邮件和付费搜索)只是为增加公司网站的浏览量服务。因此,网站是成功整合互联网广告计划的关键。驱使潜在客户访问一个差的网站是没有价值的,这种网站很难浏览,提供的有效信息很少,不吸引人,没有娱乐价值,或由于缺乏隐私和安全性而被认为是不可信赖的。[13]

品牌网站是一种非常宝贵的广告媒体,它可以传达关于品牌、品牌特征以及促销的信息。网站和其他互联网广告形式的主要区别在于,用户浏览网站的方式是目标导向的(如获得更多对公司或品牌的了解、玩游戏或注册一个比赛),而其他形式的互联网广告,用户一般则是"偶然遇到"的。[14]例如,研究表明在所有新汽车的购买者中,有一半人会在去汽车经销商那里之前访问网站;而且,访问这些网站的人平均会花费约5个小时,在线购买新汽车。[15]另一项研究表明,新发行电影的网站访问量能够较好地预测其票房表现。具体来说,对新电影网站的单独访问次数(非重复的)越多,实际上去电影院看电影的人越多。[16]

一个小镇零售商喜欢下面这句名言:"好的商品陈列相当于卖掉了一半。"它指的是有吸引力的商品摆放方式能够吸引顾客注意并促进购买。[17]同样的建议也适用于网站布局:有吸引力和用户界面友好的网站能够促进使用和再访问。互联网研究领域的著名机构弗雷斯特研究公司对259家B2C公司和60家B2B公司的网站进行了调查,发现B2C公司和B2B公司网站的主要问题都是文本的易读性。事实上,只有17%的B2B公司网站和20%的B2C公司网站提供了易读的文本内容。[18]

有一些临时的证据显示,人们可能更喜欢背景设计相对简单的网页(即使用的颜色和动画很少),而不是更复杂的网页。一项针对彩票网站的研究发现,背景最复杂的网站产生的对被广告服务的正向态度最少,购买意愿最低。[19]我们不能鲁莽地将这一结论推广至其他产品,但它确实说明一个网站上过多的点缀可能会使消费者无法关注重要的广告信息,而消费者恰恰是通过这些信息来形成对被广告产品和服务的态度的。

由于消费者访问网站的目的是获得有用信息或消遣,当网站通过提供有用信息来满足消费者的目标搜索需求时,它的价值是最大的,而不是使用过多图像令消费者眼花缭乱。建筑师"形式服从功能"的建议当然也适用于作为互联网广告工具的网站。例如,它表明一个网页的背景颜色影响下载的感知速度,即令人放松的颜色(如蓝色和绿色)被认为下载速度比令人激动的颜色(如红色和黄色)更快。[20]

13.3 展示或旗帜广告

在短暂的互联网广告历史上,最流行的广告形式是被称为展示或旗帜广告的静态广告。旗帜广告作为互联网广告的重要部分,是出现在经常被访问的网站上的静态广告(有点类似于杂志和报纸上刊登的印刷广告)。

13.3.1 点击率

旗帜广告的点击率(CTR)非常低,平均不到0.3%。(注:点击是指互联网用户通过点击旗帜广告访问广告者的网站。)B2B公司旗帜广告的点击率略高于B2C公司。[21] 也就是说,互联网用户只会注意到他们接触的互联网旗帜广告中很少的一部分,并从中索取信息。(记住,接触是必要的,但不等同于注意。接触只说明消费者有机会看到广告。)虽然接触旗帜广告在提高品牌知晓方面有一定的价值,但低点击率减弱了旗帜广告的效果。

研究发现CTR是关于品牌熟悉度的函数,消费者最了解的品牌获得的CTR大大高于不熟悉的品牌。[22] 重要但并不意外的是,同一个研究还表明,对于熟悉的品牌来说,CTR随旗帜品牌接触次数的增加而下降;而对于不熟悉的品牌来说,CTR随旗帜广告接触次数的增加而上升。因此,新品牌和相对不知名的品牌需要制订一个允许多次接触的旗帜广告媒体计划。相反,已有品牌旗帜广告的多次接触不能是CTR上升。

但这并不说明旗帜广告对已有品牌一定没有好处。相反,这种品牌的品牌知晓度将会提高——成为首要意念或TOMA,即使消费者不会点击进入品牌网站。(回顾第2章中关于品牌知晓的讨论,品牌知晓金字塔描绘了从品牌无意识到品牌识别、品牌回忆,最终到达理想的TOMA的一系列过程。)旗帜广告与IMC规划中的其他传播要素一起能够促进品牌知晓度的增加,进而提升品牌资产。而且,研究证据表明(与普遍的观点不同),除了提升品牌资产以外,接触旗帜广告还对实际购买行为有显著的影响[23],即对旗帜广告的接触越多,互联网广告者的产品和服务被购买的可能性越大。

13.3.2 旗帜广告规模的标准

互联网广告行业的主要行业协会互联网广告局(IAB)颁布了旗帜广告规模的标准,共有七种互联网广告形式,称为互联网营销单位(IMU)。这七种新的IMU是相对较早的全屏式旗帜广告,它的像素为468×60(28 080)。

表13.2对新的IMU和最初的全屏式旗帜广告进行了对比,它清楚地显示出新的IMU普遍比全屏式旗帜广告大得多。更大的广告尺寸可能会增加注意,从而提高CTR。一家研究公司为IAB进行的研究发现,擎天柱式和大长方形式的IMU在提高品牌知晓度和增加积极信息联想方面的有效性是468×60标准旗帜IMU的3—6倍。[24]

表 13.2　互联网营销单位(IMU)的种类和规模

网络营销单位的类型和大小（像素尺寸）	正方像素	与全横幅广告相比的尺寸差异（%）
全横幅广告(468×60)	28 800	
直立式广告(120×600)	72 000	156
宽版直立式广告(160×600)	96 000	242
矩形广告(180×150)	27 000	−4
中等矩形广告(300×250)	75 000	167
大型矩形广告(336×280)	94 080	235
垂直矩形广告(240×400)	96 000	242
方形弹出式广告(250×250)	62 500	123

13.4 富媒体：弹出式广告、填缝隙式广告、超填缝隙式广告与视频广告

互联网广告者开始使用动作、图像和声音这些比旗帜广告更加动态的在线形式是迟早的事。这种更新颖的互联网广告形式被称为富媒体，包括弹出式广告、填缝隙式广告、超填缝隙式广告和视频广告。也就是说，相对沉闷和单调的旗帜广告形式已经自然而然地进化成吸引注意(尽管有些恼人)、动画式互联网广告形式。有些在有线电视上播放的广告使用花言巧语的销售员、高音量和不断变化的动作来吸引观众注意，上述的富媒体形式甚至可以与这些低成本电视广告相提并论。

下面我们简单介绍一下各种富媒体形式之间的区别。当一个网页正在下载时，**弹出式广告**会出现在屏幕上一个单独的窗口中，似乎不知道是从什么地方弹出的。直到手动关闭，弹出式广告才会消失。比较而言，**填缝隙式广告**(基于缝隙一词，指的是介于两个事物之间的空间)出现在两个网页之间(而不是像弹出式广告那样出现在网页内部)。弹出式广告和填缝隙式广告都是强加于人的，但方式不同。如下述引语中所描述的，它们之间的区别不只是陈词滥调：

> 首先，与弹出式广告不同，填缝隙式广告不会打断用户的互动体验，因为它们是在用户等待网页下载时出现的。但用户对填缝隙式广告的控制更少，因为不存在能够停止广告的"退出"选项，而这种选项在弹出式广告里很常见。也就是说，用户必须等待填缝隙式广告播放结束。[25]

超填缝隙式广告是在网页上方或顶部播放的短的动画式广告。最后，**在线视频广告**是长度从 15 秒到几分钟不等的视听广告。随着越来越多的家庭能够通过宽带连接到互联网上，视频广告现在已经是可行的——不同于拨号连接，后者下载视听文件的速度过慢。

尽管富媒体的各种形式通常会激怒人们，但它们能够有效吸引注意。与所有其他媒体的广告者一样，互联网广告者必须克服杂乱的问题，寻找吸引和保持互联网用户注意的方法。目前已有的实现上述目标的方法包括使用更大的广告、弹出式广告以及在

广告中加入声音、动画和动作。这些形式比标准（即静态）旗帜广告更吸引眼球、更难忘，从而能够产生更高的 CTR。

然而在富媒体广告形式试图吸引注意的同时，它们也对互联网用户造成了很大的干扰。一个研究发现，只有约 10% 的受访者认为自己被电视广告"严重干扰"，但这些受访者中却有 80% 认为自己受到弹出式广告的很大干扰。[26]广告者已经因此减少了对弹出式广告的使用，尽管填缝隙式广告、超填缝隙式广告和视频广告仍然被广泛使用。由于视频广告越来越重要，我们用单独的一个部分来介绍它们。

视频广告与网络视频短片

增长最快的互联网广告形式之一是视频广告，包括所谓的网络视频短片。网络视频短片是在网站上以系列剧集形式播放的视频广告。正如我们之前提到的，视频广告是被压缩为易处理文件大小的视听广告，它们的长度在 15 秒到几分钟之间。研究公司 eMarketer 预测，互联网视频广告将在 2010 年增长到近 30 亿美元。[27]

例如，考虑著名蛋黄酱品牌好乐门的视频广告。它的视频广告被放置在雅虎的食品频道，作为由著名食品电视节目的主厨主演、名为"寻找真事物"的系列剧集的一部分。通过与备受欢迎的雅虎门户网站建立链接，好乐门能够接触到访问雅虎食品网站的几百万用户。另一个视频广告的例子参见 IMC 聚焦，它介绍了强生使用动画网络视频短片来宣传自己的婴儿护肤乳品牌。

13.5 博客、播客与社交网络

这一部分介绍三种相互关联的传播形式——博客、播客和社交网络，它们将来可能会在 B2B 和 B2C 公司的品牌营销传播规划中扮演重要角色。

13.5.1 博客

在某种意义上说，网络博客或简称博客是"普通人"与他人进行交流并建立数字化社区的方式，人们可以在社区里交流自己对私人相关问题的看法。在这种情况下，人们有时也会讨论产品和品牌。在这里，公司可以努力通过建立品牌知晓和提升（或保护）品牌形象来进一步加强品牌资产。《商业周刊》杂志以一种直接和有说服力的方式叙述了博客对于企业的重要性：

> 尽管去抱怨博客吧，但你无法对它们视而不见，因为它们是信息世界里继互联网之后最具爆炸性的事物。而且它们将使每一个企业改变——包括你的。不管你经营的是曲别针、五花肉还是布兰妮穿比基尼的录像带，博客都是一种你不能忽视、拖延或授权的事物。由于我们周围的世界瞬息万变，博客对于企业来说不是可选的，而是一个前提。[28]

博客主要的吸引力在于公司能够直接与潜在客户交流，而这些客户可以通过发布评论成为积极的交流者。博客能够比任何其他形式的互联网广告更好地实现本章开篇介绍的互联网的交互性。

除了品牌营销者建立自己的博客并与潜在或现有客户进行直接交流以外,由个人创立的众多博客也经常对公司和它们的品牌进行讨论——有时是正面的,但更多是负面的。正因为如此,通过监测和分析博客上的对话,公司能够了解大量关于它们品牌的讨论。有一些研究公司提供有偿追踪和分析博客圈里关于公司或品牌以及竞争品牌的讨论的服务,尼尔森 BuzzMetrics 就是其中之一。[29] 另一家公司 VML 开发了一个名为 Seer 的程序,用于追踪有影响力的博主,并监测关于公司及其品牌的评论。例如,阿迪达斯在欧洲推出 Predator 足球鞋品牌后不久,消费者开始注意到鞋面很快就会褪色。基于 Seer 程序的反馈,VML 告知阿迪达斯的德国制造商,人们正在抱怨皮革。这促使阿迪达斯的营销团队告知消费者,在穿这种鞋之前应该先对皮革进行护理。[30] 从 Seer 程序得到的快速反馈避免了可能由负面口碑造成的严重问题。

博客作为一种广告形式

品牌营销者可以开发自己的博客或简单地将广告放置在适合广告者品牌的博客上。例如,谷歌提供一种能够使小广告出现在博客网站上的服务。只要博客访问者点击广告,谷歌就向广告者收取费用。广告者可以借助 Blogads(http://www.blogads.com)这类接受广告的博客网络,它会选择适合放置广告的博客来匹配广告者。广告者以星期或月为单位向 Blogads 购买广告,价格根据博客受欢迎的程度而不同。

尽管数字显示博客正在呈指数倍增长,但这并不必然意味着博客是一种切实可行的广告媒体。对于制造者和消费者而言,博客的价值在于创建了一个社区,并提供了一个自由和诚实地交换想法的机会。由于人们通常认为广告并不完全客观,而且具有侵入性,因此创立和使用博客的目的(即作为"公民新闻"的一种形式)与将博客用作一种广告工具是相反的。目前,博客是否能成为一个重要的广告机会还不得而知。专注于互联网广告的组织——互联网广告局的 CEO 提醒人们:"现在将博客作为一种独立的广告媒体还为时过早。"[31]

13.5.2 播客

传统博客是书面文档的形式,而播客是博客的音频版本。播客是 MP3 格式的音频文件,可以在互联网上免费获得并附带书面博客。搜索引擎 PodNova(http://www.podnova.com)按字母顺序列出了超过 9 万个播客程序,这些播客几乎涉及人们能想到的任何主题。[32]

播客是在互联网上发布声音文件的一种方式,它允许用户定制并自动接收新的音频文件。实际上,播客会自发创作广播式的节目。消费者使用一种被称为聚合器的专门软件定制播客,这种软件定期检查并下载新内容,然后这些内容便可以在电脑上和数字音频播放器上播放。消费者会自己挑选特定的播客,这使得广告者能够针对生活方式相似的消费者。[33] 已经有大量公司创建了播客,用于与现有和潜在的消费者进行关于品牌的交流。例如,通用汽车的播客上会刊载管理人员关于公司最新款汽车的访谈。雀巢 Purina 牌宠物食品提供名为"动物建议"的播客,向宠物拥有者提供有帮助的信息。强生为其 Acuvue 牌隐形眼镜创建了播客,其中包括关于青少年生活的 *Download with Heather & Jonelle* 系列剧集。[34]

13.5.3 社会网络

IMC 聚焦 星巴克如何利用社会媒体

星巴克公司创办于 1971 年。进入 20 世纪 90 年代,它通过股票上市和低成本扩张,已经发展成当今国际最著名的咖啡连锁店品牌。自从十几年前挂牌上市之后,销售额以每年平均 20% 的速度递增,利润额每年的平均增长幅度为 30%。作为一家增长强劲的公司,却从来不做媒体广告,而是通过口口相传的方式塑造品牌和传播企业的文化内涵。

在品牌内涵方面,星巴克这个名字来自美国作家麦尔维尔的小说《白鲸》中一位处事极其冷静、极具性格魅力的大副,他的嗜好就是喝咖啡。麦尔维尔在美国和世界文学史上有很高的地位,但他的读者并不算多,他们主要是受过良好教育、有较高文化品位的人士,没有一定文化教养的人是不可能读过《白鲸》这本书并知道星巴克这个人的。星巴克的名称暗含其对顾客的定位——他不是普通的大众,而是有一定社会地位、有较高收入、有一定生活情调的人群。

在产品设计上,它将咖啡豆按照风味来分类,让顾客可以按照自己的口味挑选喜爱的咖啡。口感较轻且活泼、香味诱人,并且能让人精神振奋的是"活泼的风味";口感圆润、香味均衡、质地滑顺、醇度饱满的是"浓郁的风味";具有独特的香味,吸引力强的是"粗犷的风味"。通过这种咖啡文化的细分来赢得众多消费者的青睐。

在经营模式上,星巴克没有像其他咖啡公司一样销售听装的日用品咖啡,而是开设咖啡店,提供的是高雅的聚会场所以及彰显身份与地位的咖啡饮用方式,从而把星巴克咖啡变成了一种情感经历,将普通人变为咖啡鉴赏家,使这些人认为 3 美元一杯咖啡的高价合情合理。在这里咖啡已经不是"功能性产品"而是"情感性产品",成为一种传递文化的符号,一种沟通心灵的道具。星巴克人认为自己的咖啡只是一种载体,通过这种载体,星巴克把一种独特的体验传达给顾客。这种体验就是"浪漫"。

在环境布置上,星巴克公司努力使自己的咖啡店成为"第三场所",即家庭和工作以外的一个舒适的社交聚会场所,成为顾客的另一个"起居室",既可以会客,也可以独自在这里放松身心。这样的定位源于星巴克的一个主要的竞争战略:在咖啡店中同客户进行交流,特别重视同客户之间的沟通。每一个服务员都要接受一系列培训:基本销售技巧、咖啡基础知识、咖啡制作技巧等。要求每一位服务员都能够预感客户的需求。星巴克也通过征求客户的意见,加强客户关系。

此外,星巴克还成立了一个咖啡俱乐部,顾客在星巴克消费的时候,收银员除了品名、价格以外,还要在收银机上键入顾客的性别和年龄段,否则收银机就打不开。所以公司可以很快知道顾客消费的时间、消费了什么、金额有多少、其性别和年龄段等。星巴克的"熟客俱乐部",除了固定通过电子邮件发新闻信,还可以通过手机传简讯,或是在网络上下载游戏,过关就可以获得优惠券,这也起到了一传十、十传百的广告效应。

星巴克的附加服务也十分周到。由于环境的幽雅舒适,很多人花时间到这里来处理文件、写作等事务,因此,在星巴克,有免费网络可供人们上网,而且,自己带杯子的顾客可以用更便宜的价钱续杯。

在社会媒体的运用方面,星巴克在市场研究公司 Altimeter 分析师 Charlene Li 的最新研究报告①中位居社会化媒体关系参与度最高的 100 个品牌之首。

星巴克的社会化媒体营销小组拥有 6 个成员,这 6 个成员专门负责所有星巴克的社会化营销战略及实施。星巴克的社会化媒体战略几乎涉及所有的社会化媒体。如下表所示:

英文名称	中文名称	代表媒体(国际)	代表媒体(中国)
Social Networking Sites	社会关系网络	www.facebook.com www.myspace.com	www.renren.com(人人网) www.kaixin001.com(开心网)
Video Sharing Sites	视频分享网络	www.youtube.com	www.youku.com(优酷网)
Photo Sharing	照片分享网络	www.flickr.com	www.flickr.com.cn
Collaborative Directories	合作词条网络	www.wikipedia.com	www.baike.baidu.com(百度百科)
News Sharing Sites	新知共享网络	www.reader.google.com	www.zhidao.baidu.com(百度知道)
Content Voting Sites	内容推选媒体	www.digg.com	www.daqi.com(大旗网)
Business Networking Sites	商务关系网络	www.linkedin.com	www.tianji.com(天际网)
Social Bookmarking Sites	社会化书签	www.twitter.com	weibo.com(新浪微博)

在这些媒体的应用中星巴克各有侧重,在 Twitter 上,星巴克的跟随者达到 262 033 名,同时回应也达到 86 334 个,这也证明社交媒体中的交流是双向的互动,不是单向的传播。另外,在 Twitter 中检索星巴克,可以发现有多个账户,且每个账户都有其不同的功能。在国外著名社交网站脸谱网(Facebook)上,星巴克拥有超过 300 万的粉丝团,是 Facebook 上最大的团体,其影响力可见一斑。而在视频网站 Youtube 上,星巴克设有专门的频道,每天都有全球各地的员工或顾客将关于星巴克的视频发布上来。其更新速度几乎可以以秒计算。

2008 年 3 月,星巴克推出了公司的第一个社会化媒体网站:"我的星巴克点子"(www.MyStarbucksIdea.com,简称 MSI)。该网站就像一个即时、互动的全球性客户意见箱,消费者不仅可以提出各类针对星巴克产品和服务的建议,对其他人的建议进行投票评选和讨论,而且可以看到星巴克对这些建议的反馈或采纳情况。

MSI 网站共有四个组成部分:share(提出自己的建议)、vote(对各类建议进行投

---

① 名为:The world's most valuable brands. Who's most engaged?

票评选)、discuss(和其他读者以及星巴克的"创意伙伴"进行在线讨论)、see(了解星巴克对一些建议的采纳实施情况)。从创建之日起网站就形成了巨大的流量,在创建的前6个月,MSI网站共收到了约75 000项建议,很多建议后面可以看到成百上千的相关评论和赞成票。这个网站,客户可以提供自己的建议和思路,给星巴克留言以及评论星巴克的产品优惠。而星巴克可以通过互动听取消费者意见,迅速解决,并更好地融入到消费者中来。

在MSI网站上,星巴克目前派驻有大约40名"创意伙伴",他们是公司内咖啡和食品、商店运营、社区管理、娱乐等多个领域的专家,负责在线听取消费者的建议、代表公司回答提出的问题、交流星巴克采纳实施的消费者建议和正在进行的其他项目。

对于星巴克来说,公司通过社会化媒体能从消费者那里获得一些极具价值的设想和创意,用来开发新的饮品、改进服务体验和提高公司的整体经营状况。更为重要的是,通过MSI网站与消费者进行交流,强化了广大消费者,特别是一些老顾客与星巴克的关系和归属感,也提升了星巴克在消费者心目中关注消费者、悉心倾听消费者心声的形象。

资料来源:1. 刘志明,《不做广告靠口碑:星巴克的品牌传播》,《连锁与特许》,2004(4),23—24。

2. 吴琼,《从星巴克看口碑营销》,《科学与管理》,2006,26(5)。

3. 黄光裕,《星巴克符号,零售业梦想》,《中国企业家》,2006(21)。

4. 唐兴通,《为什么是星巴克获得社会化媒体营销大奖?》,http://www.engagementdb.com/downloads/ENGAGEMENTdb_Report_2009.pdf。

讨论题:
企业在利用社交媒体时应该注意什么?

全球已经有数百万人在MySpace、Facebook和Second Life这类社交网站上注册,他们与"朋友"进行互动,分享意见和信息,并为有着相似兴趣并愿意与他人分享经历的人创建在线社区。因此营销者利用著名的社交网站或创建自己的社交网站作为与消费者对品牌进行交流的工具也就不足为奇了。下面介绍开创"独立"社交网站的两个例子。

为了对消费者及其需求和习惯有更多的了解,宝洁创建了两个社交网络,使消费者能够相互了解并分享各自的经历。宝洁的"人们的选择"网站主要关注娱乐内容,消费者可以在上面分享自己对电视节目、艺人、音乐家等事物的看法。宝洁的第二个社交网站"Capessa"针对愿意在健康、减肥和怀孕等问题上与他人进行交流的女性。与社交网站的性质以及参与者不想被营销信息包围的强烈愿望一致,宝洁没有在任何一个网站上投放商业广告,尽管偶尔会弹出已经在雅虎上播放的宝洁广告。[35]

为了到达8—12岁的女孩,Mattel公司的Barbie和MGA娱乐公司的Bratz都创建了单独的社交网站——Barbiegirls.com和Be-Bratz.com。例如,只有在购买了一个装有USB钥匙的特制Bratz娃娃后,才能登录Be-Bratz.com网站。用户设置一个昵称,选择他们自己的在线娃娃(被称为化身),并根据自己的喜好进行设计,包括在一个在线商店中用玩在线游戏赚得的虚拟货币为化身"购买"衣服,参与者还能定制自己的在线房间并与其他用户聊天。[36]

将社交网站作为一种营销传播工具还处于起步阶段,因此目前描述这种营销传播形式的潜在效果还为时过早。但社交网站确实是互联网发展的现实,明智的营销传播者无疑会设法利用 MySpace 这种世界性的社交网站或他们自己专门设计的社交网站,作为与现有和潜在客户交流的手段。

13.6　E-MAIL 广告

由于有数百万人使用互联网,并且这一数字每年都在上升,营销传播者将电子邮件作为一种切实可行的广告媒体也就不足为奇了。但与任何其他广告媒体相同,电子邮件广告没有单一的形式,它们以多种形式出现,从纯文本文件到使用互联网所有视听功能的更为复杂的版本。公司经常发送电子邮件广告,并鼓励接收者将广告传送给他们私人联系列表上的其他人。

在向大众受众或更小的目标群体传递广告信息和提供销售激励方面,电子邮件能够成为一个高度有效的营销传播工具。但这种互联网传播形式已经有点被营销者过度使用了,他们发送的信息被称为垃圾邮件。据估计,在所有商业电子邮件信息中,约有三分之二是垃圾邮件。[37]太多信息被发送,其中有太多是垃圾邮件,而非公司发送给有些兴趣的接收者。只有获得接收者的许可,才可能"不滥用"电子邮件广告。

IMC 聚焦　针对强生婴儿护肤霜的网络视频

强生润肤露是一个老牌子,1942 年进入市场。根据包装颜色强生润肤露被称为"粉红品牌",它所处的产品类年收入接近 10 亿美元,它占有一半的市场份额。有趣的是,强生多年以来没有在品牌宣传上投资很多。粉红品牌的最后一支电视广告是在 1990 年,最后一则印刷广告是在 1991 年。公司不对品牌进行宣传的理由在于,没有广告,销售也在稳步增长。但近些年来,随着一些新竞争者的出现,婴儿护理市场的竞争不断加剧。因此应当采用新广告来保护粉红品牌的市场份额。

尽管电视广告是强生很多品牌的支柱,但对于粉红品牌,公司没有选择在电视上广泛做广告,而是转为使用包含一系列生动网络剧集的互联网广告。强生认为互联网是年轻父母寻求婴儿护理建议的主要信息来源,上述选择就是基于这种信念。根据针对母亲和婴儿进行的研究,强生将自己的婴儿润肤露品牌宣传为令父母与婴儿之间联系更深的手段。这些生动的网络剧集(能够在 http://www.touchingbond.com 上面找到)中呈现了母亲抚摸婴儿和为其做按摩的图像特写。传达给观众的信息是强生婴儿润肤露在增强母亲和孩子之间的情感联系上起着重要作用。为了增加含有网络剧集的网站访问量,强生将一系列广告放置在了关注家长的网站上。

资料来源:修改自 Emily Steel, "J&J's Web Ads Depart from TV Formula," *The Wall Street Journal*, February 12, 2008, B3。

全球聚焦　凡客诚品的网络营销

一提起凡客诚品，相信很多人都会对那则广泛流传的"凡客体"广告津津乐道。凡客诚品的这则广告，是由锋芒异常的青年作家韩寒和因出演《奋斗》而为人熟知的王珞丹所代言的。他们在2010年7月出任凡客诚品（VANCL）形象代言人，并以独特的"凡客体"的流行语红遍网络。所谓的"凡客体"最早出自前奥美创意总监、远山广告合伙人邱欣宇之手。比如，有关韩寒的原文是："爱网络，爱自由，爱晚起，爱夜间大排档，爱赛车，也爱29块的T-SHIRT，我不是什么旗手，不是谁的代言，我是韩寒，我只代表我自己"。继二者的"凡客体"自白后，网络上立即掀起了轰轰烈烈的"凡客体"运动，引来了众多写手模仿广告牌上的文字，编出不同的段子，或恶搞，或抒发爱慕之情，或宣扬自我。通过对"凡客体"的引导、强化，凡客诚品的病毒式营销显然更具影响力。"凡客体"的爆红网络，跳脱了以往商家个体的"单病毒"传播模式，"多病毒"集群式爆发，使网民主动成为携带者、传播者。

在开心网上，网友们以"凡客无处不在"、"凡客广告球星版"和"凡客火了"等诸多夺人眼球的标题广为传颂。微博上，网友们也竞相上传和转发各种不同版本的"凡客体"。在微博上，搜索"凡客体"这个关键词，已有1600多条相关信息。

凡客诚品是由原卓越网创始人陈年先生创立的。VANCL品牌属于凡客诚品（北京）科技有限公司，主体运作者均系原卓越网骨干班底，它以服装电子商务为主营业务，目前已成为国内最大的自有品牌服装电子商务企业。自公司成立以来，业务迅速发展，在中国服装电子商务领域品牌的影响力与日俱增，据艾瑞咨询机构2009年第一季度的数据，VANCL占据整个B2C市场的份额为3.82%，位列京东商城、卓越亚马逊、当当之后，居于第四位。目前，其男装日出货量已跻身中国品牌男装前列，在男装直销品牌的细分市场名列前茅，已确立行业领导地位。

凡客公司与以往的实体公司不同的是，它走的是代工模式，即由合作伙伴负责加工生产，自己只有少量库存，用户界面是VANCL网站，用户通过呼叫中心和VANCL网站，就能获得产品与服务。由于甩掉了庞大、笨重的制造业务，专注于销售、产品品质监控和品牌建设，并通过网络广告的大量投放和呼叫中心的拉动，公司在短时间内迅速崛起。简单地说，它的运营模式就是，根据客户未来或潜在的市场需求，开发各种服装产品，然后由客户通过呼叫中心或网络下订单，然后通过物流公司把产品送到客户手中，最后收取货款。然而，这个看似简单的运营模式却需要B2C企业在所有的链条、环节，以及产品、品牌上做足功课，并且还要有良好的经营者和优秀的团队配合才能最终成功。

未来的服装会朝两个趋势发展，一是极度标准化服装，不管什么阶层的人，都能穿；二是极度个性化服装，完全定制，"VANCL的前景，就是迎合服装极度标准化的趋势，为用户提供产品与服务"。

资料来源：1. 闫琰，《凡客诚品："以毒攻毒"的营销掌控力》，《销售与市场》，2010年10月。
2. 凡客诚品官方网站，http://www.vancl.com/? Source = fh771018。

讨论题： 凡客诚品的病毒式营销有何特点？未来的挑战可能是什么？

13.6.1 许可式电子邮件与垃圾邮件

例如,想象一下,一名消费者想要购买一台数码相机,便在谷歌上搜索"数码相机"并访问了搜索结果中出现的一个网站。在登录该网站时,她被询问是否愿意接收更多关于摄影的信息,她回答"是的"并提供了自己的电子邮件地址及其他信息。网站以电子方式记录下她的"许可",然后在这个毫无疑心的顾客不知情的情况下将她的名字和邮件地址卖给一个专门编辑名单的经纪人,后者再将得到的信息卖给销售摄影器材和用品的公司。我们假设的这位互联网用户的姓名和邮件地址最终将出现在各种名单上,她也将收到大量不请自来的关于摄影器材和用品的电子邮件信息。

许可式电子邮件可以解决上述问题。**许可式电子邮件**是指营销者申请并获得消费者的许可后向他们发送关于特定话题的信息。消费者同意或允许接收自己感兴趣的信息,而不是那些不请自来的信息。从理论上来说,许可式电子邮件符合营销者和消费者双方的利益。但随着越来越多的公司获知你的名字和感兴趣的领域,电子邮件信息也会因频率和数量的增加而变得具有侵入性。当电子邮件信息与消费者的主要兴趣无关或只是间接相关时,消费者会尤其感到被冒犯。例如,当我们这位毫无疑心的消费者允许原始网站向她发送摄影的相关信息时,她可能只对数码相机感兴趣,但事实却是,随后她连续收到了涉及摄影各个方面和各种摄影产品的众多信息。她不知道自己当时选了什么——有些收到的信息是相关的,但多数是不相关的。

尽管上述这个例子反映的是许可式电子邮件消极的一面,但事实是广告者向消费者发送相关信息的概率正在提高(如果消费者的兴趣能被更清楚地了解会更好)。而且,精明的营销者正在使用一种更为精细的许可程序,以便更好地满足其自身准确定位的需求和消费者对相关信息的需求。例如,一位消费者可能会说:"请将关于男士服装的信息发送给我,但我没有孩子,所以请别给我发送任何关于儿童服装店的信息,而且我每月只想收到一次你的邮件。"[38]

将许可式电子邮件与发送不请自来的邮件信息进行比较,正如我们之前提到的,后者被称为垃圾邮件。接收者只会在点击后迅速关闭这些不请自来的信息,除此之外,不能对这类邮件有任何奢望。有人可能会辩称,垃圾邮件至少有机会影响品牌知晓度,正如消费者在阅读杂志时会无意间看到他不怎么感兴趣的产品的广告。然而,消费者预期将在杂志中看到广告并知道这是"进入成本"的一部分,但他们并不希望收到不请自来的邮件广告。因此,营销者可能通过未经许可的电子邮件信息获得的任何品牌知晓度都将被这种广告形式引起的消费者的消极反应所抵消。

美国已经通过了标题缩写为 CAN-SPAM 的反垃圾邮件法,欧洲对未经许可电子邮件的监管则更为严格。垃圾邮件对于消费者来说是一种令人讨厌的侵扰,同时对于使用商业电子邮件广告作为正当经营方式的合法营销者来说也是一种经济成本。为了削减垃圾邮件,美国联邦贸易委员会建议国会通过一项悬赏计划,即向告发垃圾邮件发送者的人提供 10 万到 25 万美元的奖励。[39]

网络钓鱼

比垃圾邮件更麻烦的是一种相关的非法电子邮件,被称为网络钓鱼。**网络钓鱼**是指罪犯发送看似来自合法公司的邮件信息,并引导接收者访问看上去很像公司真实网站的假冒网站。这些假冒网站试图获取人们的私人信息,如信用卡和自动提款机账号。与钓鱼类似,网络钓鱼有着同样的目的,即抛出鱼线,希望钩住一些容易受骗的人。当消费者的身份信息被窃取时,受伤害的不只是他们自己,被窃贼利用进行伪装的合法公司也要承受品牌资产的损失。

13.6.2 电子邮件杂志

在上一章我们简单介绍过一种正在发展中的电子邮件广告形式,被称为电子邮件杂志或赞助电子邮件,即分发免费的杂志类出版物。这些出版物原本主要关注流行话题,如娱乐、时尚和食品饮料,但目前电子邮件杂志已经拓宽了内容和吸引力。多数电子邮件杂志包含相对少量的广告,读者可以通过这些链接访问商店和品牌的网站。为了提高出版物的可信度,电子邮件杂志的编辑者会对广告进行明确标注,并避免在编辑内容中提及广告者的产品。[40]电子邮件杂志使广告者能够到达高度细分的目标群体,并传递可信的、明确标注的广告信息。

13.6.3 无线电子邮件广告

对于全球数百万商务人士和消费者来说,装有无线调制解调器的笔记本电脑、个人数字助理、手机以及寻呼机都是非常宝贵的工具。这些移动装置使人们在无法使用连接有线网络的笔记本电脑和台式机时仍能保持联网状态。不必说,就像广告者渴望通过有线网络与商务人士和消费者进行沟通一样,他们也希望通过无线设备到达这些人群。这一部分介绍无线广告的性质和未来。由于无线广告处于起步阶段,以下评论仍需推敲。

随着无线相容性技术(通常被称为 Wi-Fi)的出现,无线广告的增长成为了可能。**Wi-Fi** 技术能够使电脑和其他无线设备(如手机)通过低功率无线信号而非电缆连接到互联网上。因此,用户可以通过 Wi-Fi 装备的基站或所谓热点连接到互联网上。

在无线网络连接出现之前,数百万消费者只有在家里或办公室时才能被广告者到达,而这些地方并不是消费者真正做出产品和品牌选择的市场。通过互联网做广告的公司能够更好地到达这些消费者,现在广告者可以在购买点或接近购买点接触消费者,使广告对品牌选择产生更大影响。例如,去商店购物几天前的深夜,消费者在家中偶然接收一个广告信息,由于这个广告是在购物之前被接收的,因此在做出产品和品牌选择之前就可能被遗忘。相反,想象一下你在商场里坐在一个舒服的长椅上通过无线网络上网冲浪,然后看到一则广告上称 100 码外的一家商店正在进行促销,与不在购买决策发生的时间和地点进行的广告相比,这则广告可能会有效得多。作为与商业顾客和日常消费者进行沟通的一种广告媒体,Wi-Fi 在未来拥有巨大的潜力。

查找热点

对于互联网用户来说,一个挑战是查找能够连接无线互联网的热点。有些小型而且便宜的 Wi-Fi 探测器能够帮助这一目标的实现。例如,用户可以简单地按名为 WiFi Seeker 的产品上的一个按钮,当它检测到 Wi-Fi 信号时就会发出一道扫过四条线的光。WiFi Seeker 还可以用于确定在家中或办公室里查找基站的最佳位置。[41] 当然,大量零售店都支持 Wi-Fi 技术,一些城市还装有覆盖全市的 Wi-Fi 技术,允许在任何地方连接互联网。一些公司已经开发出了比较便宜的便携设备,使用户能够在他们选择的地点建立临时的 Wi-Fi 网络。这些设备(如苹果电脑的 Airport Express)要求的只是能够连接到高速互联网(如 DSL 线路)上,然后将它们插入到热点创建的连接线路上。

警告! 连接热点时需要非常小心,无论是在宾馆、机场还是当地的星巴克。美国联邦调查局网络犯罪部门的发言人指出,应该假定"你做的任何事都在被监控"。[42] 攻击热点的违法黑客会盗取个人信息,包括信用卡账号、银行账户及其他信息。明智的做法是永远不使用热点进行财务交易。

13.6.4 手机个案

手机几乎是无处不在的。据估计,全世界有超过 30 亿部移动电话,相当于大约每两个人拥有一部手机。[43] 这些电话多数支持 Wi-Fi 技术,允许用户通过自己的手机无限畅游网络。

美国人一直将手机主要作为聊天的工具,但欧洲人和亚洲人多年来一直用手机发送文本信息。美国人也正如法炮制,短信系统(SMS)允许用户通过手机收发长达 160 字符数的文本信息。多媒体短信服务(MMS)是一种更加先进的技术,它允许用户同时传送文本信息、图片和声音。在某种意义上,手机正向小型笔记本电脑的方向发展。事实上,手机被称为第三屏幕,表示电视(第一屏幕)、电脑(第二屏幕)以及现在的手机是用于接收信息、娱乐事物和广告的常见视听设备。

手机用户数量的增长显示出广告者通过这些设备到达人群的巨大潜力,年轻消费者是尤为切实可行的目标群体。据估计,15—19 岁的青少年中约有 75%、20 岁出头的人中有 90% 经常使用手机收发文本信息。[44]

但最重要的问题是人们是否愿意接受广告者与之进行联系。由于手机是高度私人化的物品(即它们处处与我们相伴,并常常接触我们的身体),因此很多无线广告(以及广告者本身)的批评者担心不受欢迎的信息会侵犯隐私。一旦感觉到被侵犯,广告接收者会立刻删除这些干扰信息,并对冒犯他们的广告者产生消极情绪——"你竟然将我完全不感兴趣的产品或服务的广告发送给我!"

除了侵犯隐私,由于无线广告与人们拥有手机的最初原因是相悖的,一些人对无线广告的未来持怀疑态度。换句话说,人们使用手机的原因是更好地利用时间以及不在办公室或家里的时候提高工作效率,他们使用手机时最不希望的就是接收不需要的、干扰性的广告信息。另一个影响目前无线广告效果的局限因素是,手机的小屏幕限制了呈现创造性广告信息的空间。

根据这些负面观点,手机广告似乎有着明显的缺陷。只有未来能够给出确定的答案。但目前能够肯定的是,很多广告者希望通过手机到达潜在消费者。另一件确定的事情是营销者发送的文本信息若要成功,必须基于选择性加入的模式,使信息接收者能够完全表明自己想要通过手机接收哪些类别的信息。无线广告接收者必须对他们愿意接收的广告内容,以及何时何地接收广告信息有完全的控制权。广告者必须获得无线设备用户的许可,再向他发送广告信息并向用户提供报偿:如果你同意我(广告者)定期向你发送信息,比如每周一次,那么我将向你提供你感兴趣的话题的有用信息。这样的安排对广告者和消费者双方都有益处,因此为广告界提供了从手机广告中获利的机会。

很多对手机广告的成功持怀疑态度的人也都相信这种广告媒体对地方零售商来说可能是有价值的,如餐厅、娱乐中心和各种服务场所。零售店可以将促销信息(如优惠券)、价格折扣和其他相关信息发送给当地市场的消费者。例如,一家名为 Mobile Campus 的公司发送信息给那些注册了选择性加入服务的大学生,学生们每天会接收两条信息,这些信息提供当地零售商的优惠券和价格折扣。例如,一位表明自己喜欢赛百味三明治的学生可能会收到当地赛百味店发送的信息,提供当天半价的促销信息。得克萨斯大学和佛罗里达大学约有20%的学生已经注册了 Mobile Campus 的选择性加入服务。[45]

通过手机提供优惠券并不局限于大学校园中。主要的包装产品公司(如宝洁、通用磨坊和金佰利)正在试验向手机用户提供优惠券。这些公司已经联手克罗格连锁超市,测试通过手机分发优惠券是否有效果和效率。这项手机优惠券效果测试的目标消费者是不读报纸因此不会通过这种传统媒体接收优惠券的年轻成年人。以下介绍这个测试中的手机优惠券是如何运转的:消费者将一种名为 Cellfire 的类似手机铃声的应用程序下载到手机上,这种程序使他们能够浏览 Cellfire 的电子"购物中心",查看哪些品牌正在提供优惠券,然后消费者确定哪些是自己感兴趣的,这些选择会被自动发送到当地克罗格商店的电脑上,接下来消费者在购买提供优惠券的选定品牌时会自动获得折扣。只有时间能够告诉我们手机优惠券是否有效,但它的前景是令人振奋的,因为通过手机提供优惠券对营销者来说相对便宜,对消费者来说又非常方便——不需要在家里将优惠券剪下来并带到商店去。[46]

手机提供了一种具有潜在吸引力的广告媒体,也是分发促销信息的一种方法。但它仍然存在一些值得注意的、不知能否克服的问题。显然,向手机用户发送垃圾短信是完全无效的,成功的广告者必须要获得用户的许可,并允许他们控制信息内容以及接收信息的频率、时间和地点。未来几年的发展将告诉我们,无线广告仅仅是昙花一现还是会成为一种长期存在的广告媒体。

全球聚焦 手机广告在中国

自2006年3月21日分众传媒正式宣布完成对凯威点告的全盘收购后,凯威点告成为一家手机定向广告服务商,并更名为分众传媒无线。就在同一天,飞拓无限科技有限公司也宣布与中国移动建立全面合作伙伴关系,并与中国移动数据业务运营支撑中心联手推出手机互动广告平台。飞拓无限负责整个平台的销售和市场推广。这一举措标志着国内手机广告平台正式启动。接着,5月,上海聚君技术公司与上海联通和上海移动分别签署协议,联手在上海推广基于MMS、WAP平台的手机广告。6月,整合后的凯威变身为北京分众无线传媒技术有限公司,并开始运营,推出了点告(通过多个无线互联网站将客户的广告精确地投放到其目标消费者手机上的定点广告投放模式)与直告(手机直投广告的简称,是建立在手机用户许可的前提下的,将广告直接投放到用户手机上的广告投放模式)两种业务。7月12日,中国联通在北京启动其手机广告业务的商用计划,推出四款手机广告产品——PUSH类、WAP类、语音类以及置人类产品。同时,中国联通授权其全资子公司——联通新时讯,成立专门的广告公司,进行手机广告的招商、制作和发布,至此,手机广告开始在中国轰轰烈烈地上阵了。

对于"手机广告"这一称谓尚未有统一、确切的说法。手机广告、无线广告、无线互联网广告、移动广告、手机媒体广告、无线网络广告等,其核心都是一致的,就是利用手机为平台发布的广告。这种被称为"第五媒体"的手机广告,具有速度快、分众性、定向性、精确性、蔓延性和互动性的特点,引起了企业主的极大关注和兴趣。

广泛意义上说,手机广告大致可以分为七种类型:一是PUSH类广告,即将广告信息"推送"到用户面前。二是WAP站点类广告,这种广告与互联网广告类似,主要投放在通信服务公司的WAP站点(如中国移动的"移动梦网"、中国联通的"互动视界")以及其他独立WAP站点。三是语音类广告,这种广告将广告主的语音类信息通过运营商的语音通道传递到终端用户手机上,包括IVR、炫铃、客服通道、铃音等形式。四是终端嵌入类广告,这种广告以屏幕保护、壁纸、开关机画面、视频、铃声等方式将广告信息嵌入到新出产的手机里。五是游戏类广告,这种广告将手机广告内容内置在手机游戏里面。六是搜索类广告,这种广告与互联网的搜索广告类似,包括关键词购买或者竞价排名模式等形式。如谷歌就利用手机平台的特点进行了创新,利用手机搜索可以直接拨打电话。七是小区广播类广告,这种广告以手机的小区广播功能为基础,向进入特定区域的用户发送信息,如到达新的省、商场、机场等。目前PUSH类和WAP类广告发展已经非常成熟,开始应用于各种商业营销活动中,并取得了显著的广告效果。

随着先进的广告投放技术的不断出现,网络和终端条件的不断完善,广告主对精准营销和带动营销的需求日益高涨,无线应用行业和手机广告的前景是广阔的。但是,由于当前广告主、广告代理商和无线媒体等产业链的不同组合构成了多种商业模式,其可行性和盈利前景都有待实践检验。目前广告主面临的两个主要问题是:第一,标准化程度低。对于不同形态的无线广告,目前还没有一套全国通用的标准,这使得不同形态、不同提供商之间的广告互不兼容,加之手机型号、操作系统、屏幕大小千差万别,制约广告内容市场的发展,同时也直接影响用户体验。第二,资费制约。目前用户使用包括WAP在内的各类移动增值业务的资费普遍偏高,一定程度上阻碍了一些广告的潜在受众增长。用户观看手机广告需要付出的流量成本不一定能得到补偿。3G商用后,数据业务的使用资费和终端价格能否大幅下降还存在不确定因素等。

截至2011年8月,全国手机用户总量已达9.4亿,2012年将会超过10亿,因此,从总量上看,中国已成为全球最大的手机市场。

资料来源:1. 胡忠青,《手机广告发展与中国现实进路》,《新闻界》,2007年第3期。
2. 李欢,《手机媒体广告的现状与未来》,《通信世界》,2006年第13期。
3. 高蕾,《工业和信息化部:全国手机用户达9.4亿》,《新华网》,2011年9月26日。

讨论题:相比其他媒体广告,你愿意接受手机广告吗?你认为手机广告可信吗?

13.7 搜索引擎广告

有数千家拥有网站的公司在互联网上宣传自己的产品和服务,并鼓励潜在消费者发出订单。很多其他公司也在同时宣传自己的产品,因此形成了激烈的竞争。所有竞争者首先面临的挑战都是要吸引潜在消费者去访问其网站,之后才能指望这些网络冲浪者转变为实际购买者。鉴于竞争的激烈程度,一个营销组织如何能够吸引潜在消费者去访问自己的网站呢?当然,所有之前介绍过的互联网广告工具(展示广告、富媒体、电子邮件等)都能起到一定的作用,但这些工具大部分吸引访问量的能力有限,在很大程度上是由于多数互联网用户看到侵入的旗帜广告、弹出式广告、电子邮件广告等时不会点击访问网站。

这就需要有一个更好的方法,事实上它确实存在。这种方法有各种称呼,如搜索引擎营销、搜索引擎广告、关键词搜索或简单地称为搜索。此处我们倾向于使用搜索引擎广告一词,因为本书主要关注的是营销传播和广告而非笼统的营销,而且搜索引擎广告的缩写SEA很好地表达了以下概念:关键词被战略性地放置在互联网"海洋"里,希望它们能够被网络冲浪者发现。

13.7.1 搜索引擎广告的基础

那么关于搜索引擎广告(SEA)我们需要了解什么?首先,从数字上来看,它是互联网广告中增长最快的形式,并且在美国营销者花费的互联网广告总支出中占据40%的比例。[47]搜索引擎营销专业组织(搜索营销的行业协会)估计,到2011年北美公司在这种营销传播形式上的投资将超过250亿美元。[48]

理解SEA的第二个关键是要意识到,互联网搜索引擎包括各种人们在寻找信息时使用的被称为自然搜索的著名服务——例如,人们在网上搜索产品时会输入短语"便宜的书包"。谷歌、MSN 搜索和雅虎是最著名、被使用最频繁的搜索引擎,谷歌在搜索引擎中占有绝对统治地位。

SEA 的第三个关键要素是,当人们的自然搜索努力显示他们似乎对购买某种特定产品或服务有兴趣时,这种广告形式试图将信息准确地呈现在人们面前。关于这点,你可能记得在第 11 章读过以下文字:广告"通过遇到有准备的消费者"来达到效果。[49] 从多方面来讲,对于增加遇到有准备消费者的可能性来说,搜索引擎广告是最适宜的广告形式!也就是说,正如即将在"关键词"部分介绍的那样,当潜在消费者进行搜索时,SEA 将广告准确地置于他们面前。

SEA 的第四个关键特征,可能也是最重要的一个,是关键词的概念。**关键词**是描述营销者产品性质、特征和益处的特定词汇和短语。例如,假设消费者为了找出某个特定产品如一件深蓝色的运动外套而进行网络搜索。针对这样一件物品进行自然搜索,一个消费者可能会输入短语"深蓝色运动外套",一个消费者可能会输入"蓝色运动外衣",而另一个消费者可能会输入"运动夹克"。换句话说,搜索同一个东西存在多种方式。当我在谷歌搜索栏中输入"深蓝色运动外套"时,获得约 700 条匹配结果。与目前讨论最相关的是,谷歌搜索结果页面的右侧列出了 8 个赞助链接,向谷歌付费的公司使用这些链接来宣传自己的网站。例如,其中两个链接来自著名零售商 Brooks Brothers (http://www.BrooksBrothers.com)和 Nordstrom(http://www.nordstrom.com)。点击进入这两家公司的网站会发现,它们都销售多种产品,深蓝色运动外套只是其中之一。注意,如果后来尝试重复这一搜索,无疑将出现不同的结果。

现在从销售运动服装的公司角度来看,每当消费者在搜索引擎中输入任何与深蓝色运动外套相关的措辞时都能出现自己产品的广告是很有帮助的。换句话说,当谷歌、雅虎、MSN 或任何其他搜索引擎返回自然搜索结果时,公司希望自己的网站被列为赞助链接。为什么呢?正如我们之前提到的,当我输入"深蓝色运动外套"时,得到了近 700 条结果。由于每个谷歌结果页面只列出 10 个条目,并且多数人只会查看大约 5 页内容,这就意味着超过 600 个条目(包括你的公司)永远不会被看到,除非它出现在搜索结果前 5 页的某处。由于做广告的全部目的在于提高有准备的消费者"遇到"你的广告(而不只是任何广告)的可能性,作为一个互联网广告者,你的任务就是提高这种可能性。自然搜索中的赞助链接出色地实现了这一目标。前面的描述可以被总结为图 13.1 中列出的一系列步骤。

步骤 1:特定产品或服务的潜在购买者使用一个或多个搜索引擎进行自然搜索,查找该商品。
步骤 2:谷歌或其他搜索引擎产生与互联网顾客的搜索相匹配的结果。
步骤 3:在匹配结果旁边出现符合顾客输入的关键词的赞助链接。
步骤 4:这些赞助链接的出现是由于提供被搜索条目的公司向搜索引擎公司购买了相应的关键词。
步骤 5:顾客可能会点击进入一个赞助网站并购买想要的商品,或至少将这一网站纳入未来购买的考虑范围。

图 13.1 关键词在提高有准备的消费者遇到你的广告的可能性方面的作用

13.7.2 关键词购买与内容导向网站的选择

事实上存在两种形式的搜索引擎广告可供互联网广告者选择。一种形式已经介绍过，是关键词搜索（又称关键词匹配），另一种涉及将广告放置在内容导向网站上，这种网站提供适合宣传特定类型产品的环境。SEA 的每种形式都可以通过谷歌广告服务进行介绍。我们选择谷歌作为例子是因为它到目前为止是最主要的搜索引擎，所有互联网搜索中超过 50% 是在谷歌上进行的。[50]

关键词匹配广告

为了成为互联网顾客搜索结果中的赞助链接，感兴趣的广告者必须向谷歌等搜索引擎投标并购买关键词。例如，运动外套广告者明显会用来吸引消费者访问其网站的关键词包括以下短语："运动外套"、"夹克"、"蓝色夹克"、"蓝色运动外套"、"蓝色运动夹克"、"羊毛运动外套"、"价格适中的夹克"，等等。谷歌有一个名为 AdWords 的关键词广告项目。

感兴趣的学生可以通过访问 http://adwords.google.com 查看说明来了解更多关于 AdWords 的信息。你将从说明中发现，潜在广告者要对关键词进行投标，表明当自己的网站作为赞助链接出现时，他们愿意为每一次互联网顾客点击其网站支付多少钱。每次点击成本（CPC）在不同的国家有所不同。在美国，成本小到每次点击一美分，大到广告者愿意根据关键词特点进行支付。广告者出价越高，其赞助链接的位置越突出。就是说对关键词出价最高的投标者将出现在最顶端，第二高的投标者出现在第二位，等等。购买关键词时，广告者还要指出他们每天愿意支出的上限。因此，如果一个广告者愿意为特定关键词支付的 CPC 仅为 20 美分，并指定每天的预算限额为 300 美元，那么在一天之中，这个广告者的网站将通过这一关键词获得最多 1 500 次的点击。

关键词广告者还可以指定广告在哪个国家作为赞助链接以及广告针对哪些特定区域。例如，在地方社区提供服务的广告者只想到达位于特定社区以及周边地区的人们。谷歌的 AdWords 项目还为广告者提供表现报告，指出哪些关键词产生了最多的点击以及每个关键词的平均成本是多少。然后广告者可以选择减少使用表现不佳的关键词，或者根据自己愿意为这些词或短语支付多少再次进行投标。

内容导向广告

除了 AdWords 服务，谷歌还有另一个名为 AdSense 的项目。通过这个项目，互联网广告者能够在谷歌以外的网站上做广告。广告者指定想让自己的广告出现在哪些网站上，而不是选择与互联网冲浪者的自然搜索行为相联系的关键词（正如前面介绍的 AdWords 项目那样）。广告者在自己选择的网站上打广告，并向谷歌支付费用，然后谷歌再将其中约 80% 支付给这些网站。[51] 从某种意义上来说，谷歌是作为广告代理将广告投放到其他网站上的，并从收入中抽取 20% 的佣金，让内容导向网站赚取广告投放费用中的大部分。

对于那些人们一般不会使用关键词进行搜索的产品的营销者来说，这种形式的 SEA 尤其具有吸引力。例如，多数人不会搜索面包和牛奶这类基本产品，因此为这些产品购买关键词只会产生很少有成效的结果。但这些产品的广告者可以通过将广告放置在专注于健康的内容导向网站上而获益匪浅，访问这些网站的人会看到面包或牛奶的广告,宣传自己对健康的好处。例如,几年前,一份在各种媒体上出现的报告获得了广泛传阅,它指出每天至少饮用 24 盎司牛奶并进行规律运动的养生法能够收到减肥的效果。有责任对牛奶进行宣传的行业协会便可以将广告放置在各种健康导向的网站上并在广告中加入这份媒体报告的链接。

总的来说,谷歌的 AdWords 和 AdSense 这类 SEA 项目为互联网广告者提供了放置广告的方式,他们的广告可以出现在潜在消费者的搜索结果中,从而提高遇到有准备的消费者的可能性。SEA 的优势是明显的(成本效益、准确定位以及对广告效果的评估快速而简单),但它并不是没有问题。

13.7.3 海选(SEA)并不是没有问题

搜索引擎广告,尤其是关键词匹配的主要问题是点击欺诈。**点击欺诈**是指竞争者或其他当事人为了混淆广告效果重复点击赞助链接。回顾一下,广告者根据每次点击成本为赞助链接付费,并且广告者会指定他们每天愿意支付的预算上限。你可以进一步回顾,若每次点击 20 美分,每天的上限为 300 美元,那么广告者在一天之中一共只能获得 1 500 次点击。如果是这样,竞争者可以重复点击赞助链接直至达到 1 500 次的上限,从而阻止任何正当的点击。如此这般,我们假设的这位广告者将无法从其适当的投资中获得任何收益。

除了竞争者的点击欺诈以外,当内容导向网站的雇员重复点击被广告网站以提高谷歌等搜索引擎支付给他们的费用时,这种行为也会出现。遭受欺诈点击的广告者再次无法从广告中获得任何收益。所谓的机器人软件程序可以被用于自动、重复地点击广告,从而为网站带来大量收入,但却浪费了广告者为增强品牌形象和提高销售而进行的投资。

据估计,点击欺诈的程度范围为 5% 到 20%。[52] 鉴于这个问题的重要性,谷歌的一位高级主管将其描述为"互联网经济的最大威胁",并鼓励尽快做些事情,在它威胁到 SEA 商业模式之前限制住这一问题。[53] 解决问题的办法是出现了专门检测点击欺诈的公司。这些公司提供的服务被描述为:"点击欺诈检测技术在可疑行为发生时发现并警告公司,当过度点击发生时允许付费搜索经理暂停关键词广告,防止更多预算损失。"[54]

尽管存在点击欺诈,但 SEA 大体上仍是一种高度有效的互联网广告形式,而点击欺诈只是做生意的一种成本。多数专家认为 SEA 的投资回报是其他互联网营销传播形式无法相比的。

13.8 广告与行为锚定

互联网行为锚定的本质是令互联网广告恰好针对那些最可能有兴趣(通过其在线网站选择行为表现出来)对特定产品类别做出购买决策的个体。行为锚定与内容导向的 SEA 不同,对于后者,广告者必须为每一个有机会看到广告者发布的信息的人付费;而对于前者,只有那些已知对特定产品或服务感兴趣的消费者才会从使用行为锚定的营销者那里收到广告。通过筛选，广告者能够比使用相对不加选择的内容导向运动时将广告投放到更多网站上。很多人认为行为锚定使互联网广告发展到了比 SEA 所能提供的更高的层次上。事实上，一位从业者将行为锚定称为"使用类固醇的搜索（引擎广告）"。[55]

互联网广告者与之前精明的传统广告者类似，已经越来越多地将消费者定位作为提高点击率和将"点击者"转变为购买者的一种方法。随着追踪技术的进步，了解更多关于互联网消费者行为特征的信息并将特定广告呈现在他们面前成为可能，这是通过使用追踪用户在线行为的电子文件（称为 cookies）来实现的。（关于互联网 cookies 的解释，参见 http://www.cookiecentral.com/c_concept.htm。）以下引语说明了 cookies 是如何使互联网广告者能够将广告与互联网用户的产品使用兴趣进行匹配的：

> 如果一个高尔夫球手点击了一本高尔夫球杂志的广告，这次点击会被记录下来。下一次我们的高尔夫球爱好者在网上冲浪时，一个广告服务器会检测到他，找到一个高尔夫球广告并将其发送。通过分离用户，互联网广告公司可以销售高尔夫球相关的锚定广告，用户也不需要返回同样的网站获得锚定广告。广告服务器公司（如 DoubleClick、24/7 Media、Engage Technologies）与数百个客户网站签约，形成广告网络，使广告服务器能够随处追踪用户。[56]

与任何广告形式相同，行为锚定也有缺陷。最值得注意的是这种锚定形式可能被视为对人们隐私的一种侵犯。简单来说，当知道自己的网络搜索行为被密切追踪时，很多人感到被冒犯了。[57]一个著名的物理原理也适用于网络广告，每一个行为都对应同样强度的反作用力，很多消费者会通过下载广告拦截软件回避网络广告。当然，生活中没有什么是免费的。消费者能收看免费电视节目是因为广告者资助了这种自由。同样，如果广告杀手软件被广泛使用，那么互联网用户就可能需要为目前零成本的网络内容付费。

13.9 互联网广告效果的测量

互联网广告者关心的一个主要问题是广告效果的测量。当然，正如我们在上一章讨论主要媒体的受众测量时提到的那样，这与品牌经理在传统媒体上做广告所关心的问题完全相同。回顾一下，杂志受众测量服务（米迪马克研究公司和西蒙斯市场调研局）、广播受众测量（阿比创的 RADAR 服务）和电视受众测量（尼尔森个人收视记录仪）。在每一个例子中，这些受众测量服务都已经能尽可能准确地确定特定广告载具的读者、听众或观众数量以及他们的人口统计特征。

将传统媒体作为基准，学生就会比较容易理解，互联网广告者同样关注测量问题：多少人点击了特定的互联网广告？这些人的人口统计特征是什么？多少人访问了特定网站？点击或访问网站后又有什么行动？这种互联网广告形式产生了适当的投资回报吗？

互联网广告效果的测量方法

此处测量方法是指在特定的指标中，哪一个是最适合评估网站及网站上的广告效果的。正如我们在上一章讨论传统广告媒体时所用的词一样,将网站作为一种广告载具,测量就是评估特定互联网广告形式的价值和有效性。实际上,有多种方法正在被使用,因为广告者有不同的测量目标,而且在这个新的、动态的互联网2.0应用领域,在线广告的形式变化多样。如下所述,评估互联网广告效果一般至少有四个目标,并且(在括号里)有多种可以用来显示目标是否实现的方法。[58]

1. 网站或互联网广告的显露价值或人气(如接触广告的用户数量、不同访问者的数量和点击率)。
2. 网站吸引和维持用户注意的能力以及顾客关系质量(如每次访问的平均时间、不同访问者的访问次数和用户访问的平均间隔)。
3. 网站的有用性(如重复访问者的比例)。
4. 锚定用户的能力(如网站用户资料和访问者之前的网站搜索行为)。

很明显,很多方法是用于评估网站和这些网站上广告的效果的。由于关于这些方法的详细讨论超出了本书的范围,因此我们只简要讨论三种广泛使用的方法:点击率、千人成本和每行动成本。

点击率(CTR)已经被提到过几次,代表接触到互联网广告并用鼠标进行点击的人的比例。点击率一直在下降,尤其是旗帜广告,而且广告界的很多人都已经不再对这种方法抱有幻想——尽管一些人称,即使互联网用户不点击了解被广告品牌的更多信息,旗帜广告也能够对品牌知晓产生积极影响。

千人成本(CPM)是点击率的简单替代品,用于评估互联网广告的成本(以每千人为基准)。CPM揭示的唯一信息是一则广告进入互联网用户视线的成本(仍是以每千人为基准)。这种方法描述了互联网用户看到一个广告的机会(OTS),但没有提供关于广告实际效果的信息。

CPM方法的使用为每行动成本(CPA)方法开辟了道路。每行动成本中的行动是指用户访问了品牌网站,并注册了他们的名字或购买了被广告品牌。很多广告者更愿意按照CPA为互联网广告付费,而不是根据CPM。根据CPA购买互联网广告的条款之间有很大不同,为涉及购买或接近购买的行为(如注册索取品牌的免费样品)支付的价格要高于仅仅点击广告。但由于广告者想要获得具体的结果,特别是品牌销量的增加,他们愿意为显示这些结果已经实现的方法(即CPA方法)支付的钱要多于CTR等仅仅预示这些结果可能会实现的方法。

总结来说,很明显,没有测量方法是完美的——对互联网或任何其他广告媒体来说都是如此。确定广告媒体效果的难度被极端化地通过以下一系列问题进行了说明:"考虑泰戈·伍兹棒球帽上的耐克商标:它会令你更有可能购买一双耐克公司的鞋吗?如果会,你会向调查员承认吗?你会向自己承认吗?甚至你自己知道这一点吗?"[59]

小结

本章介绍了各种各样的网络广告媒体。表13.1通过标注特定形式的互联网广告列出了本章讨论的结构。在北美和世界其他地方,互联网广告支出正以指数倍增长。

与其他多数广告媒体相比,互联网拥有两个关键特征:个性化与交互性。这些特征允许用户控制他们接收的信息以及用于加工广告信息的时间和精力。

本章的大部分内容介绍了互联网广告媒体的各种形式。首先,网站被认为是公司互联网广告努力中最重要的部分,其他互联网广告形式(如旗帜广告、电子邮件和付费搜索)为增加公司网站流量服务。展示或旗帜广告是一种流行的互联网广告形式,尽管众所周知,但点击率很低。由于展示广告的 CTR 非常小,互联网广告者已经转而使用新技术和更大的广告尺寸来吸引互联网冲浪者的注意。由于富媒体形式吸引注意的能力较强,如弹出式广告、填缝隙式广告、超填缝隙式广告和视频广告,它们也经历了使用量的增加。富媒体广告的缺点是,互联网用户发现它们有侵入性而且比较烦。

网络日志(博客)被描述为一种具有潜力的广告载具,但其未来具有不确定性,因为用户使用博客的原因与广告的作用和目的是相反的。对于广告者来说,博客(包括被称为播客的广播版本)的普遍性使它的未来具有吸引力,但只有时间能够告诉我们博客和播客上的广告在经济上是否是切实可行的选择。现在还为时过早。

电子邮件广告是被广泛使用的互联网广告形式,尽管过多的垃圾邮件在一定程度上影响了这种形式的效果。许可式电子邮件是将电子邮件广告使用合法化的一种努力,但很多消费者只是不喜欢通过互联网接收广告。电子邮件杂志是一种更加被接受的广告媒体,因为广告被清楚地标注出来,这也解释了为什么这种形式的赞助邮件呈上升趋势。同时,伴随支持 Wi-Fi 的笔记本电脑、个人数字助理和手机等无线设备的巨大增长,广告者渴望获得当人们不在家中或办公室时到达他们的机会。同样,只有时间会告诉我们,例如手机是否会成为一种切实可行的广告媒体。

搜索引擎广告(SEA)是互联网广告投资中最大的部分,在所有互联网广告支出中约占 40%。SEA 背后的基本概念是,广告可以出现在消费者和 B2B 客户的搜索结果中。换句话说,SEA 增加了遇到有准备的消费者的可能性。有两种形式的 SEA 被广泛使用:关键词匹配和将广告放置在匹配广告者产品的内容导向网站上。

行为锚定是本章介绍的最后一种互联网广告形式。这种广告形式只针对那些最可能有兴趣购买特定产品或服务的个体,这种兴趣是通过他们以往的网站选择行为表现出来的。行为锚定使互联网广告发展到了比 SEA 所能提供的更高的层次上。事实上,一位从业者将行为锚定称为使用类固醇的搜索引擎广告。

本章讨论的最后一个话题是测量互联网广告效果。测量方法的选择在一定程度上是"移动靶",因为互联网广告的性质是动态的,并且广告者可以从多种形式中进行选择,用于到达潜在的互联网消费者。我们介绍了三种用于测量广告表现的具体方法:点击率(CTR)、千人成本(CPM)和每行动成本(CPA)。最后一种方法的使用正在增长,因为广告者想要获得具体的结果,如影响人们购买产品的行为,而这恰恰是 CPA 方法所测量的。

讨论题

1. 正如本章所提到的,一些观察家认为传统广告已经走向消亡,并且最终会被网络广告所代替。你是否同意此种观点?

2. 请解释互联网的两个特征对于广告主的意义和重要性：个性化和交互性。请提出你自己的见解而不是仅仅复述教科书中的内容。

3. 书中提到互联网使用者处于一种向前学习的思维模式下，而电视观众则处于一种向后学习的思维模式下。请解释这句话的意思，并说明这种区别对互联网广告来说是优势还是劣势。

4. 请描述你对互联网广告的一般反应是什么？也就是说，你会经常点击旗帜广告吗？你对弹出式广告、填缝式广告和超填缝式广告的反应又是什么？

5. 如果只有不到 0.3% 的人点击，旗帜广告还有效吗？

6. 你是否认为互联网公司使用的 cookies 侵犯了你的隐私权？你是否愿意阻止这一技术应用的法律出台？如果这种法律获得了通过，对于消费者的损失是什么？

7. 你个人是否下载过阻止广告的软件？如果成百上千万的电脑和其他互联网终端都装有这种阻止广告的软件，带来的影响又是什么？

8. 下面这组问题涉及了文中提到的耐克在泰戈·伍兹棒球帽上的广告：这则广告会增加你购买耐克鞋的可能性吗？如果是的话，你会向调查者承认吗？你会向自己承认这一点吗？甚至你自己知道这一点吗？这些问题（以及问题的答案）对于衡量互联网广告有效性有哪些启示？

9. Cookie 中心网站（http://www.cookiecentral.com）致力于解释 cookies 是什么以及它们有哪些用处。请访问这一网站并讨论 cookies 可以怎样被用来完成行为目标市场定位的任务。

10. 你对于电子邮件广告的经历是什么？你经常（比如每周）收到的邮件中有哪些是你自选加入的计划？每天收到的邮件中有多大比例是垃圾邮件？

11. 电子邮件广告的一个优点是同一款产品或服务的广告可以针对不同消费群体购买习惯、人口特征及其他因素的不同而采取不同的设计。这种大批量个性化定制的信息应该会提高营销传播活动的效率，但是一个犬儒主义者可能会认为这种广告是唬人的——对不同的受众提供不同的产品信息看起来充满误导性。你对此的看法是什么？

12. 电子邮件广告对实现病毒营销传播目的非常有效——也就是说，产生蜂鸣。这一目的的达成需要一个邮件接收者将其转发给一个朋友。请谈谈你对电子邮件病毒营销实践有效性的观点。换句换说，请解释是什么使得电子邮件蜂鸣的产生是有效的或者是无效的。

13. 业内将行为锚定称为使用类固醇的搜索引擎广告。请解释为什么会有这样巧妙的比喻。

14. 从一个营销低卷入度的包装产品如麦片的广告主的角度，比较两种搜索引擎广告的优缺点：关键词匹配广告和内容导向广告。

15. 在你看来使用博客作为广告媒介的潜力如何？

16. 在你看来使用手机作为广告媒介的潜力如何？

17. 在你看来，使用例如 Myspace 和 Facebook 这种社交网站作为广告媒介的潜力如何？

第14章

其他广告媒体

第14章涵盖了多种"其他"广告媒体：直接形式广告、邮件广告以及间接形式广告，如黄页广告、视频游戏广告、电影及其他媒体中的品牌植入、电影院广告和其他可选媒体。

宏观营销传播洞察　本章所涉及的定义

杂乱——一种混乱或无秩序的状态或情况

直接——通过最短的路径到达目标

精确——一种准确的状态或品质

独创性——在制作或设计时所体现出的聪明或巧妙的特质

上述术语及其定义将有助于理解本章介绍的"其他"广告媒体的多种形式。到目前为止，本书已经介绍了大众媒体（第12章）和互联网媒体（第13章）的主要形式。本章将介绍一些其他媒体形式，它们可以作为前两章中介绍的媒体选择的补充。

这些其他媒体形式正越来越多地被用于避免大众媒体产生的杂乱问题，这些形式包括通过邮政服务的直接广告，在电影、电视、歌曲及其他地方出现的品牌植入广告，黄页广告，视频游戏广告（又称广告游戏），电影院广告以及很多其他形式的广告。

正如前面所定义的，杂乱是一种混乱或无秩序的状态。对于个人广告者来说，传统媒体和互联网代表着一种无秩序的状态，因为他们想要抓住观众或听众注意力的努力会被其他众多广告者为实现同样目标而付出的努力所抵消。消费者会被淹没在一个又一个广告之中，任何广告者的信息都很容易迷失在由此产生的干扰中。

这些其他媒体中的一些，尽管不一定是全部，能够通过直接路径而非电视网络这种中间媒介到达目标市场。例如，邮递广告，也被称为直邮，为广告者提供了一种方法，能够将信息直接传递给定义好的、精确选择的目标市场。也就是说，邮递广告产生的浪费曝光更少，因而能实现更有效率的广告信息传递。

另外，在电影、电视节目、音乐及其他地方插入的品牌植入广告使广告者能够到达理想的目标受众，并且精确度要比在各种大众媒体上投放广告的情况更高。这是因为特定广告和电视节目的受众在生活方式和人口统计学方面常常有很多共同点。

最后，广告者对其他广告媒体的选择仅仅受限于独创性的缺乏。只要有技巧和智慧，广告者就能在无数广告媒体中任意选择使用，以有效率和有效果地到达目标受众。事实上，任何空白的表面都能成为传递广告信息的渠道。例如，广告可以被放置在交通工具（大巴和出租车）上、洗手间里、天空中（空中广告），甚至还能出现在人们身上的临时文身上。选项基本上是无限的，受限的只是独创性的缺乏。

本章目标

在阅读本章后你将能够：
1. 解释为什么邮寄广告是一种有效率和有效果的广告媒体。
2. 理解与大众广告形式相比，邮寄广告具有的五个与众不同的特征。
3. 理解数据库营销、数据挖掘和终生价值分析的作用。
4. 理解各种地方（电影、电视等）的品牌娱乐和品牌植入。
5. 理解黄页广告的价值。
6. 认识视频游戏广告的增长和作用。

14.1 介绍

如题所示，本章讨论的是"其他"广告媒体这一宽泛的话题。我们用"其他媒体"这个模糊的词来涵盖前面没有涉及也不会在本书后面进行介绍的所有广告形式。因此，电视和杂志（第12章的主题）等传统大众媒体以及互联网广告（第13章）被排除在外。口碑广告和蜂鸣营销也不在本章范围之内，但会在第18章进行介绍。另外，户外广告、店外标志、售点广告将会作为第20章的主题。最后，通过夹页等促销工具进行的广告将在第16章中介绍，第19章将涉及事件与善由赞助广告。

我们已经了解了本章将不会涉及哪些话题，同时也有必要概述一下本章将介绍的内容。表14.1中列出了相关内容，我们可以看到"其他"广告形式包括：直接邮寄广告、电影与其他地方的品牌植入、黄页广告、视频游戏广告、电影院广告以及广告形式集锦。

表14.1 "其他"广告的各种形式

- 直接邮寄广告
- 电影、电视节目及其他地方的品牌植入
- 黄页广告
- 视频游戏广告
- 电影院广告
- 广告形式集锦

这些"其他"广告媒体一般不足以完成建立品牌资产和产生合理投资回报需要达到的销售量所需的全部营销传播任务，但当被用作辅助工具来支持一个完整的、针对主要广告媒体和互联网的IMC项目时，它们的作用则非常重要。最后应该注意的是，无论是单独使用还是与另一种媒体综合使用，这些"其他"媒体有时能够独立实现品牌的营销传播目标。例如，有些品牌（尤其是在B2B营销领域里）只需要一个直接邮寄广告运动就能够成功,而有些品牌只能依赖于这些"其他"广告媒体,因为它们的营销传播预算不足以支付在传统广告媒体上做广告的费用。

14.2 直接广告与邮件

第13章介绍了互联网广告的各种形式,其中包括电子邮寄广告。本章的这一部分会详细介绍非电子的邮寄广告,我们称之为"邮寄"。邮寄广告或简称为 P-mail(与 E-mail 对应)是指任何通过邮政服务传递给营销者希望影响的人的广告。这些广告有多种形式,包括书信、明信片、计划单、日历、文件夹、产品目录、录影带、记事簿、订货单、价目表、菜单。

邮寄广告在 B2B 和 B2C 领域里的广泛使用至少有四方面的原因。第一,电视广告成本的上升和受众分化程度的提高使很多广告者减少了在电视媒体上的投资。第二,邮寄能够使广告者前所未有地锚定他们想要得到的潜在客户。为什么?因为根据一位专家所言,"与 20 000 名潜在客户交谈要比跟 200 万带有不确定性的消费者沟通好得多"[1]。第三,对广告结果可测量性的重视促使广告者使用邮寄广告,因为它能够清楚地确定有多少潜在消费者购买了被广告的产品。第四,很多消费者对邮寄广告有着正面的态度,因为,如果不能收到直接邮寄的价目表和产品目录,他们会感到失望。

14.2.1 成功的邮寄广告说明

全球聚焦 产品硬伤如何造就了邮寄的成功?

苏格兰威士忌的故乡苏格兰,理所应当地因本地出产高品质威士忌酒的悠久历史而自豪。苏格兰各地的酿酒厂制造各自独特的威士忌酒,全球各地的消费者对那些最适合他们口味的品牌有强烈的偏好。许多最著名的苏格兰品牌都标有"单一纯麦"(为了表明它们来自唯一的酿酒厂,使用独特的麦芽和大麦),但一些威士忌品牌———般是较便宜的——使用的是两种或更多不同酒的混合品,这被称为调和威士忌。

标题中的"产品硬伤"发生在格兰杰酿酒厂,这是一家位于苏格兰高地的酒厂。格兰杰的一个品牌是阿德贝哥——一种在艾雷岛酿造的单一纯麦威士忌。由于一位员工用错了操纵杆,格兰杰的两个品牌——阿德贝哥和格兰穆雷——被混合在了一起,结果导致了两种单一纯麦混合的劣等威士忌。格兰杰公司的管理层最初面对的形势是销毁 15 000 瓶看起来没用的产品,承担巨额的经济损失。但还有其他可以做的事情吗?

结果,公司创造性地决定将产品硬伤转变为一个独特的新品牌。这款实际上非常不错的调和威士忌被命名为"缘分天注定"——这个名字(根据有名的传说故事)的意思是"意外发现珍宝的运气"。[2]

于是,一个邮寄广告活动开始展开(叫做"浪费太可惜了"),用来营销"缘分天注定"。公司向 30 000 名忠实的阿德贝哥消费者寄送了邮件。信中附有一个介绍了格兰杰公司生产失误的广告宣传册,并要求消费者签署《正式谅解协议》,这实际上是对"缘分天注定"品牌的订单。这个营销活动最终取得了巨大的成功。邮件的回复率达到23%并带来了接近100万美元的收入,而成本却只有10万美元。这次失误没有给格兰杰公司带来巨大的损失,反而使公司大赚一笔。这个例子充分说明了创造性的力量以及直邮广告的有效性。

我们将介绍三个非常成功的直接邮寄广告运动。一个涉及B2B产品,一个是包装消费品,另一个是耐用消费品。

Caterpillar 414E 工业装载机广告运动

卡特彼勒公司生产和销售多种不同的重型机械产品,包括用于清理场地、建设商用和民用住宅的设备。然而,卡特彼勒却在美国东南部经营不善,在这一地区需要使用特殊的设备来平整土地,然后在建房之前铺设混凝土板(而美国其他地区大多在建房之前打下地基)。卡特彼勒的经销商抱怨说他们的业务正被约翰·迪尔这样的竞争对手所蚕食,因为他们的设备更加适合平整美国东南部的土地。为了应对这一情况,卡特彼勒生产了414E工业装载机来加强其在这一区域的竞争力。

卡特彼勒需要一个给经销商留下深刻印象的营销传播方案。这个解决方案是专为新型的卡特彼勒414E装载机开展一个特别活动并通过直接邮寄广告宣传该活动。该活动的时间被设计安排在全国汽车锦标赛前夕。这一设计的目的在于让卡特彼勒的经销商——也就是414E的目标市场——能够使用414E设备来建设赛车跑道。这种亲身体验能够让经销商在第一时间体会到这款新产品的多功能性。在跑道建成之后,经销商会被邀请参加在新建跑道上举行的小型汽车(称为沙滩越野车)比赛。

为了使产品更加激动人心并且及时通知经销商最新的活动动态,一个直接邮寄广告活动(称为"Eat My Dust")被设计出来。直接邮件信息被分发给了1 700个零售商,他们被告知有机会使用新型的414E产品来建设赛车跑道并且在新建成的跑道上进行沙滩越野车比赛。直邮广告的一般回复率在1%到3%左右,而414E的活动却成功地获得了18%的回复率。结果,卡特彼勒售出了28台414E及其相关产品,成交价高达75 000美元,而Eat My Dust营销活动的成本还不到10 000美元。换句话说,只要销售两台机器就可以抵消直邮活动和赛车活动的总费用,剩下的26台销售量就成为卡特彼勒的净收入。无论以什么标准来衡量,这的确是一个大获成功的广告运动。[3]

Stacy's Pita Chip 广告运动

总部位于波士顿的Stacy's圆饼公司运营得非常成功,但是它的业务在很大程度上局限于新英格兰地区。为了向全国扩展它的分销网络,Stacy's需要一个成功并且花费合理的营销传播计划。由于预算的限制,Stacy不可能使用如电视这种大众媒体,所以公司考虑使用直邮广告。这一巧妙的计划以公司的名字Stacy's为中心。在第三方直接营销公司的帮助下,Stacy's找到了全国133 000位名为Stacy的人并确定了他们的地址。

每一位 Stacy 都收到了一封卡通纸版信,上面用金色的字体写道:"给 Stacy,来自 Stacy。"信中还附带着五个附赠产品、价值 1 美元的代金券,以及邮资已付的信封,这使得收信人能够将产品邮寄给他最亲密的朋友。信件还鼓励收信者向当地的食品店寄信以促进食品店经理购进 Stacy 产品。

目前我们断定这一营销活动的财务成功还为时尚早,但是 Stacy's 的营销负责人说该项活动已带来了良好的公共宣传效果,花费的成本比 30 秒的电视广告要小得多。[4]

Saab 9-5 广告运动

萨博 9-5 是萨博进入豪华车市场的首款车型,该车型被设计成能够和知名高级品牌如奔驰、宝马、沃尔沃、雷克萨斯和英菲尼迪竞争市场的品牌。萨博选定了 20 万个目标消费者,其中包括 65 000 名萨博汽车拥有者以及 135 000 名潜在客户,公司通过多封邮件来鼓励这个群体的消费者试驾萨博 9-5。邮件向消费者提供了品牌的具体信息并吸引他们参与试驾萨博 9-5 的活动。接着,大多数合适的潜在客户的名字被传给经销商,由经销商进行后期的跟踪活动。

萨博的广告公司设计了四种邮件:① 首封邮件,包括对萨博 9-5 上市的介绍、汽车的照片,以及要求接收者完成一份针对他们汽车购买兴趣和要求的调查;② 在第一封邮件后的跟踪邮件,里面强调了消费者特定购买意愿(性能、安全性、多用性等)的产品信息,其中还附赠了一个试驾工具箱作为鼓励消费者返回问卷的奖品;③ 第三封邮件,其中包含了 Road & Track 报道萨博 9-5 产品进展的特刊;④ 最后一封为试驾邀请函,吸引消费者试驾三个小时,以及赢取欧洲免费自驾游的机会(穿越德国、意大利和瑞典)。

在邮件活动之后公司紧接着又进行了电话外呼的营销活动。外呼的对象包括所有回复了首封邮件的人,以及所有汽车租赁或贷款即将到期的潜在客户。这些外呼电话进一步强调了欧洲自驾行的奖励并为当地的经销商确定了访问消费者确定试驾时间的计划。萨博 9-5 的直接营销活动取得了惊人的成功。在 20 万个潜在客户中,有 16 000 人表现出了试驾的兴趣,并且最终预约了 2 200 个试驾。[5]

14.2.2 邮寄广告的特征

邮寄的支出非常庞大。仅美国一家每年在邮件上的投资就超过 600 亿美元。[6]这些支出既包括 B2B 也包括 B2C 的直接邮件。与大众广告形式相比,邮寄具有五个特征:精准性、可测性、可说明性、灵活性和高效性。

- 精准性。邮寄能够准确地锚定人群。例如,Saab 的广告公司只选择了 20 万消费者接收萨博 9-5 的邮件,其中包括 65 000 名萨博拥有者和 135 000 名潜在客户,他们满足收入、汽车拥有者及其他要求。

- 可测性。邮寄能够准确地测定广告努力的效果,因为营销者知道发送了多少邮件、多少人有回应。这使得计算每项调查和每个订单的成本易如反掌。正如之前所提到的,超过 2 200 名消费者报名试驾萨博 9-5。销售数据可以清楚地显示最初的 20 万封邮件中有多少带来了最终的购买。

- 可说明性。正如我们在本书中反复强调的,营销传播活动越来越多地被要求证明其传播活动的有效性。邮寄使得这一要求简单化,因为结果已经清晰地显现(正如萨博9-5的例子),品牌经理可以充满自信地将预算分配给邮件营销。

• 灵活性。有效的邮寄广告能够迅速地被执行(相比投放一个电视广告),所以公司能够根据形势的变化来投放邮寄广告。例如当库存产品超额时,可以迅速通过邮寄广告来降低库存。邮寄广告还能让营销人员迅速地在小样本范围内测试营销传播方案并不被竞争对手察觉。相比而言,大众广告策略很难逃过竞争对手的注意。邮寄广告的灵活性还体现在它不受到形式、颜色或者尺寸的限制(除了那些成本和可行性的限制)。对邮寄广告进行变更和调整也非常简单,并且成本很低。这是变更电视广告的成本所无法比拟的。

• 高效性。邮寄广告能够将营销传播集中于高度定位的群体,例如萨博9-5中收到信件的20万个消费者。这种成本的节约性要比大众广告到达同样的目标受众好得多。

邮寄广告的一个缺陷是它的成本。从每千人成本(CPM)的角度来看,邮寄广告一般比其他媒体都要昂贵。例如,一封邮件的CPM可能会高达200—300美元,而杂志的CPM则只有4美元。然而,和其他媒体相比,邮寄广告的成本浪费要小得多,并且经常会带来更高的回复率。因此,从每个订单成本来考虑,邮寄广告通常更加合适。

邮寄广告最大的问题可能是很多人认为邮件对人的打扰过度并且是一种对个人隐私的侵害。消费者已经习惯于收到大量的邮寄广告,并且被训练得接受不同的邮寄广告。邮件的数量并不是大多数人所担忧的,他们担忧的是自己的名字和地址几乎已经被任何公司或组织知道。

14.2.3 谁在使用邮寄广告,其功能是什么?

所有类型的营销人员都将邮寄广告视为战略性的重要广告手段。B2B公司和消费品公司都越来越多地将邮寄广告视为一个广告选择。如普瑞纳、卡夫、戈博、莎莉、奎克和宝洁等公司都是邮寄广告的主要使用者。邮寄广告在推出新产品和分发产品试用装时非常有效。

研究和实践经验表明邮寄营销活动具有以下功能,这些都很容易理解,因此不需要进一步的解释[7]:

1. 提高来自现有客户的销售量和使用率。
2. 向新客户销售产品和服务。
3. 提高特定零售商或网站的光顾和访问量。
4. 通过促销奖励刺激产品试用。
5. 为销售人员做出榜样。
6. 传播产品相关的信息和新闻。
7. 收集勇于建立数据库的消费者信息。
8. 同消费者以一种相对隐秘的方式沟通,进而降低竞争对手发现的可能性;同大众广告不一样,邮寄广告在到达客户和潜在市场时可以避开竞争对手的雷达。

14.2.4 目录与视听媒体

这一部分讨论两种特殊形式的邮寄广告：目录和视听形式的邮寄广告。

目录

目录广告的规模巨大，每年在美国国内会有 100 亿份目录广告。目录广告是非常高效的，正如一项研究所发现的：① 超过三分之二的目录接收者访问了目录中公司的网站；② 目录广告接收者带来的收入比没有接收目录广告的消费者带来的收入高 150%；③ 目录接收者比没有接收目录的人购买的数量更多，花费也更多。[8]

从营销实践者的角度来说，目录营销提供了一种既经济又高效地到达目标消费者的方法。从消费者的角度来说，通过目录购物有几方面的好处：① 目录购物节省时间，因为人们不用寻找停车位，也不用忍受实体店内拥挤的人流；② 目录购物还特别吸引那些害怕购物中遭受犯罪行为的消费者；③ 目录使得人们能够在轻松的状态下做出购买决策，远离在实体店购物时的压力；④ 800 免费电话、在线网站、信用卡消费以及自由退货政策使得人们更加容易进行目录购物；⑤ 消费者对从目录中购买的产品非常自信，因为产品的价格和质量是同商店中的产品水平相当的，甚至优于商店的产品；⑥ 目录销售做出的承诺和保证也是很吸引人的。对于最后一点，请参见缅因州著名的 L. L. Bean 公司的例子：

> 我们承诺以任何方式保证消费者对我们的所有产品 100% 满意。您可以在任何时间退还任何从我公司购买的产品。我们会根据您的意愿为您更换产品，赔偿您的损失或给您退款。我们不会让您对 L. L. Bean 公司产生任何的不满意。

尽管目录营销的手段非常普遍，但这种营销方式使用量的增速却很缓慢，这可能是由下面的原因导致的：首先，行业观察者发现目录购物的新鲜感对很多消费者来说已经丧失。其次，正如一种产品或服务到达其成熟期的情况一样，目录广告的成本也在急剧上涨。一个主要的原因是，公司想要设计更加吸引人的目录以凸显相对竞争对手的优势，这使得它们不得不承受高额的成本。此外，成本还受到近些年来第三方邮费和纸张成本上涨的影响。

视听广告

这种形式的邮寄广告通过录像带、CD 或 DVD 刻录的视听广告节目来达到营销的目的。这种形式的广告抓住了一个品牌视觉和听觉的关键信息，并将其通过电脑显示器或电视屏幕传送给商务客户或最终消费者。

尽管没有太多的研究来考察视听广告的有效性，但这种行业内的公司坚持认为（没有自私的目的）Video 广告比通过邮寄的印刷品广告更加经济和高效。它们认为相比那些宣传册或其他印花广告，商务客户和消费者不太可能随意扔掉一份主动提供的影音资料，这是因为影音资料更加具有说服力。尽管没有从科学的角度得到证实，但我们可以认为视频广告比印刷广告更加具有可观赏性，因此能更有效地抓住注意力并影响对广告信息的记忆。

公司正越来越多地使用试听媒体来向消费者和 B2B 客户展现详细的产品信息。例如,想象一下,一个旅游景点应该怎样有效地利用试听广告。当一位潜在游客想要了解有关景点的信息时,公司应该寄给他一个包含当地风光(视频以及静态的照片)和声音(音乐、野生动物和其他野外的声音等)的光盘,并且以一种新颖和令人享受的方式展现。CD 和 DVD 在 B2B 营销领域也大行其道。通过将含有新产品的视听资料邮寄给目标客户,来鼓励他们打电话索要更多的产品信息或者安排一个私人的销售访问。

当然,除了邮寄视听资料之外,营销人员也可以简单地发给客户一个网址,在链接的文件内展示图片等。这对于营销人员来说更加便宜,但并不是所有的消费者都有宽带连接,这一点也大大降低了潜在客户在电脑上观看视频文件的可能性。因此,CD 和 DVD 形式的视听邮寄广告只合适一部分消费者而不是全部。

14.2.5 数据库的运用

成功的邮寄广告需要可行的数据库以及数据库内部的可寻址能力。也就是说,数据库使得公司能够通过数据库中消费者的邮件地址或其他方式,例如人口统计变量信息这类的相关信息联系到消费者。同广播类的广告相比,邮寄广告并不大规模地同消费者接触,而是同目标客户建立一种个人化的关系。下面这个比喻贴切地说明了邮寄广告(也称为可寻址的媒体)和广播媒体广告的区别:"广播媒体发送传播的信息,而可寻址媒体收发信息。广播媒体像战舰一样炮轰远处的目标使其屈服,而可寻址媒体更多地寻求沟通和对话。"[9]

一个新近更新的数据库能够给公司提供大量的资产,包括:① 向公司产品或服务最优的目标客户进行直接营销的能力;② 向不同群体的消费者提供不同种类信息的能力;③ 建立长期客户关系的能力;④ 提高广告效率的能力;⑤ 计算客户终身价值的能力。鉴于客户终身价值的重要性,下面这一部分将重点讨论这项资产。

终身价值分析

数据库营销的一个关键特征是需要从终身价值的角度考虑数据库中的每一个地址。也就是说,每个现有的或潜在的客户都不仅仅被视为一个地址,更是一个长期的资产。**客户终身价值**就是公司在给定的年限内从一个一般新客户身上实现的利润的净现值。这一概念最好用表 14.2 中的数据来说明。

表 14.2 客户终身价值分析

	第一年	第二年	第三年	第四年	第五年
收入					
A 客户数量	1 000	400	180	90	50
B 留存率(%)	40	45	50	55	60
C 平均年销售额(美元)	150	150	150	150	150
D 总收入(美元)	150 000	60 000	27 000	13 500	7 500

(续表)

	第一年	第二年	第三年	第四年	第五年
成本					
E 成本比例(%)	50	50	50	50	50
F 总成本(美元)	75 000	30 000	13 500	6 750	3 750
利润					
G 毛利润(美元)	75 000	30 000	13 500	6 750	3 750
H 折现率	1	1.2	1.44	1.73	2.07
I NPV 利润(美元)	75 000	25 000	9 375	3 902	1 812
J 累积 NPV 利润(美元)	75 000	100 000	109 375	113 277	115 088
K 单位客户终身价值(美元)	75.00	100.00	109.38	113.28	115.09

为了说明的方便,我们假设一个专业零售商有一个包含了 1 000 个客户的数据库(见行 A 和第一年列的交叉点)。下面的分析说明了怎样计算五年间的平均客户净现值。[10] 首先,留存率(见行 B)代表了客户在五年的时间内保持为该零售商的客户的可能性。假设第一年的 1 000 名客户中的 40% 会留存到第二年,或者换句话说,最初 1 000 名客户中的 400 人会坚持到第二年(见行 A 和第二年列的交叉点);这 400 名客户中的 45%,也就是 180 人,会留存到第三年;其中的 50% 会留存到第四年;剩下中的 55% 会留存到第五年。

行 C 表明从第一年到第五年的年均销售额固定在 150 美元。也就是说,客户平均在这个零售店消费 150 美元。也就是说,行 D 中每年的总收入就是行 A 和行 C 的乘积。例如,第一年中的 1 000 名客户会带来 150 000 美元的总收入;而第二年的 400 名客户会带来 60 000 美元的总收入,以此类推。

列 E 代表了向商店的客户销售产品的成本。为了简单起见,我们假设成本是收入的 50%。行 F 中的总成本因此就是行 D 和行 E 的乘积。行 G 的毛利润则是用总收入(行 D)减去总成本(行 F)。

行 H 的折现率是净现值分析的一个关键部分,因此需要一些讨论。正如你在金融的基础课程中所学到的,折现率反映了在未来收入的钱和在今天收到的钱的价值不相等。这是因为在今天收到的钱,例如 100 美元,可以立即被用于投资并回收利息。随着时间的推进,100 美元的价值会随着利率的增长和累积而增长。推迟资金的获得则意味着放弃获取利息的机会。按照这个逻辑,在三年后获得的 100 美元的价值就比今天获得的 100 美元的价值小得多。因此需要做一些调整来使得在不同时间获得的等量的钱的价值相等。这个调整就被称为折现率,可以表示为

$$D = (1+i)^n$$

其中,D 是折现率,i 是利率,而 n 是在收到钱之前已经过去的年数。表 14.2 中行 H 给出的利率是 20%,因此,第三年的折现率是 1.44,因为零售商需要等待两年(从第一年开始计算)来获得第三年将会获得的利润,也就是:

$$(1+0.2)^2 = 1.44$$

行 I 中的净现值利润,由折现率的倒数乘以毛利润得到。例如,在第三年,1.44 的

倒数是0.694,这意味着在20%利率的情况下,两年后得到的1美元在现在只值0.69美元。因此,三年后的13 500美元的毛利润的净现值是9 375美元。(你应该计算第四年和第五年的净现值以确保你真正理解了净现值的概念。请记住一个数值的倒数是由1除以这个数得到的。)

在行J中的累积净现值利润,就是各年净现值利润的总和。也就是说,我们假设的这个在第一年拥有2 000名客户、五年后剩下50名的零售商,五年的累积净现值利润有115 088美元。最后,行K的客户终身价值,显示了我们假想的零售商第一年的1 000名客户每个人的平均价值。这些客户的平均终身价值,也就是五年间的净现值,因此就是115.09美元。

现在你理解了客户终身价值分析的概念,我们可以进行更多战略性的思考。关键的问题是:营销人员如何提高平均客户终身价值?有五种方法可以提高客户终身价值[11]:

(1)提高客户留存率。一家公司的客户越多,留存的时间越长,公司的客户终身价值越高。这要求营销人员和广告主必须专注于保留客户而不仅仅是开发新客户。数据库营销非常适合这一营销目标,因为数据库能够让商家经常与客户沟通(通过实时通信、电子邮件等)并建立关系。客户关系管理是一个被广泛应用的营销实践方法——这种实践的意义在于其增强了客户终身价值的能力。

(2)提高推荐率。同现有客户的良好关系可以通过积极的口碑营销来影响他人,从而发展新客户。

(3)提高每位客户的平均购买量。公司可以通过提高现有客户的品牌忠诚度来增加他们对该品牌的购买量。产品的满意度和客户关系管理的能力是建立客户忠诚度的方法。

(4)削减直接成本。通过直接营销手段调整分销渠道,公司可以削减成本并提高利润。

(5)降低营销传播成本。有效的数据库营销可以显著降低营销传播费用,因为直接营销一般比大众媒体广告更有效率。

数据挖掘

数据库往往规模庞大,其中可能包含了上百万的地址编码和数十个变量。高处理速度电脑和廉价软件的应用使得公司通过挖掘数据库来了解客户购买行为成为可能。数据挖掘的目的在于发现隐藏在数据库中的事实。有经验的数据挖掘人员则通过寻找数据库中变量之间的关系,使用这些关系更好地定位目标客户,同其他公司发展合作营销关系,并更好地理解是谁买了什么、在何时、购买频率如何,以及他们此外还购买了哪些产品和品牌。

我们来考虑一个例子,一家信用卡公司在挖掘其大型数据库后发现,大多数频繁刷卡人和大额消费客户比普通持卡人更多地在国外度假。公司可以利用这一信息设计促销活动,以奖励国外度假旅行。一个家具连锁店在挖掘数据库后发现,拥有两个或两个以上孩子的家庭,在购买了一辆汽车后的两年内很少再购买大件家具。根据这个信息,该家具店可以找来汽车购买清单,直接向那些没有在两年或更长时间内购买过汽车的家庭发送广告。这些仅仅是例子,但它们告诉我们怎样利用数据挖掘制定战略性的广告和促销决策。

数据库的另一个用处是将公司消费者名单分类,分类的标准有消费者新近购买的情况(R)、购买的频率(F),以及每次购买的金钱价值(M)。公司一般根据这些分类标准给每个客户打分。每个公司都有自己制定的一套打分方法和流程(例如公司自己的R-F-M),但是在每个公司中,那些最近购买、购买更加频繁并且购买额大的账户总会被给予高分。R-F-M 系统为数据库处理和邮件定位提供了巨大的机会。例如,一家公司可能只会向那些超过一定分数的账户发送免费的产品目录。

14.3 电影与电视节目中的品牌植入

通常被称为产品植入的营销方法——可能更适合叫做品牌植入,因为营销人员推销的是品牌而不是泛泛的产品——在近些年来被提高到了空前的高度。据估计,美国2007年在品牌植入上的花费大约为 30 亿美元,其中电视中的植入占据了全部品牌植入支出的 70%。[12]有趣的是,很少有科学的证据证明品牌植入的有效性,尽管关于这一话题的文献越来越多。[13]大多数的证据都是轶事性质的,本部分的讨论也遵循这一风格。

为了使品牌植入以一种不突兀的形式出现,营销人员寻找将他们的品牌在积极的情境下出现的机会——包括电影、电视节目、书籍、歌曲,等等。品牌植入活动同在第 1 章讨论的五个 IMC 关键特征中的一个能够进行完美的联合,也就是客户代表了所有营销传播活动的起点。因为它是与媒体选择有关的,那么这一原则的核心就是营销传播者必须寻找机会在积极的情境中展示品牌信息,而潜在客户也会自然地将自己置身于这一情境中,比如人们去看电影、观看电视节目、听音乐,等等。因此,所有的这些地点和场合都是展示品牌信息的好机会。这就是所谓的品牌娱乐的逻辑和基础,也就是,在娱乐活动中的品牌信息要通过隐蔽的方式传递,而不是传统广告露骨的形式,品牌植入不以广告的形式出现。

与传统的大众媒体广告相比,电影、电视节目以及其他地方的品牌植入广告具有自身独特的优点和不足。第一,从优点方面来说,品牌植入相比广告的打扰性更小,因此被躲避的可能性更小。第二,因为消费者,尤其是年轻消费者,通常不喜欢被营销,品牌植入被当成一种劝说方法而被立即拒绝的可能性更小。第三,当一个品牌同电影(或者电视节目、歌曲,等等)的情节和人物很好地联系在一起时,品牌植入就有很大的潜力建立品牌形象并同目标受众产生情感上的共鸣。最后,一个成功的植入能创造一个难忘的联想(认可和回忆),促进消费者对品牌的记忆,并可能影响他们从竞争品牌中选择该品牌的可能性。

从缺点方面来说,当由电影和电视导演来决定品牌应该怎样在娱乐节目中出现时,营销传播实践者就已失去了对品牌应该怎样定位的控制。一则广告是一个能够完全被控制的情境,但是当一个品牌被植入到某一部电影中时,在一定程度上,营销者已失去了对定位的控制。品牌植入的另一个缺点是难以衡量品牌植入的有效性和 ROI。最后,品牌植入的价格正在直线上升,许多品牌经理认为成本太高。例如,在国家广告者协会的调查中,79%的主要营销者都认为品牌植入的定价过高。[14]

总结来说,品牌植入提供了很多潜在的优势,但是随之而来的是高额的成本。接下来我们讨论电影和电视节目中的品牌植入。

14.3.1 电影中的品牌植入

虽然当前电影中品牌植入的频率前所未有,但在电影中的品牌植入最早可以追溯到20世纪40年代。现在几乎不可能看到不含著名品牌(如苹果、可口可乐、福特、耐克、索尼)的电影。例如,2008年上映的电影《21》(关于一群MIT的学生在拉斯维加斯赌博的故事)中被植入了超过40种品牌。其中就包括必发达金酒、百威啤酒、凯撒宫、克莱斯勒、唐恩都乐甜甜圈、古琦、路易威登、百事、小马、萨缪尔·亚当斯、索尼游戏机、夹馅面包等。有兴趣的读者可以登录 http://www.brandchannel.com/brandcameo_films.asp 查看自己喜欢的电影中植入了哪些品牌。这个网站从2000年开始跟踪记录电影中的品牌植入。该网站还记录了哪些品牌在大多数电影中进行了植入。例如,2007年福特是在电影中植入品牌最多的(20部),其次是苹果(13部),第三名是可口可乐(11部)。

品牌植入有效吗?公开的关于这种广告是否有效的证据非常有限。但是,有证据表明,成功的品牌植入会带来品牌知晓和回忆的提升。[15]看起来广告主使用这种补充性的营销沟通方法能够获得很多好处而不会有太大坏处。品牌植入的一般价格可以从低至25 000美元到高达上百万美元。[16]有一些因素决定了品牌植入价值多少钱,并由此决定品牌营销人员应该在一部电影中的品牌植入中投入多少钱。[17]第一个决定因素是品牌在屏幕上出现的时间长度。品牌在场景中作为前景出现,或者品牌在屏幕中清晰可见,这类的植入相比作为背景或难以发现的品牌植入要更有价值,也会要求更高的价格。第二,当电影中的人物使用该品牌,并且或许还提到该品牌并讲述该品牌的优点时,品牌植入更有价值(因此价格更高)。品牌植入价值的第三个决定因素是品牌是否出现在电影中的重要情节部分(如果是,那么植入更值钱)。简单来说,品牌植入获得的时间越长,同电影的情节越紧密,同电影中的关键人物联系越多,品牌植入就越有价值,企业为品牌植入支付的价格也越高。

根据一家主流广告媒体公司进行的大型全球调查(有来自20个国家的不同消费者的11 000个访谈),年轻消费者对电影中的品牌植入最敏感。[18]同年长的人群相比,16—24岁的年轻人最有可能注意到电影中的品牌植入(57%),并且考虑尝试电影中出现的品牌(41%)。相比而言,35—44岁人群的注意率和考虑尝试的可能性分别是49%和28%,45—54岁人群的比例则分别是43%和22%。也许最有趣的发现是不同国家和地区的消费者对于尝试电影中品牌可能性的差异。比例从高到低依次是墨西哥(53%),新加坡(49%),印度(35%),中国香港(33%),美国(26%),芬兰(14%),丹麦(14%),荷兰(9%),法国(8%)。后四个国家的消费者反对品牌植入,因为他们觉得品牌植入打扰了电影观赏的过程。

14.3.2 电视节目中的品牌植入

关于电视节目中品牌植入的话题主要在第 12 章讨论电视作为一种大众广告媒体时进行了讨论。现在我们增加几点新的理解。电视节目中的品牌植入是非常普遍的。事实上,一项对黄金时段节目的研究发现,品牌在这些节目中的出现频率是每三分钟一次。[19]在电视中进行品牌植入的投入甚至比电影还高,电视中的品牌植入几乎占据了在所有媒体渠道进行品牌植入的总花费的 70%。电视中品牌植入的持续增长同真人秀节目的增加相辅相成。例如《美国超模》、《生存者》和《学徒》这样的节目提供了几乎完美的品牌植入机会,为品牌经理提供了传统的 30 秒广告外的展示机会。当然,品牌植入并不仅仅局限于真人秀节目;在大多数成功的电视节目中都能发现品牌植入的痕迹。甚至在重播的情景喜剧中也通过数字手段在场景中加入了品牌信息,这是在该剧首播时没有的。[20]

品牌营销人员正努力尝试做到将品牌同电视节目进行无缝的整合。例如,经纪人杰克·鲍尔,福克斯电视台《反恐 24 小时》中的人物,就总是驾驶着一辆福特 F-150 卡车。杰克和这辆卡车变得不可分离。在节目中出现的卡车并不突兀,而是令人激动的节目组成部分。类似的,可口可乐在美国超模中进行品牌植入,Randy、Paula 和 Simon(节目中的三位评委)时不时地用印有可口可乐标识的杯子喝水。

14.4 黄页广告

黄页广告也是消费者在寻找产品或服务供应商并准备购买时所参考的广告媒体。一般来说,在一周的时间里大约 60% 的美国成年人至少使用黄页一次。黄页最频繁的使用者大多数属于 25—49 岁的人群,他们拥有大学学历,并且拥有相对较高的家庭收入(60 000 美元或更多)。[21]人们使用黄页的主要原因包括节省了逛街搜寻信息的时间,节省了精力和金钱,寻找信息快捷,能够知道有关产品和服务的信息。

在整合营销传播方案中,黄页中的广告是其他广告媒体的补充而不是替代品。这种过去在电话本中出现的静态老式传播沟通手段,正因为网络黄页的出现而焕发新的生机(例如 http://www.yellowpages.com)。

网络和印刷版的黄页共同代表了一个庞大的媒体类型,年收入超过 150 亿美元。[22]每年有超过 7 000 种的当地黄页字典被分发给上百万的消费者。目前有超过 4 000 种不同产品和服务列表的标目。本地的商家是黄页广告的主体使用者,不过全国性的广告商也频繁地使用黄页。例如,在最近的一年中下列的全国性公司在黄页广告上的投入都超过了 2 000 万美元:为您服务公司(5 100 万美元)、U-Haul 公司(3 800 万美元),国家农场保险公司(3 500 万美元)和 Budget and Ryder 公司(2 050 万美元)。[23]

黄页广告的主要特征

黄页广告从几个方面区别于其他广告媒体。[24]第一,消费者通常回避其他媒体,却积极地在黄页中进行搜寻。第二,广告主在很大程度上用他采取的行动决定了黄页中广告的质量。例如,如果放置一个大型广告,广告主就会获得奖励的广告位(例如,在特定的产品类别中的优先展示权),而购买小型广告的广告主就不会获得该奖励;并且,黄页广告的长期广告主会获得最佳的广告位。

黄页广告的第三个特征是这种广告的创意有很明显的限制。也就是说,相比在其他媒体上进行广告宣传,在黄页上做广告可供选择的创意很少。但值得注意的是,现在广告主在黄页上有更多的色彩和图片的选择,而不是单调地在黄色背景上使用黑白印刷。研究表明,彩色和高质量图片的使用对于吸引注意力、传递产品质量的信号,甚至是提高广告品牌被选择的概率都有积极的影响。[25]

黄页广告的第四个特征是购买的方法。在电视、广播、杂志和报纸等大众媒体上做广告允许频繁的创意和预算的调整,但黄页广告则需要购买一整年并且不能在购买量或者创意上进行修改。

14.5 视频游戏广告

品牌经理和营销传播实践者不断地寻求新方法来将他们的品牌信息传递给那些难以到达的消费者,例如年轻人。电子游戏(视频游戏)为实现这一目标提供了很好的广告媒介。这种游戏一般在游戏机和网络上都可以玩,营销人员可以设计他们自己的游戏,或者将他们的品牌植入到现有的游戏中。视频游戏的生产商现在正积极地同品牌营销人员建立这种联合营销的关系,品牌营销人员为游戏中的广告位付钱。美国电子游戏广告市场在2008年估计达到了4亿美元,2011年世界电子游戏广告支出将会达到接近20亿美元。[26]

流行的游戏可以卖出上百万套,并且游戏玩家一般会玩上40个小时才会对游戏厌烦,知道了这些后我们就很容易理解为什么电子游戏代表了一种充满价值的广告媒介。[27]与此同时,JupiterResearch,一家技术研究公司,预测到2009年游戏玩家总数将会达到6000万。[28]在电子游戏技术的初期发展阶段,大多数玩家都是男孩,但现在40%的游戏玩家是女孩。[29]

IMC 聚焦 网络游戏社区总览

为了更好地了解谁在玩网络游戏、在哪儿玩以及玩的游戏是什么,NPD 研究公司对网络游戏玩家进行了研究。下面是 NPD 研究的关键发现:

性别——女性占据了网络游戏总玩家数量的42%;

收入——网络游戏玩家的平均家庭收入在35 000美元到75 000美元之间;

年龄——最大的网络游戏玩家群体是6—12岁的小孩,占据了玩家总人数中的20%;

游戏机情况——Xbox360 的拥有者比其他游戏机拥有者更可能进行网络游戏,Xbox360 拥有者每周在线游戏的时间是7.1小时,这也比其他任何游戏机拥有者的时间要长;

在线游戏的类型——休闲游戏(纸牌、猜谜和街机游戏)是最受欢迎的(44%),

第二是家庭娱乐游戏(25%),第三是多玩家在线游戏(19%)。大约有六分之一的网络游戏玩家认为赌博游戏是他们的最爱。

资料来源:Adapted from Beth Snyder Bulik, "Who Is Today's Gamer? You Have No Idea," *Advertising Age*, May 14, 2007, 28。

视频游戏广告的测量

尽管企业花费在电子游戏上的广告费用稳步增长,但相比电视和其他广告媒体的费用仍然微不足道。不过,由于预计到该项业务的持续增长,尼尔森公司开发设计了一项测量视频游戏受众的服务,叫做尼尔森游戏测量。尼尔森跟踪记录美国12 000个家庭的游戏使用的面板数据。通过一个小型的监视器(类似于测量收视率的机顶盒),尼尔森能够测量玩游戏的行为并捕获游戏玩家的关键人口统计信息。[30]

14.6 电影院广告

除了在电影中植入广告之外,近些年来电影院本身也成为投放品牌信息的媒体。[31]尽管花费在电影院的广告支出相比电视广告仍然微不足道,仅仅达到10亿美元。[32]然而,有研究表明,在电影放映前播放的广告并不引起消费者的反感。[33]

那些12—24岁的年轻消费者相比年长的消费者对电影院广告持更加积极的态度,这就使得电影院广告成为品牌营销人员到达这些通过传统广告媒体难以到达的人群的有效途径。[34]尼尔森媒体研究很好地证明了电影院广告拥有光明的未来,这项研究由尼尔森电影院研究推出,这是一个电影院内受众测量服务,电影院和广告主据此来决定是否购买和售出电影院广告。

14.7 广告媒体形式集锦

有很多混合的另类媒体,在整合营销传播方案中,所有的这些媒体只起到很小的却是很有用的作用。有创意的广告主发现很多通过另类媒体来接触消费者的方法。例如,图14.1是3M公司的广告,该广告的目标是它的广告商和客户。读了这则广告后你会发现3M认为便利贴可以成为一种到达潜在客户的有力的广告媒介。图14.2是一张在专业橄榄球场(卡罗来纳黑豹体育场,夏洛特,北卡罗来纳)中拍摄的照片,图中的杯座上装饰有可口可乐的广告。[35]

图 14.1　3M 公司以便利贴为广告媒体

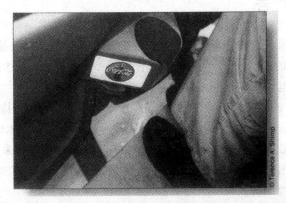

图 14.2　可口可乐以橄榄球场上拍摄到的杯座为广告媒体

　　为什么要浪费能够作为广告位的空间呢？想象一下每天穿行于城市街道的垃圾卡车的车身空白处。垃圾袋生产商 Glad 在纽约的 2 000 辆垃圾车上和 450 个街道清洁器上印刷了"纽约坚强"的广告。在两个月的广告期间内，Glad 的广告活动带来了 1 700 万的印象点（如收视点），并且将该品牌在全城的市场份额提高了 2%。[36]

　　广告主甚至开始利用洗手间中的空间来传递广告信息。例如，联合利华的除臭剂品牌 Axe 就在美国主要城市的公共厕所中张贴广告。公司的发言人解释说，Axe 是一个"帮助男孩吸引女生的品牌"，而男生在光顾酒吧期间在卫生间的时候正好处于能够接受如 Axe 这种品牌信息的思维模式中。[37]

　　一家叫做水果商标的创业公司已经使用苹果和其他水果及蔬菜来为电影和其他产品做广告。Levi Strauss 公司则在 Marvel 和 DC 漫画书的背页为其 Levi's 501 牛仔裤做广告，这两本漫画书是绝佳的广告媒体，因为这两本漫画书每个月合计会售出 1 000 万本。漫画书为 Levi 公司提供了一个到达出了名的难以到达的群体——12 岁到 17 岁的男孩——的途径。

另一个有趣的广告媒体是空中文字广告。一家叫做空中打字的公司——在加利福尼亚、佛罗里达和纽约都有办事处——以白色云朵的形式在空中"写字"。当美国网球公开赛在法拉盛球场举办期间,网球迷们就可以在空中看到百威、唐恩都乐甜甜圈、政府雇员保险公司和 Song 航空公司的广告。一个 25 个到 30 个字母的广告信息的价格在 25 000 美元到 30 000 美元之间,这则广告可以被在美网场方圆 400 平方英里内的超过 250 万人看到。[38] 请阅读 IMC 聚焦中对另一种极具吸引力的媒体的介绍。

最后,甚至人体都被用做了广告媒体。一家英国公司雇用在前额上印刷品牌名字的学生在繁忙的街道上走来走去,价格是每小时 8 美元。这家公司有大约 1 000 名愿意作为流动广告牌的学生群体。文身广告在美国也出现了。唐恩都乐甜甜圈就同美国大学体育协会联合在"疯狂三月"期间举办了前额文身促销活动。来自马萨诸塞、伊利诺伊、佐治亚和佛罗里达的 100 位学生在前额上印上唐恩都乐甜甜圈的标识,在校园里游走,每天的报酬在 50 美元到 100 美元之间。[39]

总结来说,这一部分对另类媒体的简要讨论仅仅是为了说明,在广告媒体的选择方面,没有做不到,只有想不到。这些例子表明几乎所有的空白处都可以被用作广告位。但是,广告主必须牢记在第 1 章中给出的关于 IMC 的建议:随时随地接触品牌使用者,使用所有能够提高品牌知晓度和提升品牌形象的接触点来传递信息,并且一定要整合各个接触点的信息,使得它们用同一个声音说话。如果多个媒体传递的信息不一致甚至是相互矛盾,那还是不使用多种媒体为好。

IMC 聚焦 分众传媒

当你在等电梯时,你会干什么?相信每个人都经历等电梯时的焦急、无聊和无奈。正是发现了这一独特的等待空间,分众传媒开辟了商务楼宇液晶电视联播网,将人们在等候中的注意力集中到了商务楼宇液晶电视联播网上。分众传媒所创立的商务楼宇液晶电视联播网是一个强制性相对较强的传播媒体。液晶电视广告的这种强制性可以避免在电视广告时大家有的去洗手间,有的疯狂换台的状况,也避免了报纸广告被读者跳过,根本不去理会的尴尬;这种强制性,又不会太招致受众的强烈反感,因为等候的时间本身就是无聊而枯燥的,液晶电视广告以精美的画面、舒畅的音乐和优雅的格调排解等候时的寂寞,同时达到了广告传播的效果。从广告传播的角度来看,广告环境和接触状况的良好特性保证了由此产生的广告传播效果的优质性。数据显示,北京、上海、广州、深圳四城市在写字楼上班的人员每天乘坐电梯平均次数达到 4.78 次,74.2% 的人在每次等候电梯时都会经常关注这种液晶电视媒体所播放的内容。其中,每天都会看的人达到 45.9%,液晶电视受众每天接触到液晶电视的频率远远高出接触到其他媒体的频率。

分众传媒首创了中国户外视频广告联播网络,并以精准的受众定位和传播效果赢得了受众和广告客户的肯定。目前,分众传媒已经形成了拥有商业楼宇视频媒体、卖场终端视频媒体、公寓电梯平面媒体(框架媒介)、户外大型 LED 彩屏媒体、手机无线广告媒体、电影院线广告媒体、分众直销商务 DM 媒体及数据库营销渠道等多个针对特征受众,并可以相互有机整合的媒体网络。

分众传媒的前身是1994年7月创立的上海永怡传播公司。2003年5月,江南春注册成立了分众传媒(中国)控股有限公司,并出任首席执行官。从2003年6月至2004年年底这段时期,分众传媒完成了三轮融资:2003年6月,软银和维众投资(UCI)宣布对分众传媒投入巨资;2004年6月19日,分众传媒获得CDF鼎晖国际投资、TDF华盈投资、DFJ德丰杰投资、美商中经合、麦顿国际投资等国际知名风险投资机构第二轮1250万美元的融资;2004年11月,美国高盛公司、英国3i公司、维众中国共同注资3000万美元入股分众传媒。至此,分众传媒完成了第三轮融资。2004年年底,分众传媒全面推出中国卖场终端联播网,锁定了快速消费品的主要购买决策人群,影响终端购物中的品牌选择和消费决策,填补了全国性终端媒体的空缺。

　　2005年至2008年是分众传媒迅速发展扩张时期。这一时期,分众传媒的特点是规模越来越大,并购的节奏越来越快,整合的压力越来越大。2005年7月13日,分众传媒控股有限公司正式在美国纳斯达克市场挂牌交易。2005年10月,分众传媒以高达1.83亿美元的价格收购了国内最大的电梯平面媒体广告运营商——框架媒介100%的股权。2006年1月8日,分众传媒以3.25亿美元合并了其最大竞争对手——中国楼宇视频媒体第二大运营商聚众传媒。2006年12月,收购了全国最大的高校平面媒体运营商——动力传媒。2007年3月1日,分众传媒斥资2.25亿—3亿美元并购中国最大的网络广告及互动营销服务提供商——好耶公司。2007年6月,又以2800万美元全资收购在汽车网络广告代理有优势的科思世通广告公司。2007年8月,以2000万美元收购国内最大的网络游戏广告代理公司——创世奇迹;以1600万美元收购具有房地产优势的佳华恒讯广告公司。2008年1月2日,分众传媒并购领先的卖场视频广告运营商——玺诚传媒,自此在卖场终端视频领域的市场占有率提高到了95%以上。

　　通过并购,目前分众传媒已拥有商务楼宇视频媒体、卖场终端视频媒体、公寓电梯平面媒体(框架媒介)、户外大型LED彩屏媒体、手机无线广告媒体、网络广告平台(好耶广告网络)、分众直效商务DM媒体及数据库营销渠道等多个针对特征受众,并可以相互有机整合的媒体网络。截至2010年9月30日,分众传媒商业楼宇联播网安装的液晶屏总数量为149 913块,其中144 392块属于公司直接拥有的网络,5 521块属于地区经销商;分众传媒框架网络可用非数字框架总数量为276 504个,数字框架总数量为35 983块;分众传媒卖场终端联播网液晶屏总数量为45 613个。同时,分众传媒营业收入和利润也直线上升,尤其是2008年达到顶峰,创造了7.9亿美元的净营业额和2.21亿美元的净利润。

　　资料来源:1. 蒋冬青,《分众传媒经营策略的成功经验及其启示》,《北京市经济管理干部学院学报》,2011,26(1)。

　　2. 刘世英,《分众的蓝海》,中信出版社,2006年7月第一版,第114—117页。

讨论题:

分众传媒的迅猛发展给中国广告业带来了哪些启示?

小结

本章讨论了多种"其他"广告媒体。表14.1给出了本章的结构,其中描述了本章会涉及的不同媒体类型。我们对通过邮件发送的直接广告进行了最详细的探讨,因为这种广告的使用最为广泛,在这种媒介上的投资也最高。

直接广告越来越多地被视为成功的IMC项目的关键组成部分。的确,对于许多公司来说直接广告是传播与沟通的基石。越来越精细化的数据库营销也使得直接广告的使用和效率得到提高。电脑技术的进步使得公司运营包含上百万客户信息的大型数据库成为可能。一个最新的数据库能够使信息针对目标客户,带来向不同群体提供不同信息内容的能力,提高广告效率,使得计算客户终身价值成为可能,也提供了一个同客户建立长期关系的机会。高处理速度计算机和廉价软件的引用使得公司能够通过挖掘数据库了解更多的客户购买行为的信息。有经验的数据挖掘人员则寻找数据库中变量之间的关系,并使用这些关系更好地定位目标客户,同其他公司发展合作营销关系,更好地理解是谁买了什么、在何时、购买频率如何,以及他们此外还购买了哪些产品和品牌。

电影和电视节目中的品牌植入是另一个快速增长的广告媒介。这些植入为广告主提供了一个以隐蔽方式(同传统广告相比,传统广告是说教式的,并且是咄咄逼人的)到达消费者的机会,并且可以通过同电影中的场景和任务相联系来建立积极的品牌形象。

本章还重点讨论了黄页广告和视频游戏广告。黄页广告(网络以及印刷)几乎是本地商家吸引潜在客户和重复购买的必备手段。电子游戏广告是一种新型但是快速增长的广告形式,这种广告大多吸引男孩,但也越来越多地吸引了那些痴迷于游戏的女孩。

另一个寻找其他广告媒体的有趣的发展趋势是电影院广告在近期的增长。现在大多数影院在开始放映电影前都要播放广告。这些广告通常和电视中的广告相同。这种广告的设计目的在于吸引那些通过传统媒体很难接触的年轻人群体。似乎在电影前放映的广告并不像电视广告那样令人生厌。

最后一部分讨论了其他另类媒体选择,也就是说,这些媒体是被用来补充主流媒体的空缺而不是完全替代。我们的讨论中涉及在垃圾车上做广告、在洗手间做广告以及使用飞机在空中写出广告语等。

讨论题

1. 几乎所有的空间都是营销人员做广告的潜在媒介。请举出几个本章"其他媒体"部分没有介绍的新媒体。请指出每种新媒体的目标客户,并解释为什么你认为它们是有效的或者无效的。

2. 你能回忆出最近观看的电影中成功的品牌植入吗?这些品牌植入是什么?产

品是出现在积极的情境中还是消极的情境中？你认为这些植入是否成功？

3. 你看过 CD 或 DVD 广告吗？如果看过，你认为这种形式的广告是有效的还是无效的？

4. 请描述你在最近几周对黄页广告的使用。

5. 假设你是一家位于一个 25 万人社区内的运动酒吧的经理。你能够给出一些理由来说明你不需要在黄页上做广告吗？

6. 请举出使用男装或女装目录营销的营销人员在数据库中可能找到的相关的两个变量。

7. 请解释数据库"可寻址性"的意思和重要性。

8. 本章在介绍数据库资产部分时，指出最新的数据库使得营销机构能够同客户建立长期的关系。请解释其中的意思。

9. 假设你是一家出售印有学校标识的商品的直接营销人员。这些商品的目标客户是大学运动项目的粉丝和支持者。请具体描述你将会如何编辑一个邮件名单，来到达最可能购买这些印有学校标识的商品的人群。请用你所在的学院或大学来举例说明。

10. 下面是一个同本章所讨论的类似的终身价值分析框架。请进行必要的计算，求出行 K 的值。

	第一年	第二年	第三年	第四年	第五年
收入	2 000				
A 客户数量	30	40	55	65	70
B 留存率（%）					
C 平均年销售额（美元）	250	250	250	250	250
D 总收入					
成本					
E 成本比例（%）	50	50	50	50	50
F 总成本					
利润					
G 毛利润					
H 折现率	1	1.15			
I NPV 利润					
J 累积 NPV 利润					
K 单位客户终身价值					

11. 假设在你大学毕业十年后，你所在学校的田径监督委员会约见了你。委员会的主席认为非常有必要知道橄榄球季票持有者平均的终身价值是多少。请说明你将如何估算一位持票者在首次购买后五年期间内的价值？请参考表 14.2 来进行你的计算。请做出你认为必要的假设并进行分析。使用例如 Excel 这样的电子表格软件来帮助你进行分析。

12. 你的学院或大学一定拥有一个负责向校友和其他客户营销产品的机构——这些产品上印有你所在学校的标识，例如运动衫、T恤衫、帽子、咖啡杯，等等。假设这个机构并没有最新的电脑数据库。请解释你会如何组建这个数据库。你会记录每个客户的哪些信息？你将怎样使用这些信息？

13. 作为一个花费了相当长的时间阅读不同目录广告的消费者，请说明你认为目录广告对于你来说的价值是什么。为什么你会（或者不会）从一个目录营销公司购买产品？

14. 你对游戏广告的看法是什么？请分别从广告主和游戏玩家的角度来评论这种广告。

15. 电影和电视节目中的品牌植入代表了一种以微妙甚至是隐蔽的方式向消费者传递信息的途径。相比来说，传统广告则是一种清晰可见的说教方式。因此有观点认为传统广告是一种比广告植入更加诚实的沟通方式。对此你的观点是什么？人们可以认为广告植入甚至就是一种欺诈吗？

16. 请访问 http://www.brandchannel.com/brandcameo_film.asp 并找到一部你看过或者至少比较熟悉的电影。找出电影中植入的品牌，并解释为什么这些品牌选择植入到该部电影中。

17. 你认为在洗手间投放广告的适宜性和有效性如何？

18. 根据本章所讨论的其他另类广告形式（在垃圾车上、洗手间内和在天空中）以及任何没被利用的空间都可以被用作投放广告，指出两个目前没有被广告使用者放置广告信息的空间位置。什么类型的品牌适合在你所提出的空间里做广告？每个空间位置中信息的目标受众又是谁？

19. 你对电影院在电影放映前播放广告的反应是什么？你认为这种广告打扰了你还是完全可以接受？

第4部分

销售促进管理

第 15 章　销售促进与贸易促销的作用
第 16 章　样品与代金券
第 17 章　赠品与其他促销

第15章

销售促进与贸易促销的作用

第4部分包括3章关于介绍贸易导向促销和消费者导向促销等的相关内容。其中第15章概述了销售促进的目标、促销活动快速增长的根本原因,以及促销的能力和局限性。这一章还描述了应用最为广泛的贸易导向促销形式,探讨了提前购买、转移以及生产导向的每日低价的出现。特定客户营销也同样受到显著的关注。这一章以对贸易促销和消费者促销的9个实证总结的讨论为结束。

宏观营销传播洞察 "动感地带"与"新势力"

2001年11月,中国移动广东分公司最先发端,以"数据业务打包,短信批量优惠"来试点"动感地带"。由于广东经验的成功,2003年3月,"动感地带"正式在全国推出,标志为"M-ZONE"。时隔3年,2004年4月20日,中国联通同样专门针对青少年市场的新品牌"UP新势力"首度在广州亮相,5月10日在广州正式发布。

中国移动较中国联通先进入移动通信领域,有丰富的运营经验和完善的营销渠道,而且雄厚的资金也可以为动感地带品牌的推广提供有力的支持;"动感地带"推出市场较早,已经有了一定的市场占有率,凭借"好玩、探索、特立独行"的准确品牌定位,在青少年中已经赢得了相当的忠诚度和美誉度;中国移动优质的网络质量和全面性的服务是其竞争对手所望尘莫及的。

而与"动感地带"不同的是,联通"UP新势力"是国内首个涵盖了GSM、CDMA两网的品牌,除了突出语音优惠,短信部分网内、网间特色,以及多种青年喜爱的增值业务可自由打包外,在资费设计上创新推出了可选的"私密热语"、"私密热信"包月功能。前者可以7元钱设置1个网内号码,包月本地通话,后者可以3元钱设置1个网内号码,包月发短信。这两项功能对学生情侣来说,无疑是最大的吸引点。所以在宣传的时候完全可以打出"私密"的牌子,增加包月服务的宣传力度,发扬品牌特色。

从目标人群来看,动感地带定位为15—25岁的年轻人,追求时尚,崇尚个性,乐于接受新事物、尝试新事物,容易相互影响。"UP新势力"也是专门针对15—25岁的青少年,主要面向学生、新上班族两大群体。二者目标人群基本一致。

品牌代言人选择上,动感地带选择了歌坛小天王周杰伦,其耍酷的个性非常符合动感地带的品牌文化——时尚、个性。在"UP新势力"的广告宣传上,一系列的形象造型是以团队的形象出现的。由此可见"UP 新势力"着重宣扬团队的分享与认可,倡导"分享"的形象代言理念。据分析,"UP 新势力"是在面对动感地带个人代言十分成功的情况下,扩大代言人的选择范围,规避个人代言的局限性。

在传播手段上,报纸、电视、杂志、网络、户外路牌静态广告、车体流动广告甚至一些新兴的楼宇电视广告,到处可见动感地带品牌的精彩演绎。周杰伦出场前后的新闻造势、后续的演唱会 600 万大学生"街舞"互动、"动感地带"与麦当劳宣布结为合作联盟,冠名赞助"第十届全球华语音乐榜中榜"和时代广告金犊奖评选,寻找"M-ZONE 人"等系列活动。"UP 新势力"则是通过赞助高校的各种活动如芭蕾舞、营销赛、才艺选拔、舞队竞艺,打进校园,在大中专校园开始概念推广,随后进一步推进业务推广的。

资料来源:1. 朱珠,《动感地带 VS 新势力——移动与联通品牌竞争策略的实证分析》,《科技情报开发与经济》,2008,18(16)。

2. 黄云,《要红还是要酷——UP 新势力与动感地带之争》,《经营管理者》,2005(7)。

讨论题:
动感地带与新势力的共同点与不同点是什么?它们各自的优劣势是什么?

本 章 目 标

在阅读本章后你将能够:
1. 理解促销的本质和目的。
2. 了解导致促销,尤其是贸易导向促销的投资增长的因素。
3. 认识到哪些是促销能完成的以及哪些是促销所不可能完成的任务。
4. 理解贸易导向促销的目标以及策划一个成功的贸易促销项目的关键因素。
5. 理解不同形式的零售商业折扣以及它们的使用原因。
6. 考察提前购买和转移以及它们是如何从生产商之前使用的账外折扣里产生的。
7. 理解每日低价以及绩效奖励方案对于减少提前购买和转移的作用。
8. 了解 9 种关于贸易和反向促销的实证总结。

15.1 介绍

本章和接下来两章的目标是详尽地介绍促销在整合营销传播功能中的作用。这一章主要介绍销售促进的内容,然后考察贸易导向促销的作用。接下来的两章是这一章的延伸,主要分析促销在影响消费者行为方面的作用。

15.1.1 销售促进的本质

从定义来看,销售促进(或者简称促销)指的是,生产商、零售商甚至是非营利组织用以暂时地改变一个品牌的感知价格或者感知价值所采取的任何形式的激励。生产商采用促销来刺激贸易(批发和零售)商或者消费者去购买该品牌,同时也鼓励生产商的销售团队卖力销售。零售商利用促销手段来刺激消费者的渴望行为——在这家商店而不是竞争者的门口驻足,买这个品牌而不是别的品牌的商品,大量购买,等等。而非营利组织则运用促销手段来刺激某些特定的渴望行为,比如让人们增加对崇高事业的捐赠,并且是当下就捐赠而非日后再捐赠。

促销的突出特征还需要进一步探讨。首先,根据定义,促销包括激励(比如打折或者赠品)。这些激励的设计必须能够刺激交易客户或者终端客户更快、更频繁或者大量地购买特定的品牌,又或者做出其他能为提供促销的生产商或零售商带来利益的行为。其次,这些激励(折扣、返现、抽奖、代金券、赠品,等等)必须是额外的,而不是在顾客购买商品或服务的基本价值里扣除的。再次,激励的目标是交易、顾客、销售团队,或者所有这三者。最后,这些激励只是暂时改变了一个品牌的感知价格或者感知价值。也就是说,一个促销激励只适用于一个时期内的一次或者几次交易,而不能被用于之后的每次交易。

广告是相对长期导向的。虽然并不是全部广告都是如此,但广告的这种特性却非常典型。设计精良的广告能够用以提升顾客满意度,以及扩大品牌资产。与广告相反,促销则是短期的、能影响顾客行为(而非仅仅是态度或者意愿)的。事实上,促销这个概念精辟地描述了促销设计促使品牌购买的短期特征和行为导向。促销有一种紧急的特征,呼吁人们现在就行动,因为明天总是太晚。[1]促销有左右行为的能力主要是因为它能提供给顾客短期的超值回报并且让顾客拥有更好的购买体验。[2]

虽然包装消费品公司是促销的最大用户,但是各种各样的公司都在使用促销激励。例如,餐馆提供代金券或者其他形式的折扣,有时在新的主菜促销时甚至提供免费的甜品;网络公司会为达到一定交易量的客户提供免费的送货服务;家具店会在顾客购买定制商品时赠送免费礼品;体育组织运用多种多样的促销手段去吸引体育迷并且鼓励他们回报;另外,汽车公司也会定期提供返现和打折以吸引顾客。[3]

非营利组织也正在运用这种非传统但却正在日益增长的促销形式。一家重点国立大学致信给百余名获得国家级竞赛半决赛资格的高中生,提供以下的特殊政策:

> 如果你在国家级竞赛中获得决赛资格,我们在录取你之外,还将提供能够支付你本科四年学费的校长奖学金,以及第一学年的校内宿舍。如果作为一名决赛选手,你没有拿到另一个国家赞助奖学金,那么你仍可以获得大学里的国家奖学金,金额不低于1 000美元。另外,你将获得2 000美元用于暑期研究或者海外交流。如果你在国家奖学金项目里提名了本大学作为你的本科选择,那么你还将在入学时获得一台免费的笔记本电脑。

虽然这并不是最典型的一块钱代金券、免费试用品或者邮寄奖品,但是这种特殊政策旨在鼓励一种行为(申请这所大学),这和品牌经理所做的吸引顾客购买品牌的举措没什么两样。现在已经很清楚了,促销是被广泛使用的整合营销项目之一,如果运用得当将会特别有效。

IMC聚焦　廉价座位与免费品尝

你曾经到现场看过职业棒球比赛(或是橄榄球比赛或足球比赛)并坐在远离比赛场地的座位上吗?这并不是很有趣,那么如果你必须要坐在"廉价座位"上,什么能够激励你再次参与另一场比赛呢?洛杉矶道奇棒球俱乐部提出了一个新颖的激励措施(促销),来鼓励球迷坐在视野最多只能算中等的座位上,并为这一"优待"支付相对较高的价格。

过去,道奇体育场右侧的大约3 000个座位常常是空着的,即使这些座位的价格只有6—8美元时也是如此。道奇需要一种将球迷引向右侧座位的创新方式,它的管理层也一直为此任务而努力。他们的解决方式是给坐在体育场这一侧的球迷免费吃东西的机会,想吃多少就吃多少。这个"所有东西你都可以吃"的激励措施并不新颖,旅游船和拉斯维加斯的赌场都已经使用它很多年了。但在棒球营销领域,它是一种新颖的方法。

到目前为止,这种激励措施看上去是有效的,因为选择右侧座位的道奇球迷数量比以往任何时候都要多,并且每个座位的价格都涨到了20美元或更多!"所有东西你都可以吃"的活动开始于比赛前一个半小时,结束于比赛开始后两个小时。坐在右侧看台的球迷每场比赛平均每人会消耗2.5个热狗、1袋花生或爆米花以及一盘玉米片。(饮品的消耗没有被记录下来,因为饮品是自助的。)看上去道奇的管理层和右侧看台的球迷都因这一新颖的促销活动而"丰腴且开心"。其他赞成这种做法的运动队也正在考虑开设他们自己的"所有东西你都可以吃"的项目。然而,由于肥胖症在美国的影响,一些人对道奇体育场的"所有东西你都可以吃"的项目持批评意见,他们认为这鼓励了暴食行为。

资料来源:改编自Adam Thompson and Jon Weinbach, "Free Eats Sell Bad Ballpark Seats," *The Wall Street Journal*, May 16, 2007, B1。

15.1.2　促销的目标市场

生产商的销售团队、零售商以及顾客是促销活动的三大目标群体(见图15.1)。首先,贸易导向和消费者导向的促销活动给予了生产商的销售团队必要的条件去积极热情地向批发商和零售商促销,即促销人员有了激励作为销售此促销品牌的特定卖点。

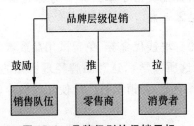

图15.1　品牌级别的促销目标

促销活动的第二个目标是交易本身,包括批发商和零售商,尤其是零售商。不同种类的赠品、折扣、抽奖以及广告支持项目,都被生产商用作对交易伙伴的推动力(指的是"推"),给予零售商理由去储存、展示和宣传,或者将促销品牌以折扣价出售。最后,消费者导向促销(代金券、样品、赠品、特价品、彩票和抽奖)通过提供渠道让消费者有尝试或重复购买该促销品牌的特定理由。

15.2 增大用于促销的预算份额

近年来,广告费用作为整体营销沟通支出的一部分正在减少,而促销费用则持续上升。广告费用作为一个企业的整体营销沟通支出的一部分曾经平均达到40%。然而,从25年前开始,一直延续到现在,媒体广告占营销预算的平均比例也下降到只有四分之一。实际上,据一个曾经追踪营销支出的组织估计,贸易促销(包括特定客户营销,在接下来的章节再讨论)占据了美国总体营销支出额的60%,消费者广告占据26%的份额,而消费者促销则占据了剩下份额中的14%。[4]为什么企业要将预算从广告转向促销活动,尤其是贸易导向促销呢?接下来的章节将考察导致这一转变的主要原因。

15.2.1 影响会计转变的要素

表15.1 "推"和"拉"的营销策略

	X公司(推)	Y公司(拉)
对零售商的人员推销	13 500 000 美元	6 000 000 美元
对零售商的促销活动	12 000 000 美元	150 000 美元
对零售商所做的广告	2 400 000 美元	300 000 美元
对消费者所做的广告	1 800 000 美元	20 550 000 美元
对消费者的促销活动	300 000 美元	3 000 000 美元
总计	30 000 000 美元	30 000 000 美元

影响品牌经理持续增长地将营销预算转向贸易促销的因素有好几个。但是,在我们解释这个转变的原因之前,回顾一下营销策略中的"推"和"拉"的概念会更有帮助。

"推"和"拉"是物理上的比喻,用以形象地描述生产商所运用的促销活动的特征,这些促销活动是为了达到鼓励渠道成员(贸易方)去承接和销售该品牌以及劝说消费者购买品牌的目的而设计的。"推",形象地说,就是一个生产商运用人员推销、广告和贸易导向促销活动,向批发商和零售商施加一个前进的推动力。通过推销员、广告和促销尤其是促销的共同影响,生产商以折扣的形式或者其他激励来"推动"渠道成员增加该生产商品牌而非其竞争品牌的存货。与此相反,"拉",则是一种向后的牵引,形象地说则是从消费者向零售商。这种牵引,或者说"拉",是生产商采用的广告和促销成功的结果,刺激消费者至少在短期内选择该生产商品牌而非竞争品牌。

表15.1描述了两个公司在同样30 000 000美元的预算下分别按"推"和"拉"导向促销策略实施的不同促销活动的区别。X公司重点运用了"推"的策略,将其大部分预算投入到针对目标零售商的人员推销和贸易促销活动中。而Y公司则采用了"拉"的策略,将其大部分投资注入对消费者所做的广告中。

注意到"推"和"拉"并非互不兼容这一点非常重要。这两种营销活动经常同时发生。生产商向消费者促销（创造"拉"的效果），同时也对贸易成员促销（达到"推"的目的）。问题不是该采用哪个而是该强调哪个。有效的营销沟通包括一系列的共同努力："推"动贸易以及被消费者牵"拉"。

历史上，至少在20世纪70年代，企业重心落在促销性的"拉"上（就像Y公司在表15.1中的预算显示出的那样）。生产商投入大量广告，尤其是在电视网络上，而通过吸引消费者对那些重度广告商品的需求，来对零售商施加压力，使之销售该生产商的品牌。但是，在过去的十年里，"拉"导向的策略渐渐变得不那么有效了，很大程度上是由于我们在第12章中探讨的大众市场的分裂以及观众分级。由于"拉"的逐渐失效，以"推"为导向的促销活动不断增长（例如X公司在表15.1中的预算支出）。

增加对促销活动尤其是贸易导向促销的投资，与增加对"推"策略的运用密切相关。表15.2总结了促销投资增长所引起的主要变化，并随后对此进行了讨论。必须强调，这些变化是相互依赖而非分离和相互区别的。因此，在表15.2中的排列顺序与其相应的重要性无关。

表15.2 促销增长引起的变化

- 改变了生产商和零售商之间的权力均势
- 提高了品牌相似度与价格敏感度
- 降低了品牌忠诚度
- 大众市场的分裂以及传媒效用的降低
- 基于公司回报结构的短期效应导向
- 积极响应的消费者

权力均势的转变

差不多直到20世纪80年代，美国的生产商才大致比超市、药店、大型市场以及其他销售该生产商品牌的零售商更强大、更具影响力。原因有两方面。首先，生产商能够通过大量投放的电视网络广告这种"拉"的效力吸引消费者。于是，不论零售商们愿不愿意，这都能有效地迫使他们经营该生产商的品牌。第二，零售商很少自己做研究，而往往依赖于生产商的信息，比如经营一个新产品是否能取得成功。生产商的销售代表会使用能反映成功商品信息的市场测试结果来劝说购买者经营一个新产品。

当电视网络成为有效的广告媒介，尤其是当光学扫描器以及其他能反映零售商当前商品流动信息的仪器出现后，生产商和零售商的权力均势才开始发生转变。有了来自光学扫描器的稳定数据流，零售商现在可以实时获知哪一种商品正在被销售以及哪一个广告和促销活动正在发挥效力。零售商不再需要依赖生产商的数据。相反，零售商现在正凭借他们所拥有的去争取有利于自己的销售条款而非仅仅只是接受生产商的合同内容。

对生产商来说，权力均势的转变带来的结果是，花出去用来支持零售商宣传和销售的每一美元，都能使生产商省下为自己做广告的一美元。

提高品牌相似度与价格敏感度

在早期,当真正的新产品面向市场时,生产商都可以针对该产品相比竞争品牌所具有的独特优势有效地做广告。但是,当产品种类变得更成熟时,大部分新产品相比市面上已有的产品只有细微的变化,多半则与竞争品牌高度相似。越来越少的产品差异,使消费者变得更加依赖产品价格,对价格更敏感(折扣、代金券、降价、返现等)以及以价格区别作为区分类似品牌的方法。因为很难达到实质的差别优势,所以生产商和零售商都持续地转向了促销以获得对竞争者的暂时优势。

在经济不景气以及经济衰退或者通货膨胀的压力下,消费者变得对价格尤其敏感。在这些时候,我们会见到各种形式的折扣和降价激励被商家使用,比如汽车制造商提供零利率贷款,房地产商向未来的房主提供无首付购房的优惠。

降低品牌忠诚度

消费者对商品品牌也许没有以前那么忠诚了。部分原因是品牌变得越来越相似,因此使得消费者在品牌之间的转换更方便了。同样,营销人员有效地教会了消费者每个产品总有一个品牌在做优惠,比如说代金券、降价出售或者返现。因此,大部分的消费者很少会购买一个品牌,除非该品牌正在进行优惠活动。("优惠"这个词指代任何一种对消费者减价的促销形式。零售折扣、生产商降价出售以及无所不在的代金券是几种最常见的优惠形式。)

一个研究团队基于一种非食品的包装消费品品牌8年的数据,考察了优惠促销对消费者价格敏感度的影响。这些研究者认为,价格促销使消费者在长期内对价格变得更敏感。另外,不论是什么目的和意图的持续增长的价格促销,它们都教会了消费者在购买过程中去寻找优惠的品牌。不忠诚的消费者更容易受到营销人员采用的价格优惠的影响。[5]研究者还发现对于成熟的液体清洁剂品牌来说,对代金券的使用(比如威斯克、伊娃和邦德)增加了消费者对价格的敏感度却降低了消费者对品牌的忠诚度。[6]

优惠活动日益增长的结果就是营销人员创造了一个消费者对优惠的欲望恶魔。与之而来的品牌忠诚度的降低以及品牌转换行为的增加,要求更多的优惠活动来满足消费者永远填不满的胃口。在德国、日本、英国和美国进行的一个大型国际性研究调查了价格相关的促销(比如降价出售以及代金券)在促销时期过去之后对一个品牌销售情况的影响。这个涉及25个包装消费品种类、包含几十个品牌的研究,其结果却戏剧性地显示,这些促销对于一个品牌的长期销售状况以及消费者重复购买的品牌忠诚度实际上没有影响。没有产生明显的后效是因为对一个品牌的促销几乎是与该品牌长期的顾客基础无关的。换句话说,购买一个品牌的顾客通常在这个品牌价格促销时也是最快响应的。这样的话,价格促销有效地刺激消费者在优惠期间购买了即使在平时原价销售时他们也会购买的产品。总之,尽管价格相关的促销通常会带来即时的大量销售高峰,但这些短期的利益一般却不会对该品牌长期的销售增长起积极作用。[7]

大众市场的分裂以及传媒效用的降低

广告效用与消费者的需求和媒体习惯的同质性直接相关。他们之间越趋同,大众广告到达目标受众的花费就越少。但是,因为消费者的生活方式不同以及广告媒介的吸引力有局限性,大众广告的效用会相应减弱。基于这个原因,广告效用的降低与广告的混乱和日益增长的媒介费用同时发生。这些共同的作用力使许多品牌经理减少了广告费用并相应提高了对促销的预算支出。

短期效应导向与公司回报结构

促销活动与品牌管理系统密切相连。这种管理系统在包装消费品企业里是占主导性的组织结构。企业内的这种以品牌经理为主的回报架构强调的是短期的销售回报而不是缓慢的长期增长。换句话说,品牌经理的成绩是由年度甚至是季度性的审核来评定的。而促销具有不可比性,因为它产生的是快速的销售回报。实际上,大部分包装消费品品牌的销售都是和某种促销优惠紧密相连的。[8]

消费者响应

以广告支出为代价提高促销费用的最后一个推动力是消费者对省钱机会以及其他增值促销活动的积极响应。除非促销活动里有消费者想要的东西——而实际上也有——否则消费者是不会响应这些促销的。所有的促销机制都给予消费者一些奖励(利益、激励或者诱惑),使之能够做出某种品牌经理渴望见到的行为。这些回报或者利益是既实用又让人享受的。[9]消费者能通过这些促销活动得到实用的或者功能性的利益,包括:① 节省金钱(比如使用代金券时);② 减少搜索和决策成本(例如直接给予他们促销优惠,使其不用考虑其他选择);③ 产品质量的提升,因为价格的下降使得消费者能够买到他们平时不会去买的高级品牌。

在利用促销活动的同时,消费者也能获得感官上的享受(比如非功能性的收益),这包括:① 充分利用促销活动的精明消费者的感觉[10];② 一种刺激和尝试多样性的需要,比如说尝试一些若不是有诱人促销活动就不会购买的品牌;③ 娱乐价值,比如当消费者完成一个促销竞赛或者参加完抽奖的时候。

15.2.2 增加的结果:新会计准则

过去25年发生的促销增长,尤其是贸易导向促销增长,使相关机构建立了美国会计准则——(美国)财务会计标准委员会(FASB),以重新审查应该如何处理在企业会计损益表里的促销支出。在过去,促销费用和广告费用一样被作为本期费用从收入中扣除。但是,FASB的一个下属机构,名为紧急事务委员会,提出了新的会计准则(EITF00-14以及00-25),该准则在2001年年末生效。EITF00-14以及00-25要求以价格折扣形式进行的促销活动——包括对零售商的促销(例如账外折扣和架位折让,这将在这一章的后面部分讨论)和对消费者的促销(例如代金券以及忠诚计划),都必须处理为销售收入的扣除。

一些公司(比如宝洁和联合利华)长时间按照这些新的会计准则所提出的方式来处理促销支出,但是很多公司并不这样做,因此当与线上收入比对的时候就发生了牛头不对马嘴的情况。而实际上,FASB订立的是一对一的准则,目的是让所有的企业在处理价格导向的促销时都能处于平等地位。据估计,遵守这些新的会计准则会让包装消费品公司平均减少 8.5% 的毛利润,尽管确切的实际影响还不清楚。[11]

表 15.3 是一个反映新会计准则影响的会计损益简表。为了更好地展示,假设一个企业有 5 000 万美元的收入,销售品的成本是 2 000 万美元,日常及行政支出是 1 000 万美元,其促销支出达到 800 万美元,而其广告费用则达 500 万美元。在以前的会计准则(前 EITF0014 和 0025)里,线上收入将被记录为 5 000 万美元,而促销支出和其他费用将从这个总数中减去,达到线下的利润为 700 万美元(参见表 15.3 中老会计准则下的税前利润一项)。在新的会计准则(后 EITF0014 和 0025)下,假设还是同样的花费,线下的利润将还是 700 万美元。但是,"新""老"会计准则的区别在于线上收入的记录数目,具体到这张表上为"老"准则的 5 000 万美元和"新"准则的 4 200 万美元(5 000 万美元的总收入减去 800 万美元的促销费用)。

表 15.3 "新""老"会计准则比较

	老会计准则	新会计准则
总收入	50 000 000 美元	42 000 000 美元
销售品成本	20 000 000 美元	20 000 000 美元
日常及行政支出	10 000 000 美元	10 000 000 美元
促销费用	8 000 000 美元	不适用*
广告费用	5 000 000 美元	5 000 000 美元
总支出	43 000 000 美元	35 000 000 美元
税前利润	7 000 000 美元	7 000 000 美元

* 在此项不适用,因为 800 万美元的促销费用已经从线上总收入里减去。

你可能认为这并不是什么大问题,因为这些改变实际上对线下的数目没有任何影响。但是这些改变的重要性在于它更好地展示了真实的销售收入水平,这也正是 FASB 的初衷。促销时销售额要比以折扣价销售时高一些,折扣的数量不应该被处理为收入,而在"老"准则里面这正是被用于夸大实际收入并误导财务分析师、股东以及其他关心企业收入的参与方的地方。而且,因为收入本身被夸大,按线上收入来获得提成的销售团队被过度提成。基于以上分析,在新会计准则的要求下,打折促销应当被合理地处理为从销售收入里直接扣除,而不是非直接的费用扣除。

对营销沟通预算中的管理行为来讲,会计标准的改变并不是微不足道的。因为花在打折促销上的每一美元都将直接从收入线上被扣除,所以品牌经理会相对地给广告或者其他形式的促销而不是打折促销分配更多的营销预算。

15.3 贸易促销的潜力与局限性

贸易和消费者促销都能达到一定的目标,而不能达到另一些目标。表 15.4 总结了这些"能"和"不能",接下来我们将对每一项进行讨论。[12]

表 15.4　促销能完成和不能完成的任务

促销能：
- 提高销售团队对新的、改良的或者更成熟的产品的推销热情
- 提高一个成熟品牌的销量
- 使得新产品的推广更顺利
- 增加架上和架下的销售空间
- 抵消竞争者的广告和促销
- 获得消费者的尝试购买
- 通过大量购买增加商品使用量
- 通过促销让消费者对产品先入为主
- 加强广告作用

促销不能：
- 弥补素质低下的销售团队或者缺失的广告效力
- 给予贸易方或者消费者任何长期的有说服力的理由去继续购买一个品牌
- 永久挽救一个品牌的销量下降趋势或者改变一个不受欢迎的品牌不被接受的事实

15.3.1　贸易促销能做什么？

促销不能完成不可能完成的奇迹,但它能被合理运用去达到以下目标：

提高销售团队对新的、改良的或者更成熟的产品的推销热情

人员推销有很多让人兴奋和具有挑战性的方面,但也有一些时候此项工作会变得沉闷、单调和毫无意义。想象一下当你推销的品牌没有任何新的或者吸引人的东西可以让你宣传时,你还要不停地拜访客户是一种什么样的滋味。退一步说,保持热情也许很难。但是,令人兴奋的促销活动会让推销员在和消费者互动的时候有说服的武器,能让推销员重新点燃激情,也能让这项推销的工作变得更轻松、更享受。

比如,巴西的菲亚特汽车公司重新改良了它的马里昂汽车和客货两用车。它期待这项让人兴奋的促销活动能够给予经销商的推销员动力,也能让潜在的消费者来试车。以销售人员为目标的促销项目还包括走进经销商店面的"神秘顾客"。这个"顾客"是菲亚特公司专门培训过的工作人员,用来测试推销员对马里昂汽车专业技术知识的掌握以及他们的顾客服务技巧。被评定为拥有无懈可击的专业知识和销售技巧的推销员和经理会获得现金奖励。在活动的最后,最出色的推销员将获得带薪假期,到豪华的巴西 Comandatuba 岛免费游玩。最后,这项促销活动被评价为获得了不可思议的胜利。[13]

提高一个成熟品牌的销量

促销活动要提高一个成熟品牌的销量,必须来点兴奋剂。但是,促销并不能让一个并不受顾客欢迎的品牌或产品的销量起死回生。

思考下面这个例子。在拉丁美洲销售的"火箭炮"气枪从美国出口时是和一套连环画一起包装的。阿根廷、巴拉圭和乌拉圭的儿童们对连环画里的人物"宇宙金童火箭炮"都非常熟悉。"火箭炮"气枪在这些国家玩具气枪市场的销量份额达到了 40%。但是在竞争对手的攻击下,它的市场份额下降了不止 10%。"火箭炮"的生产商卡德伯里让他们的促销代理公司想办法,应对竞争对手的冲击。那家促销公司设计了一个暂

时取代"宇宙金童火箭炮"的促销活动——"秘密线索"。当这个线索被放在解码器屏幕上时,"火箭炮超级宝藏"的钥匙将会出现。超过 1 500 万个"秘密线索"被投放到市场上,而给儿童的 300 万个解码器屏幕则被投放于杂志、报纸内页、糖果店或者学校。在购买"火箭炮"以及将"秘密线索"放置在解码器上之后,孩子们就能马上知道他们是否能拿到即开即中的奖品了,比如 T 恤衫、足球和书包。如果邮寄 10 个包装袋,孩子们还能进入"超级宝藏"的抽奖。给幸运儿以及他们所在学校的大奖包括多媒体电脑、立体声音响、电视、自行车,以及其他诱人的奖品。

消费者的热烈响应让"火箭炮"在进行促销的数周之内就遇到了供不应求的问题。"火箭炮"的销量上升了 28%,市场份额也随之上升了 7%。这个成功的促销项目展示了促销激励所具有的超越目标受众市场想象力的巨大力量。孩子们都被吸引去买"火箭炮"气枪,为的是赢取即开即中的奖品。他们还重复购买该品牌,以获得抽奖资格,赢取诱人的大奖奖品。[14]

使得新产品的推广更顺利

要达到销量和利润的目标,营销人员不断地在已有的商品种类里引进新产品和新品牌。这更需要开发对批发商和零售商的促销活动,以促使他们销售新货品。这被新货品实践者称为"存货品"(也可以简称 SKUs)。事实上,许多零售商并不愿意接待新的存货品,除非他们获得某种形式的特殊补助,比如账外折扣、账单回邮折让和架位折让(这三种折让形式将逐一在后面的章节中讨论)。

增加架上和架下的销售空间

贸易导向促销经常和消费者导向促销联合,让生产商暂时取得额外的架位空间或者更具吸引力的位置。这可能是货架或过道尽头的展示架的额外展示面,又可能是架下的空位。[15]

抵消竞争者的广告和促销

促销能有效地抵消竞争对手的广告和促销活动。例如,一个公司 50 美分的代金券将失去吸引力,如果它的竞争对手在同时投放 1 美元的代金券。如前所述,"火箭炮"在阿根廷、巴拉圭和乌拉圭的促销成功抵消了竞争对手的促销,重新赢得了失去的市场份额。

获得消费者的尝试购买

营销人员依靠免费样品、代金券和其他促销品让消费者尝试购买新品牌。许多消费者如果没有这些促销活动的激发,也许从来不会尝试新产品或者之前没有试过的品牌。思考以下这个在英国成功引进新电灯泡产品线的创新型促销。

虽然全世界的消费者都在使用大量的灯泡,但是许多消费者在挑选灯泡的时候根本就不太注意灯泡的品牌名称,因为他们认为灯泡仅仅是基本的日用品——这个灯泡和那个灯泡没什么区别。和这样的想法相反,飞利浦电灯公司在推出真柔系列的彩色灯泡时,试图为自己的品牌创造不一样的竞争优势。但是经过了十多年的品牌推广,飞利浦只获取了小部分(主要是中老年群体)的忠诚顾客。于是,它试图再一次创造对真柔系列的需求,尤其是针对年轻的家庭,因为他们在许多年以后将会成为忠诚的产品用户。

但这个目标颇具有挑战性。考虑到电视广告不能充分展示彩色灯泡细微的颜色区别,飞利浦公司认为其他形式的促销活动对于建立此细分市场的品牌意识以及鼓励尝试购买行为以带动忠诚客户的重复购买更为必要。飞利浦聘请了一家促销代理公司为其设计一项促销活动,以期同时达到建立品牌意识和激发尝试行为的双重目标。但是可用的预算却仅有 200 万美元。

代理公司设计的促销活动来源于一个被他们称为"荒唐的简单想法"。被选中的特定家庭将会收到一个袋子,每个袋子里有一本宣传小册子、一张代金券和一份简单的问卷。吸引人的宣传册描述了真柔灯泡的好处,并重点突出了这种彩色灯泡营造气氛的特殊功能。每买一个灯泡,这张代金券能抵用 75 美分货款。这些袋子是根据目标受众的地理和心理特征分发给相应的住户的,因为这些受众日后将有可能成为该品牌的主要购买者。分发团队将这些袋子投入目标用户的信箱(很明显,这样做在美国是违法的,因为法律规定只有美国的邮政服务能使用信箱;但是,这样的限制在英国并不存在)。

你可能会发现,袋子里并没有装灯泡,而是装着一封回信,间接收者对接受一个免费的灯泡是否感兴趣,如果是,他们想要七种颜色里的哪一种。感兴趣的住户需要将填写完毕的问卷放入袋子中,并将袋子挂在他们屋子外面的球形门把手上。当天晚上,分发团队将检查每一个住户的回信,并悄悄地将住户挑选的彩色灯泡塞入袋中。

总共有 200 万只袋子被分发出去。在这当中,有 70 万住户要求了一个免费的灯泡——回收率是 35%。进一步的调查显示超过 50% 的灯泡接受者实际上使用了该灯泡。总共 16 万张代金券被兑换——8% 的兑换率。根据前一章探讨的人员邮寄的相关内容,这是一个不可思议的高兑换率。在这个特别的促销活动之后,这种灯泡 6 个月内的销量是之前平均销量的两倍。而且,通过向核心零售客户的邻居家庭派发,新一轮分发袋子的效率是首批活动的三倍。这个范例展示了创新性的有策略的促销项目是如何激发消费者的尝试购买行为的。[16]

通过重复购买维持现有用户数量

品牌转移是所有品牌经理都要面对的生存现实。有策略地使用某种促销活动至少能够鼓励短期内的重复购买行为。奖品项目、返现、抽奖以及各种各样的持续性项目(都将在第 17 章介绍)都是有效的激励顾客重复购买的促销活动。

通过大量购买增加商品使用量

贸易导向促销的作用在于鼓励消费者贮存,即令消费者感到购买比平时更多的特定品牌商品将会使这次交易物有所值。研究发现,已经贮存好的商品(比如罐头食物、纸制品还有香皂)在做促销活动时购买量会上升,或者换种说法,消费率会上升。因为消费者在短期内大量购买该商品。[17]

这项实践提出了一个关键的问题:这些短期的消费者大量购买真的会带来该促销品牌商品的长期销量增长,还是只是预支了未来的销量?一项重要的研究发现,价格促销不会增加品牌的利润,而只会使短期的销售收入从一个品牌转向另一个品牌。就是说,通过消费者的大量购买带来的短期销售收入增长将会被长期的需求下降抵消。[18]这项发现显示,价格导向的促销会鼓励消费者在短期内大量存货,但这些短期存货仅仅是从随后可能发生的品牌购买那里"偷"来的。

请注意,在前面提到的发现仅仅基于一个单一产品——非食品产品(也许是一个家用清洁品牌,而基于生产商的隐私考虑研究者不会透露品牌名称)的研究。这个发现能被一般化,还是仅仅适用于这个特定的品牌种类?没有任何简单的答案,这照例取决于特定品牌的环境以及特定的促销活动。

但是其他研究者提出了实验性的证据,证明在给定条件下,大量购买也会带来长期效应。这些研究者认为大量购买的确是提高了产品的使用量,尤其是当一个与产品用量相关的想法在消费者的头脑中很明显的时候。比如,消费者一般不会多买一块香皂,除非这些香皂有超过平均使用量的贮存包装。但是,如果香皂在他们脑海中(由于一个广告活动宣传香皂的多功能性),消费量则很可能会提高。同样,一般来讲易见的产品(比如放在冰箱上的易耗品)更可能被频繁使用,如果消费者已经贮存了这些易耗品。[19]

这个发现从另一个研究的结果处得到了额外的支持。这个研究调查消费者对两种产品种类(番茄酱和酸奶酪)的存量水平对这两种产品使用量的影响。研究者预测酸奶酪的使用量将会对存量的变化更敏感,因为不像番茄酱,酸奶酪可以在一天当中的不同时间不同环境(佐餐,当做小吃,等等)下被消费。他们的研究结果支持这个关于消费量的预测,酸奶酪的消费受消费者冰箱里剩余酸奶酪存量的影响——更多的酸奶酪,则会带来(比正常)更多的消费量;更多的番茄酱,却没有带来(比平常)更多的消费量。[20]

虽然现在没有简单的结论,但是实证证据显示,营销人员进行的鼓励大量购买的价格导向的促销活动会刺激消费者增加对某些商品的长期消费,但对其他商品则不适用。当存量增加时消费量也随之增加的情况至少有以下两种:首先,当存量货品对消费者来说是物理上可见且易消耗的时,其影响是在不窃取未来消费量的情况下促进了商品的短期消费。其次,当这种易耗品使用起来更方便,而不是需要额外准备的时候,消费者会更倾向于增加对这种产品的消费率。可以预测,如果家里的零食被大量贮存,它们要比需要准备的意大利粉消耗得更快。[21]

相反,鼓励消费者大量购买的价格促销,对于番茄酱和家用清洁剂之类的可贮存商品来说,则仅仅刺激了短期内的购买量而没有增加长期的消费量。实际上,消费者只会在这些商品促销的时候才会大量购买,但是却不会增加对这些商品的日常使用量。这样,我们可以尝试总结,价格促销是一个有用的进攻性武器(就是说,为了增加总的消费量),但只对诸如酸奶酪、饼干和咸味零食等有用;但是像番茄酱这样的商品,价格促销则只能作为防御性的武器,比如为了应对竞争对手企图窃取市场份额而进行的举措。

通过促销让已购买者对产品先入为主

若消费者已经大量购买了一个公司的品牌产品,则在短期内他们将不会购买竞争品牌的商品。这样,一个品牌通过促销达到了让已购买该品牌的消费者先入为主,对竞争者先发制人的目的。[22]

加强广告作用

促销的一个突出能力是加强广告作用。一个策划精良的促销活动将大大加强该品牌广告的效用。

广告和促销的关系有两方面。一方面,正在进行的促销活动能加强广告的影响力。另一方面,作为与消费者的沟通机制,广告的持续使用也能更好地推动促销活动的进行。实际上,据估计,超过三分之一的广告(电视广告、平面广告、网络广告)在传递促销信息。[23]促销导向的广告变得日益重要的其中一个表现是促销代理商越来越多地负责策划广告,而这个角色在以前是属于提供全套服务的广告代理商的。

15.3.2 贸易促销不能做什么?

和其他营销沟通元素相比,促销有一些能力上的限制。尤其值得注意的是以下三大局限。

促销不能弥补素质低下的销售团队或者缺失的广告效力

当遭受可怜的销售表现或者不充分的销售增长时,一些公司认为促销也许是一种解决办法。但是,促销只能提供一个暂时的修理。如果根本的问题在于蹩脚的销售团队、薄弱的品牌意识、低劣的品牌形象或者其他病症,那么只有合理的销售管理和广告努力才能克服。

促销不能给予贸易方或者消费者任何长期的有说服力的理由去继续购买一个品牌

贸易方继续增加一个品牌的存量和消费者重复购买的决定是基于对该品牌的持续满意,这种满意来自与利润目标的契合(对贸易方)以及提供的好处(对消费者)。促销不能弥补一个本质上有瑕疵或者二流品牌的缺陷,除非它能为贸易方和消费者提供一流的价值。

促销不能永远挽救一个品牌的销量下降趋势或者改变一个不受欢迎的品牌不被接受的事实

一个品牌在时间的检验下可能出现因质量问题或者市场上出现了更优秀的替代品而引起的销量下降。促销并不能扭转这样一个不受欢迎的品牌不被接受的事实。只能通过产品改善或者为老品牌注入新生命的广告来扭转销量下降的劣势。促销如果和这样的产品改善及新广告共同作用,那么也许可以救活该品牌。但是如果一个品牌已经持续衰落,那么单靠促销本身将会白白浪费时间和金钱。

15.4 贸易促销的作用

当权力均势从生产商转向零售商,当具有竞争优势的生产商品牌变得和其他品牌越来越难以区分的时候,零售商便向生产商施加压力,促使生产商给予他们可观的价格折扣和其他形式的促销经费。

思考一下"高乐氏"(Colrox)的案例。在 20 世纪 90 年代后期,"高乐氏"公司收购了"第一品牌"(First Brands)。"第一品牌"最主要的产品是名为"乐牌"(Glad Brand)的塑料品系列(包裹和袋子)。"高乐氏"认为自己很快就能提高"乐牌"产品的销量,因为"第一品牌"之前基本上没有在该品牌上投放媒体广告,而是严重地依赖消费者促销(主要是代金券)和大量的贸易促销。"高乐氏"的市场策略是削减消费者和贸易促销的花费,大量投入大众媒体广告。"高乐氏"在 1999 年裁减了"乐牌"的贸易促销费用,在 2000 年也同样这样做。令"高乐氏"大失所望的是,"高乐氏"的市场管理并没有被竞争对手们效仿。那零售商们是怎样回应的呢?他们收回对销售的支持,致使"乐牌"的销量剧烈下降。同时,"高乐氏"的股价也在收购"第一品牌"的两年之后下降了 20%。[24]

面对逐步失去的市场份额和极度下降的股价,"高乐氏"唯一能做的就是恢复对代金券和贸易促销的支出。虽然"高乐氏"的长期策略是通过增加广告投入和推广新产品建立"乐牌"的品牌资产,但是事实证明,"高乐氏"削减贸易促销支出的努力被强大的零售商粗暴回绝。一名评论员指出,"如果没有独一无二的品牌和强劲的广告力量,包装消费品品牌除了维持货架空间之外别无选择,尤其是当零售商之间的联合使他们变得更加强大的时候"[25]。

15.4.1　贸易促销的范围与目标

如本章前面所述,贸易促销在生产商对新产品和已有产品的广告及促销支出中占据了超过一半的份额。生产商的贸易促销对象是批发商、零售商和其他市场中间商(即除了消费者以外的贸易方)。生产商的消费者导向广告和促销费用将持续下降,除非贸易促销能够成功地影响渠道中间商保持足够的存货。生产商提供给其渠道成员的独特激励是为了让他们将这些激励也让渡到消费者手中,即由零售商提供价格折扣,同时由广告和特别展示支持。但是,之后我们会看到,这并非经常发生(请参见全球聚焦中宝洁怎样让其全球性的贸易促销取得更好的投资利润回报)。

虽然贸易促销并不总是按计划发挥作用,但是生产商们已经总结出使用贸易导向促销能取得的目标。[26]这些目标包括:

1. 引进新的或者改进了的产品;
2. 增加新包装或者新尺码的产品分销;
3. 增加零售商的存货量;
4. 保持或者增加生产商的货架空间份额;
5. 获得普通货架位置以外的展示空间;
6. 减少过量存货和增加营业额;
7. 在零售商的广告中展示产品特征;
8. 对抗对手的竞争性活动;
9. 尽可能多地向终端客户销售。

15.4.2　成功的贸易促销方案的组成要素

> **全球聚焦**　宝洁中的组织变革有助于贸易促销费用的管理
>
> 宝洁是一个巨大的全球性营销者,年收入超过700亿美元。正如我们在第7章中指出的那样,宝洁在其品牌广告方面花费巨大,最近的一年在美国本土的年支出将近50亿美元。宝洁还在贸易促进方面投入大量资金,据估计,仅在美国年支出就超过20亿美元。和其他多数消费品生产商一样,宝洁担心其贸易促进支出中有一些(或者很多)是无效的。这个问题部分与宣传宝洁品牌时使用的贸易促进类型有关,但或许更大的问题在于贸易促进预算是如何被管理的。
>
> 历史上,宝洁的贸易促进管理是由销售队伍控制的。销售经理有着天然的动机,将贸易促进作为与零售客户建立积极联系,以及为拜访这些客户的销售员创造最佳销售环境的一种工具。因此,我们不应惊奇于销售人员想要让零售商高兴以减少冲突、让自己的工作相对没有压力并产生更大销量等事实。销售经理和销售人员通常更关注顶线(收入)而非底线(利润)。这些评价并不要说销售部门在本质上是错误或被误导的,而是要说明如果公司目标关注的是底线而非顶线,那么或许不应该由销售部门来控制贸易促进的花费。
>
> 于是,宝洁将其贸易促进花费的控制权从管理销售人员的全球群体转移给了管理品牌团队的营销主管。尽管这一变动看上去很小(甚至是微不足道的),但实际上这对于如何在宝洁内部管理贸易促进来说是非常显著的变化。随着宝洁将贸易促进花费移交给负责管理品牌团队的营销主管,贸易促进的落脚点现在与营销主管管理的广告和消费者促销工具是相同的。制定品牌战略的经理们现在可以将贸易促进作为一个非常重要的战略工具,使其与广告和消费者促销共同作用,以提升宝洁在世界范围内营销的众多品牌的品牌资产,并确保贸易促进花费既关注底线的表现,也关注顶线的表现。
>
> 资料来源:改编自 Jack Neff, "Trade Marketing Finally Gets Some Respect (Well, At P&G)," *Advertising Age*, June 18, 2007, 3, 36。

为了取得这些目标,有几个组成要素对开发一个成功的贸易促销项目至关重要。[27]

财政激励

生产商的贸易促销必须给予零售商增长的边际利润,或增长的销量,或者两者兼有。

合理的时机

贸易促销的合理时机在于:① 在销售增长的时候嵌入季节性的事件中(例如在情人节、万圣节和圣诞节的时候销售糖果);② 与消费者导向的促销共同进行;③ 策略性地抵消竞争对手的促销活动。

将零售商的努力和成本最小化

需要的努力和费用越多,零售商越不愿意与一个能给生产商带来利益而他们却无利可图的项目合作。

快速的结果

最有效的贸易促销是那些能产生即时销售或者分销店人流量增长的促销。(正如你将在下一章见到的那样,产生即时的满足感是消费者响应消费者导向促销的一个重要动机。)

提高零售商业绩

能让零售商的销售工作更成功或者能改善零售商的经销方法才是有效的贸易促销,例如给零售商提供改进的商品展示。

15.5 贸易补贴

生产商采用这个主要的贸易导向促销形式——贸易补贴,来回报支持生产商品牌的零售商。这些补贴,也被称为贸易优惠,鼓励零售商储存生产商品牌的货品,给购买该品牌的消费者打折,在广告中展示该品牌的特征,或者提供特别的展示空间和其他购买点的支持。

通过这些补贴,生产商希望能达到两个相互促进的目标:① 提高零售商对生产商品牌的销量;② 扩大消费者从零售商处购买该品牌的数量。后者是基于消费者接受降价以及零售商实际上的确将生产商给予的折扣让渡给消费者的期望。

然而这些期望并不总是能变成现实。零售商经常利用生产商的折扣但是却没有按照他们的承诺对消费者提供应有的服务。事实上,AC 尼尔森公司一个关于贸易促销的研究显示,少于三分之一被调查的生产商将他们从贸易促销中获得的价值评定为"好"或者"优秀"。[28] 而且,绝大部分的零售商认为贸易促销应该为提高整个产品种类的销量和利润服务,而不仅仅是为某个生产商的特定品牌利益考虑。[29]

也就是说,在生产商和零售商之间,对于贸易促销到底是为哪一方带来利益的问题存在实质的分歧。生产商利用贸易促销来提高其品牌的销量和利润。相反,零售商则认为促销的费用应该作为一个增加其边际利润并因此提高其底线(利润)的机会。这个矛盾很容易理解,因为经济交易的每一方都有相冲突的目标却又互相依赖以取得成功。

15.5.1 贸易补贴的主要形式

贸易补贴有三种主要形式:① 账外折扣;② 账单回邮折让;③ 架位折让。[30] 在接下来的讨论中我们可以看到,生产商选择性地对零售商提供账外折扣和账单回邮折让,而零售商则向生产商收取架位折让费。

最常被使用的贸易补贴形式是账外折让,代表了生产商对贸易方在特定品牌的暂时降价。**账外折让**,从字面上来看,是一个允许零售商从发票中扣除固定数额费用的暂时性优惠——仅仅是在生产商促销一个品牌时下达的命令。在提供账外折让的时候,生产商的销售团队会告知零售商,他们在这个特殊优惠时期购买的任意数量的商品都可以扣除比如15%的账单数额。许多包装消费品公司隔一段时间就定期地提供这样的账外折让,很多品牌的时间间隔是每13周的商业季度中有4周提供这样的优惠。这就意味着,许多品牌一年中大概有30%的时间在提供账外折让的优惠。

生产商提供账外折让是希望零售商能在优惠期间比平时购买更多生产商品牌的产品,更快地销售过量的存货,把优惠以降价的形式让渡给消费者——让消费者更多地购买减价的生产商品牌的商品。但是,如前所述,零售商并不总是遵守这样的期望。实际上,他们尤其不按合同上的规定将折扣让渡给消费者。相反,零售商在购买生产商品牌时获得账外折让(比如15%)之后,他们并没有给消费者折扣,或者大大低于生产商给予他们的15%的折扣。[31]生产商估计,零售商只传递了一半的贸易资金给消费者。

我们过后将讨论两个账外折让的不良结果——提前购买和改变资金用途,但在这之前,我们先来讨论其他两种形式的贸易折扣(账单回邮折让和价位折让)。

账单回邮折让

零售商在广告中展示生产商品牌的特征会获得补贴(广告账单回邮折让),或者提供专门的展位也会获得补贴(展示账单回邮折让)。正如以上所叙述的,零售商的折让并不会直接从账单上扣除(正如账外折让的例子),而是必须从带有生产商品牌设计的广告和展示服务中赚取折扣。零售商有效地从生产商处兑换服务账单(比如费用),生产商付给零售商提供服务的折扣。

举个例子,假设坎贝尔汤品公司销售团队告知零售商,他们在十月份购买任何V8果汁时将获得5%的折扣,前提是零售商必须在报刊广告中突出展示V8果汁的特征。只要提供了报刊广告的证明,坎贝尔汤品公司的零售商们就能获得5%的广告账单回邮折让。类似的,如果坎贝尔汤品公司的销售团队提供2%的展示折扣,那么在优惠期间,在主要位置展示V8果汁的零售商购买任何V8果汁时将额外获得2%的折让。

架位折让

架位折让是消费包装品和易耗品的生产商在使用货架或者位置展示产品时需要付给零售商的费用,而零售商则需要安排其分销中心放置生产商的新产品。这种形式的贸易补贴应用在特定的情况下:生产商意图使一种品牌——尤其是新品牌——被零售商接受。[32]架位折让也可以被称为"存货折让或者过道费"(*street money*),它可不是促销品牌生产商自愿提供给零售商的。相反,架位折让是零售商要求生产商支付的,用以补偿其分销代理新品牌和安排货架所带来的额外成本。很明显,生产商和零售商对架位折让的合理性和价值有不同的看法。[33]下面的讨论将考察许多关键问题。[34]

在20世纪60年代,当架位折让被首次使用时,它补偿了零售商代理新的存货单位(或者简称SKU)的实际成本。那时候的费用是平均每次交易1单位SKU 50美元。但是,架位折让现在在每家分店的要价在每件 25 000 美元到 40 000 美元之间——虽然大部分架位折让要比这个数目低很多,但是它代表了零售商由此得来的可观的边际利润。[35] 你可能会想,"这听起来像行贿"。你也可能会有疑问:"为什么生产商能忍受这样的架位折让?"让我们来考察这每一个问题。

首先,架位折让的确是一种行贿的形式。零售商拒绝为生产商安排货架,除非生产商愿意支付上架费用——架位折让,来为其新品牌获得架位空间。其次,生产商忍受这样的架位折让是因为他们正面临着一个经典的两难困境:要么他们付费,然后从可盈利的销量处补偿这项成本;要么他们拒绝支付这笔费用,然后接受不能成功推广新品牌的命运。"进退两难"这个词从生产商的角度形象地描述了对架位折让的看法。

在某种层面上,架位折让是从事商业的合理成本,实际上,它们能提高市场效率而不是反竞争。[36] 比如,一家大型的多层连锁超级市场代理一个新品牌,会导致好几项额外费用。这些费用增加是因为这些连锁商店必须在分销中心给新品牌安排位置,在其联网的存货系统里增加该新品牌,有可能还要重新设计货架和向每一家分店告知 SKU。除了这些费用,零售商还要承担新品牌可能会失败的风险。因此,架位折让给零售商提供了以防这些新品牌失败的一种保障。

但是,值得提出疑问的是,零售商的实际费用是否真的有架位折让显示的那么多?大的生产商有能力支付架位折让,因为他们的销量足够补偿这项成本。但是,经销商少的生产商则经常无法负担这些费用。因此,当小的生产商想要获得渠道推销新品牌时就被置于竞争劣势。

你可能会问,零售商是怎么将这么昂贵的货架费用强加在生产商头上的?原因很直接:本章最开始提到,权力均势已经从生产商转向零售商。权力意味着能叫板,而事实上,越来越多的零售商也正在这么干。而且,包装消费品生产商也正在拿起石头砸自己的脚——每年生产数以千计的新产品,当中的大部分只与已有品牌存在细微差别,而不是推出真正能带给自己和零售商利润的新产品。因此,每一个生产商都要与另一个生产商竞争有限的货架空间。所以,架位折让仅仅是零售商在生产商之间用以激发竞争的机制。进一步说,许多百货零售商很容易为架位折让找到理由,是因为他们销售百货的边际利润非常薄(常常只有 1% 到 1.5%),而架位折让能让他们赚得与生产商相当的利润。

与大学社区的宿舍价位做比较能进一步理解架位折让的内在机制和合理性。当房间很富余的时候,不同的公寓组合相互竞争很厉害,然后价钱被迫降低到合乎学生利益的程度。但当房间很紧缺的时候(在大多数大学社区很常见),价格就会被抬高。结果是:你可能被迫支付高昂的房租去住在二等公寓,尽管它的交通很方便。

这也是能够反映市场环境现状的例子。每一年,零售商都面对储存数以千计的货物的要求(将新品牌当成潜在的租客)。货架的数量(公寓的数量)是有限的,因为建造的新商店相对来讲比较少。因而,零售商收取架位折让(收取昂贵的房租),而生产商也愿意支付更高的房租去"住"在热门的位置。

生产商要怎样做才能避免支付架位折让呢?有时候是无论做什么都不能。但是相对一些稍弱的国内或者地区性的生产商,强大的生产商,比如宝洁和卡夫,则有可能不需要支付架位折让。零售商知道宝洁和卡夫的新产品可能会获得成功,因为宝洁和卡夫投入了大量的研究资金来研发有意义的新产品,投入大量的广告去创造消费者需求,还密集地运用消费者促销(比如样品和代金券)去创造强大的消费者品牌"拉"力。避免架位折让的另一个方法就是简单地拒绝,然后如果需要的话,接受被一些(如果不是大部分的)零售商拒绝在货架摆放产品的后果。

在最后的分析中,架位折让的问题极其复杂。生产商有合理的理由拒绝支付架位折让,而零售商同样也拥有收取架位折让的道理。难道双方都有道理吗?架位折让是市场自由竞争的最好还是最坏的结果?这不存在简单的答案,因为"正确"的答案来自看问题的立场——生产商的还是零售商的。[37]

在这场战争中的政府监管部门有责任保证架位折让不会减少市场竞争,或者伤害消费者利益,迫使消费者支付更高的价格或者减少消费者的选择,因为较小的生产商不能为自己的新产品赢得架位空间。一个政府部门的代理——美国烟酒枪械管理署,通过了一项规定,禁止在含酒精产品的市场上使用架位折让。[38]但是许多其他种类的产品却并没有这种禁令。美国联邦贸易委员会一直在对架位折让是否应该被管制进行调查,但它并没有下达任何规定禁止零售商收取架位折让费。[39]与此同时,架位折让对生产商来说依然是推广新品牌的额外成本,对零售商来说依然是额外的收入来源。权力斗争仍在继续!

关于退出费用的特别例子(反架位折让) 架位折让代表了让新品牌进入百货销售经销中心的一种费用形式,一些连锁零售店还向生产商收取将不受欢迎的品牌从经销中心下架的费用。这些**退出费用**也可以被称为反架位折让费。当连锁零售店引进一个新品牌时,生产商和该连锁店达成了一个合约安排。这个安排规定,在一个特定时期内生产商的产品流动必须达到商定的每周平均数量,以维持该生产商品牌在连锁分销中心的货架位置。如果生产商的产品没有达到这个数量,那么连锁店将收取反架位折让费。这种反架位折让费,或者说退出费用,是为了支付连锁零售商将该产品从分销中心下架的成本。

这种方式看起来是一种"在伤口上撒盐"的市场实践。但是,这正反映了一个事实,即零售商,尤其是在超级市场行业的零售商,再也不愿意为生产商新产品的失败买单了。反架位折让费很明显符合某种经济逻辑,因为这些费用对连锁零售商来说是另一种形式的保障,让他们避免了无利可图的品牌商品的缓慢流动。继续房屋租赁的比喻,反架位折让的规定和房主以及租客之间关于财务损坏的规定是如此相似。如果租客损坏了该房间,那么房主将理直气壮地收走租客的全部或者部分房屋押金。像这样,押金就为房主对于可能的房屋损坏提供了一种保障。这恰恰能够说明退出费用或者说反架位折让费是怎么运作的。

15.5.2 账外折让的不良结果:提前购买与改变资金用途

我们已经总结了贸易补贴的三种主要形式——账外折让、账单回邮折让以及架位折让,现在我们回到第一种形式的折让,探讨这种账外折让导致的不良结果。

生产商的账外折让在理论上十分可行,但实际上许多零售商都没有实施必要的服务以不辜负从生产商处获得的补助。大型连锁零售商尤其可能利用生产商的折扣,然而却没有将那些优惠让渡给消费者。一个主要的原因是大型连锁店不像小型商店,它们能销售自有品牌(或者说商店品牌)。因为自有品牌能以比生产商的同类品牌更低的价格出售,所以大型连锁超市能够利用自有品牌来满足对价格敏感的消费者,而按正常价格销售生产商的品牌商品,然后将生产商的折扣作为额外利润收入囊中。

账外折扣的第二个主要问题是他们经常鼓励消费者利用暂时的降价大量购买该商品。提前购买和转移是零售商,尤其是百货行业的零售商们用来变现生产商折扣优惠的两种相互影响的做法。表15.5列出了这些做法。[40]

表15.5 提前购买和改变资金用途

1. 为了对在2009年墨西哥五月节(每年5月5日,纪念墨西哥独立日)附近的大型促销活动做准备,"美丽产品"公司——一家假定的个人护理产品生产商,为洛杉矶地区的连锁百货商店提供账外折让。在2009年4月3日开始的那个礼拜到2009年4月24日开始的那个礼拜之间,公司为任何购买SynActive香波(一个假定的品牌)的零售商提供15%的账外折让。
2. 假设洛杉矶的FB&D超市(一个假定的连锁店)订购了15 000箱SynActive香波——比在任何4周期间内其连锁店内销售的更多。"美丽产品"公司给FB&D超市提供了15%的账外折让,以为FB&D超市会在五月节活动的那一周降低零售价,以同样的折扣卖给消费者。
3. FB&D超市以折扣价只卖了15 000箱中的3 000箱SynActive香波(剩下的则是提前购买的和一些用来转移的)。
4. FB&D超市以微薄的边际利润重新销售了5 000箱SynActive香波给机会食品代理商——一家在西部提供百货服务的公司(这是改变资金用途的做法)。
5. FB&D超市后来在自己旗下的商店将剩下的7 000箱SynActive香波以正常的价格全价出售(这7 000箱代表了提前购买)。

提前购买

如前所述,生产商在每一个商业季度将有4周的贸易补贴时间(换算过来是一年有30%的时间)。在这些优惠期内,零售商会比平时购买更多商品,然后大量储存这些存货,以此来避免在一年当中剩下的70%不优惠的时间内以全价购买该商品。零售商通常会在优惠期间一次购买足够的存货,直到生产商下一次固定的优惠时段再购买。这种做法被称为**提前购买**,也被称为连接购买——在优惠期间一次购买大量存货以持续连接到下一个优惠时段。

当一个生产商降低一个产品的价格,比方说15%时,连锁零售商通常就会储存10—12个礼拜的供应量。许多生产商在他们做优惠活动的时候(大概为一年当中30%的时间)能卖出80%—90%的货品。据估计,提前购买将降低生产商0.5%—1.1%的零售价,换算为每年数以百万计的美元。[41]

零售商运用数学模型来估计从提前购买中获得的潜在利润以及最优的存货周数。这个模型将从优惠中节省的数额和加入成本一起计算。这些加入成本包括仓库储存费用、运输费用以及投入存货的资金的机会成本。当零售商提前购买的时候,能够将降低的购买成本和我们刚才提到的加入成本平衡抵消。

看起来提前购买对所有市场过程的交易方都有利,但事实上并不是这样。第一,像之前提到过的那样,零售商从提前购买中获得的很大一部分补贴不会让渡给消费者。

第二，提前购买导致分销费用的增加。因为批发商和零售商在仓库储存大量提前购买的货品时要支付更高的存货费用。实际上，日用品从生产商运输开始到到达零售商的货架平均需要12周的时间。这个延迟显然不是转移所需的时间，而是反映了提前购买的日用品在批发商仓库存放以及在零售商的分销中心储存的时间。第三，生产商因为其提供的折扣和导致的成本上涨而遭受边际利润的下降。

值得注意的一个案例是坎贝尔汤品公司在鸡肉汤面做优惠活动时所面临的提前大量购买情形。近年销量40%的鸡肉汤面在其促销活动的6周内被批发商和零售商全部买走。由于大量的鸡肉汤面被批发商和零售商买走，坎贝尔汤品公司不得不付加班费安排人手加班赶工，以赶上上升的销量和运输量。在和提前购买交手并失败之后，坎贝尔公司实施了一个下单和延迟的项目。当零售商下达了一个提前购买的订单之后，坎贝尔迅速给零售商开发票（下单）。但是却延迟货品的运输（延迟），直到零售商再次请求发送想要的货品为止。这个项目通过允许零售商在优惠期间提前大量购买，但是却延迟发货直至零售商库存急需的时候再运输，使得坎贝尔公司的生产和运输安排更顺畅。这个"下单和延迟"的项目并没有杜绝提前购买，但是提前购买的消极影响却被坎贝尔公司大大降低了。

改变资金用途

当生产商将一个优惠活动限制在一定的地理区域而不是全国通用的时候，零售商**改变资金用途**的做法就出现了。如表15.5描述的那样，一种叫SynActive的香波品牌只在墨西哥五月节期间在洛杉矶出售。在表15.5中这个假定的生产商（"美丽产品"公司）原本只打算让洛杉矶的消费者享受该优惠。但是，零售商（如表15.5中的FB&D超市）却在优惠期间以折扣价不正常地大量购买产品，然后改变资金用途，以微薄的边际利润将过量的商品转卖给其他地理区域的食品中间商（金融人士将这种转移称作套利行为的应用）。

零售商责怪生产商提供不可抗拒的优惠，并且争辩说只要不违法他们就应该利用这些优惠去和其他零售商保持竞争力。生产商可以通过只在全国范围内推广优惠，以避免发生这样的改变资金用途的问题。这种办法太过理想化，但是既然区域性的营销努力正在扩张，那么当地的优惠和区域性的营销就应该紧密相连。更复杂的问题是，有时某些准备出口的货品最终却被转移回国内市场。

改变资金用途还有几个消极的影响。第一，从生产商到零售商的货架上的延迟可能会使产品质量受到影响。例如，纯果乐冰凉果汁要求储存在华氏32度到36度之间。如果转移过程中不小心几个小时没有冷冻，那么这个产品就会变坏，消费者也会对这个产品产生恶劣的印象。第二个严重的后果是产品篡改。转移品牌很难确定产品会被运往哪里。

不要责备零售商

前面的讨论过程可能会让做出提前购买和改变资金用途的零售商看起来像是恶棍。这对零售商来说可能不是公正的描述，零售商只是单纯地利用了生产商提供的诱人优惠。一个零售商的经理解释说:"我们对于在最好的价钱购买是非常激进的。我们必须如此。如果我们不做,别的人也会这样做。"[42]零售商只是展示了提前购买和转移行为的合理性。生产商不公平的账外折扣给零售商提供了增加利润的机会,而聪明的零售商只是利用了这个机会而已。

15.6 修正贸易补贴问题的努力

贸易补贴引发了低效率,导致了数百万美元的加入成本,对生产商来说经常无利可图,还提高了面向消费者的价格。因此,不少努力正在试图改变这种商业行为的方式,尤其是在百货行业。[43]下面的章节将讨论生产商针对贸易补贴的消极影响所采取的三种做法——每天低价、绩效奖励方案以及特定客户营销。

15.6.1 每天低价

贸易方的提前购买和转移做法将导致贸易优惠缺乏效率和效力,生产商因此每年损失数百万美元。在20世纪90年代,在当时的总裁埃德温·阿茨特的带领下,强大的宝洁采取了大胆的举动,减少了零售商提前购买和转移的不良影响。宝洁引进了一种新的定价方式,叫做每天低价,或者简称EDLP。宝洁还称其为价值定价,是为了突出其在产品价值基础上而非仅仅省钱方面的竞争欲望。因为有些零售商也实施每天低价,所以我们用"后门"将生产商采用的EDLP和零售商实施的多种"前门"EDLP区别开来。[44]

EDLP(M)是一种定价方式。生产商每天对某一个特定品牌订立同样的价格。换句话说,与其收取高低价,还不如在"高"价时进行账外折让,然后在更短时期内实行"低"价。EDLP(M)包括在长期内收取相同的价格。因为在这个定价策略下不再提供账外折让,批发商和零售商没有必要提前购买或者转移。因此,他们的利润来自销售而不是来自购买。

宝洁是怎样定价的?

研究者考察了宝洁最初的价值定价在投放后6年内的影响。[45]分析包括24个产品种类以及这些种类里的118个品牌。在投放EDLP的前一年,宝洁的广告费用和净价都大约上升了20%。在同一个时期,贸易优惠的支出下降了将近16%,而代金券的花费则下降了大约54%。

这些变化的作用是什么呢?宝洁在24种被分析的产品种类中平均失去了24%的市场份额。价值定价对宝洁来说简直是灾难,对吧?事实上却不是这样。虽然宝洁严重损失了市场份额(大部分是因为竞争对手在宝洁减少优惠活动的时候报复性地增加了自己的促销优惠),但同时其总利润则因为减少了贸易优惠和代金券活动而得到增长,产品的净价也得到提高。[46]放弃市场份额是否不明智还有待争论;但是,在最后的分析中,如果剩余的份额比之前更大而利润低的份额能带来更大的利润,那么放弃市场份额是合理的。从长远来说,底线(利润)比顶线(收入)更能说明一个企业成功与否。

其他生产商如何应对？

没有宝洁强大的生产商发现维持单纯的每天低价系统非常困难。即使是宝洁也遭受了抵制，并且改变了对某些品牌比如洗衣清洁剂采取的纯粹的每天低价定价方式。有三个原因能解释为什么许多零售商抵制生产商每天低价的倡议。首先，那些已经建立了便于提前购买的分销基础设施的零售商肯定会抵制 EDLP。[47]其次，有证据显示生产商从 EDLP 中获得的好处比零售商多。最后，一直在争论的是，EDLP 把零售的魅力夺去了。相对来说，高低定价能让零售商在一定时期针对诱人的价格做广告，打破一成不变的零售价。虽然从长远来看，消费者会发现他们从高低价中并没有获利多少，但短期内能获得吸引人的折扣也是足够让人兴奋的。

15.6.2　绩效奖励方案

如前所述，许多贸易促销，尤其是在百货行业的贸易促销，对生产商来讲无利可图。因为当贸易方采取提前购买和改变资金用途的时候，贸易促销仅仅是将未来的购买量转移到了当前。因此，生产商有着强烈的动机对传统的账外折让建立一个新的替代系统。其中一种系统就是所谓的绩效奖励方案。

思考一下雀巢的例子，想一想为什么雀巢公司将贸易花费转移到这上面。雀巢的营销经理对看起来没多大作用的贸易支出瞬间化为乌有已经忍无可忍了。于是，和零售商的新合同被起草，并强调了零售商想要获得雀巢贸易经费的最小义务，这些义务包括在特定时期内降低零售价，在零售商的宣传活动中为雀巢做宣传，还有提供专门展位。不能达到该要求的零售商将不能获得雀巢公司的促销经费，或者更极端地，雀巢会直接从不听话的零售商处撤回其品牌。

鼓励性销售而非仅仅是购买

正如其名所示，**绩效奖励**是按零售商在运用生产商给予的贸易补贴时产生的绩效，即增加向消费者销售的生产商品牌数量，给予贸易补贴奖励的一种形式。绩效奖励方案是对零售商的鼓励性销售，让零售商在贸易补贴的支持下更好地销售生产商的品牌，而非仅仅是在账外折扣时购买该品牌。

其中一种绩效奖励形式是监控验证贸易促销（*scanner verified trade promotion*）或者称为监控手段（*scan downs*）。这个名字来自销售过程中通过视频监视器实时监控获得贸易支持的零售商的销量。监控必须满足三个条件[48]：

1. 生产商和零售商签订合约：在零售商获得贸易补贴的时期内，消费者购买任何生产商品牌的商品都能获得指定的优惠价（比如一件商品平时售价 1.99 美元，现在降至 1.79 美元）。

2. 零售商自己的监控数据确认了在此时期内以优惠价销售的品牌数量（例如以 1.79 美元售出 5 680 件商品）。

3. 生产商迅速将款项支付给零售商，比如在 5 天内，按销量以商定的折扣给予零售商补贴。那么生产商就补偿了零售商在销售一定数量品牌商品时减少的边际利润

（比如以每件损失 0.20 美元售出 5 680 件，即 1 136 美元），然后再补偿给零售商贸易补贴的数额（比方说每件补贴 0.05 美元，共 5 680 件，即 284 美元）。因此，生产商要邮寄给零售商一张总值 1 420 美元的支票。

双赢局面

监控验证贸易促销（scanner verified trade promotion）规定，零售商在商定的时期内要按照商定的折扣向消费者销售商品。因而与账外折扣不同，生产商现在可以使用监控（scan down）来避免支付没有收益的补贴，而且只需支付以折扣价出售给消费者的补贴费用。所以这种绩效奖励形式惠及了每一方：消费者、零售商和生产商。消费者获益是因为能以折扣价购买商品；零售商获益是因为促销生产商的品牌而获得补贴；生产商获益是因为提高了品牌商品的销量，如果只考虑暂时性的结果。相比而言，在使用账外折扣的情况下，生产商不能保证零售商会将已获得的账外折让让渡给消费者。

那么从理论上来讲，贸易中的每一方都能获利。但实际上，被要求参加绩效奖励方案的零售商并没有比在账外折让中"不劳而获"得到的利益更多。这是生产商比零售商更热烈拥抱绩效奖励的原因，也是一些强大的生产商（比如雀巢）有时候不得不采取狠招比如不再与失职的零售商续约的原因。

在美国有这样的技术基础设施（在其他经济发达的国家也如此）来保证这种形式的贸易促销的实现。而一些著名的公司如 AC 尼尔森和信息资源公司（Information Resources Inc.）则作为代理监控提供收费服务，使绩效奖励变得可能。代理监控从以下几个方面获利：① 从零售商处收集数据；② 确认符合生产商要求的商品的流动数量和保证补贴；③ 付费给零售商；④ 从生产商处收取资金和提供服务的佣金。

15.6.3 定制化促销：特定客户营销

特定客户营销，也被称为特众营销（co-marketing），描述了生产商向特定的零售客户提供定制化服务的促销和广告活动。为了更好地理解这种营销的优点，我们将其置于账外折让的情形下。在这种情形下暂时性的折扣是对所有顾客提供的，生产商的促销经费运用在除了特定客户以外的任何群体。相反，特定客户营销的促销经费专门为特定的零售客户提供，设计与零售商相关的广告和促销活动，同时服务于生产商的品牌推广、零售商的销量和利润要求，以及顾客的需要。以零售分店为基地的当地植入性广播和忠诚计划就是特别流行的特定客户营销方式。

一些例子

在引进一种昂贵的照片技术系统 Photosmart 时——一个应用于家用电脑的照片扫描和打印的系统，惠普（HP）公司针对一小部分零售商采用了特众营销。惠普在每个零售商的销售区域挑选了潜在的消费者，然后向他们寄送看起来像是零售商而非惠普发出的邀请。这些消费者被邀请去参观店内的展示并有机会获得一套免费的 Photosmart 系统。

一个例子是包装消费品公司霍梅尔（Hormel）食品为 SPAM 家庭产品（罐装食品）进行的特定客户营销。为了提高销量和吸引新顾客，霍梅尔食品引进了"SPAM stuff"的持续计划。紧跟已经实施过 stuff 项目的万宝路、Kool-aid 以及百事公司的脚步，霍梅尔向购买 SPAM 的消费者提供积分换购免费产品（豆袋人物、拳击裤、鼠标垫、啤酒杯和T恤等）的项目。除了通过提供赠品来吸引消费者去尝试 SPAM 的食物外，霍梅尔食品公司还实施了特定客户营销以吸引一些零售商对其品牌的注意。零售商拿到了 SPAM 的广告物品作为传单，他们还得到了当地广播和报纸的广告支持。为了进一步吸引零售商参加，霍梅尔公司从每个地区选出一家超市进行"SPAM 日"最佳店内展示的促销活动。在活动期间，获奖分店的员工和顾客都能得到 SPAM 的衣服、在分店停车场烤制的免费 SPAM 汉堡以及公开亮相的 SPAM 罐装人物。

针对霍梅尔吸引零售商和消费者对 SPAM 的兴趣的调查过程非常愉快。也许看起来很傻，但是像这样的活动往往能让零售商发展起对品牌的注意（例如提供更多的展位）以及让消费者更频繁地购买该品牌。

前景如何？

特定客户营销也许是一个相对新近的创新。它是由包装消费品的营销人员首先推广的，但这种做法最后却扩展到生产和营销软产品（比如魅力产品）的公司和生产耐用品（比如惠普 Photosmart 系统）的公司。特定客户营销需要策划和实施并且非常昂贵，感兴趣的包装消费品公司数量已经达到顶峰。[49]但是，因为强大的零售商能够从设计优良的特定客户活动中获益，特众营销还有前途。

15.7　促销总结

前面的讨论为促销如何发挥作用以及如何实现促销目标提供了研究证据——尤其是过去的 20 年来，学者们已经对促销的功能和有效性进行了严格的研究。这些实证努力让研究者可以得出实验性的结论。这些结论，更正式地被称为实证总结，表述了促销各个方面的一致证据。以下有 9 种实证总结值得关注（见表 15.6）[50]。

表 15.6　9 种关于促销的实证总结

1. 暂时性的零售削价虽会使销售增加，但只适合短期
2. 削价越频繁，削价的效果越有限
3. 频繁削价会改变消费者的参考价
4. 零售商不可能百分之百地实施贸易削价
5. 市场份额越高的品牌，削价弹性越小
6. 广告性促销导致库存增加
7. 主题广告与展示将产生协同效应，从而影响折扣品牌的销售
8. 单一品类的促销同时影响互补品类与竞争品类品牌的销售
9. 促销效果因品牌质量不同而不同

15.7.1 总结1：暂时性的零售削价虽会使销售增加，但只适合短期

很明显，暂时性的零售削价虽然会使销售增加，但只适合短期。这些短期的销量增加被称为销售高峰。这些高峰一般会出现，但代价却是消费者在优惠之前或者之后对促销品牌购买的下降。[51]而且，零售削价的作用只是短暂的。例如，一个考察汤品和奶酪两个种类（前者是可储存的而后者是易腐品）的不同品牌促销的研究显示，促销对消费者的购买意愿、品牌选择和购买数量的作用只会持续几个礼拜，根本不会改变消费者的长期购买行为。[52]

15.7.2 总结2：削价越频繁，削价的效果越有限

当生产商和零售商经常提供削价时，消费者便会期待未来打折的可能性，从而减少对于每个优惠活动的响应。不经常的优惠会取得更大的销售高峰，而频繁的削价则不能带来戏剧性的销量增长。此总结的内在心理机制很简单：经常提供优惠，使得消费者的内在参考价格（例如消费者期望的购买特定品牌的价格）变低，因此导致优惠价变得不再有吸引力，最后带来的消费者响应比不常削价能带来的少得多。

15.7.3 总结3：频繁削价会改变消费者的参考价

前一总结的结果必然会产生以下结果：频繁的削价改变消费者对促销品牌的期望价，或者参考价。这种参考价的下降将导致品牌资产降低以及销售者只能收取折扣价的不良后果。合起来看，总结2和总结3都指出，过度的削价不仅降低了品牌参考价，还会减少消费者对特定品牌的响应。

15.7.4 总结4：零售商不可能百分之百地实施贸易削价

如前所述，生产商的贸易优惠通常是以账外折让的方式提供给零售商，但是零售商却并不总是将这样的优惠让渡给顾客。尽管生产商提供比如15%的账外折让，但是也许仅仅只有60%的零售商会将此折扣以削价方式让渡给消费者。对零售商而言，根本没有任何法律义务规定他们要将此折扣让渡给消费者。零售商可以选择将折扣让渡给消费者，但前提是他们从让渡折扣给消费者中获得的利润，比直接将生产商的账外折让收入囊中要多得多。这也是生产商要实施绩效奖励方案，要求零售商在提供了特定的服务（比如为削价品牌提供专门展位）之后才能获得折让的原因。

15.7.5 总结5：市场份额越高的品牌，削价弹性越小

假设一个品牌的零售价降低了20%，然后其销量增加了30%。这反映了一个弹性系数1.5（30/20）。这个数值指示，价格每下降一个点，需求数量会成比例地增加1.5个点。总结5表明追求更大市场份额的品牌，其价格弹性系数通常要比小份额的品牌低。原因很明显：小份额的品牌在削价时可争取的顾客相对更多，而对于大份额的品牌而言，剩下的顾客则比较少。因此，大份额的品牌在削价优惠时比小份额的品牌弹性更小。

15.7.6 总结6：广告性促销导致客流量增加

研究表明，客流量的增加通常得益于品牌削价活动。当主题广告宣传品牌降价时，不少消费者就会暂时性地换一家商店，去利用这家商店的优惠，而不是没有活动的另一家商店。零售商将这种暂时性的商店转换行为形容为"摘樱桃"（挑最好的），这是一个恰如其分的比喻。

有趣的是，这种"摘樱桃"的行为与家庭大小正相关，尤其是当这个家庭的主人是年长的居民，或者家庭里没有工作女性时；这种行为与家庭收入负相关。所有这些变量都表明，当到访不同商店的机会成本被降低之后，这种"摘樱桃"的行为会变得更多。例如，节约逛多家商店的时间对正在工作的年轻人来说比退休的老人要重要。[53]同样的研究进一步指出，在所有的购买行为中，"摘樱桃"能带来平均每件产品5%的节省。但是，随着石油价格的快速上涨（2008年），从"摘樱桃"中获得的净节省额毫无疑问地会下降，因为从一家商店到另一家商店寻求优惠的"摘樱桃"行为需要耗费石油。

15.7.7 总结7：主题广告与展示将产生协同效应，从而影响折扣品牌的销售

当一个品牌处于优惠期时，其销量通常会上升（见总结1）。如果一个品牌正在做活动，同时零售商的主题广告又在对它进行宣传，那么其销量上升得更多（见总结6）。如果一个品牌不仅在做活动，被零售商主题广告宣传，而且还有特别的展位赢得关注，那么其销量更是会获得极为可观的上升。换句话说，主题广告和展示产生的协同效应大大地提高了一个促销品牌的销量。

15.7.8 总结8：单一品类的促销同时影响互补品类与竞争品类品牌的销售

一个有趣的事情经常发生，当特定种类的一个品牌产品正在促销时，它将同时影响互补品类与竞争品类品牌的销售。例如，Tostitos 的玉米粉饼正在促销，那么它的互补品牌的销量也会上升。而与此相反，竞争类品牌比如薯片种类的销量则会下降，因为消费者已经购买了玉米粉饼，那么对薯片的购买就会暂时减少。

15.7.9 总结9：促销效果因品牌质量不同而不同

当一个高质量的品牌正在被促销时，比如一个可观的削价，这个品牌就有可能吸引转移者，从而窃取低质量品牌的销量。[54]但是，一个低质量的品牌如果也正在促销，那么它并不能同样地将高质量品牌的顾客窃取过来。也就是说，转移行为是不对称的——从低质量向高质量转移。当后者被促销时，其效应大于低质量产品的促销效应。[55]

IMC 聚焦　1 号店网上超市

对当代中国的白领来说,去超市购物逐渐成为令人头痛的事情,交通堵塞、排队结账使面临工作压力的年轻上班族越来越不愿意去超市。

"1 号店"是上海益实多电子商务有限公司投资创办,在规模、品类均占行业领先地位的中国 B2C 电子商务企业。自上线以来一年多时间已拥有一百多万注册用户、上千个供应商、数百个品牌合作商,商品涉及食品饮料、美容护理、厨卫清洁、母婴玩具、电器、家居、营养保健、礼品卡等大类,480 个小类,4 万多种商品。"1 号店"网上超市带给顾客另一种生活方式:用户只要点击几下鼠标或者拿起电话,买满 100 元,就可以享受第二天免费送货上门的服务。

2007 年 11 月,原戴尔中国区总裁刘峻岭和戴尔全球采购副总裁于刚宣布离职。不久,两人在上海张江高科技园区树起了"上海市益实多电子商务有限公司"的招牌,并推出了网上超市 1 号店。2008 年 7 月 11 日,1 号店正式上线,开创了中国电子商务行业"网上超市"的先河。公司独立研发出多套具有国际领先水平的电子商务管理系统并拥有多项专利和软件著作权,并在系统平台、采购、仓储、配送和客户关系管理等方面大力投入,打造自身的核心竞争力。以确保高质量的商品能以低成本、快速度、高效率的流通,让顾客充分享受全新的生活方式和实惠方便的购物体验。

2009 年 5 月 1 号店被"中国 B2C 电子商务大会"评为"消费者信得过网上商城百强"。2009 年 7 月,1 号店的每月营业额在 300 万元左右,公司现有雇员约 100 人,分为客户服务、产品部和仓储物流三大部门。成立三年来,公司年度总营收数字分别为 417 万元、4 600 万元、8.05 亿元。

1 号店采取的重大举措体现在供应商筛选、商品质量管理和商品入库等各个环节上,1 号店的专业队伍严格把关,保障所有商品都为正品真货,并严格遵照国家三包法规,让顾客能放心购买。其经营方式越过了垂直电子商务平台阶段,没有锁定某个狭窄的特定行业,而是创新地提出以"家"为经营主题,销售涵盖与家息息相关的各类商品,包括食品饮料、美容护理、家居家电、厨卫清洁、母婴玩具等几大类产品。

促销是 1 号店经营的重要手段。超市行业的平均毛利率为 20%—25%,1 号店超市省去了实体店面和大量人员,多了配送和包装,成本算下来比传统超市还低 3—5 个百分点。为此 1 号店直接将价格的竞争目标瞄准家乐福。消费者如果发现并报告购买的产品价格高于家乐福的价格,就会得到奖励。

限时抢购。目前在 1 号店销售的商品中,日用快消、美容护理和母婴产品是销量最大的三类。由于这些商品的购买量大、重复购买次数多,人们对价格的敏感度也比较高。1 号店每天提供两款五折产品分时段限量抢购,颇有"天天秒杀"的意味。

"夜市"项目是 1 号店的一大特色。每天晚上 8—10 点,系统会自动将部分产品的优惠价格以倒计时的形式设定,将那些不太习惯于晚间购物的消费者吸引过来,等于拉长了消费周期。

会员营销也是促销战略的重要组成模块。1号店有统一的积分体系和制度,大部分商品都有积分,不同商品的积分不同,不同等级会员享受的积分也不相同。会员可以通过购物、参与社区互动赚取积分。积分可以直接用于支付购买商品。会员还被鼓励自发组织购物工会,工会成员的积分返利比例和整个工会的交易额相关,更进一步加强了1号店品牌口口相传的效应。

各种促销手段的应用在1号店网上超市的商业成功中起到了不容忽视的作用。

资料来源:1. 王如晨、乐琰,《沃尔玛牵手1号店》,《第一财经日报》,2011年5月16日。
2. 吴痕,《1号店打造沃尔玛超市模式》,《华人世界》,2009年第11期,第41—43页。

讨论题:
网上超市最大的隐患是什么?如何避免?

小结

这三章中的第一章介绍了促销以及促销的本质。促销被阐释为有三个目标:贸易方(批发商和零售商)、消费者和一个公司的销售团队。接下来的内容则探讨了投资预算从广告转向促销这一显著趋势的原因。这个转变部分来源于从"拉"到"推"的营销手段的改变,尤其是在包装消费品的例子中。根本原因包括权力均势在生产商和零售商之间的转变,品牌相似度与价格敏感度的提高,品牌忠诚度的降低,大众市场的分裂及传媒效用的降低,基于公司回报结构的短期效应导向,以及消费者的积极响应。

这一章还详述了促销能达到和不能达到的具体目标。比如,促销不能给予贸易方或者消费者任何长期的有说服力的理由去持续购买一个品牌。但是,策划精良的促销活动可以激发消费者的尝试购买行为,推广新产品,获得架位空间,鼓励重复购买和其他一系列目标。

紧跟这个一般的介绍,这一章讲述了贸易促销的主题,并且描述了其不同形式。贸易导向促销占据了包装消费品公司50%的促销预算。这些活动能达到各种各样的目标。贸易补贴,或者说贸易优惠,是提供给零售商用以推广生产商品牌的。生产商认为折扣促销有用的几个原因是:它们很容易实施,能成功地提高分销商的积极性,也能获得贸易方的认可,以及在折扣期间提高销量。但是,贸易补贴,尤其是账外折让的两个主要不良后果是:零售商不会将此折让渡给消费者,以及利用暂时性的降价大量购买和储存商品。这仅仅是将未来的销售转移到了当前。当前两种普遍的做法是提前购买和改变资金用途。另一个贸易补贴的形式叫做架位折让,被应用于新产品的推广。尤其是百货产品的生产商,为了让零售商代理他们的产品,需要向零售商支付架位展示的费用。退出费用,或者反架位折让费,则是向没有达到商定销量的生产商收取的补偿费用。

为了抑制提前购买和改变资金用途,一些生产商修改了产品的定价方法。其中宝洁的例子最为引人注目。其引进的方法被称作"价值定价",或者"每天低价"(EDLP)。这种定价方法不再像以前那样定期地提供有吸引力的贸易优惠,而是在任何时候都对商品设定同样的低价。另一种抑制提前购买和改变资金用途的方法是绩效激励方案,也被叫做监控验证系统(scan verified system),或者监控手段(scan downs)。有了这个方案,零售商根据向消费者售出多少生产商的品牌产品来获得生产商的补贴,而不是根据他们从生产商处购得多少产品来获得补贴(正如账外折让的情形)。

讨论题

1. 名词"促销性激励"(promotional inducement)被认为是比销售促进(sales promotion)更好的选择。请解释为什么这个定义比现有的这个能更好地描述促销活动。

2. 阐述促销快速增长的因素。你认为在未来的十年,促销的使用会持续增长吗?

3. 根据你的观点,你认为为什么网络对消费者而言是更好的促销媒介?

4. 用你自己的话解释"推"和"拉"导向的营销策略的意义。请选择一个知名的市场品牌作为例子,解释一下这个品牌哪一方面的营销沟通组合包含了"推",哪一方面包含了"拉"。

5. 假设你是一家大型知名包装消费品公司(比如宝洁、联合利华和强生)的营销副总裁。你会采取怎样的措施,去在与零售商的关系中重新夺回权力优势?

6. 促销能扭转一个品牌暂时的销量还是永久的销量?请回答得仔细一些。

7. 生产商应该如何运用贸易导向和消费者导向促销去激发其销售团队的热情和提高他们的销售表现?

8. 这一章的总结5认为高市场份额的品牌的削价弹性更小。请举一个现实的例子来展示你对这个实证总结的理解。

9. 这一章的总结8认为单一品类的促销同时影响互补品类与竞争品类品牌的销售。Tostitos 玉米粉饼的例子说明了这个总结。请再举两个其他品牌的例子,然后讲述互补品类与竞争品类品牌的销售是如何被这两个品牌的促销活动影响的。

10. 假设你是一家经营纸制品系列(面巾纸、手纸等)公司的营销经理。你公司当前的市场份额是7%,然后你正在考虑给予零售商诱人的账单回邮折让,来回报他们提供给你公司品牌产品的特殊展示空间。请试着评论这个贸易促销活动的成功几率。

11. 用你自己的话解释提前购买和改变资金用途的做法。然后分析一下"下单和延迟方案"的优点和缺点。

12. 假设你是一个大型连锁超市的购买者,你被邀请去给附近大学的一群营销专业的学生演讲。在演讲之后的提问环节,一个学生说了如下的话:"我父亲为一家百货产品的生产商工作,他说架位折让不就是一种骗钱的手段吗!"你应该怎么在这位学生面前为自己公司的做法辩护呢?

13. 解释一下为什么以低价销售自有品牌的方式能够让大型连锁超市将生产商的补贴据为己有而不是让渡给消费者。

14. 用你自己的话解释为什么每天低价(EDLP)能减少提前购买和改变资金用途。

15. 用你自己的话讨论一下:假设绩效激励方案或者说监控手段(scan down)被广泛使用,它们是怎样达到抑制提前购买和改变资金用途的?

第16章

样品与代金券

两种形式的消费者导向促销——样品和代金券,是第16章的主要内容。这一章探讨了不同形式的样品促销和三种主要的样品激励(目标市场、有创意的样品发布方法以及样品的投资回报率)。第16章的第二个主题——代金券,包括了不同形式代金券的处理,代金券的经济效益,还有代金券的兑换过程与误兑。

宏观营销传播洞察　中国移动的校园营销

校园市场已经成为中国三大通信运营商(移动、联通、电信)重点关注和角逐的市场领域,而移动目前占据绝对的领先优势。据估计,中国移动2008年大学新增和存量市场份额均超过90%。

从中国移动近几年在校园市场的一些常规性动作来看,其营销思路基本遵循如下规律:7—9月的入学营销,重在抢占新生市场;10—12月的二次营销,重在维系客户;1—3月的常态营销,重在发展业务;4—5月的回迁营销,重在保留客户。从中不难看出,中国移动的营销主线是把握住全年关键时间点和时间段,核心目标则是全力以赴打好三场战役,即"新生拦截"、"老生保有"和"毕业生回迁"。

首先,针对"新生拦截"的秋季入学营销是重中之重,具体策略包括以下几点:

1. 抢占合作资源:积极与校方开展合作,取得当地政府相关部门的支持。与高校签署秋季入校营销协议,力争做到独家进入。

2. 录取通知书夹寄:通过异地入网和录取通知书的动感地带 SIM 卡及宣传单夹寄实现营销前移,做到第一时间渗透,提前抢占市场占有率,并建立各校集群网,实现深度运营。

3. 站场迎新:提供迎新巴士免费接送、平安电话等服务,协助开展高校迎新预热宣传,服务扩展到郊区,覆盖范围超前。

4. 现场促销:强调系统的营销活动策划和整合传播能力。活动现场一般主推激活赠送和充值赠送两种模式,前者为了确保寄送套卡激活率,后者则为了避免开学后3个月客户流失。此外,还提供数据业务体验校园巡展。

其中,录取通知书夹寄对中国移动抢占学生市场的效果非常明显,此项策略自2005年实施以来,无论是开学还是平时,中国移动到高校开展促销活动的频率都大大降低,由此也省去了对套餐和群集网的宣传。

其次,在"老生保有"方面,中国移动的主要举措是二次营销和常态化的校园营销,尤其强调抓好暑假前提前营销和暑假后地面促销两个时点。二次营销侧重是指以赠卡、体验、充送等为主的地面促销,而常态化营销重在推广新业务,突出短信之外的活动、数据业务等内容,强化动感地带的品牌个性。此外,中国移动在一本、二本高校每年会与学生组织合作,固定承办一些校级大型活动,如迎新晚会、歌唱比赛等。

最后,对于"毕业生回迁",中国移动的主旨是要推动学生用户进行网内品牌升级。主要举措包括面向一本、二本高校学生提供实习和正式岗位应聘机会,面向高职和民办高校提供营业厅、客服之类的勤工助学岗位等。

在校园渠道部署上,中国移动仍然以实体渠道、电子渠道和社会代理渠道三大类型的渠道建设为主,强调发挥渠道接触点的传播作用。

资料来源:1. 孙丽娟、金玮,《中国移动缘何领跑》,《通信世界》,2009(31)。
2. 凌轩,《弱势运营商校园市场竞争策略》,《信息网络》,2010(6)。

讨论题:
大学生对移动通信的现实需求有哪些?主要特点是什么?如何评价中国移动的校园营销的效果?

本 章 目 标

在阅读本章后你将能够:
1. 理解以目标消费为导向的促销。
2. 认识到不同的促销形式有各自的营销目标。
3. 了解样品的形式、角色和样品促销的趋势。
4. 熟悉代金券的形式、角色和代金券促销的发展历程。
5. 理解代金券的兑换程序和误兑。
6. 理解促销策略的作用。

16.1 介绍

第15章已经介绍了促销的基本话题,以及以交易为目标的促销,在此基础上,本章将独立讨论以消费者为目标的促销。本章重点关注的是样品和代金券方面的营销实践,而下一章则将探索其他以消费者为目标的促销。

在进入正题前,我们需要回顾一些在第1章中就提到,并在书中其他部分重复过的一个建议。这一建议与目标市场、品牌定位、营销目标以及预算的关系有关,即:

所有的营销传播都应该是:① 指向某一特定的目标市场;② 有清晰的定位;③ 有明确的目标;④ 在预算限制内实现目标。

在以消费者为目标的促销环境中,这一建议简明扼要地指出目标市场和品牌定位是所有决策的起点。有了明确的目标和清晰的定位,品牌经理就需要将目标细化为具体的营销项目。同时,经理们必须勤奋工作,以确保该促销计划的开支不会超过品牌的预算限制。这就是品牌经理们使用以消费者为目标的促销活动来达成战略目标所要面临的挑战。

16.1.1 为什么要使用消费者促销

在几乎所有的产品品类中,不论是耐用品,还是大众消费品,都有很多品牌可以供批发商和零售商选择,以及最终供消费者选择或拒绝将它们用于个人消费或者家庭消费。作为品牌经理,你的目标是让你的品牌适宜地摆放在尽可能多的零售店,确保品牌被选择的几率足够大,以使零售商对它的表现满意,同时也达到你自己的利润目标。这需要你首先让消费者尝试你的品牌,然后,希望他们能变成常规顾客。

你的竞争者也有同样的目标。他们尝试得到同样的批发商和零售商的支持,激发消费者的购买尝试,从你的目标消费群那里得到常规购买。他们的收益即是你的损失。这是一个严酷的零和博弈,你们需要竞争消费者。你不愿意让竞争者轻易得到这些,而你的对手们也不愿意让你的生活轻松。

尽管在竞争中充满了不确定性,品牌经理们就像战场上的将士一样,总是不断地攻击、反攻击以及防护自己的战利品免受对手的侵袭。在这场战役中,广告是一个关键角色,它们飘飞在日复一日的行动中,投掷下"有说服力的炸弹"。相反,销售促进则类似于军队中的"地面部队",参与各种"脏活",以打败竞争,迎接一个又一个的战斗。单靠广告是不够的,而仅靠促销也是不充分的。只有两者结合起来,才能形成令人畏惧的武器。

现在,为了回答开篇提出的问题(为什么要使用以消费者为目标的促销),一个简单的回答即是:因为促销能实现仅靠广告不能实现的目标。消费者经常需要被诱导立即购买产品,而非稍后购买产品;购买你的品牌,而非竞争者的品牌;多买,而非少买;并且,要更高频率地购买。销售促进是一种能够实现这些紧迫需求的方式。诚然,广告能让消费者了解到你的品牌,形成正面的品牌印象,但只有促销,才能让消费者完成这些转换。

在进一步讨论之前,还有几点需要声明。具体说来,作为一个生活在市场导向的社会中,每天面对很多形式促销(代金券、样品、抽奖活动、游戏、折扣)的消费者,你可能觉得自己已经知道了关于这个话题的一切。毫无疑问,你的确了解到了关于促销的知识——至少在体验的层面上,然而,就像你了解爱因斯坦的相对论($E = mc^2$)一样,你可能并不真正知道这一理论背后复杂的原理。尽管相比于爱因斯坦的理论,促销活动非常简单,但关键问题是,你对促销活动的理解可能也仅仅停留在表面。希望你们在学完接下来两章的内容后,能够真正理解为什么各种各样的促销活动被使用,以及每一项促销活动被设计出来的独特意义。有经验的品牌经理们不是仅仅把手伸进一个"包",取出任意的促销工具,把不同的促销工具当成是可以互相替换的。相反,每一种类型的促销活动之所以被选出,是因为它们能帮助品牌经理更好地实现营销目标,且不超过预算限制。

16.1.2 品牌管理的目标与消费奖励

通过使用以消费者为目标的促销,品牌经理希望达到什么目的呢?为什么消费者能接受样品、代金券、争论、抽奖活动、打折,以及其他促销活动呢?这些相关问题的答案将为我们提供一个有用的框架去理解为什么特定形式的促销活动在有确定目标的品牌营销活动的特定时间内发挥了作用。

品牌管理的目标

以消费者为目标的销售促进活动的首要目的就是增加销售额(销售促进＝促进销售)。与这个主要目标相关,并与以交易为导向的促销(上一章的内容)一致的目标,即消费者促销能达到各种影响产品销售额的目标[1]:

- 在有限的时间内,增加品牌在交易中的存货,并为我们的品牌提供足够的陈列空间。
- 在有限的时间内,当由于低销售额、经济情况或者有效的竞争行动而出现了过量存货时,减少这些存货。
- 在特定的营销阶段,增加销售动机和销售驱动力,以为我们的品牌赢得更多的销售量、更好的陈列空间,以及比竞争品牌更好的对待。
- 保护我们的消费者不被竞争对手"偷"去。
- 为贸易和消费者引进新品牌。
- 用已有品牌进入新市场。
- 让从没购买过我们品牌的消费者尝试购买我们的产品,让近期没有购买我们品牌的消费者重新购买我们的产品。
- 奖励当前的消费者继续购买我们的品牌。
- 鼓励重复购买,强化品牌忠诚。
- 强化品牌形象。
- 增加广告阅读率。
- 促进增加消费者名单和地址。

正如你所看到的,消费者促销可用于完成各种目标,而最终的目标则是增加我们品牌的销售额。当消费者促销被有效执行时,它就能帮助我们获得贸易支持,增加销售动力,促进品牌的表现,而基于我们的目的,更重要的是,它能够让消费者有动机尝试购买我们的品牌,以及在最理想的情况下,更高频率地购买,并且购买更多的数量。

简单说来,接下来的内容将关注影响消费者行为,而非发起交易行为,或者销售行为。我们主要有三类目标:① 促成尝试购买和重复购买;② 鼓励重复购买;③ 强化品牌形象。

一些促销活动(比如样品和代金券)仅仅用于让消费者尝试或者重新尝试一个品牌。品牌经理使用这些促销工具去促使非使用者第一次购买该品牌,或者鼓励那些已经使用过该品牌,但近期没有购买过该品牌的消费者重新购买该品牌。在另外一些情况下,经理们使用促销活动去维持已有的消费者,包括通过奖励活动让他们继续购买该品牌,或者让他们一次性购买大量的该品牌产品,使其不需要转换到购买其他品牌(至少在短期内)。这就是销售促进的重复购买目标。销售促进同样也可以被用于形象强化目标。比如,认真选择正确的溢价目标或者合适的抽奖活动都能够提升品牌形象。

消费者奖励

消费者不会接受促销,除非这对他们有益——而事实上,的确有益。所有的促销手段都会给消费者提供奖励(补助、奖励或者诱导物),以鼓励销售经理所希望的特定形式的行为。这些补助、奖励或者诱导物,既可以是实用型的,也可以是享乐型的。[2]

消费者可以得到各种实用型、功能型的好处:省钱(如使用代金券的时候);减少搜索和决策成本(如简单地让自己接受促销活动,而不用思考其他选择);通过低价购买他们原本不可能购买的高级产品,以享受更好的产品质量。同样,消费者也可以得到各种享乐型的好处:当他们接受促销活动时,会觉得自己是一个明智的消费者;通过购买在没有促销活动的情况下自己不会购买的产品,满足自己对刺激和多样性的需求;获得娱乐价值,比如当消费者在促销游戏中竞争或者参与抽奖活动时。消费者促销同样也扮演着信息传递的功能,去影响消费者对品牌的信念——比如,通过将品牌与一些高质量品牌共同促销,提升消费者对品牌质量的感知。[3]

消费者通常能立即得到促销活动中的奖励,但有的时候,这些奖励也是延迟发放的。立即奖励是指,当消费者表现出了特定的市场行为后,立即得到相应的经济利益,或者其他形式的好处。比如,当你在超市或者俱乐部商店免费试吃了某食品或者试喝了某饮料后,你可能立即就得到了愉悦的感觉。延迟奖励是指,在表现出特定行为的几天、几周或者更长时间后,消费者才得到奖赏。比如,你可能需要等上六周或者八周才能收到邮寄来的奖励品。

通常说来,相比于延迟奖励,消费者对立即奖励的反应更加强烈。当然,这也与人们喜欢即时奖励的自然倾向一致。

16.1.3 促销方法分类

表 16.1 呈现了两种类型的消费者奖励(立即与延迟)和三种营销目标(促成尝试购买、鼓励重复购买、强化品牌形象)的交互关系。

表 16.1　主要的消费者促销活动

消费者奖励	品牌管理目标		
	促成尝试购买	鼓励重复购买	强化品牌形象
立即	单元 1 ● 样品 16 ● 立即使用的代金券 16 ● 柜台发布的代金券 16	单元 3 ● 降价促销 17 ● 分红 17 ● 购买附赠的奖品 17 ● 游戏 17	单元 5 (没有适合的促销方式)
延迟	单元 2 ● 光学扫描仪发布的代金券 16 ● 媒体和邮件发布的代金券 16 ● 在线代金券 16 ● 邮寄的奖品 17 ● 购买附赠的奖品 17	单元 4 ● 购买附赠的代金券 16 ● 现金返还 17 ● 电话卡 17 ● 连续购买活动 17	单元 6 ● 自定义的奖品 17 ● 抽象活动和比赛 17

注:这种形式的促销方式出现在第 16 章或第 17 章中。

单元1包括用于鼓励尝试购买和重复购买行为的三种促销手段——样品、立即使用的代金券和柜台发布的代金券。这些奖励要么是金钱类的,比如即时代金券;要么是免费产品类的,比如样品。

光学扫描仪发布的代金券、媒体和邮件发布的代金券,以及购买后的赠送产品——见单元2——即一些可以促进消费者尝试购买和重复购买却延迟给予的奖励。代金券和样品是本章的话题,而奖品和其他形式的消费者促销则将在接下来的章节中介绍。

单元3和单元4包含鼓励重复购买的促销工具。营销传播者设计了这些技术去鼓励品牌的已有消费者继续使用该品牌,而不要转移到竞争品牌,即鼓励重复购买。立即奖励的方式,见单元3,包括降价促销、分红、购买附赠的奖品和游戏。延迟奖励的方式,见单元4,包括购买附赠的代金券、现金返还、电话卡以及连续购买活动。

建立品牌形象是广告的主要任务;然而,销售促进工具可以通过强化品牌形象来帮助广告实现其效果。通常说来,这些方式不能为消费者提供立即奖励;因此,单元5是空白的。单元6包括自定义的奖品和两种促销工具——比赛和抽奖活动,如果设计得当,这些方式可以强化甚至加强品牌形象。

需要重申的是,表16.1中对促销工具的分类是故意简化了的。首先,这张表依据促销工具的主要目标进行分类,然而,这些促销工具事实上可以完成多个目标的。比如,购买附赠的奖品(见单元3)被分类为鼓励重复购买,但首次购买的消费者有时候也被提供附赠奖品。单元1和单元2中的各种代金券都主要是为了鼓励尝试者和再次尝试者,以及吸引其他品牌的消费者,然而,实际上是现有的购买者兑换了最多的代金券,而非新购买者。换句话说,尽管代金券是为了鼓励尝试购买和吸引其他品牌的用户,但它同时也通过奖励现有购买者实现了促进重复购买的目的。

同样值得注意的是,表16.1中有的促销工具,比如代金券和奖品,都出现在了多个单元中。这是因为这些方式可以在不同传输渠道实现不同的特定目标。由媒体(报纸、杂志和网络)发布的代金券或者邮寄的代金券可以提供延迟的奖励;而即时代金券——在购买的同时就能获得的——则提供了立即的奖励。同样,随购买附赠的奖品提供了立即的奖励,而通过邮件寄送的奖品曾提供了延迟的奖励。

16.2 样品

大多数营销实践者都认为,样品是鼓励试用的最佳方式。发放样品几乎是引进全新产品时必不可少的营销策略。样品之所以有效,是因为它能为消费者提供亲身体验新产品的机会。它使消费者能主动、亲自与产品接触,而非被动接受产品;而在代金券等促销情况下,这种接触则是被动的。最近的调查表明,超过90%的消费者认为,在试用了新品牌、喜欢该产品,以及该产品价格可以接受的情况下,他们会购买这个新品牌。[4]

样品是指任何能将真实产品或者试用装产品传递给消费者的方法。制造商主要使用样品作为他们的宏观项目,以促成试用。公司可以使用大量方法和媒体发放样品。

- **直邮**:样品被邮寄给具有相应人口统计学特征,或者人口地理统计学特征的消费者(详见第4章)。

- **报纸和杂志**:样品通常随报纸和杂志同步发行,这是一种低成本高效率的接触大众消费者的方式。
- **上门发放样品**:这种方式在目标定位和实施过程中有多种优势,比如低成本,再比如从品牌经理希望发放样品到样品最终发放到目标消费群手中的这一过程耗时短。
- **随购买附赠的样品**:这一方法使用被购买的产品作为样品的载体。一个关键的前提就是,被购买的产品和样品应该在利益、目标消费群和形象方面是互补的。
- **高密度地点和重大事件**:购物中心、剧院、机场和重要事件场合为样品的发放提供了独特的机会。这一点将在随后关于"有创造性地发放样品"的环节进行更多讨论。
- **在独特场合发放**:品牌经理和他们的促销代理有时会选择独特的地点为正处于人生特定阶段(即人生转折点)的消费者发放样品。比如,针对大一新生促销。而婚姻是人生的另一阶段,结婚需要用到的各种产品则可以在新人们申领结婚证时发放。
- **店内发放**:产品示范者在杂货店内或者其他零售渠道向正在购物的消费者发放样品。很容易理解,店内发放样品是一种使用得最频繁的发放样品的方式,因为它利用了消费者最容易被立即影响的最好的时间和地点。[5]
- **网络发放**:品牌经理越来越多地考虑通过网络发放样品。通常,他们会雇用相关的专业服务公司。感兴趣的消费者会登录索取样品的网页,注册并选择自己感兴趣的产品。样品将在接收到他们的索取信息后即刻寄出。由于邮寄费用是主要的成本,网络发放样品的成本大概是店内发放样品或者通过重大事件发放样品的三倍多。[6]这一方法的合理性在于,相对于在重大事件场合收到样品的消费者,通过网络索取样品的消费者是真正对该产品感兴趣的,并且最终可能会购买该产品。因此,在线发放样品并不是特别浪费。当然,尽管这是一种有效的方式,但它并不能替代其他的样品发放途径。

IMC 聚焦 食品与饮料的品尝

> 在销售食品或饮料的商店内发放它们的样品是鼓励消费者尝试新产品的一种有效方式。然而,这种形式的样品成本相当高,因为需要雇人来分发食品样品,并且一般要在活动开始前就准备好样品。除了人员和后勤支出(及问题)外,如果发放样品的人态度不好、不整洁、懒散或是不适合这份工作,那么就可能玷污品牌形象。有没有什么更好的方法能够在不发放实际样品的情况下将食品和饮料送到潜在购买者的手中和嘴里呢?有一家公司认为存在这样的方法。
>
> 宾夕法尼亚一家名为 First Flavor 的公司应用了可食用影像技术——能够在人嘴中溶解的薄塑带(类似于 Listerine 漱口水薄塑带),将其作为让消费者尝试新产品或成熟产品味道的一种方式。这些带子内含能反映真实食品和饮料产品味道的口感。Welch's(以葡萄汁闻名)是第一家应用 First Flavor 技术的公司。它在《时人杂志》上放置了全页广告,读者会看到一则广告,广告上展示了一瓶 Welch's 葡萄汁,瓶子上放着一条可撕扯下来的带子,上面写着"美味在这里,撕下舔一舔"。Welch's 的员工为此进行了深入的研究,以确保这些可以舔的带子确实是美味的,并且符合美国食品和药物管理局的安全标准。

由于增加了可以舔的带子,刊登在《时人杂志》上的这个广告比普通的全页广告多花费了几十万美元,并向《时人杂志》支付了一笔额外津贴,用于补偿其增加的制作成本。在店内发放真实食品和饮料样品的千人成本为600—800美元,而First Flavor 带子的千人成本只有70—100美元。当然,在产生尝试购买方面,这种更廉价的样品形式是否会像在购物时邀请人们品尝真实食品一样有效,这个问题的答案只能交给时间了。

资料来源:改编自 Mya Frazier, "A Marketing Tool That Melts in Your Mouth," *Advertising Age*, May 21, 2007, 18; Flora Lichtman, "Taste before You Buy," June 21, 2007, http://www.sciencefriday.com/news/062107/flavor0621071.html (accessed April 30, 2008); Suzanne Vranica, "Marketers Salivate over Lickable Ads," *The Wall Street Journal*, February 13, 2008, B3。

16.2.1 主要的样品发送实践

在过去,很多发送样品的方法都是没有经过精心思考而且浪费的。具体来说,营销者们曾倾向于通过大众传播途径,让样品发送到尽可能多的消费者手中。经过了精心设计的样品发送方案有以下三条谨慎的原则:① 定位于目标消费群,而非所有消费者;② 只要有可能,就用创新性的发送方法;③ 尝试测量赠送样品后的投资回报。

定位接收样品的群体

关注于精准发送样品的服务近年来开始兴起。比如,要发送供小于8岁的孩子使用的样品,专家们可能会计划在动物园、博物馆等对小朋友和他们的父母有吸引力的场所。而当需要向青少年(9—17岁)发送样品时,专家们可能会选择篮球联赛的现场、剧院和滑冰场等场所。

男高中生是最难接触到的消费群,因为他们很少看电视和杂志,而以他们为目标消费群的公司就应该在诸如男士晚礼服店等地发送供男高中生使用的产品样品(比如剃须膏、剃须刀、漱口水和糖果)。样品的受众则将在他们为高中舞会租借晚礼服时得到样品。

面向青年人(18—24岁)的样品通常在大学、购物街、海滩和音乐会现场发送。而机场、购物中心、密集的零售区则是向25—54岁成年人发送样品的好地方。新婚夫妇则可以在领取结婚证时得到样品。

怎样为郊区居民发送样品呢?一个希望向非洲裔美国人和拉丁裔美国人发送样品的公司基于几千个非洲裔美国人和拉丁裔美国人的教堂,建立了一个网络来发放样品。这些教堂里的牧师可以在教徒们集会时,向他们发送样品礼包。这个公司还通过美容沙龙和理发店建立了巨大的网络,向城市居民发送样品。[7]

这都表明,几乎所有的消费群体都可以被选择性地发送样品,只要你有足够的创意!

使用有创意的样品发放方法

现在的公司都开始使用大量创新的方法使样品能够到达目标消费群手中。为了发送 Cetaphil 护肤品的样品，公司在三个主要的城市（亚特兰大、芝加哥和纽约）设立了临时店铺。走进店铺的顾客都将得到使用 Cetaphil 产品的免费按摩，以及转动幸运轮盘赢取 Cetaphil 产品，诸如洗面奶、润肤霜等的机会。在这一营销事件中，超过 25 万份样品被送出；并且为了鼓励继续购买，访客们还收到了价值 1 美元的购买 Cetaphil 产品的代金券。[8]

Progresso 汤公司在 Pillsbury 公司（目前属于通用磨坊公司）的帮助下，雇用了一大批"汤使者"，在寒冷的城市（如克利夫兰、芝加哥、底特律、匹兹堡）向在自动售货机购物的消费者赠送热汤。从十月到次年三月，样品发放组在城市的运动中心、跑步场所、室外演出以及其他场所接触了消费者，这些场所都是让消费者品尝热汤的理想场所。

Guinness 进口公司在拖拉机上装上很多水龙头，通过拖拉机发放自己独特的啤酒。这些拖拉机驶向在纽约、芝加哥和旧金山举办的爱尔兰音乐节。Guinness 公司想出这个办法，因为它认为这是一个供消费者亲身体验产品的好时机，也避免了盲目使用大众媒体广告。

著名的 Ben&Jerry's 自制冰激凌为创造性发放样品提供了又一实例。在 Ben&Jerry's 被联合利华收购后，品牌经理决定向消费者发送样品，以增加该产品的市场份额，以及将新消费者从竞争对手那里吸引过来。但如何能发送冰激凌样品呢？当然可以在超市里进行，但这与 Ben&Jerry's 的品牌形象不太符合。很明显，通过邮件发送也不可能。在这些限制条件下，Ben&Jerry's 的营销团队决定在一个叫做"城市牧场"的特殊事件场合发送 Ben&Jerry's 冰激凌的样品，这一事件就是为了发放冰激凌而创造的，它邀请支持者们"停下来品尝冰激凌"。

为了让这一事件符合 Ben&Jerry's 高端、牧场的形象，营销策划者们创造了"城市牧场"这一主题，并使用了奶牛模特、相关标语、现场乐队演出以及免费冰激凌等元素。这一活动在美国的 13 个主要城市进行巡游，其中包括波士顿、芝加哥、洛杉矶和纽约。在每个城市，"城市牧场"都设置了大型舞台，上面表演着音乐，还邀请了体育界和文艺界的名人主持"舀冰激凌"的活动，每一轮的获胜者能得到选择一位明星、接受有吸引力的赠品的机会——很明显，这与该品牌的慈善形象一致。每一个"牧场"只活动一天，但样品发放组在每个城市会待上至少一周，在用奶牛装饰的车上发放样品。[9]

为妮维雅公司男士护肤品进行促销的机构想出了一个聪明的发放样品的方法。它们在将近 800 个铁路站台和地铁站发送了产品。因为这次促销，该品牌的销售额获得了近 100% 的增长。[10]

EBoost 的营销者寻找到了独特的样品发放途径以使自己的品牌能够区别于竞争品牌。这个办法就是将 EBoost 的产品发送给酒店客人——通过将样品放置于酒店的桌上、枕边、浴室里，或者在客人入住时发送。在酒店发送样品不仅帮助了 EBoost，也使加入这项活动的酒店因为向客人提供有吸引力的产品而为客人增加了价值。[11] 除 EBoost 之外的很多别的品牌，也因通过酒店发放样品而受益。

最后,如果你是卫生纸这一产品的品牌经理,认为发送样品可以有益于该品牌,那么你将如何向消费者发送样品呢?很显然,很多传统的发送途径都不适合,因为它们的成本太高。宝洁公司Charmin品牌的品牌经理就面临这一问题。他们尝试了很多发放方法都没有成功,直到有人想出了在室外活动发送Charmin的方法。他们制造了一批带有洗手间的牵引式挂车(见图16.1),然后在各种重大活动,诸如全国博览会和慕尼黑啤酒节等,发送Potty Palooza。每个牵引车都装备自来水,墙上贴满了墙纸,有仿真的丛林地板,以及各种宝洁的其他品牌产品——舒肤佳香皂、Bounty卫生纸、帮宝适尿不湿。按照Charmin品牌经理的描述,"(卫生纸)是消费者并不太关心的产品品类。要突破这一点,并真正理解Charmin的好处,你需要亲身尝试"。宝洁公司的

图16.1　Charmin品牌通过户外车队的展示进行消费者产品体验

研究表明,Charmin品牌14%的销售增长都来自在这项活动中接触过Charmin产品的消费者。[12]

估计投资回报率

正如在第2章中详细讲述的,营销传播者越来越多地需要为他们制定的营销活动负责任。财务总监、资深营销总监以及执行总监需要营销投资有所回报。投资回报率(ROI)是用于评估促销开支是否有效的指标。表16.2给出了进行ROI分析的直观步骤。[13]请仔细阅读表中的程序。

表16.2　为发送样品计算成本

第一步	确定发送样品的总成本,包括样品成本和发送成本——邮寄、上门发送,等等。假定发送一份试用装的成本是0.6美元,那么发送1 500万份试用装的成本即为900万美元。
第二步	计算发送每一份样品的收益,即用该产品平均每年的使用量乘以每份产品能获得的收益。假定平均每年有6份该产品将被购买,且每份带来1美元的盈利,那么,如果每个用户能在试用产品后成为常规购买者,他们每人就为品牌带来了6美元的潜在收入。
第三步	计算发送样品的计划能达到收支平衡所需要的转换者(转换者即是在尝试了试用产品后,成为最终用户的消费者)。假定赠送样品的计划花费了900万美元,每个潜在用户带来的潜在收益是6美元,那么需要的转换者为150万个(900万除以6)。这表明该计划实现收支平衡的转换率是10%(即150万除以1 500万)。
第四步	确定该计划的有效性。一个发送样品的计划要想成功,转换率必须超过10%—16%这一区间。这种情况表明,至少有16.5万人通过试用产品成为了常规购买者(即150万乘以1.1),这样才能证明该计划的成本带来了合理的利润。

16.2.2　什么时候应该发送样品?

促销经理通过发送样品,让消费者尝试购买一个新的品牌,或者一个即将进入新市

场的品牌。虽然鼓励试用对于新品牌来说十分重要,但发送样品并不适用于所有新的或者改进的产品。理想的情况包括如下情形[14]:

1. 当新产品或者改进的产品相对于其他品牌有显而易见的优势,或者对于它想取代的品牌有相对优势时。如果一个品牌并没有绝对或者相对的优势,那么发送样品并不是一个节俭的方法。

2. 当产品的概念十分创新,以至于很难通过广告与消费者沟通时。比如宝洁公司在20个大城市里为吃午饭的人们送去了低脂的品客薯片,因为品牌经理知道,消费者需要亲自品尝这些看上去跟普通品客薯片几乎没有差异的产品。先前的Ben&Jerry's自制冰激凌和Charmin卫生纸的案例也很好地说明,当广告不能很好地传递根本的品牌信息时,发送样品是很好的途径。

3. 当促销预算能很快促进消费者进行尝试时。如果该活动不能很快促进消费者尝试产品,那么应该使用更低成本的促销方法,比如代金券。

全球聚焦 将奥利奥引入中国

> 卡夫食品的奥利奥饼干是美国杂货店最受欢迎的甜品之一,周销量达数百万包。在很多其他国家也能买到奥利奥,但是它在中国的销量从未接近过其在美国的销量数字。调查表明,中国消费者对饼干吃得并不多,而奥利奥是典型的美国饼干。进入中国市场10年后,卡夫的市场研究显示,美国风格的奥利奥对于中国人的味觉来说太甜了,而且价格也过高。因此可选做法很明显:要么停止在中国卖奥利奥,要么让奥利奥不那么甜并且不那么贵。有趣的是,卡夫抛弃了圆形夹心版的奥利奥,这种产品无法使中国消费者产生积极共鸣,取而代之的是里面夹着香草和巧克力奶油的巧克力薄片。
>
> 说服中国消费者尝试新的奥利奥饼干是一项比想出美国风格奥利奥饼干合适的替代品更有挑战性的任务。尽管广告有助于中国消费者认识新奥利奥饼干,但只有广告本身还不足以说服中国消费者认为奥利奥是好吃的。显然有必要发放样品。卡夫在发放产品样品的过程中,招募并训练了300名大学生作为奥利奥的品牌大使。这些学生代表骑自行车穿梭于北京的街道,将奥利奥的样品分发给超过30万名消费者。奥利奥很快成为中国最畅销的饼干,卡夫在中国的收入也实现了翻倍。
>
> 资料来源:改编自 Julie Jargon, "Kraft Reformulates Oreo, Scores in China," *The Wall Street Journal*, May 1, 2008, B1。

16.2.3 发送样品时的一些问题

发送样品时会遇到一些问题。第一,这项活动很昂贵。第二,邮局的服务或者其他发送渠道可能会让样品发放陷入混乱。第三,上门发送或者在高密度地区发送样品可能导致浪费,使产品不能接触最佳的潜在消费者。第四,随购买附赠的样品排除了那些不购买载体产品的消费者。第五,店内发送样品通常不能接触到足够数量的消费者。

第六个问题则是消费者可能误用样品。我们来看 Lever Brothers 的 Sun Light 洗洁精的案例,这个产品闻起来像柠檬,几年前其样品被广泛发送给超过 5 000 万家庭。不幸的是,将近 80 名成人和儿童在使用该产品后生病了,因为他们把这种洗洁精当成了柠檬汁! 根据 Lever Brothers 市场研究总监的解释,相比于消费者在有了一定品牌知识后,自己去超市购买产品的情况,将产品送入家庭总是有潜在的让消费者误用的可能。[15]

最后一个问题,即偷窃,这有可能发生在使用邮件发送的过程中。宝洁公司曾邮寄了 580 000 份洗发水样品给波兰消费者,但将近 2 000 个信箱因此被侵入。这些标有"非卖品"的洗发水后来在市场上流通了,并且卖到了 60 美分/瓶的价格。为此,宝洁公司不但向波兰邮局支付了 40 000 美元的邮寄费用,还不得不赔偿那些因为侵入而损坏的邮箱。[16]

由于开支大、存在浪费和其他问题,发送样品的方法在一段时期内逐渐被摒弃,因为越来越多的营销者开始倾向于更节省的促销方式,比如代金券。然而,随着有创意的营销方案的诞生,品牌经理和他们的促销团队又开始对发送样品产生兴趣。发送样品的方法在接近特定目标消费群方面更加有效,促销结果也更容易测量,而增加的媒体广告投入则能增加样品的相对吸引力。

16.3 代金券

代金券是奖励消费者购买提供代金券的产品的一种促销手段,通常它都提供一些象征性的优惠,比如便宜 30 美分到 1 美元之间——具体金额取决于代金券所针对的产品的价格。比如,麦斯威尔咖啡为其过滤装产品和过滤装单包产品分别提供 45 美分和 90 美分的代金券(见表 16.2)。

代金券可以通过报纸、杂志、直邮发送,也可以在线发送、在购买时发送。但并不是所有的发送方法都有同样的目标。即时代金券(在购买时就能使用的代金券)为消费者提供了即时的奖赏,鼓励他们进行尝试购买,或者鼓励忠诚的消费者进行重复购买(见图 16.2)。通过信件或者媒体发送的代金券则提供了延迟的奖赏,尽管他们同样能促成尝试购买行为。在讨论这些具体的发送方式之前,我们需要看看代金券的发展历史。

16.3.1 代金券的背景

在美国,每年大概有 2 800 亿代金券被发送[17],这项营销活动每年耗资约 70 亿美元。[18]几乎所有的大众消费品营销者都会发送代金券。但代金券并不局限于包装商品。比如,通用汽车给它曾经的消费者邮寄了价值 1 000 美元的代金券,希望他们能购买新车。调查表明,几乎所有的美国消费者都使用过代金券,这一趋势在经济萧条的时候更加明显,而在经济繁荣的时候逐渐减缓。[19]研究表明,消费者对于使用代金券有不同的心理倾向,并且这种心理倾向能够进一步预测使用代金券的实际行为。具体来说,有的消费者更倾向于使用代金券,因为他们比较贫穷,能在节省钱的时候体会到更大的心理愉悦感。[20]

图 16.2 代金券

尽管美国比其他国家发送的代金券多,但其他国家的代金券使用率(被发放的代金券真正被带进店内,以使消费者在购买的时候能享受价格折扣)更高。不过,在另一些国家,代金券几乎不存在,或者这一促销策略还处于萌芽阶段。比如,德国政府限制代金券的面值,要求其超过所要购买产品价格的1%,这样就有效排除了在低价的大众消费品营销领域使用代金券。在法国,只有很少量的代金券被发放,因为杂货零售市场基本上都反对使用代金券。在日本,由于政府的限制,代金券的营销活动也只处于起步阶段。

发送代金券的途径

品牌经理最喜欢的代金券发送途径是夹页广告(freestanding insert,FSI)。夹在诸如星期天报纸里的代金券,占据了全美发送的所有代金券的88%。[21]其他的发送途径还包括在店内或其他场所人工发送(5%)、直邮(2%)、杂志(1.8%)、报纸(1.5%)、随产品发送(1.4%)、网络发送(0.2%)以及其他(0.3%)。[22]这些百分比每年都有一些微小的变化,但夹页广告多年来一直占据最高的百分比。

另一个发送代金券的趋势是建立合作的代金券项目。在一些项目中,同一公司的多个品牌的代金券被发送,或者多个公司的代金券被发送。比如,两家相关的服务公司——Valassis 和 News Corp.'s 的 SmartSource 负责发送全美几十亿的夹页广告代金券。这两家公司为上百家不同的品牌和公司服务。而宝洁公司这一发送代金券的大户,则拥有自己的夹页广告代金券发送部门,负责每四个星期在星期天的报纸里发送代金券。Valpak 直接营销系统则是通过直邮的方式发送合作项目的代金券的。

代金券的成本

代金券的广泛使用也招来了批评。一些评论家认为,代金券十分浪费,并且事实上会增加消费品的价格。尽管代金券是否浪费、是否低效是值得讨论的,但不可否认,使用代金券是一项昂贵的提议。为了让你更好地理解代金券的成本,思考一个1美元面值的代金券的案例(面值是指,当消费者使用这张代金券购买商品时能节省的金额)。这张代金券的实际成本是大于1美元的,事实上,它的成本接近1.59美元(见表16.3)。从表中可以发现,最主要的成本是面值1美元,这是消费者在购买产品时可以少支付的金额,但还有很多其他开支:发送和邮寄成本 40 美分,付给零售商的手续费 8 美分,由于消费者不正确地兑换造成的成本(估计为 7 美分),制作和加工费 2 美分,兑换成本(2 美分)。因此每张代金券实际耗费的成本是 1.59 美元,大于其面值 1 美元。假定一个营销者发送了 4 000 万张代金券,其中的 2%,也就是 800 000 张被兑换了。这次代金券活动的总成本即为 1 272 000 美元。很明显,代金券活动需要大量的资金投入才能实现预期的目标。

表 16.3　代金券总成本

1. 面值	1.00
2. 发送和邮寄成本	0.40
3. 手续费	0.08
4. 误兑换的成本	0.07
5. 制作和加工费	0.02
6. 兑换成本	0.02
总成本	1.59

很显然,那些能够帮助降低成本的项目,比如合作代金券项目和在线发送项目,有很高的需求。代金券确实成本很高,有的还很浪费,因此存在更好的促销活动。但是,代金券的广泛使用也说明,要么是由于缺乏大量有竞争力的品牌经理,要么是更好的促销工具不易使用。后一种解释更符合市场运作的规律——当有更好的方法存在时,它必将取代现有方法。结论就是:代金券被广泛使用,因为营销者们还不能设计出更有效、更经济的营销方案去促成尝试购买,而这一目的是代金券能达到的。

代金券有利润吗?

证据表明,那些使用代金券的家庭也同样是那些愿意在第一时间购买某品牌的家庭。更重要的是,大多数消费者都会打消他们在没有收到代金券前的想法,而是直接购买发放代金券的品牌的产品。[23]尽管大多数代金券都被当前用户兑换了,但竞争的动力仍促使公司继续发放代金券,以免当前用户被发送代金券的竞争品牌吸引过去。

在北美和其他地方,代金券是人们生活的一部分,并且将继续保持这种重要的地位。对于品牌经理来说,关键的挑战在于找到增加代金券收益的方式,吸引那些本可能购买其他品牌产品的消费者,留住那些现在对他们的品牌忠诚的消费者。

下面的部分描述了代金券活动的主要形式、目标,以及为了增加其收益而进行的创新。这些方法与表 16.1 中的形式有关,因此我们建议你在进入下一部分之前,重新复习表 16.1 的内容,以更好地了解代金券的具体形式。

16.3.2　POP(售点)代金券

在第 20 章的售点广告部分将讲到,几乎 70% 的购买都是在店内完成的。因此,在售点发送代金券是合理的。售点代金券有三种形式:即时发送、货架发送和光学扫描仪电子发送。

立即兑换的代金券

大多数代金券发送方法延迟了对消费者的影响,因为它们被送入消费者家中,离消费者兑换它们有一定的时间。即时兑换代金券(instantly redeemable coupons, IRCs)可以直接从产品包装上撕下来,在消费者结账的时候就能使用。这种形式的代金券代表了一种立即奖赏的模式,能够促使消费者尝试购买被促销的产品(见表 16.1 中的单元 1)。立即兑换的代金券提供了显著的价格优惠,以及对消费者购买的立即激励。

虽然立即兑换的代金券是存在较少的一种方式,但近年来它出现了,并且成为打折的替代方案。立即兑换的代金券的兑换率显著高于以其他方式发送的代金券。最主要的代金券发放方式——FSIs,平均兑换率在 1.5% 左右,但立即兑换代金券的兑换率则能达到 30%。[24] 有人可能认为,大多数购买者都会在购买时撕下立即兑换的代金券,获得节省,但很明显,大多数人并没有利用这一好处。

一项研究比较了对于一个沐浴露品牌来说,使用立即兑换的代金券的有效性和使用夹页广告发送的代金券的有效性。在研究中,FSIs 和 IRCs 都是用 50 美分的面值和 1 美元的面值(即 50 美分的 FSIs,1 美元的 FSIs,50 美分的 IRCs,1 美元的 IRCs),在两个月内,它们被独立发送到两个市场。结果表明,IRCs 的效果显著好于同等成本的 FISs 的效果。更重要的是,50 美分的 IRCs 比 1 美元的 FSIs 增加销售的百分比多了 23%![25] 很明显,这是一个反直觉的结果,需要进一步的解释。

研究公司的发言人称,它们也不明白为什么 50 美分的 IRCs 比 1 美元的 FSIs 增加了更多的销售。然而,学术研究领域的成果则能提供解释。一项研究发现,一张 75 美分的代金券并不比一张 40 美分的代金券更吸引人。[26] 一个更相关的研究发现,更高价值的代金券暗示消费者该产品的价格更高[27],尤其是当消费者对该品牌不熟悉的时候。在这种情况下,高代金券面值会让消费者畏惧,因为它们发出信号,告诉消费者自己十分昂贵。

也许 1 美元的 FSIs 代金券暗示消费者,该品牌被过高定价了,否则它也不会提供如此有吸引力的代金券。这就使 FSIs 代金券难以被真正兑换。相比而言,50 美分的 IRCs 代金券在消费者购买的时候就可以使用,而购买的时候,消费者是清楚产品的真实价格的。因此消费者没有理由认为该产品价格昂贵,相反,他们发现了一个省钱的好机会——只要撕下代金券去结账即可。

具有讽刺意义的是,高面值的代金券可能主要吸引那些知道品牌真实价格,并且认为该代金券很吸引人的现有消费者,而导致那些不熟悉该品牌的消费者转向其竞争品牌的产品,因为高面值的代金券暗示着高价。当然,这一点对于 FSIs 来说更加突出,因为消费者是在售点以外的场合收到它的,而代金券的面值并不能提供关于产品价格的有效信息。不过这一点对于 IRCs 的影响并不大。

当然,我们并不能将该研究(仅针对沐浴露这一品类)的结论盲目推广,但这个有意思的发现表明 IRCs 的效果可能比 FSIs 更好。只有进一步的研究才能帮助我们判断这一结论是否能推广到其他品类。

货架发送的代金券

货架发送的代金券是与被促销的产品共同放置在货架上的代金券。对购买该产品感兴趣的消费者可以拿一张,在结账时使用。货架发送的代金券的平均兑换率为9%—10%。[28]

扫描器发送的代金券

有一些电子设备可以用于在售点发送代金券。最著名的例子就是 Catalina 营销公司为全美上千个店铺提供的服务了。Catalina 提供两种服务,一种叫结账代金券,一种叫结账定位。结账代金券是基于消费者购买的特定产品发送的代金券。一旦扫描仪发现消费者购买了竞争者的产品,加入该项目的品牌的代金券就会被发送。通过定位竞争者的消费者,Catalina 的结账代金券保证制造商能接触到购买其生产的产品品类,但目前还没有购买其品牌的消费者。这种方式的兑换率达到了8%。[29]

Catalina 的另一项代金券项目——结账定位(checkout direct),保证营销者只对那些满足了代金券赞助商要求的消费者发送代金券。结账定位项目允许代金券只发送给那些对某一产品有特定消费模式的顾客(比如在六个星期内至少购买一次牙膏的消费者),或者那些对某一产品有特定消费量的顾客(比如某产品的频繁使用者)。

Frito-Lay 在引进 Baked Lay's 这一品牌时,就使用了结账定位系统来增加尝试购买。Frito-Lay 的品牌经理定位于健康食品的超重度消费者。通过记录了消费者过去购买历史的光学扫描数据,结账定位系统只对那些在过去 12 个月内至少购买过 8 次"对你更好"零食的消费者,在结账时发送代金券。这一方法换来了40%的兑换率,并且重复购买率也达到了25%。[30]

Catalina 的两个项目都是用于鼓励尝试购买,或者激励那些在一段时间内没有购买某商品的消费者重新购买。然而,因为代金券只在消费者结账时发送,并且只能在他们下一次购买时使用,所以这一奖赏被延迟了——不像立即兑换的代金券和货架发送的代金券。当然,这种扫描仪发送代金券的方法非常有效,并且节省,因为他们在定位目标市场方面做得非常细致。在结账代金券的案例中,目标市场定位是指定位于竞争品牌的用户;而在结账定位的案例中,目标市场定位则是指定位于满足制造商需求特征的消费者。

16.3.3 邮件或媒介递送的代金券

这种形式的代金券发放通过提供延迟的奖赏激励了尝试购买。其中,邮件发送的代金券占到了2%。大众媒体(报纸和杂志)则占据主要地位,发送了大概90%的代金券——而其中,通过星期天报纸发送的夹页广告代金券又占了绝大多数。

邮件发送的代金券

营销者通常使用邮件发送的代金券介绍新的或者改进的产品。邮件既可以被发送到宽泛的市场,也可以被发送到具有特定人口地理学特征的细分市场。邮件发送的代金券进入家庭的比率最高。

通过杂志和报纸发送的代金券进入家庭的比率不足60%,但通过邮件发送的代金券则能进入95%的家庭。另外,直邮发送的代金券达到了所有大众媒体发送的代金券中最高的兑换率(3.5%)。[31]同样也有时间证据表明,直邮代金券增加了产品购买量,尤其是当较高面值的代金券被负责家庭开支的消费者、拥有大家庭的消费者和受教育程度较高的消费者使用时。[32]

直邮发送代金券主要的劣势是,相对于其他代金券发放途径,其成本较高。另外一个劣势是,直邮发送代金券对于享有较高市场份额的品牌尤其无效和昂贵。因为很大一部分的代金券接收者可能已经是该产品的常规购买者了,因此不能实现促成尝试购买的目的。大众媒体发送代金券的无效性与越来越细的目标消费群划分(例如竞争对手的用户)有关。

FSIs 和其他媒体发送的代金券

如前所述,大约88%的代金券都是通过夹在星期天的报纸中发送的。而发送每一千份夹页广告代金券的成本仅仅是通过直邮发送代金券的50%到60%,这也解释了为什么 FSIs 是被使用最多的代金券发送方式。FSIs 的另一个优势是,它们能在消费者每次翻开星期天的报纸时,提醒其下次购买时使用夹页代金券。[33]最后,有证据表明FSIs 也有广告效果。就是说使用这些代金券时,消费者同时也暴露在 FSIs 广告下,这让他们在即使没有兑换代金券的情况下,也更可能购买被促销的产品。[34]这一效果并不令人吃惊,因为 FSIs 代金券通常都是吸引眼球的广告。

研究表明,FSIs 上有吸引力的图片对于那些忠诚于竞争对手品牌的顾客尤其有效。在这种情况下,忠诚于其他品牌的消费者没有动机去加工 FSIs 所促销的产品的详细说明。因此,使用有吸引力的图片(而非文字说明)能够增加消费者使用该 FSIs 代金券的几率。[35]

除了 FSIs,代金券也在报纸或者杂志的正常页面发布。这种情况下的兑换率通常低于1%。[36]另一个问题是,这种情况下的代金券并不能激发大量的交易兴趣。最后,这种情况下发送的代金券也特别容易被误用。最后一个问题十分重要,随后将详细讨论。

16.3.4 包装内或包装旁的代金券

包装内或包装旁的代金券是指放在包装内部,或者作为包装的外延部分的代金券。这种形式的代金券不应该与先前讨论过的即时的,即从包装上撕下来的代金券相混淆。IRCs 是可以在购买时移除的,并且是在店内就能兑换的,但包装内或包装旁的代金券不能在购买时被移除,而是得等到消费者回家后打开包装才能得到,并且用于下一次购买时的兑换。这种形式的代金券为消费者提供了延迟的奖赏,更有助于鼓励重复购买,而非尝试购买。

一个品牌的代金券经常需要另一个品牌的促销。比如,通用磨坊将 Granola 麦片饼的代金券放在谷物早餐的包装中。营销实践者们将这一过程称为互相出王牌——一个来自牌类游戏的术语,表示同一方的玩家轮流战胜对方。

尽管营销者们使用互相出王牌的方法创造尝试购买，或者刺激购买像 Granola 麦片饼这样的非主要产品，属于同一品牌的包装内或包装旁的代金券通常是用于刺激重复购买的，即一旦消费者用完了特定包装内的产品，如果有诸如带有象征性优惠的代金券可以直接使用，那么他们将更有可能重复购买这一品牌。这么说来，包装内的代金券有反冲价值。最初的尝试购买——反冲，可能激发另一次购买，继而引起另一次反冲，如果包装内代金券可以立即使用的话。[37]

包装内和包装旁代金券的主要优势在于，几乎没有分发成本。另外，兑换率也高很多，因为品牌使用者能收到最多的随包装分发的代金券。包装内代金券的平均兑换率为6%—7%，而包装外的代金券的兑换率略小于5%。[38]随包装分发的代金券的限制在于，它们为消费者提供的价值是延迟的，不能接触到品牌的非使用者，并且由于其迟滞性，不能影响到购买兴趣。

16.3.5 网上代金券

大量的网站现在开始发送代金券。虽然这只占据了代金券发放总额的很小部分（小于1%），但其受欢迎程度在急剧增长。消费者可以在家或者在办公室打印出代金券，然后像使用通过其他途径分发的代金券一样，在购买时进行兑换。

允许消费者自己打印代金券会导致潜在的欺诈，因为消费者有了操控代金券面值的机会，也可能打印出多张代金券。另外，精通电脑的罪犯可能在下载代金券后更改条形码、日期、数量，甚至品牌名。[39]为了避免这些问题，在线代金券服务允许消费者选择他们想要的代金券的品牌，然后真实的代金券将被邮寄给他们。至于通过网络发送的代金券是否能持续受到欢迎，现在还很难预测，尤其是在诸如沃玛特等零售商拒绝接受通过网络发送的代金券的情况下。然而，如果公司不能有效应对由于在网上发放代金券而可能引起的欺诈行为，这一发送途径将不会有显著的增长。

无线兑换券的特殊案例

正如第13章中讨论的互联网营销，通过手机分发促销信息开始流行。比如，主要的大众用品公司，像宝洁、通用磨坊，以及金伯利—克拉克等，都在尝试通过手机发送代金券。这些公司与克罗格超市这一供应链联合起来，测试使用手机发送代金券是否效果好、效率高。具体过程是这样的：消费者首先在手机上下载一个名叫 Cellfire 的类似于手机铃声的应用程序，这个程序可以让他们浏览 Cellfire 的电子购物中心，以寻找哪些品牌在提供代金券。然后在结账时，他们给结账员看自己的手机，上面有相关的代金券。[40]

Cellfire 只是很多尝试开发手机潜能的手机组织中的一个，它们希望通过手机发送代金券和进行其他活动。正如在第13章中提到的那样，只有时间才能告诉我们，使用手机发送代金券是否可行，不过这一方式的前景十分可观，因为这是一种对于营销者来说节省的方式，同时对于消费者来说也很方便——他们再也不需要在家收集代金券，并时刻惦记着在下次去超市前带上代金券。

16.3.6 代金券兑换过程与误兑

代金券的误兑是一个广泛存在的问题。理解误兑为什么会发生的最好方式就是详细了解兑换的过程。图16.3 就是一张兑换过程的示意图。

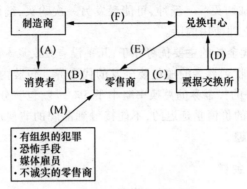

图 16.3 代金券的兑换和误兑

过程

这一过程始于制造商通过 FSI,直邮,或者其他方式向消费者分发代金券(见图 16.3 的线路 A)。消费者收集代金券,把它们带到商店,在结账时出示给结账员,由结账员将代金券的面值从消费者的总支付金额中扣除(线路 B)。消费者要使用代金券的优惠,必须满足一些条件和限制:他必须购买商家在代金券上所标明的型号、品牌和购买量;对于每一件产品,只能使用一张代金券;代金券并不能兑换现金;代金券必须在过期前兑换。一些误兑现象的发生,就是因为消费者在不满足上述条件的情况下使用代金券。

接下来,零售商们将他们收到的代金券向提供代金券的制造商进行兑换。零售商通常雇用另一个公司,即票据交换所,去兑换收到的代金券(线路 C)。票据交易所是大量零售商的代理,先对来自各个零售商的代金券进行统一整合。票据交易所需要确保他们的客户合法销售了这些代金券所用于支付的产品。

票据交易所将这些代金券交给兑换中心(线路 D),即发放代金券的制造商的代理机构。兑换中心支付所有被合理兑换的代金券的金额(线路 E),然后在制造商那里得到补偿。如果兑换中心质疑某一代金券的有效性,它可以找到其客户,即制造商,去验明被怀疑的代金券的真伪。

这一系统并不像我们描述的那样清晰,步步分明。一些大型的零售商可以作为自己的票据交易所,一些制造商可以作为自己的兑换中心,也有一些独立的公司同时扮演票据交易所和兑换中心的角色。

然而,不论代金券最终被兑换(或者误兑)的特定机制是什么,零售商都会得到与代金券面值相等的补偿,并得到一定量的手续费,在美国这一手续费目前是每张代金券 8 美分。因此这一过程中存在误兑的可能:一个不讲道理的人可以从兑换 1 美元的代金券中得到 1.08 美元,如果这样的误兑发生 1 000 次,那他就可以得到 1 080 美元。让这一现象加剧的是,现在很多代金券的面值都大于1美元。

结局

对误兑率的估计最低是15%,最高是40%。很多品牌经理在为代金券活动进行预算时,都假定20%—25%的误兑率。然而,过去对于误兑率的估计可能夸大了,现在看来,有欺诈性质的误兑率平均来说只有3%—4%,而非先前假定的20%—25%。[41]尽管通过对兑换过程中的各个环节加以控制,误兑的几率被降低了,但3%—4%的误兑率仍然会给制造商带来大量损失。

参与者

误兑是如何发生的,谁参与其中？误兑在兑换的每个过程中都可能发生。有的时候消费者会使用过期的代金券,或者用代金券购买少于规定数量的产品。消费者有的时候也使用电子技术改变由电脑生成的代金券的条形码,以得到比制造商希望提供的优惠更大的折扣。

有的店员拿着代金券走进商店,但在不购买任何产品的情况下就将其兑换成现金。在商店层面,零售经理可能通过多提交代金券来夸大利润。不诚实的零售商可能先购买代金券,然后把它们放入干衣机(甚至水泥搅拌机)中,让这些代金券看起来就像是真正的消费者提交的一样,再将这部分代金券与合法销售得到的代金券一起用于兑换。

可疑的票据交易所可能会非法购买代金券,然后将它们与合法的代金券合在一起,将其认定为合法的并予以兑换。德州的一家网络外包服务公司,也即美国最大的代金券票据交易所,2007年被控告至联邦法院,因为其在过去的九年中,诈骗了大众消费品公司2 500万美元的代金券。[42]另一个案例发生在国际数据公司的孟菲斯分部,在2004年,该公司被控告诈骗了客户500多万美元。[43]

误兑最主要的来源可能还是大规模的专业误兑者(见图16.3中的线路M,代表误兑)。这些专业误兑者或者提供真正的零售服务,并以此为渠道进行误兑;或者进行虚假的业务,仅仅为了兑换大量非法代金券。通常说来,非法代金券都来自星期天的报纸里的FSI。

接下来的例子说明了有组织的误兑行为。费城的Wadsworth Thriftway商店的所有者非法提交了150万张总面值超过80万美元的代金券。[44]纽约的Sloan超市的三名最高执行官被指控在20年中误兑了350万美元的代金券。[45]另一个费城人,作为慈善机构的联络人,购买了大量的代金券,另一个超市雇员,则将其提交给兑换中心。这个中间人在这一诡计中赚到了20万美元,直到被逮捕。[46]费城的Shop n' Bag超市的五个管理者用面值价格的20%—30%购买了1 200万张代金券,然后将其兑换,最终被逮捕。[47]最后一个例子,据《纽约邮报》报导,中东的恐怖分子通过便利店和西班牙酒吧误兑了接近1亿美元的代金券。[48]

IMC 聚焦 维络城,"随心行"

在北京、上海等地的地铁站里,常常会见到这种景象:一群年轻人在一种名叫"维络城"(VELO)的智能服务设备前排起长队,轮流刷卡打印自己需要的折扣券。用户只需将 VELO 卡在上面轻轻一刷,然后选择自己想要的折扣券,最后按下"确定"触钮,两秒钟后,附近商家和餐厅的最新折扣券就被打印出来,优惠幅度一般在 20% 以上。

VELO 卡是上海宽鑫信息科技有限公司推出的一种基于 RFID 技术的电子标签卡片,通过维络城网站及维络城终端打印机为持卡用户提供餐饮、娱乐、购物、教育、生活、票务等各项信息服务。

在北京新光天地商场地下一层,柜台内展示的卡片造型达 18 种,设计独特的卡片本身就是吸引人们购买的原因之一。柜台前通常会有专业的服务人员指导使用——先用手机发送一条短信,将手机号和这张卡片绑定。得到确认回复后,便可任意打印自己想要的折扣券。客服人员还会建议用户,将 VELO 卡当作装饰挂在手机上。一些优惠项目要求验证手机号码最后 4 位,以确保专卡专用。

以优惠券的形式对信息进行整合,再用简单的操作界面提供给消费者。这种信息提供方式一经面世,就受到体验者的欢迎。打印输出折扣券、短信反馈到消费者手机中、发送给用户移动互联网的页面,这都让使用者和信息之间的关系变得更简单且更紧密。

维络城的每台服务终端上列有 15 个标识,都是附近 2 公里半径内的商户。在北京维络城官方网站上,商户热门信息高达数万条。如果需要打印更多商户的优惠券,可以在维络城网站上将这些商户的电子优惠券储存在 VELO 卡里,在任何一台终端服务设备上都可打印。

对商户而言,维络城具有信息反馈、快速反应、节省成本三大特点。首先,对合作商户来说,他们更看重的是维络城每月一次的信息反馈。当用户在终端上刷卡时,就会在数据库中留下其位置信息以及对某品牌的关注频率等,这些是商户极其看重的决策数据。

快速反应是维络城营销模式的另一大优点。一张肯德基优惠券从印制到发放要三周到一个月时间,而维络城只需两个小时就可以将优惠信息发到指定商圈,商户只需提供一个电子版的文字说明即可。

对于大多数商户而言,节省成本也是其跟随维络城的一个重要因素。对于类似麦当劳这样已经有了强大品牌号召力的商户,如果只是一些信息的变化,比如新的价格优惠,则没必要花高价去纸质媒体和户外媒体上公布,此外,维络城的价格也仅相当于纸质媒体广告价格的 20%。

与此同时,维络城还和支付宝进行了合作,用户可以用维络卡进行手机充值、购买电影票及游戏点卡等。2009 年,维络城还与上海综合信息服务平台市民信箱达成协议,进入公共事务信息服务领域。市民使用手中的维络卡,就能查到每月的水电煤气费、养老金,甚至汽车罚单。上海现有 17 家三甲医院和维络城进行了合作,市民可以通过维络卡查询到体检信息。2010年年初,上海福彩中心也开始和维络城合作销售福利彩票。迄今,最耀眼的动作莫过于与上海世博会的合作——维络城参与了世博会综合性城市信息服务系统,通过维络城卡和终端,用户能查询到场馆参观、交通等信息。

目前维洛城已进驻南京、苏州、无锡、上海、北京、杭州、天津等7个特大城市。

资料来源:1. 李铎、张娟娟,《折扣券面临渠道大战》,《中国市场》,2010(43)。
2. 刘佳,《维络城:胜在精确营销》,《光彩》,2011(3)。

讨论题:
目前维洛城面临哪些方面的挑战?

16.4 促销机构的作用

正如第7章所讨论的,品牌经理通常都会雇用广告公司创造广告信息、购买广告媒体,以及执行其他与品牌广告相关的服务。但较少有人知道,品牌经理也雇用专业化的促销机构为其促销活动提供支持。这些机构——就像广告公司一样——与品牌经理一起制定促销策略,执行战术项目。

比如,假定品牌经理相信一个新品牌需要分发装在试用瓶里的样品,以促成高水平的尝试购买行为。这种促销同样包括放在试用装里的代金券。另外,杂志里引进新产品的广告会包括有吸引力的抽奖活动,以增强消费者对该品牌的卷入度。品牌经理觉得,使用促销机构的服务是一个很好的选择,因为它们能设计出专业化的样品分发计划以有效吸引目标消费群,或者设计出对特定年龄组的消费者有吸引力的抽奖活动。

网上促销公司的兴起

除了传统的促销机构,即那些强调使用离线媒体和店内促销的机构,现在还兴起了强调在线促销的新的代理机构。互联网在执行促销计划方面也成为越来越重要的渠道。代金券、抽奖活动、在线促销游戏、免费样品体验以及在线连续项目仅仅是互联网上无处不在的促销活动的一部分。这些项目十分有效,因为它们能让营销者锁定目标消费群,相对节省地执行计划,更精确地测量促销成果。不管是在设计战略性的促销计划,还是在具体实施该计划时,促销机构都是品牌经理的重要资源。

小结

本章关注以消费者为目标的促销活动。根据"为消费者提供立即奖赏,还是延迟奖赏",以及"制造商的目的是促成初次购买,鼓励重复购买,还是强化品牌形象",本章对各种各样对营销者有用的促销工具进行了分类(见表16.1)。

成功的促销活动应具备的第一个也是最关键的要素就是要有清晰的目标。第二,在设计营销计划的时候,一定要以目标消费群为中心。同时应该注意的是,很多消费者都希望最大化从促销活动中得到的奖赏,且最小化投入的时间和精力。因此,从消费者反应的角度来说,一项有效的促销活动必须让消费者相对容易地获得奖赏,而且奖赏的大小必须能与消费者付出的努力相当。有效促销的第三个基本要素是,促销计划的设计必须考虑到零售商的利益,而非仅仅考虑制造商的利益。

本章大部分内容都关注两种类型的消费者导向的促销:样品和代金券。需要指出的是,样品是促使尝试使用新品牌的主要促销方式,各种各样的分发样品的途径也在本章进行了讨论,但不管使用什么途径,有三点必要的原则:① 锁定营销目标,而非盲目分发样品;② 只要有可能,就要用有创意的分发方式;③ 测量分发样品的投资回报率。我们讨论了正确使用分发样品的情况,也指出了这一方法存在的问题。

第二种主要的促销类型是代金券,我们从使用量和分发方法(通过夹页广告分发、通过直邮分发、通过光学扫描仪分发、在售点分发、在网络上分发等)两个方面进行了讨论。在线分发的重要作用也被指出。我们还讨论了兑换代金券的过程,以及误兑这一行为。

讨论题

1. 为什么即时(相比于延迟)奖赏在诱导消费者表现出品牌经理希望的行为方面更有效?请根据你的自身经历举出一个具体的实例进行阐述。

2. 样品分发的一个主要趋势是有选择地对目标群体进行分发。假定你所在的公司刚开发了一种糖果,该糖果跟别的糖果一样好吃,但含有的卡路里少很多。市场调研表明,高收入的、25—54 岁的、住在郊区和城市的消费者是该产品的目标消费群。请说明你将如何将你的新产品样品分发到近 200 万名这样的消费者手中。

3. 比较分发样品和媒体发送的代金券的目标、对消费者的营销,以及在营销沟通策略中的总体角色。

4. 一个大众消费品公司打算推出一款新的沐浴皂,这款沐浴皂与众不同的地方在于它有独特的香味。使用样品分发来推广这一产品合理吗?

5. 一个高尔夫球制造商推出了一个新品牌,据称该品牌的高尔夫球可以比同等价位的其他品牌的高尔夫球打得更远。然而,根据高尔夫球的管制条例以及已有的关于高尔夫球装备和附件的规则,这种新的球在打出去时实际上只比竞争品牌的球远几码。制造商确定了一份包含 300 万名高尔夫球活动者的名单,并给每个人邮寄了一个这样的球。根据你在本章学到的关于样品分发的知识,请对这一促销活动做出评论。

6. 请阐述你对于每年在美国分发的代金券的数量的看法。广泛发行的代金券与消费者的最大利益一致吗?

7. 为什么品牌经理不直接降低产品售价,而要通过代金券的方式给予价格折扣?

8. 基于表 16.3 的内容,计算下面代金券的总成本:① 面值 = 75 美分;② 2 000 万张代金券被发放,每 1 000 张花费 7 美元;③ 兑换率 = 3%;④ 手续费 = 8 美分;⑤ 误兑率 = 5%。

9. 打开一张星期天的报纸,选择 3 个 FSI。分析说明,你认为营销者使用这一促销方式的目标是什么。不要将你选择的 FSI 局限于那些代金券。

10. 假如你是 Mountain State 瓶装水公司的品牌经理。这个新品牌需要与同一产品类别的很多知名品牌竞争。你的营销沟通目标在于在年轻的教育水平高的消费者中促使尝试购买。请提出一个能实现这一目标的促销方案。假定你的促销方案是纯实验性的,将在一个人口为 250 000 的小城市执行,以及:① 你不能使用样品分发;② 你不能使用广告;③ 你的预算是 5 000 美金。你会怎么做呢?

11. 本章的结论部分指出,促销代理开始成为品牌经理计划和实施促销项目越来越重要的资源。有人可能会说,品牌经理支付给促销代理的费用如果用在别的地方可能更好——比如增加广告投入。请陈述支持和反对雇佣促销代理的观点。

第 17 章

赠品与其他促销

第17章继续探讨了除了样品和代金券之外的其他消费者导向促销形式。探讨的促销项目包括：赠品、降价促销、包装附赠、游戏促销、回扣与返款促销、持续性促销和抽奖或者比赛促销。这一章以三步法评估促销计划和评价已完成的促销项目的有效性作为结尾。

宏观营销传播洞察 运用促销手段培育顾客忠诚

你或许能够回忆起第14章中关于维护和管理过去及潜在客户数据库的价值及重要性的讨论。我们曾指出，一个品牌的最新数据库使公司能够针对那些代表品牌最佳潜在消费者的个体发布广告，提升品牌广告效率，以及建立与客户之间的长期关系。本部分将描述销售促进在建立一个有用的、最新的数据库方面的作用。

沃尔沃曾进行过一次以约翰尼·德普的电影《加勒比海盗》为背景的抽奖促销活动。这次促销收集到了52 000人的姓名和地址。沃尔沃立即向这些人发送电子邮件，提供购买沃尔沃新车时可使用的500美元折扣。它还询问收件人是否愿意在未来继续收到广告信息，将近15 000人同意接收。这些人现在会定期收到包含新闻通讯和促销信息的电子邮件。

别克也曾举办过一场竞赛，参与者有机会赢得一辆新的别克Lucerne汽车。这场竞赛的最终目标是鼓励人们到别克的零售商那里去。在超过50万竞赛参与者中，有3 000人同意参与试驾——在很大程度上是由于参与者可以免费获得一项由著名高尔夫球手泰戈·伍兹亲笔签名的帽子。这次促销活动产生了大量别克的潜在购买者，同时也对别克庞大且正在扩展中的数据库做出了贡献。

通过促销来建立数据库的做法不只局限于沃尔沃和别克这样大的全球性品牌。考虑Kelly's烤牛肉的例子，这是一家总部在马萨诸塞州的连锁快餐厅。以前，Kelly's的数据库只包含700个人的名字，直到它举办了一场成功的抽奖活动，奖品为一次去爱尔兰的旅行。这次促销吸引了超过1万名参与者，他们提供了自己的姓名和地址信息。Kelly's现在使用它扩展后的数据库向那些住在它任何一家店5英里范围以内的人发送邮政信件和电子邮件广告。这些广告会通知特别促销活动、介绍菜单上的新品以及标示新店地址。Kelly's的一位发言人指出，忠诚的顾客是公司的命脉，必须要承认他们的忠诚、让他们掌握信息并表达对他们的感激。

要实现这些目标,一个最新的数据库是十分必要的。由于人们一般不愿透露个人信息,因而需要某种形式的激励——抽奖、竞赛或奖品,来克服这种不情愿,并从那些情愿的消费者处收集姓名和地址信息。[1]

本章目标

在阅读本章后你将能够:
1. 理解赠品的作用、赠品的种类和赠品实践的新进展。
2. 认识到降价促销以及包装附赠的作用。
3. 了解回扣促销和返款促销的作用。
4. 知道抽奖、比赛和游戏等促销方式的不同之处,以及使用这些促销措施的不同原因。
5. 理解持续性促销的作用。
6. 重视零售商主导的促销。
7. 评估可能的促销计划的有效性和评价已完成的促销项目的有效性。

17.1 介绍

本章紧接第 16 章的内容,继续讨论除样品和代金券之外其他一些重要的消费者导向的促销方式。为了更好地组织下面的内容,表 16.1 再次被用在这里作为表 17.1。

本章内容按照以下的顺序来开展:第一部分,产品赠品的使用(表 17.1 的单元 2、3 和 6);第二部分,降价促销(单元 3);第三部分,包装附赠(单元 3);第四部分,游戏促销(单元 3);第五部分,回扣与返款促销(单元 4);第六部分,持续性促销(单元 4);第七部分,抽奖和比赛促销(单元 6)。此外,在这些特殊的促销工具之后,我们将会讨论三个附加的话题:叠加和捆绑性促销;零售商主导促销;评估促销计划的技术和进行促销后续的分析。

这里需要重视的是,本章包括的每种促销方式都有其独特的作用,并且合理使用它们能够完成某些有限的目标。本章将会介绍每种促销工具的作用和适用范围,以及相关的局限性和使用时带来的问题。所以,在学习本章内容之前,仔细阅读表 17.1 是非常重要的。

表 17.1 主要的消费者导向的促销

消费者奖励	品牌管理目标		
	带来体验式购买	鼓励重复购买	加强品牌形象
即时	单元 1 • 样品试用 • 即时代金券 • 陈列架派发的代金券	单元 3 • 降价促销 • 包装附赠 • 包装盒内/外/旁赠品 • 游戏	单元 5 (没有适合的促销方式符合这种情况)

(续表)

消费者奖励	品牌管理目标		
	带来体验式购买	鼓励重复购买	加强品牌形象
滞后	单元2 • 收款处派发的代金券 • 媒体、邮件派发的代金券 • 在线代金券 • 兑换券 • 即买即赠	单元4 • 包装内代金券、包装上代金券 • 回扣与返款 • 电话卡 • 持续性促销	单元6 • 自费赠品 • 抽奖与比赛

17.2 赠品

一般认为,赠品是商家或者服务提供商(如旅行社)提供的一些不同形式的礼品,用来引导消费者的行为,同样也有可能影响零售商及其他人员的销售力量。而本章关注的是赠品的消费者导向的作用。赠品作为一种通用的促销工具,其不同类型可以分别产生带来消费者体验式购买、鼓励消费者持续购买和加强品牌形象的作用。品牌经理利用赠品主要是为了增加消费者的品牌忠诚度和刺激消费者进行新的购买行为。[2]

品牌经理通常会使用多种不同类型的赠品来刺激目标消费者的行为:即买即赠,兑换券,包装盒内/外/旁赠品,自费赠品。这些不同的赠品的使用能分别达到多少有些不同的目标。即买即赠和兑换券主要有利于促进品牌体验和再体验消费;包装盒内/外/旁赠品是出于保持顾客的目的而奖励现有的消费者持续购买他们偏好的品牌的行为;而自费赠品则同时具有保留消费者和加强品牌印象的双重功效。

17.2.1 即买即赠

耐用品和包装消费品的厂商都会向消费者提供即买即赠的赠品(有些情况下也称为购买附赠的免费礼品)。如表17.1中所示,这种赠品是一种以带动消费者体验式购买行为为典型目的的滞后型赠品。这种赠品的例子包括:米其林公司向购买4个轮胎的顾客附赠价值100美金的紧急路旁维修装备,大众汽车公司向购买新型甲壳虫轿车的顾客附赠苹果 iPods 产品,此外还有专门为退休人士提供住房的全国性开发公司太阳城在18天内向每个新的购买者赠送一个免费的高尔夫球车。这些具有吸引力的赠品能鼓动犹豫中的消费者去购买那些有附赠礼品的产品,而不是那些看上去性价比高的产品。

研究表明,消费者对这些赠品的感知价值取决于提供这些附赠品的品牌的价值。通常,由较低价值的品牌提供的赠品,其感知价值也被认为会较低。[3]这个研究结果支持了在前面章节中指出的促销除了实用性和享乐性功能外,还发挥着信息角色作用的观点。也就是说,促销提供了消费者用于判断产品质量和价值的信息。这个研究结论的重要应用就是当品牌要使用赠品的时候,需要留心赠品不要影响它们所赞助的品牌。"小心你的同伴",这句社会关系中的格言同样可以应用于赠品搭配的情况。

17.2.2 兑换券

兑换券被定义为消费者向商家提供一系列产品购买证明后可以从商家处获得的免费礼品。如表17.1 中所示,这种赠品是一种主要以带动消费者体验性购买行为为目的的滞后奖励。

例如,Kellogg 公司的"Smart Start"牌麦片鼓励消费者来兑换免费的胆固醇健康测试工具箱,而它的另一个品牌"Frosted Flakes"向购买了两罐 Kellogg 麦片的消费者提供免费寄送的儿童读物。雀巢公司旗下的 Nesquik 巧克力奶向那些能提供六个 Nesquik 产品代码并且愿意支付 6.99 美金包装费和寄送费的消费者提供一件拉链连帽上衣。高露洁—棕榄公司向那些购买了普通的高露洁牙刷,并且提供带孩子去看牙医的证明的家庭,提供一只免费的 SpongeBob 授权的牙刷。

也许只有2%—4%的消费者会享受到这种兑换券的优惠。然而,如果将这种兑换券促销应用在目标市场中将会非常有效。

17.2.3 包装盒内/外/旁赠品

包装盒内/外赠品是在产品的包装内或者包装中附加的赠品,或者整个包装本身就是一个赠品。一般来说,包装盒内/外赠品能为消费者提供即时的价值,因此能够鼓励偏好这种赠品的消费者购买更多的产品(参见表17.1,单元3)。

例如,高露洁牙膏有时会在包装中包含一个高露洁的牙刷。潘婷洗发水也会偶尔在包装中附赠一份护发素。福特汽车公司与 Target 商店和 Kellogg 公司的麦片产品(Froot Loops, Apple Jacks, Froest Flakes 以及 Cocoa Krispies)合作一起推广它的 Fusion 汽车,将 600 000 个 Fusion 玩具小汽车放到麦片的包装中。在这 600 000 个玩具小汽车中,只有一个上面附着 Target 商店的标志,购买到这个包装中的小汽车的消费者可以免费获得一辆真正的 Fusion 汽车。在类似的促销中,Ralston Purina 在六种麦片的差不多 11 000 000 盒包装中提供了小的运动汽车模型,其中 10 个盒子中有红色的 Corvettes 小尺寸模型,幸运的消费者可以用这些模型换取真正的 Corvettes 汽车。

包装旁赠品是在零售交易中零售商向那些购买促销产品的消费者特别提供的赠品。因为包装旁赠品不需要额外的包装,所以成本并不是很高。更重要的是,包装旁赠品能够提高那些张贴了该促销宣传海报和参加促销活动的商店的销售量。

图 17.1 一个兑换券的广告展示

一个典型的"买 X 赠 1"的优惠案例

一种经常被包装消费品商家使用的促销策略就是"买 X 赠 1",它是指可以用 1、2、3,有时也会是 4 个的购买量来换取 1 个免费的礼物。这个礼物可以是这个品牌旗下的 1 份促销产品,也可以是其他品牌的 1 份产品。例如,Oust 空气消毒剂向那些购买 1 罐产品的消费者赠送 1 罐免费的喷雾剂(买 1 赠 1)。Crunch Crisp 甜薄饼推行了一个买 2 赠 1 的促销活动。同样,在糖果产品中,M&M 公司向消费者提供"买任意 3 个,免费赠送 1 个"的优惠,消费者只要购买了任意 3 个 M&M 品牌的产品(例如 M&M's, Twix, 3 Musketees, Snickers),就可以再免费获得刚购买的 3 个产品中的 1 个。Little Debbie 零食甜品公司向那些购买了 4 个任意种类产品(例如 Honey Buns, Oatmeal Crème Pies)的消费者赠送 1 个免费的任意种类的产品(买 4 赠 1)。

这种买 X 赠 1 的优惠向消费者提供了即时的奖励,而对于制造商而言,这种赠品可以达到这样的目的:奖励品牌忠诚的消费者和带动那些为了省钱而转换购买的其他竞争品牌的消费者的体验式购买行为。买 1 赠 1 这种赠品相当于在购买 2 件产品中的每 1 件时都只花了一半的价钱。与其他不同类型的赠品带来的较低的顾客反应率不同,买 1 赠 1 促销所提供的即时奖励和极具吸引力的价格节省能够让消费者从心里接受这项促销。

全球聚焦 可口可乐劲爆营销

2009 年 5 月,可口可乐进行了一个大胆的也许是前所未有的营销活动——对于所有购买百事的激浪饮料(Mountain Dew)的消费者,可口可乐免费赠送一个自己的沃特(Vault)饮料。这个侵略性极强的营销活动名字就叫"不要喝激浪",其目的在于,吸引百事激浪饮料的追随者,让他们尝一尝可口可乐的沃特饮料。

百事可乐的激浪在橘汁饮料市场上占有 80% 的份额,而沃特仅仅占有约 4%。沃特推出三年以来,在与激浪的竞争中可以说是一败涂地。但是,可口可乐并不甘心,他们相信沃特橘汁本身的口感并不逊于激浪,加之价格相对低廉,只要能让消费者尝试沃特,他们就有可能扭转局势。

此次可口可乐的营销活动中,购买 20 盎司装激浪饮料的消费者可获赠一个 16—24 盎司包装的沃特饮料。同时,可口可乐还将发放优惠券,鼓励大家参加这个活动,优惠券有效期将持续到 7 月下旬。并且这次营销活动可以说时机正好。活动推出正值百事的激浪饮料更换包装,而新包装并不受消费者欢迎,被消费者批评像个仿冒品。

可口可乐到底为这次营销活动花了多少成本,发放了多少优惠券无人所知。但据猜测,这个活动至少也要花上百万美元。而对于快消品来说,消费券无疑会获得消费者的喜欢。有数据表明,由于经济危机,优惠券的使用率已大幅度上升了。在 2008 年的第四季度,优惠券的使用率上升了 10%。专家估计,可口可乐发放的沃特优惠券的使用率会达到 40%。

事实上,在可口可乐推出这次活动一个月之后,许多青少年反映沃特的口感不错。此时,可口可乐适时宣布终止赠饮活动。这时,很多人已改喝沃特,其市场份额一下子飙升到了76%。

显然,可口可乐公司的这次营销活动为中国广大中小企业的营销创新提供了新的例证。

资料来源:1. 中国品牌创意在线,《从可口可乐劲爆营销看创意手法》,世界品牌价值实验室,2009年6月4日。

2.《现代广告》编译,《可口可乐劲爆营销:你买百事饮料,得我免费赠送》,摘自美国《广告时代》,2009(5)。

讨论题:

可口可乐的这次营销对中国企业的启示是什么?请分析这种营销方式的利弊。

17.2.4 自费赠品

自费赠品(业界通常称为SLO),这个名字就说明了消费者需要提供一系列的购买证明和足够的费用来弥补制造商用于购买、加工和运输赠品的成本。换句话说,消费者自己支付了赠品的成本。而从制造商的角度来看,赠品是零成本的,确切地说,赠品是消费者自费购买的。吸引力强的自费赠品能够通过利用具有良好价值的赠品与产品之间的联系来加强品牌印象,同时也可以通过要求消费者提供足量的购买证明来鼓励消费者进行重复的购买行为。品牌经理通常使用这种自费赠品作为抽奖促销活动的补充。这两种促销方式结合使用可以提高消费者对品牌的兴趣和与品牌进行更多的交互活动。

Gerber公司利用Gerber千禧年纪念奖杯作为自费赠品进行了一次促销。那些提供购买12袋Gerber婴儿食品证明并且愿意支付8.95美金的消费者,可以获得一个刻有他们孩子姓名和生日的奖杯,而这种奖杯在实际销售中大致会卖到25美金。Gerber公司预测有许多家长会只购买Gerber的产品,直到他们的购买量达到了Gerber要求的数量。

值得注意的是只有非常少的消费者愿意去索取自费赠品。而在商家方面,他们也只期待0.1%的自费赠品花费能够得到补偿。例如,在一个发行量为两千万的赠品活动中,商家期待的能够得到补偿的赠品量只有20 000个。行业专家们一致认为,在自费赠品促销策略的使用过程中,最值得考虑的就是这些赠品能够到达哪些目标顾客手中,这才是最有意义的。人们普遍认为,消费者会青睐那些比建议零售价节省50%的产品。下面的整合营销传播聚焦中展示了一个有价值的,并且是非常成功的自费赠品促销案例。

17.2.5 电话卡

电话卡是一种比较特殊的赠品。这种促销方式在表17.1中被归类为用于刺激消费者重复购买行为和向消费者提供滞后的奖励(单元4)。这只是简化的分类,因为电话卡也一样可以带动消费者的体验式购买行为和加强品牌印象。虽然电话卡的种类非常多样化,但是最常使用的却是长途计时电话卡。电话卡非常轻便,并且邮寄方便,是一种不太昂贵的促销工具,并且在消费者看来是非常实用的。市场工作人员也可以方便地通过让消费者在激活电话卡之前回答一些问题来收集他们的信息。

17.2.6 什么样的赠品是好的赠品？

不能否认,消费者都喜欢礼物,喜欢收到免费的产品,而且会对那些具有吸引力的、有价值的赠品做出反应。然而,品牌经理需要注意的是,在选择那些用于促销的赠品时,应该考虑到这次促销活动的目的,进而选择适合的赠品类型。就像之前提到过的那样,不同类型的赠品会有不同的效用,能够满足不同类型的目的。选择什么样的赠品和运输方式,都需要根据要满足的清晰细致的目标来确定。此外,品牌经理需要注意的是,选择的赠品不但要与品牌形象相称,还要适合在目标市场中使用。

> **IMC 聚焦** 超级成功的自费赠品促销活动
>
> 消费品巨人纳贝斯克需要一次振奋人心的促销活动,来提升其多个品牌在消费者心目中的形象,并鼓励零售商提供能够显著增加销量的特别展示空间。纳贝斯克的一位管理人员想出了一个好主意,即将签名棒球收藏卡作为自偿奖品(SLO)。收藏卡是美国最流行的体育收藏品,很多人愿意为拥有一张著名运动员签名的收藏卡支付 50 美元甚至更多钱。事实上,在美国体育签名行业的年收入为 5 亿美元。
>
> 由纳贝斯克管理层及其促销代理机构开发的 SLO 非常简单:感兴趣的消费者需要将两张购买任意纳贝斯克旗下品牌(奥利奥、趣多多、Wheat Thins 和乐之饼干)的凭证以及 5 美元邮寄给公司,然后他们就能得到由一组棒球名人堂著名成员(Ernie Banks、Bob Gibson、Brooks Robinson、Willie Stargell,等等)签名的收藏卡。对于消费者来说,这是不可思议的,因为这些运动员的签名卡现在的价值是 5 美元的 6 倍以上。
>
> 有趣的是,纳贝斯克的每张签名卡只向棒球名人堂运动员支付了 2 美元。但是,纳贝斯克却向每名运动员索要了 90 000 张卡片,因而他们每个人共获得 22 万美元的收入——这确实是一项工作量很大的签名任务,但多数人为赚 22 万美元肯定会高兴地完成这一任务!作为对签名卡上包含其画面上运动员签名的保证,促销的参与者收到了一份真实性证明,这份证明也部分地解释了为什么该卡片的价值已经涨了 6 倍。
>
> 通过对每张卡片收取 5 美元,纳贝斯克能够自偿此次促销的成本,并支付向纳贝斯克旗下品牌的潜在购买者发放数十万份 FSIs 优惠券的两次促销活动的费用。这次促销还使纳贝斯克旗下品牌在零售点获得了两个月的特别展示空间。总的来说,这是一次非常成功的促销活动,既为消费者提供了价值,也使纳贝斯克旗下品牌获得了销售和利润增长。
>
> 资料来源:改编自 Rod Taylor,"Signature Event," *Promo*, July 2006, pp.57—58。

17.3 价格折让

价格折让促销(也叫做销售折扣或者价格包)是指在品牌产品通常的价格上有一定降低(通常是 10%—25%)的促销方式。价格折让会很明显地被标记出来,例如在产品的外包装上。这种促销方式会对以下目标很有效用：① 奖励现有的品牌使用者；② 鼓励消费者购买比他们平时购买量更大的产品，并由此有效占据竞争中的主导权；③ 有助于在消费者初次体验购买后奖励其重复购买行为；④ 确保那些促销的优惠金额能够确切地到达消费者手中（这里并没有像在第 15 章中提到的交易折让那样的保证）；⑤ 当向零售商提供津贴的时候，可以获得架下的展示空间；⑥ 向那些人员销售力量提供激励措施以获得零售商的支持。虽然价格折让可以满足多方面的需求，但是在本章中，它被划分为主要用于向消费者提供奖励和鼓励重复购买行为（参见表 17.1 的单元 3）。

价格折让这种促销方式并不能改变品牌产品的销量下滑趋势，也不能为品牌带来大规模的新顾客，同时也不像样品试用、代金券或者赠品包装那样吸引消费者体验。此外，零售商一般并不喜欢价格折让，因为这会带来很多价格和库存方面的问题，特别是在商店的库存里同时存在同一品牌的价格折让的产品和一般价格的产品时。虽然有这些交易上的问题，但价格折让仍然具有很强的消费者吸引力。

17.4　包装附赠

包装附赠是指商家以常规价格向消费者提供额外数量的产品。Listerine 漱口水向那些购买了 1.7 升瓶装产品的消费者赠送一瓶 250 毫升的免费产品。Carnation 在常规价格上为消费者增加了 25% 的热可可粉。Flex-A-Min，一种增强关节灵活性的药品，向消费者免费提供 33% 的药量。Electrasol 餐具清洁粉末在同等的价格下，增加了 25% 的产品量。高尔夫球制造商有时会向那些购买了一打高尔夫球的消费者额外奖励 3 个球。

表 17.1 将这种类型的促销方式归为向消费者提供即时的奖励，同时，从制造商的角度来说，这种促销方式又能够鼓励消费者的重复购买行为（单元 3）。也就是说，现阶段的品牌使用者就是那些愿意接受附赠的消费者。因此，一定量的产品附赠是用于奖励那些消费者的品牌忠诚购买行为和重复购买行为的。

包装附赠有时也会用于价格折扣的替代策略，尤其是当价格折扣在交易中被过分使用和受到抵制的时候。这种策略向消费者赠送的额外价值是显而易见的，这样有助于吸引现有顾客，同时也可以作为一种有效的防御措施，将现有的竞争者逐出市场。

17.5　游戏

促销游戏是一种不断发展的促销方式，并且越来越多地用于替代抽奖和比赛促销。游戏向消费者提供了即时的奖励，并且，对于市场人员而言，主要用于实现鼓励现有品牌消费者重复购买行为的目标（表 17.1 中单元 3）。促销游戏可以创造娱乐体验，刺激消费者对品牌的兴趣，并且能够加强品牌的忠诚感。在网上可以找到许多种立即中奖的游戏，只要在谷歌上搜索一下，就可以看到几千个条目。这些游戏的设计是为了吸引更多消费者参与，而消费者在线玩这些游戏的时候需要向品牌赞助商提供电子邮件地址和其他的附加地址信息。

在产品的瓶盖或者包装中标记中奖号码的游戏也属于这些立即中奖的游戏中的一种。例如,可口可乐公司向消费者提供了一个可以赢取100万美金和一个环球电影公司电影中的角色,以及数以千计的小礼品的中奖机会,只要消费者购买到1罐印有中奖号码的可口可乐饮料,这个机会就是他的。V8蔬菜汁公司有一个"翻翻你的瓶盖"的游戏,向那些中奖者提供许多著名景点的旅游奖励。在游戏奖励中,几乎不会改变的就是这些游戏都标有"立即中奖",因为消费者青睐即时的喜悦。

IMC 聚焦 开心网用游戏玩营销

开心网是中国目前最大的、影响力也最大的SNS社交网站之一,通过它你可以随时随地与朋友、同学、同事、家人保持紧密的联系,了解他们的动态,分享你的生活点滴,同时体验最新最流行的白领游戏。

2008年3月,由程炳皓成立北京开心人信息技术有限公司,正式创办开心网,核心用户锁定为中国社会财富和主流文化的缔造人群——白领群体,帮助白领和真实好友在开心网平台上搭建起庞大而活跃的线上社交圈。开心网主管市场和营销的副总经理刘乾说:"开心网的用户主要是一二线城市年龄在25—30岁之间的在职人士,基本上就是人们通常说的白领。北京、上海的用户占总用户数的40%以上。"这样的受众群体也受到了开心网广告客户的青睐。目前,开心网的广告客户有100多家,大多是国内外的知名品牌,其中以快速消费品居多,包括食品和化妆品,占广告收入的40%,其次则是汽车和电子消费品。"这些产品的定位与我们的定位一致,它们需要有较强消费能力的客户,所以对我们的用户构成比较认可。"

自创办以来,开心网奉行的哲学是"人生开心就好",而公司也是致力于"帮助更多人开心一点"。为此,公司以发掘和满足用户需求、完善用户体验为导向,以技术和产品的不断创新为动力,致力于为广大用户提供一个真实、轻松的社交互动平台。

目前在开心网上,总共有331个组件,组件数量在SNS行业位居榜首。游戏、工具、生活三部分的组件数量为277个,其中第三方组件数量为235个;手机客户端第三方开发的组件为6个;在开心网平台上运营的网页游戏为48个。在组件设计上,开心网定位于轻松、娱乐,强调用户体验和互动,游戏为熟络关系服务,不强调打怪升级,降低了游戏压力和紧张度。

在产品方面,开心网组件主要分为基础工具、社交游戏和其他应用三大类,其中社交游戏类别包括"开心城市"、"开心花园"、"开心餐厅"等众多热门游戏;其他应用类别包括"天气预报"、"在线购票"、"模拟炒股"等众多实用工具。

在技术领域,开心网团队始终致力于自主技术研发,采用国际领先的互联网技术,包括先进的共享交互网络、数据传输方案、分布式存储解决方案等,以满足大规模用户的各种复杂应用与海量数据交互,引领新一代互联网科技的发展,并且通过技术创新满足了用户更深层次的需求。

开心网提供的优质产品和服务深受用户的欢迎,先后获得"网民最喜欢的SNS类社区"、"2009年度最有价值网站(社交类)"等多项奖励。

> 截至目前，在产品和技术方面，开心网已申请各项发明和新型专利42项，取得36项著作权，以良好的发展势头保持着中国SNS的领先地位。成立3年多以来，网站注册用户已突破一亿，每天登录的用户达2 000多万。已发展成为中国最领先和最具影响力的实名化社交网站。此外，开心网通过各种"植入广告"游戏，为自己在2009年获得了超过5 000万元的广告收入，2010年广告收入还会有长足的进步，起码是上亿的规模。
>
> 资料来源：杨澍，《开心网：用游戏玩营销》，网易财经，2010年4月20日。
>
> **讨论题：**
> 如果你是开心网的企业用户，你将如何借助开心网进行"网上营销"？

避免混乱

品牌经理和促销公司在选取用于促销的游戏时，要特别注意确保那些游戏不会出其他的差错。在进行游戏促销的过程中，出现过大量的混乱事故。例如，由于印刷错误，新墨西哥州罗斯维尔市的30 000名居民在本地本田经销商提供的刮奖券中都刮中了1 000美金的经销商大奖，但由于经销商无力支付价值30 000 000美金的债务，那30 000名"中奖者"只能获得一个致歉声明和一个赢得5 000美金大奖的机会或二十分之一赢得1 000美金奖励的机会。[4]

菲律宾百事可乐的装瓶商向那些购买到印有349数字的瓶盖的消费者提供价值100万比索的大奖（当时价值约36 000美金）。但是，令装瓶商们大为光火的是，由于印刷游戏数字时出现的电脑错误，生产了500 000罐印有349数字的产品，这相当于给百事公司造成了180亿美元的负债！这次蹩脚的促销给百事公司造成了巨大的损失，包括百事的运输车和装瓶工厂受到攻击，以及反百事联盟的成立。百事在菲律宾的销量大跌，市场占有率下降了9个百分点。为了解决这个问题，百事公司向每个获奖瓶盖的消费者支付了19美金，而超过500 000个菲律宾人加起来就需要1 000万美金。菲律宾司法部免除了百事公司的负债罪名并撤掉了多项控诉。[5]

Beatrice公司的"周一足球之夜"促销活动又是一个失败的例子。参与者需要刮开那些涂有银色足球的奖券来获得抽奖数字，只要那些数字与每周一晚上全国足球联赛出现的分数和射门得分数一致的话，就可以获得奖励。活动的策划者认为中奖的几率是很低的。然而，出乎Beatrice公司意料的是，一个来自竞争对手宝洁公司的销售员提交了一个远高于Beatrice公司计划支出金额的兑换要求。作为一名计算机行家，该销售员破解了游戏码，发现有320种样式在卡片上循环出现。只要刮开一行数字，他就可以知道整个编码，然后在特定的周一晚上预测足球比赛结果，他可以逐个刮开奖品以找到写着获胜分数的卡片。他叫来朋友一起寻找和收集卡片，结果一共收集了数千张卡片，绝大多数来自Beatrice的销售人员。宝洁公司的销售员及其朋友找到了4 000张获胜的卡片，赢取了2 100万美元的奖金！最终，Beatrice终止了游戏并拒绝支付奖金。[6]

如果没有讨论2001年震惊了整个促销行业的大丑闻，这一节是不完整的。麦当劳餐厅的品牌经理及其负责运行夏季促销的赛门（Simon）营销，推出了一个类似垄断型的游戏，计划向消费者提供总价达数百万美元的促销奖品。遗憾的是，在游戏执行中出现了一个重大问题。赛门营销负责游戏安全的雇员被指控窃取了赢得奖品的票据，并将其分发给了许多朋友和伙伴，后者因此赚取了价值1 300万美金的奖品。在发现该小偷并通知了联邦调查局后，麦当劳立即推出了另一个由另一家代理运行的促销活动，以履行其对顾客的承诺并维持其声誉。显然，实施了偷窃行为的赛门营销雇员之前也连续多年从其他的游戏中窃取了许多奖品。[7]

销售促进协会作为该行业的协会，其一位发言人将这次失败描述为整个行业的"黑眼"。这在伦理上是很清晰的：促销游戏有可能出问题，品牌经理必须极端注重保护游戏的公正性，以建立而不是摧毁品牌和顾客之间的联系。

17.6 回扣与返还

回扣计划（也称为返还）是指生产商向提交购买证明的消费者提供现金返还或者给他们报销。不同于在零售店出口兑换的优惠券，返还申请需要以邮件方式提交购买证明给生产商；不同于赠品，消费者收到现金返还，而不是礼品。经销商偏好回扣计划是因为它提供了一种不同于优惠券的刺激消费者提升购买的备择选项。回扣计划可以用于强化品牌忠诚度、为销售团队提供谈资，并且生产商可以以吸引人的交易包装产品。

包装消费品公司是回扣计划的主要使用者。例如，坎贝尔公司（Campbell）向提供购买小票证明他们购买了10罐坎贝尔汤及《怪物史莱克3》电影DVD的顾客提供5美元的返还。哈茨超级卫士（Hartz Ultra Guard）提供了3美元返还。对于包装消费品品牌，返还计划需要消费者从零售商处获得购买凭证或者上网登录指定网站下载相关表格。有证据表明，比起线下返还，消费者更偏爱网上的在线返还。[8]

耐用品公司，特别是电子产品的生产商，正在更多地使用回扣计划。汽车商是主要的使用者。例如，通用向其高价车凯迪拉克XLR车提供7 500美元的返还。[9]欧洲汽车生产商在美国市场上销售时正在更多地使用返还的形式。

返还向消费者提供延迟而非即时的价值，消费者在收到返还之前需要等待。在使用这些计划时，生产商通过鼓励消费者多重购买，或是对旧消费者的再次购买提供返还，达到留住消费者的目标。返还计划也可以吸引那些因为有吸引力的返还而选择从竞争对手那里转换到自己品牌的消费者。

17.6.1 折让幻觉

生产商现在比以前更多地使用返还这种促销形式，也许主要是由于许多顾客从不考虑兑换折扣。因此，在使用返还促销时，生产商在两个世界都得到最好的：他们刺激消费者购买有返还折扣的产品，并且不需要支付返还数额，因为大多数消费者并不邮寄提交返还表格。因此，返还促销可以被看成一种形式的折让幻觉。[10]正是因为这个原因，消费者经常抱怨生产商对返还促销的使用。

有人也许会问，为什么消费者购买带有返还折扣的商品，但是又不花时间提交表格

图17.2 汽车生产商提供的折扣

以兑换返还折扣？相关学术研究提供了一个解释。看起来，在选择品牌的时候，消费者通常会高估返还将会获得的收益相对于将来兑换返还折扣需要付出的努力成本。[11] 换句话说，似乎许多消费者在购买带有返还促销的商品时参与了一种自我欺骗。他们感觉到返还促销的吸引力并据此做出了对特定品牌的购买决策。但是随后在家中他们又不愿意付出提交兑换返还折扣的表格所需要的时间和精力，或者简单地忘记了这件事情。

是生产商在提供返还折扣时利用了消费者，还是消费者自己应当谴责自己的不作为？这是个值得课堂讨论的有趣话题。

17.6.2 回扣欺诈

生产商、零售商、顾客都有可能进行回扣欺诈。生产商使用回扣计划促销商品，但是当消费者提交证明购买的单据以兑换回扣时，生产商又没能履行承诺，这时生产商就在进行回扣欺诈。零售商有时宣传吸引人的回扣计划，但是又不完整披露（或只使用小字披露）细节：若干个月内不能享受回扣，或者消费者必须额外购买某商品以获得享受回扣的资格。比如，一个零售商广告声称购买一台电脑可以获得四百美元的回扣，但没有提及消费者需要订购三年的互联网服务以获得该回扣。[12]

并非只有营销人员才进行误导性甚至欺诈性的回扣活动。消费者也进行与回扣有关的欺诈。实际上，大量的回扣都支付给了专业造假的回扣领取人。这些专业的造假回扣领取人获取假的收银机，伪造收银凭证，并将其提交给生产商以领取回扣，却并没有进行实际购买。其他的欺诈人员使用计算机设计伪造的条形码标志，作为并未实际发生的购买行为的证据。当然，这些专业造假人不会只是提交单个的兑换申请，而是用许多名字进行索取，然后要求将回扣邮寄到不同的兑换邮箱。

以下是两个关于回扣欺诈的说明性例子。[13]某厂商开展了一个回扣活动，消费者提交一个购物条形码可以兑换三美元的返款。每四个兑换中就有三个提交的是错误印刷的条形码。调查人员发现，一个宣传杂志 *Money Talk* 在其中一期杂志上印刷了错误的条形码。在另一个案例中，某厂的回扣兑换表格先于所售商品到达商店货架。尽管如此，这也没有阻止 2 200 个立即寄回厂商的兑换申请，所有申请都使用了造假的收银机凭条和商品条形码。

邮政当局和销售商都积极努力地限制回扣欺诈行为。许多销售商开始在他们的回扣申领表格上注明，他们不会将兑换的支票寄往邮政信箱。其他的销售商强调，只会将返还的费用寄往信封上标明的邮寄地址。因为有组织的兑换者会使用电脑生成邮寄和收件地址，所以厂商可以通过在兑换申请表上禁止电脑打印的地址以进一步阻止回扣欺诈行为。

17.7 抽奖与竞赛

抽奖与竞赛是两种普遍使用的促销形式。虽然两者在执行上区别很大，但都向消费者提供赢取现金、商品、旅游奖励的机会。

17.7.1 抽奖

在抽奖活动中，胜利者的确定标准建立在机会的基础上。此外，不能要求以购买证明作为参加活动的条件。作为举例，接下来我们将描述两个抽奖活动。大陆轮胎（Continental Tire）公司（图17.3）鼓励消费者通过购买四个轮胎来获得一个麦哲伦道路伙伴全球卫星定位单元（Magellan RoadMate GPS unit）以及赢取一辆汽车、一辆自行车、一台相机或其他奖品的机会。Resolve 牌地毯和衣物去污产品开展的一项抽奖活动（图

17.4)向参加者赢取新家电、六个月家居清洁服务的机会。进一步的细节可以在 Resolve 公司的网站上获得。注意到在这两个海报中,在抽奖活动之外都提供了优惠券。正如本章后面将提到的,这类双重促销被称为覆盖推广——一个促销覆盖在另一个之上。

图 17.3　抽奖活动举例

图 17.4　抽奖活动的另一个举例

抽奖活动代表了一类非常流行的促销工具。约四分之三的包装消费品经销商开展抽奖活动,约三分之一的家庭每年至少参与一次抽奖活动。[14] 与其他促销技术相比,抽奖活动相对不太昂贵,容易执行,也容易用于达成各种营销目标。除了增强品牌的定位和形象之外,设计良好的抽奖活动可以吸引更多注意力,扩展品牌在零售商中的分布,增进销售团队热情,以及通过使用对某特定顾客群体有吸引力的奖品结构来接触特定消费者群。

如果单独使用抽奖活动,总的来说,其吸引力和效果是有限的。但当与广告、购买积分宣传以及其他促销工具联合使用时,抽奖活动可以有效地产生出有意义的结果。然而,消费者对抽奖的反应比例是比较低的,也许低于 5%。[15] 尽管如此,由于抽奖活动只需要顾客付出较少努力且可以提升总体促销参与率,总的来说,相比于竞赛促销,品牌经理更偏爱抽奖形式的促销。

17.7.2　竞赛

在竞赛活动中,参与者需要根据竞赛的规则行动,有时还需要提交购买证明。赫尔希(Hershey's)糖浆开展的竞赛可以作为众多竞赛活动的一个例子。该品牌的经理联合其促销代理构造了一个竞赛促销活动,以吸引足球妈妈及其子女。该竞赛要求提交一张 6—17 岁儿童或少年踢足球的照片,以及购买 24 盎司瓶装赫尔希糖浆的一张商店原始单据。这个促销将赫尔希品牌和数百万家庭所热衷的足球运动联系在一起,同时鼓励品牌购买以获得参与活动赢取奖品的资格。这类竞赛活动契合品牌的正面形象,且结合了目标市场上许多消费者的兴趣。

图17.5　促销竞赛举例

竞赛活动有时要求参与者不只是简单地提交一张照片。比如，在费城论坛（Philadelphia Tribune）开展的一个竞赛活动中（见图17.5），消费者需要访问费城讲坛网站以参与该竞赛。[16]三个优胜者将赢得黑莓曲线（Blackberry Curve）智能手机，最终获胜的那位参与者可以赢得苹果iPhone手机。在这个活动中获得参与资格不需要购买或订阅。迪吉斯（Dickies），一个工作服装生产商，要求其竞赛活动的参与者提名"美国年度工人"奖项的候选人，以及不多于100字的说明，陈述为什么被提名者应当获得该奖项的认可。阳光少女（Sun-Maid）葡萄干的一个促销活动要求参与者创造一个使用至少半杯葡萄干，而且可以在20分钟之内完成的原创性食谱。皮尔斯伯利（Pillsbury，烘烤甜点和混合糖霜制造商）的竞赛活动要求参与者用不多于50字描述"你希望用皮尔斯伯利产品庆祝即将到来的什么活动，以及为什么"。模特林（Motrin）布洛芬止痛剂厂商开展了一项"极端改造家庭版"竞赛，活动参与者有可能赢得价值五万美元的家庭装修方案。活动要求参与者提交房屋照片，以及写一篇短文说明为什么他们的家庭值得拥有极端装修。这个活动将模特林品牌和"极端装修家庭版"电视节目的成功相联系，强调模特林布洛芬是该电视节目的疼痛缓解合作商。

顾客对竞赛活动的反应通常低于抽奖活动，尽管顾客对抽奖活动的反应已经比较冷淡了。尽管如此，如果用40万份插页海报（一个标准发送数量）宣传一个抽奖活动，顾客的参与率是0.4%，那么也会有总计16万的参与者。通过参与活动，这些顾客将不只是简单地收到广告信息，而是可以提升他们对品牌的态度。

IMC 聚焦　联想全国大学生创意竞赛

近年来，大学生市场已经变为一个越来越受到企业重视的市场。各种由大学生参与的创意大赛层出不穷，从三星、欧莱雅等国际大公司频频光顾大学校园，到联想全国大学生"联想Ideapad"笔记本电脑营销策划大赛。这些活动通常都是企业提出要求，学生自行组队参与对企业相关产品的营销策划，最终获胜者将得到企业颁发的奖金或奖励，而这些活动也通常会吸引众多的学生参与，作为学生一次很好的社会实践活动。

2009年4月，联想针对全国28个省、市、自治区，百余所全国高校的大学生推出了"联想Ideapad"笔记本电脑营销策划大赛征集活动，鼓励大学生以"秀出想法、比拼乐趣"的形式来参赛，并为大学生提供超过1 000个店面实习和就业的优先机会，还为优胜者提供北大MBA培训、职业规划指导，为28个省冠军提供1万元idea种子基金。短短两个月内,全国报名就近 7 万人,大赛的主题"想法全明星"等关键词在网上的搜索量也已超过 700 万。随着一场场热情洋溢、创意齐发、惊心动魄的选拔赛的进行,6 月 2 日来自北京邮电大学、四川大学、南京大学等全国十所名校的优秀大学生齐聚一堂,在联想 idea NBA 纪念机型营销创意大赛全国总决赛上展开激烈角逐。

这样一场营销策划大赛,看似是鼓励学生参加社会活动,锻炼知识技能,实际上则是联想一次有效的营销活动。通过这次活动使学生们在比赛过程中自主了解了产品特性,并将自己作为营销人员来对产品进行营销推广,不知不觉中对产品产生好感。许多学生在参赛完后即购买了联想 Ideapad 笔记本电脑,因为通过比赛他们已经对产品特性功能了解颇深,成为半个专家了。由于学生生活环境的限制,接触户外媒体的机会比较多,真正看电视的反而较少,因此联想此举在一定程度上克服了广告传播的限制。且因为举办的活动为营销策划大赛,也为学生提供了锻炼能力的平台,因此更易在大学生心目中留下深刻印象。是一种创新的传播方式。

2011 年,联想继续推出以"霸气外露,非你莫属"为主题的联想 idea 彪悍的小 y 营销创意大赛,继续为吸引大学生的积极参与起到良好的推广作用。在这次营销创意大赛中,联想将面向全国大学生公开征集以联想 ideapad Y470 产品营销推广为命题的校园营销创意策划案。

大学生是一个正接受着高等教育的群体,他们渴望有一个展示自己的平台,或是能够为日后职场生涯增加经验的活动。因此他们也乐于参加诸如联想营销策划大赛之类的活动。企业可以借助这种类型的活动,做到真正吸引大学生眼球,并通过活动将企业品牌背后的文化输出给大学生,为其品牌忠诚度的培育打下基础。

资料来源:1. 陈师静,《大学生市场营销策略——以联想电脑营销策划大赛为例》,《中国商界》,2009(6)。

2. 樊登,《联想营销创意大赛:没有黏性 哪来联想?》,《销售与市场》,2009(9)。

讨论题:
如何让企业校园创意大赛的传播更有效?

17.7.3 在线抽奖和竞赛

在线促销活动正变得越来越重要。非常多的公司现在引导顾客在线注册参加抽奖或竞赛。在线的抽奖、竞赛(还有游戏)可以吸引顾客,通过创造品牌知晓提升顾客的品牌兴趣,建立顾客和品牌的互动关系,也有助于扩大品牌的电子邮件信息订阅数据库。登录某个你钟爱品牌的网站,你就可以看到几乎每个品牌都提供了一些形式的在线抽奖、竞赛以及游戏。

17.8 持续性促销

促销方案常常通过向消费者奖励积分来回馈消费者对某特定品牌商品的持续购买。积分通常可以用于降价购买商品,或直接免费获得商品奖励。显然从这个角度,持续性促销也可以被称为回馈计划、忠诚度计划或积分计划。一般地,持续性促销奖励消费者对某个特定品牌的持续购买,或在某个特定商店的规律性购物。持续性促销也可以不累积积分,而只是简单地以一定的购买数量获得兑换奖品的资格。比如,预算汽车租用公司(Budget Rent A Car)开展了一个持续性促销计划,租车者只要租车五次,就可以获赠一个博尔(Bolle)滑雪护目镜。

航空公司的频繁飞行促销方案和旅馆的频繁顾客方案代表了忠诚度计划的一种形式。航空乘客和旅馆客人可以累积积分,最终用于兑换免费飞行或入住。这些促销计划激励顾客坚持在同一家航空公司或旅馆消费,以尽快累积必需的积分数额。比如,万丽酒店(Renaissance Hotels)向入住客人提供每次入住1000英里的奖励,再加上每消费1美元奖励3英里的促销,这些奖励英里数最终可以累加到入住客人指定航空公司的频繁飞行促销方案中。假日酒店(Holiday Inn)的优先俱乐部方案向入住酒店和其他洲际酒店集团(InterContinental Hotels Group,HIG)下属酒店的会员客人回馈积分。优先俱乐部会员可以用积分兑换假日酒店和集团其他酒店的免费入住。洲际酒店集团网站称,在四年间,优先俱乐部会员兑换了超过500亿积分,价值3.4亿美元。[17]

消费品厂商正在越来越多地开展忠诚度计划。例如,生产宠物食品的普瑞纳(Purina),有一个面向高级俱乐部会员的优惠计划,会员从普瑞纳狗粮包装袋上剪下指定圆圈图案,并邮寄回普瑞纳就可以获得积分,积分可以用于兑换狗粮折扣券、兽医服务折扣券,以及有机会获得免费旅行和入住酒店的机会等。[18]

对于那些已经忠诚于品牌的消费者,积分计划或其他忠诚度计划只是奖励他们无论如何都会做的事情,也就是定期购买他们偏爱品牌的产品。在这种情况下,积分计划虽然仍可以进一步强化品牌和消费者之间本来就已经很牢固的关系,但并没有起到鼓励消费者重复购买的作用。相较而言,对于那些忠诚度被分配到多个品牌的消费者,积分计划等可以激励他们更多地购买其中一个固定品牌。这也许是持续性促销计划最有价值的情形。

17.9 覆盖推广与捆绑式促销

这一节的讨论将会主要集中于个人促销。实践中,人们常常结合使用多种促销方案,以完成单一促销手段难以实现的目标。此外,单独或联合使用这些促销手段,通常都可以用来同时促进两个或更多品牌的销售,这些品牌可以同属于一个公司,也可以属于不同的公司。

覆盖推广是指对两个或多个促销手段的联合使用。捆绑促销是指通过单个促销手段同时推广多个品牌。覆盖推广涉及多个促销手段的联合使用,而捆绑促销涉及对同一公司或不同公司多个品牌商品的促销。覆盖推广和捆绑促销经常同时使用,我们接下来进一步举例说明。

17.9.1 覆盖推广

媒体杂音(media clutter)是营销传播中经常需要面对的一个问题,正如我们在前面章节中多次提到的那样。若只使用单个促销手段,也许永远不会得到消费者的关注,尤其是对优惠券而言。联合使用多种促销手段,消费者更有可能关注到促销信息,也更有可能参加促销活动。例如,可以同时提供优惠券和其他促销方案,如抽奖活动或竞赛等(见图17.3、图17.4和图17.5)。此外,在一个协调良好的促销活动中联合使用多种促销手段,可以为销售团队配备强大的促销方案,并且可以为交易提供有吸引力的激励,提高消费者的响应和购买数量,还可以增进促销展示的活力。

17.9.2　捆绑式促销

越来越多的公司采用捆绑式促销以提升销售额、刺激购买和消费者兴趣,以及取得促销预算的最优使用。捆绑式促销在多个品牌间分担成本,因此具有成本效益。捆绑式促销可以涉及一个公司的两个至多个品牌(公司内捆绑,如图17.6的克洛格谷物食品),也可以涉及多个公司的不同品牌(公司间捆绑)。图17.7展示了北美驯鹿咖啡(Caribou Coffee)和苹果iTunes、iPod的捆绑式促销的例子。

图17.6　公司内捆绑营销举例

图17.7　跨公司捆绑营销举例

不同公司间的互补品牌正在越来越多地采用捆绑促销。例如,都乐食品(Dole

Food Company, Inc.）和赫尔希公司（Hershey Company）向消费者提供一种优惠券，每购买两瓶赫尔希的里斯花生酱，消费者可以免费获得两磅的都乐花生。捆绑式促销除了可以实现战略整合营销的目标，还代表着一种具有成本效益的营销模式，因为同一公司或不同公司的多个品牌可以分担品牌促销宣传彩页（Free Standing Insert, FSIs）的生产和分发成本。

执行问题

捆绑式促销有助于达成许多营销目标，但这并不意味着捆绑式营销不需要面对许多执行上的问题。捆绑式促销所需时间通常较长，因为这意味着需要在多个实体之间协调促销日程进度，包括促销活动的准备和执行。此外，因为每个捆绑式促销的合作方都希望自己的产品或服务获得主要关注，所以常常出现美术设计上的冲突和过于复杂的宣传信息。

为了尽可能地处理上述面临的问题并有效地实现目标，以下三点是十分重要的：第一，捆绑合作方的目标顾客应该在各营销相关特征上彼此相似；第二，捆绑合作方的品牌形象彼此相互增强（例如，里斯和都乐都是代表高品质的知名品牌）；第三，捆绑合作方愿意互相合作，而不是以损害其他合作者利益的方式强调一方的自身利益。

17.10 零售商促销

之前的讨论主要关注生产商针对消费者的促销。零售商也需要针对当前顾客和潜在顾客制订促销计划，以提高店面人流量、为顾客提供有吸引力的价格折扣或其他条件，以及提升顾客忠诚度。

17.10.1 零售代金券

杂货业、医药业和大宗商品业的许多零售商偏爱提供代金券的促销方式。一些杂货业零售商开展专门的"优惠券日"活动，消费者可以以两倍甚至三倍的面值兑换生产商发放的优惠券。比如，某个杂货零售商在其"三倍优惠券日"可以让提交面值为50美分优惠券的顾客扣减1.5美元的账单金额。通常只有面值在99美分以下的优惠券，才可以参加零售商提供的这类两倍或三倍优惠券活动。

17.10.2 频繁购物计划

许多零售商向他们的顾客提供频繁购物卡，顾客在每次购物时可以因此获得指定商品的折扣。例如，某个杂货业零售商在星期三向持卡顾客提供：每购买两份保罗夫人（Mrs. Paul's）鱼片提供折扣2.99美元，每购买两罐米纽特梅德（Minute Maid）果汁提供折扣1.25美元，购买新鲜切塔（Freschetta）比萨提供折扣1.7美元等。持卡顾客在结账时将频繁购物卡提交给收银员，后者扫描卡片编码，然后自动从顾客账单中扣减扫描到的指定优惠商品的折扣金额。这类频繁购物卡鼓励消费者在特定的零售连锁店重复购买。由于卡片上通常标着"非常重要顾客"的字样，频繁购物卡也有助于提升消费者被商店重视的感觉。最后,频繁购物卡计划为零售商提供了有关顾客特征和购买习惯资料的数据库。

作为另外一种形式的忠诚度计划,一些零售商向顾客提供一种塑料卡片,顾客每次在店内购物时可以将卡片交给收银员进行扫描。比如,迪克斯体育用品公司(Dick's Sporting Goods),正如店名,是一个专门销售各类体育用品的零售连锁。迪克斯有一个积分卡计划,顾客每次购买时提交卡片以累积积分,后续购买时就可以享受相应折扣。这是应用忠诚度奖励计划的一个完美应用,顾客购物赚积分,这和竞技体育的计分制完美契合,而连锁店里销售的又恰好是竞技体育的服装和用品。

17.10.3 专门的价格折让

许多零售商经常采用各类创新的临时性降价手段。古迪(Goody's)作为一家区域性折扣服装零售连锁执行了一项价格折让促销活动,他们向顾客邮寄购物纸袋,袋子上印着"塞进任何商品打八折"的字样。这种优惠只在特定的某一天提供,且在年内其他日期还会重复开展。像这样的专门价格折让计划,其价值在于让顾客感到兴奋,同时又不需要向所有顾客提供全面降价,只有在指定日期携带促销购物袋的顾客才能享受打折。

17.10.4 样品赠送

样品赠送是零售商导向的另一种广泛采用的促销方式。尽管在许多情况下都是商店和厂商联合开展店面样品赠送活动,但零售商也正在为商店自有品牌开展越来越多的样品赠送活动。好事多(Costco)等会员商店以向顾客赠送各式食品小样闻名。这类促销有助于提升赠送样品的商品的销量,而且因为其具有娱乐价值,还可以提升顾客购物体验。

商店也通过提供赠品以鼓励顾客购买特定商品。比如,快之诺(Quiznos)向购买炸薯条和中号矿泉饮的顾客提供六寸的免费潜艇三明治。以出众的服务闻名的区域性杂货连锁店帕布利克斯(Publix)开展了一项促销活动,顾客只要购买任意一个四大全国性知名品牌的商品(如亨氏有机番茄酱、戴尔蒙特(Del Monte)有机甜豌豆),就可以免费获赠帕布利克斯自有品牌格绿智(GreenWise)的对应商品,例如,购买亨氏有机番茄酱即获赠一瓶格绿智有机番茄酱。

17.11 销售促进的评估

生产商和零售商在制订促销方案时,有众多备选方案可供采用。同时,有效的促销方案可用于达成各种目标。考虑众多备选方案和众多目标,我们就有很多种组合可供选择。因此,有必要采用系统化的程序来判断和选择应该采用的促销方案及目标。本节接下来就概要地进行讨论,如何以系统化的程序和步骤,在构思阶段评估可供采用的促销方案,以及在方案执行完成之后评估执行的成效。

17.11.1 促销方案构思评估的步骤

品牌经理需要确立能够成功的最优促销构思和方案,以下三个直接步骤可供采用[19]:

第一步:确立目标

对于一个成功的促销方案,清晰具体地确立需要达成的目标,是一个基础但却十分重要的步骤。应当详细说明目标和交易以及最终消费者之间的联系。比如,方案的目标可以是引导消费者试用、增加顾客量、在竞争中抢占先机、占领宣传版面,等等。

在确立目标阶段,促销方案规划人员应当书面说明方案所要达成的目标,目标应当具体,而且应当表述为可以量化测量的指标。比如,"提升销售额"就过于大而化之了。比较而言,"比去年可比期间多占领25%的宣传板面"就是一个足够具体而且可测的目标。

第二步:取得共识

应当确保品牌整合营销传播方案所涉及的所有人员都认同第一步所确立的方案目标。如果没有在目标问题上取得一致,就会导致不同的决策者(广告经理、销售经理、品牌经理等)推行不同的方案,因为每个决策者都在追求各自心中所想的目标。此外,结合考虑第三步的评估问题,相比于一个过于一般且空洞的目标,一个具体描述的目标可以更方便地进行事后评估。

第三步:评估构思

在确立了具体目标并在团队中取得共识之后,以下的五点评价体系可以用来比较备选促销构思,并进行排序。

1. 这是个好的构思吗?每一个构思都应当结合促销目标进行考虑。比如,如果促销目标是引导消费者试用,那么赠送样品或优惠券是比较合适的,而抽奖活动则不太合适。

2. 这个构思对目标市场上的顾客有吸引力吗?比如,竞赛活动也许很吸引儿童,但是对特定成人群体而言则可能带来灾难性的结果。总的来说,提出的每一个构思都应当结合目标顾客这个基准进行考虑,这是至关重要的。

3. 这个构思独特吗?竞争对手是否正在做类似的事情?只有不落入俗套的提案,才更有可能同时让顾客和生意伙伴都有兴趣。广告和创意的每个方面对于促销的成功都是十分重要的。

4. 促销能否得以清晰的展示,使目标顾客可以关注、理解并对其做出正面反应?营销规划人员应当立足于一个基本的前提:绝大多数顾客不愿意花很多时间和精力搞明白一个促销活动到底是怎么回事。促销活动说明应当做到用户友好,这对促销成功是至关重要的。也就是说,我们应该让消费者非常容易就能清楚地知道促销提供什么,以及应当如何回应。

5. 提出的构思是否具有成本效益？这要求我们评估拟订的计划能否以负得起的费用实现预期的目标。明智的促销规划人员总是估算所有方案的成本，且预先知道每一个备选方案的底线收益。

17.11.2 事后分析

之前的章节描述了如何在促销方案执行前，即在促销方案提出阶段对方案进行评估的一般化流程。另一个十分关键的问题是，在促销方案实施之后，如何对其执行效果进行评价。这类评价方法对将来的促销方案将会有指导意义，特别是当评估工作成为品牌经理"群体性记忆"的一部分的时候，而不是在每次评估完成后就将其丢在一边。在促销行业，老练的促销活动者们提出了用来评估完成的促销方案的五个方面：费用、效率、执行便利、产权增进及有效性。[20]

费用

一个促销方案的费用，等于为该促销方案投入的直接支出的总和。典型的成本要素包括：发起并创作促销方案的费用、促销的广告宣传费用、优惠券兑换支出、销售返还支出、抽奖游戏奖品支出、赠送样品的费用，等等。

效率

效率是指一个促销方案的单位行动成本（cost per unit moved）。效率指标的计算，就是简单地将已完成促销活动的总成本，除以促销过程中成功出售商品或服务的总量。

执行便利

这代表促销方案计划和执行阶段使用的时间和精力投入总和。显然，在其他条件不变的情况下，首选所需时间和经历最少的促销方案。

产权增进

关于一个促销方案是增进还是减损了品牌形象，要求我们对其做出主观判断。比如，一个抽奖活动如果附带声望很高的奖品，就有可能提升品牌产权。自费赠品计划也可以达成相同的目标。相反，对于某些品牌来说，抽奖活动也许显得过于世俗。正如我们一直强调的那样，关于一个促销方案能否增进品牌产权，取决于品牌定位和目标市场状况。

有效性

衡量促销方案有效性的最好办法，就是计算在促销阶段成功售出促销商品或服务的总量。

组合各个因子

我们已经考虑了如何从五个维度评估促销方案的执行，最好可以将各个因子组合成一个单独的分数。使用一个简单的加权平均模型就可以实现这个目标。每个指标以其各自的相对重要性为权重,将每个指标乘以权重,再进行加总。可以使用如下模型:

$$方案 j 的分数 = \sum_{i=1}^{5} E_{ij} \times W_j$$

其中,方案 j 代表某个刚执行完的促销方案(许多已经用于促销某品牌,需要进行评估的促销方案之一)。E_{ij} 代表方案 j 在因子 i 上的得分(因子 i 可以是效率、执行便利,等等)。W_i 代表权重,或因子 i 在确保促销成功上的相对重要程度。(注意,权重 W_i 只有角标 i,没有角标 j,这是由于在各促销方案中,因子 i 的权重应当保持不变。比较而言,某个因子的得分 E_{ij} 还需要角标 j,以包含在不同促销方案之间变动因子得分的可能。)

表 17.2 举例说明了这个简单的模型。[21] 考虑某个公司,某年执行了三个促销方案。在结束阶段,每个促销方案都针对上述五个评估条件(费用、效率、执行便利、产权增进、有效性)进行1—10分的评分,1分代表在该指标的表现极差,10分代表在该指标的表现极好。注意,我们在表17.2中赋予每个指标的权重如下:费用权重0.2,效率权重0.1,执行便利权重0.1,产权增进权重0.3,有效性权重0.3。这些权重的和为1,而且反映了这五个因子对于特定品牌经理而言的相对重要性。(这五个因子的相对重要性显然会随品牌不同而变化,这取决于品牌形象、企业的财务状况,等等。)

表 17.2　对三个已完成促销方案的评估

方案 j	费用权重0.2	效率权重0.1	执行便利权重0.1	产权增进权重0.3	有效性权重0.3	总分
方案1	7	6	7	5	9	6.9
方案2	9	8	8	7	8	7.9
方案3	8	9	8	10	9	9.0

给定特定权重以及评估结果,我们可以得出结论:方案1是三个方案中最不成功的,方案3是最成功的(见表17.2)。品牌经理们可以将这些结果进行存档,供后续参考。最后,我们可以建立起关于不同类型促销方案(样品赠送、优惠券方案、销售返还等)的平均有效性水平的规范和标准。

当然,表17.2只是个简单的举例说明。然而,在实际的促销情境下,品牌经理有可能以此进行正式的促销评估,只要对每一项条件的评估条件都清晰地说明、系统地执行、一致地应用到待评估的所有方案上即可。有一点我们必须明白,就是表17.2所展示的模型只是展示了可以如何对促销方案进行评估。

聪明的品牌经理可以开发自己的评估模型,以适应自己品牌的具体需要。但需要强调的一点是,这需要用到评估者的思索和努力。除了每次对方案进行正式评估之外,另一种可能就是简单地执行促销活动,然后从来不评估其是否成功。您可以想象一下,这正如学生上课从来没有获得成绩,也从来不被评估。这样,您怎么知道自己做得怎么样呢?你的学院如何知道评估的标准是否在各年间有所变动?将来潜在的雇主如何知道你相比于其他竞争者在学习阶段的表现如何?不论我们是否喜欢,评估都是十分重要的。优秀的商业实践需要良好的评估。问题不在于是否进行评估,而在于如何以有效和可靠的方式开展评估。

小结

本章关注于除了样品赠送和优惠券之外的以顾客为导向的销售促进。我们讨论了以下具体话题：赠品、价格折让、赠品包装、游戏、回扣和返还、抽奖和竞赛，以及持续性促销。

关于赠品的讨论包括各种赠品形式：即买即赠、邮寄兑换券、包装盒内/外/旁赠品、自费赠品以及作为特殊形式赠品的电话卡。我们还讨论了成功执行赠品计划所需要的具体条件。

价格折让促销，通常提供在一个品牌正常价格上降低 10%—25% 的折扣，我们将其描述为向消费者提供即时的奖励，以及通过鼓励重复购买服务于经销商的一种促销形式。

赠品包装向消费者免费提供额外数量的促销品牌商品（例如，比正常包装大 25%）。这种形式的促销代表了一种消费者即时奖励方案，并且通过奖励消费者的品牌忠诚进而鼓励重复购买行为。

游戏，通常作为一种提升消费者品牌热情和品牌卷入度的促销工具，而且通过向消费者提供即时奖励以鼓励重复购买行为。对游戏的应用常常伴随着各种混乱，因此品牌经理以及他们的促销代理在使用这种类型的促销时需要十分小心。

耐用商品和包装消费品公司都使用回扣和返还计划作为向消费提供现金折扣的一种方式，但是，这当然需要消费者努力争取回扣。经销商喜欢使用回扣计划是因为它在折扣券之外提供了另一种可用的工具，而且可以激励消费者的购买行为。回扣计划可以强化品牌忠诚，销售团队可以增加谈资，生产商也可以以这种有潜在吸引力的交易来包装商品。由于大多数消费者从不兑换回扣，回扣计划又被称为折让幻觉。在某种意义上，消费者在购买提供了回扣的品牌时进行自我欺骗，似乎获得了其提供的价值，但并不真的在品牌经销商指定期限内付出努力以获得回扣。

抽奖和竞赛活动两者都向消费者提供机会赚取现金、商品或旅游奖励。不像其他促销形式，抽奖和竞赛主要服务于提升品牌形象的目的，而不是鼓励试用或持续购买。抽奖活动不需要消费者简单地通过信件参与或更长在线时间之外的努力，而竞赛活动需要消费者写一篇短文，或者执行其他的活动。抽奖通常会比竞赛活动得到更多的消费者反应，因此更受品牌经理和促销代理的青睐。

许多经销商使用持续性促销来鼓励品牌忠诚和持续购买行为。这包括航空公司提供的频繁飞行计划、酒店提供的频繁住客计划，以及这类促销计划的许多变体，用来鼓励消费者持续性地购买某品牌以累积积分，最终用于兑换某类奖品。

覆盖推广和捆绑式促销包括两种或更多促销技术的联合使用（覆盖推广计划或联合推广计划），或在同一次促销活动中同时推广多个品牌（捆绑式促销）。这两种形式的联合促销都被用来在多个品牌或多个公司之间分担促销成本，以及使每次促销努力获得更大的影响力。

本章最后讨论了各种形式的零售商主导的促销计划，以及测试评估（生产商或零售商的)促销方案的流程。首先讨论的是在执行之前对促销计划进行事前评估的三个步骤,之后又讨论了对已完成促销方案进行事后评估的方法,它包括与成功促销相关的五个因子:费用、效率、执行便利、产权增进、效果。

讨论题

1. 在下列陈述中表明你的立场(某位读过本书上一个版本的同学如是说):"我无法理解为什么在表 17.1 中,兑换赠品被定位为用于实现鼓励试用。看起来这类促销也可以用于鼓励重复购买。"

2. 你的公司销售热狗、博洛尼亚及其他品牌的肉类产品。你希望提供一个即买即赠的赠品,消费者需要花大约 25 美元,提供五个消费证明,且这被归类为夏季主题促销。你主要的目标市场包括横跨各经济阶层的学龄儿童家庭。提出两种促销品建议,并说明选择的理由。

3. 从如何影响消费者的角度,比较包装赠送和折价交易。

4. 销售促进如何提升品牌形象?这是否是销售促进的一个主要目标?

5. 从如何发生作用以及相对有效性的角度,比较抽奖、竞赛及游戏。

6. 你的公司销售防冻剂。销售主要发生在 9 月到 12 月的较短期间。你希望将你的品牌和另一个公司的品牌进行捆绑,以提升品牌可见度,并鼓励零售商提供更多货架空间。为寻找合作伙伴提供一个建议,并说明选择的理由。

7. 你是否参加过在线促销活动?如果参加过,你的体验如何?考虑你参加过的一个简单的在线促销,考虑你本人代表该品牌的目标市场,你觉得该促销活动是否实现了预期的目标?

8. 考虑在线营销的未来,你有什么想法?

9. 造访一个当地杂货店,识别出五个销售促进的情境。描述每个促销活动并讨论促销品牌或零售商预期的目标是否实现。

10. 你是否参加过某种形式的忠诚度计划?你的体验如何?例如,你是否觉得该促销计划有助于提升你对该品牌商品的持续购买?

第 5 部分

其他营销传播工具

- 第 18 章　营销导向的公共关系与口碑管理
- 第 19 章　活动与公益赞助
- 第 20 章　标志和销售网点传播

第18章

营销导向的公共关系与口碑管理

在第18章中,我们将介绍营销导向的公共关系以及口碑影响力,内容涵盖了历史长河中源远流长的被动式公共关系以及近年来兴起的主动式公共关系的有关实践。除此之外,特设一节讲授负面新闻宣传,其中包括有关如何处理流言、民间传闻等内容。除此以外,第18章中还将介绍口碑管理和为品牌造势的相关话题。

宏观营销传播洞察　丰田汽车召回事件

在美国这样一个有着严格的汽车安全标准和消费者保护制度的国家,汽车召回本是一件平常的事情。然而,2009年8月的一场车祸却将看似平常的汽车召回推向了一个令丰田汽车公司陷入前所未有的信任危机的窘境中。

事实上,2009年丰田汽车在美国就进行了多次召回,起初并没有引起人们太多的关注,但在2009年8月,加利福尼亚高速公路巡警马克·赛勒在驾驶一辆雷克萨斯车出行时,因车辆故障导致全家不幸遇难后,丰田的召回事件才引发公众关注。经过事故调查,丰田公司于9月29日向美国国家公路交通安全管理局提交召回申请,理由是"汽车内可移动地板垫可能卡住油门,从而引发交通事故"。此次召回涉及丰田与雷克萨斯两大品牌的380万辆汽车,召回规模之大在丰田汽车的发展史上是前所未有的。

2010年1月21日,丰田公司宣布,由于油门踏板存在设计缺陷,在极个别情况下可能导致车辆突然加速引发危险,因而召回美国市场上8种型号的汽车,总数约230万辆。几天以后,丰田决定暂停在美国销售8种召回型号的汽车,同时将临时关闭部分生产线。1月底,丰田公司宣布由于油门踏板问题,召回在中国市场销售的7.5万余辆RAV4车型,在欧洲也将召回180万辆丰田车。这表明,丰田汽车的召回范围已经从北美市场迅速扩大至中国和欧洲市场,并有可能继续向其他地区蔓延。此后,丰田又在美国和日本召回27万辆存在刹车系统故障隐患的混合动力车普锐斯。短短半年时间,丰田公司在全球范围内的大规模召回数量已逾800万辆,超过其2009年的全球销量。

当丰田公司首次宣布大规模召回所产汽车时,它并没有意识到问题的严重性,仍与供应油门踏板的北美零部件公司CTS各执一词,相互推卸责任。后来,在各方强大的压力下,在事件发生十多天后的2月2日,丰田公司被迫正式向媒体公开致歉,承认其生产的部分汽车存在缺陷。在美国国会介入调查后,召回事件进一步升级。2月23

日,丰田汽车公司总裁丰田章男亲赴美国国会参加了两场听证会,在接受质询的同时,对给消费者造成的意外事故深表歉意,并首度就召回赔偿做出让步,承诺公司经营宗旨将努力回归品质至上的原则。3月1日,丰田章男从美国直飞北京,就召回事件举行了记者会,对召回事件给中国消费者带来的影响和担心表示道歉,并就召回情况进行了说明。

这次召回事件,是丰田公司创立70多年来遇到的最严重危机,也是迄今为止全球最大的汽车召回事件,预计造成的直接经济损失高达25亿美元左右。此次事件不仅重伤了丰田自身的品牌,而且重创了日本汽车的声誉,以质量著称的"日本制造"正面临信心危机,并严重影响了市场销量。2009年,丰田公司的全球汽车销量同比下降13%、产量下降22%,在美国市场的占有率跌至4年来的新低;2010年1月份,丰田在美轻型车的销量下降16%,几年来首次月度销量低于10万台;同时丰田汽车也跌出中国轿车销量前十名。

随着丰田公司不断地宣布汽车召回,丰田公司对消费者的态度以及丰田汽车的安全性、质量可靠性也开始广受质疑。跟踪汽车残余价值与品牌价值的 Automotive Lease Guide 公司对美国消费者进行调查发现,多年在汽车质量榜上高居榜首的丰田品牌,现在在主流品牌中仅排第六位。另外,此次事件对投资者信心也造成沉重打击,丰田股价一路狂跌,自2010年1月21日以来已累计下跌17%,公司市值大幅缩水了250多亿美元。

丰田汽车公司经过几十年苦心经营才建立起来的质量安全可靠、零缺陷的产品形象,就因为这一系列的汽车召回事件而毁于一旦。如何重建品牌形象,恢复消费者的信心,成为丰田公司的当务之急。

资料来源:1. 万军,《丰田汽车召回风波及启示》,《当代世界》,2010(4)。
2. 孙建业、王柏苍,《丰田汽车召回事件对我国石油企业的启示》,《国际石油经济》,2010,18(3)。

讨论题:
你认为丰田汽车公司应如何重建消费者的信任?

本 章 目 标

在阅读本章后你将能够:
1. 理解营销公共关系(MPR)的本质以及地位。
2. 辨析主动式营销公共关系和被动式营销公共关系。
3. 理解商业传言的分类并了解如何控制它们。
4. 理解口碑(WOM)影响力的重要性。
5. 理解营销公共关系在制造良好口碑和为品牌造势中的地位。

18.1 绪论

本章将介绍在整合营销传播策划中公共关系所扮演的多重角色。此外,我们还会介绍口碑影响力以及营销导向的公共关系在形成利好口碑(WOM)和为品牌造势中的作用。

公共关系(PR),是一种致力于培养公司与其各种受众之间的亲善感的组织活动。公关手段的受众是各种不同的公司拥护者和追随者,包括雇员、供货商、股东、政府、公众、工会、民运组织以及消费者。正如上文所述,公共关系包括公司及与之相关的所有受众,也就是说,大部分的公关活动并不包括营销活动本身,而是涉及一般管理事务。这一更广义概念上的公共关系被称为一般公共关系。

本章仅涉及狭义的公共关系,将讲授组织与其现有客户和未来客户之间的互动关系。这一部分以市场为导向的公关被称为营销导向的公共关系(MPR)。[1]

无论是对于企业对企业(B2B)公司,还是企业对消费者(B2C)公司来讲,营销导向的公共关系在营销传播中的作用都在日益增强。尽管广告信息对消费者来讲,是影响他们的态度与行为的直接因素,而作为营销导向的公共关系信息,它们虽然并不以广告形式出现,但的确是来自媒体的无偏见的报道。营销导向的公共关系信息相比广告来讲,多了一份可信度的保障。营销导向的公共关系信息的成本相比广告来讲可谓大幅降低,因为其所需的播送时间和登载空间往往是由播送或报道信息的报纸、杂志、电台、电视台或网站免费提供的。因此,由于其高可信度和低成本的双重特点,营销导向的公共关系(也包括公关部门和执行营销公关的公关公司)已在公司的整合营销传播过程中占据越来越重要的地位。

营销导向的公共关系与广告

在公司的营销传播策划中,公共关系,或者说营销导向的公共关系所应该扮演的角色在近年中一直是争论的焦点。从历史角度来看,大多数营销传播从业者以及品牌经理认为营销导向的公共关系的作用是单一而有限的。一些评论认为营销导向的公共关系无法控制效果。然而,一本名为《公关第一广告第二》的书却一石激起千层浪,书中驳斥了时下广为流传的观点并认为公共关系学的作用正在壮大。[2]该书的作者认为公共关系及其主要工具,即新闻宣传,是营销从业者最重要的武器。该书认为,新产品的上市几乎无须借助,甚至可以完全无须借助广告的威力,转而依靠该产品的营销传播团队有创造力而具有强大效力的公共关系操作。该书的作者引述了包括易趣(eBay)、游戏站(Playstation)、星巴克(Starbucks)、美体小铺(The Body Shop)、奔迈(Palm)以及黑莓(BlackBerry)等从未在广告方面花大笔经费,而是将注意力集中在构建社会声誉与口碑造势方面的著名品牌发家的轶事,为营销导向的公共关系的重要性提供有力证据。

对普通产品来讲,想拥有广泛的知晓度并非易事,因而营销传播从业者必须自行创造新闻,即投入金钱做广告,来建立品牌意识与构筑积极的品牌形象。然而,通过营销导向的公共关系(MPR)建立品牌权益价值仅适用于那些独特的产品与品牌。此外,即使是那些独特新潮、得益于营销导向的公共关系(MPR)的产品,免费的宣传也不过是暂时的免费午餐。由此可知,维持品牌权益价值的责任还是落在了广告身上。当新闻价值逐渐减弱进而消失时,广告绝对是维持品牌效益的必由之路。因此,营销导向的公共关系(MPR)可能是极其有效而成本又大幅低于广告的,但它并不是万灵丹。下面,我们将深入探索营销导向的公共关系。

18.2 营销导向的公共关系

正如前文所述,营销导向的公共关系(MPR)愈发成为公司营销传播策划中的重要组成部分。一项对资深营销经理的调查显示,MPR 对增进品牌知晓度、提高信誉、达到销售目标以及向消费者提供信息具有重要作用。[3]

营销导向的公共关系可以进一步分为主动式和被动式。**主动式** MPR 是传播品牌优势的工具,通常会与其他诸如广告、促销等营销传播方式同时使用。由于受到公司营销目标的指引,主动式 MPR 显得较为激进,绝不保守,强调寻找机会而非解决问题。相比之下,被动式 MPR 指的是公司对外部影响做出被动的公共关系行为。进行被动式 MPR 是受迫于外界压力以及竞争者带来的挑战、消费者态度的改变或者其他外部影响。被动式 MPR 常致力于改变对组织造成的不利影响,如挽回公司声誉、阻止市场侵蚀以及在营业额方面收复失地。

18.2.1 主动式 MPR

主动式 MPR 常应用于新产品或换代产品的推出时期。主动式 MPR 经过与其他整合营销传播(IMC)工具的融合之后,增加了产品曝光度、新闻价值以及可信度。最后一个要素,可信度,是主动式 MPR 效果的集中体现。相比来讲,广告信息经常令我们怀疑——当我们知道那些广告商是出于个人利益而劝导我们时,就会怀疑其动机,因而,报纸编辑、电视播音员或博主(blogger)就显得尤为可信。

新闻宣传是主动式 MPR 的主要工具。同广告类似,以市场营销为导向的新闻宣传的基本目的在于从两方面来提高一个品牌的权益价值:第一,通过增强品牌认知度和新闻发布会的反响来增进品牌的认知;第二,通过在消费者脑海中留下强烈而积极的品牌形象与该品牌名称的联系从而提升品牌的形象。产品发布(product releases)、公司层面的新闻发布(executive-statement releases)以及专题文章(feature articles)是三种被广泛使用的新闻宣传方式。

产品发布(product releases)宣告新产品的上市,提供与产品特征和优势相关的信息,并告知感兴趣的听众和读者进一步获取信息的方法。产品发布经常以纸质版和电子版方式刊登在贸易杂志的产品部分(即相应产业的有关出版物)和大众商业出版物上(例如《商业周刊》、《福布斯》、《财富》和《华尔街日报》)。产品发布新闻稿也会在地方性或全国性报纸(例如《今日美国》)上重印。另外,近年来,产品发布的新闻稿正在通过诸如 Youtube、Myspace 等社交传媒,以博客(blog)和播客(podcast)的方式在网络上流传。

公司层面的新闻发布(executive-statement releases)是通过 CEO 和其他公司高管发布新闻。公司层面的新闻发布可以涉及与公司相关的各种问题,例如:

- 产业发展与趋势报告
- 未来销售额预测

- 经济走势报告
- 对研发工作或市场调研结果的评论
- 公布企业实行的新的市场营销规划
- 对国外的竞争对手与全球化发展的评论
- 环境问题评论

与经常出现在报纸和杂志上的商业及产品板块及其网络版本上出现的产品发布新闻稿相比，公司层面的新闻发布通常出现在新闻板块。这一出现位置暗示其具有较高的可信度。值得注意的是，任何产品发布新闻稿都可以通过改变写作方式而变成公司层面的新闻发布。

专题文章详细描写了产品或其他具有新闻价值的计划，这些文章往往是由公关公司所写，并即时通过印刷、广播媒介或相关网站传播。这些材料所需成本较低，但却可以为公司提供大量吸引潜在客户的机会。

许多报纸常刊发一些可能吸引读者的关于新产品的专题文章。例如，某一地方性报纸的 DIY 板块日前刊发了一则 Skil 无线螺丝刀的产品发布新闻稿。尽管此稿件看似是由一名当地的专栏供稿人所写的，但对专业人士来讲这显然是一则经由 Skil 的公关代理准备并同时在数以百计的各地方报纸中刊发的专题文章。开篇及其配图立即吸引了读者的注意力，"不要被 Skil 手掌型无线螺丝刀的规格所欺骗。这一工具比你想象的要强大得多。"在文章的后段，DIY 爱好者们完全被下述文字所吸引——"但这才是这一工具的美妙所在：充好电，把螺丝刀放在抽屉里，两年内它将尽心尽责，每时每刻都乐意为您服务。"容易想象，那些数以千计的看到此新闻的读者会在下次前往他们最中意的商店购物时去有意寻找 Skil 无线螺丝刀并将它买回家。

18.2.2 被动式 MPR

市场发展的不可预测性可能会使组织身处险境，备受指责，此时就要求进行被动式

MPR。简而言之，对公司不利的事件以及不可测事件会时而发生，因此我们就需要做出公共关系回应。一般来说，产品缺陷和失灵是进行被动式 MPR 的最主要的因素。

著名案例节选

下面是一些近几十年来发生并引起媒体广泛关注的产品危机的节选。这些例子是按照时间顺序由近到远给出的，既有最新鲜出炉的案例，也有 20 世纪 80 年代的案例。

美泰（Mattel）公司及其油漆铅含量超标案 2007 年，美泰公司发布信息，宣布召回该公司旗下在中国制造的三种产品。从数量上，近 80 万个芭比娃娃（Barbie doll）由于所使用的油漆含铅量超出安全范围而遭召回。[4]

曼牛（Menu Brands）公司及其鼠药污染案 由加拿大 Menu Brands 公司制造的另一个源于中国的案件发生在 2007 年，超过 6 000 万宠物食品因为含有由中国进口的受鼠药污染的小麦而遭召回，造成相当数量的宠物猫狗死亡并对它们的主人造成很大困扰。[5]

瑞牛（ReNu MoistureLoc）镜片清洁液案 2006 年，Bausch & Lomb 公司在传出其镜片清洗液可能致使使用者角膜感染进而失明后，撤回其旗下的 ReNu MoistureLoc 镜片清洁液这一品牌的产品。此后，Bausch & Lomb 公司撤出两大亚洲主要市场，美国公众获悉后也对其进行了谴责。危机管理专业人士认为，该公司对危机的不良处理可能会超越 MoistureLoc 这一品牌给公司旗下的其他品牌带来不良影响。[6]

英国的 Dasani 案 与如 Evian、Perrier 等欧洲瓶装矿泉水品牌不同，可口可乐公司旗下的 Dasani 瓶装水来源于经过严格过滤以去除氯化物和矿物质的自来水。在此过程后，为改善口感的需要，再向经过净化的水中加入一些矿物质混合物。尽管 Dasani 在北美的业绩不错，但在 2004 年对欧洲市场来讲还是新产品。可口可乐公司选择英国作为其"侵入"欧洲计划的起点。产品一上市，就受到了英国小型报纸的恶评，称其上市的过滤自来水并非欧洲市场所需要的温泉水。

此负面评论或许从上市初期就注定使这一产品没落，然而，更糟糕的事情还在后面，当可口可乐公司发现 Dasani 瓶装水含有在与空气长期接触后增大致癌可能性的溴酸盐时对其进行了召回。此问题源于可口可乐公司应英国有关瓶装水必须含有钙成分的规定而向其旗下品牌的瓶装水中加入氯化钙。可口可乐公司所添加的这一批次的氯化钙试剂，明显含有无法预知的高量溴化物，超量的溴的衍生物，使溴酸盐在生产过程中形成。这一事件迅速遏制了可口可乐公司试图将 Dasani 这一产品全球化的进程。尽管可口可乐公司具有在很多国家内普及不知名品牌的能力，但公司曾希望的在保证产品高质量的情况下赚取其规模经济效益的计划却难以实现。[7]

Vioxx 与心脏病、中风案 Vioxx，一种由医药巨头 Merck 公司生产的治疗关节炎和急性疼痛的药物，由于在 2004 年的一项科学研究中被发现服用其超过 18 个月的患者相比控制组服用安慰剂的患者患心脏病或中风的可能性增加一倍，而在全球宣布撤回。由于 2003 年 Vioxx 销量高达 25 亿美元，此撤回的举措对 Merck 公司的财政状况产生了重大影响，对 Merck 公司撤回产品不利的负面新闻宣传更进一步对 Vioxx 这一产品，甚至对 Merck 公司整体造成了长远的不利影响。[8]

印度可口可乐公司、百事公司和农药案 一个印度的环境组织在 2003 年发布的一份报告称其实验室化验表明,在可口可乐和百事公司所灌装的多种软饮料中的农药残留量至少超过欧洲标准30倍。此报告公开后,很短时间内,这两大软饮料巨头的销售额骤降超过30个百分点。两家公司的官员均声称他们在印度执行的有关农药残留量标准与其他地方完全相同。尽管如此,印度最高法院仍然签发法令,要求可口可乐公司和百事公司必须在其所生产的软饮料的外包装上粘贴带有农药残留量数据的警示标志。通过此失败的新闻宣传案例,我们可以看出,在重建印度消费者对这些传统的"高可信度"品牌的信任方面,两家公司均面临挑战。[9]

凡士通轮胎与翻车案 由日本普利斯通(Bridgestone)公司的美国附属公司——凡士通(Firestone)所生产的凡士通轮胎,成为负面新闻宣传的焦点,特别是在使用凡士通轮胎的福特探索者(Ford Explorer)城市越野车(SUV)翻车事故频发的2000年。出现问题的轮胎最终被召回,但凡士通和探索者(Explorer)品牌都备受公众质疑和谴责。此案例会在随后的危机管理部分中详述。

比利时可口可乐与受污染二氧化碳案 1999年比利时可口可乐灌装工厂将受污染的二氧化碳充入部分可口可乐瓶中,并在欧洲(主要在比利时)发售,造成消费者在饮用后身体不适。可口可乐的第一反应是否认产品存在质量问题,此态度触发了公众对于公司态度的强烈抗议,这一态度更促使消费者认定,可口可乐公司管理人员并不在乎他们的健康与安全。

欧洲各界媒体一致撰文认为可口可乐公司产品造成消费者中毒。可口可乐公司的高管人员终于得到消息,命令公关人员立即着手进行运作,以抵消对可乐品牌效益与利润的影响。在所采取的措施之中,值得提及的是,公司雇用了数以千计的比利时人向光顾杂货店的人派发免费的1.5升可乐的兑换券。这一事件造成了数百万美元的收入损失,如若当初采取迅速而道歉式的回应方式,这一损失可以大幅减少。[10]

百事可乐中的注射器:一场恶作剧 1993年,一个新奥尔良人与CNN联系,称他在一罐百事健怡可乐(Diet Pepsi)中发现了一个注射器。随后不同地区也出现了同样的污染性报告。百事当局十分清楚该报告是虚假的,百事健怡的灌装过程绝对安全,因而百事官方通过媒体对不利信息进行反驳。在新闻播出后,百事公司公开了其产品灌装过程的录像,此录像约有1.87亿人观看。据此可以看出,将异物在不到1秒钟灌装时间内塞入罐内是基本不可能的,特别是像注射器这么大的物体。同一天,百事总裁和CEO与食品药物管理局(FDA)的特派员出现在美国广播公司(ABC)晚间新闻中。CEO向观众保证,百事健怡有99.9%的安全性,FDA特派员警告消费者制造虚假传言属于违法行为。

Perrier苯污染案 Perrier一直在美国瓶装水产业中处于领先者地位,直到1990年,其生产商Source Perrier宣布在部分产品中发现了有毒化学物质苯。Perrier从美国超市与饭店召回了7 200万瓶水,随即停止了世界各地的产品分销。据估计,全球召回的总成本应该超过了1.5亿美元。Perrier在美国的销售额下降了40%,而Evian取而代之成为进口瓶装水领域的领头羊。Perrier的业绩至今未能完全恢复。

泰诺和氰化物污染案 1982年,7名芝加哥人服用泰诺(Tylenol)胶囊后死于氰化物中毒。许多分析人士预测,泰诺不可能再重获之前的市场份额了。有些评论员甚认为,强生(Johnson&Johnson)能否再用泰诺的品牌经销产品都是一个未知数。但此后公司的行动令许多专家认为强生几乎完美地处理了泰诺危机。强生没有否认问题的存在,而是迅速地从零售商货架上撤下了泰诺。公司发言人在电视上提醒消费者不能服用泰诺胶囊。公司设计了一种防篡改的密封包装,为其他公司做出了表率。此外,在这场"芝加哥悲剧"发生之后,强生公司还免费为消费者更换了他们丢弃的产品,可谓是画龙点睛的一笔。此后,泰诺迅速重获市场份额。

1991年,泰诺的悲剧重演,两个华盛顿人在服用了掺有氰化物的 Sudafed 胶囊之后死亡。有了泰诺的前车之鉴,Sudafed 的生产商 Burroughs Wellcome 公司立即从货架上撤下了产品,中止了广告,设立了800个电话坐席接受消费者咨询,并提供了10万美金悬赏捉拿产品篡改者。Burroughs Wellcome 的快速而有效的反应只造成了 Sudafed 销售额的小幅度下降。

18.2.3 危机管理

从上述例子可以看出,产品危机和负面的新闻宣传可能随时对公司造成打击,并引起消费者强烈的负面反应。然而,此处需要着重指出的是,并不是所有消费者都会被负面新闻报道所左右。不难理解,对特定公司评价较高的消费者更可能质疑关于该公司的负面新闻报道,进而其对公司评价降低的可能性减小。相比来说,那些并非该公司忠实客户的消费者则特别容易受到此类负面新闻报道的影响。[11]

公司对于危机的反应往往是缓慢的。根据一位危机管理专家的观点,公司反应缓慢的原因可以解释如下:

> 当危机到来时,管理层的第一反应往往是担心公司,或其股价,或其管理团队、生产线及他们自己的职位或奖金。而"那位把她的两个孩子放在购物车里的母亲现在对我的产品持何看法"的问题却被抛在脑后。[12]

从中我们可以看出,对负面的新闻宣传做出迅速而积极的反应是尤为重要的。公司必须正视负面的新闻报道,而不是一味否认。只要有效执行被动式 MPR,就足以挽救一个品牌或者一个公司。负面新闻报道出现后,公司立即采取相应措施,可以减少下列损失:公众对公司的信息丧失,销售额和利润的重大损失,等等。

在网络时代,如果出现产品失败、缺陷、污染或其他形式的负面营销相关新闻,公司的品牌形象就可能在瞬间化为乌有。[13]试想我们之前提到过的凡士通(Firestone)与福特探索者(Ford Explorer)案。"普利斯通、凡士通公司生产的用于福特探索者 SUV 上的15英寸轮胎,是造成共计200余人死亡的数百起翻车事故的罪魁祸首,或者说它们至少负有部分责任"——这则新闻刚一传出,普利斯通、凡士通公司立即要求召回其生产的超过650万个凡士通轮胎。

福特公司的官员否认公司对此事应负有责任,并将责任完全推卸给普利斯通、凡士通公司。尽管普利斯通、凡士通公司对流传的负面新闻报道的回应十分缓慢,但福特公司意识到互联网的力量,并在大约200个总浏览人数达数百万的网站上登载广告。该广告恳请浏览者点击该广告以链接到福特的召回主页,该主页上清楚注明此次召回涉及的车辆型号、轮胎型号以及官方授权的换胎处的地址。该站点还提供了一封来自福特公司的新闻稿以及一封公司 CEO 的声明,文中写道,福特公司从不会对其顾客的安全与信任掉以轻心。

鉴于普利斯通、凡士通公司对于此负面新闻宣传反应缓慢,福特公司聪明地利用反应速度和网络的影响力化解了指向它的负面新闻宣传。也许福特探索者汽车本身并未能完全开罪于大量的翻车事故,但从整体上来看,由于福特公司的公关努力,大众几乎将所有的谴责都抛向了凡士通公司。一家咨询公司称,在其对公司及其品牌名誉的研究中,凡士通公司的名誉指数的跌幅是史无前例的。[14]

正如福特公司利用网络媒介削减凡士通轮胎和探索者翻车事故造成的负面影响那样,其他公司在面对负面新闻时也借助了网络媒体的力量。一位评论员将负面产品新闻通过网络的蔓延称为"反病毒营销"。[15]为了防止其危害,公司可以使用网络发布他们自己的新闻,以抵消部分负面新闻报道对品牌带来的影响。这一方法在现今这个信用体系存在危机、消费者对厂商愈发愤世嫉俗的时代中,显得尤为重要。

一个危机管理研究机构认为,品牌在遭遇危机时公司应该做的第一件事就是立即上网调查与了解博主们对该品牌的看法。"你需要全身心投入,激励你的忠实客户在此危难时刻帮你一把。"[16]

18.3 谣言与民间传闻

当你还在上小学的时候可能听过一些谣言,也传播过一些。它们通常是不怀好意的,有时甚至很滑稽,但多数情况下都是假的。我们现在来谈一下谣言和民间传闻。如果不考虑技术因素,民间传闻与谣言关注的现象稍有不同:民间传闻虽然也是一种传言,但它不同于谣言,传播的是讽刺性故事,即民间传闻传递的真实信息与文字表面含义是不同的。[17]举例来说,请看下面的"古琦(Gucci)袋鼠"传闻:

> 你听说过美国游客驾车驰骋在澳大利亚的故事吗?他们喝醉了,感觉好像撞到了一只袋鼠。游客以为袋鼠死了,想拍张搞笑照片。他们用栅栏把袋鼠支撑起来,把自己的 Gucci 夹克给袋鼠穿上。接着他们成功地给这只经他们精心打扮的有袋动物拍了照。但实际上,袋鼠只是昏迷了,并没有死。它突然醒了过来,穿着夹克跳走了,夹克里有驾驶证、钱和机票。[18]

在考虑了技术上的区别后,我们便不必在后面的讨论中区分更一般性的谣言和具体的民间传闻了。但是,若在本书中提到谣言,其中也包括了民间传闻。值得进一步关注的是,我们感兴趣的谣言只涵盖产品、品牌、商店和其他营销客体。[19]许多网站关注着各种谣言和民间传闻,其中很多也包括产品设计、技术进步甚至是具体的品牌的内容。对于民间传言分类的有关内容,请参见民间传言网站(http://www.snopes.com),或查询有关商业和诸如汽车、电脑等具体产品的有关传言。

商业谣言(commercial rumors)是一种广泛传播但却未经证实的信息,内容涉及产品、品牌、公司、商店或其他商业对象。[20]谣言,特别是通过电子邮件和博客传播的谣言,传播如同燎原之火,且总是把事件描述得非常难听甚至令人生厌,因此谣言或许是公共关系人员要对付的最棘手的问题。[21]例如,一条曾在美国迅速传开的谣言如下:由于激浪(Mountain Dew)饮料经过5号黄色染料进行染色,饮用该饮品会降低男子的精子数。虽然这一说法是虚假的,该民间传闻还是影响了青少年软饮料的消费习惯:有些人为求控制生育而增加饮用量,而其他人因担心无后而减少饮用。[22]

我们再来看一个困扰宝洁公司多年的民间传闻。谣言称,宝洁公司著名的"月上人"标志是魔鬼的象征,即把宝洁曾使用过的旧标志上的星星连接起来会形成数字666(基督之敌的代号)。同时,从镜子里看,月上人的胡子也形成了数字666。虽然该谣言十分荒谬,却在美国中西部和南部流传多年,致使宝洁公司最终决定更换标志。新标志只保留了代表美国最初成立的州的13颗星,而摒弃了看起来像数字666的卷胡子。

下面这些谣言/民间传言,你很可能曾有所耳闻。[23]虽然其中无一为真,却均广为流传:

- 麦当劳公司曾斥资捐助撒旦教堂。
- 温迪汉堡店的汉堡包中除了有牛肉外,还有一种红色蛔虫。(此谣言的其他版本将目标换成了麦当劳或汉堡王快餐店。)
- Pop Rocks(通用食品公司制造的碳酸性糖果)在胃里与苏打混合时会发生爆炸。
- Bubble Yum 口香糖里包含蜘蛛卵。
- 一个在凯玛特(Kmart)超级市场购物的妇女在试穿一件台湾进口的大衣时被毒蛇咬伤。
- 一对情侣约会去看电影,在半路上,他们在肯德基叫了外卖。后来女孩突感不适,男孩马上将她送进医院。医生称女孩好像中毒了。男孩回到车上寻回一块吃了一半的形状奇怪的"炸鸡",医生马上认出这块"炸鸡"实际上是一只老鼠,最终女孩死于食用了老鼠体内的一种致命的中枢兴奋剂(马钱子碱)。
- 数千位消费者分别从网上、教堂公告栏和护理中心得到消息,即 Gerber 谣言,称婴儿食品公司 Gerber 正在发放500美元救助证券,这是其履行某案件判决的一部分。许多父母按照谣言中的操作方法,将孩子的出生证明和社保卡复印件邮寄到公司在明尼苏达波利斯的地址。在那段时间,邮局信箱每天都会接到10 000—12 000 封寄往 Gerber 公司的邮件。

前面的例子引出了两种基本的商业谣言种类:共谋谣言和污染谣言。[24]共谋谣言(conspiracy rumors)涉及威胁消费者利益,或令其思想上感到不快的公司政策或者具体事件。例如,曾在新奥尔良地区出现传言,称 Popeyes 连锁店创始人 Al. Copeland 支持一位受广泛谴责的与3K党(美国南部白人基督教徒种族主义秘密组织)、纳粹有联系的政客。Copeland 立即召开记者招待会,否认与该政客存在任何联系,并悬赏25 000 美元追查谣言源头。公司迅速的反应使谣言在产生强烈不利影响之前就被扼杀在摇篮之中。[25]

共谋谣言的另一案例涉及并不知名的布鲁克林(Brooklyn)瓶装饮料公司。该公司推出了热带幻想(Tropical Fantasy)系列廉价软饮料。该系列产品销售额快速增长,成为许多美国东北部市场小杂货店中最畅销的品牌。然而此时,它却被谣言所害。有人开始在低收入人群中散发传单,警告消费者远离热带幻想系列饮料,并称饮料由3K党所制造,含有兴奋剂,能令黑人不育。愤怒的消费者拿起垒球棍威胁分销商,并用瓶子投掷运送该饮料的卡车,一些商店因此不再接受送货,热带幻想系列饮料的销售额暴跌。[26]显然,这种恶意的谣言只可能来自与之构成市场竞争品牌的员工。

污染谣言(contamination rumors)讲的是产品或商店的令人不悦或有害的特征。举例来说,一则内华达州利诺地区的传言称,墨西哥进口啤酒Corona中掺有尿。实际上,这一谣言是由其竞争性品牌喜力(Heineken)在利诺的分销商捏造的。受此影响,Corona在一些地区的销售额下降了80%。最终,经法院庭外和解,利诺的分销商公开声明Corona没有被污染,谣言才得以平息。

应对谣言的最佳途径

在遇到谣言时,一些公司认为不作为是最好的应对方案。这一谨小慎微的方法显然是担心对谣言的反击反而会使谣言传播得更加猖獗,吸引更多注意力。一位研究谣言的专家称,"谣言如烈火,我们的首要敌人是时间"。他建议,"我们不要期望谣言之火自行熄灭,而应予以快速、坚决的反击"[27]。反谣言的媒体宣传必须尽早展开。

反谣言宣传活动最少要包含以下步骤:第一,决定谣言中需要予以反驳的具体要点;第二,强调同谋谣言或污染谣言是不实而有碍公平的;第三,挑选合适的媒体或渠道散播反谣言信息;第四,选择有公信力的发言人代表公司发布信息(例如在之前所述的百事公司案中的科学家与政府官员,再如民间领袖或德高望重的神学家)。[28]

18.4 口碑的影响力

有关本话题的讨论不仅涉及营销导向的公共关系,还与主动及被动式MPR活动、应对民间传闻及谣言与处理危机有关。运用主动式与被动式MPR影响人们对于产品、服务以及其他与市场相关话题的言论以及网上交流,才是口碑影响力的内涵。换句话讲,营销传播从业者希望影响人们对产品和特定品牌的意见。因而,这一节旨在使读者可以更好地理解市场中的口碑影响力,以及营销传播专家怎样通过影响沟通过程来实现品牌的利润最大化。

研究显示,口碑影响力(WOM)既复杂又难以控制。[29]尽管如此,品牌经理竭尽全力控制WOM仍然十分重要。据估计,一个普通的美国消费者在一周时间内会参与超过120次WOM交流,交流内容最主要集中于诸如餐饮、传媒和娱乐、体育与爱好、购物等产品与服务。[30]有时正如前文所述的危机管理、民间传闻以及谣言,影响是负面的。在其他情况下,WOM对品牌是有益的,WOM能传播尽可能多的正面信息,为品牌营造利好形势。[31]下面我们将首先解说有关口碑影响力的几个概念,之后我们会讨论造势活动的实际运作。

18.4.1 强弱关系纽带

人生活在人际关系网中,与家庭成员和朋友时常相互作用,每天都混迹于同事之中。而相较之交流频率较低、纽带关系弱的交互模式也是存在的。因而,我们可将社交关系按照纽带强度进行区分。消费者的人际关系便是在弱纽带(例如偶遇熟人的鲜见的交际)和强纽带(例如频繁而常常十分亲密的朋友之间)的区间内。[32]正是通过这些有强有弱的纽带,有关新产品、新开张的饭店、最新上映的电影和刚刚上架的新碟以及林林总总的其他新产品与服务的信息才得以传播。[33]

通过上述简短的讨论,我们得出的重要结论是:营销传播运作,特别是通过广告媒体的营销传播,对于信息散播的运转尤为重要。随后,正是 B2B 消费者之间的社会交际使得有关产品、服务以及品牌的信息得以传播,即在以引导人们谈论以及推崇某特定品牌为目的的两步沟通过程中,广告是第一步,WOM 是第二步。[34]因此,营销传播从业者需要运用广告与造势(将在稍后的章节内讨论)的方法,精心策划产品信息的传播过程,这样才能使信息通过人与人之间的交际,如面对面的交流、YouTube 和 MySpace 等社交网站以及博客等方式,如同雪球一样被加速驱动得以传播。

18.4.2　意见领袖在口碑传播中的作用

尽管几乎每个人都会谈及产品和服务,但其比例及他们的言论对他人的影响力依然有所区别。这些有巨大影响力的人被称为"有影响力的人"或"意见领袖",在本章内容中我们采用后者,即"意见领袖"的说法。

意见领袖是一个身处家庭、朋友以及熟人的社交网络中的,且对其他个体的态度和行为有显著影响的人。[35]意见领袖有以下几项重要作用:他们向其他人告知产品信息并为其提供建议,降低追随者在购买产品时感受到的风险并对追随者所做出的决定给予积极回应,以表示支持或确认。因而,一个意见领袖是一个告知者、说服者以及确认者。

意见领导力的影响一般仅限于一个或几个消费主题,而非对所有的消费主题全部适用,即一个对某消费主题的产品与相关事务有影响力的意见领袖,比如电影、计算机、滑雪或烹饪界的意见领袖,一般来说并不会对其他无关领域具有影响力。例如,很难找到一个其意见与知识能同时对上述四个业界都能构成影响力的人。

意见领袖十分热衷于与他人交换意见,这是因为他们从与他人分享意见并解释他们对于产品与服务的知识中,能够获得满足感。因而,意见领袖会持续努力走在时代的前沿(且经常会以之为自己分内的义务)。总体上讲,威望是在口碑影响力中,决定某影响力究竟是来源于意见领袖,还是那些信息传播过程中的追随者的中心判断因素。"我们喜欢做新闻的持有者。能够给出自己的建议会令我们有一种有威望的感觉,它令我们瞬间成为内行。"[36]

学术界使用内行(maven)这一单词来称呼那些在市场事务中的专家。[37]内行们运用多种产品、商店以及市场其他方面的信息,并促成与消费者的讨论,为提出咨询的消费者答疑解惑。换句话说,内行被视为信息的重要来源,并在为朋友和他人提供信息的过程中得到威望与满足感。意见领袖就是内行。

18.4.3　防范负面口碑传播

正面的口碑传播是新品牌成功路上的一个关键要素。事实上,研究表明,消费者往往对品牌的正面评价远多于负面评价。[38]尽管如此,不利的口碑传播仍可对产品形象产生毁灭性的影响,因为消费者似乎在进行评估时对负面信息的重视程度高于正面信息。[39]

营销传播从业者应尽力使负面口碑最小化。[40]至少,公司应该向消费者表明,他们对于合理投诉持积极应答的态度。制造商可以通过在标签或包装内附件中提供详细的保修合约以及处理纠纷的程序相关信息来表示他们积极应对的态度。零售商可以通过其雇员在解决纠纷时的积极态度、商店中的标示以及向顾客寄送的月结单中加入说明附件来体现其积极态度。公司则可以向客户提供免费电话和电邮咨询服务,给客户一个简便易行的投诉和提意见的平台。通过向顾客表明他们积极应对投诉的态度,公司可以避免负面口碑传播,甚至可以通过此举建立正面的口碑。

IMC 聚焦 肯德基与南京冠生园的危机公关对比

2005年3月15日,肯德基旗下的新奥尔良烤翅和新奥尔良烤鸡腿堡被检测出含有"苏丹红1号"。16日上午,肯德基要求所有门店停止销售新奥尔良烤翅和新奥尔良烤鸡腿堡。当天17:00,肯德基连锁店的管理公司百胜餐饮集团向消费者公开道歉,集团总裁苏敬轼明确表示,将会追查相关供应商的责任。

3月17日,《南方都市报》《广州日报》等媒体在头版头条大篇幅刊登了关于肯德基致歉的相关报道。其他许多媒体也对肯德基勇于认错的态度表示赞赏。19日,肯德基连续向媒体发布了4篇声明,介绍"涉红"产品的检查及处理情况。百胜餐饮集团总裁苏敬轼发布了调查苏丹红的路径图:肯德基产品调料中发现苏丹红成分——调查这两款产品的配料来源——发现该配料来自中山基快富公司——追查所有中山基快富公司进料——锁定来自中山基快富的9批辣椒粉——9批辣椒粉中有2批发现苏丹红成分——查实中山基快富是从宏芳香料(昆山)有限公司采购的原料。根据线索重新追查使用过含"苏丹红"调料的其他连锁店的产品——北京朝阳区肯德基万惠店抽查发现香辣鸡翅、香辣鸡腿汉堡、劲爆鸡米花三种产品含苏丹红——北京的这三种产品停售。

3月23日,肯德基在全国恢复了被停产品的销售。苏敬轼说,"中国百胜餐饮集团现在负责任地向全国消费者保证:肯德基所有产品都不含苏丹红成分,完全可以安心使用"。28日百胜餐饮集团召开新闻发布会,苏敬轼现场品尝肯德基食品。百胜集团表示决定采取中国餐饮行业史无前例的措施确保食品安全。

4月2日,肯德基开始对四款"涉红"产品进行促销活动,最高降价幅度达到3折。肯德基销售逐渐恢复元气。6日,肯德基主动配合中央电视台《新闻调查》和《每周质量报告》等栏目的采访,记者的关注焦点已由肯德基"涉红"转变为对原料和生产链的全方位追踪。肯德基对"苏丹红"危机的处理,从发现问题到顺利度过危机,大致用了三个星期的时间。肯德基的成功之处在于,他们准确地把握了第一时间给消费者留下积极印象的重要性。在公众中塑造了肯德基是一家有信誉和敢于承担责任的企业的良好形象,在一定程度上减轻了消费者的疑虑和来自媒体的压力,防止了事态的进一步恶化,为企业赢得了反败为胜的时间。

与肯德基对"苏丹红门"事件的快速反应和处理相比,南京冠生园对"旧馅门"的处理不当则导致灭顶之灾。2001年9月3日,央视《新闻30分》披露南京冠生园用"旧馅"做月饼。4日,卫生部紧急通知严查月饼市场,事件殃及各地"冠生园"。9月5日,南京冠生园老板接受采访时说"用旧馅"是普遍现象,此语一出全国月饼市场跌入冰点。有调查显示,50%的消费者表示对月饼质量不放心。6日,上海冠生园发表声明,称与南京冠生园无任何关系,自己的产品一贯合格。百家月饼厂商在成都承诺质量,月饼厂家在全国掀起"月饼保卫战"。从9月8日起,媒体上由揭露用"旧馅"的报道转为提醒消费者注意选购品牌。月饼厂家集体挽救市场:"县长站柜台"、"开膛卖月饼"、"参观生产线"、"重奖举报者"等报道纷纷见诸报端。

9月17日,南京冠生园发表公开信,矛头直指中央电视台及相关记者,称有关"旧馅"事件的报道属虚假信息,南京冠生园产品质量完全达标。19日,央视有关记者回应南京冠生园的公开信,指出记者与南京冠生园并无私仇,其对南京冠生园的报道是客观公正的。此举再次引起媒体和消费者对"旧馅"事件的关注。

9月20日,上海冠生园提出要告南京冠生园。数据显示,2001年全国月饼销量下降20%。2002年2月,南京冠生园食品有限公司申请破产,负债1 600多万元。事发半年后,具有80多年历史的南京冠生园品牌就此毁于一旦。

资料来源:1. 崔丽霞,《危机突降时肯德基怎样应对》,《中外企业文化》,2006(3)。

2. 舒昌,《从肯德基处理"苏丹红"事件看危机公关》,《企业经济》,2005(1)。

3. 吴瑛,《危机传播需要的是什么?——对比肯德基"苏丹红"事件和南京冠生园"旧馅"事件的处理》,《新闻记者》,2005(9)。

讨论题:

从这两个企业的案例中,企业应吸取哪些经验和教训?

全球聚焦 因制造虚假博客而入狱

博客使用者经常会在博客上夸奖新产品和特定品牌。遗憾的是,人们总有无法确定博主可靠性的时候。博主是曾经使用过该产品的真实消费者吗?他真的喜欢它并想要向他人介绍这件产品吗?抑或这个博客是由营销该产品的公司创建的,或是公司雇人说产品的好话?

虚假博客的问题是全球性的。在美国,口碑营销者通常认为,自我监管是防止虚假博客的最佳方法,至少在现阶段不需要政府监管来防止此类问题发生。然而在英国,2008年生效的法律规定,在博客中将自己伪装成消费者来宣传品牌是刑事犯罪。这项规定旨在防止一些实例的发生,比如索尼曾发起一项互联网运动("圣诞节我只想要PSP"),期间它使用了看似业余的视频镜头以及属于视频中的一个人的虚假博客。在另一个虚假博客的著名案例中,Whole Foods的创始人以一个虚假名字在博客中对其竞争者进行了批评。

现在,在欧洲,在网上写出正面信息却不指明来源是违法的。直到编写本书时(2008年年中),对虚假博客的确切处罚还没有明确规定。建立先例需要一个测试案例。但虚假博主已经对失实博客来源可能带来的财务罚款甚至是牢狱之灾产生了高度的警觉。

资料来源:改编自Emma Hall, "U. K. Cracks Down on Word-of-Mouth with Tough Restrictions," *Advertising Age*, April 28, 2008, p.132.

18.5 造势

前文应用意见领导力等传统概念来介绍口碑传播的过程,使人认为口碑是一种自发现象,营销传播从业者就如同体育比赛里的观众,他们被动地享受其利而并不参与其创造过程。本部分将澄清这一事实——营销传播从业者在口碑传播的过程中是,或者说应该是,积极的参与者,而非仅仅是看热闹的旁观者。

由于人际沟通在影响消费者的态度和行为中的重要作用,品牌营销者认为主动影响公众对该品牌的看法很重要,而非仅仅坐等正面口碑的产生。营销者将这一主动作为称为"造势"(creating buzz)。从定义角度,我们可以把造势定义为系统性的、有条理性的,通过面对面交流或网络途径,鼓励他人对某一特定品牌做出利好评价与鼓励其社交圈中的其他人使用同一品牌商品的行为。除了造势之外,还有很多用来表示主动散播积极口碑信息的行为的专业术语,例如:游击式营销(guerrilla marketing)、病毒式营销(viral marketing)、传播式营销(diffusion marketing)、街头营销(street marketing),等等。

下面我们来介绍一些造势的实例,以使大家明白为什么这一行为被广泛采用,以至于在如今的主要营销公司中都设有造势工作组。

18.5.1 轶事为证

在正式讨论有关造势的话题之前,我们认为有必要首先讨论一些有关造势行为的实例。

微软公司的光晕2(Halo2)游戏几年前在圣诞购物季前上市。然而,在上市前,该产品已经获得了150万的订单。这一前期成功而广为流传的造势行动源于微软公司建立了一个该游戏的网站(http://halo2.com),刺激了很多喜欢玩光晕2之类游戏的玩家的兴趣。该网站的吸引人之处在于它是用在光晕2游戏中准备攻击地球的外星人(星盟)的语言和观点编制的。尽管网站上没有一个英语单词或者任何其他地球语言,但玩家可以在48小时之内破译星盟的语言,比微软公司的预期快了两周。显然,玩家联合起来形成小组分工合作以破译语言代码。此独特的网站使玩家极为兴奋,进而为这一新的微软公司出品的游戏造势并使早期订单激增。[41]

为了使年轻一代的时尚引领者成为品牌的宣传者,丰田公司在发布其赛恩(Scion)系列车型时采用了游击队战术。公司形成所谓的街头营销队并在美国各大城市中向大批年轻消费者发放宣传品。大众有机会参与赛恩车的活动,在试驾车型中,车中装有摄像机,在完成试驾后,人们可以将驾驶过程及座驾的录像通过电子邮件发给朋友。[42]

Mel Gibson制作了一部名为《基督受难记》的宗教电影,该电影以时间顺序呈现了基督生命的最后12个小时。Gibson自掏腰包2 500万—3 000万美元制作该电影,并在电影上映前的几个月时间里,在街头与教堂领袖会面并向他们发表有关电影的演讲。他的制片公司向神学家们提建议,教给他们如何用该电影去普及教义与招募新人。这种为电影的大规模造势直接导致了票房的一路飘红。[43]

另一部电影,李安导演的华语武术片《卧虎藏龙》也借助了造势方法使票房飘红。在宣传电影的预算有限的情况下,剧组认为口碑将是电影票房能否高涨的关键。为了使电影迷们为该片"摇旗呐喊",他们为一些被认为更有可能散播对电影正面评论的观众们播放了一段电影中部分精彩镜头的特别剪辑。在这一特辑的观众中,既有一女性领导力机构的毕业生、一群女运动员,又有广告公司的高管及媒体从业者代表。公司希望这一多元化的观众团队可以将他们对于电影的赞许与他人分享从而使电影的口碑得以传播下去。[44]

Lee 牛仔裤公司希望吸引消费者来光顾店面,从而使他们有可能去试穿并购买 Lee 品牌的产品。为了达到这个目的,该品牌的营销代理制作了一个与一个同期营销活动相呼应的线上游戏。只有消费者购买 Lee 牌牛仔裤,才可以通过价格签上的一串号码进入游戏的第二关。为增添游戏的人气,公司向 20 万消费者发送电子邮件,旨在使之观看一段在线视频从而对游戏中的人物产生兴趣。这些"新潮而具有吸引力"的消息被信息最初接受者传给他们的朋友,并在病毒式营销的模式下在朋友链中不停传播。[45]

为了确立洛杉矶郊区的 Long Beach 地区作为西海岸航班枢纽,JetBlue 航空公司的市场部员工运作了一场造势的活动。该活动旨在使诸如酒保、酒店接待员等具有影响力的人帮他们宣传 JetBlue 航空公司及其始发于 Long Beach 机场的航班。公司雇用一些大学的实习生们拜访酒吧、酒店及其他有关地方,向相关人员介绍 JetBlue 并向他们派发保险杠贴纸、纽扣、储物袋,旨在向他们强化对于 JetBlue 始发于 Long Beach 机场的每日航班的印象。为了引起人们对于 JetBlue 的进一步兴趣与造势,实习生们驾着车门上漆有 JetBlue 蓝色标志的大众甲壳虫车在 Long Beach 的大街上进行宣传。[46]

在 2004 年第一场奥普拉·温弗瑞(Oprah Winfrey)的著名的每日播出的电视节目中,276 名现场观众中的每一位都获赠一台新的价值超过 28 000 美金的旁迪艾克(Pontiac)G6 汽车。事实上,并非奥普拉本人行善捐赠这些礼物,捐赠者是通用汽车(GM)公司的旁迪艾克分部,其目的在于为新上市的 G6 造势。温弗瑞用半个小时的播出时间介绍该车型并称该车非常有型。当然,这一活动是旁迪艾克市场部在奥普拉·温弗瑞脱口秀节目的制片人的配合下完成的。作为整个计划的一部分,G6 汽车做了 90 天的温弗瑞网站(http://oprah.com)的独家赞助商。旁迪艾克公司的市场部主任称,该赠车活动不仅无须再为媒体宣传而付费,而且在公关方面卓有成效,为公司赚回了 2 000 万美元——由于赠车成本可能只有不到 500 万美元,这一交易显然很划算。[47]

18.5.2 关于造势的几种学术观点

到目前为止,我们已经更全面地理解了造势,在此,我们有必要引入网络、节点与链接的概念。这些概念不仅可以应用在造势过程中,而且可以应用在包括大脑(由轴突所连接的神经细胞)、万维网(各种网站相互连接)、交通系统(城市与城市间由道路、高速路与州际公路连接)、社会(人们之间互联)等在内的任何一种网络。[48]更具体地说,试想一个诸如航空系统的交通网络,在航空系统中,由航空公司运营的坐落在各个城市的机场就是一个节点,这些城市之间则由城际航线所连接。在航空系统中,大多数节点(即机场)所连接的其他节点是相对较少的。然而,一些大机场(如芝加哥 O'Hare 机场、亚特兰大 Hartsfield 机场和纽约 JFK 机场）可称为枢纽站（大节点的别名），它们与很多其他机场相连。

这一套定义航空网络的方法对于社会系统也是适用的。在一个社会系统中的每一个人都可以被称为一个节点。每个人（节点）都可能与其他人（附加节点）连接。尽管大多数人所连接的人有限，但还是存在一些与很多人有联系的人。由于这些人拥有强大的社交圈，他们有时会被称为具有影响力的人。相比航空网络中的枢纽站，这些有影响力的人在社会网络中就扮演着枢纽站的角色。显然，作为一个营销传播从业者，如果你希望人们散播有关你的品牌的正面口碑信息，则将你的信息告知这些具有影响力的人就是成功的关键。JetBlue 航空公司就是这样践行的，它们找到了酒保以及酒店接待员，寄希望于他们散播有关 JetBlue 航空公司以及其始发于 Long Beach 机场的航班的信息。

下面我们将介绍两个有关造势方法的评论。前者将造势的过程比作流行病，后者则起源于著名咨询公司麦肯锡所确立的一些原理，它被称为自发性需求膨胀。尽管这两种观点中均有部分冗余之处，但每一个都足以充分而独立地处理问题。

造势同流行病爆发过程类似

市场造势可与流行病类比。比较来说，试想一场普通的流感病毒传播。流感首先发生于几个人中，此后他们将病毒传播给其他人，这些人再将病毒传播，传播速度越来越快，数以千计甚至数以百万计的人都感染了病毒。显然，流感如果缺乏人——例如学童——之间的近距离接触，是不能爆发的。对于流行病的爆发来说，必然存在一个临界点，满足在该时刻有足够多的人已被感染，从而使流行病在社会系统中快速传播。[49]

可以推测，包括品牌信息的传播在内的社会学背景上的"流行病传播"，可以用以下三条简单定律来解释——少数定律、黏性因素以及背景的力量。[50]

少数定律 即要引发一场"流行病"，只需要少数具有丰富社会交往圈的人即可。这些人，可以称为连接者、具有影响力的人及意见领袖等等。这些人之所以有能力引起"商业流行病"，是基于以下原因：① 他们认识很多人；② 他们通过共享信息获得满足感；③ 他们天生在宣传产品和品牌方面很具有说服力。简短地说，造势的过程需要一些信使，这些信使应该是愿意谈论产品的人，将他们使用产品的经历与他人分享，并利用他们天生的说服力影响其他人，使他们成为产品的使用者，甚至是产品的倡导者。[51]

付费广告起于"两步法"，但仅靠它本身，是绝对不可能达到非正式的社会网络所能达到的效果的。广告可以达到宣传效果，但真正接触产品和品牌的是普通人。的确，由于广告缺乏完全的公信力——因为人们意识到广告是有人有意设计来影响他们的行为的——来自亲朋好友的个体信息往往会被全盘接受，因为其中不牵涉法定利益问题。甚至陌生人提供的书籍、专辑和其他商品的网上评论对产品销售额都会有很大影响。[52]

黏性因素 即与信息的本质相关。那些既能吸引注意力而又令人难忘的信息（即"黏性"信息）促使人们讨论相关品牌。这也解释了为什么民间传闻能够在社会系统中弥漫。这些信息本身就很吸引人，因此得以闪电式传播（读者可以回顾第 8 章中"六个信息特征能得以持续传播的特征"）。

重点在于并不是所有的信息都会持续传播且值得重复，能够得以持续传播且值得重复的信息往往具有内在的吸引力与难忘性。大量民众曾讨论我们在前文中提到的那场赠送数百辆旁迪艾克汽车的奥普拉·温弗瑞脱口秀节目，因为这是一件有新闻价值而令人兴奋的事件。数以千万计的大众曾讨论珍妮·杰克逊在2004年超级碗比赛半场报道中的露胸形象（或许她是无意的）。2008年肯塔基马赛中名叫八面玲珑（Eight Belles）的一匹赛马的死亡成为人们广为热议的焦点，这匹小母马在完成了比赛后随即双前踝骨折而不得不被安乐死。八面玲珑能成为一个持续传播的话题是基于以下原因：它以第二名的成绩完赛，且这场比赛是被视为马赛中最为专业级的肯塔基马赛；一匹母马能表现如此出色十分罕见；它受伤的方式很具有戏剧性——就在赛后的那一刻而非比赛中。PETA（动物保护组织）一直煽动着有关八面玲珑这一有争议话题的口碑传播，他们声称赛马这项运动是违反基本伦理道德的。

总体来说，一个产品或与品牌有关的想法想得以传播的先决条件是，人们必须先具有谈论它们的欲望。有些话题，正如刚才提到的那些，具有内在的吸引力。然而，大多数商业信息并非那么有趣。因此，正是由于巧妙地广告与病毒式营销的努力，许多本身显得平淡无奇的新闻才能被包装得吸引人，甚至令人兴奋，进而使之值得通过强纽带或弱纽带与其他人分享。

背景的力量　"流行病学"的第三定律——背景的力量，是指一条由连接者所传播的具有说服力的信息，只有在正确的环境与条件下才会产生效果并引发一场"流行病"。这样说听上去好像不是很科学，但有时只有天时地利人和才让流行病爆发。换句话说，存在一些难以预测、控制，甚至无法解释的因素影响这一过程。但无论确切原因是什么，有时的实际情况刚好符合口碑散播的适宜条件。例如，八面玲珑曾在一场在Churchill Downs举行的马赛中受伤，该场比赛恰恰使用的也是肯塔基马赛的赛马场，这一背景信息当时究竟能引发人们多大的兴趣，激发多少后续的口碑讨论，我们不得而知。然而，在肯塔基马赛后，这一背景却促成了有关它受伤而后被安乐死的新闻的迅速传播。

试想这样一个情景，一个学生因酒后驾车而被逮捕。这或许并不会成为一条人人皆知的新闻，更不会在学生中引起热议。然而，设想这个学生是该校校长或另一高管的子女，在这种背景下，关于其行为的讨论将会成为校园热点。当背景适当时，口碑流行病才会爆发。

激发自发性需求膨胀

前面我们已简要描述了与商业流行病传播相关的一些条件。本部分将介绍如何能让造势过程得以在社交网络中迅速传播有关某品牌的信息。

著名的管理咨询公司——麦肯锡公司对于如何为新品牌激起正面口碑浪潮有自己的一套理论。麦肯锡公司的合伙人将这种口碑传播的浪潮称为自发性需求膨胀，简称ESGD。下面几个理念是激发ESGD的基础[53]：

将产品设计得独特或明显　最有可能引发ESGD的产品与品牌有两个突出特征。首先，它们在某些方面很独特——如在外观方面（如Hummer、迷你Cooper、Smart系列轿车），功能性方面（如苹果公司的iPhone）或其他吸引人的地方。其次，它们非常明显,或者说它们可以令率先得知新产品和服务信息的意见领袖和连接者,对自己具有的这种特权具有满足感。举例来说,得以率先玩上新款游戏,在一家新开张的美食店吃饭,试饮一款勾起人兴趣的新饮料,看一场刺激的电影能使时代引领者认为他们身份不凡,这也就解释了为什么这些话题占据了我们平日生活中的很多时间。

总体来说,并不是所有产品都值得造势。相比来说,人们更倾向于只讨论那些具有一定独特性、刺激性或者一些内在可炒作因素的产品和品牌。[54]

选择并培养时尚先锋 每一款新产品和服务都有一群先于广泛大众而迅速接受此产品的消费者。麦肯锡公司称这些人为时尚先锋。对于一个新品牌的营销者来说,最大的挑战即是,明确哪一个消费群体可能会对其他消费者构成最大影响力,从而尽力促使该群体接受并认可这一品牌。运动鞋公司往往通过为当地的篮球明星率先提供新系列篮球鞋,来推动新鞋上市。一般地说,时尚先锋包括篮球明星、好莱坞明星、高中校园中的弄潮儿以及街区中最会扮酷的孩子们,等等。对于商业书籍来讲,那些在大公司里拥有独立办公室的商界领袖们就算得上时尚先锋了。当他们读到某本新书并认为其与他们所在的企业有关时,他们会鼓励其下属与其共读一本书,这些下属又会进而向他们的下级推荐这本书,如此类推。

通常来讲,时尚先锋是精心挑选出的一个最有可能对一部新电影、一本新书或其他产品、服务产生好感的目标群体。在出版业中,"啦啦队效应"是通过向某精心选择的意见领袖群体派赠免费书的方式而形成的。这一做法用"播种"市场来形容可谓恰如其分——播种,呵护其成长并最终收获(高营业额)。举例来说,日本的十几岁的女生在形成"啦啦队效应"(日语中称为 kuchikomi,即口碑)过程中扮演着非常重要的角色,日本公司已广泛认识到并有意栽培这一趋势。

Kuchikomi(口碑)是指在日本十几岁的女孩子之间开展迅捷的口碑营销的社交网络。Kuchikomi 最成功的案例就是先期在日本风靡一时并随即传遍全球的电子宠物(Tamagotchi)。在日本,人们几乎没有空间来饲养宠物,电子宠物玩具便以一种替代品的形式满足了人们拥有宠物的愿望。直译为"伶俐的小蛋蛋"的 Tamagotchi(电子宠物)是一种内置电子芯片的塑料玩具,它能根据主人的行为而发出充满感情的叫声。在这一宠物蛋孵化成为天外生物后,主人可在迷你屏幕上按相应按键来完成对这一虚拟宠物的喂食、清洁与照顾。主人恰当的照顾会被报以示爱的叫声。这一产品的制造商 Bandai 有限公司预计这一单价为 16 美元的产品销量将达到 30 万件。然而,在未做任何广告的情况下,仅仅着力于依靠少女们及其他顾客的口口相传,在一年多的时间内,仅在日本国内销量就已达 2 300 万件。此后 Bandai 公司将这一电子宠物出口到超过 25 个国家。

Tamagotchi 只不过是日本少女的 kuchikomi(口碑)效果的一个普通例子而已。许多以日本消费品为目标市场的公司并非仅是坐等日本少女口口相传,而是在产品研发过程中就征求她们的意见。一些日本公司招募少女顾问员,她们的工作无非是测试规划中的新产品,并对广告小样提供观后反馈。她们也是公司带薪的新产品宣传员。举例来说,一家公司的营销顾问 Dentsu Eye 聘请校园中的女孩们,让她们在学校故意引发有关一不知名产品的讨论。该产品认知度迅速在高中生中飙升到 10 个百分点。Dentsu Eye 的上司估计，使用电视广告达到类似的产品认知度至少要花费 150 万美元，而雇用这些少女帮忙宣传花费不到 10 万美元。[55]

制造稀缺性　在说服过程中，人们往往会利用一些有影响力的人进行劝诱，而稀缺性是一种强大力量。这是因为人们总是希望得到他们没有的东西。汽车公司经常利用这一现象，在新车上市时故意压低产量使供不应求，特别是在一款设计独特的新车上市时。在 iPhone 上市时，苹果公司的供应量也是不足的。公司希望人们能不停讨论他们不能立即拥有的产品。因此，通过在产品初登市场时压抑供应量，人们便会更加急不可待，口碑营销的网络也会投入运转。

使用名人效应　也许为一新产品造势的最好方法莫过于让名人引领时代风骚了。大量追星族们往往喜欢模仿名人的发型、衣着和他们使用的产品品牌。在高尔夫球界，名人们奔走于各种广告与信息中，为新上市的高尔夫球、新开张的俱乐部以及自助设备大肆宣传。奥普拉·温弗瑞对一些新书和许多其他产品（例如旁迪艾克 G6 车型）的宣传实际上预示着产品营销的成功。

利用排行榜效应　媒体经常发布各种排行榜，目的在于影响与引导消费者行为。例如，引导高校学生和他们的父母阅读《美国新闻》、《世界报道》的年度高校排行榜。报纸经常会登出最佳共同基金（mutual fund）排行榜。电台和网站经常发布"本周末最值得一看的电影"。据称，"排行榜是造势的强力工具，因为它们对于被各种混杂的信息所包围而不知何去何从的消费者们来讲，是一盏指路明灯"[56]。简而言之，在可信的列表上现身，就是拿到了成为对排行榜卓有兴趣的大众茶余饭后所讨论的话题的入场券。

培养草根阶层　与之前所述的"啦啦队效应"相似，这一方法建立在促使产品使用者将其他人转变为产品使用者的基础之上。显然，对产品满意的消费者往往会推荐他人使用相同产品。但相比坐等事成（或是坐等失败），培养草根阶层的方法包括所有的造势方法——一些主动激励现有产品使用者推荐亲朋好友也使用同一产品的方法。举例来说，那些因通过一种新的减肥或健身项目而成功达到目标的消费者，经过一些激励就会去吸引他人参加同一项目。健身俱乐部有时会为介绍朋友入会的现有会员提供折扣。公司通过建立品牌（在线或离线）社区，使现有消费者分享他们使用后的感言，并寄希望于他们将这些话语告知其他人。简而言之，培养草根阶层需要主动地运作，以使现有消费者为产品造势，进而乐意成为产品的忠实追随者。

结语

这一部分内容的目的在于帮助读者理解口碑浪潮传播并非既成事实无法改变，而是一种可以主动控制的东西。另外，显然并非所有产品与品牌都适宜造势。通过上文总结的一些原理，可以推断造势在何时最为行之有效及其内在原因。

越来越多的公司将造势作为对大众传媒广告的一种有效的低成本补充（甚至是替代方案）。因此，我们希望读者在读完本部分后，可以进一步挖掘这一话题的深层次内容。近年来关于这一话题的书籍已有不少，其中质量上乘且有所见地的书目请参考本部分的尾注。[57]（其实，根据 ESGD 原理中关于排行榜效应的讨论，这一书单就可以为这些关于造势理论的书籍进一步造势。)

小结

本章主要涉及两个话题:营销公共关系和包括造势在内的口碑管理。我们清楚地区分了主要处理一般管理事务(例如与股东、员工之间的关系)的一般公共关系(general PR)与营销公共关系(MPR)。本章的重点是营销公共关系(MPR)。

MPR包括主动式MPR和被动式MPR。主动式MPR愈发成为辅助广告和促销活动的一项重要且有助于增进品牌效益与市场份额的方法。主动式MPR受命于公司的营销目标,主动出击,并非为了解决某些既有问题。相反,被动式MPR的目的是回应外界压力,特别是用于应付对组织有负面影响的突发事件。处理负面的新闻宣传和谣言是被动式MPR的主要用武之地。

意见领导力和口碑影响力是促进产品的市场认同度与知晓度的重要指标。意见领袖是因其产品知识广博、看法高屋建瓴而备受尊重的个人。意见领袖向他人(追随者)宣传新产品及服务,提供建议,降低追随者在添置新产品时所感到的不确定感,并对追随者所做出的决策给予肯定。积极的口碑往往对新产品的成功尤为重要。人们向他人宣传新产品和服务时往往是因为这样做能令他们有一种卓有见识的优越感。营销传播从业者利用这一"优越感"的原理,可为新产品或服务培养为之"摇旗呐喊"的支持者。

造势,别名病毒式营销、伏击式营销及街头营销,是一种近年来才出现的主动式营销方式。公司借助造势负责人之力,通过招揽接受新产品,并向他人推荐该产品的具有丰富社会关系的人(如具有影响力的人,意见领袖)的努力,来提高新产品的社会认同度。造势可被比作一场社会流行病。随着聊天室与博客的面世,网上造势正在迅速成长。

讨论题

1. 假设你是一家开在学校周边的饭店的老板。有谣言称你的饭店主厨有艾滋病,致使你的生意日渐萧条。请准确描述你将怎样处理这一谣言。

2. 与广告相比,新闻宣传的优势是什么?

3. 有些营销从业者认为新闻宣传无法控制且难以量度。请评价这一说法。

4. 一些营销从业者认为无论一条有关品牌的新闻好坏,只要它能使品牌认知度提高并激起人们的热议,就是对品牌有利的。你是否同意负面新闻宣传总是有益的?在何种情况下它可能有害?

5. 假设你是你所在学校的体育部主任。有新闻称,由你管理的一些运动员在写期末论文时获得了非正当的协助。假设这一新闻为虚假新闻,即为谣言,你会如何处理这一负面新闻报道?

6. 面对有关Corona啤酒中掺有尿液的谣言(请参见本章正文中对该谣言的详述),如果在Reno镇上的喜力啤酒分销商未被查出涉嫌煽动谣言,你会采取怎样的行动?换句话说,如果谣言来源未知,你会采取怎样的处理方式?

7. 请将正文部分所呈现的谣言实例(如宝洁公司标志事件、麦当劳和撒旦教堂的关系事件)归类为共谋谣言或污染谣言。

8. 请举出两三个在本章正文中未被提到的商业谣言或民间传闻,并将之分别归类为共谋谣言或污染谣言。简述你认为这些谣言是如何形成的以及人们为何容易想当然地认为它们具有得以传播的足够的新闻价值。你亦可上网搜索一些民间传闻。浏览 http://www.snopes.com 等网站。

9. 假设你是一家开在学校周边的主要服务于校内人士的服装店老板。但你这家小店无力负担媒体广告费用,希望通过引发正向的口碑传播来进行宣传。请你写出一套能引发正面口碑传播的具体策略。

10. 如果你是丰田普瑞斯品牌的经理,你会如何促发一场自发性需求膨胀运动?

11. 市场研究人员运用先前开发的量表对消费者就以下6个条目测量其回应:

(1)我喜欢向我的朋友们介绍新品牌和新产品。

(2)我喜欢给朋友提供多种产品信息。

(3)别人会向我询问产品信息以及去何处"淘宝"。

(4)如果有人问到我某些商品到底去哪儿买最好,我能满足他们的要求。

(5)我的朋友们认为我是他们了解新产品或者打折特卖信息的好渠道。

(6)设想这样一个人,他对一些产品有一定了解并愿意与他人分享这些信息,他对新产品、当季打折信息、新开张的店铺等了如指掌,但并不觉得自己在某一特定产品上很内行。这一描述与我很符合。

被试者使用7分制对每一条目的符合度打分,1分代表强烈反对,7分代表强烈同意,所以总分在最低分6分(对6个条目全部表示强烈异议)到最高分42分(对6个条目全部表示强烈同意)之间。分别找两个你心目中的市场鉴赏家和非市场鉴赏家,让他们参加上述测试。观察市场鉴赏家们是否如预期一样比非鉴赏家们得分更高。

12. 参考自发性需求膨胀(ESGD),说明你怎样得以在一片你选定的"沃土"之中"播种"一张新的音乐大碟。请具体说明你的目标客户的特点,并根据他们的特点,设计相应的营销策略与方法。

13. 你认为,为什么营销从业者会用游行式营销、病毒式营销、街头营销这些术语来界定"为新产品和品牌造势"?

14. 参考对自发性需求膨胀的讨论,举出一部靠造势得以成功的电影,举出一部未依靠造势策略的电影。这两部电影之间有什么区别,使其中只有一部电影适宜采用造势策略?

第19章

活动与公益赞助

在第19章中，我们将介绍活动赞助以及公益赞助，内容涵盖了关于公司在选择为活动提供赞助需要考虑的一些特定因素，包括形象匹配、目标受众匹配、繁杂性以及经济可行性。此后，我们将会详细介绍公益营销的优势，并回顾与总结选择赞助事由时需要考虑的因素。

宏观营销传播洞察 联合利华赞助全美方程式赛车拉力赛

首先介绍一下NASCAR，它代表（美国）全国运动汽车竞赛协会，是监督各种美国汽车竞赛的机构，但最闻名的是其对Sprint杯系列赛的监管。每年从2月初到11月中，以周为单位，在美国的不同赛道大约会举办35—40场Sprint杯赛事。NASCAR非常受欢迎，在体育赛事的电视评价方面仅次于美国国家足球协会。[1]

NASCAR本身有很多赞助商，而且40位在Sprint杯赛事中相互竞争的车手每个人都有自己的个人赞助商。以联合利华为例，这是一家大型跨国公司，制造和营销饮料、清洁产品、食品和个人护理产品等众多著名品牌。20世纪90年代中期，联合利华开始赞助NASCAR和个人车手，但在没有获得适当收获后便终止了赞助。2004年联合利华食品类别中的三个品牌（如Ragu意大利面酱）重新开始赞助13项NASCAR赛事。到2007年，联合利华旗下的食品、个人护理和清洁产品类别中的一些品牌已经赞助了25项赛事。AC尼尔森的研究表明，联合利华的品牌从它们对NASCAR的赞助投资中收获了不菲的回报。

NASCAR车手Kasey Kahne代言了联合利华的9个品牌：Ragu、好乐门、Shedd's、立顿、Lawry's、Wishbone、Wisk、Slim-Fast以及Klondike雪糕——与NASCAR签约的最新的品牌。Klondike的赞助是该品牌整合营销传播项目的一部分。除了简单地赞助NASCAR以外，联合利华的经理们还认识到，他们必须通过能够刺激零售销售的其他营销传播项目来支持自己的品牌。例如，Klondike的品牌经理在IMC的几个方面都进行了投资，以刺激零售销售的利润增长：① Klondike在电视和赛道边的超大屏幕（巨大的电视屏幕）上宣传其对NASCAR的赞助；② 在商店、赛事相关的事件和NASCAR赛事附近的露营设施中用冰激凌卡车发放Klondike的样品；③ 在Klondike的包装和售点宣传材料中加入Kasey Kahne的形象。联合利华了解到，当一个众人喜爱的车手形象出现在其品牌的包装上时,销售通常会惊人地增长50%。

NASCAR的车迷对个人车手高度忠诚,因而有强烈的倾向购买赞助这些车手的品牌。这也解释了为什么在NASCAR赛事上的赞助支出能够产生非常有吸引力的投资回报——倘若至少有以下两个条件被满足:① NASCAR车迷的人口统计特征非常适合赞助品牌;② 在其他营销传播工具(比如Klondike使用的那些)上有充足的投资,以使赞助与其他能够刺激零售销售的IMC方面共同作用。[2]

本章目标

在阅读本章后你将能够:
1. 理解活动赞助与如何选择适合的活动。
2. 理解活动赞助愈发时兴的根本原因。
3. 了解公司在选择活动进行赞助时需要考虑的因素。
4. 理解公司如何又为何要利用伏击式活动赞助。
5. 理解测控赞助效果的重要性。
6. 了解公益营销(CRM)的本质及其功效。
7. 理解公益营销项目的收益。
8. 理解财务目标是在策划活动赞助和公益赞助时的一个关键考虑因素。

19.1 简介

本章将介绍赞助营销这个话题及其两个分支:活动赞助和公益赞助。赞助是营销传播学中日益强盛的一个分支,并被大多数营销高管视为一种重要的营销工具。在最近的一个调查中,有超过三分之二的营销总监认为,活动赞助是一种至关重要的营销工具。[3]赞助包括对于活动或公益的投资,旨在达成各种企业目标,特别是涉及增进品牌效益与增加销售额的相关目标。下面的定义主要从赞助营销的操作角度进行阐释:

> 赞助包括两种主要活动:第一,赞助者(如一个品牌)与被赞助者(如一项体育赛事)之间的交易,后者收取费用,前者可将所赞助的活动与自身建立联系;第二,赞助商对这一关联的营销。要使赞助款物有所值,上述两项活动均是有必要开展的。[4]

赞助的发展主要与下列五个因素有关[5]:

1. 通过将公司的名字与具体的活动和公益事件相联系,公司得以避免广告媒介固有的混杂。需要指出的是,一些被广为赞助的活动,例如奥运会和全国运动汽车竞赛协会(NASCAR)的赞助营销已是高度混杂。赞助商为了将他们的品牌与赞助相对不混杂的活动建立联系——赞助商较少的一些活动——或者必须支付高额费用以获得独家赞助权,或者选择去赞助较小型、知晓度较低的活动。

2. 赞助有助于公司对消费者媒介习惯发生的改变做出恰当反应。例如,随着电视网观众的减少,赞助就提供了一种直面消费者的潜在有效而又低成本的方法。

3. 赞助有助于公司获得各相关方面的认可,包括股东、雇员和社会大众,即一个品牌在与某个不错的活动或公益活动有联系时,这些相关方面会给予正面回应。

4. 品牌与被赞助活动之间的关系得以通过同时增强消费者对品牌的认知度和品牌形象的优化,来增进品牌效益。[6]

5. 对于特殊活动和公益活动的赞助,使营销者得以将沟通和促销活动更有针对性地指向具体的地区或某种具有特定人口学特点与生活方式的人群。例如,许多知名品牌赞助职业骑牛比赛(PBR),赞助商包括福特卡车、美军、Cabela(一家体育用品零售商)、Carhartt 工服公司、DeWalt 五金工具公司、牧人(Wrangler)牛仔裤公司、Dickies 工服和休闲服装公司、杰克丹尼公司(一家波旁威士忌酿酒厂)。这些公司以及很多其他赞助商对 PBR 很感兴趣是源于骑牛赛迷的人口组成——大部分是男性(60%),年龄介于 21 岁到 49 岁之间,大多住在密西西比河西侧(71%)。这些典型受众为男性的产品,其目标市场的地理和人口特点与骑牛赛的受众相吻合。[7]

现在我们已经对赞助营销的主要特点进行了概述,下面的章节将会分别详细介绍活动赞助和公益赞助的操作。

19.2 活动赞助

活动赞助包括赞助体育比赛(比如高尔夫和网球锦标赛,高校橄榄球比赛,奥运会,滑雪板和职业骑牛等极限运动),娱乐活动,艺术与文化机构,节庆活动、展览以及各种名目形式繁杂的活动。

虽然与整合营销的两大主要组成部分(即广告和促销)相比,活动赞助显得相对逊色,但公司在这方面的支出却在逐步增长。据估计,全球的品牌营销者在活动赞助上的花费近 400 亿美元。[8]2008 年,仅美国营销者花在活动赞助上的费用就达 150 亿美元[9],其中过半的数额用于赞助形式多样的体育比赛,如赛车(如全国运动汽车竞赛协会,NASCAR)、网球与高尔夫,职业体育联赛与代表队,以及奥运会。

成千上万的公司都在积极策划投资各式各样的活动赞助,作为一种品牌促销方式,它将品牌与一些有意义的体育、娱乐、文化、社会或其他受公众高度关注的活动相联系。活动营销虽然与广告、促销、销售网点营销或公共关系有区别,但它通常融合了所有这些沟通工具的元素。

19.2.1 选择赞助活动

营销者赞助活动的目的在于改善与消费者的关系、提高品牌效益以及加强与中间商的联系。成功的活动赞助要求品牌、活动和目标市场之间配合恰当。例如,德芙公司和 Salon Selectives 公司赞助 Shecky's 女生秀活动(http://girlsnightout.sheckys.com)。这是一项在美国大城市进行年度巡回,共计举办 35 场的系列活动。这些活动的目标人群是年收入超过 8 万美元且追求时尚的专业人士。参加者只需花上 10 美元,就可以看到当红的设计师们最新出炉的时尚展,并得到活动赞助商赠送的免费样品。例如,联合利华旗下的德芙品牌通过赞助这一活动来抓住向该活动的参与者们介绍德芙新产品的机会。[10]

需要考虑的因素

公司在选择一个活动时应该考虑什么因素？在判定一个活动是否适合于一个品牌时，可以从以下几个关键点出发[11]：

1. 形象匹配

该活动与品牌形象一致吗？它有利于品牌形象吗？Coleman 公司是一家烤架和其他户外设备的生产商，它赞助了 NASCAR 比赛、钓鱼锦标赛以及乡村音乐节。所有的活动均符合 Coleman 的品牌形象，并集中代表了其目标客户之所好。牛仔与运动衣品牌 Unionbay、软饮料品牌激浪和滑雪板生产商 Burton 共同赞助了美国滑雪板公开锦标赛，该活动与三个品牌的形象可谓十分"般配"。

2. 目标受众匹配

活动直面预期目标受众的可能性大吗？沃尔玛超市和 General Mills' 汉堡助手公司赞助钓鱼比赛，起初大家以为这两家公司打错了算盘，因为这项赛事看似与这些品牌关系不大，直到人们发现美国有 5 000 万渔民，才发觉这两家公司真是生财有道。[12] Old Navy 服装连锁店赞助美国职业足球联盟（MLS）。Old Navy 顾客的人口特征与参加足球运动并在现场或电视上观看职业比赛的人相符。H. J. Heinz 公司的冷冻比萨食品 Bagel Bites 赞助了美国体育新闻电视网（ESPN）的冬季和夏季极限运动会以吸引青少年的注意。在此前的奥运会中，该公司用同样的方法吸引了 6—17 岁年龄段顾客的注意。美国速递公司（UPS）曾赞助一只名为 Big Brown 的三冠王赛马。在 Big Brown 连续摘得 Kentucky Derby 和 Preakness Stakes 桂冠之后，很多 UPS 用户无疑对其是否能如愿在 Belmont Stakes 摘得三冠王头衔十分感兴趣。

3. 误认赞助商

该活动之前是否曾被竞争厂商赞助？赞助该活动是否存在被认为是"仿效"或使目标受众怀疑赞助商身份的可能性？误认赞助商并非小事。[13] 例如可口可乐公司曾斥资 2.5 亿美元成为全美橄榄球联盟（NFL）五年内的官方饮料。在赞助了 NFL 几年后，一次通用调查（并非针对可口可乐）询问球迷赞助 NFL 的品牌。35% 的受访者正确说出可口可乐为 NFL 赞助商，而对可口可乐公司来说，遗憾的是，还有 34% 的受访者错将百事可乐当成赞助商。[14]

4. 干扰

与大多数营销传播渠道类似，活动赞助商一般都会与其他同一活动的赞助商进行标志和注意力竞争。显然，除非现场参与者和电视观众注意到自己的品牌并将之与赞助活动联系在一起，否则赞助就失去了意义。例如，NASCAR 的比赛由于车迷日渐增多，吸引了大批的赞助商。然而，一位评论员发现，如果赞助品牌并非该比赛的主赞助商，其将无法避免被淹没在众多赞助品牌中的厄运。[15]

与该赛事的赞助干扰相比，宝洁公司旗下的主治胃溃疡的 Prilosec 药物对于赞助活动的选择就要聪明很多了。研究表明，有数以百万计的女性是邦科游戏的忠实玩家，且其中三分之一经常受到胃灼热困扰,在该公司发现上述研究结果后,Prilosec 申请成为世界邦科(一种纸牌游戏)锦标赛的赞助商。[16]当宝洁与该比赛签署合办协议后,Prilosec 就享受到了在赞助舞台上唱独角戏的特权。[17]

5. 与其他营销传播工具互补

该活动是否可以与同时进行的其他赞助活动形成互补,并与品牌的其他营销传播策划相适应?许多品牌都赞助多个活动。从整合营销传播的观点来看,重点在于让所有活动"统一口径"。(关于"统一口径"这一话题的详细介绍,请参见第 1 章。)

6. 经济可行性

最后一个问题,也是最重要的问题,即预算限制。赞助活动的公司必须通过足够的广告、销售网点资料、促销和新闻宣传来支持赞助活动,旨在促进销售。[18]赞助领域内的一个专家根据经验得出,支持一个赞助计划实行所需要的成本往往是赞助本身的两到三倍,并提出了以下建议:

> 赞助是需要花钱的。如果缺乏足够的资金,就好像汽车没有了油,哪儿也去不成。在赞助活动中,成功的最大秘诀就是:除非你做好了充足的准备与储备,否则不值得花这么多钱。[19]

19.2.2 定制活动

有些公司并非赞助已有活动,而是发起自己的活动。例如,Kibbles and Bits 宠物狗食品系列的高管们发起了一场为期 3 个月覆盖 33 个美国城市的"为 Kibbles and Bits 寻找广告主角"巡回活动。该活动让每个城市的消费者带自己的狗参加比赛。如果哪条狗接 Kibbles and Bits 食物的本领强,就会成为该品牌下一个电视广告的主角。超过 11 000 人参加了这一活动,2 500 条狗参加了比赛。活动期间,Kibbles and Bits 品牌在重点市场上的市场份额均增加了 1—4 个百分点。[20]

一般而言,品牌经理选择量身定制自己活动而非赞助其他单位组织的活动主要有两个原因。第一,定制活动便于品牌对其进行总体控制。这样可以消除外部施加的时间要求或其他限制,同时不存在与其他赞助商混杂的问题,而且,定制活动更符合品牌的目标市场,能够最大可能地提升品牌形象、提高销售额。定制活动这一趋势出现的第二个原因是,专为品牌设计的活动可能比现有活动具有更高的有效性与更低的成本。

当然,不能就此简单地得出结论,认为品牌经理或更高级的营销总监会拒绝那些负有盛名而具有威望的活动。赞助奥运会或其他重大体育、娱乐活动可以在很大程度上提升品牌形象、提高销售额。实际上,将品牌与一项公众认知度高的活动成功地建立强烈关联,意味着这一活动的影响力会多多少少转化到赞助品牌之上。然而,达到这种效果就要求在赞助品牌和活动之间建立较强的、持久的、积极的关联。大量品牌往往被更高更知晓度的赞助品牌所压制,很难形成固定或持久的关联。这种情形下,赞助能否获得可观的投资回报值得怀疑。[21]

> **IMC 聚焦** 安利纽崔莱"健康跑"
>
> 　　由安利（中国）日用品有限公司独家冠名赞助的"安利纽崔莱健康跑"活动自 2002 年 6 月 8 日在上海浦东成功举行后，现已连续举行了七届。在国家提倡"全民健身"的背景下，这项"健康跑"活动从 2002 年一开始，就吸引了超过 2.2 万人参加。此后，其规模与参与人数逐年增多，其影响力也逐年提升，其营销传播机制为其他的路跑活动提供了有益的借鉴和参考。
>
> 　　2003 年，"安利纽崔莱 10 公里健康跑"分别在上海、沈阳、广州三地同时举行，吸引了近八万参与者。2004 年，"安利纽崔莱健康跑"在广州、杭州、上海、天津、济南、成都、武汉及沈阳八地举行，活动参加人数超过 20 万。2005 年，武汉、乌鲁木齐、上海、南京、合肥、重庆、郑州、宝鸡等城市继续健康跑。"安利纽崔莱健康跑"以其多城市联动的形式，成为国内规模最大的全民健身活动之一，活动知晓度超过了 40%。
>
> 　　"健康跑"活动在 2007 年上海特殊奥林匹克运动会期间得到进一步转型提升。通过结合健康跑支持政府的全民健身计划，安利（中国）日用品有限公司向上海 2007 特奥会筹备中心捐款 600 万元，并将公司的明星公益活动"安利纽崔莱健康跑"重新定名为"安利纽崔莱健康跑——为 2007 年世界特殊奥林匹克运动会加油"。借助特奥会的东风，企业参与到本身具有较大新闻价值的社会重大活动中，成为其中的一部分，在媒体对特奥会这一重大社会活动进行报道的同时，安利纽崔莱也成为被报道的对象，进行了搭乘式传播，有效地改善和提升了安利的品牌形象。
>
> 　　同时，奥运冠军王军霞自 2002 年起，连续 8 年担任"安利纽崔莱健康跑"的推广大使，为"安利纽崔莱健康跑"品牌形象的塑造和吸引媒体的参与报道起到非常积极的作用。另外，主办方还先后邀请了莫文蔚、谢霆锋等文艺界明星参与推广，从而吸引了文娱版的媒体积极参与报道；刘翔在广告中亲身示范以健康体魄创造美好将来，并深刻演绎纽崔莱"有健康才有将来"的品牌主张。
>
> 　　据 AC 尼尔森权威调查显示，2008 年纽崔莱在全国大城市的品牌知晓度已高达 86%；在北京、上海和杭州的受调查人群中，安利（中国）的美誉度达到 83%；相对于 2007 年最后一个季度，安利（中国）在 2008 年第一季度的业绩已经有了 11% 的增长，并继续朝着更好的方向发展。这些数据说明，安利的传播活动，在消费者的认知层面、心理和态度层面、行动层面都取得了比较明显的效果。
>
> 　　资料来源：1. 周杰、李清，《"安利纽崔莱健康跑"营销传播机制研究》，《浙江体育科学》，2010,32(1)。
> 　　2. 魏喆，《五项最成功的直销策划活动》，《中国直销》，2005(12)。
>
> **讨论题：**
> 　　你是如何评价企业所开展的以产品命名的"公益活动"？

19.2.3　埋伏式营销活动

　　除了越来越多地使用定制活动之外，世界上的许多公司也参与到所谓埋伏式营销（ambush marketing, ambushing）中。[22] 埋伏式营销是指，当公司并非某活动的官方赞助商时,通过营销运作向外界传达信息,使外界认为该公司就是该活动的赞助商。[23]例如,某届奥运会之后的调查显示,72%的受访者辨出 Visa 公司是奥运会的赞助商,而 54% 的人认为美国运通卡也是赞助商之一。事实上,Visa 公司确为奥运会赞助 4 000 万美元,而美国运通卡只是在奥运会播出期间投放了大量媒体广告。[24]

在一项与 2008 年北京奥运会有关的调查中,中国 10 个城市的近 1 600 个消费者作为被试者,被要求列出与奥运有关的品牌。由于埋伏式营销运作,排行榜前 12 名中的 5 席被非奥运赞助商占据,这些非奥运赞助商包括百事可乐、肯德基、耐克。[25]埋伏式营销运作良好时无疑将会是卓有成效的。

有人会质疑伏击竞争者赞助的活动是否涉及道德问题,但辩解也是很简单的:埋伏只不过是一种对金钱的精打细算合理利用而已,无法抵消竞争者在试图获取品牌优势的运作中对竞争对手的影响。(关于埋伏式营销的道德观问题可作为课堂讨论题。)

19.2.4 测控效果

成为一项活动的官方赞助商,定制自己的活动或伏击竞争者的赞助,对这些运作必须进行测控以保证其有效性。通常,财务目标是关键的衡量标准。赞助行为只有在有证据显示品牌效益与财务目标得以实现时才能证明其正确性。然而,若使用调查方式进行测控,赞助可能是所有营销传播活动中对于品牌效益和财务指标的贡献最小的,两个实务工作者曾对赞助测控有如下说法:

> 赞助在缺乏结构合理的商业计划与测控计划的情况下,会变成营销预算的烧钱机器,浪费大量财力。对于赞助,营销从业者应该画问号的关键问题就是:如何能够让赞助活动增进品牌效益、完成财务指标?[26]

有人认为,许多赞助安排无非只是为了管理者个人的目的——高管赞助知晓度高的活动并借此结识著名运动员或娱乐界人物,获取抢手的活动入场券和奢华的配套服务。这一愤世嫉俗的观点是否正确,已经超出了本书的讨论范围,但需要强调的是,品牌价值绝不能屈于高管的贪婪之心。

通常,测控一个活动是否能取得成功的步骤如下:首先,品牌营销者应具体指出通过赞助希望达到的目标。其次,在测控结果时,应该有一套基准以便对结果进行比对。这一基准往往是赞助活动之前预测的有关品牌认知度、品牌关联以及大众对于品牌的态度等情况。最后,对相关的变量值(认知度、关联等)在活动后进行调查,以确定其与基准相比是否发生了利好变化。

测控赞助有效性的机制是非常直接的。公司最常使用的方法就是数数有多少人参加了这一活动。[27]此后,用活动总成本除以受众人数即得到效率参数。这一参数适用于与其他赞助活动的人均成本做比较。其他常用测控方法包括在活动完成后检测跟踪销售量变化,监测活动后有多少人去浏览品牌主页,点算发放样品或优惠券的数量,或监测品牌认知度和品牌形象的变化。

19.3 公益赞助

公益营销是整个赞助活动中相对较小但十分重要的一种,它是公共关系、促销以及公司慈善活动的融合体。公益赞助主要是为某些牵涉社会某些层面利益的活动提供支持,例如环保和野生动物保护等方面。2008年,美国营销从业者在公益营销上斥资15亿美元。[28]公益营销(cause-related marketing, CRM)涉及公司与非营利组织间的联合以促进共赢。公司希望增进其品牌形象、提高销售额,非营利组织则希望通过公司赞助公益获得额外的资金支持。虽然公益营销活动是在20世纪80年代早期的美国初见锋芒,但世界各地的公司现在都已积极参与到这项活动中。

虽然公益营销形式多种多样,但最为常见的公益营销形式是,消费者每支持公司和品牌一次,公司就向指定的慈善组织进行一次捐赠。换句话说,公司的捐赠与消费者为公司带来利益的行为是密切相关的(如购买一件产品或使用一张优惠券)。显然,公司将自己与特定的慈善事业联成一体,一部分目的在于帮助慈善事业,另一部分则在于增进产品形象,坦白地说,就是为了销售更多的产品。通常,公益营销能否实现目标,很大程度上取决于具体的形势——产品本身的性质和提供捐赠的重要性。[29]下面的例子将形象地说明公益营销的操作方式。

图19.1 厨房帮手公司的公益活动计划

惠而浦(Whirlpool)公司厨房帮手(KitchenAid)分公司是 Susan G. Komen 乳癌基金的赞助人。在这个独特的计划中,惠而浦公司每通过公司网站或免费电话售出一件粉色(粉色是乳癌的标志色)搅拌机就会向基金捐赠50美元。捐赠的50美元约相当于惠而浦公司销售的这种特殊颜色搅拌机标价289.99美元的17%。在最近的一项名为"展示厨艺,走向健康"(Cook for the Cure)的公益活动中,厨房帮手公司向该基金会至少捐赠了包括其粉色系产品在内的价值100万美元的产品(参见图19.1)。

通用磨坊公司 Yoplait 品牌酸奶酪也赞助了 Susan G. Komen 乳癌基金。在名为"回收瓶盖,拯救生命"的促销活动中,Yoplait 为每个回收的瓶盖捐助10美分,共计向该基金会捐赠150万美元。

Georgia-Pacific 公司,Quilted Northern Ultra 湿纸巾的生产商(该厂商还生产其他很多产品),每收到顾客寄回的一个商品条码就会向 Komen 基金会捐赠50美分,他们承诺每年最多向基金会捐赠50万美元,以支持他们与乳腺癌的抗争。

为支持致力于减少饥饿和贫穷的"我们共同出力"(Share our strength)项目,Tyson食品公司捐赠了超过1 200万磅的鸡肉和其他肉类产品。消费者每购买一包肉制品,公司就会向该项目捐赠一磅鸡肉或牛肉或猪肉,最多捐赠3 000万磅(参见图19.2)。

图 19.2　Tyson 公司的"我们共同出力"项目

金宝汤公司赞助"为教育集标签"计划已经有超过 30 年的历史，该计划通过邀请家庭收集各种金宝汤产品标签，帮助学校添置教育设备。从计划开始至今，金宝汤公司通过兑换数以百万计的标签，已合计向学校和相关组织捐赠了价值超过 1 亿美元的物品。

消费者每邮寄回公司一个亨氏婴儿食品标签，亨氏公司就会向消费者家附近的医院捐赠 6 美分。

每收到一个乐之（Ritz）品牌的销售凭证，Nabisco Brands 公司就会向青少年糖尿病研究基金会捐赠 1 美元（参见图 19.3）。

图 19.3　Nabisco Brands 公司的公益项目需消费者提交乐之品牌的购买凭证

零售商 Tommy Bahama 通过捐赠其服饰及配件中指定产品的一部分营业额，为一家名叫"希望与勇气梦工厂"（Garden of Hope & Courage）的慈善机构募得大量资金。

生产铝箔和其他食品包装的 Reynolds Metal 公司，每卖出 3 个 Reynolds 品牌产品，就向当地的上门送餐便民服务工程捐赠 5 美分。

Pedigree（一个宠物食品公司）的品牌经理们为救助流浪犬提供赞助。消费者每购买一袋该品牌的22磅装宠物狗食品,该公司就会向流狼犬救助站捐赠同样的一袋22磅装宠物狗食品。

全球聚焦 红色善因赞助活动方案

> 与在生活中各个方面扮演的角色一样,运气在品牌经理的赞助决策中起着重要作用。考虑 UPS 及其对纯种赛马 Big Brown 进行赞助的案例。不必说,这匹马是一匹大棕色马,而它的赞助商 UPS 也以其昵称"big brown"闻名,因为它的卡车、飞机和员工制服使用的都是棕色主题。
>
> 为什么有人会为一匹赛马取一个 Big Brown 这样平凡的名字呢?小孩子可能会为一条大狗取这种名字。其实,Big Brown 最开始的所有者还拥有 Brooklyn,一家为 UPS 运送货物的纽约汽车运输公司。在他的公司与 UPS 续约后,出于感激,他选择了 UPS 的绰号作为自己那匹马的名字。这位 Big Brown 的最初拥有者后来将自己对马的控制权卖给了一家名为 IEAH Stables 的公司。
>
> 2008年肯塔基赛马的几个星期前,IEAH Stables 联系美国联合包裹服务公司,希望 UPS 在肯塔基赛马中赞助 Big Brown。UPS 接受了这一提议,成为 Big Brown 的独家赞助商,而 Big Brown 在肯塔基赛马(在肯塔基州路易斯维尔举办)中获胜。两个星期后,他又在马里兰州巴尔的摩举办的普里克内斯赛事中获胜。三冠王赛事的第三项是三个星期后于纽约城外长岛上的贝尔蒙特公园举办的贝蒙特赛事。人们期待 Big Brown 成为第12匹赢得美国三冠王的赛马,自1978年 Affirmed 完成这一壮举后还没有哪匹赛马能够在所有这三项赛事中取胜。人们期待 Big Brown 与 Affirmed 并肩加入 Seattle Slew、Secretariat、Citation、Count Fleet 和 War Admiral 等之前实现过三冠王伟业的著名赛马的行列。
>
> 遗憾的是(对于 Big Brown 的拥有者来说),这匹马没能在贝蒙特赛事中获胜。由于他的一只马蹄破裂,兽医对其进行了治疗,因此它少了很多练习时间,在那之后,Big Brown 跑完了一场悲惨的比赛,在仅有的9匹赛马中最后一个到达终点。尽管如此,当天仍然有铺天盖地的宣传,Big Brown 没能赢得三冠王的消息在所有大众媒体和互联网上广泛传播。UPS 在这个赞助上进行的适当投资无疑为其带来了数倍的回报。尽管如果 Big Brown 能在贝蒙特赛事中获胜而成为30年来获得三冠王的首批赛马的话会令 UPS 受益更多,但在赛事中和赛事后,公司无疑已经凭借其昵称与赛马之间的联系获得了大量的宣传。
>
> 资料来源:改编自 Corey Dade, "UPS Extends Its Pact to Sponsor Big Brown," *The Wall Street Journal*, May 17, 2008, A4。

19.3.1 公益营销的益处

公益营销是一种以获利为动机的慈善行为。通过执行公益营销,公司在做善事的同时,还可以实现自己的策略以及战略目标。通过支持某慈善活动,公司可以:提升公司或品牌形象,反驳负面新闻宣传,增加销售额,提高品牌认知度,扩大顾客基数,开拓新兴市场,增大品牌零售活动力度。[30]

研究显示,消费者对公益营销持赞许与支持态度。有研究表明,绝大多数美国人(72%)认为,在公司的营销策略中包含公益策略是可以接受的。此外,在上述调查中,有更大比例(86%)的人认为,在同价同质的情况下,他们可能会因为一个品牌与公益活动有联系而从另外一个品牌转投该品牌。10年前,同样的调查中,转投比例仅为66%,这进一步说明了现今公益营销的重要性。[31]但是,在另一项研究中,大约一半的受访者对公益营销持负面评价态度,原因主要在于消费者对捐赠企业的动机表示怀疑。[32]研究表明,如果公司的公益赞助被认为是别有用心,而非对于受助项目的真正关心的话,品牌有可能无法通过公益营销获益。[33]负面影响可能会因赞助某公益项目的公司并非一家而减弱。[34]另外,消费者对于将具体捐赠数额模糊化的公益营销项目并不信任,但事实上,大部分公益营销项目都是模糊的,对于具体捐赠数额并不清楚描述(例如"收入的一部分将被捐出")[35]。

19.3.2 匹配的重要性

一家公司应该赞助哪个慈善项目呢?虽然存在许多值得捐助的慈善事业,但只有一小部分与品牌利益及其目标受众相关。选择合适的慈善事业,涉及品牌与慈善事业的匹配问题,所选的慈善事业应能让人自然地意识到其与品牌的属性、利益或形象之间的联系,同时也要与目标市场的兴趣点相近。当赞助商与受助者之间具有自然的交集时,赞助商的社会形象就会有所提升,该公司也会被认为具有社会责任感,公司可以从这种认知中获益。[36]如果其间缺乏紧密关系,消费者就会感觉赞助商仅仅是为了一己私利而提供赞助。例如,金宝汤公司的"为教育集标签"计划十分符合其目标市场——购买该品牌产品的小朋友及其父母。事实上,之前提到的所有公益营销案例都如出一辙。

19.3.3 财务责任是关键

在最后的分析中,品牌营销者有责任证实公益营销能够取得足够的投资回报或者实现其他重要的、非财务性的目标。公司支持慈善活动固然好,但公益营销对于实现目标并非必需,即使不将消费者的购买量和捐赠额度挂钩,公司同样可以捐助有意义的慈善活动。[37]然而,公司在进行公益营销时,并非仅仅是进行慈善活动,更希望能实现其营销目标(如提高销售额或增进品牌形象)。因此,公益营销活动的实施应该建立在具体目标之上——与任何广告活动一样。例如在分析赞助活动时所述的事前事后的数据收集及测评工作,对于决定公益营销运作是否能实现其目标进而担负起战略、财务上的责任是非常必要的。

高露洁棕榄公司(Colgate-Palmolive)为测量某项公益赞助的有效性,使用了一个直观的公式。该项赞助是基于消费者兑现某优惠券而进行的。高露洁使用扫描数据对比了在实施优惠券计划之后三周其产品的销售额与实施前六周的平均销售额。两个数据之差乘上品牌的净边际利润,再减去赞助成本,最终确定实际增加的利润。[38]这一方法逻辑上正确而且便于操作。

小结

赞助营销是本章的主题。赞助包括对于活动和公益事业的投资，从而实现不同的公司目标。活动赞助营销是营销传播中发展迅速的一个分支。虽然相对于广告和其他主要促销工具来讲其比重较小，但最近一年内，全球活动赞助促销的花费超过400亿美元。活动赞助营销是品牌促销的一种形式，它将品牌与有意义的体育、文化、社会或其他受公众关注的活动联系在一起。由于它能为公司在广告繁杂的大众媒介外另辟蹊径，将目标人群按照地区进行细分，并直面那些消费行为与某些地方性活动相关的特殊消费群体，因而活动营销生机勃发。

公益营销（CRM）在全部赞助活动中所占比例相对较小，但这种运作方式可能比其他方式更为重要。尽管公益营销计划多种多样，但公益营销最常见的特征是公司把对指定慈善事业的捐赠数额与消费者购买公司产品为公司创造的收入相挂钩。公益营销在赞助慈善事业的同时服务于公司利益。运作良好的公益营销项目会帮助慈善团体、赞助商以及为善事募集款项的消费者实现三赢局面。

讨论题

1. 选择一个品牌，最好是一个你十分喜爱并经常购买的品牌。假设这个品牌现在未进行公益营销，为你所选择的品牌举荐一家非营利组织，使之能与企业形象匹配，并写出一个在行善的同时提高品牌销售量的具体公益营销计划。

2. 伏击营销是不道德的行为，还是一种聪明而实打实的营销行为呢？

3. Mark McGwire 在一个赛季中创纪录地打出 70 个本垒打，尽管这一纪录在三年后被 Barry Bonds 打破，但星巴克咖啡公司仍在这一纪录诞生后的一年，即 1999 年宣布，他们将为 McGwire 所打出的每一个本垒打向少儿基础教育公益活动捐款 5 000 美元。你认为这一公益营销计划对于星巴克公司来说是否是利好的？

4. 根据开篇的营销传播透视案例，你对于赞助 NASCAR 比赛及特定赛车手持何态度？

5. 《广告时代》中的一项研究显示，美国大学生最喜欢的糖果品牌是士力架（Snickers）和玛氏（M&M's）。在这两个品牌中选择一个并完成以下任务：为该企业选择一项合适的赞助活动，为该企业选择一项公益赞助。请说明你做出选择的原因。

6. 根据第 5 题中你的回答，请具体说明怎样测控你的赞助方案是否达到效果。

7. 你个人对于公益营销持正面还是负面看法？请给出回答并给出相应解释。

8. 如本章正文所述，在美国的活动赞助费用远超过公益赞助费用，两者间大概差 10 倍（2008 年的数据是 150 亿美元对 15 亿美元）。在你看来，为什么会有如此之大的差距？换句话说，你认为，为何美国的品牌营销者们倾向于将他们的营销传播预算用在活动赞助而非公益赞助上？

9. 美国职业橄榄球大联盟(NFL)不允许球员着带有赞助商标志的服装。为讨论方便,我们假设 NFL 解除了这一禁令。现在,假设你是任意一家公司的活动经理,你想赞助一个特定的 NFL 球员来为你的品牌代言。你想赞助哪个球员,为什么?为了清楚地说明你的观点,你需要列出你的品牌受众以及你希望能够与你的品牌挂钩的形象。

第 20 章

标志和销售网点传播

在第20章中，我们将介绍在公司的营销传播策划中的两个重要方面，这两个方面在营销传播教材中很少提到，它们分别是店外标志（包括户外标志和外围标志）和销售网点传播形式的店内标志。告示牌是主要的户外媒体，本章将诠释这种广告方式的各种优势与其局限性，并以一个有关告示牌的有效性的案例分析为蓝本，介绍室外媒体广告的受众的规模和特点。另外，本章特设一节讲授零售商店内标志的布置对吸引消费者注意力和促进消费者惠顾的作用。

宏观营销传播洞察　购物车广告

Stop & Shop 是新英格兰的一家不断发展中的大型连锁超市。这家公司一直关注能够提升其财务表现和消费者购物体验的方法，它在自己的 300 家店中的 16 家试验了一种"智能"购物车。这种购物车被亲切地称为购物伙伴，上面装有带无线触摸屏的 IBM 电脑，电脑上还有一个激光扫描仪，使顾客能够获取价格信息以及扫描购买的产品。购物车上会显示顾客一共花费了多少钱，这有助于在购物结束时加快自我结账速度。当顾客接近购物通道上的产品时，智能购物车会提醒他哪些产品在打折以及哪些产品在货架上发放优惠券。通过无线射频识别（RFID）技术，消费者还可以向购物伙伴询问任何产品在店内的位置，并且根据电脑屏幕上提供的路线到达该产品的具体位置。[1]

Stop & Shop 的智能购物车试验最终失败了——据推测是由于财务上不可行，超市连锁店用一种名为 EasyShop 的手持设备代替了智能购物车。然而，由于智能购物车代表了一种能够服务于所有人（消费者、零售商和制造商）利益的科技，Stop & Shop 并没有成为最后一个对智能购物车进行试验的公司。事实上，一家名为 MediaCart 控股的新兴公司与微软合作开发了一款兼具经济可行性和功能性的智能购物车。

MediaCarts 在购物车的后面装上视频屏幕，以最大化可视性。通过使用 RFID 技术，顾客在接近产品的购物通道时，店内广告和促销信息就会出现在屏幕上，因此品牌营销者能够在非常接近顾客做出产品和品牌选择决策的时点传递信息。与购物伙伴购物车很相似的是，MediaCart 允许顾客扫描购买的产品并跟踪记录总的购买支出，然后在购物结束时，仅需将顾客的购买记录从 MediaCarts 上传到超市电脑中，有助于快速结账。除了这些明显的优点之外，MediaCart 还能够为零售商和生产商提供珍贵的市场研究数据,分析店内广告对销售产生的影响,以及使零售商的人员配置更有效率,因为这种购物车消除了对键入每个购买条目的职员的需求。[2]

本章目标

在阅读本章后你将能够:
1. 认识外围商业标志的作用及其重要性。
2. 复习总结各种形式与功能的外围标志。
3. 理解室外或外部广告的作用及其重要性。
4. 了解告示牌的优势与局限性。
5. 认识销售网点广告的作用及其重要性。
6. 复习总结销售网点对于影响消费者现场决策的作用。
7. 举出能说明销售网点布置的有效性的实践证据。
8. 了解测算室外与店内广告信息的受众数量及其人口特点的重要性。

20.1 简介

本章主要介绍一种异于一般概念中的通过如电视、广播、杂志、报纸和网络等媒体来做广告的广告方式。本章介绍的内容是在销售网点及其附近与消费者进行的沟通。具体来说,我们将介绍三种主要营销传播方式:外围商业标志、室外广告(如告示牌)和销售网点的店内信息。所有这些沟通模式都旨在影响消费者的品牌与产品选择决策。店内标志、室外广告、销售网点信息是重要的沟通方式,且严重左右着消费者对零售商与其所售产品的认知度和企业形象认知。

我们将首先介绍店外信息传递的方式。我们将室外营销信息传播的主要形式分为两种:外围商业标志;户外广告,或外部广告。这两种形式之间的区别在于,前者在店铺附近向消费者传播产品与服务信息,后者在其他地点提供产品与服务信息。[3]在介绍完店外信息传播方式之后,我们会讲授内部信息传播形式,即销售网点广告(P-O-P)。

20.2 外围商业标志

这一部分将介绍外围商业标志,这些标志对大家来说可谓司空见惯,让人感觉它们不值一提。确实,我们被林林总总的各种商店标志所包围。不夸张地讲,每位本书的读者一定曾接触过数以千计的标志,其中的许多或绝大多数都未曾引起你的注意或兴趣。然而,我们可以换一个角度来看这个问题:外围商业标志(如零售店门口或附近的标志)对于零售商来说可谓性价比最高的沟通方式。除了上述说法,外围商业标志的价值曾获得如下夸奖:

无论在其他传播媒介上耗费了多少金钱,其投资回报都比不上一个精心设计而又引人注意的外围商业标志。新客户/消费者调查一次又一次证明,外围商业标志令新顾客初识一家公司,或为新顾客建立对公司的第一印象。即使消费者最初是从其他传播渠道了解到这家公司,如黄页或口口相传,上述结论依然成立。一点都不夸张地说,是否有一个明显而易读地呈现在公众面前的标志决定了小生意的成败。[4]

20.2.1　外围商业标志分类

外围商业标志种类繁多,在遵守政府法律法规的前提下,只要设计师能想到,我们就能做到。尽管外围商业标志的多样性如此之强,我们还是可以将其主要分为两类:独立型和建筑附属型。[5]独立型标志包括标志牌、标志杆、金字塔形标志(又称为三明治形标志)、可移动标志牌、充气标志以及其他独立于零售商所在的建筑物而存在的标志。建筑附属型标志是架在建筑物上的,包括投影牌、墙上标志、楼顶的标志、横幅、壁画、罩篷和其他遮盖物。

图20.1　独立型标志图示

图20.2　建筑附属型标志图示

20.2.2　初识外围商业标志——ABC模型

外围商业标志不仅能使消费者认识某产品,知道要到哪里去买这种产品,而且可以影响消费者购物时的决策并刺激他们产生购买冲动。这些作用可以简单归纳为店铺标志的ABC模型,即有效的标志应该至少达到以下功效[6]:

- 吸引新的顾客(attract new customers)
- 将销售网点的品牌植入人心(brand the retail sites in consumer's minds)
- 引发冲动购买决定(create impulse buying decisions)

当然,标志所起到的具体作用以及其吸引力的重要性取决于具体商业领域本身的特点:对于具有相对固定客户群的小零售商来说,标志的作用并非十分重要,然而对一个必须不断吸引新客户的产业来说,标志就具有十分重要的作用,这是因为,为了保持生意能继续做下去甚至更加发达,他们必须抓住游客等偶然出现的或一次性的顾客。

吸引新顾客是第一步,也是最重要的一步,即抓住顾客的注意力。要做到这一点并非易事,因为零售商的标志时常都被众多竞争对手的标志所包围,而且大家的目的都是相同的:吸引消费者注意力并给其留下积极印象。店铺标志设计专家用"易见性"这一术语来描述一个标志的吸引力。从定义上来讲,易见性包括那些能使路人或司机及其乘客从标志的周边环境中辨别出这一标志的特征。[7]这要求标志必须足够大且上面的信息足够清楚、准确、易读,能从竞争对手的标志群中脱颖而出。

20.2.3 寻求专家协助

在上文中我们仅仅讨论了外围商业标志的皮毛,还未深入。尽管我们谈到的内容均是基本内容,而且叙述形象,但是,无论怎样强调标志对于零售业成功的重要性都不为过。标志起着极其重要的传播作用,所以当需要决定在哪里挂标志、挂多大的标志、色彩和构图怎样最好等问题时,我们最好寻求专家的帮助。

古语道:"在庭上自我辩护的人无异于请了一个白痴律师。"在策划外围商业标志时,由于处处涉及法律问题,这句古语就有了用武之地。幸亏在外部标志领域我们已经积累了很多经验和专业技能,况且零售商还可以向专业标志公司寻求帮助。大型连锁零售商都会聘请专业人员全职负责标志的相关事务,而小零售商就无法做这个美梦了,他们应该向专业人员求助。我们为大家准备了一些长期积累的实用信息(请参见尾注3—6)。

20.3 户外(外部)广告

前面我们讲述了外围广告,这些广告的目的在于吸引注意力与客流。而现在的话题——外部广告,则是产品和服务零售商,以及顾客导向的品牌制造商们的杰作。

尽管户外(OOH)广告在重要性方面相比电视这种媒体显得有些逊色,且被当成一种补充广告媒介,但户外广告仍是一种非常重要的营销传播形式。据美国户外广告协会(The Outdoor Advertising Association for America),即该产业的交易协会估计,最近一年中美国户外广告费用达到了73亿美元。[8]

户外广告是历史最为悠久的广告形式,准确地讲它可以追溯到数千年前。尽管告示牌是户外广告的主要组成部分,但户外媒体还包括很多其他传递信息的方式:公交站广告与其他街上的公共设施广告;多种形式的移动广告(包括公交和卡车广告);空中字幕广告与飞艇广告;以及在购物中心展柜、校园售卖亭和机场等特殊场所的广告。其中最后一种户外广告形式正在蓬勃发展。例如,世界上最为繁忙的国际机场——伦敦希思罗机场的一个新航站楼(第五航站楼)被333个告示牌与招贴画以及超过200个播放简短无声广告的宽屏显示器所覆盖。这一户外广告量对一个航站楼来讲看似有点过剩,但在它第一年投入运营的时间中,该航站楼的预计客流量就超过2 700万人。[9]最近有一个学术研究深入阐述了机场广告的功能及其有效性。[10]

多种户外媒体的共同之处就是消费者都是出门在外接收此类信息,与之形成对比的就是电视、杂志、报纸和广播,对于后者来说,消费者往往是在家里或其他室内环境下收到信息的。使消费者在户外接收到广告信息是非常重要的,因为大部分人每天的大部分时间都是在工作场所或者出门在外。美国人平均每周乘坐交通工具超过300英里,而平均往返通勤时间大概是55分钟。[11]很容易从这些统计数据中看出,户外媒体可以触及数以百万计的美国人,甚至全球的每个人。事实上,最近一年中全球在户外广告上的花费超过230亿美元。[12](关于美国以外的国家的露天广告趋势讨论,请参考全球聚焦部分。)

告示牌是主要的户外广告媒介,并在美国占据了总户外广告费的近三分之二。有意思的是,告示牌(billboard)这一术语来源于美洲殖民地,将一张写有消息的招贴纸(英文称为bill)贴在一个板子(board)上以公之于众。[13]告示牌的主要目的在于获得知晓度。

20.3.1 告示牌的形式

告示牌的主要形式有展板(poster panels)、画板(bulletins)、电子(数码)告示牌(electronic/digital billboards)以及特殊告示牌(specialty billboards)。

展板

我们经常在高速路和其他交通要道上见到这种告示牌。展板经胶板或石头篆刻印刷而成,然后再粘贴在告示牌上。在美国,告示牌行业被几家媒体巨头(户外清晰传媒公司Clear Channel Outdoor,哥伦比亚户外广告公司CBS,Lamar广告公司)所控制。

展板可以是8个版幅或是30个版幅,具体数字取决于告示牌的空间大小。一个8版幅的展板约高6英尺,宽12英尺,但实际可见面积略小:5英尺×11英尺,即55平方英尺的可用面积。30版幅的大展板则是高12.25英尺,宽24.5英尺,可用面积9.6英尺×21.6英尺,即约207平方英尺。

画板

画板有两种样式,一是由告示牌商所雇用的画家直接在告示牌上手绘而成,二是在告示牌上印制的由电脑制作而成的乙烯基图像。标准画板的规格是12英尺高×24英尺宽(即288平方英尺可用面积),或14英尺高×48英尺宽(即672平方英尺可用面积)。广告商一般会长期(一年至三年期)使用画板,以求在交通要道上达到连续而相对持久的宣传效果。相比展板来说,画板因其具有防雨和防褪色性能而得以更持久的保存。

电子(数码)告示牌

电子告示牌(又名数码告示牌)是近几十年来,甚至是有史以来告示牌领域的最大建树。这一新型告示牌像幻灯片演示一样,以4—10秒/个的速度循环播放广告的大型宽屏电视。

户外清晰传媒公司(Clear Channel Outdoor)等主流告示牌公司受益于数码告示牌的发明,得以快速循环播放广告,而传统告示牌在合约存续期间,一般是四周到一年的时间段内只能呈现一条广告信息。这一数码告示牌的特点使告示牌公司得以大幅度增收,增收幅度大概是第一代告示牌出现时的业绩的 6—10 倍。[14]

2007 年,美国范围内新装数码告示牌约 700 个,预计 10 年内数码告示牌数量将达到 4 000 个。[15]限制数码告示牌发展的因素至少有两个:一是安装成本高,单个成本超过 25 万美元。[16]二是有些城市甚至有些州认为,这些告示牌会分散驾驶员精力,在晚间过度发光导致视觉污染,因而对此类告示牌十分反感。(数码告示牌是否对视觉有损伤,是否是不安全的?这两个问题可作为课堂讨论内容。)

除了为告示牌公司增收外,广告客户亦能从数码告示牌媒介获得好处。首先,数码告示牌的内容可以随意经常更换。例如,广告客户可以在某一周发布商品或促销信息,继而在下周换回非促销性信息。其次,数码告示牌可以按需在一天的不同时段更换信息。例如,一家快餐店在早晨会宣传早餐食品,而在一天的其他时间段宣传其他食品。最后,数码告示牌使"整合"这一整合营销沟通领域最核心的原则得以实现。在数码告示牌的帮助下,消费者在一天内可以通过不同的数码广告方式看到同一广告。例如,一个人可在上班路上通过数码告示牌看到一个特定品牌的广告,继而在工作时通过电脑看到同一数码广告,甚至或许可以通过某人的手机屏幕再次看到同一广告。

特殊告示牌

由于营销信息量大,在城市及高速路上林林总总的特殊告示牌就满足了广告商对吸引消费者注意力的期望,它体现了迥异的艺术和图形设计理念,以一种特别具有魅力与创造力的方式来发布广告信息。试想 PR Newswire 公司置于时代广场用于发布 Pepsico 与 Neiman Marcus 等著名消费品牌的交互媒体墙(图 20.3)。路透社的大型告示牌每天有 150 万观众。在图 20.4 中,一个健身中心的广告展示了特殊告示牌的另一种创新用法:一个肥胖病患者(的体重)使告示牌倾斜向他所在的一边,他显然需要广告客户(即健身中心)的服务。

图 20.3　Neiman Marcus 公司的交互媒体墙

图 20.4 一家健身中心的特殊告示牌

20.3.2 购买户外广告

户外广告可向持有告示牌使用权的公司购买，如前文所提到的户外清晰传媒公司 Clear Channel Outdoor、哥伦比亚户外广告公司 CBS，以及 Lamar 广告公司。这些公司在全美国各主要市场均有业务分布。为方便广告客户购买全美国各处的广告位，购买机构或代理商分布在全美国各地。

过去，户外广告服务提供商按"展现度"(showings)的高低，分价位出售展板广告位。展现度是指理论上能接触到广告商的告示牌信息的人口比例。展现度之间的最小差额为 25 个百分点，共分为 4 档：#25、#50、#75、#100。例如，#50 表示每天在某一特定市场中会有 50% 的人口经过这一贴有广告信息的告示牌。#100 的展现度表示实际上所有在这一给定市场中的人都具有看到这一广告信息的机会(opportunity to see, OTS)。

近年来，户外广告公司转而使用总收视率(gross rating points, GRP)作为展板定价的尺度。同在大众广告传媒(电视、杂志等)中一样，GRP 是指一个广告载体所触及的市场的百分比及其频率。具体来说，一个户外广告的 GRP 为 1，说明其单次可以触及 1% 的某一特定市场的人口。户外广告 GRP 是基于日重复受众(即一些人会在同一天多次经过告示牌)来计算其所占总潜在市场人口的比例的。例如，如果 4 个告示牌在一个 20 万人的社区每日可以触及 8 万人，则其总收视率为 40。与传统的展现度计算法一样，GRP 按照 25 一档进行区别标价，其中 GRP 为 100 和 50 的销售量最大。

全球聚焦 路牌广告在中国的发展趋势

> 中国户外广告业目前有近 6 万家经营企业，其中 98% 以上为民营企业。行业前 10 家较大的户外媒体公司只占 20% 的媒体资源份额，户外广告营业总额在 400 亿元上下，占中国广告行业营业总额的 15% 左右。
>
> 尽管行业集中化趋势明显，但传统户外媒体资源依然十分松散。随着城市市容规划的升级需要，户外广告公司正在向新技术领域迈进。当一线城市户外资源垄断格局日益成型后，竞争的"战场"正转向二三线城市。可以预见，传统户外广告已经

告别了快速增长的时期,户外广告市场即将迎来一个资源整合和格局洗牌的时代,两种表象将愈加清晰:其一,越来越多的传统户外广告公司将向新技术领域迈进,实现多元化发展。伴随各种新技术的快速发展,对传统户外广告公司而言,下一步必然会涉足越来越多的新技术以实现自身的稳步发展。尽管目前针对户外新媒体各方褒贬不一,但其对传统户外广告公司的冲击已显而易见。因此,传统户外广告公司在保持现有资源优势的基础上引入技术创新,不失为实现多元化发展的良好途径。

其二,传统户外广告公司下一波竞争的"战场"将转向二三线城市。一方面,城市市容规范化使得满街广告牌得到了很大的清理,户外广告资源在一线城市趋向饱和,寡头垄断格局日益成型。二三线城市虽然也在逐步整顿户外广告资源,但清理力度始终不及一线城市。部分户外广告公司已经将目标转向二三线城市的优质广告牌资源,这些城市的传统户外广告牌价格"水涨船高"。对于户外广告公司来说,越早占有资源就意味着优势。另一方面,二三线城市本身经济的加速发展也使得广告公司越来越看重二三线市场。中国未来50年经济发展的前景很好,这种上升不仅靠大城市,更需要靠几百个二三线城市的支撑,因此若现在拥有二三线城市的传媒平台,将会在未来竞争中取得先机。可以说,二三线城市为传统户外广告业的后续发展提供了宽广的舞台,下一波竞争的重点必然在二三线城市。

据CTR广告市场调查报告显示,户外广告上半年遭遇传统户外广告大量拆牌,上半年广告投放增幅仅为5%,相比去年同期下降了18%,也是传统媒体中增长最少的媒体。而传统户外广告的减少则促进了地铁、轻轨等轨道交通媒体的快速发展。在TOP 10户外广告类型中,仅地铁、轻轨呈现两位数的增长,尤其是轻轨,由于城市范围小,绝对量低,增长潜力巨大,增幅几近达到一倍。

资料来源:1.《2012—2013年中国户外广告行业深度调查报告》,中华商务网讯。
　　　　　2.《CTR广告市场分析报告》,中国广告协会,2011年8月17日。

20.3.3　户外广告的优势及其局限性

对营销传播从业者来讲,告示牌广告具有一些独特的优势,也存在相应的问题[17]:

优势

告示牌广告的第一个主要优势在于其触及范围广、频率高。告示牌几乎可以触及大众的各个层面。从战略角度来讲,若标牌设在了交通要道上,其曝光度会特别高。汽车广告商经常使用户外媒介,因为它们可以高频率地触及数量庞大的潜在买家。对电信公司(如AT&T、Verizon和Cingular)来讲道理亦然。

第二个优势是地理上的灵活性。户外广告在战略上常作为其他广告形式(如电视、广播和报纸广告)在一些需支持地区的补充。

第三个优势是单位成本低。每千人成本(cost-per-thousand,缩写CPM,其中M为罗马数字千)是指单条广告触及1000人的平均成本。从CPM角度来说,户外广告是最为廉价的广告媒介。然而,正如在第 12 章中讨论传统广告媒介的相对优势时所强调的,不同媒体之间的 CPM 比较可能会具有误导性。因为不同媒体功能不同,用 CPM 作为评价的唯一尺度是不合适的。

告示牌广告的第四个优势是高品牌认知度,因为告示牌广告的字体通常比人还要大。采用大字体为广告商提供了绝佳的品牌和包装认知的机会。此外,通过有创造力的方法与抓人眼球的视觉效果,广告公司在设计告示牌方面越发独具匠心——如图 20.3、图 20.4 所示。请构思一下阿迪达斯公司在日本为其足球产品精心设计的告示板创意。

图 20.5 一日本告示牌广告上的足球真人秀

在日本,相比美国等其他国家来说,户外媒体的角色更为重要,因为在如东京这种城市,居民每天的平均通勤时间高达 70 分钟,这使得告示板及其他户外广告成为触及他们的一种具有吸引力而又相对廉价的方式。然而,在户外广告上的大手笔也造就了其繁杂性。体育用品与服饰制造商阿迪达斯想出了一个创新的解决方案:该公司在告示牌上布了一块人造足球场,使用悬挂绳(如图 20.5)挂住两个足球队员,他们每天下午每隔一个小时即踢 10—15 分钟足球,每次都会引起数百行人驻足观看。当然,观众观看足球"比赛"时,他们会不停地看到阿迪达斯的公司名及其标志,除此之外还有覆盖在足球场上的一句广告语"拥有了激情,你就拥有了比赛"。与阿迪达斯公司用真人秀来做广告相比,恐怕真的难以找到一个更能吸引人的告示牌广告点子了吧。[18]

告示牌广告的第五个优势是,在消费者即将做出购买决策之时,告示牌能给予消费者提醒。这就解释了为什么餐馆及啤酒这样的产品大量使用告示板广告。(美国香烟品牌也曾大量使用户外广告,但 1999 年起由于法律限制,香烟品牌停止使用户外媒介广告。)

局限性

户外广告的一个重要问题是不具有选择性。户外广告可以针对总的消费群体(如城市居民),但无法直指某具体细分市场(比如年龄在 25—39 岁间的非洲裔美国职业男性)。广告商必须使用其他广告媒介(如杂志和广播)以更好地针对所选择的受众。然而,随着科技的发展,告示牌广告正处于增强其受众针对性的阶段。例如,一家加州的公司,斯玛特标志媒体(Smart Sign Media)公司引进了一种可以根据经过的车辆中所播放的广播频率而调整内容的数码告示牌。通过将电台的选择作为收入水平的标志,斯玛特公司的这一项技术可以计算出经过的人的收入水平,然后针对在这一特定告示牌区域内经过的人所处的主要社会层面,来调整广告信息。[19]

曝光时间短是另一个局限。"此刻得见但稍纵即逝"恰当地描述了户外广告引起消费者注意力的特点。因此,户外广告中信息被读取的效果比其他主流视觉广告要差些。鲜艳的颜色、生动的图像以及视觉信息对于有效的告示牌广告来说十分重要。

户外广告的第三个局限在于环境影响。告示牌，所谓的"张贴垃圾"，在美国许多州和超过数百个地方政府辖区在一定程度上是被禁用的。虽然有些人认为吸引人的告示牌及其信息可以点缀周边街区与高速路环境，甚至美化它们。但有些人却认为，这种广告媒介并不漂亮，使人感觉受到打扰。这大致上是个人品位的问题。在本章的尾注中引用的文章颇有深度地陈述了这一话题，包括对于可更换信息标志，即可以每4—10秒更换广告信息的数码告示牌的普及所带来的好处与潜在害处的讨论。[20]

20.3.4 测算告示牌的受众数及其特点

在平面媒体（报纸和杂志）和广播媒体（收音机和电视）上做广告时，广告商可以查询所谓的企业组合的数据，这些数据能够为他们提供以下信息：(1) 使用相应媒体所能触及的受众量；(2) 通过个体杂志（如《时尚》杂志）或电视节目（如周六晚间报道）之类的不同媒体渠道所能触及的人群特征。（平面和广播媒体的受众测算方法在第12章中已经详细介绍。）这些信息在制订与做出媒体广告方案时可谓弥足珍贵。在购买媒体广告前，广告客户即可估计出其目标受众中有多大比例可能会因此被触及，以及受众在一定时间段中，比如4周的广告计划内，平均看到（听到或读到）该广告的频率。因此，平面和广播媒体均是可测的，且广告客户对这些媒体的受众数据准确度非常认可。

相比而言，对于户外广告这一产业，就没有类似可测的受众数据了。历史上，户外广告业依赖于交通审计局收集的交通数据，这些数据仅限于说明单位时间内有多少人经过某一户外站点，如一块告示牌。然而，至今尚无测量"有机会看到告示牌上的广告信息的人群"的人口特征的数据。缺乏高可信度的受众特点信息一直被普遍视为户外广告进一步发展的重大阻碍，如果希望户外广告发展成为一种更广泛使用的广告媒介，就必须要克服这一缺陷。尽管交通信息能体现有机会看到告示板上的信息的人数，但是这些信息完全与人群的特征无关，而人群特征恰恰是广告客户准确定位所需的。

这一信息缺失阻碍了户外广告产业的发展，阻碍了许多广告客户斥巨资购买户外广告的脚步。在美国，使用高比例的广告费用投资户外广告的公司相对较少。无论如何，在户外广告产业形成测算受众人数与其人口特征的准确方法之前，这一事实鲜有可能改观。在不了解受众特点的准确信息前就贸然投放广告无异于盲人摸象。换句话说，在未知你能获得什么的情况下，购买这种迷雾中的产品可谓不明智。

尼尔森个人户外设备

值得庆幸的是，尼尔森媒体研究公司，一家致力于广告受众量测算的公司，正在努力开发能测定户外广告受众的人群特征的方法。尼尔森公司的服务内容涵盖选取人群样本并向其收集相关人口学信息，并为他们配备内置电池的测量器 Npod（尼尔森个人户外装置）。在全球卫星定位系统（GPS）的帮助下，这些 Npod 测量器能够自动检测个体在离家到回家时间段中的移动。在已知样本成员的人口学特征及其地理活动范围的情况下，通过将这两套数据对接，就有可能对"有机会看到某特定告示牌上登载的广告信息的人群"的人口特征做出相应描述。

在掌握了经过特定告示牌区域或其他户外广告点的人群特征的准确信息后,广告商很可能会增加对于户外广告的使用。芝加哥的尼尔森 Outdoor 公司的前期研究表明,年龄在 35—54 岁之间的男人对于户外广告有最高的曝光度,高收入阶层的全职工作者特别有可能被户外广告所触及。[21]

20.3.5 告示牌有效性的一个案例分析

图 20.6　厕所温泉告示牌活动图示

亚当斯户外广告公司,一家亚特兰大的大型公司,发起了一个旨在宣传告示板广告有效性的颇具创意的活动。在一家坐落在南卡罗来纳 Charleston 的广告代理公司 Cognetix 的帮助下,亚当斯公司起草了一份用以测试告示牌广告有效性的方案。亚当斯与 Cognetix 公司虚构了一家名叫厕所温泉(Outhouse Springs)的瓶装水公司。借用不一致的概念(瓶装水怎能起名厕所温泉)进行调侃,配以有关马桶的幽默,在 Charleston 市场上的厕所温泉瓶装水告示牌广告在四周花费约 25 000 美元的情况下达到了 75 的展现度。在告示牌上的广告信息可谓可疑而颇有噱头,如"美国首创的回收水"、"曾在马桶中,现在在瓶中"、"L-M-N-O……"和"它是第一,不是第二"(具体图示请见图 20.6)。[22]

为测量活动的有效性,他们每周测量品牌认知度与消费者对品牌的态度及购买动机。在第三周时,在大量的消费者样本中,有 67% 的人表示其已经觉察到,厕所温泉品牌是虚构的,77% 的人对此瓶装水品牌具有中立或正面态度,85% 的人表达了愿意购买该产品的意愿。

诚然,尽管这一产品具有高度的独特性与可造势性(回忆第 19 章有关造势的讨论),但这一对虚构瓶装水品牌的宣传活动表明,很多人都会触及这一告示牌广告并能被施以正面影响。这一营销的成功无疑要部分归功于广泛的造势引起了广播、电视、报纸等媒体的关注并予以撰文。尽管如此,这一对于虚构品牌的测试说明,人们对于吸引注意力的、难忘的告示牌信息很敏感。有关厕所温泉品牌这一案例的详细讨论,以及其他有关户外广告有效性的案例,请登录美国户外广告协会网站查询:http://www.oaaa.org/outdoor/research/audience.asp。

20.3.6 其他形式的户外广告

我们之前一直在集中强调户外广告的主要形式,即告示牌的作用。然而,正如前文所述,户外广告还包括很多种移动广告(公交、出租车、卡车上的广告)、公交站广告、街上的公共设施广告以及形式五花八门的户外广告。

下面这些例子完美诠释了这些非告示牌形式的户外广告的创造力与潜在有效性。图20.7是SmartWater公司的一个移动广告,该公司是一家欧洲的营养强化蒸馏水公司,在广告中该公司的产品看似为Tom Brady(美国明星)提供了能量。图20.8是柯达公司的一个移动广告。作为1998年长野冬奥会的赞助商,柯达公司得以向此前可能从未接触过柯达产品的日本消费者推广自己的产品。共12辆大型公交车的车身上"包上"了柯达或用以普及柯达公司在奥运会中的角色的奥运图片,这些公交车成为着实吸引眼球的移动告示牌。图20.9是MADD公司的一个公交车站座椅广告,这是一种受众为公交车乘客以及路人的有效广告形式。

图20.7　SmartWater公司的移动广告

图20.8　公交车"全副武装"柯达公司广告

图20.9　MADD公司的公交车站座椅广告

20.4 销售网点广告

当商标与包装样式在销售网点呈现在消费者面前时,消费者才是商标与包装宣传效果的终审裁判。销售网点或商店的环境为品牌营销人员提供了影响消费者行为的最后机会。品牌经理已经充分认识到销售网点广告的价值;事实上,美国的营销从业者在各种不同形式的销售网点传播上的花费超过 200 亿美元。

销售网点是与消费者沟通的不二选择,因为许多对于某种品牌与产品的购买决策都是在这时做出的。此时此地,销售的所有要素(顾客、金钱与产品)汇聚一堂。[23]下面一段文字描述了消费者的店内行为,强调了销售网点广告的重要性。

> 顾客就是探险者。他们是在游猎、淘便宜的商品、新的产品和不同的物品来为其生活增添乐趣。当他们浏览便利超市的货架,在杂货店和购物中心淘货时,他们中的 75% 都乐于接受新事物。[24]

当顾客最容易接受新产品的概念,最容易接受其他品牌时,这就为通过销售网点广告来对顾客造成可测的影响提供了机会。精明的营销者认识到,店铺布置是对消费者造成影响的最后机会,也是最佳机会。销售网点广告通常代表了整合营销传播项目的最高境界——在售卖地点,消费者经提醒会想起之前经过处理的大量大众媒体广告,而在此刻得以从一项促销活动中获益。

20.4.1 销售网点材料的内容

销售网点材料包括各种形式的标志、悬挂物、匾额、横幅、货架广告、机械模型、灯光、镜子、产品的塑料模型、结账处、全线经销商、各种各样的产品展、海报、地板广告、店内广播、电子屏幕广告及其他形式。[25]行业组织将销售网点广告分为以下四种类型:

(1) 永久展示:永久展示是使用超过六个月的商品展示。(六个月是国际销售网点广告组织,即 POPAI 制定的分界线。)图 20.10 是一个永久展示广告的例子。

图 20.10 永久展示广告图示

（2）半永久性展示：半永久性销售网点展示的生命周期大于两个月但小于六个月。Listerine 产品的一个半永久性展示广告如图 20.11 所示。

图 20.11　半永久性展示广告图示

（3）临时性展示：临时性销售网点展示是为少于两个月使用寿命的展示而设计的。柯达喷墨打印机的一个临时性展示广告如图 20.12 所示。

图 20.12　临时性展示广告图示

（4）店内媒介：店内媒介包括广告与促销材料，如店内广播广告，零售商的数码标志（如在重点位置的显示屏），购物车广告（如在本章开篇的营销传播透视中所讨论的案例），货架广告（也叫货架信息员），地板图式（店面地板上的广告，图式请见图 20.13），第三方公司（即除了品牌制造商、零售商之外的第三方公司）通常会负责管理这些店内的媒体。品牌营销者们为在全国或某些特定市场获得店内广播权或购物车、货架广告权不惜花费血本。

图 20.13 地板广告图示

20.4.2 销售网点实现了什么价值？

投资于销售网点广告材料的公司越来越多。正如前文所述,美国每年的销售网点广告花费超过 200 亿美元。这种对于销售网点广告的投资之所以正确,是因为这种店内宣传材料为参与营销过程的各方:制造商、零售商及消费者,都提供了有效的服务。

为制造商实现的价值

对于制造商而言,销售网点在消费者面前持续展现制造商的公司名称及其商品品牌名称,且提升了制造商先前通过大众传媒广告或其他方式建立起来的品牌形象。销售网点标志和展示还使人们重视促销,刺激冲动式购买。

为零售商提供的服务

销售网点通过吸引消费者注意力,增加其对于购物的兴趣,延长消费者在店内逗留的时间等可以导致营业额和利润提高的方式来为零售商服务。另外,通过将各种产品摆放在同一个单元内等方式,销售网点材料可以帮助零售商更有效地利用空间,这是销售网点材料的一个非常重要的销售上的功用。

对消费者的价值

销售网点单元通过传递有用信息与简化购物程序来服务于消费者。永久、半永久以及暂时性销售网点单元,通过将特定品牌的产品与相似产品分开放置与简化选择过程,将这一价值提供给消费者。此外,店内媒体会向消费者告知新产品与新品牌。(有关店内电视广告的详细讨论,请参见 IMC 聚焦部分。)

然而,对于越来越被广泛使用的店内展示以及广告材料来说,其缺点在于,消费者有时会被过度的销售网点刺激冲昏了头。一个营销评论员甚至曾将广泛使用的店内广告材料与在线垃圾信息相比较。[26] 与所有广告媒体类似,店内环境也遭遇了广告冗杂,这一现象可使消费者感到厌烦并削减品牌营销者广告运作的有效性。这也就揭示了为什么一部分零售商会执行"洁净楼层"政策,通过减少展示的数量、规模以及样式来提高消费者的购物体验满意度。[27]

除了为营销过程中的所有参与者带来好处之外,销售网点还有另一个重要作用,即在整合营销传播项目中成为运作核心。销售网点本身的影响可能很有限,但是当它与大众传媒广告和促销联合使用时,销售网点就会产生协同作用。研究表明,当销售网点强化了一个品牌的广告信息时,销售额的增幅会很大。这种协同作用的实例可参见后面陈述销售网点有效性实例的部分。

20.4.3 销售网点对消费者行为的影响

销售网点材料对消费者行为的影响主要体现在三个方面:第一,告知消费者某些具体产品;第二,促使消费者回忆起他们从其他广告媒介获得的有关信息;第三,鼓励消费者选择特定品牌,包括偶尔的冲动式选择。

告知

销售网点最基本的传播功能就是告知消费者。标志、海报、展示、店内广告和其他销售网点材料可以提醒消费者某些特定产品并为其提供潜在的实用信息。

动态展示可以特别有效地达到该目标。尽管动态展示的花费远远高于静态展示,但如果它明显能够吸引更多的消费者注意力,则是一项正确的商业投资。三项研究表明,动态展示的收益往往高于其额外支出。[28]

研究人员为了测试一家当年很成功但如今已不存在的啤酒品牌——Olympia 啤酒的动态与静态展示的相对有效性,将加州的一些饮料店和便利超市作为测试样本,进行这两种形式的展示。每个样本商店都分别设有啤酒的动态展示或是静态展示。另一组实验商店则作为控制组,不进行任何展示活动。在为期 4 周的测试中,Olympia 啤酒的销售量超过 62 000 瓶。在进行了静态展示活动的饮料店,Olympia 啤酒的销售量比未进行任何展示活动的控制组销量高出 56 个百分点。在便利超市,通过静态展示收获的 Olympia 的销售量增长则稍显逊色,为 18 个百分点,不过这一增幅也已经很明显了。然而,令人叹为观止的是,饮料店和便利超市中进行的动态展示分别令 Olympia 啤酒销量增长了 107% 和 49%。

第二个动态展示有效性测试的测试对象是 S. B. Thomas 牌英式松饼。在测试中,共有两个测试组,每组有 40 个商店,两组间商店大小与顾客人群特征相仿,其中一组店铺有左右移动的 S. B. Thomas 英式松饼海报。另外一组的 40 家店均使用常规的静态地板展示。销售记录显示,运用了动态展示的商店销售额超过使用静态展示商店一倍多。

第三个动静态展示有效性测试的测试对象是在亚特兰大和圣地亚哥出售的永备牌(Eveready)电池。与上述 Thomas 牌松饼测试类似,研究人员将 6 家杂货店、6 家便利超市、6 家大型仓储超市分为两组。在大型仓储超市,测试期内静态展示使销售额比测试前增加了 2.7%,但令人吃惊的是,在杂货店和食品店进行静态展示的销量(1.6%)还略少于那些不进行展示活动的店面。相应地,进行了动态展示的杂货店、便利超市与大型仓储超市的销售额分别增加了 3.7%、9.1%、15.7%。

以上三组试验结果均表明,相对来讲,动态展示的效果好于静态展示。消费者的信息处理逻辑(见第 5 章)很清楚:① 动态展示吸引注意力;② 人的注意力一旦被吸引,就会关注那些显著的产品特征,产生对于展示品牌名称的认同感;③ 品牌名称信息可以激起消费者对在此前媒体广告中所看到的有关产品特征的记忆;④ 当消费者回忆起品牌特征的有关信息时,这些信息就有可能成为消费者购买所展示品牌的理由。另外,消费者亦有可能认为,某产品在进行展示说明该产品正在进行促销活动,无论事实是否真的如此。[29]

因此,店内动态展示对于激起消费者对品牌名称的记忆起到了重要作用。如果消费者对某一品牌持正面态度,则他们购买该品牌的可能性就会增加,且有可能是大幅度增加(正如在 S. B. Thomas 牌英式松饼案例中的情况)。永备牌电池的展示显然不如其他产品那么有效,这是因为销售几乎依仗于展示。在没有前期广告激起购买欲的情况下,静态展示就会失效,而动态展示亦没有想象中那样有效。

IMC 聚焦 店内电视广告的兴起

美国的四大主要电视网络(ABC、CBS、Fox 和 NBC)都在全美范围有附属站,因而能够到达上百万电视节目及其中广告的观众。现在一些零售商(沃尔玛、Target、Borders、Kroger 等)也在建立自己的店内电视网络。在美国的零售店里,现在有超过 60 万个电视屏幕,并且这一数字以每年 20% 的速度增长。店内电视网络与四大主要(店外)电视网络不同,后者能到达那些舒舒服服待在家中或酒吧及其他公共场所里的消费者,而前者在消费者购物时将广告播放给他们看,因而这一时间是最接近消费者做出购买决策时点的。

并不奇怪,沃尔玛是最先意识到店内电视有潜力作为向消费者展示店内品牌广告的工具的零售商之一。尼尔森媒体研究估计,沃尔玛的电视网络在四个星期的时间段里能到达 1.33 亿观众,即该时间段内沃尔玛顾客的三分之一。沃尔玛电视网络上播放的广告内容是什么?你可能会认为只有沃尔玛自己的广告。实际上,这些广告来自希望在最接近消费者购买决策的时点到达他们的全国广告商。例如,Kellogg 公司报告称其在沃尔玛电视上投放了两个新产品(Cheez-It Twists 和含香蕉的玉米片)的广告后,销售出现了显著增长。沃尔玛电视上的广告价格为每四个星期 5 万到 30 万美元不等,实际费用取决于广告出现的频率。

广告商已经意识到,最好为店内电视量身定做广告,而不要与传统电视上播放的广告完全相同。店内广告必须要特别吸引人,这样才能使消费者的注意力从他们最初进入店中的原因转移出来,而这最初的原因是购物而非看电视广告。这就需要使用的广告比出现在店外电视上的典型广告更短,同时还要把电视监控器放置在与眼睛处于同一水平线的地方,以便获得转移顾客注意力的最佳机会。

资料来源:Amy Johannes, "Tuning In: In-store TV Finds Captive Audiences," *Promo*, January 2008, 11-12; Erin White, "Look Up for New Products in Aisle 5," *The Wall Street Journal Online*, March 23, 2004, http://online.wsj.com; Ann Zimmerman, "Wal-Mart Adds In-store TV Sets, Lifts Advertising," *The Wall Street Journal Online*, September 22, 2004, http://online.wsj.com。

提醒

销售网点的第二个功能是令消费者回忆起那些他们通过广播、平面及其他广告媒体所看到的品牌。这种提醒旨在让消费者购物前曾看到的广告效果更完美。

为全面理解销售网点材料的提醒作用,在此有必要讲解一下认知心理学中的一个重要原则:编译特性原则(encoding specificity principle)。简单地说,这个原则是指,当人们试图重新获得信息时,若此时的场景与他们最初获得该信息时的场景一样或相仿,信息回忆过程就会得到优化(编译即将信息植入记忆的过程)。

尽管脱离营销领域的实例可能会激起一些读者的不悦记忆,但却有利于澄清编译特性原则的准确意义及其重要性。回忆你曾经历的一段复习准备重要考试的时光。这门考试主要考察解决问题的能力,你可能曾为了解决一道特别难的会计、微积分或统计题目而熬夜。最后,你做出了那个题目,并对隔天的考试充满信心。隔天的考试中必然就会出现一道与你熬夜演算的这道题十分类似的题目,然而,令你不悦的是,你的大脑一片空白,你在考试中没能解出该题。但在考试后,当你回到房间,该题的解题方法却扑面而来。

编译特性就是罪魁祸首。你最初编译信息和解决问题的场景(你的房间)与你后来解决类似问题的场景(教室)相异。因此你无法获得场景重获的提示,这使得你无法在教室里回忆起你最初解决问题的方法。

回到市场中,考虑如下情景:消费者编译电视上播放的某一品牌的商业广告信息及其独特属性与优点。广告商希望消费者在销售网点能想起这些信息,并以之促使消费者来选择广告商的品牌,而非其竞争对手的品牌。然而,事实并非总是如此。我们的记忆很可能出错,尤其是当我们面对无数广告信息之时。因此,尽管我们可能确曾编译了广告信息,但在没有提示信息的情况下,我们在销售网点很可能并不会立即想起这些信息。

下面举一个粉红兔子击鼓(pink-bunny-pounding-a-drum)广告活动的例子。大多数人都知道这一活动,但很多消费者记不住广告中的产品品牌。(请读者思考片刻,究竟是哪个品牌呢?)在货架上看到金霸王、永备和劲量这些品牌时,消费者很可能不会把粉红色兔子这个广告与其中某一品牌联系起来。这就是销售网点广告能起到关键作用的地方。劲量(运用粉兔子做广告的品牌)通过货架上的标志或包装上的图像设计,如广告中一样将劲量品牌与小兔子置于一起,从而促进编译特性。因此,通过向消费者提供重获编译特征的提示,消费者就有可能会想起此前看到的广告,想起劲量是一个为不停击鼓的兔子提供动力的电池品牌。

重点在于媒体广告必须与销售网点传播紧密结合在一起,这样才能使店内提示性暗示信息在媒体广告的基础上发挥作用。标志、展示与店内媒介促使整合营销传播活动达到高潮,并增加了消费者选择某一特定品牌而非其他品牌的可能性。

鼓励

鼓励消费者购买某一产品或品牌,这是销售网点的第三个作用。有效的销售网点材料能影响消费者在销售网点处的产品与品牌选择并鼓励他们产生计划外消费,甚至是冲动消费。下面的一部分将详细讲解销售网点广告的这一重要作用。

20.4.4 店内决策研究

消费者消费行为的研究显示,大部分消费者的购物行为是计划外的,尤其是在便利超市、杂货店以及大型仓储式商店(如沃尔玛和 Target)。计划外的购物行为意味着很多产品和品牌选择的决策是在消费者购物时做出的,而非提前就做好决定的。销售网点材料对于计划外购物行为具有一定影响,甚至是对影响计划外购买行为起主要作用。下面我们将转而讨论对计划外购买行为所进行的研究,之后我们将提供充分证据以证明销售网点展示在增加销量方面的重要作用。

国际销售网点广告组织消费者购买习惯研究

这一重要研究是由国际销售网点广告组织(POPAI)开展的,此研究肯定了店内媒体、标志以及展示在极大程度上影响了消费者的购买决策的说法。[30]研究人员向遍及美国 14 个主要市场的 22 家主要连锁便利超市和 4 家大型仓储超市(Bardlees、凯玛特、Target、沃尔玛)购物的 4 200 名顾客获取了数据。这一研究的操作方式如下:

研究人员监测 16 岁及以上购物者的行踪,以便判定他们是否确是前来购物的。

研究人员对合格购物者进行购物前(入场采访)和购物后(离场采访)两次采访。采访每日每时均在进行。

在购物前的进场采访时,研究人员使用一些独立的问题来询问购物者该次购物的目标以及他们希望购买产品的品牌。此后,在离场采访时,研究人员会在这 4 家仓储式商店查阅便利超市的顾客小票或亲自查看顾客的购物车。

通过比较从入场采访中获得的购物者的计划购买目标以及在离场采访时所获得的实际购物列表,我们可以把品牌购买行为划分为四种:经具体计划的购买行为、经粗略计划的购买行为、替代性购买行为、计划外购买行为。每一种的定义如下:

1. 经具体计划的购买行为:此类品牌购买行为是消费者意想之中的。例如,如果在进入商店之前,消费者就打算购买健怡百事饮料,且事实上也购买了健怡百事饮料,则该购买行为即可称为经具体计划的购买行为。根据消费者购买习惯研究(见表 20.1),30% 的便利超市购买行为和 26% 的大型仓储超市购买行为属于此类。

表 20.1 国际销售网点广告组织消费者购买习惯研究结果

购买行为类别	便利超市	大型仓储超市
1. 经具体计划的购买行为	30%	26%
2. 经粗略计划的购买行为	6%	18%
3. 替代性购买行为	4%	3%
4. 计划外购买行为	60%	53%
店内决策率(2+3+4)	70%	74%

资料来源:《1995 年国际销售网点广告组织(POPAI)消费者购买习惯研究》,第 18 页(华盛顿,国际销售网点广告组织)。摘录已获许可。

2. 经粗略计划的购买行为：这一类包括那些消费者具有购买某类商品的打算（比如说软饮料），但未想好购买哪个品牌。如果消费者在进入卖场前仅仅表达了要购买软饮料的意向，而离场时购买了健怡百事饮料，这就是一种经粗略计划的购买行为，而非经具体计划的购买行为。便利超市中6%的购买行为以及大型仓储超市18%的购买行为属于这一类（见表20.1）。

3. 替代性购买行为：指购物者未购买进入卖场前所述希望购买的产品或品牌而购买了其他产品。例如，如果一个消费者在进入卖场前称其要购买健怡百事饮料，而最终购买的却是无糖型可口可乐，此行为就可以归为替代性购买行为。便利超市的购买行为中仅4%属于此类，而对大型仓储超市来讲，对应数据是3%。

4. 计划外购买行为：在这种情况下，消费者并无事先的购买意图。例如，一个消费者购买健怡百事饮料，之前却未告知采访人员此购买意图，则此种行为可被归为计划外购买行为。60%在便利超市的购买行为以及53%在大型仓储超市的购买行为都属于计划外购买行为。

表20.1中，消费者经粗略计划的购买行为、替代性购买行为、计划外购买行为比例加和称为店内决策率。换句话说，这三种购买行为可谓未经具体计划的、受店内因素影响的购买决策。对于便利超市与大型仓储超市来讲，它们的店内决策率分别为70%和74%。这一数据说明，在所有购买决策中，店内因素能影响到约七成决策。显然，销售网点材料是消费者产品与品牌决策行为的很重要的决定因素。

在此需要说明的是，并非所有记为计划外的购买行为都确定为计划外购买行为。相反，一些购买行为之所以被记为计划外，原因在于购物者在被访时不能或不想告知采访者他们的准确购物计划。但这并不是说国际销售网点广告组织的调查具有严重缺陷，而是说在这种无法避免的误差影响下，对消费者计划外购买行为的比例有所高估。其他分类的测量结果亦可能有所偏差。例如，运用同样的逻辑，对经具体计划的购买行为比率可能有所低估。无论如何，即使国际销售网点广告组织的数据并不十分精确，其发现都是十分重要的。

表20.1的统计涵盖了数百种产品类别的购买行为类型。显然，店内决策率对不同商品类别是迥异的。为了强调这一点，表20.2与表20.3分别显示了便利超市（表20.2）与大型仓储超市（表20.3）中具有最高与最低店内决策率的产品类别。

表20.2 超市购买行为中五种最高与五种最低店内决策率的产品种类排行

种类	店内决策率
最高决策率	
急救用品	93%
玩具、运动商品、器械	93%
家用器械/硬件设施	90%
文具	90%
糖果/口香糖	89%

（续表）

种类	店内决策率
最低店内决策率（除急救用途）	
农产品	33%
肉、海鲜	47%
鸡蛋	53%
咖啡	58%
婴儿食品	58%

资料来源：《超市购买行为中五种最高与五种最低店内决策率的产品种类排行》，第19页，1995年国际销售网点广告组织（POPAI）消费者购买习惯研究（华盛顿：国际销售网点广告组织）。摘录已获许可。

表20.3 大型仓储超市购买行为中五种最高与五种最低店内决策率的产品种类排行

种类	店内决策率
最高决策率	
服装饰品	92%
铝箔、食品包装	91%
硬件、电子设备、水管装置	90%
婴儿服装	90%
垃圾袋	88%
最低店内决策率	
一次性尿布	35%
婴儿食品	35%
眼药水与眼镜护理用品	52%
音乐与影视盘	54%
咖啡、茶、巧克力	55%

资料来源：《大型仓储超市购买行为中五种最高与五种最低店内决策率的产品种类排行》，第20页，1995年国际销售网点广告组织（POPAI）消费者购买习惯研究（华盛顿：国际销售网点广告组织）。摘录已获许可。

表20.2与表20.3中所示数据清楚地表明，店内决策率可谓迥异。便利超市中的基本食物产品（如农产品）以及大型仓储超市中的常用产品（如一次性尿布）的店内决策率最低，因为大多数消费者在前往卖场时就知道他们要购买这些物品。另一方面，一些非必需品及一些消费者不会首先想到需要购买的物品（如急救用品和垃圾袋）尤其容易受到店内刺激因素的影响。显然，对于这类产品来说，如果其品牌营销者希望动摇消费者的购买决策，使之购买自己的品牌，销售网点对于品牌营销者来说就着实重要。

影响店内决策的因素 一些学术研究人员获得了国际销售网点广告组织消费者购买习惯研究中的数据。[31]他们的目的在于，确定各种购买因素（如购物的规模、购物清单的使用、惠顾的货道数）和消费者特征（如交易倾向性、强迫性、年龄、性别以及收入）对于计划外的购买行为有何影响。

研究人员认为，消费者计划外购买率会在以下情况出现时提高：① 消费者进行规模性购物（而非补充式临时购物）；② 消费者来回光顾货道；③ 消费者的家庭规模大；④ 消费者为交易倾向型。或许，该研究的主要实践意义在于，零售商可以通过延长消费者的购物时间，使其在购物时多在店内穿梭，来增加消费者计划外购物的机会。实现这一目的的方法之一是将消费者需要经常购买的物品（如牛奶、面包这样的产品）分散摆放,使消费者尽可能多地穿过其他产品的货架区。[32]

品牌提升 国际销售网点广告组织与另一科研公司合作开发了一种测量方法,即品牌提升指数,以测量消费者在存在销售网点宣传时,相比无销售网点宣传时所增加的平均店内购买决策数。[33]（提升这个词在这里指在有销售网点材料展示时销售额的增长或提升。）这一指数简单地显示出,店内销售网点材料如何影响消费者购买未经具体计划需要购买的商品的可能性。

表 20.4 呈现的是因展示活动而获得高品牌提升指数的商品排行,调查地点分别为便利超市与大型仓储式超市。例如,在大型仓储超市中,胶卷以及照片冲洗类产品的指数为 47.67,这说明消费者由于店内广告而购买该产品的可能性是无广告时可能性的近 48 倍。（注意,此处指数 47.67 并非指此类产品的销售额会在使用展示时达到未使用广告时的 47 倍多,而是说在有展示的时候做出店内决策的可能性比没有展示时高出近 48 倍。）购物者在便利超市店内购买黄油与人造奶油时,有商品展示时做出店内决策的可能性是无商品展示时可能性的 6.47 倍。毫无疑问,商品展示对消费者行为具有重大影响。

表 20.4 便利超市与大型仓储超市中经产品展示后获得最高平均品牌提升的商品种类排行

	品牌提升指数
便利超市的产品类别	
黄油与人造奶油	6.47
曲奇饼干	6.21
软饮料	5.31
啤酒	4.67
调酒用饮料	4.03
酸奶/奶油奶酪	3.79
麦片	3.73
香皂	3.62
包装奶酪	3.57
听装鱼罐头	3.55
咸味点心	3.50
大型仓储式超市的产品类别	
胶卷/照片冲洗	47.67
短袜/内衣/裤袜	29.43
曲奇饼干/薄脆饼干	18.14
小型家电	8.87
铝箔、食品包装袋、包	7.53
成人服装	7.45
宠物用品	5.55
袋装面包	5.01

资料来源:《便利超市与大型仓储超市中经产品展示后获得最高平均品牌提升的商品种类排行》,第 24 页,1995 年国际销售网点广告组织消费者购买习惯研究（华盛顿:国际销售网点广告组织）。摘录已获许可。

20.4.5 店内展示有效性研究

从业人员对于特定销售网点展示成本的合理性十分感兴趣。两个重要研究考察了展示的影响力,其结果对于此问题的研究具有引导性作用。

国际销售网点广告组织/凯玛特/保洁研究项目

此著名研究是由一家贸易组织(国际销售网点广告组织)、一家大型仓储式超市(凯玛特)与一家消费品生产商(宝洁)共同推动的。[34] 研究涉及展示对于宝洁6种产品类别品牌销售的影响,这6种产品类别分别为:纸巾、洗发水、牙膏、除臭剂、咖啡与纤维软化剂。实验持续了4周时间,在此期间,宝洁品牌在大众媒体进行广告宣传并以正常价格销售。美国75个凯玛特卖场根据品牌的销售、商店规模、顾客特征这些属性分为相仿的3组,每组25家卖场。

　　控制组:该组的25家卖场在其正常货架位置摆放宝洁品牌产品,但未有展示或其他广告出现。

　　实验组1:该组的25家卖场对广告品牌进行展示。

　　实验组2:该组的25家卖场对广告品牌进行展示;但这一组的展示方式不同于实验组1,或展示方式与实验组1相同但卖场展示位置与实验组1相异。

两个测试组商品展示/位置的细节信息详见表20.5。例如,纸巾都使用了大堆(mass waterfall)展示,但在两组店面中的摆放位置不同(表中未具体指明);洗发水产品在一组中采用的是特殊货架展示,另一组中采用的是商店地板展示;咖啡产品在一组中的展示位置是咖啡货道的拐角处的1/4货盘,在另一组中的展示位置是咖啡货道尽头的整个货盘——末端展示。

表20.5　国际销售网点广告组织/凯玛特/宝洁研究项目展示信息

产品种类	实验组与商品展示	实验组相比控制组的销售额增长率
纸巾	实验组1:大堆展示	447.1%
	实验组2:不同位置的大堆展示	773.5%
洗发水	实验组1:货架销售	18.2%
	实验组2:地面展示	56.8%
牙膏	实验组1:在牙膏货道上	73.1%
	实验组2:在牙膏货道外1/4货盘展示	119.2%
除臭剂	实验组1:大面展示	17.9%
	实验组2:在店内不同位置大面展示	38.5%
咖啡	实验组1:咖啡货道外1/4货盘展示	500.0%
	实验组2:咖啡货道尽头的全部货盘展示	567.4%
纤维软化剂	实验组1:洗涤剂货道尽头全部货盘展示	66.2%
	实验组2:洗涤剂货道外1/4货盘展示	73.8%

资料来源:大型仓储式超市的销售网点宣传有效性之国际销售网点广告组织/凯玛特/宝洁研究项目,《国际销售网点广告组织/凯玛特/宝洁研究项目展示信息》,第20页,1995年国际销售网点广告组织消费者购买习惯研究(华盛顿:国际销售网点广告组织)。摘录已获许可。

更重要的是,在表20.5的最后一列把每个实验组(有展示)的销售增长百分比同用传统货架摆放方式(无展示)销售宝洁公司产品的对照组相比较。显然,所有商品在两个试验环境中的销售额均有所增长,而且在一些情况下增长幅度不容小觑。宝洁公司的洗发水与除臭剂品牌在测试的四周内增长缓慢,只有18%(实验组1),然而纸巾与咖啡在两个展示环境下的增长均为三位数——纸巾销售额增长率为773.5%(实验组2),咖啡销售额增长率为567.4%(实验组2)。

国际销售网点广告组织/Warner-Lambert 研究

另外两个研究将国际销售网点广告组织/凯玛特/宝洁在美国的大型仓储超市研究延伸到了加拿大。[35]国际销售网点广告组织和加拿大Warner-Lambert公司联合研究销售网点展示对杂物店销售健康类产品的有效性。四大连锁药店(Shoppers Drug Mart、Jean Coutu、Cumberland、Pharmaprix)的80家店面参与了此次研究,测试主要在三个大城市进行:多伦多、蒙特利尔、温哥华。两大品牌参与了研究:百灵(Benylin)止咳糖浆和莱斯特瑞(Listerine)漱口水。

百灵止咳糖浆研究 在这一组测试中,店面被分为四组:第1组的店面一如既往,在以往的货架位置上(无展示)销售正常标价的百灵止咳糖浆;第2组在以往的货架位置上销售具有某种价格特点(如价格折扣)的百灵止咳糖浆;第3组将糖浆在货架尽头进行展示,并提供价格优惠;第4组采用过道地面展示,并提供价格优惠。研究人员在两周的测试阶段中获取了每个商店的销售数据以测量展示的有效性。

价格优惠与商品陈列的有效性可以简单地由第2、3、4组数据同第1组(基准组)数据相较而得。通过比较,结果如下:

第2组店面(百灵产品在常规货架位置销售但提供优惠价格)比第1组店面(百灵产品在常规货架位置销售且按正常标价销售)销售额上涨了29%。这29%的销售额增长简单地显示了由价格优惠带来的影响,因为它们的销售位置都与以往相同。

第3组店面(百灵产品在货架尽头进行展示并提供价格优惠)的销售额相较第一组上涨了98%。这种增长反映了尽头展示与价格优惠相结合对于销售量的影响。与第2组相比,增长率如此之大(98%对29%)反映了尽头展示的效果强于价格优惠本身。

第4组店面(百灵产品进行货道展示与价格优惠)与基准组相比实现了139%的增长。由此显示,此销售位置,至少对于此产品类别来说,相比尽头陈列更有价值。

国际销售网点广告组织/Warner-Lambert 莱斯特瑞研究 在此测试中,店面被分为4组:第1组在以往货架位置上按正常价格销售莱斯特瑞产品;第2组在以往的货架位置销售特价莱斯特瑞产品;第3组在店面进行货道尽头展示,销售特价莱斯特瑞产品;第4组在店面显眼位置进行尽头展示,销售特价莱斯特瑞产品。在两周的测试期内,研究人员获取了每家店面的销售数据以测量展示的有效性。

与上述研究相同,商品陈列的有效性可由第2、3、4组同第1组(基准组)的比较而得:

第2组(莱斯特瑞产品在以往货架销售并提供价格优惠)比第1组(莱斯特瑞产品在以往货架按正常标价销售)的销售额高11%。

第3组(莱斯特瑞产品在内部货架尽头展示并提供价格优惠)比第1组销售额高141%。

第4组(莱斯特瑞产品在显眼处货架尽头展示并提供价格优惠)比第1组销售额高162%。

两组结果表明,百灵和莱斯特瑞这两种品牌从价格优惠与展示中获利良多。莱斯特瑞的研究结果有些出乎该行业观察家的意料,他们本以为显眼位置的尽头展示的效果会远大于内部货架尽头展示的效果。从研究结果可以看出,相比进行内部货架尽头展示来说,制造商进行显眼位置的尽头展示的花费并不值。此外,在进行针对其他产品种类的研究前,我们无法得出明确的结果。

20.4.6 如何决定是否使用销售网点材料

尽管销售网点材料对很多制造商来讲十分有效,且对零售商来说也有很多利好功能,但实际情况是40%—50%的制造商提供的销售网点展示材料未被零售商使用或使用方法不当。[36]

商品陈列上附加的射频识别芯片(RFID)使制造商能够获知零售商是否使用了商品展示。RFID技术使制造商能够监测商品陈列的具体位置以及陈列设置是在使用状态还是在关闭状态。宝洁公司从一项有关其勃朗系列电子剃须刀的商品陈列使用的研究中发现,三分之一与其签约的零售商未按合约要求摆放产品展示。宝洁公司还发现,仅有45%的零售商能够正确竖立产品展示。[37]金佰利-克拉克(Kimerly-Clark)公司的研究发现,其零售商能够正确使用销售网点展示的仅占55%。[38]很显然,零售商并非总能遵守制造商的产品展示用法。

销售网点材料未被使用的原因

零售商不使用销售网点材料主要有五方面的原因。第一,不存在刺激零售商使用销售网点材料的因素,因为这些材料设计不合理,不满足零售商的需求。第二,一些展示相比其对销售额的贡献来讲,占据过大空间。第三,一些材料过于笨重使之无法安装,一些则过于易损坏或有其他构造缺陷。第四,许多标志与展示因为缺乏吸引力而遭到弃用。第五,零售商很清楚,展示和其他销售网点材料只是为增加某一特定制造商品牌在展示期间的销售额服务的,而对零售商来说,整个产品种类的销售额及利润并未增加。换句话说,零售商没有竖立展示或使用标志的动机,是因为这些展示与标志目的仅在于将一个品牌的销售额转移到另一个品牌之上,而对增加零售商在此商品种类上的总销售额与利润并不起作用。

鼓励零售商使用销售网点材料

鼓励零售商使用销售网点材料是一项基本的营销事务。说服零售商积极地使用展示或其他销售网点宣传方式,需要制造商站在零售商的角度思考销售网点材料问题。首先,也是最为重要的一点,销售网点宣传材料必须满足零售商与消费者的需求,而不仅限于满足制造商的需求。这是营销的核心,它不仅能鼓励零售商对于销售网点材料的应用,还能增进消费者对于制造商自有品牌的接受度。因此,制造商必须设计出满足以下要求的销售网点材料:尺寸与形式适合;与店面装饰协调;便于使用;按需使用(如销售季节适合);与其他营销传播项目恰当协作(比如能与现时广告或促销项目配合);对消费者有吸引力、方便且对消费者有实效。[39]

20.4.7 测量店内广告受众

前面,我们已经通过对于户外广告媒介的受众规模及其特征的讨论,总结了户外广告部分的内容。遗憾的是,对于户外广告的受众特征来说,准确的既往数据难以获得。同样,销售网点广告的历史数据也难以寻得。然而,近年来,销售网点宣传贸易协会——国际销售网点广告协会已与一系列主流品牌营销商及零售商(如可口可乐、凯洛格、克罗格、米勒酿酒公司、宝洁、沃尔玛)合作开发店内广告媒体有效性的测量方法。[40]这一业界内开天辟地的项目,被称为 PRISM(店内营销测量标准的开创式研究),这一项目发明了一套店内媒体表现的标准测量法(触及度、频率、毛定额,等等)。迟早有一天,品牌营销者能照猫画虎,运用他们在平面与广播媒体中运用了几十年的操作方式与规则,来计划与评价店内广告。

小结

本章主要讲授三种相对次要(相对大众传媒广告而言)的营销传播形式:外围商业标志、店外(外部)广告、销售网点广告。前两个话题相比销售网点广告来讲,其内容比较简略,但是外围与店外信息的作用都很重要,且能影响消费者对于店面及品牌的感知度与认知。我们介绍了不同形式的外围与店外信息并提供了相应图例。我们主要强调了有关告示牌广告的内容。该部分包括对于告示牌广告的各种形式、告示牌广告优势与局限性的解释,以及如何购买告示牌广告、如何测量告示牌广告有效性的内容。

本章重点讲授销售网点广告。销售网点是与消费者沟通的不二选择。因此,消费者在销售网点所接触到的任何东西均能起到重要的沟通作用。各种销售网点材料——标志、展示以及各种店内媒体——被用来吸引消费者对特定品牌的注意力,提供信息,影响感知过程,并最终影响消费行为。主要分为永久性、半永久性与临时性三类销售网点展示,对制造商、零售商与消费者都起到了很多重要作用。

研究发现,消费者的店内决策行为偶然性很高,销售网点材料在购买决策中的重要程度的波动幅度也很大。国际销售网点广告组织的消费者购买习惯研究将所有消费者的购买行为分为四类:经具体计划的购买决策、经粗略计划的购买决策、替代性购买决策、计划外购买决策。上述四部分中的后三部分统称为受销售网点展示与其他店面中提示所影响的店内决策。重要的是,据估计,店内决策占便利超市购买决策的70%,占大型仓储超市购买决策的74%。有关展示有效性的研究,如POPAI、凯玛特、宝洁联手发起的研究显示,经展示的品牌有时能在展示期内获得巨大的、增长率高达三位数的销售量增长。

讨论题

1. 你个人如何看待携带如购物伙伴（Shopping Buddy）和媒体购物车（MediaCart）等智能购物车进行超市购物的优势与劣势（请参见营销传播透视部分）？

2. 在过去的十年中，香烟广告在美国所有告示牌广告中占据相当大的比例。你如何解释烟草产品会主导这一广告市场的现象？是不是烟草产品的相关消费者行为特点促使告示牌广告成为烟草产业中一个非常具有吸引力的广告媒介？

3. 可更换信息的标志每 4—10 秒更换一套广告信息。你认为，对于广告客户来讲，此技术的价值体现在哪里？对社会的潜在危害是什么？

4. 厕所温泉瓶装水案例是告示牌广告的有效应用。参考第 18 章造势的相关内容，这一特定活动具有何特别之处，使其结果并不具有一般性，从而使之无法代表其他通过告示牌做广告的普通产品？

5. 在你的学校周边对外围商业标志进行一次非正式调查。请具体选出 5 个店内标志十分有效的例子。参考第 5 章有关 CPM 与 HEM 模型的内容，解释为何你所选择的例子很可能吸引消费者注意力并影响其行为。

6. 销售网点材料能起到哪些大众传媒广告不能起到的作用？

7. 解释为何国际销售网点广告组织的消费者购买习惯研究也许对计划外购买行为的比例有所高估，对经具体计划的购买行为与经粗略计划的购买行为所占比率有所低估。

8. 尽管在本章内没有涉及，POPAI 的消费者购买习惯研究显示，购买咖啡产品的店内决策比例为 57.9%，而一组酱料（沙司、皮肯特沙司、调味酱）的店内决策比例是 87.1%。两者之间 29.2% 的店内决策差距是什么因素引起的？抛开这两个具体种类，请总结哪些因素能决定一个产品种类究竟是高店内决策率还是低店内决策率。

9. POPAI 的消费者购买习惯研究还表明，大型仓储式超市的标志（注：不是展示）导致的平均品牌提升指数排名中，排第一位的产品种类是餐具洗涤剂，其指数为 21.65。请为这一指数给出确切解释。

10. 有关 S.B. Thomas 牌英式松饼的研究指出，在店内使用动态展示，销售额增长超过一倍。相比来讲，永备电池在进行动态展示时，其销售额增长不过在 3.7% 与 15.7% 之间浮动，根据进行展示的店铺类型而定。请为这两种商品进行动态展示对销售额影响的显著不同给出解释。

11. 为什么在饮品店进行动态与静态展示对于 Olympia 啤酒的销售额增长比在超市进行同样的展示更有效？

12. 本章开篇案例中的"媒体购物车"遭到了质疑，质疑称此举会使收银员失业。你怎么看待这一问题？

第 6 部分

营销传播的局限因素

第 21 章　道德、法规与环境问题

第21章

道德、法规与环境问题

为了能够全面理解营销传播运作过程中的有关限制,从而最终受益于自由市场,并使参与其中的消费者与各种商业活动受益,本章内容包括:道德、法规与环境问题,这些问题均是重点话题。道德问题部分的讨论包括易受影响人群的目标营销、欺诈性广告以及不道德的营销传播实例。本章还将讲授营销传播实践中的政府法规,以及自我监管和有关营销传播决策的环境问题。在现今这个正在经历全球变暖、油价飙升以及自然资源加速消耗的世界中,营销传播者能够坚守他们在保护资源与自然环境方面的职责可谓着实重要。

宏观营销传播洞察 "悟本堂"的兴衰

2010年,张悟本和他的"悟本堂"一举成为公众关注的焦点。2010年2月做客湖南卫视《百科全说》节目后,张悟本的知晓度迅速提高。2010年5月有媒体报道其有学历造假的嫌疑,书中宣扬的"绿豆治百病大法"引发市场绿豆涨价,其食疗理念也遭到专家质疑。短短几个月间,这个号称"京城最贵的中医"从巅峰跌到了谷底。

在张悟本成名的过程中,出版社、媒体、公众实际上都充当了推手的角色。据一位跟张悟本合作过的主持人回忆,"这个人有特质,能说,形象让人放心,口才好,绝对有让人掏钱的冲动。但从2009年第四季度开始,'悟本堂'发展势头有些过猛了。不仅看病费用大涨,说话更是口无遮拦"。这之后,在张悟本的宣传炒作中,《把吃出来的病吃回去》这类易于接受的炒作型标题频频见诸报端,张悟本有了明显的商业包装意识,他本人也承认,就是要语不惊人死不休。

随着《把吃出来的病吃回去》的畅销,张悟本名利双收。他的图书语言平实幽默,操作方法也极简单:煮绿豆水、生吃长茄子等,正符合人们追求简单的心理,茄子吸油,所以生吃茄子能降血脂的道理似乎也容易让老年人接受。这样的文本显然是具备畅销书潜质的,然而当出版社将重点放在文字的可读性上时却忽视了内容的可靠性。

随着张悟本知晓度的不断升温,有关张悟本的"华丽外衣"也被一一剥开。

首先,2010年5月28日上午,卫生部首次否认了张悟本"卫生部首批高级营养专家"的身份,并邀请国内知名的中西医专家驳斥其"养生理论",有律师称其违法行医。

其次,自从其专家身份被卫生部出面否认后,张悟本的学历、从医经历等先后被网友、媒体、医学界——质疑和调查。张悟本对外宣称，1981年至1991年间，他跟随父亲学习医术，且他的父亲张宝杨是党和国家领导人的保健医生。然而媒体调查却发现，张悟本和他的父亲均是北京第三针织厂的工人，张宝杨也只是在家开过私人诊所，从事过跌打损伤的治疗、按摩、捏骨等。他在自己的教育背景中提到"北京医科大学临床医学系"以及"北京师范大学中医药专业"，却未能出现在北京医科大学临床医学系的学生入学名单中，他其实只是北京师范大学继续教育学院中医药专业的函授班的学员，即通过自学、开卷考试而获得毕业证。张悟本还自称是卫生部首批国家高级营养师之一，然而，在国家职业资格证书的查询网站上也是查无此人。

2010年6月初，位于北京奥体中心南门的"悟本堂"开始摘牌拆顶，曾经头顶国家级专家头衔的张悟本光环尽失。一场轰轰烈烈的"悟本养生"热潮，就在这样一片质疑与勒令下草草收场了。

资料来源：1. 王蓉，《"养生"背后的产业链》，《光彩》，2010(7)。
2. 孙月沐，《豪宅女、悟本堂的速火、速朽与媒体拜金热》，《传媒》，2010(10)。

讨论题：
近年来类似"张悟本现象"在中国大肆盛行，你认为根本原因是什么？

本章目标

在阅读本章后你将能够：
1. 理解与广告、促销及其他营销传播实践相关的道德问题。
2. 理解为什么将易受影响人群进行目标营销传播的目标这一话题的讨论十分热烈。
3. 解释用于规范营销传播过程的政府法规的作用及其重要性。
4. 熟悉欺诈性广告以及确定某一特定广告是否属于欺诈性广告的决定因素。
5. 熟悉对于不公平商业活动的相关法规以及不公平学说的应用领域。
6. 了解广告自我监管的程序。
7. 理解营销传播在环境(绿色)营销中的地位。
8. 回顾适用于所有营销传播运作的原理原则。

21.1 简介

本章将主要介绍三个话题：① 营销传播道德规范；② 营销传播实践中的法律法规；③ 环境相关问题与其对营销沟通方面的启示。这三个话题相辅相成：当今营销传播者所面临的道德规范问题，其根源有时是环境营销运作。由于行业内某些不道德的营销传播案例，联邦、州政府以及行业内部的法律法规是必要的。[1]

21.2 营销传播中的伦理道德问题

各种营销传播者:广告主、促销员、包装设计师、公共关系代表、销售网点设计人员等所做出的决定经常会产生道德层面的影响。他们身处商业目标和财务要求的重压之下,道德沦丧以及道德观轻率化时有发生。

我们知道,营销传播活动为有悖于伦理道德的行为发生提供了足够成熟的环境,因为营销传播者们有时的确会做出令人无法接受的行为,虽然营销传播者道德沦丧的几率可能并非很高,但通过扪心自问与从道义层面向不良诱惑说不,你就可以更好地评价你的行为。这些不良诱惑或许在短期看来是有利而值得的,而在长期看来就具有造成潜在损失的可能。一个颇有威望的教育家将对伦理道德问题的检查过程建立了以下框架:

> 我认为,大多数人,包括(大学)学生在内,都是明辨是非的。我相信他们都希望做好事。但即使是我们中那些具有初步道德感的人,当面临很常规的商业决策时,也并非能一贯唤起自己对于那些基本准则的记忆。例如,我们可能会积极进行推销并向顾客许诺公司不能提供的商品或其功能,我们可能会强调产品优势而淡化产品缺陷,我们可能会制定有利于我们的财务预算与预测,我们在向儿童做广告时有可能冲破道德底线,或为了准确定位消费者而滥用个人信息……没有任何人会提示你伦理道德困境的出现。从未有写着"你即将走入道德问题区"的标志。因此,伦理道德教育的内容并非为学生提供孰是孰非的定义。伦理道德教育应旨在让学生处于上述困境时,提高识别道德问题、利益冲突与权利不对称的能力。[2]

我们此处所指的伦理道德(ethics)包括涉及营销传播各方面的有关是非与是否道德的问题。为了叙述方便,我们认为伦理与道德是同一概念,可以互换使用,并将其在营销传播中与诚实、自尊、美德与正直等社会概念同义化。尽管定义伦理道德这一概念相对来说很简单,但同社会其他领域一样,在营销领域中,社会上对于哪些行为属于符合伦理道德的行为并未达成一致。[3]尽管如此,我们仍然可以识别出特别容易受到伦理道德影响的营销传播活动。下面我们将按顺序考察以下几个方面的道德问题:目标营销传播,广告,公共关系,包装传播,促销,在线营销。

21.2.1 目标营销中的伦理道德

根据广泛接受的合理营销战略的框架规范,公司应将其产品定位于特定消费者群体,而非采用分散法或散弹法。尽管如此,当特定产品与其对应的营销传播运作指向某特定市场区段时,伦理道德的两重困境还是会时而出现。特别是将产品与营销运作定位于因各种心理学与经济学原因而显得易受营销传播影响的人群,如青少年以及低收入人群时,道德困境层出不穷。[4]

以青少年为目标的营销传播

在校内营销计划中,传统媒体中的广告与网上的信息不断刺激儿童对各种各样的品牌与产品的欲望。事实上,一项研究估计,美国每年花在向12岁及以下儿童进行品牌广告与营销活动上的钱为150亿美元。[5]评论称,许多针对儿童的产品并非必需,其营销传播具有利用性。由于这一问题可能会牵涉个人价值观对于儿童究竟需要什么不需要什么这一问题的热议,下面的例子仅代表评论员的个人观点,你可以自由给出你自己的结论[6]:

针对食物与饮品 考虑佳得乐(Gatorade)曾做过的一个儿童广告。广告中声称,佳得乐是"儿童口渴时的健康之选"。营养专家和其他评论员却称,佳得乐对儿童来讲并非必需,其效果并不比饮用水好——其摄入可谓无益无害。[7]如果佳得乐确实对儿童无益,那么引导儿童鼓动其父母为其购买这种产品是否存在伦理道德问题呢?

儿童肥胖与儿童食品营销问题如今可谓是社会热议的焦点。根据疾病控制与预防中心的数据显示,六个儿童中就有一个肥胖儿童,而25年前该数据仅为16个儿童中有一个肥胖。[8]许多评论认为向儿童进行食品营销是违反伦理道德的,特别是通过卡通形象来为蔗糖麦片与不健康的小吃营销的行为。[9]

考虑著名食品公司金宝汤公司的目标营销运作。金宝汤公司历史上曾针对母亲一族进行其汤料与意大利面食品牌的营销活动,这些母亲都希望能为其子女选择合适的产品。但公司的市场调研表明,直接吸引儿童的营销策略会增加销售量。因此,金宝汤公司同时与说唱乐手Bow Wow与足球明星Freddy Adu签约,他们作为公司的代言人帮助公司吸引青少年的注意。为了吸引儿童的注意,金宝汤公司在类似《探险家多拉》(Dora the Explorer)以及《天才小子吉米》(Jimmy Neutron)这些电视节目中插播产品广告。[10]汤料与意大利面食从营养学角度都是很好的产品,但将这些产品对儿童进行目标营销会不会是不符合伦理道德的呢?

再考虑一下Subway三明治连锁店的一次营销运作。你可能对该次营销运作仍有印象,通过使用贾里·福格尔(Jared Fogle)作为其形象代言人,该代言人通过摄入Subway三明治,从昔日的肥胖病人成功减肥近250磅。几年前Subway将该广告进行了引申以吸引儿童注意力。在一则广告中,观众会听到一个不到十岁的小男孩在后院悄悄说:"当我的哥哥在外边和朋友一起嬉戏时,我只会待在房间里,因为我害怕他们说我胖或者是其他风凉话。现在我不再害怕了。我开始跑步锻炼,吃健康食物。我是科迪,我今年12岁。"当这个男孩说出自己的心里话后,福格尔(Jared Fogle)出现在电视上,说:"我们(Subway公司)希望你的孩子能健康、长寿,这比任何事情都更重要。"这暗示人们,在Subway餐馆吃饭相比在其他营养配方广受质疑的快餐厅吃饭,更利于儿童减肥与提高生活质量。评论称,这一活动具有利用性。[11]Subway广告的支持者反驳说,这种广告有助于增进儿童对于食品营养与进行锻炼的重要性的意识。Subway公司是否过度利用广告了呢?

由于分别来自评论的压力、害怕美国联邦贸易委员会订立更多法律法规以及其自身或许具有很高的道德水平等方面的原因,美国11家大型食品饮料公司(如金宝汤汤料公司、通用磨坊公司、凯洛格公司以及百事公司)最近联合订立自我规范性行规,以限制针对12岁以下儿童的广告行为。在条例中,这些公司承诺,除非他们为了宣传健康食品,否则不得在广告中使用人物形象(如著名电视节目与电影中的人物),即使该人物形象的使用经过授权。有关宣传健康食品的案例如下,通用磨坊公司在进行冷冻蔬菜包促销时在包装上使用海绵宝宝。除此以外,这些公司共同停止在小学进行的广告活动。[12]

针对烟草与酒精产品 由于将通常针对成人的产品转为针对大学生以及青少年的营销活动,营销从业者一直备受指责。例如,米勒酿酒公司因为其 Molson Ice 品牌的一个广告而受到指责,该广告的画面是写有 5.6° 酒精的标签,旁白配音称 Molson Ice 是一种更"有劲儿"的饮料。科学公众利益中心的发言人称:"Molson Ice 的广告之所以能吸引儿童,是因为他们都是'为醉而饮'的,且高酒精含量正是他们想在啤酒中得到的。[13]我们希望啤酒产业内部抵制这种广告,因为酿酒行业的广告规范中明确指出,啤酒广告不应陈述或带有任何暗示酒精益处的内容。"[14]

图 21.1　Targeting Tobacco Products

总体上,社会对于将啤酒与其他酒精饮料用于针对青少年与年轻人的营销方式可谓十分关注。乔治敦大学的一个监察部门所做的一项研究指出,1/4 的酒精广告的受众更可能是年轻人而非成年人。[15]疾病控制与预防中心的一项研究监测了美国 104 个市场的 67 000 个电台,发现 49% 播出的广告均是以年轻人为目标的。研究结果称,啤酒与饮料公司并没有遵守有关向青少年做广告的自律禁令。[16]

主流酿酒公司与其他公司因对其酒精产品进行营销与广告运作而导致饮酒低龄化,曾被告上法庭。[17]一个名叫"科学公众利益中心"的消费者权益组织曾发起一项活动,旨在减少酒精饮品在体育电视节目中的广告。传奇教练 Dean Smith(前北卡罗来纳大学篮球队教练)和 Tom Osborne(前足球教练,现任内布拉斯加大学体育部主任)参与了这一项目,而俄亥俄州立大学成为参与这一项目的第一所大学,它禁止当地媒体在转播该校体育赛事时播放酒精饮品广告。[18]

至今,有关烟草产品通过广告与电影中的产品放置等方式向青少年进行目标营销的行为仍是争议的焦点,这一话题涉及许多青少年的家长、消费者权益人士以及一些支持"使青少年暴露于烟草广告之中,会使青少年认为烟草是一种有益消费的象征,且会令他们更可能学会吸烟"的观点的学术研究人员。[19](其他研究人员对于研究发现的结论是否确实能推出"广告会促进青少年吸烟"这一结论表示怀疑。[20])41 个美国国会议员联名向 11 家女性杂志(如《时尚》(美国版)、《魅力》、《时尚》(英国版))致函,敦促这些杂志停止刊载烟草广告,因为据这些国会议员的调查,年轻女性是这些杂志的主要受众,而她们的健康正在受到威胁。[21]还有研究人员曾研究那些禁烟活动是否对改变青少年对于吸烟的态度、降低其养成吸烟这一习惯的可能性,或者提高那些已经染上这一恶习的青少年的戒烟率是有效的。[22]

针对杂货品 另一个受到质疑的方面,就是针对儿童进行营销传播的海报、书籍封面、免费杂志与其他所谓的助学工具。这些营销活动以教育资料作为伪装,目的无非是刺激学生对这些促销产品与品牌的渴望。评论称,这种方法是不道德的,因为它们利用儿童对教育资料的信任,将教育资料作为兜售产品的手段。

向青少年兜售成人娱乐产品的营销行为也受到了很多批评。美国联邦贸易委员会发布了一篇题为《向孩子们进行暴力娱乐产品营销》的文章,批评娱乐产业将儿童作为含有暴力的电影、电子游戏与音乐的广告受众。然而,美国联邦贸易委员会称,其在规范这类广告方面的权力非常有限,因为他们很难切实证明这类广告具有虚假性或不公平性,这两个关键词是我们将在后一个小节中讲授的美国联邦贸易委员会在规范广告时所采用的两大标尺。尽管美国联邦贸易委员会呼吁娱乐产业自行订立行规并严格遵守其行为准则,但据称娱乐产业并未对之予以重视,且其是否具有自律能力也受到了大众的怀疑。[23]《广告时代》是一本体现广告业界呼声的杂志,受到了广大广告从业者的青睐。该杂志的一名编辑的一段话很好地总结了上述话题:

> 相比政府干涉来说,《广告时代》的编辑们都支持制定广告行业的自我监管条例。但是自我监管是以广告行业对自己行为的负责并能自愿接受约束为前提的。在将娱乐产品向儿童进行营销活动的过程中,营销人员却不能恪守这些约束。如果他们继续这种不负责的行为,那他们就不得不接受其千方百计想要规避的政府法律法规了。[24]

以低收入消费者为目标的营销传播

酒精与烟草产品制造商经常使用告示牌与其他广告媒介以吸引低收入消费者。尽管联邦政府与烟草行业中的企业签订了限制烟草告示牌广告的总和解协议,但过去在市中心区域内烟草(与酒精)产品告示牌相比其他产品广告可谓多得不成比例。[25]

下面举两个经典而知晓度很高的案例来说明这一问题。[26](此处不再用比较新的案例的原因在于近期并未出现该类案例,营销从业者显然认识到"针对城市中的弱势群体和其他低收入群体进行某些产品的营销活动会引起极大的负面新闻宣传"这一趋势。)当雷诺(R. J. Reynolds)公司打算在费城这一非洲裔美国人比例占总人口40%的城市推出一个目标受众为非洲裔美国人的薄荷醇香烟品牌 Uptown 并要进行市场营销测试时,遭到了美国各地民众的强烈抗议。由于非洲裔美国人的肺癌患病率高出白人50%多,该产品的上市遭到了包括美国政府卫生与公众服务部长在内的许多人的斥责。在公众的强烈抗议下,雷诺公司叫停了营销实验,这一品牌也随之消亡了。[27]

在 Uptown 这一品牌消亡后,舆论的矛头又指向了另一家企业——哈勒曼(Heileman)酿酒公司。这家公司推出了"力王"(Powermaster)牌高度麦芽酒,并将其目标市场定位为城镇居民。这一酒精含量高达5.9%,而其他麦芽酒的酒精含量一般只有4.5%。[28]酿酒业的支持者们认为,这并不是有意榨取利润,只不过是"力王"与其他麦芽酒类产品迎合了非洲裔与西班牙裔美国人,即麦芽酒的主流消费者的需求而已。[29]然而美国安全部门监管酿酒与制酒行业的酒精烟草与武器局(ATF)不允许海勒曼公司使用"力王"这一品牌名经销麦芽酒。ATF 认为,这一品牌名"力王"旨在提升酒精含量,违反了联邦规定。

当雷诺烟草公司准备向青年与低收入女性推出"达科塔"(Dakota)牌香烟时,再次遭到广泛恶评。由于评论员们在舆论中掀起了对于什么是利用性营销的热议,雷诺公司在休斯敦对"达科塔"牌香烟进行"试水"的计划不得不宣告流产。[30]

目标营销究竟是违反伦理道德的还是正当的营销手段?

上述讨论提出了一些因对特定目标市场进行广告与其他营销传播形式的营销运作而遭到批评的案例。目标营销的支持者反驳称,这种目标营销对消费者来讲是有益无害的。他们称,目标营销为消费者提供了最能满足他们特定需求的产品。如果不实施目标营销,消费者就不得不选择或许是更符合他人需求的产品。[31]

当然,这一争端比其目标营销本身是好是坏要复杂得多。资深营销从业者与学者都能认同目标营销的战略意义。但也有可能是某些案例中的目标营销并非是为了满足顾客的需求,而是利用他们的弱点来获取利润,这样只能使营销者获利,而社会却蒙受了损失。据此看来,我们并不能因为目标营销是一种有效的营销方式而忽略其中的伦理道德问题。[32]

21.2.2 广告中的伦理道德问题

几个世纪以来,广告在社会中所起到的作用一直都是人们争论的焦点。广告道德这一话题已引起了众多哲学家、实业家、学者以及神学家的注意。甚至那些广告从业者们在日常广告运作中都对其伦理道德问题的意识与关注有些迷茫。[33]下面这段简短而表达清晰的评论诠释了广告深受恶评的原因:

> 作为技术的传播者,广告与人们对工业化程度的诸多不满是有关系的。作为大众文化的传播者,广告遭到了知识分子的抨击。而作为资本主义最易触及的形式,广告成为社会批评的众矢之的。[34]

抨击广告道德问题的评论可谓屡见不鲜。由于这些议题十分复杂,我们不可能逐一进行详细阐释。因此,下面一部分的案例讨论的目的只不过是引发读者更深层次的思考,或许能够明确这些内容的分类。[35]

广告不真实且具有欺诈性

大概 2/3 的美国消费者认为广告往往是不真实的。[36]正如前文所述,欺诈就是广告对产品的描述有误,并令消费者对该错误说法深信不疑的过程。根据此定义,无法辩驳的是,有些广告确实具有欺诈性——政府法规与行业内部自律条例的存在也证实了这一点。然而,如果说大多数广告都是具有欺诈性的,这样的说法未免过于天真。广告行业与多元社会中的其他机构其实差别不大。说谎、欺骗、敲诈这些现象随处可见,上至政府最高层,下至基本的人际关系。广告不是无罪的,但也不是处处有罪的。

尽管如此,若广告具有欺诈性,消费者会受到侵害,甚至那些使用欺骗手段的厂商的竞争对手都会受到负面影响,因为受到欺骗的消费者会变得越来越多疑,会对此后的广告内容的准确性的信任度降低。[37]药品直销的广告商近年来就因为多宗此类广告与一些有关这些产品的可疑叙述而遭到详细审查。例如，胆固醇类药物 Vytorin，该药物因其视频广告中将胆固醇的来源归为两类（食物与遗传）并在广告中展现老一代穿着代表高胆固醇类食品的衣服而闻名。在一项证明该产品对于减少动脉中的斑块沉积的形成并无效果的大型科学研究之后，该厂商仍然通过广告宣称其产品对降低胆固醇有效。因为类似 Vytorin 这样的案例，美国国会很有可能会敦促美国食品与药品监督管理局对药品广告进行更严格的审查。[38]

广告具有操纵性

持操纵论观点的人认为，广告能影响人们做出非常规的举动，或者去做他们本来不会做的事情。极端地讲，这表明广告能使人违背自己的意愿。但当人们在认知上意识到有人试图说服与影响他们时，他们会产生一种抗拒，这种抗拒是针对那些试图让消费者做出他们并不愿意做出的意志改变激励因素，即消费者清楚营销传播者们试图怎样说服他们，以及他们可以怎样通过认知防御来保护自己免受这种压迫式改变。[39]但这并不意味着作为消费者的我们不曾决策失误或未曾为买过的东西感到过后悔；然而，易受说服性影响以及决策失误与被操控并不是一回事。因此，我们可以得出结论，认知上意识到他人正在试图说服自己的个体，非常擅长于保护自身，防止自己做出有碍于自己最大利益的事情。

然而，证明"大多数人的行为并不受知觉所控制"这一结论的证据越来越多。（此话题在第 9 章有关潜意识广告的讨论中曾提到过。）许多我们的行为实际上并未受认知干预，而是自动发生的，就好像我们处于自动驾驶状态一样。例如，营销传播者能通过微妙的技术手段与潜意识的信息激活，或是刺激下意识的想法。例如，人们能被"你合作一下"的想法所刺激，从而不受意识控制地倾向于表现得更具有合作精神，至少是暂时性地比另一组未经刺激的人更具有合作精神。为使下意识的刺激生效，刺激话题必须与个体当时的需求所匹配。换句话说，只有个体具有合作的需求，他才能被下意识地刺激，进而表现得更具有合作精神。[40]

其次，一个经刺激的目标状态并不能长期保持在人的"判断与行为库"中，其影响力能持续的时长有限。因此，广告商或许可以激活某一想法，但如果消费者并不是身处能买到与该想法相关的产品的市场中，消费者并不会执行该想法。我们由此可以推测，大众媒体广告因其触及地点与购买决策地点分离，致使其有效性微乎其微。然而，或许销售网点广告（如店内广播）为对消费者进行下意识的刺激，从而使之购买某产品或品牌提供了一个合适的媒介，但这一媒介可能存在伦理道德问题。

总而言之，广告从业者（与其他领域的传播者）能通过非常微妙的方式影响消费者。广告商是否确实在使用现代心理学家已知的微妙的刺激手段不得而知，但确实存在消费者不曾知道的能影响他们的购买决策的方式和方法。简而言之，如果广告从业者希望进行操纵的话，他们的确有这项能力。尽管营销传播者理论上能够运用下意识的暗示与刺激来微妙地影响消费者的行为，但刺激并不像洗脑和在脑中植入电脑芯片一样得以完全控制人的行为（就如同机器人一样）。如果你曾读过《谍网迷魂》这部经典书籍或是曾看过这部电影，其中的情景并不是营销传播者所能复制的。（当然，幸亏他们无法复制。)

广告令人反感且品位低俗

广告评论者认为,广告有时是对人类智慧与许多消费者的品位的侮辱,内容庸俗。这些评论主要针对以下内容:色情镜头或恶意讥讽、稀奇古怪的幽默以及对同内容广告的过度重复。很多消费者认为,类似 Cialis 和 Viagra 等品牌的治疗勃起功能障碍的药物的广告(特别是每当它们在儿童观看的节目中出现时),十分令人反感。美国小儿科协会已敦促营销从业者将此类广告限制在晚 10 点后播放,其目的在于防止儿童将性行为视为一种"休闲活动"。[41]

不可否认,许多广告是令人厌恶与反感的,许多其他形式的大众传媒亦然。[42]比如,许多有线电视节目可谓白痴至极,电影常含有过分的性与暴力方面的内容。平民记者制作的视频与类似 Youtube 等网站上的内容可谓恶名昭著。这显然不是为过度的广告进行辩护,而是出于平衡观点的要求——以更一般的流行文化视角来对广告进行评价。

广告墨守成规

针对这种观点,究其根本,是广告常会以一种狭义而可预测的方式成群结队。例如,历史上,无论少数民族民众实际上在从事什么工作,他们都会被不当地界定为蓝领阶层;女性被冠为性感尤物;老年人往往被冠以虚弱、健忘的特征。尽管广告确实应为"定式化"负责,但若将一切责任推到广告头上也是不合理的,实际上,定式化是由社会的所有组成部分共同造成的。这样的指责并不能优化广告,但却能表明广告并不比社会上的其他事物更糟。

广告说服大众购买他们并不需要的东西

在对广告的指责中,常常提及广告促使人们购买他们不需要的产品或服务这一点。这一判断涉及价值观问题。你需要一双新鞋吗?你需要接受大学教育吗?谁有权决定你或其他人的需要?

广告作为影响消费者品位与刺激大众购买那些原本不会购买的产品的最稳妥的方式,是否涉及伦理道德问题?笔者认为,只有广告对易受影响的消费者进行误导、欺骗以及利用时才会存在伦理道德问题。反之,若广告的目的仅在于促进销售,则资本主义社会中的消费者就有责任有义务自制,避免购买他们并不需要或不能负担的产品。

广告利用了大众的畏惧感与不安全感

一些广告喜欢列举消费者不购买使用该产品的消极后果——被他人排斥,不参与保险的意外死亡者无法为家人提供生活保障,不为发展中国家中饥饿的儿童做出应有的贡献,等等。一些广告商的确应为利用畏惧感、罪恶感、羞辱感这些消极情感来影响消费者的行为而负责。

然而,需要再次强调的是,应该为此类行为负责的绝不仅仅是广告商。例如,神学家有时会诅咒那些非信徒下地狱;政治家会声称,若为他的竞争对手投票,我们的命运将会更惨;老师会警告我们,如果不按时提交期末论文,我们的前途会黯淡无光;家长常常会利用各种"恐惧诉求"(fear appeals)来吓唬其子女。由此看来,相比来说广告商就会显得很无辜了。

一家贸易组织的伦理道德标准

总之,广告机构显然无法免于指责,然而,广告反映着社会的其他方面,对广告的任何一项指责可能也都普遍存在于社会的其他角落。广告商与其他营销机构也未必就比其他社会机构更缺乏伦理道德。[43]有责任感的广告商深知他们的行为很容易招来指责,因而会尽力制作合乎法律规定的广告。广告行业非常重视规范其成员的行为,使之免于伦理道德的指责,以防大众的指责与政府立法规范。因此,广告商基本上会按伦理道德标准行事,如美国广告代理商协会(American Association of Advertising Agencies,AAAA)的伦理道德标准。

美国广告代理商协会是美国广告代理商的代表。全美广告代理商所做广告的75%都出自该协会成员之手。美国广告代理商协会的使命是改进与强化广告代理商业务,宣传广告业,影响公共政策,抵制其概念中轻率而有失公平的广告立法,与政府监管人员通力合作以达到社会与公民目标的实现。美国广告代理商协会在1924年发布了一版高级伦理道德的标准并于1990年进行了修订。我们在此处逐字列出该标准的目的在于,一方面,它代表了广告业的一套崇高的目标;另一方面,它是判断这些广告代理商所制作的广告能否达到这些高标准的一套框架。

美国广告代理商协会的成员,在拥护与遵守有关广告的法律和条例的前提下,许诺遵守更广义的高级伦理道德标准。具体来讲,我们不会故意制作包含以下内容的广告:

1. 视觉上、听觉上虚假或具有误导性的陈述或夸张用法。
2. 无法反映参与个体真实看法的证言。
3. 具有误导性的价格。
4. 由专业人士或科学权威提供的缺乏足够证据支撑的陈述,扭曲其真实意义或其切实可行的应用的陈述。
5. 有伤大雅或令少数派反感的陈述、建议或图片。

我们认识到,上述领域的界定会受不同价值体系与判断方式的影响。尽管如此,我们保证不去鼓励并设法阻止广告商使用低俗的或是品位有问题的广告,或是通过听觉或视觉内容与展示故意令人不快的广告。

货比货式广告与其他形式的广告一样,应遵守上述真实性、证据与品位等方面的标准。

美国广告代理商协会所订立的上述实践标准源于以下信条——只有遵守伦理道德,合理行事,才能做好生意。在这一涵盖很多无形代理服务,涉及严重依赖于诚信行事的关系的行业中,自信与尊重是成功的必由之路。

明显是故意违反这些行事标准的行为,将交予美国广告代理商协会董事会适当处理,甚至有可能根据协会章程与附则的第五部分中的第四条给予除名。[44]

21.2.3 公共关系中的伦理道德问题

新闻宣传是营销传播公共关系的一个重要分支,其功能在于传播对公司及其产品的正面信息与在危难关头处理负面宣传。因为新闻宣传与广告一样,都是大众传播的形式,许多伦理道德话题都能等同适用,因而无须再提。在此值得拿出来进行讨论的一个不同点是负面宣传。

近年来,企业因营销不安全产品而遭受谴责的著名案例屡见不鲜。正如第18章中曾提到的 Merck & Co. 公司的案例,在科学研究发现服用 Vioxx——一种治疗关节炎和急性疼痛药物超过18个月的病人突发心脏病或中风的概率为服用安慰剂的控制组病人的两倍后,该公司便大难临头。企业处理负面宣传的方式会对公司战略与伦理道德观造成严重的影响。首要的伦理道德问题即公司是会承认产品缺陷与问题,还是极力试图掩盖该问题。

21.2.4 包装与品牌化过程中的伦理道德问题

包装中涉及伦理道德问题的有四个方面:标签信息,包装图片,包装安全,包装的环保性特征。[45] 包装上的标签信息通过提供夸大的信息或者不合伦理地暗示某一产品含有超过实际含量的有益属性(例如营养)或者少于实际含量的有害属性(例如反式脂肪)。有的包装上所示图片与实际产品不符(如儿童玩具包装上的图片看起来比实际产品大),这是不符合伦理道德的。另一种存在潜在伦理道德问题的行为是,有的包装刻意模仿知名品牌的包装。对于不能防篡改以及装有对儿童不安全产品的包装来说,包装安全问题尤为严重。若包装本身并不能达到其标明的环保效果,这就构成对消费者的误导,是不符合伦理道德规范的。[46]

在品牌化过程中,品牌的命名就会牵涉伦理道德问题。营销人员选择品牌名时,若品牌名所暗示的产品特征和益处与事实不符,伦理道德问题就会随之而来。换言之,若品牌不能达到其品牌名称所传达的特征信息的要求,该品牌名就可能会造成误导。例如,试想一个名为"动力滑翔机"(Powerglider)的儿童玩具品牌。因为品牌名暗示该玩具(塑料飞机)具有如引擎这样的实体动力源,如果事实上其动力源仅是靠人投掷的话,消费者就会感觉受到了欺骗。

另一种伦理道德问题是公司借用(盗用)知名公司的品牌。通过冒用知名公司的品牌,可以达到第2章中所述的"利用杠杆的力量"的效果。盗用其他公司知名品牌名不仅是不符合伦理道德的,更是非法的。跨国品牌盗用是指某一国家的营销人员使用与另一国家某知名品牌名称相同的品牌名。

21.2.5 促销活动中的伦理道德问题

伦理道德问题遍及促销活动的方方面面——制造商针对批发商与零售商的促销活动,制造商针对消费者的促销活动。正如第15章所提到的,相比制造商来说,零售商的议价能力大幅提高。这种权利转移导致零售商愈发要求制造商给出优惠。进场费(slotting allowances)正是这种权利转移的表现形式,促使制造商付费占用货架来销售自己的产品(在第15章中详细讨论过)。反对者认为进场费无异于贿赂行为,因而是不符合伦理道德的。

若顾客导向型的促销行为(如优惠券、赠品、返款、抽奖以及竞赛等)未能兑现,如未按约定邮寄免费赠品或是未提供返款支票,这些促销行为即是有悖伦理道德的。抽奖与竞赛活动中,如果实际中奖率小于消费者认知的中奖率,这些活动也有可能涉及伦理道德问题。[47]

平心而论,营销从业者并非伦理道德问题的众矢之的。消费者有时也会做出不道德的行为,如在未购买相应产品的情况下仍在结账时使用优惠券,或是使用假优惠券。

21.2.6 网络营销活动中的伦理道德问题

网络营销作为一种营销传播媒介,其牵涉的伦理道德问题,大多与之前讨论过的广告伦理道德、促销活动中的伦理道德重复。除去已简要讨论过的伦理道德问题,个人隐私泄露问题更值得引起注意。由于网络营销从业者能够收集到大量有关消费者特征、网络购物行为以及消息获取途径等信息,其置个人隐私权于不顾,将信息卖给其他组织与泄露机密信息可谓轻而易举。在此,为保证不偏离主题,我们不会深入讨论有关个人隐私泄露的各种话题,不过,对此感兴趣的读者可以参见本章尾注中的参考文章列表。[48]

在网络营销活动中,另一个违反伦理道德的方面与博客的使用有关。当厂商的博客上有消费者虚假的正面评论时,伦理道德问题随之而来。公司有偿雇用一些人撰写含有其产品正面评价的博客,是这种行为的另一种方式。显然,即使博客内容并非凭空捏造,也很有可能是夸张的。

IMC 聚焦 十万水军操控舆论 公关营销成网络打手

> 据中国互联网络信息中心统计,目前中国网民数量规模已达3.38亿人,普及率达22.6%,超过全球平均水平。
>
> 2009年7月份,奇虎360公司正式推出了一款免费杀毒软件,承诺永久免费杀毒服务,此举让奇虎360立刻成为杀毒软件行业里最抢眼的角色。但是,一个有关奇虎黑幕的质疑也接踵而至。7月29日,一篇名为"奇虎离职老员工的告白"的帖子频繁出现在各大论坛,作者通过自己的离职经历,曝出"奇虎暗中搜集用户的隐私数据"等种种问题。帖子一出,就迅速吸引了数十万的点击量和回帖,尽管公司回应这是竞争对手伪造,但一时间此事真假难辨。
>
> 为什么"员工曝黑幕"这样的帖子能够在一夜之间就覆盖了几百家论坛,而且总是能引发不可思议的回帖量? 这让360公司感到蹊跷。奇虎360公司公关总监屠建路表示:"从去年7月17日我们推出免费杀毒以来,一年多的时间,在互联网上恶意攻击360公司的帖子数量应该有数十万条。"
>
> 在奇虎360的官方网站上,出现了越来越多的指责和叫骂。而公司技术人员发

现,其中很多帖子的特点值得琢磨:这些帖子基本上都出自新注册的用户,发帖之后,那个用户名就再也不会使用,而且同样内容的攻击性帖子,会同时出现在好几个网络论坛上。有时候十几个帖子是在同一秒中发出的。

屠建路说:"让一篇帖子在短短几周内迅速扩展蔓延到几百上千个论坛里,普通网友不可能做到这一点。我觉得这完全可以算得上是一种'网络黑社会',因为只有专业组织在背后推动,才有可能出现这种结果。"

《北京青年报》的记者就此问题采访了中科院研究生院管理学院副院长吕本富。吕副院长告诉记者,按照正常的传播规律,一个热点话题在网上的传播高峰正常为三天,在三到五天后,如果突然再次出现传播的高峰,又没有特殊的原因导致旧话重提,这样的高峰就极可能是人为推动上去的。经分析,一度被热炒的王老吉添加门、360离职员工曝黑幕,以及康师傅水源门等事件,都明显存在人为操作的痕迹。

吕副院长告诉记者,普通人以为因偶然曝料或者媒体曝光而出现的热点话题,其实大部分是被一股潜藏的势力操纵的。近几年,传统广告公关业务正在迅速走向网络,网络营销业务应运而生。但是,其中一些以"公关公司"或"营销公司"名义注册的公司,不仅能为企业提供品牌炒作、口碑维护等服务,也能按客户指令进行密集发帖,达到诋毁、诽谤竞争对手的目的。最近三年来,这股势力群体越来越庞大。他们暗中操作,帮助客户打击异己,攻击对手,因此又被称为"网络打手公司"。

记者在网上随机查询到一些网络公关公司后,以客户身份跟他们进行了接触。记者通过QQ告诉对方,目前自己所在的公司正在参与一个项目的竞标,一家在业界知名的大客户是最有力的竞争对手,希望这家公关公司在竞标关键期间,炒作对手的负面新闻。这家网络公关公司的营销总监表示,操作起来没有任何难度。

这位总监表示:搜集一下(竞争对手的材料),找到比较恶性的点,单独做一两个(负面消息),挑一两个重点论坛把这件事炒起来,两周左右它的负面信息能增加到五六百条。最后能达到的效果是:从百度、谷歌搜索,基本上前几页全是它的负面信息,预算两三万元、时间在一两个月之内,这是能达到的最好效果。

这位营销总监说:"我自己的版主就不下百个,所有门户网站各个版主的联系方式基本上我都有,我每个员工手底下都有四五个版主号,在维护着四五个这样的版块。"

另一家公司的营销总监说:"我们手下有20个团队,每一个团队都是一个群,每个群里面至少有50人,每一个人在全国的各大论坛都有很多ID号,这是我们能控制的,因此我们能在一夜之间让企业的正面消息在网络上满天飞。"还有的说:"有新闻性的一些负面东西,我们可以帮你们无限扩大,可以在一个晚上让你们竞争对手的(负面)消息铺天盖地布满整个网络……引导着网民顺着咱们的方向去走。"

根据这些网络营销公司的说法,他们通过各种手法,几乎控制了国内所有的主流论坛,对于舆论的操纵,真是做到了翻手为云,覆手为雨。

记者采访后了解到,几乎所有网络公关公司都必须雇用大批人员来为客户发帖、回帖造势,这个工作常常需要成百上千个人共同完成。那些临时在网上征集来的发帖人在行内被叫做"水军"。

某网络营销公司的一位营销总监说:"给我两周时间,我可以给你集十万人。水军是共享的,你在论坛上、网页上看到的东西,毫不夸张地说,应该有30%至40%是这样的(网络营销)公司推出去的。"

记者进入到招募"水军"工作的群里,就像来到了一个火爆的集市。不时可以看到群主发任务的通知,这些任务一发出来,在几十秒甚至十几秒的时间里,就会被群里的人一拥而上全部领完。

在"能者居上"的群里,一个网名叫东琪的群主一次性给了记者10万条的任务,要求在各大论坛回帖,并在十日内完成。他还告诉记者:3天后先付1 000元定金,剩下的9 000元20日一次结清。短短10天,一个"水军"回复十万条帖子,就能快速赚到1万元。

一位在一家"网络打手公司"工作过的前员工告诉记者,"水军"发帖通常5角钱一条,因此行内又叫他们"五毛党",这里面有学生、兼职员工或者社会闲杂人员,鱼龙混杂,但是在公司内部,却有明确的分工合作。

一位曾在"网络打手公司"工作的"媒介"介绍:"接到一个案例以后,先由策划人员策划,由项目经理监管整个流程,有人专门写帖子,之后交给媒介,媒介根据帖子的内容来选择要发布到哪些论坛,然后再把帖子交给论坛的版主和下边的水军。"

一个打压对手的帖子,甚至是一个夸张得变形的故事,就是这样被形形色色的网络打手包装成了众人瞩目的焦点。而为了这样的效果,一些客户正在不断地加入进来。

一个网络公关公司的营销总监还得意地告诉记者,经过一系列造势,他们甚至为客户成功影响了法院的判决。

亿万网民,就这样跟着这些网络打手的指挥棒来贡献点击率,并在不知不觉中被引导和操纵,甚至无意中也成为打手的工具。

据业界的普遍预期,在未来的5—10年之内,网络营销将会成为最有营销力的手段之一。那么,企业将如何运用好这把"双刃剑"呢?

资料来源:《十万水军操控舆论,公关营销成网络打手》,《北京青年报》,2009年12月21日。

讨论题:
如果你是政府管理者,面临这种局面,你将提倡加强行业自律还是政府管制?

21.2.7 促进合乎道德的营销传播

我们每个人都在扮演各种营销传播中的角色,因而都有责任促进合乎道德的营销传播行为。利己的行为最易选择,但我们还可以选择一条具有道德高尚的道路——推己及人,用我们也希望得到的真诚来对待顾客。总之,这是个人品行中的正义感问题。正义感是人性的关键所在。尽管它很难精确定义,但它大体指的是真诚待人、不欺骗他人、不纯以一己私利作为判断准则。[49]因而,营销传播本身是否合乎道德,取决于营销从业者是否具有正义感,其行为是否合乎道德。

将所有责任推给个人或许是不合理的,因为个人如何行事很大程度上取决于其所在的组织文化特征。企业可以通过建立伦理道德核心价值观来指导营销活动,从而培养合乎或是相悖于伦理道德的文化。有两种核心价值观可以促进合乎伦理道德的文化长足发展:① 以尊重、关心与真诚的态度对待消费者——就像对待自己与家人一样;② 像对待自己的财产一样对待环境。[50]

在雇员遇到道德问题时,为促进合乎道德的营销传播,企业可以鼓励其采取以下方法[51]:

1. 推己及人,以你期待他人对待你的方式来对待别人(黄金定律法,the Golden Rule test)。

2. 根据资深同事们一致认为客观合适的方法行事(专家规范法,the professional ethics test)。

3. 扪心自问:"如果让我在电视上或是公众场合解释我的行为,我能否自圆其说?"(电视法,the TV test)

无论是在做生意的过程中,还是在生活中,你定会很多次遭遇道义问题的两难境地。你就会产生如下的想法:"我的领导让我做××(请读者自行填空),但我无法确定这样做是否正确。""如果我做××(请读者自行填空),就可以提高品牌销售额与利润,但尽管这样做可谓权宜之计,但我并不认为这样做是正确的。"在遇到这样的两难境地时,请三思。使用上述三个方法:想象你身处摄影机之前,为你的行为做出解释;扪心自问,这是不是你希望他人对待你的方式;深思其他同事们是否会支持你这样的行为。简而言之,请三思而后行。工作非儿戏,错误的决定(那些并非具有高度正义感的行为)后果很严重。

在这一部分的末尾,我们引用一位营销从业者对其同事的营销传播行为要求作为收篇,他要求其同事应身体力行,做人类高尚情操的推动者,而非一味遵守人性的本能。[52]他要求营销从业者应在编写与传递信息前考虑以下四个同样值得我们深思的问题:

(1) 如果我们长期持续传播此信息,它会造成什么持续性影响?

(2) 如果我的信息存在持续性影响的话,其会对社会造成普遍的持续性影响吗?

(3) 我的信息能否对高精尖人群具有吸引力,能否为推动高尚情操尽一分力?

(4) 我希望引发怎样的回应?这种回应能给予我们怎样的与社会相关的宏观信息?

21.3 营销传播中的法律法规

广告商、促销经理及其他营销传播从业者都面临着一系列影响其做出决策的规范与限制。在刚刚过去的20世纪,事实证明,法律法规可以有效地保护消费者与竞争者们免受欺诈、不符合伦理道德及其他不公平商业活动的侵犯。在市场经济中,商业组织与消费者之间不可避免地存在利益冲突。立法者在努力平衡两者之间的权益的同时,将竞争维持在一个适当的水平。

21.3.1 怎样的法律法规才是合理的?

恪守"理想企业"概念的人认为,政府应尽可能少地干涉企业事务。稳健派认为,在适当环境中,特别是当消费者的决策基于虚假或是有限信息时,法律法规就具有存在的必要。[53]在这种情况下，消费者很有可能做出他们不应做出的决定，进而造成经济损失、身体或是精神上的损害。当竞争对手向消费者宣传虚假、具有误导性的信息时，公司很可能会丢掉其本不应失去的顾客，从而受到伤害。从理论角度来讲，如果实际收益超过成本，则该法律法规就是合理的。法律法规的收益与成本分别是什么呢？[54]

收益

法律法规的"收益"主要有三：一是在市场中，当消费者拥有更多信息时，其决策水平会有所改善。例如，《酒精类饮品标注条例》（the Alcoholic Beverage Labeling Act）规定：制造商应将如下警示标于酒精类饮品的包装容器之上：

> 政府警示：（1）外科医学常识告诉我们，妇女在怀孕期间不能饮用酒精类饮品，否则可能导致婴儿先天缺陷。（2）饮用酒精类饮品会降低驾车与操控机器的能力，并可能引发健康问题。[55]

这一法规能提醒消费者饮酒的诸多负面影响。通过留意这一警示，孕妇得以远离酒精类饮品，使之及其未出生的孩子免受伤害。但在制止孕妇饮酒这一问题上，单靠该警示标志是远远不够的。[56]

法律法规的第二个好处在于，消费者拥有更多信息时，随着消费者需求与偏好的改变，产品质量可能会得到改善。例如，在20世纪90年代，随着消费者意识到脂肪与胆固醇对身体的危害，制造商随即开始销售那些对健康有益的食品，这些食品如今已经在杂货店里随处可见。在美国，有多个州立法要求饭店应在菜单中标明食品的热量、脂肪与钠含量等营养信息，这一法规也能产生与上述例子相似的效果。

法律法规的第三个好处在于，由于销售方的"信息营销力"降低（信息不对称性降低），产品价格会相应下降。例如，若法律规定，汽车交易市场应保证潜在的消费者了解汽车的缺陷，二手汽车的价格无疑会下降，因为任何消费者都不会花很多钱去购买有诸多问题的汽车。

成本

法律法规并非没有成本。企业经常会因遵守法律法规而导致成本增加。例如，美国烟草制造商按规定应每季度循环更换一条不同的警示语。显然，这比先前要求的标示单一警示语的成本会有所提升。监管部门产生的由纳税人缴纳的执法成本是另一种增加的成本。

而对买方与卖方来讲，由法律法规所带来的意想不到的副作用则是第三种成本。立法时所不能预见的潜在副作用可谓种类繁多。例如，当法规执行后，买方可以转为购买其他产品或降低其消费水平，这无疑会使该法规给卖方带来意想不到的损失。而如若卖方以提价的方式转移遵守法规所带来的高成本，买方的成本将会增加。当食品制造商在是否继续使用氢化油的问题上进行抉择时，即在转而选用其他油料与继续使用氢化油但要标示其高反式脂肪含量中选择时，上述的两种分别给买方与卖方带来损失的例子均会出现。总之，只有当收益超过成本时，法律法规在理论上才是合理的。

通过合理的法律法规,联邦与州政府连同相应产业携手监督业内营销传播的诚信度。下面的一部分将讲授影响营销传播多个方面的两种法规形式:政府法律法规与行业自我监管。

21.3.2 联邦法律法规

政府法律法规的适用范围有两种,分为联邦法规与州际法规。营销传播的所有方面都应遵守法律法规,而广告是规章制度最为繁多的领域。这是因为广告是营销传播的重中之重。接下来的讨论主要涉及美国联邦政府规范广告活动的两个主要机构——美国联邦贸易委员会(the Federal Trade Commission, FTC)以及美国食品与药物管理局(the Food and Drug Administration, FDA)——所进行的监管活动。读者若想了解欧盟国家的广告监管制度,请参考本章章末的尾注中所标明的参考文章。[57]

FTC 是美国政府在全联邦范围内负责制定广告法规的代理机构。FTC 的执法范围主要涉及营销传播的三个方面:欺诈性广告、不公平交易与信息规范。

欺诈性广告

通常说来,消费者被广告中的说法或是活动所欺骗的事例,会满足以下条件:(1) 广告中的说法或活动给人留下的印象是不实的,即内容与事实间存在差异;(2) 消费者相信了不实的广告说法或活动。需要重点提出的是,不实的说法本身未必具有欺诈性,只有消费者对该不实说法信以为真时,才会受到欺骗,即"虚假的说法在被采信前不会对消费者造成侵害,而如若一真实的说法引起了误解,那么它亦能造成危害"[58]。

虽然 FTC 依照实际案例来定义诈骗,但它还是具有一些判断虚假广告的通用标准的。现今的诈骗性原则是这样的:如果某一商业行为具有以下特征之一,即广告说法不实或省略重要信息令消费者权益受损,或是令行为得体的消费者产生误解,FTC 就会判定该行为具有欺诈性。因此,FTC 判定欺诈性准则的实质包括三个关键点[59]:

1. 误导:必须含有可能误导消费者的说法、省略或行为。FTC 对于误导性说法的定义为,表现出与事实相反的,或是暗示出与事实相反的内容。例如,如果一家药厂声称其所产的某种处方药不含某种成分,但事实上该药中含有该成分,这就是一种误导。如果商家对某些信息不予披露,而这些信息的确能澄清其他信息,使消费者的行为及其合理期望免受误导,这就构成了误导性省略。例如,上述的那家药厂如果不事先声明该款处方药的一种严重副作用,就构成了误导性省略。

2. 理性消费者:对行为或活动的考察必须从"理性消费者"的角度出发。FTC 对于理性的判断主要基于消费者对广告的理解和反应,即委员会通过观察该广告对其理性目标受众的影响来确定广告的效果。FTC 会根据目标受众的特定情况,如受教育水平、智力水平、思维框架等方面,根据案例实际情况对广告进行评估。下面给出一个具体案例:

> 一家公司向晚期疾病患者销售"灵丹妙药",FTC 则会在晚期疾病患者中取样对其进行评估。这样说来,晚期患者极易受到夸大治疗效果的说法影响。出于同样的原因,针对受过良好教育的群体的活动或表述,如针对医生的处方药广告,也会在考虑受众的知识与教养水平的情况下进行评估。[60]

3. 实质性:说法、省略与活动具有实质性是判定为"具有欺诈性"的必要条件。具有实质性的表述应包含对消费者针对产品的决策与做法可能造成影响的信息。通常说来,当信息涉及产品或服务的核心特征(包括其功能特点、尺寸与价格)时,FTC 会判定这些信息具有实质性。因此,若一家运动鞋厂商谎称其旗下品牌的鞋子是市面上现有的产品中缓冲震荡能力最强的,对于那些因此而购买该品牌鞋子的跑步爱好者来说,无疑是一个实质性的虚假陈述。但是,如果该公司谎称其从事该行业已长达 28 年,但实际上只从业 25 年,这种虚假信息就不具有实质性,因为大多消费者不会因为该公司到底是从业 25 年还是 28 年而动摇其购买决策。

涉及实质性问题的一个最重要的案例是,卡夫(Kraft)食品公司及其关于卡夫单片美式奶酪切片的广告遭到 FTC 的诉讼。FTC 控告卡夫公司制作的卡夫单片奶酪广告谎称每片奶酪切片中含有相当于 5 盎司牛奶所含的钙量。实际上,在加工开始时每片卡夫奶酪确实含有 5 盎司牛奶,但在加工过程中有 30% 即 1.5 盎司的牛奶损耗掉了。换句话说,每个奶酪切片只含有卡夫广告所称的含钙量的 70%。[61]卡夫公司认为,该条斥资 1 100 万美元的广告并未对消费者的购买行为产生任何影响。卡夫公司的法律顾问称:第一,该广告不存在任何 FTC 所规定的误导性说法;第二,鉴于相对来说,钙并非消费者购买卡夫单片奶酪的重要原因,因而即使该广告存在误导性说法也无大碍(在一项共有九个备选因素的广告用语测试中,钙元素含量这一指标的最高排名不过为第七位)。

然而,FTC 却认为卡夫广告可能误导消费者,卡夫则辩称,不论广告中的说法是否正确,都不具有欺诈性,因为 5 盎司牛奶与 3.5 盎司牛奶对消费者来说不具有实质性差异。换句话讲,卡夫的意思是:没错,我们卡夫公司确实给出了卡夫单片奶酪的含钙量,但由于我们公布的含钙量(单切片含钙量等同于 5 盎司牛奶的含钙量)与实际含钙量(单切片含钙量等同于 3.5 盎司牛奶的含钙量)之间的差异对消费者来说是非实质性的,因而并不构成欺骗。

在听取详细证词并经过讨论程序后,FTC 的五位理事一致通过判决:卡夫广告构成实质性欺骗。[62]因此,FTC 命令卡夫永久终止关于卡夫单片奶酪详细含钙量的欺诈性说法。卡夫案一石激起千层浪,关于此案的热议与争论不绝于耳。在本章尾注中列出的一些文章,在广告行为与涵盖欺诈性广告行为的公共政策研究中,具有更强的普遍适用性,亦可作为针对本案例的扩展阅读,值得一读。[63]

隐形营销与欺诈行为　当消费者接触到隐蔽形式的营销传播信息,即隐蔽式营销(masked marketing)时,一种非常狡猾的广告欺诈就会发生。这些信息看上去并非属于营销传播,但实际上它们就是营销传播。[64]隐蔽式营销的狡猾之处就在于,消费者在不知不觉中就会接受这种看上去来自非营销途径的信息,这使得这种信息尤为掷地有声且具有潜在的欺诈性。然而,一旦消费者认识到这些说法的来源是销售人员,他们就会更加多疑,并倾向于认为这些信息是假的。[65]

隐蔽式营销的表现形式有很多,不过本书将仅介绍两种。[66]第一种,在面对面的情况下(如酒吧)有时会采用造势或病毒式营销活动(请参见第 18 章),即雇用人手去为一个新品牌的产品说好话。浑然不知的听众认为这些溢美之词是来自此品牌的忠实消费者,但实际上"造势者"无非是受雇于人,为其传递虚假的营销信息。并非所有的病毒式营销活动都具有欺诈性,但其中的一部分确实具有欺诈性。

电视导购节目是隐蔽式信息的第二种形式。这种信息通过电视节目的形式向受众传播,但实际上这种信息无非是一种长广告,通过所谓的专家的推荐、扮成产品使用者的演员的真情告白等形式,掩盖了其真实目的。当然,并非所有的电视导购节目都是虚假的,但其中确实不乏虚假内容。

虚假电视导购节目、具有误导性的病毒式营销活动,以及其他形式的隐蔽式信息,在满足以下三个FTC制定的欺诈性判定前提的情况下,才会具有欺诈性:① 信息传递给理性消费者;② 信息具有误导性;③ 信息内容具有实质性。

不公平交易

同规范商业欺诈行为与活动一样,FTC也负责对不公平交易进行监管。与欺诈不同,鉴别不公平交易行为可能会超出该问题本身,从而牵涉公共价值观问题。[67] 判断一个商业行为是否是不公平交易的标准包括以下几个方面:第一,行为是否违背法定公共原则;第二,行为是否是不符合伦理道德的、具有欺压性质的;第三,行为是否对消费者、竞争对手或其他企业造成实质性伤害。[68]

多年来,FTC监管广告中的不公平竞争现象的权力引起了广泛的争议,因为"不公平"这个词本身就含义模糊。直到美国国会公布了一版令各方均满意的"不公平"的定义,这一争端才平息下来。**不正当广告**(又称不公平广告,unfair advertising)的定义是:"有可能对消费者造成实质性伤害的行为或活动,而消费者个人并不能合理规避,且其对消费者或竞争对手造成的伤害并不能由相应益处所抵消。"[69] 定义中的楷体字表明,议会旨在平衡广告商与消费者的利益,避免FTC对不公平交易判定原则的滥用。

FTC已将不公平交易判定原则应用于针对儿童的问题广告中。因为儿童更易轻信、与成年人相比自我能力较差,公共政策官员尤其关注保护少年儿童。对于涉及儿童的案件,由于很多广告中的说法本身并不具有欺诈性,但对儿童来说,这些广告都可能不符合伦理道德,或是其本身就有可能对儿童构成伤害,因而在这种情况下,不公平交易判定原则尤为有效。例如,FTC裁定一家公司用蜘蛛侠代言的维他命广告属于不正当广告,因为广告可能致使儿童过量服用维他命。[70]

近年来,FTC使用不公平交易判定原则,重点监管电话营销与网络营销骗局。[71] 在电话与网络营销中,缺乏伦理道德的营销人员做出欺诈行为所需的技术均已成熟,且此类行为能对消费者以及竞争对手轻易造成伤害,因为受害者无法合理规避这些骗局。电邮骗局是滥用最为广泛的网络营销骗局,为此,FTC在其对不正当交易的监管框架下已发起200余个打击这类欺诈行为的诉讼。[72]

信息规范

尽管广告法律法规的主要目的在于禁止欺诈及不公平交易行为,不过有时规范也会为消费者提供他们接触不到的信息,这也是有必要的。在FTC的信息提供计划中,矫正型广告(corrective advertising)计划是重中之重。[73]

误导消费者的公司有义务用今后的广告纠正已在消费者意识中形成的误解,矫正型广告就是基于这个前提。设计矫正型广告旨在阻止公司继续欺骗消费者,而并非处罚公司。

让我们来看一个案例:FTC 曾责成诺华公司(Novartis Corporation)为旗下的多恩(Doan)片剂(一种治疗轻度背痛的非处方药)发布矫正型广告。多恩的广告中提到,该药品中含有一种称为"背痛灵"的特殊成分,并将该药品与其竞争对手雅维(Advil)、拜尔(Bayer)以及泰诺(Tylenol)进行比较。FTC 认为,该广告给消费者造成了不实的印象,即多恩片剂比其他品牌治疗背痛的非处方药更加有效。FTC 责成诺华公司拨款 800 万美元制作矫正型广告,纠正其给消费者留下的错误印象,即诺华公司治疗背痛的片剂效果好于其他公司的止痛药。这一法令要求多恩片剂的包装与广告中都应包含如下矫正型信息,"尽管多恩是一种有效的止痛剂,但尚无证据表明多恩治疗背痛的效果好于其他止痛剂"。诺华公司的法律顾问称这一裁定稍显过激,但其他人士则对这一法令表示欣赏,他们认为,在众多对多恩的广告涉嫌欺诈的强有力的证据的支持下,这一法令不失为一种合适的解决办法。[74]

在对发布矫正型广告的裁决、清楚列出虚假广告的制作公司需要采取的补救性活动方面,FTC 的道路是正确的。矫正型广告的目的在于使市场秩序恢复至原有的、欺诈性广告前的状态,使企业不能从欺诈活动中获益。然而,矫正型广告亦有可能对企业造成巨大的伤害,甚至无意中伤害到行业中的其他公司。[75]

产品标签法律法规

FDA 是联邦政府中负责监管食品与药品包装上相关信息的机构。在监管食品标签上应列出的营养物质种类信息方面,例如有关要求在标签上必须标明单份食品中含有的反式脂肪含量,FDA 已显得十分活跃。

处方药广告

FTC 对所有产品(包括非处方药)的欺诈与不正当广告行为进行监管,而 FDA 的职责为监管处方药的广告活动。近年来,随着直销(direct-to-consumer,DTC)广告大行其道,监管处方药广告的难度越来越大。直销广告,顾名思义,这种广告形式会将处方药的信息直接传达给消费者。制药公司希望直销广告能激励消费者对他们的医生提出要求,使之多开广告上出现的处方药。鉴于此,FDA 的职责就在于监管直销广告的真实性,并保证处方药品广告中的说法都有相应的科学依据。

FDA 要求处方药广告商以平衡的观点来制作处方药广告,即在大力宣传产品优点的同时,也应指明该药品的副作用和使用风险。你或许曾注意过,电视中的直销药物广告在宣传产品对关节炎、胆固醇含量、体重问题或其他健康问题的优秀治疗效果的同时,总要指出使用该药物可能使个别患者产生恶心、腹泻、性功能衰退或其他副作用。药品公司当然不想提这些副作用,但 FDA 要求它们必须这样做,这体现着法律法规的核心——保护消费者的权益。

在杂志广告中,制药商需要给出其产品副作用的详细信息,但这些信息一般都用小字体印在广告的背页。有人曾质疑这些信息在广告中出现的实际价值,他们认为这些信息过于详尽、技术性过强,而且由于字体过小导致阅读效果较差。因此,FDA要求制药商在纸质广告中对副作用的陈述应言简意赅、简明易懂些,达到以消费者能够理解的文字向其介绍药物最严重的副作用的目的。

21.3.3 美国各州制定的法律法规

美国每个州都拥有自己的法律与监管部门来约束市场中的商业欺诈行为。我们有理由相信,由于各州都积极监管广告欺诈行为与其他商业行为,许多全国性广告商可能会处于腹背受敌式的监管,而且各州的规章制度很有可能并不相同。[76]许多全国性广告商甚至希望FTC能够更壮大,因为这些公司希望监管机构能够单一化,提供全国性的监管条例,并使市场远离纷繁复杂、名目繁多且信誉低下的各种监管机构,令市场尽可能自由。

21.3.4 广告行业的自我监管

自我监管,顾名思义,是广告相关群体(如广告商、行业贸易协会以及广告媒体)自我约束的产物,而非出自政府机构。是从业者自愿确立并执行的行为准则,是一种私政府(private government)的形式。[77]广告行业的自我监管在加拿大、法国、英国和美国都非常盛行。[78]

媒体的自我监管

广告审查程序是广告在向消费者进行播放前,在幕后进行处理的自我规范行为。在面世前,杂志广告或电视商业广告必须经过一系列的审查程序,包括:广告代理的审查;由广告商的法律部门,或者是独立的法律机构出具的批复;媒体的批复(如电视台的评级审查须知)。[79]通过审查后,广告在媒体播出时,还应遵守联邦监管机构(如FTC)、州司法部以及行业自我监管机构(如美国广告审查委员会)的事后监管。

美国广告审查委员会

由美国广告审查委员会(the National Advertising Review Council, NARC)进行的监管是最普遍而有效的自我监管。NARC是通过美国广告商联合会(the Association of National Advertisers)、美国广告代理联合会(the American Association of Advertising Agencies)、美国广告联盟(the American Advertising Federation)和优秀商业局理事会国内广告部(the Council of Better Business Bureau's National Advertising Division, NAD)通过合伙制建立的一个组织。

NARC包括三个审查体系:儿童广告审查体系(the Children's Advertising Review Unit, CARU)、NAD以及美国国内广告审查理事会(National Advertising Review Board, NARB)。CARU主要监管儿童电视广告和商业广告,而NAD和NARB的职责在于保证受众对象为承认的广告的真实性与准确性。NARB可以用来代表NAD与NARB共同进行自我规范的机制,然而,从定义角度,严格地讲,NARB是一个由50名议员组成的法庭,当有当事人对首次裁定不满时,这50名议员就会组成10个5人小组对NAD初审的案件进行重新讨论。[80]NAD是NARB的调查部门,负责的事务包括评估、调查以及与广告商进行美国范围内广告真实性与准确性方面的调停。NAD 只负责审查在美国操作的全国性广告,不负责对于地区性广告的审查。

NAD 参与调查与结案的数量年年不同,但其参与处理的案件几乎每年都是 150 个。案件的来源有三:一是由企业自行提交,二是由 NAD 的工作人员自行发起调查,三是由当地优秀商业局(Better Business Bureau)、消费者维权组织或消费者个人提交。

例如,高露洁棕榄公司(the Colgate-Palmolive Company)曾向 NAD 发起案件诉讼,称 Clorox 公司的 Pine-Sol 品牌广告侵权。NAD 参与调查后发现,Clorox 公司的 Pine-Sol 品牌广告出现在西班牙语节目中。广告中,一个女孩在家里赤脚走着,踩到了一个男孩的白裤子。气愤的男孩站起来,称女孩的脏脚丫弄脏了他的裤子。广告中推荐使用 Pine-Sol,称其对地板进行清洁效果甚佳,而非 Fabuloso(高露洁棕榄公司旗下品牌)。该广告中的一句广受争议的广告语是这样说的:"没有什么比狼藉的家居环境更令人尴尬了,抛弃 Fabuloso,选用能更好清洁你家具每个角落的 Pine-Sol。"NAD 指出,广告商应该保证其对于竞争对手隐晦的贬损应是真实、准确而且狭义适用的。[81] NAD 裁定,Clorox 公司应永久停止使用"Pine-Sol 比 Fabuloso 效果更好"的比较性广告词。

另一个 NAD 处理的案例,是戴尔(Dell)公司起诉联想公司(Lenovo Inc.)广告侵权。联想公司在其广告中称,它拥有全球设计最为精良的电脑,众多奖项可以证明这一点。NAD 裁定,联想公司确实曾获得过很多奖项,但其中并没有"最佳设计电脑"的专门奖项。NAD 给出调解意见,希望联想能停止使用这样的广告词。联想公司称它将上诉至 NARB。[82]

最后一个有关 NAD 自我规范程序的案例,是 NAD 发起的对于露得清(Neutrogena)广告词中有关快速去粉刺去斑点凝胶的陈述。该品牌的广告词称,该凝胶产品能保持肌肤清洁 8 小时,8 小时内显著防止皮肤突起,该产品经临床验证能够在 8 小时内显著减小粉刺及其红肿程度,无干燥感,无刺激性,只有显著的肤质改善。但 NAD 裁定,露得清公司广告中对于其产品功能与有效性的陈述是有合理事实根据的。[83] 这一案例说明,并非所有 NAD 的裁定都是不利于被控广告欺诈的一方的。

总之,广告行业的自我规范减少了对于政府法律法规的需求,维持了广告业的基本正义感,因而对消费者和企业都是有益的。前 NARC 主席曾简明扼要地总结了自我规范的价值:

"自我规范是精明的,它保证了游戏的公平性。维持 NAD 的监管能为控诉其他企业广告中陈述的广告商提供最为快捷、价格最为低廉、最为高效的方式。法庭审理需要花费 1 年时间(而 NAD 只需要 60 个工作日),且其花费也高达 NAD 案件的 10 倍。"[84]

21.4 环境(绿色)营销传播

如今,全球的民众都对自然资源的耗尽与自然环境的恶化有所关注。随着中国与印度的崛起,全球的碳排放量与日俱增。此外,美国这样的高度工业化国家对于石油的疯狂消费更使环境问题雪上加霜。尽管疑义仍然存在,但科学界普遍认为全球变暖是由人类活动造成的,且必须由我们自己采取拯救性措施。

通过开发无污染产品与运用营销传播策划对其进行营销活动的方式,许多公司回应了民众对于环境问题的关注。这些活动被称为绿色营销。[85]合法的绿色营销必须至少达到以下两个目标:改进环境质量,满足消费者的要求。[86]任何不能达到上述两个要求的营销方式都无异于虚假环境营销(亦称为"漂绿",greenwashing)。下面将讨论真实的绿色营销中所涉及的经典营销传播运作。

21.4.1 绿色营销活动

为了遵守法律法规与公司高层领导做出的相关承诺,提高企业竞争力与社会责任感,有些公司都针对环境问题有所作为。[87]一般来讲,公司对环境问题的贡献形式无非是开发新产品或是发布旧产品的增强版。油电混合动力车(如丰田普瑞斯,Prius)的面世或许是迄今为止最成功的绿色营销活动了。普瑞斯汽车的需求量一直居高不下,其原因部分在于油价飙升,且混合动力车的耗油量明显好于普通汽车,而丰田的普通汽车一直处于供不应求的状态。

由于节能灯(CFL)较传统的白炽灯来说,使用时间更长、能效比更高,因此其使用越来越广泛。甚至耐克公司也动了打"环保牌"的念头,其新产品 Air Jordan XX3 运动鞋的鞋跟就是用回收材料制成的,且该款运动鞋几乎不使用化学胶水。[88]

尽管这些产品创新十分重要,但更切合本书内容的应是其中有关环境问题的营销传播运作。常见的绿色营销活动运作包括:① 为绿色产品进行促销的广告;② 有利于环境的包装;③ 为绿色产品进行促销的认证计划;④ 力挺环保的事件与公益赞助;⑤ 销售网点布置的具有环保内容的展示材料;⑥ 通过优化宣传效率而减少资源使用量的直销计划;⑦ 尽可能少地使用有害环境物质作为户外广告材料。

绿色广告

环保广告曾在 20 世纪 90 年代早期到中期在美国很常见,但人们对环境恶化的关注却日益减少。实际上,在 90 年代中期后的十年中,已经很难举出环保广告的案例了。然而,如今,随着一股绿色营销与绿色消费浪潮的兴起,环保广告重新出现在世人面前。绿色广告代表着一种精明的营销传播策略,但前提条件是,品牌的营销商能说明其产品相对其竞争对手的产品来说,究竟在生态方面有什么优势。显然,如若广告商的品牌具有与环保相关的相对优势,他们会不遗余力地就其环保效果进行宣传。

绿色广告共有三种:① 说明产品或服务与自然环境的紧密联系的广告(例如图 21.2 中的壳牌

图 21.2 涉及生物物理环境的绿色广告

广告);② 强调环保的生活方式,但并不突出产品或服务的广告(见图21.3);③ 展现公司环保责任感的广告(见图21.4)。[89]

图 21.3　鼓励绿色生活方式的绿色广告

图 21.4　展现公司环保责任感的绿色广告

环保包装

倡导环保材料包装的实例也很多。用可回收的塑料瓶包装软饮料和很多其他产品,用纸袋代替聚苯乙烯材料来包装汉堡和三明治;投产浓缩洗涤液,减小包装规格,从而达到减少废弃物的目的。近年来,我们看到有些公司,如百事公司,减少其非可乐饮料(如立顿冰红茶、Tropicana 果汁)的包装的塑料用量。[90]百事公司的听装百事可乐以及健怡可乐的包装中已含有 40% 的回收铝[91],而可口可乐公司出资力挺全球最大的瓶对瓶(一种回收机制)回收工厂,并保证其在美国卖出的每一瓶饮料的铝罐包装。[92]

作为一项引人注目的对生态环境有利的环保包装计划,沃尔玛公司开展了包装瘦身计划,要求其 60 000 个全球供货商自行评估其产品的包装依赖度(如:产品对包装比值,可回收部分比率,大包装松紧度)。供货商将这些指标报送给沃尔玛公司,并须实时监测其包装瘦身进程。沃尔玛将这些信息作为选择部分竞争激烈的产品种类供货商的指标之一。沃尔玛的目标是到 2013 年减少其店内现有产品包装量的 5%。这一数量级的包装瘦身能使数百万棵树免遭砍伐,包装制造业所使用的原油也会减少数百万桶。[93]

包装产业的发展并非没有不和谐的声音,一种被称为"填充不足"的包装方式却造成了包装材料的浪费。例如,40% 以上的果汁容器、牛奶罐以及其他奶制品包装内的实际含量比标注的要少 1%—6%。[94]这种填充不足问题可能是为了增加利润而故意误装造成的,说得比较阳光一点,也可能是包装机器质量不过关所导致的。不管原因是什么,填充不足的确造成了每年数千吨包装材料的浪费。

认证计划

世界上很多国家都制定了一些法律法规,以便于消费者识别环保产品与品牌。例如,在德国,产品包装上的蓝色天使标志就表示该产品已通过环保检测。目前,三款三星牌打印机就获得了该认证。绿色标志(Green Seal)是一家华盛顿的非营利组织,它制定了环保标准并向满足该标准的企业颁发标志。事实上,市场上能达到该标准的产品不足20%。例如,通用电气(General Electric)公司就因其着力发展节能灯而获得该标志。除了绿色标志,还有许多针对特定产品种类的认证项目。例如,"100%可回收纸袋联盟"是由数家北美可回收纸袋制造商联合发起的联盟,其成员可以使用如下图案来标示自己的产品,即10只小弓箭组成的半圆指向"100%可回收纸袋"字样。超过80家公司都获得了该联盟的认证。[95]这些项目确保消费者所购买的带有相应标识的产品确实是环保的。

活动和公益赞助计划

公益营销就是企业为有意义的环保或社会计划提供赞助或支持(第19章)。营销传播从业者通过这种赞助或支持,寄希望于将其企业或品牌与这些有意义的公益活动挂钩。正因为如此,公司才会赞助各种各样的环保公益活动。例如,美国银行发行了一种环保信用卡,并做出承诺:消费者每刷卡消费一美金,他们就会向环保机构捐赠一美金。[96]绝对伏特加(Absolut)鼓励其消费者浏览其网站,选择三个慈善组织(海洋基金会、果树种植基金会、环境媒体协会)中的一个,根据消费者的选择,该公司会向这些慈善组织提供每次一美元,每家慈善组织最高50万美元的捐助。[97]如果公司合理利用公益项目,让消费者感觉公司对于环保的支持是非常坦诚而非单纯出于商业目的,其效果可见一斑。

除了有推进环保事业的赞助之外,企业还会利用与环保事业有关的活动赞助。例如,Ben & Jerry 公司赞助了一项"校园良知之旅"活动,该活动包含一场摇滚乐演出(Guster 乐队)与一场旨在增进学生对于全球变暖问题理解的生态学展览。对此感兴趣的学生可以索取明信片,并将其寄往国会敦促车辆减排问题,Ben & Jerry 的网站(http://www.lickglobalwarming.com)上出现了一个小游戏,游戏中需要玩家做出若干环保的决策,赢家可以获得 Guster 演唱会的后台票。[98]

销售网点计划

我们在塑料、木材、金属、纸张与其他展示材料上的花费高达数十亿美元。可许多生产商给零售商的展示材料都没有派上用场,最后沦为垃圾。如果生产商能够与零售商针对销售网点展示的需要进行更好的沟通,就能够避免展示材料的浪费。此外,尽可能使用永久性展示(至少持续六个月以上)能很大程度上减少废弃周期短的临时展示,不仅达到环保效果,还为生产商大幅减少开支,可谓一箭双雕。回收纸与塑料的再利用是另一种旨在减少快速消费品销售网点展示材料的环保方式。

直销运作

在直销宣传中,宣传册,特别是产品清单数量庞大。生产这些宣传册,就需要大量的树木以及天然气。遗憾的是,目前的研究表明,只有28%的接受调查的直销者认为环境因素是其决策中时常考虑的因素。[99]在营销沟通计划中使用直销的公司,可以通过精准定位消费者,减少宣传品浪费,通过不向根本不可能购买你的产品的消费者寄送宣传单,减少向潜在消费者邮递产品清单与促销方案的频率,来显示其对于环保的责任感。

户外广告

美国的高速路以及街道到处都是户外标志。除了电子标识(第20章),几乎所有的告示牌都是 PVC 板——一种有毒油基材料,或是难以实现再利用或回收的厚纸。这些告示牌上的材料产生了大量需要填埋的废物。美国第二大告示牌公司——哥伦比亚户外广播公司(CBS Outdoor),计划停止使用 PVC 乙烯板材,取而代之的是一种可以再利用的塑料。美国第三大户外广告公司——Lamar 广告公司现正用一种更轻更薄的材料替换厚纸广告。如今,美国户外广告的龙头老大——清晰户外媒介公司(Clear Channel Outdoor)终于启动节能计划,为其数以万计的广告牌更换节能照明设备。[100]总之,户外广告产业正在着力走向"绿色"。

21.4.2 绿色营销的行为准则

环境问题的重要性要求营销传播者尽力确保绿色口号的可靠性、现实性和可信度。为了帮助企业确定哪些环保口号可以在广告、包装或其他途径中传播,联邦贸易委员会(FTC)发布了环境营销口号指南,也就是我们常说的"绿色指南"。[101]这一指南主要包括四项适用于所有环境营销口号的准则:第一,广告中所陈述的事实应该清晰明确,杜绝虚假内容;第二,营销口号应该明确指出具有环保意义的是产品,还是包装,抑或是其中的产品或包装中的一部分;第三,不应夸大表达或过分暗示环保属性或作用;第四,与其他相关产品的对比应明确说明,不允许有欺诈成分。在编写本书的过程中,FTC 正在进行"绿色指南"的改版工作。

除了上述一般指南,营销沟通从业者可以通过下述四项基本原则来规范自己的环保主张,使之合情合理:明确具体,反映事实,描述实质,有据可依。[102]

1. 明确具体。 这一条基本原则旨在防止营销传播者使用"对环境有利""对环境无害"等无意义的字眼,从而使消费者充分了解信息,尽量不被误导,不将产品的环保意义夸大。总之,环保口号应尽可能准确,而非笼统、模糊、不完全或过分宽泛。例如,在一清洁剂的描述中,"可进行完全生物降解"就比该产品"有益环境"更加准确。

2. 反映事实。 这一条基本原则旨在禁止使用那些看上去合理但由于当地垃圾处理水平有限而无法实现的广告语。例如,大部分社区处理废物时都采用将其埋入公共垃圾坑的方法,但因为纸制品与塑料制品不会在地下降解,所以企业所宣传的"可降解""可生物分解""光解"等环保理念都是具有误导性的。

3. 描述实质。 一些营销传播者使用模糊、不相关的广告语为产品冠以环保形象。某公司在宣传其聚苯乙烯泡沫杯时用到"保护我们的树木与森林"的字眼,这就是一个不具有实质性的描述案例。一次性用品,如纸碟的促销词中出现"对环境无害"的字眼是另一个说法模糊的案例。显然,纸碟不会像有毒化学品那样对环境造成污染,但纸碟和其他废弃物并不会造福环境,而是使垃圾填埋问题进一步恶化。

4. 有据可依。 这一条基本原则十分明确:环保广告语必须有可信的科学依据支持。这是为了鼓励企业以事实为基础宣传其环保产品。显然,这也是在敦促企业,不要口若悬河。

小结

　　本章主要讨论了有关营销传播行为中的伦理道德、营销传播中的法律法规与绿色营销活动的一些问题。第一部分有关营销传播行为中的伦理道德,我们讨论了营销传播活动中如下几个方面的伦理道德问题:目标营销传播运作,广告,公共关系,包装传播,促销活动,网上营销传播。最后,我们又讨论了公司培养符合伦理道德的行为的方法。

　　第二部分涉及营销传播活动中的法律法规。监管分为两种,一为政府监管,二为行业自我规范。联邦贸易委员会(FTC)的职责在于监管欺诈与不正当行为。我们还讨论了优秀商业局理事会国内广告部(NAD)与美国国内广告审查理事会(NARB)的相关职责。

　　最后一部分讲授了有关环境营销,也就是绿色营销的内容,我们还详细阐述了其对于营销传播的意义。营销传播者通过开发环保产品包装或参与其他环保活动,来响应社会对于环保的需求。为使营销传播者的环保宣传合情合理,有如下四条基本原则:明确具体,反映事实,描述实质,有据可依。

讨论题

　　1. 赛百味公司将其食品的营销对象定位于肥胖儿童是否属于非法利用行为?
　　2. 你怎么看待电影中针对孩子的产品放置型营销行为的伦理道德问题?请对两方观点进行分别立论,再陈述一下你个人的观点。
　　3. 目标营销有伦理道德问题还是只不过是一种很好的营销方式?请对两方观点进行分别立论,再陈述一下你个人的观点。
　　4. 你怎么看待安海斯-布希(Anheuser-Busch)公司在20世纪90年代早中期的那个塑造了Frank、Louie两个动画形象以及蜥蜴与青蛙形象作为配角的有趣的电视广告?这种广告形式不过是一种绝妙而有创意的广告宣传,还是其旁敲侧击地鼓励儿童喜欢饮酒,特别是百威啤酒?(注:如果你不记得这个广告了,让教授给你描述一下。)
　　5. 你是否支持联邦政府要求厂商标明营养物含量?还是你认为这些要求是对于自由市场的一种无意义的干预?请陈述你的观点。
　　6. 商业欺诈与不正当行为的区别在哪里?
　　7. 举例说明,如果广告被指为虚假广告,哪些说法会是实质性的,而哪些又是非实质性的。
　　8. 你怎么看待卡夫案中该公司认为钙含量是非实质性说法的言论?
　　9. 在讨论广告是否是经过巧妙处理的这一问题时,我们需要分清哪些说服性运作是消费者能觉察到的,而哪些又是他们无法觉察的。首先,请用你自己的话说出这两种运作的区别。其次,请说明,你认为零售商使用店内广告来向消费者传播潜意识信息这一现象,是否具有伦理道德问题。

10. 你如何看待参议员希拉里·克林顿（民主党人，纽约州）有关禁止小学校园内的所有广告与营销行为的提案？

11. 理论上，矫正型广告对规范广告欺诈行为具有潜在价值。实际上，矫正型广告既要有力度，又不能过火，需要在这两者中做出权衡。请解释这种两难境地的实质。

12. 在20世纪90年代后期，美国酒业协会通过投票，决定解除其已经执行了近半个世纪的"禁止在电视或广播中做烈性酒广告"的自我规范型禁令。解除这一禁令的好处与坏处分别是什么？如果你是美国酒业协会的一名高层管理人员，你是否会提议解除这一禁令？烈性酒广告回归电子媒体，这其中涉及伦理道德问题吗？或者说，这不过是酒业协会迟来的、大胆的商业决定而已？

13. 部分消费者相比其他人更关心自然环境。描述一下你认为"关心环境"的消费者所应具有的社会经济特征与心理特征（如生活习惯）。

14. 本章中在讨论包装中的伦理道德问题时曾提到，如果营销者设计的包装与很多全国性名牌产品过度类似，就会牵涉伦理道德问题。你怎么看待上述说法？

15. 根据你的经验，大多数绿色营销举措是真心实意的，还是仅仅是"漂绿"？请用实例来支持你的观点。

16. 利益驱动与绿色营销是否存在内在冲突？

术 语 表

A

Achievers 成就者　美国成年消费者 VALS 细分的八个部分之一。成就追求者被获得成就的渴望所激励,他们具有目标导向的生活方式并且对事业和家庭有很深的承诺感。另见**信仰者、体验者、创新者、制作者、奋斗者、生存者**和**思考者**。

Account-specific marketing 特定客户营销　对生产商为特定零售客户定制的促销和广告活动进行刻画的描述性术语。又称合作营销。

Active synthesis 积极合成　感知编码的第二个阶段,积极合成不仅是对刺激物基本属性的分析,还包括对刺激物更加精炼的感知。接收信息的情景对决定感知到什么和怎样解释有重要作用。

Advertising strategy 广告战略　在公司战略和营销战略指导下的行动计划,它决定以下内容:在广告上投资多少;广告努力需要针对哪些市场;广告应该如何与其他营销要素进行整合;以及在一定程度上,广告如何被执行。

Affordability method 尽力而为法　一种广告预算方法,通过将为其他方面分配预算后余下的资金花在广告上来制定预算。

Ambushing 伏击式营销　并非某事件官方赞助商的公司通过营销努力来传达其是赞助商的印象。

Appropriateness 合适性　广告信息能够准确传递品牌的定位战略,并能抓住品牌相对于竞争者的优势和劣势,在这种程度上,广告是合适的。

Associations 联想　在消费者记忆中与特定品牌相连接的特定想法和感受。

Attention 注意　信息处理的一个阶段,在此阶段,消费者集中认知资源来思考一则他看到的广告信息。

Attractiveness 吸引力　包括接收者从代言人处感知到的任意数量良好特征的一种属性。

Attributes 属性　在广告战略的方法—目标概念中,属性是被广告的产品或品牌的特征或方面。

Awareness class 知晓群体　产品采用的第一步。四个营销组合变量影响知晓群体:样品、优惠券、广告和产品分销。

B

Baby boom 婴儿潮　1946 年到 1964 年之间出生的 7 500 万美国人。

Believers 信仰者　美国成年消费者 VALS 细分的八个部分之一。信仰者被理想激励。他们是保守和传统的人,拥有具体的和基于传统及社会准则的信仰:家庭、宗教、社区和国家。另见**成就者、体验者、创新者、制作者、奋斗者、生存者**和**思考者**。

Bill-back allowances 账单回邮折让 贸易折让的一种形式,零售商通过为生产商的品牌做广告(账单回邮广告折让)或提供特殊展示(账单回邮展示折让)来获得折让。

Bonus pack 包装附赠 销售促进的一种形式,在品牌的正常价格下向消费者提供额外数量的产品。

Brand 品牌 公司提供的特定产品、服务或其他消费物。品牌代表营销传播努力的中心。

Brand image style 品牌形象风格 一种创造性的广告风格,涉及社会心理方面而非物质方面的差别。广告商试图通过赋予品牌象征意义来开发品牌形象。

Buzz creation 蜂鸣 为鼓励人们为特定物(产品、服务或特定品牌)说好话并向其社会网络中的其他人推荐而进行的系统的、有组织的努力。

C

Cause-related marketing(CRM)善由营销 赞助的一个相对狭义的方面,融合了公共关系、销售促进和公司慈善事业。善由营销的独特属性是,一家公司对特定善由的贡献取决于消费者对其与公司之间进行的收入创造交易的参与程度。

Click fraud 点击欺诈 竞争者或其他利益方重复点击赞助商链接以损害广告效果。

Commercial rumor 商业谣言 关于产品、品牌、公司、商店或其他商业目标的广泛流传但却未经证实的说法。

Comparative advertising 比较型广告 广告商直接或间接地将其产品与竞争者进行比较,通常声称被宣传的产品在一个或几个重要的购买考虑上更优秀。比较型广告因比较的明确性的不同和比较目标被直呼其名还是用一般说法而有所变化。

Compatibility 适应性 一种创新被认为与人们做事方式的适合程度;一般而言,如果一个新产品/品牌与消费者的需求、个人价值、信念以及过去的消费行为相匹配,它就更具适应性。

Competitive parity method 跟随竞争法 一种预算方法,通过基本跟随竞争者的策略来制定广告预算。又称匹配竞争者法。

Complexity 复杂性 一种创新被感知到的困难程度。创新越难被理解或使用,它采用的速率越慢。

Comprehension 理解力 理解并创造刺激物和象征的意义的能力。

Concretizing 具体化 一种营销方法,其基于的理念是:人们更容易记住和回忆具体的而非抽象的信息。

Connectedness 连通性 强调一则广告是否反映目标受众的基本需求,因为这些需求与消费者在产品类别中进行的品牌选择决策相关。

Consequences 结果 在广告战略的目标—结果概念中,结果代表的是从消费特定产品或品牌中获得的令人满意或令人不满的结果。

Conspicuity 醒目性 一个标志抓住注意力的能力,是那些能够使行人或司机及其乘客将标志与周边环境区分开来的特征。这需要标志足够大,并且上面的信息要清楚、准确、易辨认以及可以与竞争标志区分开来。

Conspiracy rumors 阴谋谣言 未经证实的陈述,涉及假定的会威胁消费者或在思想上令消费者不满的公司政策或实践。

Contact 接触点 能够到达目标消费者或展示传播者品牌有利一面的潜在信息传递渠道。

Contamination rumors 污染谣言 与不良或有害的产品或商店特征有关的未经证实的陈述。

Contest 竞赛 一种消费者导向的销售促进形式,消费者有机会赢取现金、商品或旅行奖励。通过解决指定竞赛问题来确定获胜者。

Continuity 连续性 一种媒体计划要考虑的因素,涉及广告在一个广告运动期间应该如何被分配。

Continuous advertising schedule 连续式广告投放 在一个连续的投放中,广告资金被相对平均地投资于整个运动。

Corrective advertising 修正性广告 这种广告基于以下前提:误导消费者的公司应当通过未来的广告改正它已经在消费者心目中创造的任何印象。它的目的是防止公司继续欺骗消费者,而不是惩罚公司。

Coupon 优惠券 一种促销工具,在消费者兑换优惠券时向其提供价格折扣。

CPM 千人成本 每千人成本的缩写,M代表罗马数字1000。CPM是到达1000人的成本。

CPM-TM 目标市场千人成本 对千人成本的一种修正,测量到达1000名目标市场成员的成本,排除了那些目标市场以外的人。

Creative brief 创意纲要 这个框架指导文案人员的工作,是为激励文案人员将创意努力形成能够为客户利益服务的解决方案而设计的文档。

Customer lifetime value 客户终身价值 在给定数量的年份里,公司能够从新客户身上实现的平均利润的净现值(NPV)。

D

Data mining 数据挖掘 包括搜索数据库以获取信息,并发现关于过去的、现在的和未来的客户隐藏的但却有用的事实的过程。

Deal 折扣 是指为消费者提供降价的任何形式的销售促进。零售商折扣、生产商折价销售和无所不在的优惠券是最常见的折扣形式。

Diverting 转手 当生产商只在一个有限的地理区域而非在全国范围内提供折扣时,会导致零售商以折扣价格购进异常多的货物,然后通过经纪人以较低的利润率在其他地理区域出清,这种情况即为转手。

E

Effective rating points (ERPs) 有效收视点(率) 等于有效达到或3+曝光与频率的乘积。

Effective reach 有效到达率 在一般为四周的媒体投放时期,只有当广告投放到达目标受众成员的次数不是太少或太多时,广告投放才是有效的。换言之,对于一个广告来说,存在一个理论上的最优曝光值域,即最小值和最大值限制。又称有效频率。

Elasticity 弹性 衡量对一个品牌的需求如何随诸如价格和广告等营销变量的变化而变化。

Encoding specificity principle 编码特定性原理 认知心理学中的一个原理,是指当人们试图检索信息的环境与他们最初对信息进行编码的环境相同或相似时,信息回忆会得到增强。

Encoding variability hypothesis 编码变化性假说 该假说的主张是,当要被记住的物体与要被记住的关于该物体的信息之间形成多个路径或连接时,人们对信息的记忆会得到增强。

Ethics 社会伦理 在营销传播的环境中,社会伦理涉及对和错,或道德上的相关内容。

Event sponsorship 事件赞助 品牌促销的一种形式,将品牌与有意义的文化、社会、体育或人们感兴趣的其他种类的公共活动联系在一起。

Executive-statement release 管理层声明发布 引用自CEO和其他公司管理人员的新闻发布。

Exit fee 退出费用 用于涵盖一家连锁店将某产品从其分销中心移走所需的处理成本而收取的关仓费用。

Experiencers 体验者 美国成年消费者VALS细分的八个部分之一。体验者被自我表现激励作为年轻、有热情并且冲动的消费者,体验者会对新的选择很快产生热情,但这种热情同样也会很快消退。另见**成就者**、**信仰者**、**创新者**、**制作者**、**奋斗者**、**生存者**和**思考者**。

Experiential needs 体验性需求　对提供感官上愉快、多样性和刺激的产品的需求。

Expertise 专业知识　代言人拥有的与传播主题相关的知识、经验或技能。

Exposure 展露　在营销术语中,展露代表消费者与营销者信息的接触。

F

Feature analysis 特征分析　知觉编码的初始阶段,接收者分析刺激物的基本特征(亮度、深度、角度等),并由此形成初步的分类。

Feature article 专题文章　由公关公司撰写的,通过印刷或广播媒体立即发表或播出,或通过适当的网站立即发布的,关于某产品或其他有新闻价值的项目的详细描述。

Flighting schedule 间歇式广告投放　指广告商在广告运动期间改变投资额,在一些月份零支出的投放模式。

Forward buying 囤积　指零售商利用生产商的贸易促销,购入超过正常所需的大量存货的做法。零售商一般会在一次促销期间购入足够多的产品,以使存货数量支撑其直到生产商预定的下一次促销,因此,囤积又称桥梁购买。

Free-with-purchase premium 即买即赠　这种形式的奖励通常由耐用品品牌提供,即在购买品牌时免费赠送商品。

Frequency 接触频率　在四个星期的时间里,目标受众成员接触到广告商信息的平均次数。又称平均接触频率。

Functional needs 功能性需求　这些需求涉及当前与消费相关的问题、潜在问题或冲突。

G

Galvanometer 电流计　一种用于测量皮肤电反应或GSR的设备(又称心理电流反应检测器)。电流计通过测量汗液的微量变化来间接评估广告所引起的情感反应。

Generation X (Gen X) X一代　为了避免与婴儿潮一代和Y一代产生重叠,本书将X一代定义为1965年到1981年之间出生的人。另见**婴儿潮**和**Y一代**。

Generation Y (Gen Y) Y一代　为了避免与前面的X一代产生重叠,本书将Y一代定义为1982年到1994年之间出生的人。另见**X一代**。

Generic style 通用风格　一种创造性的广告风格,广告商对其品牌进行的陈述可以被任何营销该产品的公司使用。

Gross rating points 总收视率　代表到达率与频率的乘积的统计量。总收视率数字表示在一段时间范围比如四个星期内广告的总权重。总收视率数字显示的是,接触特定广告投放的总覆盖或重复受众。

H

Hedonic needs 享乐性需求　诸如愉快等能够被使人们感觉良好的信息所满足的需求。人们最有可能注意到那些与奖励以及与他们高度重视的生活方面相关的刺激物。

Hierarchy of effects 效果层次　该模型依据的观点是,广告使人们从对某产品/品牌不知晓的最初阶段走向购买该产品/品牌的最终阶段。

I

Identification 认同 信息源的吸引力属性影响信息接收者的过程,即接收者认为信息源是有吸引力的,因此认同信息源并接受其态度、行为、兴趣和偏好。

Infomercial 告知性广告 电视广告的一种形式,是传统短电视广告形式的一种创新性替代品。告知性广告是在有线电视(有时也包括电视网)中播出的全长广告,一般长达30分钟,并将产品新闻和娱乐内容结合在一起。

Innovators 创新者 美国成年消费者 VALS 细分的八个部分之一。创新者是成功的、见多识广的,有很强的控制欲和较强的自尊心。由于他们有如此丰富的资源,以至于他们在不同的水平上表现出了所有的三个基本的动机(即理想、成就和自我表现)。另见**成就者、信仰者、体验者、制作者、奋斗者、生存者和思考者**。

In-pack premium 包装内赠品 品牌在包装内免费提供的、用作促销刺激物的一种赠品。

Integrated marketing communications（IMC）整合营销传播 包括计划、整合和执行多种形式营销传播(广告、销售促进、公共宣传、事件等)的一种沟通过程,这些营销传播被传递给品牌的目标消费者和潜在消费者。

Intense and prominent cues 强烈和突出的提示 具有声音更大、颜色更丰富、更大、更明亮等特征的提示,这些特征吸引到注意力的概率更大。

Internalization 内化 信息源的可信性属性通过内化过程影响信息接收者,即接收者认为信息源是可信的,因此将信息源的观点或态度接受为自己的。即使在信息源被遗忘或是信息源转变了观点时,内化的态度也倾向于维持下去。

Interstitials 插页式广告 互联网广告的一种形式,信息在两个内容网页之间出现,而不是像弹出式广告一样在一个网页内出现。

Involuntary attention 不自觉注意 注意的形式之一,对于信息接收者来说,需要很少或不需要努力;即使人们不愿意,刺激物也会闯入人们的意识中。另见**自觉注意**。

Issue/advocacy advertising 问题/倡导型广告 公司广告的一种形式,它在与公众相关的重大争议性社会问题上采取一个观点。在某种程度上,这样做支持公司的观点和最大利益。另见**公司形象广告**。

K

Keywords 关键词 作为搜索引擎广告(SEA)的特征之一,关键词是指描述营销者提供的产品的性质、属性和好处的具体词汇及短语。

L

Laddering 阶梯法 一种营销调研技术,用于识别属性、结果和价值之间的连接。它包含主要使用一系列定向调查的深入的一对一访谈。

M

Mail-in offer 兑换券 一种奖励,消费者按要求提交一定数量的购买证据,作为回报,他们会收到赞助厂商提供的一份免费品。

Makers 制作者 美国成年消费者 VALS 细分的八个部分之一。制作者被自我表现激励。他们表现自己并通过身体力行的方式体验世界——建一个房子,抚养孩子,修车或者种菜——并且他们具有足够的技能和能量来使自己的计划成功。另见**成就者、信仰者、体验者、创新者、奋斗者、生存者**和**思考者**。

Marcom objectives 整合营销传播目标 在一段时间范围内,比如一个营业季度或会计年度,各种营销传播要素想要单独或共同实现的目标。这些目标为其余所有决策提供了基础。

Mature people 55 岁以上的老年人 年龄在 55 岁及以上的人。

Meaning 意义 一个符号或刺激物在展示给人们时,唤起的一系列内在反应和倾向。

Media 媒体 携带广告信息的一般传播方法,即电视、杂志、报纸等。

Media planning 媒体策划 这种方法包括设计一个投放计划,该计划展示了广告时间和空间如何帮助实现营销目标。

Message research 信息测试 也被称为文案测试,是检验创意信息效果的一种技术。文案测试既包括在广告开发阶段的事前测试,也包括在广告播出或印刷出来之后对其效果的事后测试。

Metaphor 暗喻 一种修辞语言形式,将一个词或短语应用于一个概念或物体之上,比如品牌,而它在字面上的意思并不与品牌形成对比(例如,百威啤酒是"啤酒之王")。

Middle age 中年人 年龄在 35 岁到 54 岁之间,54 岁以上即为老年人。

N

Near-pack premium 陈列架旁赠品 一种提供给零售商、用于特别陈列的赠品,之后零售商会将这些赠品送给购买促销品牌的消费者。

Novel ads 新奇广告 新奇广告(连同其他形式的营销传播信息)是独特的、新鲜的和出人意料的。新奇能够吸引消费者对广告的注意力,使他们付出更多努力对品牌信息进行处理。

Novel messages 新奇信息 不寻常的、与众不同的或出乎意料的信息。与那些熟悉而又常规的信息相比,这类信息能够吸引更多关注。

O

Objective-and-task method 目标和任务法 一种预算方法,通过确定需要执行的沟通任务来制定广告预算。另见**销售额百分比法**。

Observability 可观察性 一个人对某新产品的拥有和使用能够被其他人观察到的程度。消费行为越能被他人感觉到,它的可观察性就越高,并且其采用速率通常也越快。

Off-invoice allowance 现金折让 在贸易中定期提供的折扣,批发商和零售商可以从发票价格上减去固定数额进行支付。

Online video ads 在线视频广告 也被称为流媒体,是指互联网影音广告,这些广告与标准的 30 秒电视广告相似,但通常只有 10 秒或 15 秒,并被压缩为易管理的文件大小。

On-pack premium 包装上赠品 附在品牌包装上的一种赠品,是品牌作为促销刺激物提供的免费品。

Opinion leader 意见领袖 能够经常对他人与新产品相关的态度和行为产生影响的人。他们告诉其他人(跟随者)关于新产品的信息,降低跟随者购买新产品的感知风险,并且使跟随者对已经做出的决策更加确定。

Opt-in emailing 电子邮件选择列表 是指营销者询问并获得消费者的许可,向他们发送特定主题邮件信息的做法。消费者同意接收自己感兴趣主题的信息,而不接收未经同意发送的信息。

Overlay program 联合方案 组合使用两个或更多销售促进工具。又称组合方案。

P

Paper diaries 纸质日记 AC 尼尔森用于估计美国当地市场电视节目收视率的另一种数据收集程序(与电子收视仪相对应)。参与的家庭在一年中的调查月份四次完成 20 页的日记。

Pay-for-performance programs 绩效奖励方案 一种贸易折让形式,生产商会因零售商完成其主要职能而提供贸易折让作为奖励,该职能是向顾客销售更多生产商品牌的产品。

Percentage-of-sales method 销售额百分比法 一种预算方法,将过去或期望(一般是后来的)销量的一个固定百分比作为预算。另见**目标和任务法**。

Perceptual encoding 知觉编码 解释刺激物的过程,包括两个阶段:特征分析和积极合成。

Phishing 网络钓鱼 与垃圾邮件相关的一种非法的电子邮件发送行为,罪犯发送的电子邮件信息看似来自合法公司,假冒网站的设计看上去就像是真实网站。这些假冒网站试图从人们那里获取其信用卡和 ATM 号码等个人信息。

Physical attractiveness 外表吸引力 是很多代言关系的关键考虑因素,包括代言人的美丽、动感和性感。

Physiological testing devices 生理测量装置 测量广告引发的任何自主反应。由于个体对自主神经系统几乎不能随意控制,因此研究者可以使用生理功能的变化来反映广告引发的真实、无偏的唤起程度。

Pop-up ads 弹出式广告 互联网广告的一种形式,当选择的网页正在加载时,屏幕上似乎不知从哪突然出现一个单独窗口,广告就出现在其中。

Positioning 定位 一个品牌在其目标受众心中代表的关键特征、好处或形象。

Positioning Advertising Copy Testing(PACT)广告文案定位测试 由美国主要广告代理公司开发的九个文案测试原则。

Positioning statement 定位主张 这一关键理念浓缩了一个品牌想要在其目标市场树立的形象。

Preemptive style 先发制人 一种创造性的广告风格,使用该风格,发表特定陈述的广告商能够有效防止竞争者发表同样的陈述,因为竞争者害怕被贴上盲目模仿者的标签。

Premiums 奖励 生厂商为了激励销售人员、贸易代表或消费者行动而提供的商品或服务条款。

Price-off promotion 降价促销 也被称为打折,这种形式的销售促进是在品牌正常价格的基础上进行降价,一般为 10%—25%。

Proactive MPR 主动行销公关 行销公关的一种形式,是进攻导向而非防守导向的,是寻求机会而非解决问题的。另见**被动行销公关**。

Product release 产品发布 发布新产品的一种宣传工具,提供产品特征和好处的相关信息,并告知感兴趣的听众/读者如何获取额外信息。

Promotion 促销 是指生产商用来激励贸易对象(批发商、零售商或其他渠道成员)和/或消费者购买品牌以及鼓励销售人员强势销售品牌的任何激励。

Psychographics 心理描绘 关于消费者的、与其在特定产品类别中的购买行为相关的态度、价值观、动机和生活方式的信息。

Psychological reactance 心理抗拒 这种理论认为,人们反对任何减少其自由或选择的做法。产品的可得性看上去越差,它们在消费者心目中就越有价值。

Pull "拉"式战略 营销努力针对的是最终消费者,目的是影响他们对生产商品牌的接受度。生产商希望消费者鼓励零售商持有其品牌。一般与"推"式战略共同使用。

Pulsing advertising schedule 脉冲式广告投放 是指一些广告在运动的每一段时间都被使用,但在每段时间的广告量有所不同。

Pupillometer 瞳孔计 用于进行瞳孔测试的装置,在被试观看电视广告或印刷广告时测量其瞳孔的扩张。广告中具体要素所引发的反应被用于显示正面反应(更大的扩张)或负面反应(相对较小的扩张)。

Push "推"式战略 生产商的销售和其他促销努力针对的是获得批发商和零售商对生产商产品的贸易支持。

R

Rating points 收视点 收视点是有效收视率、总收视率和目标收视率等概念的基础。一个收视点代表暴露于诸如电视节目等特定广告载具下的指定群体或总体人群的1%。

Reach 到达率 在一个确定的时间范围内(对多数广告者而言,四个星期是典型的时间范围),广告商的目标受众中至少看过一次广告的人的百分比。到达率代表在一段时间内,一次或多次看到或者听到广告商信息的目标消费者数量。又称净覆盖、非重复受众或累积受众(cume)。

Reactive MPR 被动行销公关 在竞争行为、消费者态度改变或其他外部影响带来的外界压力和挑战下进行的营销活动。一般来讲,它应对的是会对组织产生负面影响的变化。另见**主动行销公关**。

Rebate 返还 生产商向那些在购买生产商品牌时提交购买证据的消费者提供现金折扣或退还。返还/退款与优惠券不同,后者是由消费者在结账时进行兑换,而前者需要将购买证据邮寄给生产商。

Recency principal 新近原则 也被称为媒体计划的货架空间模型,这一原则所基于的理念是:对于一个品牌来说,相比于获得较高的频率,应该更加强调的是实现较高的周到达率。

Relationship 关系 品牌与其消费者之间的持久联系。成功的消费者—品牌关系能够引发对品牌的重复购买,甚至是品牌忠诚。

Relative advantage 比较优势 在增加舒适度、节省时间或精力以及提高奖励即时性等方面,一个创新被认为比现有观念或物体更好的程度。

Repeater class 重复购买群体 产品采用过程的第三阶段,受四个营销组合变量的影响:广告、价格、分销和产品满意度。

Resonant advertising 共振广告 设法展示与目标受众真实或想象中的体验极为相似的环境或情况。基于这种策略的广告试图将广告中的"模式"与目标受众头脑中储存的体验进行匹配。

Respect 尊敬 代言人的一种特征,代表一个人因其个人品质和成就而受人钦佩或尊敬的品质。

Revenue premium 超额收入 品牌产品与其对应的自有品牌产品之间的收入差别。

ROMI 营销投资收益率 在会计、金融或管理经济学界知名的投资收益率(ROI)概念,在营销界则指 ROMI,即营销投资收益率。

S

Sales-to-advertising response function 销售额—广告投入响应函数 在广告上的投资与该投资产生的收入回应或产出之间的关系。

Sampling 样品策略 使用多种分销方法给予消费者真实装或试用装大小的产品,目的是激发尝试使用行为。

Self-liquidating offer 自费赠品 被从业者称为SLOs,这种形式的奖励要求消费者将规定数量的购买证据与一定数额的钱一同寄回,这些钱要足够弥补生产商用于购买、持有和邮寄奖品的成本。

Self-regulation 行业自律 广告商自己而非州政府或联邦政府制定的广告规则。

Self-report measurement 自我报告测量 这种系统通过让消费者报告自己的感受,来测量广告所引起的消费者情感反应。为实现这一目的,口头和可视化的自我报告都可以被使用。

Semiotics 符号学 关于符号的研究和对产生意义的事件的分析。这种观点将意义视作一种建构过程。

Share of market（SOM）市场份额　一个产品的销售在整个产品类别的销售中所占的比例。

Share of voice（SOV）广告份额　一个品牌的广告支出在整个产品类别的广告支出中所占的比例。

Sign 符号　我们的感官可感知到的某物质，在一定背景下对某人（解释者）来说代表或象征着某物（指示物）。

Similarity 相似性　一个代言人在年龄、性别和种族等与代言质量相关的特征上与受众的匹配程度。

Single-source data 单一来源信息　由家庭人口统计信息、家庭购买行为以及家庭与在真实市场条件下进行检验的新电视广告之间的接触（或者更严格地说，看到这些广告的机会）组成。

Slotting allowance 架位折让　生产商向超市或其他零售商支付的费用，以使零售商持有生产商的新产品。架位折让之所以涉及架位或位置，是因为零售商必须在仓库中留出空间以容纳生产商的产品。

Standardized Advertising Unit（SAU）system 标准广告单位系统　20世纪80年代被采用的一个系统，它使广告商可以在56个标准广告尺寸中选择任意一个进行购买，以符合美国所有报纸的广告出版参数。

Sticky ads 黏性广告　受众理解广告商在这些广告中意图表达的信息，它们被记住并且会改变目标受众所具有的品牌相关的意见或行为。

Strivers 奋斗者　美国成年消费者VALS细分的八个部分之一。奋斗者时髦并且喜欢找乐子。因为他们被成就所激励，因此非常关心其他人的观点和态度。对于奋斗者来说钱财是成功的标准，他们实际上也并没有足够的钱来满足他们的欲望。另见**成就者、信仰者、体验者、创新者、制作者、生存者和思考者**。

Superstitials 超空隙广告　在网页上方或顶端播放的简短的动画互联网广告。

Survivors 生存者　美国成年消费者VALS细分的八个部分之一。生存者生存在狭小的生活空间内。他们没有什么资源可利用，通常认为世界变化得太快了。他们对熟悉感觉到很舒服并且主要关注安全问题。因为他们必须注重满足需要而不是填充欲望，因此没有表现出强烈的基本激励动机。另见**成就者、信仰者、体验者、创新者、制作者、奋斗者和思考者**。

Sweepstakes 抽奖　消费者导向销售促进的一种形式，获奖者会得到现金、商品或旅游奖品。获奖者的产生纯粹基于概率。

Symbolic needs 象征性需求　消费者的内在需求，例如对自我提升、角色定位或群体成员身份的渴望。

T

Target rating points（TRPs）目标收视率　对总收视率（GRPs）的一种调整，目标收视率将载具的收视率调整为只反映那些匹配广告商目标受众的个体。

Thinkers 思考者　美国成年消费者VALS细分的八个部分之一。思考者被理想所激励。他们成熟、满足、舒适，并且是善于思考的一群人，他们看中秩序、知识和责任。另见**成就者、信仰者、体验者、创新者、制作者、奋斗者和生存者**。

Three-exposure hypothesis "三次展露"假说　使广告有效所需曝光次数的最小值。

Tie-in 捆绑式广告　在一次销售促进中同时促销多个品牌。又称联合促销。

Touch point 接触点　参见 Contact。

Trade allowances 交易折让　又称交易折扣，生产商使用这些折让来奖励批发商和零售商在支持生产商品牌方面进行的活动,例如在零售广告中展示品牌或提供特别展示空间。

Transformational advertising 转换性广告　将使用被广告品牌的体验与一系列独特的心理特征联系起来的品牌形象广告,在无广告接触时,这些心理特征一般不会与品牌体验有如此程度的联系。

Trialability 可试用性　一项创新在有限基础上能够被使用的程度。可试用性与感知风险的概念密切相关。一般而言,可试用性较高的产品会以更快的速率被采用。

Trier class 试用群体　实际试用了新产品的消费者群体;个体成为一个新品牌的消费者的第二步。影响消费者成为试用者的变量为优惠券、分销和价格。

Trustworthiness 可信度　信息源的诚实、正直和可靠性。

U

Unfair advertising 不正当广告　用于定义对消费者造成或可能造成重大伤害的广告行为或实践的法律术语,这些伤害是消费者自己无法合理避免的,并且不能被消费者得到的利益或竞争所抵消。

Unique selling proposition(USP)独特的销售主张　一种创造性的广告风格,对代表有意义的、独特的消费者利益的产品属性进行宣传。

V

Values 价值观　在广告战略的目标—结果概念中,价值观代表人们所持有的关于他们自己的、决定结果的相对吸引力的重要信念。

Value proposition 价值主张　是广告或其他营销传播信息的精髓和对消费者关注该信息的奖励。

Vehicles 媒体载具　广告所投放的具体广播节目或印刷选择。

Voluntary attention 自觉注意　注意的三种形式之一,产生于人们故意关注刺激物时。另见**不自觉注意**。

W

Wearout 疲倦效应　指广告效果随时间推移最终减弱。

Wi-Fi 无线网络　无线保真的缩写,这种技术使电脑及手机等其他无线设备可以不需要电缆,而是通过低能无线信号连接到互联网上。因此,用户可以通过装备了无线网络的基站或所谓的热点接入互联网。

Z

Zapping 转台　当广告播出时,观众将电视转换到另一个频道。

Zipping 跳过　当观众使用数字视频录像机录电视节目时,会将广告一起录下来,而他们在收看时会对广告部分进行快进。

尾 注

第 1 章

1. 改编自 Jean Halliday, "Buick Builds Buzz for SUV On-, Off-line," *Advertising Age*, August 11, 2003, 34.

2. Kate Maddox, "Special Report: Integrated Marketing Success Stories," *BtoBonline. Com*, June 7, 2004, Http://www. btobonline. com (accessed June 7, 2004).

3. Kate Maddox, "Integrated Marketing Success Stories," *Btob*, August 14, 2006, 28—29.

4. Bob Hartley and Dave Pickton, "Integrated Marketing Comminications Requires a New Way of Thinking," *Journal of Marketing Communications* 5 (June 1999), 97—106; Philip J. Kitchen, Joanne Brignell, Tao Li, and Graham Spickett Jones, "The Emergence of IMC: A Theoretical Perspective," *Journal of Advertising Research* 44 (March 2004), 19—30.

5. Jeop P. Cornelissen and Andrew R. Lock, "Theoretical Concept or Management Fashion? Examining the Significance of IMC," *Journal of Advertising Research* 40 (September/October 2000), 7—15. 此外,参考 Don E. Schultz and Philip J. Kitchen, "A Response to 'Theoretical Concept or Management Fashion?'" *Journal of Advertising Research* 40 (September/October 2000), 17—21; Stephen J. Gould, "The State of IMC Research and Applications," *Journal of Advertising Research* 40 (September/October 2000), 22—23.

6. Don E. Schultz and Philip J. Kitchen, "Integrated Marketing Communications in U. S. Advertising Agencies: An Exploratory Study," *Journal of Advertising Research* 37 (September/October 1997), 7—18; Philip J. Kitchenand Don E. Schultz, "A Muti-Country Comparison of the Drive for IMC," *Journal of Advertising Research* 39 (January/February 1999), 21—38.

7. Stephen J. Gould, Andreas F. Grein, and Dawn B. Lernan, "The Role of Agency-Client Integration in Integrated Marketing Communications: A Complementary Agency Theory-Interorganizational Perspective," *Journal of Current Issues and Research In Advertising* 21 (1999), 1—12.

8. 研究结果来自 George S. Low 的研究: "Correlates of Integrated Marketing Communications", *Journal of Advertising Research* 40 (May/June 2000), 27—39.

9. Prasad A. NaikandKalyan Raman, "Understanding the Impact of Synergy in Multimedia Communications," *Journal of Marketing Research* 40 (November 2003), 375—388.

10. Yuhmiin Chang Esther Thorson, "Television and Web Advertising Synergies," *Journal of Advertising* 33 (summer 2004), 75—84.

11. 这一定义来自西北大学梅迪尔学院 (Northwestern University, Medill School) 市场营销系,最初的定义来自 Don E. Schultz, "Integrated Marketing Communications: Maybe Definition Is in the Point of View," *Marketing News*, January 18, 1993, 17.

12. Bob Garfield, "The Chaos Scenario 2.0: The Post Advertising Age," *Advertising Age*, March 26, 2007, 14.

13. Suzanne Vranica, "On Madison Avenue, a Digital Wake-up Call," *The Wall Street Journal Online*, March 26, 2007, http://online.wsj.com (accessed March 26, 2007).

14. Brain Steinberg, "Ogilvy's New Digital Chief Discusses Challenges," *The Wall Street Journal Online*, April 4, 2007, http://online.wsj.com (accessedApril 4, 2007).

15. Weber Shandwick, *919 Third Avenue*, New York, NY, 10022.

16. Lisa Sanders, "Demand Chain' Rules at McCann," *Advertising Age*, June 14, 2004, 6.

17. David Sable, "We're Surrounded," *Agency* (Spring 2000), 50—51.

18. Amy Johannes, "A Cool Moves Front," *Promo*, August 2006, 21.

19. Marc Graser, "Toyota Hits Touch Points as It Hawks Yaris to Youth," *Advertising Age*, May 1, 2006, 28.

20. Peter A. Georgescu, "Looking at the Future of Marketing," *Advertising Age*, April 14, 1997, 30.

21. Judann Pollack, "Nabisco's Marketing VP Experts' Great Things," *Advertising Age*, December 2, 1996, 40.

22. Stephanie Thompson, "Busy Lifestyles Force Change," *Advertising Age*, October 9, 2000, s8.

23. 这段引用来自 Vicki Lenz,并被 Matthew Grimm 引用：Matthew Grimm, "Getting to Know you," *Brandweek*, Janaury 4, 1999, 18.

24. 提高顾客忠诚度的重要性在 Peter 的实证研究中得到证实：Peter C. Verhoef, "Understanding the Effect of Customer Relationship Management Efforts on Customer Retention and Customer Share Development," *Journal of Marketing* 27 (October 2003), 30—45.

25. Amy Johannes, "Coffee Perks," *Promo*, September 2006, 41.

26. Samar Farah, "Loyalty Delivers," *Deliver*, September 2006, 10—15.

27. Amy Johannes, "Top of the Wallet," *Promo*, July 2007, 20—22.

28. Dan Hanover, "Are You Experienced?" *Promo*, February 2001, 48.

29. Leah Rickard, "Natural Products Score Big on Image," *Advertising Age*, August 8, 1994, 26.

30. 一项基于200多个市场专家的调查显示,执行的稳定性与一致性是整合营销传播所面临的主要挑战。具体参见：Claire Atkinson, "Integration Still a Pipe Dream for Many," *Advertising Age*, March 10, 2003, 1, 47.

31. Don E. Schultz, "Relax Old Marcom Notions, Consider Audiences," *Marketing News*, October 27, 2003, 8.

32. Nigel F. Piercy, "The Marketing Budgeting Process: Marketing Management Implications," *Journal of Marketing* 51 (October 1987), 45—59.

33. Carol Krol, "DMA: Direct Response Gets Largest Share of B-to-B Marketing," *B to B*, May 7, 2007, 3.

34. Thomas A. Petit and Martha R. McEnally, "Putting Strategy into Promotion Mix Decisions," *The Journal of Consumer Marketing* 2 (winter 1985), 41—47.

35. Joseph W. Ostrow, "The Advertising/Promotion Mix: A Blend or a Tangle," *AAAA Newsletter*, August 1988, 7.

36. 引用自 Sally Goll Beatty, "Auto Makers Bet Campaigns Will Deliver Even If They Can't," *The Wall Steet Journal Online*, Octorber 13, 1997, http://online.wsj.com (accessedOctorber 13, 1997).

37. Tim Ambler, *Marketing and the Bottom Line: The New Metrics of Corporate Wealth* (London: Pearson Education Limited, 2000), 附录A.

第2章

1. The Harris Poll #71, Harris Interactive,

July 17, 2007, http://consumerist.com/consumer/branding/coca + cola-is-the-best-brand-microsoft-beats-apple—279388. php (accessed July 25, 2007).

2. Matthew Creamer, "Is Your Brand the Best? What Polls Really Mean," *Advertising Age*, July 23, 2007, 1.

3. 观点来自 Terry O'Connor, 引用自: Bob Lamons, "Brand Power Moves BASF Past Commodity," *Marketing News*, March 15, 2004, 6.

4. Jacques Chevron, "Unholy Grial: Quest for the Best Strategy," *Brandweek*, August 11, 2003, 20.

5. 品牌信用包括以下几个维度: 专业技术、能力、信任等,具体参见: TulinErdem and Joffre Swait, "Brand Credibility, Brand Consideration, and Choice," *Journal of Consumer Research* 31 (June 2004), 191—198.

6. ARjunChaudhuri and Morris B. Holbrook, "The Chain of Effects from Brand Trust and Brand Affect to Brand Performance: the Role of Brand Loyalty," *Journal of Marketing* 65 (April 2001), 90; Peter Doyle, *Value-Based Marketing: Marketing Strategies for Corporate Growth and Shareholder Value* (Chichester, England: John Wiley & Sons, 2000), 300.

7. Kusum L. Aliawadi, Donald R. Lehmann, and Scott A. Neslin, "RevenuePremium as an Outcome Measure of Brand Equity," *Journal of Marketing* 67 (October 2003), 1—17.

8. Thomas N. Robinson, Dina L. G. Borzekowski, Donna M. Matheson, and Helena C. Kraemer, "Effects of Fast Food Branding on Young Children's Taste Preferences," *Archives of Pediatric & Adolescent Medicine* 161 (2007), 792—797.

9. Kevin Lane Keller, "Conceptualizing, Measuring, and Managing Customer-Based Brand Equity," *Journal of Marketing* 57 (January 1993), 2.

10. 一种有效识别品牌联想的方法,参见: Deborah Roedder John, Barbara Loken, Kyeongheui Kim, and AlokparnaBAsuMonga, "Brand Concept Maps: A Methodology for Identifying Brand Association Networks," *Journal of Marketing Research* 43 (November 2006), 549—563.

11. Jennifer L. Aaker, "Dimensions of Brand Personality," Journal of Marketing Research 34 (August 1997), 347—356. 同时参考: Jennifer L. Aaker, Susan Fournier, and Adam Brasel, "When Good Brands Do Bad," *Journal of Consumer Research* 31 (June 2004), 1—16.

12. "Special Issue: All-Channel Carbonated Sofe Drink Performance in 2005," *Beverage Digest* 48 (March 8, 2006).

13. 此处及后这一部分续的评论改编自: Kevin Lane Keller, "The Synthesis: The Multidimensionality of Brand Konwledge," *Journal of Consumer Research* 29 (March 2003), 595—600.

14. 出处同上。

15. Grant McCracken, "Culture and Consumption: A Theoretical Account of the Structure and Movement of the Cultural Meaning of Consumer Goods," *Journal of Consumer Research* 13 (June 1986), 74.

16. 引用自: Kevin Lane Keller, *Strateic Brand Management: Building, Measuring, and Managing Brand Equity* (Upper Saddle River, NJ: Prentice Hall, 1998), 285. 关于这一问题更深入的讨论参见: C. Whan Park, Sung Youl Jun, and Allan D. Shocker, "Composite Branding Alliances: An Investigation of Extension and Feedback Effects," *Journal of Marketing Research* 33 (November 1996), 453—466; 以及 Bernrd L. Simonin and Julie A. Ruth, "Is a Company Known by the Company It Keeps? Accessing the Spillover Effects of Brand Alliances on Consumer Brand Attitudes," *Journal of Marketing Research* 35 (February 1998), 30—42.

17. Ed Lebar, Pjil Buehler, Kevin Lane Keller, Monika Sawicka, ZeynepAksehirli, and Keith Richey, "Brand Equity Implications of Joint Branding Programs," *Journal of Advertising Research* 45 (December 2005), 413—425.

18. Sandra Dobow, "Dupont Lycra Stretches

Out Into Jeans," *Brandweek*, July, 2001, 8.

19. 进一步阅读,参考:Terence A. Shimp, SaeedSamiee, and Thomas J. Madden, "Countries and Their Products:A Cognitive Structure Perspective," *Journal of The Academy of Marketing Science* 21(1993), 323—330.

20. 例如:SaeedSamiee, Terence A. Shimp, and Subhash Sharma, "Brand Origin Recognition Accuracy:Its Antecedents and Consumers' Cognitive Limitations," *Journal of International Business Studies* 36(2005), 379—397.

21. "New National Research Study:It's From Where? College Students Clueless on Where Favorite Brand Come From." *Anderson Analytics*, May 24, 2007, http://www.andersonanalytics.com (accessed July 31, 2007); Beth Snyder Bulik, "Ditch the Flags; Kids Don't Care Where You Come From," *Advertising Age*, June 4, 2007, 1, 59.

22. 关于品牌价值与品牌忠诚度之间关系的进一步讨论,参考:TulinErdem and Joffre Swait, "Brand Equity as a Signaling Phenomenon," *Journal of Consumer Psychology* 7, 2 (1998), 131—158; Chaudhuri and Holbrook, "The Chain of Effects from Brand Trust and Brand Affect to Brand Performance:the Role of Brand Loyalty."

23. Larry Light and Richard Morgan, *The Fourth Wave:Brand Loyalty Marketing*(New York:Coalition for Brand Equity, 1994), 11.

24. William Boulding, Eunkyu Lee, and Richard Staelin, "Mastering the Mix:Do Advertising, Promotion, and Sales Force Activiies Lead to Differentiation?" *Journal of Marketing Research* 31 (May 1994), 159—172.

25. Janet Adamy, "Starbucks Chairman Says Trouble May Be Brewing," *The Wall Street Journal Online*, February 23, 2007(accessed February 24, 2007).

26. "The PepsiCo Empire Strikes Back," *Brandweek*, October 7, 1996, 60.

27. 来自:Harris Interactive, June 20, 2006, http://www.harrisinteractive.com(accessed July 26, 2007).

28. Interbrand Report, "Best Global Brands 2007," http://www.interbrand.com/best_brands_2007.asp(accessed August 3, 2007).

29. 关于实例,请参考:Sunil Gupta, Donald R. Lehmann, and Jennifer Ames Stuart, "Valuing Customers," *Journal of Marketing Research* 41 (February 2004), 7—18; Roland T. Rust, Katherine N. Lemon, and Valarie A. Zeithaml, "Return on Marketing:Using Customer Equity to Focus Marketing Strategy," *Journal of Marketing* 68(January 2004), 109—127; "Measures and Metrics:The Marketing Performance Measurement Audit," *The CMO Council*, June 9, 2004.

30. The CMO Council, "Measures and Metrics:The Marketing Performance Measurement Audit," June 9, 2004, 3.

31. 棒球比赛的球场呈直角扇形,有四个垒位,分两队比赛,两队轮流攻守。攻队队员在本垒依次用棒击守队投手投来的球,并乘机跑垒,能依次踏过1、2、3垒并安全回到本垒者得一分。守队截接攻队击出之球后可以持续碰触攻队跑垒员或持球踏垒以"封杀"跑垒员,当球落地之前防守队员如果接住球,则称之为跑垒员被"接杀",如果投手对击球者投出三个"好"球,则跑垒者被"三振出局"。攻队3人被"杀"出局时,双方即互换攻守。两队各攻守一次为一局,正式比赛为9局,以得分多者获胜。

32. Allen ST. John, "The Best at Keeping Batters Off Base," *The Wall Street Journal Online*, http://online.wsj.com (accessed August 3, 2007).

33. Hillary Chura, "Advertising ROI Still Elusive Metric," *Advertising Age*, July 26, 2004, 8.

34. 出处同上。

35. 净现值(NPV)是指投资方案所产生的现金净流量以资金成本为贴现率折现之后与原始投资额现值的差额。现金净流量是指将未来的现金流折现。例如,如果一家公司的借款成本为10%,那么3年之后的100美元折现之后将为 75 美元。那么,如果现在投资 75 美元,3 年之后将会收回 100 美元。现金净流量的概念描述了未来的现金流在现在的价值。如果想进一步了解这一问题,可以上网搜索"货币的时间价值"。

36. 这里给出的示例主要集中在营销沟通元素。在实际中,一个完整的市场营销活动应包括营销组合中的所有元素(例如,价格、渠道等)而并非只有营销沟通一个方面。

37. 关于哈雷-戴维森品牌所有者的进一步研究,请参见:John W. W. Schouten and James H. McAlexander, "Subcultures of Consumption: An Ethnography of the New Bikers," *Journal of Consumer Research* 22(June 1995),43—61.

38. 一些评论来自 Ernst & Young 的首席营销官、美国广告主协会主席 James D. Speros,改编自:"Why the Harley Brand's So Hot," *Advertising Age*, March 15, 2004, 26.

39. 更多内容参见:Elizabeth C. Hirschman, "Men, Dogs, Guns, and Cars," *Journal of Advertising* 32(Spring 2003),9—22.

40. 关于品牌社区的更多地内容,参见:Albert M. Muniz Jr. and Thomas C. O'Guinn, "Brand Community," *Journal of Consumer Research* 27(March 2000),412—432.

41. Clifford Krauss, "Harley Woos Female Bikers," *The New York Times Online*, July 25, 2007, http://www.nytimes.com(accessed July 25, 2007).

42. 出处同上。

43. Jack Neff, "P&G, Clorox Rediscover Modeling," *Advertising Age*, March 29, 2004, 10.

第3章

1. William Boulding, Ruskin Morgan, and Richard Staelin, "Pulling the Plug to Stop the New Product Drain," *Journal of Marketing Research* 34 (February 1997). 164.

2. 以下讨论改编自:Chakravarthi Narasimhan and Subrata K. Sen, "New Product Models for Test Market Data," *Journal of Marketing* 47(Winter 1983),13,14.

3. 关于消费者选择尝试购买的实证研究,参考:Jan-Benedict E. M. Steenkamp and Katrijn Gielens, "Consumer and Market Drivers of the Trial Probability of New Consumer Packaged Goods," *Journal of Consumer Research* 30(December 2003),368—384.

4. Everett M. Rogers, *Diffusion of Innovations*, 5th ed. (New York: Free Press, 2003).

5. Becky Ebenkamp, "Survey Says: Put a Cork in It!" *Brandweek*, March 6, 2006, 18.

6. 进一步的讨论,参见:Robert J. Fisher and Linda L. Price, "An Investigation into the Social Context of Early Adoption Behavior," *Journal of Consumer Research* 19(December 1992), 477—486.

7. Christopher Lawton, "Dell's Colorful Designs for Customers," http://online.wsj.com, June 26, 2007(accessed June 27, 2007).

8. Shari Roan, "Laser Hair Removal Is Coming to the Home," http://www.coutier-hournal.com, August 2, 2007(accessed August 14, 2007).

9. "Palomar Medical and Gilllette Sign Agreement to Develop a Home-Use, Light-Based Hair Removal Device for Women," http://www.prnewswire.com, February 19, 2007(accessed August 14, 2007).

10. Rob Osler, "The Name Game: Tips on How to Get It Right," *Marketing News*, September 14, 1998, 50.

11. Gwen Bachmann Achenreiner and Deborah Roedder John, "The Meaning of Brand Names to Children: A Developmental Investigation," *Journal of Consumer Psychology* 13, no. 3(2003), 205—219.

12. Joseph W. Alba, J. Wesley Hutchinson, and John G. Lynch, "Memory and Decision Making," in *Handbook of Consumer Behavior*, ed. Thomas S. Robertson and Harold H. Kassarjian (Englewood Cliffs, NJ: Prentice Hall, 1991), 1—49.

13. France Leclerc, Bernd H. Schmitt, and Laurette Dube, "Foreign Branding and Its Effects on Product Perceptions and Attitudes," *Journal of Marketing Research* 31 (March 1994), 263—270.

14. Mark Boslet, "It's Alive! It's Also Small, Simple: The Ideas behind the Name 'Zune'," http://online.wsj.com, November 16, 2006 (accessed November 16, 2006).

15. 这些要求整合了来自不同信息来源的观点,主要来自: Kevin Lane Keller, *Strategic Brand Managemengt: Building, Measuring, and Managing Brand Equity* (Upper Saddle River, NJ: Prentice Hall, 1998), 136—140; Allen P. Adamson, Brand Simple (New York: Palgrave MacMillan, 2006), chapter 7; Daniel L. Doden, "Selecting a Brand Name That Aids Marketing Objectives," *Advertising Age*, November 5, 1990, 34; and Walter P. Margulies, "Animal Names on Products May Be Corny, but Boost Consumer Appeal," *Advertising Age*, October 23, 1972, 77.

16. 关于商标侵权方面的进一步了解,参考: Jeffrey M. Samuels and Linda B. Samuels, "Famous Marks Now Federally Protected Against Dilution," *Journal of Public Policy & Marketing* 15 (fall 1996), 307—310; Daniel J. Howard, Roger A. Kerin, and Charles Gengler, "The Effects of Brand Name Similarity on Brand Source Confusion: Implications for Trademark Infringement," *Journal of Public Policy & Marketing* 19 (fall 2000), 250—264.

17. Chris Janiszewski and Stijn M. J. Van Osselaer, "A Connectionist Model of Brand-Quality Associations," *Journal of Marketing Research* 37 (August 2000), 331—350.

18. Kevin Lane Keller, Susan E. Heckler, and Michael J. Houston, "The Effects of Brand Name Suggestiveness on Advertising Recall," *Journal of Marketing* 62 (January 1998), 48—57. See also "J. Colleen McCracken and Visual Clues in Enhancing Memory for Consumer Packaged Goods," *Marketing Letters* 9 (April 1998), 209—226; and Richard R. Klink, "Creating Brand Names with Meaning: The Use of Sound Symbolism," *Marketing Letters* 11, no.1 (2000), 5—20.

19. Sankar Sen, "The Effects of Brand Name Suggestiveness and Decision Goal on the Development of Brand Knowledge," *Journal of Consumer Psychology* 8, no.4 (1994), 431—454.

20. Keller et al., "The Effects of Brand Name Suggestiveness on Advertising Recall." 然而,另一种观点参考, "The Effects of Brand Name Suggestiveness and Decision Goal."

21. 例如, Richard R. Klink, "Creating Brand Names with Meaning: The Use of Sound Symbolism," *Marketing Letters* 11 (February 2000), 5—20; and Eric Yorkston and Geeta Menon, "A Sound Idea: Phonetic Effects of Brand Names on Consumer Judgments," *Journal of Consumer Research* 31 (June 2004), 43—51.

22. Yorkston and Menon, "A Sound Idea," 43.

23. Klink, "Creating Brand Names with Meaning."

24. Tina M. Lowrey, L. J. Shrum, and Tony M. Dubitsky, "The Relation between Brand-Name Linguistic Characteristics and Brand-Name Memory," *Journal of Advertising* 32 (fall 2003), 7—18. See also Dawn Lerman and Ellen Garbarino, "Recall and Recognition of Brand Names: A Comparison of Word and Nonword Name Types," *Psychology & Marketing* 19 (July/August 2002), 621—639. This latter article provides preliminary evidence that created brand names (i.e., nonword names) generate higher recognition scores than do brand names that are based on actual words.

25. Chiranjeev Kohli and Douhlas W. LaBahn, "Observations: Creating Effective Brand Names: A Study of the Naming Process," *Journal of Advertising Research* 37 (January/February 1997), 67—75.

26. 出处同上, 69。

27. 这一描述改编自: Rebecca Johnson, "Name That Airline," *Travel & Leisure*, October 1999, 159—164; Bonnie Tsui, "JetBlue Soars in

First Months," *Advertising Age*, September 11, 2000, 26; "JetBlue Airways Open for Business" (Company Press Release), January 11, 2000, http://www. jetblue. com/learnmore/pressDetail. asp? newsId = 10 (accessed January 11,2000).

28. Kohli and LaBahn, 73.

29. 商标的设计往往会选择多种不同的字体,字体在商标对消费者产生印象的过程中起到了重要的影响作用,关于这一问题的研究可以参考:Pamela W. Henderson, Joan L. Giese, and Joseph A. Cote, "Impression Management Using Typeface Design," *Journal of Marketing* 68 (October 2004) 60—72.

30. Pamela W. Henderson and Joseph A. Cote, "Guidelines for Selecting or Modifying Logos," *Journal of Marketing* 62 (April 1998), 14—30. This article is must reading for anyone interested in learning more about logos.

31. Henderson and Cote, "Guidelines for Selecting or Modifying Logos."

32. http://worldsbestlogos. blogspot. com/2007/08/adobe-systems-logo-history. html.

33. Some of these phrases were mentioned in Michael Gershman, "Packaging: Positioning Tool of the 1980s," *Management Review* (August 1987), 33—41.

34. Peter R. Dickson and Alan G. Sawyer, "The Price Knowledge and Search of Supermarket Shoppers," *Journal of Marketing* 54 (July 1990), 42—53; John Le Boutillier, Susanna Shore Le Boutillier, and Scott A. Neslin, "A Replication and Extension of the Dickson and Sawyer Price-Awareness Study," *Marketing Letters* 5 (January 1994), 31—42.

35. John Deighton, "A White Paper on the Packaging Industry," *Dennison Technical Papers*, December 1983,5.

36. 关于包装含义的一项有趣的研究可以参考:Robert L. Underwood and Julie L. Ozanne, "Is Your Package an Effective Communicator? A Normative Framework for Increasing the Communicative Competence of Packaging," *Journal of Marketing Communications* 4 (December 1998), 207—220.

37. 关于色彩在包装中的影响作用以及其他形式的营销沟通方式,可以参考:Lawrence L. Garber, Jr., and Eva M. Hyatt, "Color as a Tool for Visual Persuasion," in *Persuasive Imagery: A Consumer Response Perspective*, eds. Linda M. Scott and Rajeev Batra (Mahwah, NJ: Lawrence Erlbaum, 2003), 313—336.

38. Gail Tom, Teresa Barnett, William Lew, and Jodean Selmants, "Cueing the Consumer: The Role of Salient Cues in Consumer Perception," *The Journal of Consumer Marketing* 4 (spring 1987), 23—27.

39. 这一结论以及以下的讨论来自:Joseph A. Bellizzi, Ayn E. Crowley, and Ronald W. Hasty, "The Effects of Color in Store Design," *Journal of Retailing* 59 (spring 1983), 21—45.

40. 关于色彩的象征意义,可以参考:http://www. colormatters. com/brain. html.

41. Priya Raghubir and Eric A. Greenleaf, "Ratios in Proportion: What Should the Shape of the Package Be?" *Journal of Marketing* 70 (April 2006), 95—107.

42. 出处同上,96。

43. Brian Wansink, "Can Package Size Accelerate Usage Volume?" *Journal of Marketing* 60 (July 1996), 1—14.

44. Valerie Folkes and Shashi Matta, "The Effect of Package Shape on Consumers' Judgments of Product Volume: Attention as a Mental Contaminant," *Journal of Consumer Research* 31 (September 2004), 390—401.

45. Dik Warren Twedt, "How Much Value Can Be Added through Packaging," *Journal of Marketing* 32 (January 1968), 61—65.

46. Jeremy Kees, Scot Burton, J. Craig Andrews, and John Kozup, "Tests of Graphic Visuals and Cigarette Package Warning Combinations: Implications for the Framework Convention on Tobacco Control," *Journal of Public Policy & Marketing* 25 (fall 2006), 212—223.

47. Brian Wansink and Pierre Chandon, "Can 'Low-Fat' Nutrition Labels to Obesity?" *Journal of Marketing Research* 43 (November 2006), 605—617.

48. George Baltas, "The Effects of Nutrition Information on Consumer Choice," *Journal of Advertising Research* 41 (March/April 2001), 57—63.

49. Sonia Reyes, "Groove Tube," *Brandweek's Marketers of the Year insert*, October 16, 2000, M111-M116.

50. Greg Dalton, "If These Shelves Could Talk," *The Industry Standard*, April 2, 2001, 49—51.

51. 这一讨论改编自：Herbert M. Meyers and Murray J. Lubliner, *The Marketer's Guide to Successful Package Design* (Chicago：NTC Business Books, 1998), 55—67.

52. Catherine Arnold, "Way Outside the Box," *Marketing News*, June 23, 2003, 13—15.

53. Meyers and Lubliner, *The Marketer's Guide to Successful Package Design*, 63.

第4章

1. Kris OSer, "Targeting Web Behavior Pays, American Airlines Study Finds," *Advertising Age*, May 17, 2004, 8.

2. Emily Steel, "How Marketing Hone Their Aim Online," *The Wall Street Journal Online*, June 19, 2007, http://online.wsj.com (accessed June 19, 2007).

3. Carol M. Morgan and Doran J. Levy, "Targeting to Psychographic Segments," *Brandweek*, October 7, 2003, 18—19.

4. James W. Peltier, John A. Schibrowsky, Don E. Schultz, and John Davis, "Interactive Psychographics：Cross-Selling in the Banking Industry," *Journal of Advertising Research* 42 (March/April 2002), 7—22.

5. 描述来自 http://www.sric-bi.com/VALS/types.shtml.

6. Michael J. Weiss, *The Clustered World：How We Live, What We Buy, and What It All Means About Who We Are* (Boston：Little, Brown and Company, 2000).

7. 下列描述分析与数据来由 Claritas, Inc. 提供，作者为 Susan Fulle, 2004年6月16日。

8. "A County-by-County Look at Ancestry," *USA Today*, July 1, 2004, 7A.

9. Emily Bryson York, "The Hottest Thing in Kids Marketing? Imitating Webkinz," *Advertising Age*, October 8, 2007, 38.

10. Deborah Roedder John, "Consumer Socialization of Children：A Retrospective Look at Twenty-Five Years of Research," *Journal of Consumer Research* 26 (December 1999), 183—213; Elizabeth S. Moore and Rechard J. Lutz, "Children, Advertising, and Product Experiences：A Multimethod Inquiry," *Journal of Consumer Research* 27 (June 2000), 31—48.

11. Marvin E, Goldberg, Gerald J. Gorn, Laura A. Peracchio, and Gary Bamossy, "Understanding Materialism among Youth," *Journal of Consumer Psychology* 13, no. 3 (2003), 278—288.

12. 关于这一问题的学术研究，参见：Sharon E. Beatty and SalilTalpade, "Adolescent Influence in Family Decision Making：A Replication with Extension," *Journal of Consumer Research* 21 (Semptmber 1994), 332—341; Kay M. Palan and Robert E. Wilkes, "Adolescent-Parent Interaction in Family Decision Making," *Journal of Consumer Research* 24 (September 1997), 159—169.

13. Becky Ebenkamp, "Youth Shall Be Served," *Brandweek*, June 24, 2002, 21.

14. Beth Snyder Bulik, "Forget the Parents：HP Plans to Target Teenagers Instead," *Advertising Age*, July 30, 2007, 8.

15. William Strauss and Neil Howe, *Generations：The History of America's Future, 1584—2069* (New York：William Morrow and Company, Inc., 1991); Karen Ritchie, *Marketing to Generation X*

(New York: Lexington Books, 1995).

16. Yankelovich Partners, "Don't Mislabel Gen X," *Brandweek*, May 15, 1995, 32, 34.

第5章

1. 对营销沟通和消费者行为中的符号学作深入了解,可以参考:David Glen Mick, "Consumer Research and Semiotics: Exploring the Morphology of Signs, Symbols, and Significance," *Journal of Consumer Research* 13 (September 1986), 196—213; Eric Haley, "The Semiotic Perspective: A Tool for Qualitative Inquiry," in *Proceedings of the 1993 Conference of the American Academy of Advertising*, ed. Esther Thorson (Columbia, Mo.: The American Academy of Advertising, 1993), 189—196; 以及 Birgit Wassmuth et al., "Semiotics: Friend or Foe to Advertising?" in *Proceedings of the 1993 Conference of the American Academy of Advertising*, ed. Esther Thorson (Columbia, Mo.: The American Academy of Advertising, 1993), 271—276. 关于符号分析的应用,参考:Morris B. Holbrook and Mark W. Grayson, "The Semiology of Cinematic Consumption: Symbolic Consumer Behavior in Out of Africa," *Journal of Consumer Research* 13 (December 1986, 374—381); Edeard F. MeQuarrie and David Glen Mick, "On Resonance: A Critical Pluralistic Inquiry into Advertising Rhetoric," *Journal of Consumer Research* 19 (September 1992), 180—197; Linda M. Scott, "Understanding Jingles and Needledrop: A Rhetorical Approach to Music in Advertising," *Journal of Consumer Research* 17 (September 1990), 223—236 and Teresa J. Domzal and Jerome B. Kernan, "Mirror, Mirror: Some Postmodern Relections on Global Advertising," *Journal of Advertising* 22 (December 1993), 1—20. 对于广告以及其他营销沟通方式中的"解构"的进一步了解,参考:Barbara B. Stern, "Textual Analysis in Advertising Research: Construction and Deconstruction of Meanings," *Journal of Advertising* 25 (Fall 1996), 61—73.

2. 这一描述来自:John Fiske, *Introduction to Communication Studies* (New York: Routledge, 1990); Mick, "Consumer Research and Semiotics," 198.

3. 接下来的讨论主要基于 David K. Berlo 的观点:David K. Berlo, *The Process of Communication* (San Francisco: Holt, Rinehart & Winston, 1960), 168—216.

4. 这一解释改编自:Roberto Friedman and Mary R. Zimmer, "The Role of Psychological Meaning in Advertising," *Journal of Advertising* 17, no. 1 (1988), 31; Robert E. Klein III and Jerome B. Kernan, "Contextual Influences on the Meanings Ascribed to Ordinary Consumption Objects," *Journal of Consumer Research* 18 (December 1991), 311—324.

5. Grant McCracken, "Culture and Consumption: A Theoretical Account of the Structure and Movement of the Cultural Meaning of Consumer Goods," *Journal of Consumer Research* 13 (June 1986), 74.

6. 进一步讨论,参考:Grant McCracken, "Advertising: Meaning or Information," *Advances in Consumer Research*, Vol. 14, ed. Melanie Wallendorf and Paul F. Anderson (Provo, Utah: Association for Consumer Research, 1987), 121—124.

7. Edward F. McQuarrie and David Glen Mick, "Visual Rhetoric in Advertising: Text-Interpretive, Experimental, and Reader-Response Analyses," *Journal of Consumer Research* 26 (June 1999), 37—54; Linda M. Scott, "The Bridge from Text to Mind: Adapting Reader-Response Theory to Consumer Research," *Journal of Consumer Research* 21 (December 1994), 461—480.

8. Kevin J. Clancy and Peter C. Krieg, *Counter-Intuitive Marketing: Achieve Great Results Using Uncommon Sense* (New York: Free Press, 2000), 110.

9. 出处同上。

10. C. Whan Park, Bernard J. Jaworski, and Deborah J. MacInnis, "Strategic Brand Concept-Image Management," *Journal of Marketing* 50 (Oc-

tober 1986), 136. 以下关于品牌所带来的功能、象征以及体验方面的利益的讨论均来自 Park 等人的研究。

11. 关于这一问题的深入探讨,参考以上 Park 等人的研究。

12. 这一描述来自:Bob Lamons, "Marcom Proves Itself a Worthy Investment," *Marketing News*, June 9, 2003, 13.

13. 改编自:Emily Nelson, "Procter & Gamble Tries to Hide Wrinkles in Aging Beauty Fluid," *The Wall Street Journal Online*, May 16, 2000, http://online.wsj.com.

14. 消费者处理模型(CPM)常被称为消费者信息处理模型(CIP),之所以选择使用消费者处理模型(CPM)的原因有以下两个:(1)在名义上与享乐与体验模型(HEM)相对应,更利于记忆;(2)"信息"所表达的含义有限,仅仅突出了"信息"一个方面的内容,而忽视了其他方面的沟通方式。关于第二点原因,具体可以参考:Esther Thorson, "Consumer Processing of Advertising," *Current Issues & Research in Advertising* 12 ed, ed. J. H. Leigh and C. R. Martin, Jr. (Ann Arbor: University of Michigan, 1990), 198—199.

15. Elizabeth C. Hirschman and Morris B. Holbrook, "Hedonic Consumption: Emerging Consepts, Methods, and Propositions," *Journal of Marketing* 46 (summer 1982), 92—101; Morris B. Holbrook and Elizabeth C. Hirschman, "The Experiential Aspects of Consumption: Consumer Fantasies, Feelings, and fun," *Journal of Consumer Research* 9 (September 1982), 132—140.

16. James B. Bettman, *An Information Processing Theory of Consumer Choice* (Reading, Mass.: Addison-Wesley, 1979), 1.

17. William J. McGuire, "Some Internal Psychological Factors Influencing Consumer Choice," *Journal of Consumer Research* 4 (March 1976), 302—319.

18. Scott A. Hawkins and Stephen J. Hoch, "Low-Involvement Learning: Memory without Evaluation," *Journal of Consumer Research* 19 (September 1992), 212—225.

19. 关于这一问题,进一步了解影响消费者注意、理解以及学习过程的因素,可以参考:Klaus G. Grunert, "Automatic and Strategic Processes in Advertising Effects," *Journal of Marketing* 60 (October 1996), 88—102.

20. Paul Surgi Speck and Michael T. Elliott, "The Antecedents and Consequences of Perceived Advertising Clutter," *Journal of Current Issues and Research in Advertising* 19 (dall 1997), 39—54; Louisa Ha, Barry R. Litman, "Does Advertising Clutter Have Diminishing and Negative Returns?" *Journal of Advertising* 26 (spring 1997), 31—42.

21. 更详尽的讨论参考:David Glen Mick, "Levels of Subjunctive Comprehension in Advertising Processing and Their Relations to Ad Perceptions, Attitudes, and Memory," *Journal of Consumer Research* 18 (March 1992), 411—424.

22. Albert H. Hastorf and Hadley Cantril, "They Saw a Game: A Case Study," *Journal of Abnormal & Social Psychology* 49 (1954), 129—134.

23. Alice M. Isen, Margaret Clark, Thomas E. Shalker, and Lynn Karp, "Affect, Accessibility of Material in Memory, and Behavior: A Cognitive Loop," *Journal of Personality and Social Psychology* 36 (January 1978), 1—12; Meryl Paula Gardner, "Mood States and Consumer Behavior: A Critical Review," *Journal of Consumer Research* 12 (December 1985), 281—300.

24. 在广告学和营销学的文献中,关于记忆,有许多有价值的参考:Bettman, "Memory Functions," *An Information Processing Theory of Consumer Choice*, chap. 6; James B. Bettman, "Memory Factors in Consumer Choice: A Review," *Journal of Marketing* 43 (spring 1979), 37—53; Andrew A. Mitchell, "Cognitive Processes Initiated by Advertising," in *Information Processing Research in Advertising*, ed. R. J. Harris (Hillsdale, N. J.: Lawrence Erlbaum Associates, 1983), 13—42; Jerry C. Olson, "Theories of Information Encoding and Storage: Implications for Consumer Research," in *The Effect of Information*

on Consumer and Market Behavior, ed. A. A. Mitchell (Chicago: American Marketing Association, 1978), 49—60; Thomas K. Srull, "The Effects of Subjective Affective States on Memory and Judgment," in *Advances in Consumer Research*, vol. 11. ed. T. C. Kinnear (Provo, Utah: Association for Consumer Research, 1984); Kevin Lane Keller, "Advertising Retrieval Cues on Brand Evaluations," *Journal of Consumer Research* 14 (December 1989), 316—333.

25. Richard M. Shiffrin and R. C. Atkinson, "Storage and Retrieval Processes in Long-Term Memory," *Psychological Review* 76 (March 23, 1969), 179—193.

26. Mitchell, "Cognitive Processes Initiated by Advertising."

27. Allan Paivio, "Mental Imagery in Associative Learning and Memory," *Psychological Review* 76 (May 1969), 241—263; John R. Rossiter and Larry Percy, "Visual Imaging Ability as a Mediator of Advertising Response," in *Advances in Consumer Research*, vol. 5, ed. H. Keith Hunt (Ann Arbor: Association for Consumer Research, 1978), 621—629.

28. Michael J. Houston, Terry L. Childers, and Susan E. Heckler, "Picture-Word Consistence and the Elaborative Processing of Advertisements," *Journal of Marketing Research* 24 (November 1987), 359—369.

29. H. RaoUnnava and Robert E. Burnkrant, "An Imagery-Processing View of the Role Pictures in Print Advertisements," *Journal of Marketing Research* 28 (May 1991), 226—231.

30. Veronika Denes-Raj and Seymour Epstein, "Conflict between Intuitive and Rational Processing: When People Behave against Their Better Judgment," *Journal of Personality and Social Psychology* 66, no. 5(1994), 819—829.

31. 出处同上。

32. Hirschman and Holbrook, "Hedonic Consumption."

33. 出处同上。

34. 有关斯巴鲁广告活动的详细讨论,参考:Sal Randazzo, "Subaru: The Emotional Myths behind the Brand's Growth," *Journal of Advertising Research* 46 (March 2006), 11—17.

第6章

1. Charles H. Patti and Charles F. Frazer, *Advertising: A Decision-Making Approach* (Hinsdale, Ill.: Dryden Press, 1988), 236.

2. 另有观点认为层级模型不能够很好地反应广告过程,可以参考:William M. Weilbacher, "Point of View: Does Advertising Cause a 'Hierarchy of Effects?'" *Journal of Advertising Research* 41 (November-December 2001), 19—26; William M. Weilbacher, "Weilbacher Comments on 'In Defense of Hierarchy of Effects;'" *Journal of Advertising Research* 42 (May-June 2002), 48—49; and William M. Weilbacher, "Point of View: How Advertising Affects Consumers," *Journal of Advertising Research* 43 (June 2003), 230—234. 另一种观点:Thomas E. Barry, "In Defense of the Hierarchy of Effects: A Rejoinder to Weilbacher," *Journal of Advertising Research* 42 (May-June 2002), 44—47.

3. 详尽的讨论,请参考:Demetrios Vakratsas and Tim Ambler, "How Advertising Works: What Do We Really Know," *Journal of Marketing* 63 (January 1999), 26—43; Thomas E. Barry, "The Development of the Hierarchy of Effects: An Historical Perspective," *Current Issues and Research in Advertising*, vol. 10, ed. James H. Leigh and Claude R. Martin, Jr. (Ann Arbor: Division of Research, Graduate School of Business Administration, University of Michigan, 1987), 251—296; Ivan L. Preston, "The Association Model of the Advertising Communication Process," *Journal of Advertising* 11, no. 2 (1982), 3—15; and Ivan L. Preston and Esther Thorson, "Challenges to the Use of Hierarchy Models in Predicting Advertising Effectiveness," in *Proceedings of the 1983 Convention of the American Academy of Advertising*, ed.

Donald W. Jugenheimer (Lawrence, Kans.: American Academy of Advertising, 1983).

4. 改编自: Larry Light and Richard Morgan, *The Fourth Wave: Brand Loyalty Marketing* (New York: Coalition for Brand Equity, American Association of Advertising Agencies, 1994), 25.

5. 关于品牌忠诚的进一步讨论, 参考: Richard L. Oliver, "Whence Consumer Loyalty?" *Journal of Marketing* 63 (special issue 1999), 33—44; and Arjun Chaudhuri and Morris B. Holbrook, "The Chain of Effects from Brand Trust and Brand Affect to Brand Performance: The Role of Brand Affect to Brand Performance: The Role of Brand Loyalty," *Journal of Marketing* 65 (April 2001), 81—93.

6. Carl F. Mela, Sunil Gupta, and Donald R. Lehmann, "The Long-Term Impact of Promotion and Advertising on Consumer Brand Choice," *Journal of Marketing Research* 34 (May 1997), 248—261.

7. 以下讨论基于 Russell Colley 对广告计划、广告目标的研究结论, Russell Colley 曾经提出 DAGMAR 方法, 为用作广告目标设置的标准, 具体参考: See Russell H. Colley, *Defining Advertising Goals for Measured Advertising Results* (New York: Association of National Advertisers, 1961).

8. Leonard M. Lodish, *The Advertising and Promotion Challenge: Vaguely Right or Precisely Wrong?* (New York: Oxford University Press, 1986), chap. 5.

9. Gary L. Lilien, Alvin J. Silk, Jean-Marie Choffray, and Murlidhar Rao, "Industrial Advertising Effects and Budgeting Practices," *Journal of Marketing* 40 (January 1976), 21.

10. J. Enrique Bigne, "Advertising Budgeting Practices: A Review," *Journal of Current Issues and Research in Advertising* 17 (fall 1995), 17—32; Fred S. Zufryden, "How Much Should Be Spent for Advertising a Brand?" *Journal of Advertising Research* (April/May 1989), 24—34.

11. 关于 percentage-of-sales、objective-and-task 两种方法在业界中的应用, 参考: Lilien et al., "Industrial Advertising Effects." 在顾客中的应用, 参考: Kent M. Lancaster and Judith A. Stern, "Computer-Based Advertising Budgeting Practices of Leading U. S. Consumer Advertisers," *Journal of Advertising* 12, no. 4 (1983), 6. 关于广告预算研究历史的更详尽的讨论可以参考: Bigne, "Advertising Budget Practices." 关于中国的广告广告预算研究, 参考: Gerard Prendergast, Douglas West, and Yi-Zheng Shi, "Advertising Budgeting Methods and Processes in China," *Journal of Advertising* 35, no. 3 (2006), 165—176.

12. Lancaster and Stern, "Computer-Based Advertising."

13. 数据来自: Schonfeld & Associates and published by that company in "Advertising Ratios & Budgets," 2006.

14. Charles H. Patti and Vincent J. Blasko, "Budgeting Practices of Big Advertisers," *Journal of Advertising Research* 21 (December 1981), 23—29; Vincent J. Blasko and Charles H. Patti, "The Advertising Budgeting Practices of Industrial Marketers," *Journal of Marketing* 48 (fall 1984), 104—110. See also C. L. Hung and Douglas C. West, "Advertising Budgeting Methods in Canada, the UK and the USA," *International Journal of Advertising* 10, no. 3 (1991), 239—250.

15. 改编自: Lilien et al., "Industrial Advertising and Budgeting," 23.

16. 这一描述来自: Kevin Goldman, "Volkswagen Has a Lot Riding on New Ads," *The Wall Street Journal*, January 31, 1994, B5.

17. Tim Ambler and E. Ann Hollier, "The Waste in Advertising Is the Part That Works," *Journal of Advertising Research* 44 (December 2004), 375—389. See also Amna Kirmani, "The Effect of Perceived Advertising Costs on Brand Perceptions," *Journal of Consumer Research* 17 (September 1990), 160—171.

18. 改编自: James C. Schroer, "Ad Spending: Growing Market Share," *Harvard Business Review* 68 (January/February 1990), 48. See al-

so John Philip Jones,"Ad Spending: Maintaining Market Share," *Harvard Business Review* 68 (January/February 1990), 38—42.

19. 关于竞争者影响与广告预算之间关系的不同观点,可以参考:Boonghee Yoo and Rujirutana Mandhachitara, "Estimating Advertising Effects on Sales in a Competitive Setting," *Journal of Advertising Research* 43 (September 2003), 310—321.

20. Leonard M. Lodish, Magid Abraham, Stuart Kalmenson, Jeanne Livelsberger, Beth Lubetkin, Bruce Richardson, and Mary Ellen Stevens, "How T. V. Advertising Works: A Meta-Analysis of 389 Real World Split Cable T. V. Advertising Experiments," *Journal of Marketing Research* 32 (May 1995), 125—139.

21. Jones, "Ad Spending: Maintaining Market Share."

22. Robert J. Kent and Chris T. Allen, "Competitive Interference Effects in Consumer Memory for Advertising: The Role of Brand Familiarity," *Journal of Marketing* 58 (July 1994), 97—105; Robert J. Kent, "How Ad Claim Similarity and Target Brand Familiarity Moderate Competitive Interference Effects in Memory for Advertising," *Journal of Marketing Communications* 3 (December 1997), 231—242. 关于品牌受竞争者干预影响的实证研究,参考:Anand Kumar and Shanker Krishnan, "Memory Interference in Advertising: A Replication and Extension," *Journal of Consumer Research* 30 (March 2004), 602—611.

23. H. Rao Unnava and Deepak Sirdeshmukh, "Reducing Competitive Ad Interference," *Journal of Marketing Research* 31 (August 1994), 403—411.

第7章

1. Sam Hill, "Advertising Is Rocket Science," *Advertising Age*, January 26, 2004, 18.

2. 出处同上。

3. 出处同上。

4. Jef I. Richards and Catharine M. Curran, "Oracles on 'Advertising': Searching for a Definition," *Journal of Advertising* 31 (summer 2002), 63—77.

5. Timothy Aeppel, "For Parker Hannifin, Cable TV Is the Best," *Wall Street Journal Online*, August 7, 2003, http://online.wsj.com.

6. 基于广告权威 Robert Cohen 的估计,具体参考:Stuart Elliott, "Advertising: Forecasters Say Madison Avenue Will Escape a Recession, Just Barely," *The New York Times* (http://www.nytimes.com), December 4, 2007 (accessed December 19, 2007).

7. Bradley Johnson, "Consumers Cite Past Experience as the No. 1 Influencer When Buying," *American Demographics*, November 20, 2006, 21.

8. 有关全球广告估计,出处同上。

9. Steve King, "Ad Spending in Developing Nations Outpaces Average," *Advertising Age*, June 18, 2007, 23.

10. "100 Leading National Advertisers," *Advertising Age*, June 25, 2007, S—4.

11. 在这里被重复多次的引用的内容来自 Revlon's founder, Charles Revson,但以上作者并未标明出处。

12. Laurel Wentz and Mercedes M. Cardona, "Ad Fall May Be Worst Since Depression," *Advertising Age*, September 3, 2001, 1, 24.

13. Jennifer Lawrence, "P&G's Artzt on Ads: Crucial Investment," *Advertising Age*, October 28, 1991, 1, 53.

14. Bernard Ryan, Jr., *It Works! How Investment Spending in Advertising Pays Off* (New York: American Association of Advertising Agencies, 1991), 11.

15. 这些功能与广告专家 James Webb Young 提出的功能相似,可以参考:"What Is Advertising, What Does It Do," *Advertising Age*, November 21, 1973, 12.

16. 这种品牌宣传的想法来自 Andrew Ehrenberg 以及他的同事们,具体参考:Andrew

Ehrenberg, Neil Barnard, Rachel Kennedy, and Helen Bloom, "Brand Advertising as Creative Publicity," *Journal of Advertising Research* 42 (August 2002), 7—18.

17. Giles D'Souza and Ram C. Rao, "Can Repeating an Advertisement More Frequently than the Competition Affect Brand Preference in a Mature Market?" *Journal of Marketing* 59 (April 1995), 32—42. 也可参考:A. S. C. Ehrenberg, "Repetitive Advertising and the Consumer," *Journal of Advertising Research* (April 1974), 24—34; Stephen Miller and Lisette Berry, "Brand Salience versus Brand Image: Two Theories of Advertising Effectiveness," *Journal of Advertising Research* 28 (September/October 1998), 77—82.

18. 这一术语及示例来自:Brian Wansink and Michael L. Ray, "Advertising Strategies to Increase Usage Frequency," *Journal of Marketing* 60 (January 1996), 31—46.

19. Ehrenberg et al., "Brand Advertising as Creative Publicity," 8.

20. Karen A. Machleit, Chris T. Allen, and Thomas J. Madden, "The Mature Brand and Brand Interest: An Alternative Consequence of Ad-Evoked Affect," *Journal of Marketing* 57 (October 1993), 72—82.

21. John Deighton, Caroline M. Henderson, and Scott A. Neslin, "The Effects of Advertising on Brand Switching and Repeat Purchasing," *Journal of Marketing Research* 31 (February 1994), 28—43.

22. *The Value Side of Productivity: A Key to Competitive Survival in the 1990s* (New York: American Association of Advertising Agencies, 1989), 12.

23. Sridhar Moorthy and Hao Zhao, "Advertising Spending and Perceived Quality," *Marketing Letters* 11 (August 2000), 221—234.

24. The Value Side of Productivity, 13—15. See also, Larry Light and Richard Morgan, *The Fourth Wave: Brand Loyalty Marketing* (New York: Coalition for Brand Equity, American Association of Advertising Agencies, 1994), 25.

25. Jim Spaeth, "Lost Lessons of Brand Power," *Advertising Age*, July 14, 2003, 16.

26. Leigh McAlister, RajiSrinivasan, and MinChung Kim, "Advertising, Research and Development, and Systematic Risk of the Firm," *Journal of Marketing* 71 (January 2007), 35—48.

27. 广告与个人个人销售之间协同作用的影响过程并非一成不变,具体可以参考:William R. Swinyard and Michael L. Ray, "Advertising-Selling Interactions: An Attribution Theory Experiment," *Journal of Marketing Research* 14 (November 1977), 509—516.

28. Albert C. Bemmaor and Dominique Mouchoux, "Measuring the Short-Term Effect of In-Store Promotion and Retail Advertising on Brand Sales: A Factorial Experiment," *Journal of Marketing Research* 28 (May 1991), 202—214.

29. Mukund S. Kulkarni, Premal P. Vora, and Terence A. Brown, "Firing Advertising Agencies," *Journal of Advertising* 32 (Fall 2003), 77—86.

30. Kate Maddox, "It's So Good To Be Understood," *Btob*, January 15, 2007, 25.

31. 15%是指在报纸、杂志、电视和广播中的广告,相比之下,户外广告较高,为16.67%。

32. 关于基于结果的报酬项目理论方面,可以参考:Deborah F. Spake, Giles D'Souza, Tammy Neal Crutchfield, and Robert M. Morgan, "Advertising Agency Compensation: An Agency Theory Explanation," *Journal of Advertising* 28 (Fall 1999), 53—72.

33. John Sinisi, "Love: EDLP Equals Ad Investment," *Brandweek*, November 16, 1992, 2.

34. Raj Sethuraman and Gerard J. Tellis, "An Analysis of the Tradeoff between Advertising and Price Discounting," *Journal of Marketing Research* 28 (May 1991), 160—174. A recent study reveals that the average price elasticity based on an analysis of over 1800 elasticity coefficients is even larger than previously thought. In fact, compared to Sethuraman and Tellis's estimated price elasticity

of —1.61, this more complete and recent study yielded a mean price elasticity coefficient of —2.

62. See Tammo H. A. Bijmolt, Harald J. van Heerde, and Rik G. M. Pieters, "New Empirical Generalizations on the Determinants of Price Elasticity," *Journal of Marketing Research* 42 (May 2005), 141—156.

35. 这部分的讨论(尤其是图1)的出处同上, p. 163。

36. 出处同上, p. 164。

37. 这一公式来自: Gerard Tellis, ELMAR-AMA, June 4, 2003, http://elmar.ama.org.

第8章

1. 来自: Bradley Johnson, "The Commercial, and the Product, That Changed Advertising," *Advertising Age*, January 10, 1994, 1.12—14.

2. Bob Garfield, "Breakthrough Product Gets Greatest TV Spot," *Advertising Age*, January 10, 1994, 14; "The Most Famous One-Shot Commercial Tested Orwell, and Made History for Apple Computer," *Advertising Age*, November 11, 1996, A22.

3. James B. Twitchell, *20 Ads That Shook the World: The Century's Most Groundbreaking Advertising and How it Changed Us All* (New York: Crown Publishers, 2000), 190.

4. 以下的观点来自: A. Jerome Jewler, *Creative Strategy in Advertising* (Belmont, Calif.: Wadsworth, 1985), 7—8; Don E. Schultz and Stanley I. Tannenbaum, *Essentials of Advertising Strategy* (Lincoln-wood, III.: NTC Business Books, 1988), 9—10.

5. Joey Reiman, "Selling an Idea for $q Million," *Advertising Age*, July 5, 2004, 15.

6. Stan Freberg, "Irtnog Revisited," *Advertising Age*, August 1, 1988, 32.

7. 关于广告创意过程的进一步探讨, 参考: Jaafar EI-Murad and Douglas C. West, "The Definition and Measurement of Creativity: What Do We Know?" *Journal of Advertising Research* 44 (June 2004), 188—201; Vincent J. Balsko and Michael P. Mokwa, "Paradox, Advertising and the Creative Process," in *Current Issues and Research in Advertising*, ed. J. H. Leigh and C. R. Martin, Jr. (Ann Arbor: Graduate School of Business Administration, University of Michigan, 1989), 351—366; Jacob Goldenberg, David Mazursky, and Sorin Solomon, "Creative Sparks," *Science* 285 (September 1999), 1495—1496.

8. 这三种元素的观点来自: Scott Koslow, Sheila L. Sasser, and Edward A. Riordan, "What Is Creative to Whom and Why? Perceptions in Advertising Agencies," *Journal of Advertising Research* 43 (March 2003), 96—110; Swee Hoon Ang, Yih Hwai Lee, and Siew Meng Leong, *Journal of the Academy of Marketing Science* 35 (June 2007), 220—232.

9. Lou Centlivre, "A Peek at the Creative of the 90s'," *Advertising Age*, January 18, 1988, 62.

10. *Chip Heath and Dan Heath*, Made to Stick (New York: Random House, 2007).

11. http://www.snopes.com/crime/warnings/restroom.asp(accessed January 8, 2008).

12. 以下讨论改编自 *Heath and Heath*, Made to Stick.

13. 这一描述出处同上, 218.

14. 这些首字母缩写出处同上。

15. 来源于采访: Paula Champa, "The Moment of Creation," *Agency*, May/June 1991, 32.

16. 关于这一著名广告的进一步了解, 参考: Twitchell, *20 Ads That Shook the World*, 118—125.

17. Linda Kaplan Thaler and Robin Koval, *Bang! Getting Your Message Heard in a Noisy World* (New York: Currency Doubleday, 2003), 24.

18. Lisa Sanders, "AFLAC CMO Says: Shut the Duck Up," *Advertising Age*, February 19, 2007, 1, 63.

19. 其中的一些观点和定义来自 Bob Garfield 关于耐克的评论: Bob Garfield, *Advertising Age*, April 5, 2004, 37.

20. Susanna Howard, "Guinness Pours Hopes on Africa," *Wall Street Journal Online*, October 27, 2003, http://online.wsj.com; Bill Britt, "Guinness Unspools Feature Film," *Madison + Vine Online*, February 26, 2003, http://adage.com/madisonandvine. 同时可以参考: http://en.wikipedia.org/wiki/Michael_Power_(Guinness_character).

21. 这一框架来自世界著名咨询公司麦肯锡。

22. 来自 ARS 公司（一家专业的广告研究公司）的研究: "Better Practices in Advertising," Issue 1, July 2002, 1.

23. 关于会计计划的一篇非常有趣的研究（比较了各自在英国、美国的不同）: Christopher E. Hackley, "Account Planning: Current Agency Perspectives on an Advertising Enigma," *Journal of Advertising Research* 43 (June 2003), 235—245.

24. Harvey Penick with Bud Shrake, *Harvey Penick's Little Red Book* (New York: Simon &Schuster, 1992), 45.

25. 有趣的是,研究已经发现广告文案更多地受到文案写作者本人的影响,具体参考: Arthur J. Kover, "Copywriters' Implicit Theories of Communication: An Exploration," *Journal of Consumer Research* 21 (March 1995), 596—611.

26. 关于这一观点,参考: Don E. Schultz, "Determining Outcomes First to Measure Efforts," *Marketing News*, September 1, 2003, 7.

27. 关于战略模型的文献方面的回顾,参考: Ronald E. Taylor, "A Six-Segment Message Strategy Wheel," *Journal of Advertising Research* 39 (November/December 1999), 7—17.

28. 以下讨论改编自: Charles F. Frazer, "Creative Strategy: A Management Perspective," *Journal of Advertising* 12, no. 4(1983), 36—41. 创新战略的其他不同观点,参考: Henry A. Laskey, Ellen Day, and Melvin R. Crask, "Typology of Main Message Strategies for Television Commercials," *Journal of Advertising* 18, no. 1 (1989), 36—41; Taylor, "A Six-Segment Message Strategy Wheel."

第 9 章

1. 来源于: Geoffrey A. Fowler, Brain Steinberg, and Aaron O. Patrick, The Wall Street Journal, March 1, 2007, B1.

2. 引用自英国数学家、哲学家 Alferd North Whitehead,其最初来源并未说明。

3. Richard E. Petty and John T. Cacioppo, *Attitudes and Persuasion: Classic and Contemporary Approaches* (Dubuque, Iowa: Wm. C. Brown Company, 1981). 同时可以参考 Richard E. Petty, Rao H. Unnava, and Alan J. Strathman, "Theories of Attitude Change," in *Handbook of Consumer Behavior*, ed. T. S. Robertson and H. H. Kassarjian (Englewood Cliffs, N. J.: Prentice Hall, 1991), 241—280.

4. 这一部分的讨论来源于: Deborah J. Maclnnis, Christine Moorman, and Bernard J. Jaworski, "Enhancing and Measuring Consumers' Motivation, Opportunity, and Ability to Process Brand Information from Ads," *Journal of Marketing* 55 (October 1991), 32—53.

5. James R. Bettman, Mary Frances Luce, and John W. Payne, "Constructive Consumer Choice Processes," *Journal of Consumer Research* 25 (December 1998), 193; Daniel Kahneman, *Attention and Effort* (Englewood Cliffs, N. J.: Prentice Hall, 1973).

6. Scott B. MacKenzie and Richard A. Spreng, "How Does Motivation Moderate the Impact of Central and Peripheral Processing on Brand Attitudes and Intentions?" *Journal of Consumer Research* 18 (March 1992), 519—529.

7. 关于广告修辞的作用和影响,可以参考以下的研究: Edward F. McQuarrie and David Glen Mick, "Figures of Rhetoric in Advertising Language," *Journal of Consumer Research* 22 (March 1996), 424—438; "Visua Rhetoric in Advertising: Text Interpretive, Experimental and Reader Response Analyses," *Journal of Consumer*

Research 26 (June 1999), 37—54; and "Visual and Verbal Rhetorical Figures under Directed Processing versus Incidental Exposure to Advertising," *Journal of Consumer Research* 29 (March 2003), 579—587. 同时可以参考 Rohini Ahluwalia and Robert E. Bumkrant, "Answering Questions about Questions: A Persuasion Knowledge Perspective for Understanding the Effects of Rhetorical Questions," *Journal of Consumer Research* 31 (June 2004), 26—42.

8. 关于重复广告的进一步讨论,参考:Prashant Malaviya, "The Moderating Influence of Advertising Context on Ad Repetition Effects: The Role of Amount and Type of Elaboration," *Journal of Consumer Research* 34 (June 2007), 32—40.

9. Erin White, "Found in Translation?" *Wall Street Journal Online*, September 20, 2004, http://online.wsj.com.

10. Jagdish Agrawal and Wagner A. Kamakura, "The Economic Worth of Celebrity Endorsers: An Event Study Analysis," *Journal of Marketing* 59 (July 1995), 56—62.

11. Therese A. Louie, Robert L. Kulik, and Robert Johnson, "When Bad Things Happen to the Endorsers of Good Products," *Marketing Letters* 12 (February 2001), 13—24.

12. 需要强调的是,关于这一问题的进一步讨论,比较经典的观点:Herbert C. Kelman, "Processes of Opinion Change," *Public Opinion Quarterly* 25 (spring 1961), 57—78. 比较现代的观点:Daniel J. O'Keefe, *Persuasion Theory and Research* (Newbury Park, Califi Sage, 1990), chap. 8. 最近一种观点,强调了信息影响的作用过程,可以参考:Yong-Soon Kang and Paul M. Herr, "Beauty and the Beholder: Toward an Integrative Model of Communication Source Effects," *Journal of Consumer Research* 33 (June 2006), 123—130.

13. Richard E. Petty, Thomas M. Ostrom, and Timothy C. Brock, eds., *Cognitive Responses in Persuasion* (Hillsdale, NJ.: Lawrence Erlbaum Associates, 1981), 143.

14. 已有研究发现,在某些情境下,一些相对不可靠的信息来源要比相对可靠的信息来源更有效,具体可以参考:Joseph R. Priester and Richard E. Petty, "The Influence of Spokesperson Trustworthiness on Message Elaboration, Attitude Strength, and Advertising Effectiveness," *Journal of Consumer Psychology* 13, no. 4 (2003), 408—421.

15. Rohit Deshpande and Douglas Stayman, "A Tale of Two Cities: Distinctiveness Theory and Advertising Effectiveness," *Journal of Marketing Research* 31 (February 1994), 57—64.

16. 关于如何测量吸引力,参考:Roobina Ohanian, "Construction and Validation of a Scale to Measure Celebrity Endorsers' Perceived Expertise, Trustworthiness, and Attractiveness," *Journal of Advertising* 19, no. 3 (1990), 39—52.

17. W. Benoy Joseph, "The Credibility of Physically Attractive Communicators: A Review," *Journal of Advertising* 11, no. 3 (1982), 15—24; Lynn R. Kahle and Pamela M. Homer, "Physical Attractiveness of the Celebrity Endorser: A Social Adaptation Perspective," *Journal of Consumer Research* 11 (March 1985), 954—961. 然而,已有的实证研究在代言人与品牌之间的匹配性对广告效果的影响作用这一问题上并没有统一的结论,具体讨论可以参考:Brian D. Till and Michael Busier, "The MatchUp Hypothesis: Physical Attractiveness, Expertise, and the Role of Fit on Brand Attitude, Purchase Intent and Brand Beliefs," *Journal of Advertising* 29 (fall 2000), 1—14; Michael A. Kamins, "An Investigation into the 'MatchUp' Hypothesis in Celebrity Advertising: When Beauty May Be Only Skin Deep," *Journal of Advertising* 19, no. 1 (1990), 4—13. 同时可以参考:John D. Mittelstaedt, Peter C. Riesz, and William J. Burns, "Why Are Endorsements Effective? Sorting among Theories of Product and Endorser Effects," *Journal of Current Issues and Research in Advertising* 22 (spring 2000), 55—66.

18. Lawrence Feick and Robin A. Higie, "The Effects of Preference Heterogeneity and

Source Characteristics on Ad Processing and Judgments about Endorsers," *Journal of Advertising* 21 (June 1992), 9—24.

19. 关于这一问题，可以参考两项已有的研究：B. Zafer Erdogan, Michael J. Baker, and Stephen Tagg, "Selecting Celebrity Endorsers: The Practitioner's Perspective," *Journal of Advertising Research* 41 (May/June 2001), 3948; Alan R. Miciak and William L. Shanklin, "Choosing Celebrity Endorsers," *Marketing Management* 3 (winter 1994), 51—59.

20. Christine Bittar, "Cosmetic Changes Beyond Skin Deep," *Brandweek*, May 17, 2004, 20.

21. Teri Agins, "Jeans Maker Tarrant Sues Singer Jessica Simpson," *The Wall Street Journal*, April 12, 2006, B3.

22. Carolyn Tripp, Thomas D. Jensen, and Les Carlson, "The Effects of Multiple Product Endorsements by Celebrities on Consumers' Attitudes and Intentions," *Journal of Consumer Research* 20 (March 1994), 535—547.

23. Rich Thomaselli, "Dream Endorser," *Advertising Age*, September 25, 2006, 1, 37.

24. 例如，可以参考：Therese A. Louie and Carl Obermiller, "Consumer Response to a Firm's Endorser (Dis) Association Decisions," *Journal of Advertising* 31 (winter 2002), 41—52; Louie, Kulik, and Johnson, "When Bad Things Happen"; Brian D. Till and Terence A. Shimp, "Endorsers in Advertising: The Case of Negative Celebrity Information," *Journal of Advertising* 27 (spring 1998), 67—82; and IL Bruce Money, Terence A. Shimp, and Tomoaki Sakano, "Celebrity Endorsements in Japan and the United States: Is Negative Information All That Harmful?" *Journal of Advertising Research* 46 (March 2006), 113—123.

25. Richard Tedesco, "Sacked," *Promo*, September 2007, 22—31.

26. Judith A. Garretson and Scot Burton, "The Role of Spokescharacters as Advertisement and Package Cues in Integrated Marketing Communications," *Journal of Marketing* 69 (October 2005), 118—132.

27. Marc Weinberger and Harlan Spotts, "Humor in U. S. versus U. K. TV Advertising," *Journal of Advertising* 18, no. 2 (1989), 39—44. 关于美国广告与英国广告之间差异的比较，参考：Terence Nevett, "Differences between American and British Television Advertising: Explanations and Implications," *Journal of Advertising* 21 (December 1992), 61—71.

28. Dana L. Alden, Wayne D. Hoyer, and Chol Lee, "Identifying Global and Culture-Specific Dimensions of Humor in Advertising: A Multinational Analysis," *Journal of Marketing* 57 (April 1993), 64—75.

29. Harlan E. Spotts, Marc G. Weinberger, and Amy L. Parsons, "Assessing the Use and Impact of Humor on Advertising Effectiveness: A Contingency Approach," *Journal of Advertising* 26 (fall 1997), 17—32; Karen Flaherty, Marc G. Weinberger, and Charles S. Gulas, "The Impact of Perceived Humor, Product Type, and Humor Style in Radio Advertising," *Journal of Current Issues and Research in Advertising* 26 (spring 2004), 25—36.

30. Josephine L. C. M. Woltman Elpers, Ashesh Mukherjee, and Wayne D. Hoyer, "Humor in Television Advertising: A Moment-to-Moment Analysis," *Journal of Consumer Research* 31 (December 2004), 592—598.

31. 关于这一部分的理论方面的探讨，可以参考：Dana L. Alden, Ashesh Mukherjee, and Wayne D. Hoyer, "The Effects of Incongruity, Surprise and Positive Moderators on Perceived Humor in Television Advertising," *Journal of Advertising* 29 (summer 2000), 1—16.

32. 关于幽默在不同广告媒体中的运用差异，可以参考：Marc G. Weinberger, Harlan Spots, Leland Campbell, and Amy L. Parsons, "The Use and Effect of Humor in Different Advertising Media," *Journal of Advertising Research* 35 (May/June 1995), 44—56.

33. 关于这一问题的深入探讨,可以参考以下两项非常有价值的研究:Paul Surgi Speck, "The Humorous Message Taxonomy: A Framework for the Study of Humorous Ads," *Current Issues and Research in Advertising*, vol. 3, ed. J. H. Leigh and C. R. Martin Jr., (Ann Arbor: Graduate School of Business Administration, University of Michigan, 1991), 1—44; Marc G. Weinberger and Charles S. Gulas, "The Impact of Humor in Advertising: A Review," *Journal of Advertising* 21 (December 1992), 35—59.

34. Thomas J. Madden and Marc G. Weinberger, "Humor in Advertising: A Practitioner View," *Journal of Advertising Research* 24, no. 4 (1984), 23—29.

35. Yong Zhang and George M. Zimkhan, "Responses to Humorous Ads," *Journal of Advertising* 35 (winter 2006), 113—128.

36. 某些部分来源于:Weinberger and Gulas, "The Impact of Humor in Advertising: A Review," 56—57, as well as on more recent research.

37. Thomas W. Cline and James J. Kellaris, "The Influence of Humor Strength and Humor-Message Relatedness on Ad Memorability," *Journal of Advertising* 36 (spring 2007), 55—68.

38. 关于这一问题的讨论,参考:H. Shanker Krishnan and Dipankar Chakravarti, "A Process Analysis of the Effects of Humorous Advertising Executions on Brand Claims Memory," *Journal of Consumer Psychology* 13, no. 3 (2003), 230—245.

39. Thomas J. Madden and Marc G. Weinberger, "The Effects of Humor on Attention in Magazine Advertising," *Journal of Advertising* 11, no. 3 (1982), 4—14.

40. Amitava Chattopadhyay and Kunal Basu, "Humor in Advertising: The Moderating Role of Prior Brand valuation," *Journal of Consumer Research* 27 (November 1990), 466—476.

41. Thomas W. Cline, Moses B. Altsech, and James J. Kellaris, "When Does Humor Enhance or Ad Responses? The Moderating Role of the Need for Humor," *Journal of Advertising* 32 (fall 2063), 31—46; Cline and Kellaris, "The Influence of Humor Strength and Humor-Message Relatedness on Ad Memorability."

42. 参考:Yong Zhang, "Responses to Humorous Advertising: The Moderating Effect of Need for Cognition," *Journal of Advertising* 25 (spring 1996), 15—32; also, Flaherty, Weinberger, and Gulas, "The Impact of Perceived Humor, Product Type, and Humor Style in Radio Advertising."

43. Marianne Szegedy-Maszak, "Conquering Our Phobias: The Biological Underpinnings of Paralyzing Fears," *U. S. News & World Report*, December 6, 2004, 67—74.

44. 需要注意的是,存在另一种相关的广告形式,称之为"震撼性广告",这一类广告并非依靠带有恐惧、威胁的素材影响消费者,而其目的在于使消费者震惊、惊恐甚至激怒消费者,关于震撼性广告的研究表明,这一类广告的广告效果比常规的带有恐惧色彩的广告效果要更好,具体可以参考:Darren W. Dahl, Kristina D. Frankenberger, and Rajesh V. Manchanda, "Does It Pay to Shock? Reactions to Shocking and Nonshocking Advertising Content among University Students," *Journal of Advertising Research* 43 (September 2003), 268—280.

45. 引用自著名的广告公司执行官 Emily DeNitto, "Healthcare Ads Employ Scare Tactics," *Advertising Age*, November 7, 1994, 12.

46. Herbert J. Roffeld, "Fear Appeals and Persuasion: Assumptions and Errors in Advertising Research," *Current Issues atm Research in Advertising*, vol. 11, ed. J. H. Leigh and C. R. Martin, Jr. (Ann Arbor: Graduate School of Business Administration, University of Michigan, 1988), 21—40.

47. Peter Wright, "Concrete Action Plans in TV Messages to Increase Reading of Drug, Warnings," *Journal of Consumer Research* 6 (December 1979), 256—269. For an explanation of the psychological mechanism by which fear-intensity oper-

ates, see Punam Anand Keller and Lauren Goldberg Block, "Increasing the Persuasiveness of Fear Appeals: The Effect of Arousal and Elaboration," *Journal of Consumer Research* 22 (March 1996), 448—459.

48. 关于恐惧诉求在反对酒后驾车运动中的应用,参考:Karen Whitehill King and Leonard N. Reid, "Fear Arousing Anfi-Drinking and Driving PSAs: Do Physical Injury Threats Influence Young Adults?" *Current Issues and Research in Advertising*, vol. 12, ed. J. H. Leigh and C. R. Martin, Jr. (Ann Arbor: Graduate School of Business Administration, University of Michigan, 1990), 155—175. 其他的恐惧诉求方面的研究,参考:John F. Tanner, James B. Hunt, and David R. Eppright, "The Protection Motivation Model: Normative Model of Fear Appeals," *Journal of Marketing* 55 (July 1991), 36—45; Tony L. Henthorne, Michael S. LaTour, and Rajan Natarajan, "Fear Appeals in Print Advertising: An Analysis of Arousal and Ad Response," *Journal of Advertising* 22 (June 1993), 59—70; and James T. Strong and Khalid M. Dubas, "The Optimal Level of Fear-Arousal in Advertising: An Empirical Study," *Journal of Current Issues and Research in Advertising* 15 (fall 1993), 93—99.

49. Robert B. Cialdini, *Influence: Science and Practice*, 4th ed. (Boston: Allyn & Bacon, 2001).

50. Jack W. Brehm, *A Theory of Psychological Reactance* (New York: Academic Press, 1966). See also Mona Cleeand Robert Wicklund, "Consumer Behavior and Psychological Reactance," *Journal of Consumer Research* 6 (March 1980), 389—405.

51. Ian Stewart, "Public Fear Sells in Singapore," *Advertising Age*, October 11, 1993, I8. Singaporeans even make fun of themselves regarding their kiasu behavior. "Mr. Kiasu' is a popular comic book character, and a small cottage industry has sprung up around the character."

52. Carroll E. Izard, *Human Emotions* (New York: Plenum, 1977).

53. Robin Higie Coulter and Mary Beth Pinto, "Guilt Appeals in Advertising: What Are Their Effects?" *Journal of Applied Psychology* 80 (December 1995), 697—705; Bruce A. Huhmann and Timothy P. Brotherton, "A Content Analysis of Guilt Appeals in Popular Magazine Advertisements," *Journal of Advertising* 26 (summer 1997), 35—46.

54. Huhmann and Brotherton, "A Content Analysis of Guilt Appeals in Popular Magazine Advertisements," 36.

55. June Cotte, Robin A. Coulter, and Melissa Moore, "Enhancing or Disrupting Guilt: The Role of Ad Credibility and Perceived Manipulative Intent," *Journal of Business Research* 58 (March 2005), 361—368.

56. 最近的关于杂志广告的研究表明,在近20年内,含有性相关内容的广告所占的比重没有明显变化,而性相关内容的表达方式变得更直接、更明显,具体参考:Lawrence Soley and Gary Kurzbard, "Sex in Advertising: A Comparison of 1964 and 1984 Magazine Advertisements," *Journal of Advertising* 15, no. 3 (1986), 46—54.

57. 关于广告中的性的另一种不同的观点,参考:Tome Reichert and Jacqueline Lambiase, eds., *Sex in Advertising: Perspectives on the Erotic Appeal* (Mahwah, N. J.: Lawrence Erlbaum, 2003).

58. Robert S. Baron, "Sexual Content and Advertising Effectiveness: Comments on Belch et al. (1981) and Caccavale et al. (1981)," in *Advances in Consumer Research*, vol. 9, ed. Andrew Mitchell (Ann Arbor, Mich.: Association for Consumer Research, 1982), 428.

59. Larry Percy, "A Review of the Effect of Specific Advertising Elements upon Overall Communication Response," in *Current Issues and Research in Advertising*, vol. 2, ed. J. H. Leigh and C. R. Martin, Jr. (Ann Arbor: Graduate School of Business Administration, University of Michigan, 1983), 95.

60. David Richmond and Timothy P. Hartman, "Sex Appeal in Advertising," *Journal of Advertising Research* 22 (October/November 1982), 53—61.

61. Michael S. LaTour, Robert E. Pitts, and David C. Snook-Luther, "Female Nudity, Arousal, and Ad Response: An Experimental Investigation," *Journal of Advertising* 19, no. 4 (1990), 51—62.

62. Baron, "Sexual Content and Advertising Effectiveness," 428.

63. Robert A. Peterson and Roger A. Kerin, "The Female Role in Advertisements: Some Experimental Evidence," *Journal of Marketing* 41 (October 1977), 59—63.

64. Jessica Severn, George E. Belch, and Michael A. Belch, "The Effects of Sexual and Nonsexual Advertising Appeals and Information Level on Cognitive Processing and Communication Effectiveness," *Journal of Advertising* 19, no. 1 (1990), 14—22.

65. Ira Teinowitz and Bob Geiger, "Suits Try to Link Sex Harassment Ads," *Advertising Age*, November 18, 1991, 48.

66. 一项基于丹麦、希腊、新西兰和美国消费者的研究得出了关于性别歧视相一致的结论,具体参考:Richard W. Pollay and Steven Lysonski, "In the Eye of the Beholder: International Differences in Ad Sexism Perceptions and Reactions," *Journal of International Consumer Marketing* 6, vol. 2 (1993), 25—43.

67. 三项调查研究已经证实了这一事实,最近的关于三项研究的回顾,可以参考:Martha Rogers and Kirk H. Smith, "Public Perceptions of Subliminal Advertising: Why Practitioners Shouldn't Ignore This Issue," *Journal of Advertising Research* 33 (March/April 1993), 10—18.

68. Martha Rogers and Christine A. Seiler, "The Answer Is No: A National Survey of Advertising Industry Practitioners and Their Clients about Whether They Use Subliminal Advertising," *Journal of Advertising Research* 34 (March/April 1994), 36—45.

69. 这一描述改编自:Martin P. Block and Bruce G. Vanden Bergh, "Can You Sell Subliminal Messages to Consumers?" *Journal of Advertising* 14, no. 3 (1985), 59.

70. 维卡里(Vicary)自己曾提出,对潜意识广告的研究基于了小样本的数据,所以研究结果可能存在偏差,具体参考:Fred Danzig, "Subliminal Advertising-Today It's Just Historic Flashback for Researcher Vicary," *Advertising Age*, September 17, 1962, 42, 74.

71. 例如,可以参考:Sharon E. Beatty and Del I. Hawkins, "Subliminal Stimulation: Some New Data and Interpretation," *Journal of Advertising* 18, no. 3 (1989), 4—8.

72. Wilson B. Key, *Subliminal Seduction: Ad Media's Manipulation of a Not So Innocent America* (New York: Signet, 1972); *Media Sexploitation* (New York: Signet, 1976); *The Clam Plate Orgy: And Other Subliminal Techniques for Manipulating Your Behavior* (New York: Signet, 1980). Key has since written *The Age of Manipulation: The Conin Confutence, the Sin in Sincere* (New York: Holt, 1989).

73. 关于广告中视觉表象与象征的作用的进一步讨论,可以参考:Linda M. Scott, "Images in Advertising: The Need for a Theory of Visual Rhetoric," *Journal of Consumer Research* 21 (September 1994), 252—273.

74. Ronnie Cuperfain and T. K. Clarke, "A New Perspective of Subliminal Perception," *Journal of Advertising* 14, no. I (1985), 36—41; Myron Gable, Henry T. Wilkens, Lynn Harris, and Richard Feinberg, "An Evaluation of Subliminally Embedded Sexual Stimuli in Graphics," *Journal of Advertising* 16, no. I (1987), 26—31; William E. Kilbourne, Scott Painton, and Danny Ridley, "The Effect of Sexual Embedding on Responses to Magazine Advertisements," *Journal of Advertising* 14, no. 2 (1985), 48—56.

75. 关于潜意识广告在实际应用中面临的困难以及实际广告效果,参考:Timothy E.

Moore, "Subliminal Advertising: What You See Is What You Get," *Journal of Marketing* 46 (spring 1982), 41; and Joel Saegert, "Why Marketing Should Quit Giving Subliminal Advertising the Benefit of the Doubt," *Psychology & Marketing* 4 (summer 1987), 107—120.

76. Moore, "Subliminal Advertising: What You See Is What You Get," 46.

77. 关于自发的动机与行为的讨论, 参考: John A. Bargh, "Losing Consciousness: Automatic Influences on Consumer Judgment, Behavior, and Motivation," *Journal of Consumer Research* 29 (September 2002), 280—285. See also John A. Bargh and Tanya L. Chartrand, "The Unbearable Automaticity of Being," *American Psychologist* 54 (July 1999), 462—479.

78. Vanessa O'Connell, "GM Sings Tunes Inspired by Its Chevrolet Brand," *Wall Street Journal Online*, October 1, 2002, http://online.wsj.com.

79. Wilco 乐队的专辑 Leaf 来自关于音乐的商业博客: http://tendymusicincommercials.blogsopt.com.

80. 关于音乐在广告中的不同功能, 可以参考: Gordon C. BrunerII, "Music, Mood, and Marketing," *Journal of Marketing* 54 (October 1990), 94—104; Linda M. Scott, "Understanding Jingles and Needledrop: A Rhetorical Approach to Music in Advertising," *Journal of Consumer Research* 17 (September 1990), 223—236; Deborah J. MacInnis and C. Whan Park, "The Differential Role of Characteristics of Music on High and Low-Involvement Consumers' Processing of Ads," *Journal of Consumer Research* 18 (September 1991), 161—173; James J. Kellaris and Robert J. Kent, "The Influence of Music on Consumers' Temporal Perceptions: Does Time Fly When You're Having Fun?" *Journal of Consumer Psychology* 1, no. 4 (1992), 365—376; James J. Kellaris, Anthony D. Cox, and Dena Cox, "The Effect of Background Music on Ad Processing: A Contingency Explanation," *Journal of Marketing* 57 (October 1993), 114—125; James J. Kellaris and Robert J. Kent, "An Exploratory Investigation of Responses Elicited by Music Varying in Tempo, Tonality, and Texture," *Journal of Consumer Psychology* 2, no. 4 (1993), 381—402; Kineta Hung, "Framing Meaning Perceptions with Music: The Case of Teaser Ads," *Journal of Advertising* 30 (fall 2001), 39—50; Michelle L. Roehm, "Instrumental vs. Vocal Versions of Popular Music in Advertising," *Journal of Advertising Research* 41 (May/June 2001), 49—58; Rui (Juliet) Zhu and Joan Meyers-Levy, "Distinguishing between the Meanings of Music: When Background Music Affects Product Perceptions," *Journal of Marketing Research* 42 (August 2005), 333—345; and Steve Oakes, "Evaluating Empirical Research into Music in Advertising: A Congroity Perspective," *Journal of Advertising Research* 47 (March 2007), 38—50.

81. Gerald J. Gorn, "The Effects of Music in Advertising on Choice Behavior: A Classical Conditioning Approach," *Journal of Marketing* 46 (winter 1982), 94—101.

82. 严格说来, 这一研究为评价性研究而不是应用性研究, 关于这一评价性研究的回顾, 参考: Bryan Gibson, "Can Evaluative Conditioning Change Attitudes toward Mature Brands? New Evidence from the Implicit Association Test," *Journal of Consumer Research* 35 (June 2008), 178—188.

83. 这一研究的重复研究并没有获得相一致的研究结论, 因此 Gorn 的研究受到了质疑, 具体参考: James J. Kellaris and Anthony D. Cox, "The Effects of Backgrotmd Music in Advertising," *Journal of Consumer Research* 16 (June 1989), 113—118.

84. 参考: Darrell D. Muehling, Donald E. Stem, Jr., and Peter Raven, "Comparative Advertising: Views from Advertisers, Agencies, Media, and Policy Makers," *Journal of Advertising Research* 29 (October/November 1989), 38—48.

85. Naveen Donthu, "A Cross-Country Investigation of Recall of and Attitude toward Comparative Advertising," *Journal of Advertising* 27 (summer 1998), 111—122.

86. 这些问题改编自：Stephen B. Ash and ChowHou Wee, "Comparative Advertising: A Review with Implications for Further Research," in *Advances in Consumer Research*, vol. 10, ed. R. P. Bagozzi and A. M. Tybout (Ann Arbor, Mich.: Association for Consumer Research, 1983), 374.

87. 关于广告研究的对比研究，可以参考：Cornelia Droge and Rene Y. Darmon, "Associative Positioning Strategies through Comparative Advertising: Attribute versus Overall Similarity Approaches," *Journal of Marketing Research* 24 (November 1987), 377—388; Cornelia Pechmann and David W. Stewart, "The Effects of Comparative Advertising on Attention, Memory, and Purchase Intentions," *Journal of Consumer Research* 17 (September 1990), 180—191; Cornelia Pechmann and S. Ratneshwar, "The Use of Comparative Advertising for Brand Positioning: Association versus Differentiation," *Journal of Consumer Research* 18 (September 1991), 145—160; Cornelia Pechmann and Gabriel Esteban, "Persuasion Processes Associated with Direct Comparative and Noncomparative Advertising and Implications for Advertising Effectiveness," *Journal of Consumer Psychology* 2, no. 4 (1993), 403—432; Randall L. Rose, Paul W. Miniard, Michael J. Barone, Kenneth C. Manning, and Brian D. Till, "When Persuasion Goes Undetected: The Case of Comparative Advertising," *Journal of Marketing Research* 30 (August 1993), 315—330; Shailendra Pratap Jain, Bruce Buchanan, and Durairaj Maheswaran, "Comparative versus Noncomparative Advertising: The Moderating Impact of Prepurchase Attribute Verifiability," *Journal of Consumer Psychology* 9, no. 4 (2000), 201—212; Shi Zhang, Frank R. Kardes, and Maria L. Cronley, "Comparative Advertising: Effects of Structural Alignability on Target Brand Evaluations," *Journal of Consumer Psychology* 12, no. 4 (2002), 303—312; Michael J. Barone, Kay M. Palan, and Paul W. Miniard, "Brand Usage and Gender as Moderators of the Potential Deception Associated with Partial Comparative Advertising," *Journal of Advertising* 33 (spring 2004), 19—28.

88. Dhruv Grewal, Sukuman Kavanoor, Edward F. Fern, Carolyn Costley, and James Barnes, "Comparative versus Noncomparative Advertising: A Meta-Analysis," *Journal of Marketing* 61 (October 1997), 1—15.

89. Terence A. Shimp and David C. Dyer, "The Effects of Comparative Advertising Mediated by Market Position of Sponsoring Brand," *Journal of Advertising* 7, no. 3 (1978), 13—19.

90. Gerald J. Gore and Charles B. Weinberg, "The Impact of Comparative Advertising on Perception and Attitude: Some Positive Findings," *Journal of Consumer Research* 11 (September 1984), 719—727.

91. Paul W. Miniard, Michael J. Barone, Randall L. Rose, and Kenneth C. Manning, "A Further Assessment of Indirect Comparative Advertising Claims of Superiority Over All Competitors," *Journal of Advertising* 35 (winter 2006), 53—64.

92. Rose, Miniard, Barone, Manning, and Till, "When Persuasion Goes Undetected: The Case of Comparative Advertising"; Paul W. Miniard, Randall L. Rose, Michael J. Barone, and Kenneth C. Manning, "On the Need for Relative Measures When Assessing Comparative Advertising Effects," *Journal of Advertising* 22 (September 1993), 41—57. For an alternative explanation of why relative framed messages are more effective, see Zhang, Kardes, and Cronley, "Comparative Advertising: Effects of Structural Alignability on Target Brand Evaluations."

第 10 章

1. 这些事例以及相关改编自：Nigel Hollis, "Understanding the Power of Watchability Can Strengthen Advertising Effectiveness," *Marketing Research* (spring 2004), 22—26.

2. Karen Whitehill King, John D. Pehrson, and Leonard N. Reid, "Pretesting TV Commer-

cials: Methods, Measures, and Changing Agency Roles," *Journal of Advertising* 22 (September 1993), 85—97.

3. 出处同上。

4. John Kastenholz, Charles Young, and Tony Dubitsky, "Rehearse Your Creative Ideas in Rough Production to Optimize Ad Effectiveness." Paper presented at the Advertising Research Foundation Convention, New York City, April 26—28, 2004.

5. 出处同上。

6. 这一描述来源于: Allan L. Baldinger in the *Handbook of Marketing Research: Uses, Misuses, and Future Advances*, Rajiv Grover and Marco Vriens, eds. (Thousand Oaks: Calif.: Sage, 2006).

7. 这一部分的材料来自 PACT 文档,全文出版于: *Journal of Advertising* 11, no. 4(1982), 4—29.

8. 关于实例,可以参考: Bruce F. Hall, "A New Model for Measuring Advertising Effectiveness," *Journal of Advertising Research* 42 (April 2002), 23—31.

9. Herbert E. Krugman, "Why Three Exposures May Be Enough," *Journal of Advertising Research* 12 (December 1972), 11—14.

10. Russell I. Haley and Allan L. Baldinger, "The ARF Copy Research Validity Project," *Journal of Advertising Research* 31 (March/April 1991), 11—32.

11. John R. Rossiter and Geoff Eagleson, "Conclusions from the ARF's Copy Research Validity Project," *Journal of Advertising Research* 34 (May/June 1994), 19—32.

12. 关于人种学广告的研究见 *Journal of Advertising Research* 46 (September 2006). 具体参考: Jane Fulton Suri and Suzanne Gibbs Howard, "Going Deeper, Seeing Further: Enhancing Ethnographic Interpretations to Reveal More Meaningful Opportunities for Design," 246—250; Eric J. Arnould and Linda L. Price, "Market-Oriented Ethnography Revisited," 251—262; Gwen S. Ishmael and Jerry W. Thomas, "Worth a Thousand Words," 274—278.

13. Gerald Zaltman and Robin Higie Coulter, "Seeing the Voice of the Customer: Metaphor-Based Advertising Research," *Journal of Advertising Research* 35 (July/August 1995), 35—51; Robin A. Coulter, Gerald Zaltman, and Keith S. Coulter, "Interpreting Consumer Perceptions of Advertising: An Application of the Zaltman Metaphor Elicitation Technique," *Journal of Advertising* 30 (winter 2001), 1—21.

14. Zaltman and Coulter, "Seeing the Voice of the Customer: Metaphor-Based Advertising Research."

15. 引用自 JamesJames Harrington (Emergence Technology 董事会主席),具体参考: Amy Miller and Jennifer Cioffi, "Measuring Marketing Effectiveness and Value: The Unisys Marketing Dashboard," *Journal of Advertising Research* 44 (September 2004), 238.

16. 关于识别与回想之间区别的深入讨论,参考: Erik du Plessis, "Recognition versus Recall," *Journal of Advertising Research* 34 (May/June 1994), 75—91. 关于广告识别的其他方面的研究以及广告识别与其他广告因素之间的关系,参考: Jens Nordfalt, "Track to the Future? A Study of Individual Selection Mechanisms Preceding Ad Recognition and Their Consequences," *Journal of Current Issues and Research in Advertising* 27 (spring 2005), 19—30. 关于识别与回想之间差异的深入讨论(作为记忆的不同方面),参考: James H. Leigh, George M. Zinkhan, andVanithaSwaminathan, "Dimensional Relationships of Recall and Recognition Measures with Selected Cognitive and Affective Aspect of Print Ads," *Journal of Advertising* 35 (spring 2006), 105—122.

17. 关于其他服务的细节,参考: David W. Stewart, David H. Furse, and Randall P. Kozak, "A Guide to Commercial Copytesting Services," in *Current Issues and Research in Advertising*, ed. James H. Leigh and Claude R. Martin, Jr. (Ann Arbor: Division of Research, Graduate School of

Business, University of Michigan, 1983), 1—44; 以及 Surendra N. Singh and Catherine A. Cole, "Advertising Copy Testing in Print Media," in *Current Issues and Research in Advertising*, ed. James H. Leigh and Claude R. Martin, Jr. (Ann Arbor: Division of Research, Graduate School of Business, University of Michigan, 1988), 215—284.

18. 这些定义可以在任意的 Starch Readership Report 中找到。

19. D. M. Neu, "Measuring Advertising Recognition," *Journal of Advertising Research* 1 (1961), 17—22. For an alternative view, see George M. Zinkhan and Betsy D. Gelb, "What Starch Scores Predict," *Journal of Advertising Research* 26 (August/September 1986), 45—50.

20. Donald E. Bruzzone, "Tracking Super Bowl Commercials Online," *ARF Workshop Proceedings*, October 2001, 35—47.

21. 这一解释来自 Bruzzone 研究公司 (Alameda, California) 的销售总监 R. Paul Shellenberg, 主席 Mr. Donald E. Bruzzone.

22. 关于对商业召回提出的问题, 参考: Joel S. Dubow, "Point of View: Recall Revisited: Recall Redux," *Journal of Advertising Research* 34 (May/June 1994), 92—106.

23. "Recall Not Communication: Coke," *Advertising Age*, December 26, 1983, 6.

24. Joel S. Dubow, "Advertising Recognition and Recall by Age-Including Teens," *Journal of Advertising Research* 35 (September/October 1995), 55—60.

25. Leonard M. Lodish et al., "How T. V. Advertising Works: A Meta-Analysis of 389 Real World Split Cable T. V. Advertising Experiments," *Journal of Advertising Research* 32 (May 1995), 135. See also John Philip Jones and Margaret H. Blair, "Examining 'Conventional Wisdoms' about Advertising Effects with Evidence from Independent Sources," *Journal of Advertising Research* 36 (November/December 1996), 42.

26. John J. Kastenholz and Chuck E. Young, "The Danger in Ad Recall Tests," *Advertising Age*, June 9, 2003, 24; Jack Honomichl, "FCB: Day-After-Recall Cheats Emotion," *Advertising Age*, May 11, 1981, 2; David Berger, "A Retrospective: FCB Recall Study," *Advertising Age*, October 26, 1981, S36, S38.

27. John Kastenholz, Chuck Young, and Graham Kerr, "Does Day-After Recall Testing Produce Vanilla Advertising?" *Admap*, June 2004, 34—36; Lisa Sanders and Jack Neff, "Copy Tests Under Fire from New Set of Critics," *Advertising Age*, June 9, 2003, 6.

28. John Pawle and Peter Cooper, "Measuring Emotion—Lovemarks, The Future Beyond Brands," *Journal of Advertising Research* 46 (March 2006), 39.

29. Judie Lannon, "New Techniques for Understanding Consumer Reactions to Advertising," *Journal of Advertising Research* 26 (August/September 1986), RC6-RC9; Judith A. Wiles and T. Bettina Cornwell, "A Review of Methods Utilized in Measuring Affect, Feelings, and Emotion in Advertising," in *Current Issues and Research in Advertising*, ed. James H. Leigh and Claude R. Martin, Jr. (Ann Arbor: Division of Research, Graduate School of Business, University of Michigan, 1991), 241—275.

30. Steven P. Brown and Douglas M. Stayman, "Antecedents and Consequences of Attitude toward the Ad: A Meta-Analysis," *Journal of Consumer Research* 19 (June 1992), 34—51; Haley and Baldinger, "The ARF Copy Research Validity Project"; David Walker and Tony M. Dubitsky, "Why Liking Matters," *Journal of Advertising Research* 34 (May/June 1994), 9—18.

31. 关于使用自我报告法进行情感测量, 参考: Karolien Poels and Siegfried Dewitte, "How to Capture the Heart? Reviewing 20 Years of Emotion Measurement in Advertising," *Journal of Advertising Research* 46 (March 2006), 18—37.

32. 出处同上。

33. Paul J. Watson and Robert J. Gatchel,

"Autonomic Measures of Advertising," *Journal of Advertising Research* 19 (June 1979), 15—26.

34. 关于电流测量仪使用的进一步深入讨论,参考: Priscilla A. LaBarbera and Joel D. Tucciarone, "GSR Reconsidered: A Behavior-Based Approach to Evaluating and Improving the Sales Potency of Advertising," *Journal of Advertising Research* 35 (September/October 1995), 33—53.

35. 出处同上。

36. 关于生理学测量方法的讨论,参考: Joanne M. Klebba, "Physiological Measures of Research: A Review of Brain Activity, Electrodermal Response, Pupil Dilation, and Voice Analysis Methods and Studies," in *Current Issues and Research in Advertising*, ed. James H. Leigh and Claude R. Martin, Jr. (Ann Arbor: Division of Research, Graduate School of Business, University of Michigan, 1985), 53—76. See also John T. Cacioppo and Richard E. Petty, *Social Psychophysiology* (New York: The Guilford Press, 1983).

37. Anthony J. Adams and Margaret Henderson Blair, "Persuasive Advertising and Sales Accountability: Past Experience and Forward Validation," *Journal of Advertising Research* 32 (March/April 1992), 25. Note: This quotation actually indicated that 1,000 respondents are drawn from four metropolitan areas. However, subsequent company newsletters and reports indicate that 800 to 1,000 respondents are randomly selected from eight metropolitan areas.

38. Leonard M. Lodish, "J. P. Jones and M. H. Blair on Measuring Advertising Effects—Another Point of View," *Journal of Advertising Research* 37 (September/October 1997), 75—79.

39. 来自: The ARS Group, Evansville, "Summary of the ARS Group's Global Validation and Business Implications 2004 Update," June 2004. 也可以参考 ARS 公司早期进行的研究: Margaret Henderson Blair and Michael J. Rabuck, "Advertising Wearin and Wearout: Ten Years Later: More Empirical Evidence and Successful Practice," *Journal of Advertising Research* 38 (September/October 1998), 1—13.

40. 例如: John Philip Jones, "Quantitative Pretesting for Television Advertising," in *How Advertising Works: The Role of Research*, ed. John Philip Jones (Newbury Park, Calif: Sage Publications 1998), 160—169.

41. 关于这一描述的信息,参考: Andrew M. Tarshis, "Tile Single Source Household: Dehvering on the Dream," *AIM* (a Nielsen pubhcation) 1, no. 1 (1989).

42. 这些研究结论来源于: Margaret Henderson Blair and Karl E. Rosenberg, "Convergent Findings Increase Our Understanding of How Advertising Works," *Journal of Advertising Research* 34 (May/June 1994), 35—45. Of course, other research by practitioners and academics converge on these general conclusions.

43. Scott Hume, "Selling Proposition Proves Power Again," *Advertising Age*, March 8, 1993, 31.

44. Lee Byers and Mark Gleason, "Using Measurement for More Effective Advertising," *Admap*, May 1993, 31—35.

45. Dwight R. Riskey, "How T. V. Advertising Works: An Industry Response," *Journal of Marketing Research* 34 (May 1997), 292—293. For more complete reporting on the effectiveness of TV advertising, see Lodish et al., "How T. V. Advertising Works: A Meta-Analysis of 389 Real World Split Cable T. V. Advertising Experiments," *Journal of Marketing Research* 32 (May, 1995), 125—139; and Leonard M. Lodish et al., "A Summary of Fifty-Five In-Market Experimental Estimates of the Long-Term Effect of TV Advertising," *Marketing Science* 14, no. 3 (1995), G133-G140.

46. 这一引用来自 Jim Donius,参考: Don Bruzzone, "The Top 10 Insights about Measuring the Effect of Advertising," *Bruzzone Research Company Newsletter*, October 28, 1998, principle 8.

47. Lodish et al., "How T. V. Advertising Works," 128.

48. 与表10.4中的结果相比较,Lodish等人的研究并未证实商业说服与销售之间存在的高度相关关系,参考表11中"How T. V. Advertising Works," 137.

49. Adams and Blair, "Persuasive Advertising and Sales Accountability."

50. Deborah J. Macinnis, Ambar G. Rao, and Allen M. Weiss, "Assessing When Increased Media Weight of Real-World Advertisements Helps Sales," *Journal of Marketing Research* 39 (November 2002), 391—407.

51. Lodish et al. 's findings also support this conclusion. See "How T. V. Advertising Works."

52. 关于这一问题研究的回顾,参考:Connie Pechmann and David W. Stewart, "Advertising Repetition: A Critical Review of Wearin and Wearout," *Current Issues and Research in Advertising* 11 (1988), 285—330; David W. Stewart, "Advertising Wearout: What and How You Measure Matters," *Journal of Advertising Research* 39 (September/October 1999), 39—42; Blair and Rabuck, "Advertising Wearin and Wearout"; and MacInnis, Rao, and Weiss, "Assessing When Increased Media Weight of Real-World Advertisements Helps Sales."

53. Margaret C. Campbell and Kevin Lane Keller, "Brand Familiarity and Advertising Repetition Effects," *Journal of Consumer Research* 30 (September 2003), 292—304.

第11章

1. Thom Forbes, "Consumer Central: The Media Focus Is Changing-And So Is the Process," *Agency*, winter 1998, 38.

2. Karen Whitehill King and Leonard N. Reid, "Selecting Media for National Accounts: Factors of Importance to Agency Media Specialists," *Journal of Current Issues and Research in Advertising* 19 (fall 1997), 55—64.

3. Kate Maddox, "Media Planners in High Demand," BtoB, November 8, 2004, 24; Ave Butensky, "Hitting the Spot," *Agency*, winter 1998, 26.

4. Kent M. Lancaster, "Optimizing Advertising Media Plans Using ADOPT on the Microcomputer," working paper, University of Illinois, December 1987, 2—3.

5. Laura Freeman, "Taking Apart Media," *Agency*, winter 2001, 20—25.

6. 出处同上,22.

7. 出处同上,23.

8. Roland Jones, "Smart's Fortwo Aiming for Big U. S. Sales," November 21, 2007, http://www.msnbc.msn.com/id/21882844 (accessed February 4, 2008).

9. Jared Gaff, "First Drive: 2008 Smart Fortwo, Previews," http://www.caranddriver.com/previews/14310/first-drive-2008-smart-fortwo.html (accessed February 4,2008).

10. Jones, "Smart's Fortwo Aiming for Big U. S. Sales."

11. Henry Assael and Hugh Cannon, "Do Demographics Help in Media Selection?" *Journal of Advertising Research* 19 (December 1979), 7—11; Hugh M. Cannon and G. Russell Merz, "A New Role for Psychographics in Media Selection," *Journal of Advertising* 9, no. 2 (1980), 33—36, 44.

12. Karen Whitehill KingLeonard N. Reid, and Wendy Macias, "Selecting Media for National Advertising Revisited: Criteria of Importance to Large-Company Advertising Managers," *Journal of Current Issues and Research in Advertising* 26 (spring 2004), 59—68.

13. 这张图基于尼尔森公司2008年对拥有电视的家庭的调查研究。尼尔森公司的估计显示,2008年美国有1.128亿拥有电视的家庭,这一数字比2007年增长了1.3%。因此,我们在文中推断2009年美国将有1.145亿拥有电视的家庭(假定增长率为1.3%)。具体可以参考:"Nielsen Reports 1.3% Increase in U. S. Television Households for the 2007—2008 Season," http://www.nielsen.com/media/pr_070823.html

（accessed February 4, 2008）.

14. 引用自广告咨询师 Alvin Achenbaum，参考：B. G. Yovovich, "Media's New Exposures," *Advertising Age*, April 13, 1981, S7.

15. 一项研究发现，超过 80% 的广告公司使用有效到达率作为媒体计划的评价标准，参考：Peggy J. Kreshel, Kent M. Lancaster, and Margaret A. Toomey, "How Leading Advertising Agencies Perceive Effective Reach and Frequency," *Journal of Advertising* 14, no. 3 (1985), 32—38.

16. Gerard J. Tellis, "Advertising Exposure, Loyalty, and Brand Purchase: A Two-Stage Model of Choice," *Journal of Marketing Research* 25 (May 1988), 134—144.

17. Herbert E. Krugman, "Why Three Exposures May Be Enough," *Journal of Advertising Research* 12, no. 6 (1972), 11—14.

18. 这一观点来自：Hugh M. Cannon and Edward A. Riordan, "Effective Reach and Frequency: Does It Really Make Sense?" *Journal of Advertising Research* 34 (March/April 1994), 19—28.

19. 出处同上。

20. 改编自："The Muscle in Multiple Media," *Marketing Communications*, December 1983, 25.

21. Cannon and Riordan, "Effective Reach and Frequency," 25—26. The following illustration is adapted from this source.

22. 最早提出这一流程的学者将其称为"曝光价值"，而不是"曝光效果"，但称之为"曝光价值"会与之后的某些术语混淆。

23. 关于估计这些变量的方法与流程，参考：Hugh M. CannonJohn D. Leckenby, and Avery Abernethy, "Beyond Effective Frequency: Evaluating Media Schedules Using Frequency Value Planning," *Journal of Advertising Research* 42 (November/December 2002), 33—47.

24. Erwin Ephron, "More Weeks, Less Weight: The Shelf-Space Model of Advertising," *Journal of Advertising Research* 35 (May/June 1995), 18—23. See also Ephron's various writings archived at his Web site, Ephron on Media (http://www.ephrononmedia.com).

25. 出处同上, 5—18. 另外, 可以参考：John Philip Jones, "Single-Source Research Begins to Fulfill Its Promise," *Journal of Advertising Research* 35 (May/June 1995), 9—16; Lawrence D. Gibson, "What Can One TV Exposure Do?" *Journal of Advertising Research* 36 (March/April 1996), 9—18; and Kenneth A. Longman, "If Not Effective Frequency, Then What?" *Journal of Advertising Research* 37 (July/August 1997), 44—50.

26. 关于 Jones 的研究"Single-Source Research Begins to Fulfill Its Promise"，尽管其研究结果在广告界产生了重要的影响，但存在质疑认为 Jones 研究的结果是受到广告曝光与促销活动共同作用的影响，而不是单纯的广告曝光影响。换言之，在广告的影响作用中存在一部分的影响作用是由促销活动造成的（例如优惠券、打折促销等），这些促销活动与电视广告在同一个时间段内进行。所以，Jones 对广告效果的测量非常有意义，但有可能没有控制住促销活动的影响作用。关于对 Jones 研究的相对立的观点，参考：Gary SchroederBruce C. Richardson, and Avu Sankaralingam, "Validating STAS Using BehaviorScan," *Journal of Advertising Research* 37 (July/August 1997), 33—43. For another challenge, see Gerard J. Tellis and Doyle L. Weiss, "Does TV Advertising Really Affect Sales? The Role of Measures, Models, and Data Aggregation," *Journal of Advertising* 24 (fall 1995), 1—12.

27. Erwin Ephron, "What Is Recency?" Ephron on Media, http://www.ephrononmedia.com.

28. Ephron, "More Weeks, Less Weight: Model of Advertising," 19.

29. 出处同上, 20.

30. 引用自 TN Media(New York) 全球副总裁 Joanne Burke, 参考：Laurie Freeman, "Effective Weekly Planning Gets a Boost," *Advertising Age*,

July 24, 1995, S8, S9.

31. Erwin Ephron, "Recency Planning," *Journal of Advertising Research* 37（July/August 1997）, 61—65.

32. 出处同上, 61.

33. 关于这些观点的详细阐述, 参考: Gerard J. Tellis, "Effective Frequency: One Exposure or Three Factors?" *Journal of Advertising Research* 37（July/August 1997）, 75—80.

34. 这些类比改编自: Charles H. Patti and Charles F. Frazer, *Advertising: A Decision-Making Approach*（Hinsdale, Ill.: Dryden Press, 1988）, 369.

35. 这一名称来源于几年前掀起的旨在提醒年轻人注重驾驶 SUV（多功能越野车）安全的活动。例如, SUV 的重心较高（与一般轿车相比）, 由于超速、操纵不当等原因造成的翻车的危险比一般车辆要高, 在 Esuvee 名称当中加入"H"来专门强调 SUV 的安全。

36. 关于表 11.5 的内容, 杂志受众的规模来源于 Simmons 和 MRI。数据来源于: *Marketer's Guide to Media: 2004*, vol. 27（New York: VNU Business Publications USA, 2004）, 164—168. 由于许多杂志的读者名不符合收入达到 45000 美元和年龄在 18—49 之间两项标准, 所以杂志的总受众规模在最初规模的基础上减少一半, 为 2680 万。

37. 这一程序为 ADPlus, 由 Kent Lancaster 开发, Telmar Information Services Corp（公司）代理出售（470 Park Ave. South, 15th Floor, New York, 10016, Phone: 212—725—3000）。ADPlus 的最新版本 InterMix 同样可以从 Telmar 公司获得。然而, 当我使用表 11.5 中的数据运行程序时（使用 InterMix）, 产生了错误的结果。然后, 我询问了 Kent Lancaster, 向他寻求帮助, 但是他并没有提供有价值的帮助。所以, 我选择使用早期的版本 ADPlus。使用 InterMix 会产生一些不同的结果（见表 11.6）, Lancaster 教授提醒我 InterMix 使用了会随时间变化的"启发式过程"。

38. 以下的描述基于 Young, Rubicam 对胡椒博士广告活动的总结, 感谢 Chris Wright-Isak 和 John T. O'Brien。

39. 感谢美国弗吉尼亚大学博士 Jack Lindgren 提供这一媒体计划的资料, 这一描述改编自 Martin Agency 关于 Sabb 9—5 的媒体计划。

40. 感谢 Martin Agency（Richmond, VA）提供媒体计划资料。同时, 我非常感谢 Martin Agency 公司 Lori Baker 女士的助手在这一媒介计划中提供的帮助。这里的描述改编自 Baker 女士 2005 年 4 月的计划。

第 12 章

1. 这些是估计的 2008 年支出, 参考: "2007 Marketing Fact Book," *Marketing News*, July 15, 2007, 29.

2. *Marketer's Guide to Media*, 2007, vol. 30（New York: Nielsen Business Media, Inc.）, 184.

3. 出处同上。

4. 这些循环水平与比了来源同上, 186.

5. Emily Steel, "Big Media on Campus," *The Wall Street Journal*, August 9, 2006, B1.

6. Michael T. Elliott and Paul Surgi Speck, "Consumer Perceptions of Advertising Clutter and Its Impact across Various Media," *Journal of Advertising Research* 38（January/February 1998）, 29—41.

7. Karen Whitehill King, Leonard N. Reid, and Margaret Morrison, "Large-Agency Media Specialists' Opinions on Newspaper Advertising for National Accounts," *Journal of Advertising* 26（summer 1997）, 1—18. 这一文章提出, 广告公司认为, 与其他广告媒体相比较, 在广告效果方面, 报纸广告在几乎所有方面都要逊于网络电视广告。

8. Julia Angwin and Joe Hagan, "As Market Shifts, Newspapers Try to Lure New, Young Readers," *The Wall Street Journal*, March 22, 2006, A1.

9. Bill Keane, *The Family Circus*, August, 9, 1992.

10. *Marketer's Guide to Media*, 151—154.

11. *Sports Illustrated* rate card #66, effective January 14, 2008.

12. Stephen M. Blacker, "Magazines Need Better Research," *Advertising Age*, June 10, 1996, 23; Erwin Ephron, "Magazines Stall at Research Crossroads," *Advertising Age*, October 19, 1998, 38.

13. *Marketer's Guide to Media*, 159—162.

14. 关于杂志受众的测量的进一步讨论,参考:Thomas C. Kinnear, David A. Home, and Theresa A. Zingery, "Valid Magazine Audience Measurement: Issues and Perspectives," in *Current Issues and Research in Advertising*, ed. James H. Leigh and Claude R. Martin, Jr. (Ann Arbor: Division of Research, Graduate School of Business, University of Michigan, 1986), 251—270.

15. 以下信息基于:*Mediamark Reporter* (Mediamark Research Inc., Fall 2006).

16. Kevin J. Clancy, Paul D. Berger, and Thomas L. Magliozzi, "The Ecological Fallacy: Some Fundamental Research Misconceptions Corrected," *Journal of Advertising Research* 43 (December 2003), 370—380, especially 377—379.

17. Sandy Blanchard, "Marketers on Custom Media," *Advertising Age*, January 29, 2007, C10.

18. Patricia Odelt, "Back to Print," *Promo*, January 2007, 14.

19. "Custom Media 07," *Advertising Age*, January 29, 2007, C1.

20. *Marketer's Guide to Media*, 68.

21. Burt Manning, "Friendly Persuasion," *Advertising Age*, September 13, 1982, M8.

22. 关于广告意象的本质与价值的讨论,参考:Paula Fitzgerald Bone and Pam Scholder Ellen, "The Generation and Consequences of Communication-Evoked Imagery," *Journal of Consumer Research* 19 (June 1992), 93—104; and Darryl W. Miller and Lawrence J. Marks, "Mental Imagery and Sound Effects in Radio Commercials," *Journal of Advertising* 21 (December 1992), 83—93.

23. 关于这种行为的进一步研究,参考:Avery M. Abernethy, "The Accuracy of Diary Measures of Car Radio Audiences: An Initial Assessment," *Journal of Advertising* 18, no. 3 (1989), 33—49.

24. Abbey Klaassen, "iPod Threatens $20B Radio-ad Biz," *Advertising Age*, January 24, 2005, 1, 57.

25. "Top Ten Broadcast TV Programs," Nielsen's Top 10 TV Ratings: Broadcast Programs, http://www.nielsenmedia.com (accessed March 5, 2008).

26. Elliott and Speck, "Consumer Perceptions of Advertising Clutter and Its Impact across Various Media."

27. Cynthia M. Frisby, "Reaching the Male Consumer by Way of Daytime TV Soap Operas," *Journal of Advertising Research* 42 (March/April 2002), 56—64.

28. 这一段落中的统计分析来自:Bill Gorman, "Weekly Network Ratings," February 25-March 2, 2008, http://tvbythenumbers.com/2008/03/04/weekly-network-ratings-february-25-march-2/2826 (accessed March 5, 2008); and Nielsen Media Researchas reported in "Stiff Competition: TV Has Seen Better Days," *Marketing News*, December 15, 2004, 8.

29. *Marketer's Guide to Media*, 25.

30. *Marketer's Guide to Media*, 48.

31. Ellen Sheng, "Local Cable Advertising Heats Up as Viewership Further Fragments," *Wall Street Journal Online*, December 15, 2004, http://online.wsj.com.

32. Joe Mandese, "Amid Media Price Inflation, TV Production Costs Also Soar, Pose Threat to Addressability," *MediaPost's MediaDailyNews*, October 13, 2004, http://www.mediapost.com/news_main.cfm.

33. "Top Ten Broadcast TV Programs for the Week of February 25, 2008," Nielsen Media Research.

34. "The Toughest Job in TV," *Newsweek*, October 3, 1988, 72; Dennis Kneale, "'Zapping' of TV Ads Appears Pervasive," *The Wall*

Street Journal, April 25, 1988, 21.

35. John J. Cronin, "In-Home Observations of Commercial Zapping Behavior," *Journal of Current Issues and Research in Advertising* 17 (fall 1995), 69—76.

36. Fred S. Zufryden, James H. Pedrick, and Avu Sankaralingam, "Zapping and Its Impact on Brand Purchase Behavior," *Journal of Advertising Research* 33 (January/February 1993), 58—66.

37. John J. Cronin and Nancy E. Menelly, "Discrimination vs. 'Zipping' of Television Commercials," *Journal of Advertising* 21 (June 1992), 1—7.

38. Steve McClellan, "TV Ads Are Less Effective, Survey Says," *Adweek.com*, February 20, 2008 (accessed March 8, 2008).

39. "Study: DVR Users Skip Live Ads, Too," *Brandweek*, October 18, 2004, 7.

40. Erwin Ephron, "Live TV Is Ready for Its Closeup" *Advertising Age*, March 22, 2004, 19.

41. Jack Neff, "P&G Study: PVR Ad Recall Similar to TV," *Advertising Age*, March 17, 2003, 4.

42. Suzanne Vranica, "New Ads Take on TWo," *The Wall Street Journal*, October 5, 2007, B4.

43. Suzanne Vranica, "KFC Seems to Win Game of Chicken," *The Wall Street Journal*, March 20, 2006, B8.

44. Andrew Green, "Clutter Crisis Countdown," *Advertising Age*, April 21, 2003, 22.

45. 一项研究对比了15秒广告与30秒广告的广告效果,参考:Surendra N. Singh and Catherine A. Cole, "The Effects of Length, Content, and Repetition on Television Commercial Effectiveness," *Journal of Marketing Research* 30 (February 1993), 91—104.

46. 关于广告混乱对品牌名称与信息记忆的影响作用存在争议,不同的观点可以参考:Tom J. Brown and Michael L. Rothschild, "Reassessing the Impact of Television Advertising Clutter," *Journal of Consumer Research* 20 (June 1993), 138—146; Robert J. Kent and Claris T. Allen, "Does Competitive Clutter in Television Advertising 'Interfere' with the Recall and Recognition of Brand Names and Ad Claims?" *Marketing Letters* 4, no. 2 (1993), 175—184; Robert J. Kent and Chris T. Allen, "Competitive Interference in Consumer Memory for Advertising: The Role of Brand Familiarity," *Journal of Marketing* 58 (July 1994), 97—105; and Robert J. Kent, "Competitive Clutter in Network Television Advertising: Current Levels and Advertiser Response," *Journal of Advertising Research* 35 (January/February 1995), 49—57.

47. Jim Edwards, "The Art of the Infomercial," *Brandweek*, September 3, 2001, 14—18.

48. "Digital Profits: A Case Study of Kodak's Infomercial," *Infomercial and Direct Response Television Sourcebook '98*, a supplement to Adweek Magazines, 20—21.

49. Paul Surgi Speck, Michael T. Elliott, and Frank H. Alpert, "The Relationship of Beliefs and Exposure to General Perceptions of Infomercials," *Journal of Current Issues and Research in Advertising* 14 (spring 1997), 51—66.

50. 研究显示,直销购物带有冲动型,参考:Naveen Donthu and David Gilliland, "Observations: The Infomercial Shopper," *Journal of Advertising Research* 36 (March/April 1996), 69—76. 也有学者提出相反的观点,参考:Tom Agee and Brett A. S. Martin, "Planned or Impulse Purchases? How To Create Effective Infomercials," *Journal of Advertising Research* 41 (November/December 2001), 35—42.

51. Rosellina Ferraro and Rosemary J. Avery, "Brand Appearance on Prime-Time Television," *Journal of Current Issues and Research in Advertising*, 22 (fall 2000), 1—16.

52. Cristel Antonia Russell, Andrew T. Norman, and Susan E. Heckler, "The Consumption of Television Programming: Development and Validation of the Connectedness Scale," *Journal of Con-*

sumer Research 31 (June 2004), 150—161.

53. 关于这一部分量表信度的分析,参考: Roland Soong, "The Statistical Reliability of People Meter Ratings," *Journal of Advertising Research* 28 (February/March 1988), 50—56.

54. Emily Nelson and Sarah Ellison, "Nielsen's Feud with TV Networks Shows Scarcity of Marketing Data," *Wall Street Journal Online*, October 29, 2003, http://online.wsj.com.

55. 这些细节来自: Brooks Barnes, "For Nielsen, Fixing Old Ratings System Causes New Static," *Wall Street Journal Online*, September 16, 2004, http://online.wsj.com.

56. Abbey Klaassen, "Down with Diaries: Nielsen Modernizes," *Advertising Age*, June 19, 2006, 8.

57. Monica M. Clark, "Nielsen's 'People Meters' Go Top 10," *The Wall Street Journal*, June 30, 2006, B2.

58. Joan Fitzgerald, "Evaluating Return on Investment of Multimedia Advertising with a Single-Source Panel: A Retail Case Study," *Journal of Advertising Research* 44 (September/October 2004), 262—270.

59. Stephanie Kang, "TNS Aims to Take Bite Out of Nielsen," *The Wall Street Journal*, January 31, 2008, B8.

第13章

1. 来自: US Online Marketing Forecast: 2005 to 2010, Forrester Research, Inc., May 2005, http://www.centerformediaresearch.com.

2. Kate Maddox, "Outlook Bright for Online Advertising," *BtoB*, January 14, 2008, 10.

3. Gavin O'Malley, "BURST! Internet Continues Snagging Eyeballs from TV," MediaPost Publications, http://www.publications.mediapost.com.

4. Roland T. Rust and Richard W. Oliver, "Notes and Comments: The Death of Advertising," *Journal of Advertising* 23 (December 1994), 71—

77. See also Roland T. Rust and Sajeev Varki, "Rising from the Ashes of Advertising," *Journal of Business Research* 37 (November 1996), 173—181.

5. 例如,参考: Raft A. Mohammed, Robert J. Fisher, Bernard J. Jaworski, and Aileen M. Cahill, *Internet Marketing: Building Advantage in a Networked Economy* (New York: McGraw-Hill, 2002), 370.

6. 出处同上,第375页。

7. Maddox, "Outlook Bright for Online Advertising." Kris Oser, "New Ad Kings: Yahoo, Google," *Advertising Age*, April 25, 2005, 1, 50.

8. Kris Oser, "New Ad Kings: Yahoo, Google," *Advertising Age*, April 25, 2005, 1, 50.

9. Mohammed et al., *Internet Marketing: Building Advantage in a Networked Economy*, 371.

10. 关于互动性概念的深入讨论,可以参考: Yuping Liu and L. J. Shrum, "What Is Interactivity and Is It Always Such a Good Thing? Implications of Definition, Person, and Situation for the Influence of Interactivity on Advertising Effectiveness," *Journal of Advertising* 31 (winter 2002), 53—64; Sally J. McMillan and Jang-Sun Hwang, "Measures of Perceived Interactivity: An Exploration of the Role of Direction of Communication, User Control, and Time in Shaping Perceptions of Interactivity," *Journal of Advertising* 31 (fall 2002), 29—42; and Yuping Lin, "Developing a Scale to Measure the Interactivity of Websites," *Journal of Advertising Research* 43 (June 2003), 207—216. 关于网络营销中互动性的讨论,参考: Grace J. Johnson, Gordon C. BrunerlI, and Anand Kumar, "Interactivity and Its Facets Revisited: Theory and Empirical Test," *Journal of Advertising* 35 (winter 2006), 35—52.

11. 这一段落的观念改编自: Terry Lefton, "The Great Flameout," *The Industry Standard*, March 19, 2001, 75—78.

12. 研究已经证实,对网络广告形式的评价态度与对网络广告的态度之间存在高度相关,参考: Kelli S. Bums and Richard J. Lutz, "The

Function of Format," *Journal of Advertising* 35 (spring 2006), 53—63.

13. 关于网络中的隐私、安全与信任的重要性的讨论,参考:Ann E. Schlosser, Tiffany Barnett White, and Susan M. Lloyd, "Converting Web Site Visitors into Buyers: How Web Site Investment Increases Consumer Trusting Beliefs and Online Purchase Intentions," *Journal of Marketing* 70 (April 2006), 133—148; Jan-Benedict E. M. Steenkamp and Inge Geyskens, "How Country Characteristics Affect the Perceived Value of Web Sites," *Journal of Marketing* 70 (July 2006), 136—150.

14. Shelly Rodgers and Esther Thorson, "The Interactive Advertising Model: How Users Perceive and Process Online Ads," *Journal of Interactive Advertising* 1 (fall 2000), http://www.jiad.org/voll/nol/Rodgers/index.html>.

15. Jean Halliday, "Half Hit Web before Showrooms," *Advertising Age*, October 4, 2004, 76.

16. Fred Zufryden, "New Film Website Promotion and Box-Office Performance," *Journal of Advertising Research* 40 (January/April 2000), 55—64.

17. 我从先父 Aubrey Shimp 那里学到了这个建议,先父有着多年的零售业经验。我不能确定这是他自己的总结或者是来自其他人。

18. Mary Morrison, "Usability Problems Plague B-to-B Sites," *BtoB's Interactive Marketing Guide*, 2007, 10.

19. Julie S. StevensonGordon C. Bruner II, and Anand Kumar, "Webpage Background and Viewer Attitudes," *Journal of Advertising Research* 40 (January/April 2000), 29—34. See also Gordon C. Bruner II, and Anand Kumar, "Web Commercials and Advertising Hierarchy-of-Effects," *Journal of Advertising Research* 40 (January/April 2000), 35—42. 后面的一篇文章在研究中使用的样本不包含学生,并且对网页的复杂度进行了修正和考虑。

20. Gerald J. GornAmitava Chattopadhyay-Jaideep Sengupta, and Shashank Tripathi, "Waiting for the Web: How Screen Color Affects Time Perception," *Journal of Marketing Research* 41 (May 2004), 215—225.

21. Ritu LohtiaNaveen Donthus, and Edmund K. Hershberger, "The Impact of Content and Design Elements on Banner Advertising Click-through Rates," *Journal of Advertising Research* 43 (December 2003), 410—418.

22. Micael Dahlen, "Banner Advertisements through a New Lens," *Journal of Advertising Research* 41 (July/August 2001), 23—30.

23. Puneet ManchandaJean-Pierre Dub? Khim Yong Goh, and Pradeep K. Chintagunta, "The Effect of Banner Advertising on Internet Purchasing," *Journal of Marketing Research* 43 (February 2006), 98—108.

24. "Interactive Advertising Bureau/Dynamic Logic Ad Unit Effectiveness Study," Interactive Advertising Bureau, March/June 2001, http://www.iab.net.

25. Rodgers and Thorson, "The Interactive Advertising Model: How Users Perceive and Process Online Ads."

26. Jack Neff, "Spam Research Reveals Disgust with Popup Ads," *Advertising Age*, August 25, 2003, 1, 21.

27. Kate Maddox, "New Formats Drive User Engagement," *B2B's Interactive Marketing Guide*, 2007, 35.

28. Stephen Baker and Heather Green, "Blogs Will Change Your Business," *BusinessWeek*, May 2, 2005, 57.

29. Allison Enright, "Listen, Learn," *Marketing News*, April 1, 2007, 25—29.

30. Aaron O. Patrick, "Tapping into Customers' Online Chatter," *The Wall Street Journal*, May 18, 2007, B3.

31. Kate Fitzgerald, "Blogs Fascinate, Frighten Marketers Eager to Tap Loyalists," *Advertising Age*, March 5, 2007, S-4.

32. Paul Gillin, "Podcasting, Blogs Cause

Major Boost," *B2B's Interactive Marketing Guide*, 2007, 30.

33. Albert Maruggi, "Podcasting Offers a Sound Technique," *Brandweek*, May 2, 2005, 21.

34. David Kesmodel, "Companies Tap Podcast Buzz to Sell Contact Lenses, Appliances," *The Wall Street Journal*, June 30, 2006, B1.

35. 对宝洁社交网络的描述来自:Lisa Cornwell, "P&G Launches Two Social Networking Sites," *Marketing News*, February 1, 2007, 21.

36. 这一叙述来自:Nicholas Casey, "Online Popularity Contest Next in Barbie-Bratz Brawl," *The Wall Street Journal*, July 23, 2007, B1.

37. "DoubleClick's 2004 Consumer E-mail Study," DoubleClick, October 2004, http://www.doubledick.com.

38. Jane E. Zarem, "Predicting the Next E-mail Business Model," *1 to 1 Magazine*, May/June 2001, 23.

39. "FTC Recommends Bounty to Nab Spammers," *Wall Street Journal Online*, September 16, 2004, http://online.wsj.com.

40. Elizabeth Weinstein, "Retailers Tap E-Zines to Reach Niche Audiences," *Wall Street Journal Online*, April 28, 2005, http://online.wsj.com.

41. David LaGesse, "Hunting for the Hottest Wi-Fi Spots," *U.S. News and World Report*, August 2, 2004, 84.

42. Joseph De Avila, "Wi-Fi Users, Beware: Hot Spots Are Weak Spots," *The Wall Street Journal*, January 16, 2008, D1.

43. Julie Liesse, "Mobile Moves Forward," *MobileMarketlng*, November 19, 2007, 6.

44. Jyoti Thottam, "How Kids Set the (Ring) Tone," *Time*, April 4, 2005, 38—45.

45. Alhson Enright, "(Third) Screen Tests," *Marketing News*, March 15, 2007, 17—18.

46. 这一描述来自:Alice Z. Cuneo, "Packagegoods Giants Roll Out Mobile Coupons," *Advertising Age*, March 10, 2008, 3, 26.

47. Carol Krol, "Search Draws Big Spending," *BtoB's Interactive Marketing Guide*, 2008, 19.

48. "Search Engine Marketing Shows Strength as Spending Continues on a Growth Track against Doom and Gloom Economic Background," http://www.sempo.org/news/releases/03-17-08 (accessed April 14, 2008).

49. Erwin Ephron, "Recency Planning," *Journal of Advertising Research* 37 (July/August 1997), 61.

50. *Advertising Age's Fact Pack* 2007, 10.

51. Kevin J. Delaney, "Google to Target Brands in Revenue Push," *Wall Street Journal Online*, April 25, 2005, http://online.wsj.com.

52. 出处同上。

53. 出处同上。

54. Lisa Wehr, "Click Fraud Detection Gives Instant Protection," *btobonline.com*, February 12, 2007, 17.

55. Richard Karpinski, "Behavioral Targeting," *i. Intelligence*, spring 2004, 16.

56. Alex Frangos, "How It Works: The Technology behind Web Ads," *Wall Street Journal Online*, April 23, 2001, http://online.wsj.com.

57. 关于在线营销的隐私与道德风险问题的讨论,参考:*Journal of Public Policy & Marketing* 19 (spring 2000), 1—73.

58. Subodh BhatMichael Bevans, and Sanjit Sengupta, "Measuring Users' Web Activity to Evaluate and Enhance Advertising Effectiveness," *Journal of Advertising* 31 (fall 2002), 97—106. 以上研究中出现了文中未列举的第五种目标,合作营销。

59. Rob Walker, "The Holy Grail of Internet Advertising, the Ability to Measure Who Is Clicking on the Message, Is Under Assault," *New York Tinws*, August 27, 2001, C4.

第14章

1. Don Schultz as quoted in Gary Levin,

"Going Direct Route," *Advertising Age*, November 18, 1991, 37.

2. http://wordnet.princeton.edu/peri/webwn? s = serendipity.

3. 这一描述改编自:Jeff Borden, "Eat My Dust," *Marketing News*, February 1, 2008, 20—22

4. 这一描述改编自:Anne Stuart, "Do You Know Stacy?" *Deliver Magazine*, May 2007, 25—27.

5. 关于这一描述的信息由策划这次市场活动的营销传播公司 Martin Agency 提供。

6. "Direct-mail Spending Expected to Soar This Year," http://delivermagazine.com (accessed April 21, 2008).

7. 这一列表改编自:U. S. Postal Service, "How to Develop and Execute a Winning Direct Mail Campaign," 2001, http://www.usps.com.

8. "Direct Mail Perks Up Online Traffic, and Sales," December 14, 2007, http//delivermagazine.com (accessed April 17, 2008).

9. Robert C. Blattberg and John Deighton, "Interactive Marketing: Exploiting the Age of Addressability," *Sloan Management Review* (fall 1991), 5.

10. 与文中提到的方法相比,有一些更为复杂的顾客终生价值分析方法,但示例可以包括文中提到方法的所有必要元素,更利于深入地理解这一方法。

11. Arthur M. Hughes, *Strategic Database Marketing* (Chicago: Probus, 1994), 17.

12. Patricia Odell, "Star Struck," *Promo*, April 2007, 16—21.

13. 关于特殊情况,参考:Cristel Antonia Russell and Barbara B. Stern, "Consumers, Characters, and Products: A Balance Model of Sitcom Product Placement Effects," *Journal of Advertising* 35 (spring 2006), 7—22; Siva K. Balasubramanian, James A. Karrh, and Hemant Patwardhan, "Audience Response to Product Placements: An Integrative Framework and Future Research Agenda," *Journal of Advertising* 35 (fall 2006), 115—142; Cristel Antonia Russell and Michael Belch, "A Managerial Investigation into the Product Placement Industry," *Journal of Advertising Research* 45 (March 2005), 73—92; Cristel Antonia Russell, "Investigating the Effectiveness of Product Placements in Television Shows: The Role of Modality and Plot Connection Congruence on Brand Memory and Attitude," *Journal of Consumer Research* 29 (December 2002), 306—318. For coverage of practitioners' views on brand placement, see James A. Karrh, Kathy Brittain McKee, and Carol J. Pardun, "Practitioners' Evolving Views on Product Placement Effectiveness," *Journal of Advertising Research* 43 (June 2003), 138—149.

14. Abbey Klaasen, "Marketers Fear Being Fleeced at Corner of Madison and Vine," *Advertising Age*, March 28, 2005, 3, 124.

15. 出处同上。同时,可以参考:Emma Johnstone and Christopher A. Dodd, "Placements as Mediators of Brand Salience within a UK Cinema Audience," *Journal of Marketing Communications* 6 (September 2000), 141—158; and Alain d'Astous and Francis Chartier, "A Study of Factors Affecting Consumer Evaluations and Memory of Product Placements in Movies," *Journal of Current Issues and Research in Advertising* 22 (fall 2000), 31—40.

16. Pola B. Gupta and Kenneth R. Lord, "Product Placement in Movies: The Effect of Prominence and Mode on Audience Recall," *Journal of Current Issues and Research in Advertising* 20 (spring 1998), 47—60.

17. 改编自:Brian Steinberg, "Product Placement Pricing Debated," *Wall Street Journal Online*, November 19, 2004, http://www.online.wsj.com.

18. Emma Hall, "Young Consumers Receptive to Movie Product Placements," *Advertising Age*, March 29, 2004, 8.

19. Carrie La Ferle and Steven M. Edwards, "Product Placement: How Brands Appear on Television," *Journal of Advertising* 35 (winter 2006),

65—86.

20. Patricia Odell, "Rewriting Placement History," *Promo*, March 2005, 8.

21. Joel J. Davis, "Section Five: Consumer Dynamics," *Understanding Yellow Pages*, http://www.ypa-academics.org/UYPII/section5.html.

22. Joel J. Davis, "Section One: Industry Overview," *Understanding Yellow Pages*, http://www.ypa-academics.org/UYPII/section1.html.

23. 出处同上。

24. Avery M. Abernethy and David N. Laband, "The Customer Pulling Power of Different-sized Yellow Pages Advertisements," *Journal of Advertising Research* 42 (May/June 2002), 66—72.

25. 这一部分的细节, 参考: Karen V. Fernandez and Dennis L. Rosen, "The Effectiveness of Information and Color in Yellow Page Advertising," *Journal of Advertising* 29 (summer 2000), 61—73; Gerald L. Lohse and Dennis L. Rosen, "Signaling Quality and Credibility in Yellow Pages Advertising: The Influence of Color and Graphics on Choice," *Journal of Advertising* 30 (summer 2001), 73—85.

26. The U.S. estimate is reported in Abbey Klaassen, "Game-ad Boom Looms as Sony Opens Up PS3," *Advertising Age*, February 25, 2008, 1, 29; the worldwide estimate is cited in Laurie Sulhvan, "Beyond In-game Ads: Nissan Takes Growing Market to Different Level," *Advertising Age*, June 17, 2007, 1, 37.

27. Kenneth Hein, "Getting in the Game," *Brandweek*, February 17, 2004, 26—28.

28. Suzanne Vranica, "Y&R Bets on Videogame Industry," *Wall Street Journal Online*, May 11, 2004, http://www.online.wsj.com.

29. Allison Enright, "In-game Advertising," *Marketing News*, September 15, 2007, 26—30.

30. Nick Wingfield, "Nielsen Tracker May Benefit Videogames as Ad Medium," *The Wall Street Journal*, July 26, 2007, B2.

31. 关于电影院广告的深入讨论, 参考: Joanna Phillips and Stephanie M. Noble, "Simply Captivating: Understanding Consumers' Attitudes toward the Cinema as an Advertising Medium," *Journal of Advertising* 36 (spring 2007), 81—94.

32. Diane Williams and Bill Rose, "The Arbitron Cinema Advertising Study 2007: Making Brands Shine in the Dark," http://www.arbitron.com/downloads/cinema_study_2007.pdf (accessed April 22, 2008).

33. 出处同上。

34. 出处同上。

35. 我选择这张图片向我已故的好朋友John Kuhayda 和他的妻子 Patty 以及家人表示致敬。John 是正直与忠诚的化身, 我们在一起度过的时光总是充满欢乐。他的逝去非常突然, 但充满价值与意义。

36. Jack Neff, "Trash Trucks: A New Hot Spot for Ads," *Advertising Age*, February 5, 2007, 8.

37. Lisa Sanders, "More Marketers Have to Go to the Bathroom," *Advertising Age*, September 20, 2004, 53.

38. Michael Applebaum, "Look, Up in the Sky: Brands!" *Brandweek*, September 13, 2004, 42.

39. Details about the British campaign and that for Dumkin' Donuts are from Artmdhati Parmar, "Maximum Exposure," *Marketing News*, September 15, 2003, 6, 8.

第15章

1. Jacques Chevron, "Branding and Promotion: Uneasy Cohabitation," *Brandweek*, September 14, 1998, 24.

2. Pierre Chandon, Brian Wansink, and Gilles Laurent, "A Benefit Congruency Framework of Sales Promotion Effectiveness," *Journal of Marketing* 64 (October 2000), 65—81. Robert M. Schindler, "Consequences of Perceiving Oneself as Responsible for Obtaining a Discount: Evidence for Smart-Shopper Feelings," *Journal of Consumer*

Psychology 7, no. 4 (1998), 371—392.

3. 一项关于折扣的研究发现,汽车制造商使用折扣在短期内可以提高销售收入,但在长期看来会减少销售利润,参考:Koen Pauwels, Jorge Silva-Risso, Shuba Srinivasan, and Dominique M. Hanssens, "New Products, Sales Promotions, and Firm Value: The Case of the Automobile Industry," *Journal of Marketing* 68 (October 2004), 142—156.

4. 这些估计来自Cannondale Associates Inc. 参考:Amy Johannes, "Trade Off," *Promo*, November 2007, 14.

5. Carl F. Mela, Sunil Gupta, and Donald R. Lehmann, "The Long-Term Impact of Promotion and Advertising on Consumer Brand Choice," *Journal of Marketing Research* 34 (May 1997), 248—261.

6. Purushottam Papatla and Lakshman Krishnamurthi, "Measuring the Dynamic Effects of Promotions on Brand Choice," *Journal of Marketing Research* 33 (February 1996), 20—35.

7. A. S. C. Ehrenberg, Kathy Hammond, and G. J. Goodhardt, "The After-Effects of Price-Related Consumer Promotions," *Journal of Advertising Research* 34 (July/August 1994), 11—21.

8. Robert C. Blattberg and Scott A. Neslin, "Sales Promotion: The Long and the Short of It," *Marketing Letters* 1, no. 1 (1989), 81—97.

9. Chandon, Wansink, and Laurent, "A Benefit Congruency Framework of Sales Promotion Effectiveness," 65—81. The following discussion of benefits is based on a typology these authors provided. See Table 1 on pages 68—69. Another insightful perspective along similar lines is provided in Figure 2 of Kusum L. Afiawadi, Scott A. Neslin, and Karen Gedenk, "Pursuing the Value-Conscious Consumer: Store Brands versus National Brand Promotions," *Journal of Marketing* (January 2001), 71—89.

10. 研究发现,参与促销活动的消费者通常会感觉到自己是"聪明的消费者",当消费者认为个人从交易中受益时,这种感觉会更加强烈,可以参考:Schindler, "Consequences of Perceiving Oneself as Responsible for Obtaining a Discount: Evidence of Smart-Shopper Feelings."

11. Jack Neff, "Accounting by New Rules," *Advertising Age*, July 15, 2002, 4.

12. 这一讨论来自:Charles Fredericks, Jr., "What Ogilvy & Mather Has Learned about Sales Promotion," *The Tools of Promotion* (New York: Association of National Advertisers, 1975); and Don E. Schultz and William A. Robinson, *Sales Promotion Management* (Lincoinwood, Ill.: NTC Business Books, 1986), chap. 3.

13. "A Real Gasser," *Promo*, January 2002, 27.

14. Amie Smith and Al Urbanski, "Excellence x 16," *Promo*, December 1998, 136.

15. 货架部位(Facing)指的是货架上的摆放空间,通常,品牌在货架上按照其零售商利润大小来摆放。制造商必须通过提供补贴或其他提升零售商利润的方式来获得自己产品的摆放空间。

16. "Adventures in Light Bulbs," *Promo*, December 2000, 89.

17. Chakravarthi Narasimhan, Scott A. Neslin, and Subrata K. Sen, "Promotional Elasticities and Category Characteristics," *Journal of Marketing* 60 (April 1996), 17—30. See also Sandrine Mace and Scott A. Neslin, "The Determinants of Pre- and Postpromotion Dips in Sales of Frequently Purchased Goods," *Journal of Marketing Research* 41 (August 2004), 339—350.

18. Carl F. Mela, Kamel Jedidi, and Douglas Bowman, "The Long-Term Impact of Promotions on Consumer Stockpiling Behavior," *Journal of Marketing Research* 35 (May 1998), 250—262.

19. Brian Wansink and Rohit Deshpande, "'Out of Sight, Out of Mind': Pantry Stockpiling and Brand-Usage Frequency," *Marketing Letters* 5, no. 1 (1994), 91—100.

20. Kusum L. Ailawadi and Scott A. Neslin, "The Effect of Promotion on Consumption: Buying More and Consuming It Faster," *Journal of Mar-

keting Research 35（August 1998），390—398.

21. Pierre Chandon and Brian Wansink,"When Are Stockpiled Products Consumed Faster? A ConvenienceSalience Framework of Postpurchase Consumption Incidence and Quantity," *Journal of Marketing Research* 39（August 2002），321—335.

22. 关于这一效应的实证分析,参考：Kusum L. Ailawadi, Karen Gedenk, Christian Lutzky, and Scott A. Neslin, "Decomposition of the Sales Impact of Promotion-Induced Stockpiling," *Journal of Marketing Research* 44（August 2007），450—467.

23. Betsy Spethmann, "Value Ads," *Promo*, March 2001, 74—79.

24. Jack Neff, "Clorox Gives in on Glad, Hikes Trade Promotion," *Advertising Age*, November 27, 2000, 22.

25. 出处同上。

26. 这些目标来自由 Ennis Associates 举办的消费者促销研讨会（由 Association of National Advertisers 赞助）。同时可以参考：Chakravarthi Narasimhan, "Managerial Perspectives on Trade and Consumer Promotions," *Marketing Letters* 1, no. 3（1989），239—251.

27. Don E. Schultz and William A. Robinson, *Sales Promotion Management*（Lincolnwood, Ill.：NTC Business Books, 1986），265—266.

28. "ACNielsen Study Finds CPG Manufacturers and Retailers Increasing Their Use of Category Management Tools" May 3, 2004, http://us.nielsen.com/news/20040503.shtml（accessed July 28, 2008）.

29. 这一研究来自 Cannondale Associates, 参考：Christopher W. Hoyt, "You Cheated, You Lied," *Promo*, July 1997, 64.

30. 另外一种不同的归类方式,可以参考：Miguel I. Gomez, Vithala R. Rao, and Edward W. McLaughlin, "Empirical Analysis of Budget and Allocation of Trade Promotions in the U. S. Supermarket Industry," *Journal of Marketing Research* 44（August 2007），410—424.

31. 从技术角度对零售商利润与制造商津贴之间的关系进行探讨,参考：Rajeev K. Tyagi, "A Characterization of Retailer Response to Manufacturer Trade Deals," *Journal of Marketing Research* 36（November 1999），510—516.

32. "货位津贴"这一术语最早只用于新产品,但后来逐渐成为可以代指一切制造商为自己品牌争取零售商支持所付出的努力。文中的"货位津贴"使用了其最初的含义。

33. 这些差异罗列在表3中,来自：William L. Wilkie, Debra M. Desrochers, and Gregory T. Gtmdlach, "Marketing Research and Public Policy：The Case of Slotting Fees," *Journal of Public Policy & Marketing* 21（fall 2002），275—288.

34. 关于这一问题的详细讨论,包括对零售商与制造商的调查结果,参考：Paul N. Bloom, Gregory T. Gundlach, and Joseph P. Cannon, "Slotting Allowances and Fees：Schools of Thought and the Views of Practicing Managers," *Journal of Marketing* 64（April 2000），92—108.

35. Paula Fitzgerald Bone, Karen Russo France, and Richard Riley, "A Multifirm Analysis of Slotting Fees," *Journal of Public Policy & Marketing* 25（fall 2006），224—237.

36. 从经济学的角度详尽地讨论货位津贴,参考：K. Sudhir and Vithala R. Rao, "Do Slotting Allowances Enhance Efficiency or Hinder Competition," *Journal of Marketing Research* 43（May 2006），137—155.

37. 参考：Wilkie, Desrochers, and Gundlach, "Marketing Research and Public Policy" for further discussion of the economic and, especially, public policy issues attendant to the practice of slotting allowances.

38. 进一步讨论,参考：Gregory T. Gtmdlach and Patti N. Bloom, "Slotting Allowances and the Retail Sale of Alcohol Beverages," *Journal of Public Policy & Marketing* 17（fall 1998），173—184

39. 参考：David Balto, "Recent Legal and Regulatory Developments in Slotting Allowances and Category Management," *Journal of Public Policy & Marketing* 21（fall 2002），289—294.

40. 这一解释改编自：Zachary Schiller, "Not Everyone Loves a Supermarket Special," *Business Week*, February 17, 1992, 64.

41. Robert D. Buzzell, John A. Quelch, and Walter J. Salmoil, "The Costly Bargain of Trade Promotion," *Harvard Business Review* 68 (March/April 1990), 145.

42. Jon Berry, "Diverting," *Adweek's Marketing Week*, May 18, 1992, 22.

43. 关于"交易津贴是无利益的"解释，可以参考：Magid M. Abraham and Leonard M. Lodish, "Getting the Most out of Advertising and Promotion," *Harvard Business Review* 68 (May/June 1990), 50—60.

44. 关于零售商天天低价的讨论，参考：Stephen J. Hoch, Xavier Dreze, and Mary E. Purk, "EDLP, Hi-Lo, and Margin Arithmetic," *Journal of Marketing* 58 (October 1994), 16—27.

45. Kusum L. Ailawadi, Donald R. Lehmann, and Scott A. Neslin, "Market Response to a Major Policy Change in the Marketing Mix: Learning from Procter & Gamble's Value Pricing Strategy," *Journal of Marketing* 65 (January 2001), 44—61.

46. 这一结论基于对利润估计，出处同上，57.

47. Kenneth Craig Manning, "Development of a Theory of Retailer Response to Manufacturers' Everyday Low Cost Programs" (Ph. D. dissertation, University of South Carolina, 1994).

48. Kerry E. Smith, "Scan Down, Pay Fast," Promo, January 1994, 58—59; "The Proof Is in the Scanning," *Promo*, February 1995, 15.

49. Betsy Spethmann, "Wake Up and Smell the Co-Marketing," *Promo*, August 1998, 43—47.

50. 以下的讨论来自：Robert C. Blattberg, Richard Briesch, and Edward J. Fox, "How Promotions Work," *Marketing Science* 14, no. 3 (1995), G122-G132. 结论的顺序改编自 Blattberg 等人的报告。

51. Harald J. van Heerde, Peter S. H. Leeflang, and Dick R. Wittink, "The Estimation of Pre- and Postpromotion Dips with Store-Level Scanner Data," *Journal of Marketing Research* 37 (August 2000), 383—395.

52. Koen Pauwels, Dominique M. Hanssens, and S. Siddarth, "The Long-Term Effects of Price Promotions on Category Incidence, Brand Choice, and Purchase Quantity," *Journal of Marketing Research* 39 (November 2002), 421—439.

53. Edward J. Fox and Stephen J. Hoch, "Cherry-Picking," *Journal of Marketing* 69 (January 2005), 46—62.

54. 看似由于品牌质量造成的不对称效应实质上是由于品牌市场份额的影响。换言之，与市场份额较大的品牌相比而言，市场份额较小的品牌（通常在许多产品品类中质量较低），能够吸引更多的品牌转换者，因为市场份额较小的品牌拥有更多的潜在消费者。关于这一问题的讨论，参考：Raj Sethuraman and V. Srinivasan, "The Asymmetric Share Effect: An Empirical Generalization on Cross-Price Effects," *Journal of Marketing Research* 39 (August 2002), 379—386.

55. 关于这一问题的比较有趣的实验研究，参考：Stephen M. Nowlis and Itamar Simonson, "Sales Promotions and the Choice Context as Competing Influences on Decision Making," *Journal of Consumer Psychology* 9, no. 1 (2000), 1—16.

第 16 章

1. 以下的讨论大多基于作者之前的研究结果，但这些观点也受到了业内从业者的影响。

2. Pierre Chandon, Brian Wansink, and Gilles Laurent, "A Benefit Congruency Framework of Sales Promotion Effectiveness," *Journal of Marketing* 64 (October 2000), 65—81. 以下关于利益的讨论同样基于以上作者的研究，参考 68—69 页的表 1.

3. 关于消费者促销活动的信息角色的讨论，参考：Priya Raghubir, J. Jeffrey Inman, and Hans Grande, "The Three Faces of Consumer Promotions," *California Management Review* 46

（summer 2004），23—42．

4．"Secret Weapon," *Promo*, December 2007, 44．

5．一项关于超市中食品取样的有趣的研究，参考：Stephen M. Nowlis and Baba Shiv, "The Influence of Consumer Distractions on the Effectiveness of Food-Sampling Programs," *Journal of Marketing Research* 42（May 2005），157—168．

6．Dan Hanover, "We Deliver," *Promo*, March 2001, 43—45．

7．Lafayette Jones, "A Case for Ethnic Sampling," *Promo*, October 2000, 41—42．

8．Patricia Odell, "Firsthand Experience," *Promo*, May 2007, 19．

9．Betsy Spethmann, "Branded Moments," *Promo*, September 2000, 83—98．

10．Lorin Cipolla, "Instant Gratification," *Promo*, April 2004, AR35．

11．Amy Johannes, "Room Service," *Promo*, February 2008, 38—40．

12．Jack Neff, "P&G Brings Potty to Parties," *Advertising Age*, February 17, 2003, 22．

13．改编自：Glenn Heitsmith, "Gaining Trial," *Promo*, September 1994, 108；and "Spend a Little, Get a Lot," *Trial and Conversion III: Harnessing the Power of Sampling Special Advertising Supplement*（New York: Promotional Marketing Association, Inc., 1996—1997），18．

14．Charles Fredericks, Jr., "What Ogilvy & Mather Has Learned about Sales Promotion," *The Tools of Promotion*（New York: Association of National Advertisers, 1975）. Although this is an old source, the wisdom still holds true today.

15．Lynn G. Reiling, "Consumers Misuse Mass Sampling for Sun Light Dishwashing Liquid," *Marketing News*, September 3, 1982, 1, 2．

16．Maciek Gajewski, "Samples: A Steal in Poland," *Advertising Age*, November 4, 1991, 54．

17．Different organizations arrive at varying estimates of actual coupon distribution numbers. For example, see Patricia Odell, "We've Been Clipped," *Promo*, September 2007, AR11．

18．"Clipping Path," *Promo*, April 2004, AR7．

19．Peter Meyers, "Coupons to the Rescue," *Promo*, April 2008, 63．

20．Donald R. Lichtenstein, Richard G. Netemeyer, and Scot Burton, "Distinguishing Coupon Proneness from Value Consciousness: An Acquisition-Transaction Utility Theory Perspective," *Journal of Marketing* 54（July 1990），54—67．关于影响消费者优惠券兑现行为的因素的讨论，参考：Banwari Mittal, "An Integrated Framework for Relating Diverse Consumer Characteristics to Supermarket Coupon Redemption," *Journal of Marketing Research* 31（November 1994），533—544．同时参考：Judith A. Garretson and Scot Burton, "Highly Coupon and Sales Prone Consumers: Benefits beyond Price Savings," *Journal of Advertising Research* 43（June 2003），162—172．

21．Betsy Spethmann, "Clipping Slows," *Promo's 14th Annual Sourcebook*, 2007, 9．

22．出处同上。

23．Kapil Bawa and Robert W. Shoemaker, "The Effects of a Direct Mail Coupon on Brand Choice Behavior," *Journal of Marketing Research* 24（November 1987），370—376．

24．Daniel Shannon, "Still a Mighty Marketing Mechanism," *Promo*, April 1996, 86．

25．"Checkout: Instant Results," *Promo*, October 1998, 75．

26．Kapil Bawa, Srini S. Srinivasan, and Rajendra K. Srivastava, "Coupon Attractiveness and Coupon Proneness: A Framework for Modeling Coupon Redemption," *Journal of Marketing Research* 34（November 1997），517—525．

27．Priya Raghubir, "Coupon Value: A Signal for Price?" *Journal of Marketing Research* 35（August 1998），316—324．

28．Russ Bowman and Paul Theroux, *Promotion Marketing*（Stamford, Conn.: Intertec Publishing Corporation, 2000），24．

29．出处同上。

30．"When the Chips Are Down," *Promo*

Magazine Special Report, April 1998, S7.

31. Bowman and Theroux, *Promotion Marketing*.

32. Kapil Bawa and Robert W. Shoemaker, "Analyzing Incremental Sales from a Direct Mail Coupon Promotion," *Journal of Marketing Research* 53（July 1989），66—78.

33. Erwin Ephron, "More Weeks, Less Weight: The Shelf-Space Model of Advertising," *Journal of Advertising Research* 35（May/June 1995），18—23.

34. Srini S. Srinivasan, Robert P. Leone, and Francis J. Mulhern, "The Advertising Exposure Effect of Free Standing Inserts," *Journal of Advertising* 24（spring 1995），29—40.

35. France Leclerc and John D. C. Little, "Can Advertising Copy Make FSI Coupons More Effective?" *Journal of Marketing Research* 34（November 1997），473—484.

36. Bowman and Theroux, *Promotion Marketing*.

37. 关于交叉折扣的进一步分析，参考：Sanjay K. Dhar and Jagmohan S. Raju, "The Effects of Cross-Ruff Coupons on Sales and Profits," *Marketing Science* 44（November 1998），1501—1516.

38. Bowman and Theroux, *Promotion Marketing*.

39. Karen Holt, "Coupon Crimes," *Promo*, April 2004, 23—26, 70; Jack Neff, "internet Enabling Coupon Fraud Biz," *Advertising Age*, October 20, 2003, 3.

40. Alice Z. Cuneo, "Package-goods Giants Roll Out Mobile Coupons," *Advertising Age*, March 10, 2008, 3, 26.

41. "A Drop in the Crime Rate," *Promo*, December 1997, 12.

42. Jack Neff, "Package-goods Players Just Can't Quit Coupons," *Advertising Age*, May 14, 2007, 8.

43. "Pushing Back the Tide," *Promo*, April 2006, 81.

44. Cecelia Blalock, "Another Retailer Nabbed in Coupon Misredemption Plot," *Promo*, December 1993, 38.

45. 出处同上。

46. Cecelia Blalock, "Tough Sentence for Coupon Middle Man," *Promo*, June 1993, 87.

47. "Clipped, Supermarket Owners Charged with Coupon Fraud," *Promo*, May 1997, 14.

48. "Report: Coupon Scams Are Funding Terrorism," *Promo*, August 1996, 50. 这个问题也是参议院司法技术的研究主题，Terrorism, and Government Information Subcommittee, February 24, 1998.

第17章

1. 这一描述改编自：Amy Johannes, "What Now?" *Promo*, April 2007, 30—34.

2. Patricia Odell, "Inventive Incentives," *Promo*, September 2006, 33—40.

3. Priya Raghubir, "Free Gift with Purchase: Promoting or Discounting the Brand?" *Journal of Consumer Psychology* 14（1 & 2），2004, 181—186.

4. Jean Halliday, "Honda Dealer Gets into Ad Accident," *Advertising Age*, July 23, 2007, 3.

5. Gleam Heitsmith, "Botched Pepsi Promotion Prompts Terrorist Attacks," *Promo*, September 1993, 10.

6. Laurie Baum, "How Beatrice Lost at Its Own Game," *BusinessWeek*, March 2, 1987, 66.

7. Bob Sperber and Karen Benezra, "A Scare to Go?" *Brandweek*, August 27, 2001, 4, 10; Kat MacArthur, "McSwindle," *Advertising Age*, August 27, 2001, 1, 22, 23; Donald Silberstein, "Managing Promotional Risk," *Promo*, October 2001, 57; "Arch Enemies," *Promo*, December 2001, 17.

8. "Walking the Tightrope," *Promo*, March 2001, 48—51.

9. Jonathan Welsh, "Auto Makers Pile on Buyer Incentives," *The Wall Street Journal*, Sep-

tember 11, 2007, D1.

10. William M. Bulkeley, "Rebates' Appeal to Manufacturers: Few Consumers Redeem Them," *Wall Street Journal Online*, February 10, 1998, http://www.online.wsj.com.

11. Dilip Soman, "The Illusion of Delayed Incentives: Evaluating Future Effort-Money Transactions," *Journal of Marketing Research* 35 (November 1998), 427—437.

12. Ira Teinowitz and Tobi Elkin, "FTC Cracks Down on Rebate Offers," *Advertising Age*, July 3, 2000, 29.

13. Kerry J. Smith, "Postal Inspectors Target Rebate Fraud," *Promo*, April 1994, 13.

14. "Healthy, Wealthy, and Wiser," *Promo's 8th Annual SourceBook* 2001, 38—39.

15. Shari Brickin, "Stupid vs. Strategic Sweeps," *Promo*, July 2007, 61—62.

16. 关于这一问题的消费者心理机制的讨论,参考:Terence A. Shimp, Stacy Wood, and Laura Smarandescu, "Self-generated Advertisements: Testimonials and the Perils of Consumer Exaggeration," *Journal of Advertising Research* 47 (December 2007), 453—461.

17. http://www.ihgplc.com/files/pdf/factsheets/factsheet_priorityclub.pdf (accessed May 7, 2008).

18. http://www.purinaproclub.com (accessed May 6, 2008).

19. 改编自:Don E. Schultz and William A. Robinson, *Sales Promotion Management* (Lincolnwood, Ill.: NTC Business Books, 1986), 436—445.

20. Sara Owens, "A Different Kind of E-marketing," *Promo*, May 2001, 53—54.

21. 这一表格出处同上,53.

第18章

1. 营销公共关系与通常所讲的公共关系之间的区别并不是非常明显,参考:Philip J. Kitchen and Danny Moss, "Marketing and Public Relations: The Relationship Revisited," *Journal of Marketing Communications* 1 (June 1995), 105—118.

2. A1 Ries and Laura Ries, *The Fall of Advertising & the Rise of PR* (New York: HarperBusiness, 2002).

3. Paul Holmes, "Senior Marketers Are Sharply Divided about the Role of PR in the Overall Mix," *Advertising Age*, January 24, 2005, C1.

4. Nicholas Casey, "Mattel Issues Third Major Recall," *The Wall Street Journal*, September 5, 2007, A3.

5. Jack Neff, "Pet-Food Industry Too Slow: Crisis-PR Gurus," *Advertising Age*, March 26, 2007, 29.

6. Rich Thomaselli, "Bausch & Lomb Short-sighted in Crisis," *Advertising Age*, May 22, 2006, 3, 39.

7. Chad Terhune and Deborah Ball, "Dasani Recall Hurts Coke's Bid to Boost Water Sales in EU," *Wall Street Journal Online*, March 22, 2004, http://www.online.wsj.com; Chad Terhune, Betsy McKay, and Deborah Ball, "Coke Table Dasani Plans in Europe," *Wall Street Journal Online*, March 25, 2004, www.online.wsj.com.

8. "FDA Public Health Advisory: Safety of Vioxx," September 30, 2004, http://www.fda.gov/cder/drug/infopage/vioxx/PHA_vioxx.htm (accessed May 15, 2008).

9. Joanna Slater, "Coke, Pepsi Fight Charges of Product Contamination," *Wall Street Journal Online*, August 15, 2003, http://online.wsj.com.

10. Amie Smith, "Coke's European Resurgence," *Promo*, December 1999, 91.

11. Rohini Ahluwalia, Robert E. Bumkrant, and H. Rao Unnava, "Consumer Response to Negative Publicity: The Moderating Role of Commitment," *Journal of Marketing Research* 37 (May 2000), 203—214. For another related finding, see Niraj Dawar and Madan M. Pillutla, "Impact of Product-Harm Crises on Brand Equity: The

Moderating Role of Consumer Expectations," *Journal of Marketing Research* 37（May 2000），215—226.

12. Brian Quinton quoting Gene Grabowski, "Sticky Situations," *Promo*, October 2007, 31.

13. 关于消费者在互联网中的抱怨行为的研究, 参考: James C. Ward and Amy L. Ostrom, "Complaining to the Masses: The Role of Protest Framing in Customer-Created Complaint Web Sites," *Journal of Consumer Research* 33（September 2006），220—230.

14. Jean Halliday, "Firestone's Dilemma: Can This Brand Be Saved?" *Advertising Age*, September 4, 2000, 1, 54; William H. Holstein, "Guarding the Brand is Job 1," *U. S. News & World Report*, September 11, 2000; Karen Lundegaard, "The Web @ Work? Ford Motor Company," *Wall Street Journal Online*, October 16, 2000, http://online.wsj.com.

15. Dana James quoting PR man Jack Bergen in "When Your Company Goes Code Blue," *Marketing News*, November 6, 2000, 1, 15.

16. 引用自: Allen Adamson, "Sticky Situations," 34.

17. 关于都市传说的讨论, 参考: D. Todd Donavan, John C. Mowen, and Goutam Chakraborty, "Urban Legends: The Word-of-Mouth Communication of Morality through Negative Story Content," *Marketing Letters* 10（February 1999），23—34.

18. 出处同上。

19. Donavan 等人使用内容分析法对 100 个城市传奇的研究发现, 45% 包括产品参照, 12% 包括对创新和技术的预先通告, 10% 包括对具体品牌的识别。

20. 这一定义改编自: Fredrick Koenig, *Rumor in the Marketplace: The Social Psychology of Commercial Hearsay*（Dover, Mass: Auburn House, 1985），2.

21. 关于传闻对消费者影响作用的研究文献回顾, 参考: Michael A. Kamins, Valerie S. Folkes, and Lars Perner, "Consumer Responses to Rumors: Good News."

22. Bad News, *Journal of Consumer Psychology* 6, no. 2（1997），165—187.

23. Ellen Joan Pollock, "Why Mountain Dew Is Now Grist for Fertile Teen Gossip," *Wall Street Journal Online*, October 14, 1999, http://online.wsj.com.

24. 这些虚构的传闻在 20 世纪 70 年代非常流行, 所有的这些传闻都在 Koenig 的书 Rumor in the Marketplace 中收录和讨论。

25. Koenig, *Rumor in the Marketplace*, 19.

26. Amy E. Gross, "How Popeyes and Reebok Confronted Product Rumors," *Adweek's Marketing Week*, October 22, 1990, 27.

27. "A Storm over Tropical Fantasy," *Newsweek*, April 22, 1991, 34.

28. Koenig, *Rumor in the Marketplace*, 167.

29. 这些建议出处同上, 172—173.

30. Dee T. Allsop, Bryce R. Bassett, and James A. Hoskins, "Word-of-Mouth Research: Principles and Applications," *Journal of Advertising Research* 47（December 2007），398—411.

31. Ed Keller, "Unleashing the Power of Word of Mouth: Creating Brand Advocacy to Drive Growth," *Journal of Advertising Research* 47（December 2007），448—452.

32. 例如, 电影的口碑营销被证实对票房有积极影响, 参考: Yong Liu, "Word of Mouth for Movies: Its Dynamics and Impact on Box Office Revenue," *Journal of Marketing* 70（July 2006），74—89.

33. 关于这一部分的深入讨论, 参考: Everett M. Rogers, *Diffusion of Innovations*, 5th ed.（New York: Free Press, 2003），chapter 8; and Jacqueline Johnson Brown and Peter H. Reingen, "Social Ties and Word-of-Mouth Referral Behavior," *Journal of Consumer Research* 14（December 1987），350—362.

34. 除了以上提到的 Brown 和 Reingen 的研究, 也可以参考: Jacob Goldenberg, Barak Libai, and Eitan Muller, "Talk of the Network: A Complex Systems Look at the Underlying Process of

Word-of-Mouth," *Marketing Letters* 12（August 2001），211—224.

35. 关于进一步的讨论和论证，参考：Jeffrey Graham and William Havlena,"Finding the 'Missing Link': Advertising's Impact on Word of Mouth, Web Searches, and Site Visits," *Journal of Advertising Research* 47（December 2007），427—435.

36. Rogers, *Diffusion of Innovations*.

37. 引用来自著名的市场行为研究专家 Ernest Dichter，可以参考：Ernest Dichter, in Eileen Prescott, "Word-of-Mouth: Playing on the Prestige Factor," *The Wall Street Journal*, February 7, 1984, 1.

38. Lawrence F. Feick and Linda L. Price, "The Market Maven: A Diffuser of Marketplace Information," *Journal of Marketing* 51（January 1987），83—97.

39. Keller, "Unleashing the Power of Word of Mouth." Paul M. Herr, Frank R. Kardes, and John Kim, "Effects of Word-of-Mouth and Product-Attribute Information on Persuasion: An Accessibility-Diagnosticity Perspecfive," *Journal of Consumer Research* 17（March 1991），454—462；Richard J. Lutz, "Changing Brand Attitudes through Modification of Cognitive Structure," *Journal of Consumer Research* 1（March 1975），49—59；Peter Wright, "The Harassed Decision Maker: Time Pressures, DIS-tractions, and the Use of Evidence," *Journal of Applied Psychology* 59（October 1974），555—561.

40. Marsha L. Richins, "Negative Word-of-Mouth by Dissatisfied Consumers: A Pilot Study," *Journal of Marketing* 47（winter 1983），76.

41. Kris Oser, "Microsoft's Halo2 Soars on Viral Push," *Advertising Age*, October 25, 2004, 46.

42. Jean Halliday, "Toyota Goes Guerilla to Roll Scion," *Advertising Age*, August 11, 2003, 4；Norihiko Shirouzu, "Scion Plays Hip-Hop Impresario to Impress Young Drivers," *The Wall Street Journal Online*, October 5, 2004, http://online.wsj.com.

43. T. L. Stanley, "Gibson on Mission to Market 'Passion,'" *Advertising Age*, February 16, 2004, 27；Merissa Marr, "Publicity, PR and 'Passion,'" *The Wall Street Journal Online*, February 20, 2004, http://online.wsj.com.

44. John Lippman, "Sony's Word-of-Mouth Campaign Creates Buzz for 'Crouching Tiger,'" *The Wall Street Journal Online*, January 11, 2001, http://online.wsj.com.

45. Ellen Neubome, "Ambush," *Agency*, spring 2001, 22—25.

46. Chris Woodyard, "JetBlue Tums to Beetles, Beaches, Bars," *USA Today*, August 22, 2001, 3B.

47. Sholnn Freeman, "Oprah's GM Giveaway Was Stroke of Luck for Agency, Audience," *The Wall Street Journal Online*, September 14, 2004, http://online.wsj.com；Jean Halliday and Claire Atkinson, "Pontiac Gets Major Mileage Out of $8 Million 'Oprah' Deal," *Advertising Age*, September 20, 2004, 12.

48. Albert-Laszlo Barabasi and Eric Bonabeau, "Scale-free Networks," *Scientific American*, May 2003, 60—69.

49. 临界点的概念来自新闻记者 Malcolm Gladwell 的畅销书 The Tipping Point（Boston：Little, Brown and Company, 2000）。

50. 出处同上。

51. 值得注意的是只有某些具有影响力的因素能够产生市场流行，关于这一问题的深入讨论，参考：Duncan J. Watts and Peter Sheridan Dodds, "Infiuentials, Networks, and Public Opinion Formation," *Journal of Consumer Research* 34（December 2007），441—458.

52. 例如，参考：Judith A. Chevalier and Dina Mayzlin, "The Effect of Word of Mouth on Sales: Online Book Reviews," *Journal of Marketing Research* 43（August 2006），345—354.

53. Renee Dye, "The Buzz on Buzz," *Harvard Business Review*（November/December 2000），139—146.

54. 这一说法来自: Justin Kirby, "Online Viral Marketing: The Strategic Synthesis in Peer-to-Peer Brand Marketing," *Brand Channel White Paper*, 2004.

55. Aki Maita, "Tamagotchi," *Ad Age International*, December 1997, 10; Norihiko Shirouzu, "Japan's High-School Girls Excel in the Art of Setting Trends," *The Wall Street Journal Online*, April 24, 1998, http://online.wsj.com.

56. Dye, "The Buzz on Buzz."

57. Emanuel Rosen, *The Anatomy of Buzz: How to Create Word-of-Mouth Marketing* (New York: Doubleday, 2000); Marian Salzman, Ira Matathia, and Ann O'Reilly, *Buzz: Harness the Power of Influence and Create Demand* (New York: Wiley, 2003); Jon Berry and Ed Keller, *The Influentials: One American in Ten Tells the Other Nine How to Vote, Where to Eat, and What to Buy* (New York: Free Press, 2003); Greg Stielstra, *Pyro Marketing* (New York: HarperCollins, 2005).

第19章

1. 详细资料来自: Steve McCormick, "What is NASCAR?" http://nascar.about.com/od/nascar10/f/whatisnascar.htm (accessed May 18, 2008).

2. 关于联合利华赞助全美汽车比赛(NASCAR)的信息, 来自: Patricia Odell, "Unilever's NASCAR Sponsorship Takes an Ice Cream Pit Stop," *Promo*, August 2007, 8—9. 关于赞助全美汽车比赛效果的研究, 参考: Stephen W. Pruitt, T. Bettina Cornwell, and John M. Clark, "The NASCAR Phenomenon: Auto Racing Sponsorship and Shareholder Wealth," *Journal of Advertising Research* 44 (September/October 2004), 281—296.

3. Kate Maddox, "Report Finds Most CMOs View Events as 'Vital,'" *BtoB*, March 14, 2005, 6.

4. T. Bettina Cornwell and Isabelle Maignan, "An International Review of Sponsorship Research," *Journal of Advertising* 27 (spring 1998), 11.

5. 前三个因素改编自: Meryl Paula Gardner and Phillip Joel Shuman, "Sponsorship: An Important Component of the Promotions Mix," *Journal of Advertising* 16, no. 1 (1987), 11—17.

6. T. Bettina Cornwell, Donald P. Roy, and Edward A. Steinard II, "Exploring Managers' Perceptions of the Impact of Sponsorship on Brand Equity," *Journal of Advertising* 30 (summer 2001), 41—42. 同时参考: Angeline G. Close, R. Zachary Finney, Russell Z. Lacey, and Julie Z. Sneath, "Engaging the Consumer through Event Marketing: Linking Attendees with file Sponsor, Community, and Brand," *Journal of Advertising Research* 46 (December 2006), 420—433.

7. Patricia Odell, "Running with the Bulls," *Promo*, January 2007, 6—8

8. "Events & Sponsorship," *Marketing News's 2007 Marketing Fact Book*, July 15, 2007, 31.

9. "The Growth of Cause Marketing," 基于2008年IEG赞助报告, http://www.causemarketingforum.com/page.asp? ID = 188 (accessed May 20, 2008).

10. Amy Johannes, "Girl's Club," *Promo*, March 2008, 8—9.

11. 改编自: Mava Heftier, "Making Sure Sponsorships Meet All the Parameters," *Brandweek*, May 16, 1994, 16.

12. Robert Marich, "Hunters, Anglers Lure the Big Bucks," *Advertising Age*, February 14, 2005, S—8.

13. Gita Venkataramani Johar, Michel Tuam Pham, and Kirk L. Wakefield, "How Event Sponsors Are Really Identified: A (Baseball) Field Analysis," *Journal of Advertising Research* 46 (June 2006), 183—198.

14. James Crimmins and Martin Horn, "Sponsorship: From Management Ego Trip to Marketing Success," *Journal of Advertising Research* 36 (July/August 1996), 11—21.

15. Sam Walker, "NASCAR Gets Coup as Anheuser Is Set to Raise Sponsorship Role," *Wall Street Journal Online*, November 13, 1998, http://online.wsj.com.

16. Bunco 是一项简单的以4人为一个小组的掷骰子游戏。近年来，这项游戏在美国非常流行，游戏允许参与者在玩的过程中吃东西和聊天。关于游戏的详细资料，参考：http://www.buncorules.com/whatis.html.

17. Ellen Byron, "An Old Dice Game Catches on Again, Pushed by P&G," *The Wall Street Journal*, January 30, 2007, A1.

18. 关于赞助的重要性的阐释，参考：Pascale G. Quester and Beverley Thompson, "Advertising and Promotion Leverage on Arts Sponsorship Effectiveness," *Journal of Advertising Research* 41 (January/February 2001), 33—47.

19. Heffier, "Making Sure Sponsorships Meet All the Parameters."

20. Wayne D'Orio, "The Main Event," *Promo*, May 1997, 19.

21. 以下两篇研究论文讨论了赞助奥林匹克运动会是否明智，具体内容参考：Kathleen Anne Farrell and W. Scott Frame, "The Value of Olympic Sponsorships: Who Is Capturing the Gold?" *Journal of Market Focused Management* 2 (1997), 171—182. 另一种更为乐观的观点，参考：Anthony D. Miyazaki and Angela G. Morgan, "Assessing Market Value of Event Sponsoring: Corporate Olympic Sponsorships," *Journal of Advertising Research* 41 (January/February 2001), 9—15.

22. 关于这一问题的回顾，参考：Francis Farrelly, Pascale Quester, and Stephen A. Greyser, "Defending the Co-Branding Benefits of Sponsorship B2B Partnerships: The Case of Ambush Marketing," *Journal of Advertising Research* 45 (September 2005), 339—348.

23. Dennis M. Sandler and David Shani, "Olympic Sponsorship vs. 'Ambush' Marketing: Who Gets the Gold?" *Journal of Advertising Research* 29 (August/September 1989), 9—14.

24. David Shani and Dennis Sandler, "Counter Attack: Heading Off Ambush Marketers," *Marketing News*, January 18, 1999, 10.

25. Normandy Madden, "Ambush Marketing Could Hit New High at Beijing Olympics," *Advertising Age*, July 23, 2007, 22.

26. John Nardone and Ed See, "Measure Sponsorships to Drive Sales," *Advertising Age*, March 5, 2007, 20.

27. 这一点的讨论基于一项由杂志 *Promo* 进行的关于事件营销的调查研究，参考：Patricia Odell, "Crowd Control," *Promo*, January 2005, 22—29.

28. "The Growth of Cause Marketing."

29. Michal Strahilevitz, "The Effects of Product Type and Donation Magnitude on Willingness to Pay More for a Charity-Linked Brand," *Journal of Consumer Psychology* 8, no. 3 (1999), 215—241.

30. P. Rajah Varadarajan and Anil Menon, "Cause-Related Marketing: A Coalignment of Marketing Strategy and Corporate Philanthropy," *Journal of Marketing* 52 (July 1988), 58—74.

31. "2004 Cone Corporate Citizenship Study Results," Cause Marketing Forum, December 8, 2004, http://www.causemarketingforum.com.

32. Deborah J. Webb and Lois a Mohr, "A Typology of Consumer Responses to Cause-Related Marketing: From Skeptics to Socially Concerned," *Journal of Public Policy & Marketing* 17 (fall 1998), 239—256.

33. Yeosun Yoon, Zeynep Gurhan-Canli, and Norbert Schwarz, "The Effect of Corporate Social Responsibility (CSR) Activities on Companies with Bad Reputations," *Journal of Consumer Psychology* 16, no. 4 (2006), 377—390; Lisa R. Szykman, Paul N. Bloom, and Jennifer Blazing, "Does Corporate Sponsorship of a Socially-Oriented Message Make a Difference? An Investigation of the Effects of Sponsorship Identity on Responses to an Anti-Drinking and Driving Message," *Journal of Consumer Psychology* 14, nos. 1&2 (2004), 13—20.

34. Julie A. Ruth and Bernard L. Simonin, "The Power of Numbers: Investigating the Impact of Event Roster Size in Consumer Response to Sponsorship," *Journal of Advertising*, 35 (winter 2006), 7—20.

35. John W. Pracejus, G. Douglas Olsen, and Norman R. Brown, "On the Prevalence and Impact of Vague Quantifiers in the Advertising of Cause-Related Marketing (CRM)," *Journal of Advertising* 32 (winter 2003—2004), 19—28.

36. Debra Z. Basil and Paul M. Herr, "Attitudinal Balance and Cause-Related Marketing: An Empirical Application of Balance Theory," *Journal of Consumer Psychology* 16, no. 4 (2006), 391—403; T. Bettina ComweU, Michael S. Humphreys, Angela M. Maguire, Clinton S. Weeks, and Cassandra L. Tellegen, "Sponsorship-Linked Marketing: The Role of Articulation in Memory," *Journal of Consumer Research* 33 (December 2006), 312—321; Carolyn J. Simmons and Karen L. Becker-Olsen, "Achieving Marketing Objectives through Social Sponsorships," *Journal of Marketing* 70 (October 2006), 154—169; Satya Menon and Barbara E. Kahn, "Corporate Sponsorships of Philanthropic Activities: When Do They Impact Perception of Sponsor Brand?" *Journal of Consumer Psychology* 13, no. 3 (2003), 316—327; Nora J. Rifon, Sejung Marina Choi, Carrie S. Tfimble, and Hairong Li, "Congruence Effects in Sponsorship: The Mediating Role of Sponsor Credibility and Consumer Attributions of Sponsor Motive," *Journal of Advertising* 33 (spring 2004), 29—42.

37. 关于"事件关联营销能够提升公司的信誉但并不能提升公司的竞争力"这一观点的讨论,参考:Michael E. Porter and Mark R. Kramer, "The Competitive Advantage of Corporate Philanthropy," *Harvard Business Review* (December 2002), 5—16.

38. Gary Levin, "Sponsors Put Pressure on for Acconntability," *Advertising Age*, June 21, 1993, S1.

第 20 章

1. 这一说法来自:"We 'Check Out' Latest Supermarket 'Smart' Cart," MSNBC. com, July 20, 2004, http://www. msnbc. com; "Stop & Shop to Roll Out New Intelligent Shopping Carts from IBM and Cuesol," *Yahoo! Finance*, October 13, 2004; Kelly Shermach, "IBM Builds High-Tech Grocery Cart," *CRMBuyer*, November 16, 2004.

2. 关于智能推车的描述来自:Jack Neff, "A Shopping-Cart-Ad Plan That Might Actually Work," *Advertising Age*, February 5, 2007; "Microsoft Comes to Grocery Aisle," *The Wall Street Journal*, January 14, 2008;以及与MediaCart Holdings'公司首席营销官Jon Kramer 的联系(2006年6月17日)。

3. R. James Claus and Susan L. Claus, *Unmasking the Myths about Signs* (Alexandria, VA: International Sign Association, 2001), 16.).

4. Claus and Claus, *Unmasking the Myths about Signs*, 9.

5. 这一区别以及以下的详细资料来自:*The Signage Sourcebook: A Signage Handbook* (Washington, D. C.: U. S. Small Business Administration, 2003), 193.

6. Darrin Conroy, *What's Your Signage?* (Albany, N. Y.: The New York State Small Business Development Center, 2004), 8.

7. 出处同上。

8. 这一数字为2007年的数字,是本书写作时能够获得的最新数字。http://www. oaaa. org/outdoor/facts (accessed May 26, 2008)

9. Aaron O. Patrick, "Mass of Messages Lands at Heathrow," *The Wall Street Journal*, February 14, 2008, B3.

10. Rick T. Wilson and Brian D. Till, "Airport Advertising Effectiveness," *Journal of Advertising* 37 (spring 2008), 59—72.

11. Pierre Bouvard and Jacqueline Noel, "The Arbitron Outdoor Study," *Arbitron*, 2001,

http://www.arbitron.com.

12. Aaron O. Patrick, "Technology Boosts Outdoor Ads as Competition Becomes Fiercer," *The Wall Street Journal*, August 28, 2006, A1.

13. Claus and Claus, *Unmasking the Myths about Signs*, 17.

14. "Digital Outdoor Advertising," http://www.wikinvest.com/concept/digital_outdooradvertising (accessed May 26, 2008).

15. 关于700章广告牌的估计来自:Joseph Popiolkowski, "Digital Billboards Get Green Light," December 3, 2007, http://www.stateline.org/live/details/story?contentId=260259 (accessed May 26, 2008). The 4,000 figure is from Parick Condon, "Digital Billboards Face Challenges from Cities," *Marketing News*, March 15, 2007, 14.

16. Popiolkowski, "Digital Billboards Get Green Light."

17. 关于为什么公司使用展台广告的讨论,参考:Charles R. Taylor, George R. Franke, and Hae-Kyong Bang, "Use and Effectiveness of Billboards," *Journal of Advertising* 35 (winter 2006), 21—34.

18. Geoffrey A. Fowler and Sebastian Moffett, "Adidas's Billboard Ads Give Kick to Japanese Pedestrians," *The Wall Street Journal Online*, August 29, 2003, http://online.wsj.com; Normandy Madden, "Adidas Introduces Human Billboards," *Advertising Age*, September 1, 2003, 11.

19. Kimberly Palmer, "Highway Ads Take High-Tech Turn," *The Wall Street Journal Online*, September 12, 2003, http://online.wsj.com.

20. Myron Laible, "Changeable Message Signs: A Technology Whose Time Has Come," *Journal of Public Policy & Marketing* 16 (spring 1997), 173—176; Frank Vespe, "High-Tech Billboards: The Same Old Litter on a Stick," *Journal of Public Policy & Marketing* 16 (spring 1997), 176—179; Charles R. Taylor, "A Technology Whose Time Has Come or the Same Old Litter on a Stick? An Analysis of Changeable Message Boards," *Journal of Public Policy & Marketing* 16 (spring 1997), 179—186.

21. "First-ever U.S. Ratings Data from Nielsen Outdoor Show that Males 35—54 Have the Highest Exposure to Outdoor Advertising," *Nielsen Media Research*, December 6, 2005, http://www.nielsenmedia.com (accessed May 26, 2008).

22. 之前的研究生学生 Brie Morrow 女士告诉了我 Outhouse Spring 广告牌活动。Brie 和她的两个同事 Jason Darby, Erin Vance 在课程论文中提到了这一问题。我在本文参考了她们的课程论文,以及其他资料:Jeremy D'Entremont, "Outhouse Springs and Piggly Wiggly Help Save the Light," *Lighthouse Digest*, http://www.lighthousedepot.com.

23. John A. Quelch and Kristina Cannon-Bonventre, "Better Marketing at the Point-of-Purchase," *Harvard Business Review* (November/December 1983), 162—169.

24. "Impact in the Aisles: The Marketer's Last Best Chance," *Promo*, January 1996, 25.

25. 关于售点广告媒介(P-O-P Advertising)的总结,可以参考:Robert Liljenwall and James Maskulka, *Marketing's Powerful Weapon: Point-of-Purchase Advertising* (Washington, D.C.: Point-of-Purchase Advertising International, 2001), 177—180.

26. Kate Fitzgerald, "In-store Media Ring Cash Register," *Advertising Age*, February 9, 2004, 43.

27. "Retail Goes Feng Shui," *Promo*, October 2007, 16, 18.

28. *The Effect of Motion Displays on the Sales of Beer*; *The Effect of Motion Displays on Sales of Baked Goods*; *The Effect of Motion Displays on Sales of Batteries* (Englewood, N.J.: Point-of-Purchase Advertising Institute, undated).

29. J. Jeffrey Inman, Leigh McAlister, and Wayne D. Hoyer, "Promotion Signal: Proxy for a Price Cut," *Journal of Consumer Research* 17 (June 1990), 74—81.

30. *Measuring the In-Store Decision Making of*

Supermarket and Mass Merchandise Store Shoppers (Englewood, N. J.: Point-of-Purchase Advertising Institute, 1995)。需要注意的是,POPAI 在名称上由购物点广告协会(Point-of Purchase Advertising Institute)变为国际购物点广告组织(Point-of Purchase Advertising International)。

31. J. Jeffrey Inman and Russell S. Winer, "Where the Rubber Meets the Road: A Model of In-store Decision Making," *Marketing Science Institute Report* No. 98—122 (October 1998)。

32. 出处同上。

33. *Measuring the In-Store Decision Making of Supermarket and Mass Merchandise Store Shoppers*, 23。

34. *POPAI/Kmart/Procter & Gamble Study of P-O-P Effectiveness in Mass Merchandising Stores* (Englewood, N. J.: Point-of-Purchase Advertising Institute, 1993)。

35. *POPAI/Warner-Lambert Canada P-O-P Effectiveness Study* (Englewood, N. J.: The Point-of-Purchase Advertising Institute, 1992)。

36. John P. Murry, Jr. and Jan B. Heide, "Managing Promotion Program Participation within Manufacturer-Retailer Relationships," *Journal of Marketing* 62 (January 1998), 58. *POPAI/Progressive Grocer Supermarket Retailer Attitude Study* (Englewood, N. J.: Point-of-Purchase Advertising Institute, 1994), 2。

37. Amy Johannes, "RFID Ramp-Up," *Promo*, March 2008, 14。

38. Amy Johannes, "Big Brother in the Aisles," *Promo*, May 2007, 14, 16。

39. 改编自:Don E. Schultz and William A. Robinson, *Sales Promotion Management*, 278—279。关于零售商参与购物点项目的进一步讨论,参考:Murry, Jr., and Heide (1998), "Managing Promotion Program Participation within Manufacturer-Retailer Relationships."

40. Doug Adams and Jim Spaeth, "In-store Advertising Audience Measurement Principles" (Washington, D. C.: Point-of-Purchase Advertising International, July 2003)。

第 21 章

1. 关于伦理问题与规章制度之间相互关系的讨论,参考:George M. Zinkhan. "Advertising Ethics Emerging Methods and Trends," *Journal of Advertising* 23 (September 1994), 1—4.

2. Caroly Y. Yoo, "Personally Reponsible," *BizEd*, May/June 2003, 24.

3. O. C. Ferrel and Larry G. Gresham, "A Contingency Framework for Understanding Ethical Decision Making in Marketing," *Journal of Marketing* 49 (summer 1985), 87—96.

4. 关于消费者的易伤害性问题的讨论,参考:N. Craig Smith and Elizabeth Cooper-Martin, "Ethics and Target Marketing; The Role of Product Harm and Consumer Vulnerability," *Journal of Marketing* 61 (July 1997), 1—20.

5. Sara Schaefer Munoz, "Nagging Issue: Pitching Junk to Kids," *The Wall Street Journal Online*, November 11, 2003, http://online.wsj.com (accessed November 11, 2003).

6. 关于儿童和青少年如何被市场营销信息影响,参考:Louis J. Moses and Dare A. Baldwin, "What Can the Study of Cognitive Development Reveal about Children's Ability to Appreciate and Cope with Advertising?" *Journal of Public Policy & Marketing* 24 (fall 2005), 186—201; Cornelia Pechmann, Linda Levine, Sandra Loughlin, and Frances Leslie, "Impulsive and Self-Conscious: Adolescents' Vulnerability to Advertising and Promotion," *Journal of Public Policy & Markeing* 24 (fall 2005), 202—221; and Peter Wright, Marian Friestad, and Persuasion knowledge in Children, Adolescents, and Young Adults, *Journal of Public Policy & Marketing* 24 (fall 2005), 222—233.

7. Laura Bird, "Gatorade for Kids," *Adweek's Marketing Week*, July 15, 1991, 4—5.

8. Matthew Grimm, "Is Marketing to Kids Ethical?" *Brandweek*, April 5, 2004, 44—48.

9. Joseph Pereira and Audrey Warren, "Coming Up Next...," *The Wall Street Journal*

Online, March 15, 2004, http://online.wsj.com (accessed March 15, 2004).

10. Stephanie Thompson, "Campbell Aims Squarely at Kids with Push for Pastas and Soups," *Advertising Age*, May 31, 2004, 62.

11. Janet Whitman, "Subway Weighs Television Ads on Childhood Obesity," *The Wall Street Journal Online*, June 16, 2004, http://online.wsj.com (accessed June 17, 2003).

12. "U. S. Food Companies to Restrict Advertising Aimed at Children," July 18, 2007, http://online.wsj.com (accessed July 18, 2007); Andrew Martin, "Kellogg to Phase Out Some Food Ads to Children," June 14, 2007, http://www.nytimes.com (accessed June 17, 2004).

13. Eben Shapiro, "Molson Ice Ads Raise Hackles of Regulators," *The Wall Street Journal*, Feburary 25, 1994, B1, B10.

14. 行业广告指导原则 8, 由 Anheuser-Busch, Inc, (St. Louis, MO.) 出版。

15. Brian Steinberg and Suzanne Vranica, "Brewers Are Urged to Tone Down Ads," *The Wall Street Journal Online*, June 23, 2003, http://online.wsj.com (accessed June 23, 2003).

16. "Alcohol Radio Ads Still Air on Programs with Teen Audiences," September 1, 2006, http://online.wsj.com (accessed September 1, 2006).

17. Christopher Lawton, "Lawsuits Allege Alcohol Makers Target Youths," *The Wall Street Journal Online*, February 5, 2004, http://online.wsj.com (accessed February 5, 2004).

18. Stefan Fatsis and Christopher Lawton, "Beer Ads on TV, College Sports: Explosive Mix?" *The Wall Street Journal Online*, November 12, 2003, http://online.wsj.com (accessed November 12, 2003).

19. 例如,参考:Lawrence C. Soley, "Smoke-filled Rooms and Research: A Response to Jean J. Boddewyn's commentary," *Journal of Advertising* 22 (December 1993), 108—109; Richard W. Pollay, "Pertinent Research and Impertinent Opinions: Our Contributions to the Cigarette Advertising Policy Debate," *Journal of Advertising* 22 (December 1993), 110—117; Joel B. Cohen "Playing to Win: Marketing and Public Policy at Odds OVER Joe Camel," *Journal of Public Policy & Marketing*, 19 (fall 2000), 155—167; Kathleen J. Kelly, Michael D. Slater, and David Karan, "Image Advertisements' Influence on Adolescents' Perceptions of the Desirability of Beer and Cigarettes," *Journal of Public of Policy & Marketing* 21 (fall 2002), 295—304; Comelia Pechmann and Susan J. Knight, "An Experimental Investigation of the Joint Effects of Advertising and Peers on Adolescents' Beliefs and Intentions about Cigarette Consumption," *Journal of Consumer Research* 29 (June 2002), 5—19; Marvin E. Goldberg, "American Media and the Smoking-related Behaviors of Asian Adolescents," *Journal of Advertising Research* 43 (March 2003), 2—11; Marvin E. Golberg, "Correlation, Causation, and Smoking Initiation among, Youths," *Journal of Advertising Research* 43 (December 2003), 431—440.

20. 例如,参考:Claude R. Martin, Jr., "Ethical Advertising Research Standards: Three Case Studies," *Journal of Advertising* 23 (September 1994), 17—29; Claude R. Martin, Jr., "Pollay's Pertinent and Impertinent Opinions: 'Good' versus 'Bad' Research," *Journal of Advertising* 23 (March 1994), 117—122; John E. Calfee, "The Historical Significance of Joe Camel," *Journal of Public Policy & Marketing*, 19 (fall 2000), 168—182; Robert N. Reitter, "Comment: 'American Media and the Smoking-related Behaviors of Asian Adolescents,'" *Journal of Advertising Research* 43 (March 2003), 12—13; Charles R. Taylor and P. Greg Bonner, "Comment on 'American Media and the Smoking-related Behaviors of Asian Adolescents,'" *Journal of Advertising Research* 43 (March 2003), 419—430.

21. "Women's Magazines Are Urged to Stop Accepting Tobacco Ads," June 6, 2007, http://online.wsj.com (accessed June 6, 2007).

22. 关于这一问题的深入探讨和研究，参考：J. Craig Andrews, Richard G. Netemeyer, Scot Burton, D. Paul Moberg, and Ann Christiansen, "Understanding Adolescent Intentions to Smoke: An Examination of Relationships among Social Influence, Prior Trial Behavior, and Antitobacco Campaign Advertising," *Journal of Marketing* 68（July 2004）, 110—123.

23. Ira Teinowitz, "Filmmakers: Give Ad-practice Shifts a Chance to Work," *Advertising Age*, October 2, 2000, 6; David Finnigan, "Pounding the Kid Trail," *Brandweek*, October 9, 2000, 32—38; Betsy Spethmann, "Now Showing: Federal Scrutiny," *Promo*, November 2000, 17.

24. Scott Donaton, "Why the Kids Marketing Fuss? Here's Why Parents Are Angry," *Advertising Age*, October 16, 2000, 48.

25. "Fighting Ads in the Inner City," *Newsweek*, February 5, 1990, 46.

26. 关于提到的这些遗迹其他引起争议的案例的深入讨论，参考：Smith and Cooper-Martin, "Ethics and Target Marketing."

27. Dan Koeppel, "Insensitivity to a Market's Concerns," *Adweek's Marketing week*, November 5, 1990, 25; "A 'Black' Cigarette Goes Up in Smoke," *Newsweek*, January 29, 1990, 54; "RJR Cancels Test of 'Black' Cigarette," *Marketing News*, February 19, 1990, 10.

28. Laura Bird, "An 'Uptown' Remake Called PowerMaster," *Adweek's Marketing week*, July 1, 1991, 7.

29. "Fighting Ads in the Inner City."

30. 关于这一问题的更多讨论，参考：Smith and Cooper-Martin, "Ethics and Target Marketing."

31. 参考：John E. Calfee, "'Targeting' the Problem: It Isn't Exploitation, It's Efficient Marketing," *Advertising Age*, July 22, 1991, 18.

32. 关于这一问题的更多讨论，参考：Smith and Cooper-Martin, "Ethics and Target Marketing."

33. 关于广告伦理的深入讨论，参考：Minette E. Drumwright and Patrick E. Murphy, "How Advertising Practitioners View Ethics," *Journal of Advertising* 33（summer 2004）, 7—24. 来自业界的关于广告道德的观点，参考：Jeffrey J. Maciejewski, "From Bikinis to Basal Cell Carcinoma: Advertising Practitioners' Moral Assessments of Advertising Content," *Journal of Current Issues and Research in Advertising* 27（fall 2005）, 107—115.

34. Ronald Berman, "Advertising and Social Change," *Advertising Age*, April 30, 1980, 24.

35. 关于美国广告的伦理与社交角色的深入讨论，有兴趣的读者可以参考以下三篇研究论文：Richard W. Pollay, "The Distorted Mirror: Reflections on the Unintended Consequences of Advertising," *Journal of Marketing* 50（April 1986）, 18—36; Morris B. Holbrook, "Mirror, Mirror on the Wall, What's Unfair in the Reflections of Advertising？" *Journal of Marketing* 51（July 1987）, 95—103; Richard W. Pollay, "On the Mirror," *Journal of Marketing*（July 1987）, 104—109. Pollay 和 Holbrook 对于广告的角色（认为广告是反映社会态度与价值观的镜子，或者是导致社会价值观偏离、社会混乱的"歪曲的镜子"）提供了另一种观点。

36. John E. Cafee and Debra Jones Ringold, "The 70% Majority: Enduring Consumer Beliefs about Advertising," *Journal of Public Policy & Marketing* 13（fall 1994）, 228—238。

37. Peter R. Darke and Robin J. B. Ritchie, "The Defensive Consumer: Advertising Deception, Defensive Processing, and Distrust," *Journal of Marketing Research* 44（February 2007）, 114—127.

38. Rich Thomaselli, "Vytorin Ad Shame Taints Entire Marketing Industry," *Advertising Age*, January 21, 2008, 1, 33.

39. Marian Friestad and Peter Wright, "The PERSUASION knowledge Model: How People Cope with Persuasion Attempts," *Journal of Consumer Research* 21（June 1994）, 1—31; Marian Friestad and Peter Wright, "Persuasion Knowledge: Lay

People's and Researchers' Beliefs about the Psychology of Advertising," *Journal of Consumer Research* 22 (June 1995), 62—74.

40. 关于自主或不受控制的行为与动机的进一步讨论,参考:John A. Bargh, "Losing Consciousness: Automatic Influences on Consumer Judgment, Behavior, and Motivation," *Journal of Consumer Research* 29 (September 2002), 280—285. See alse John A. Bargh and Thanya L. Chartrand. "The Unbearable Automaticity of Being," *American Psychologist* 54 (July 1999), 462—479; Johan C. Karremans, Wolfgang Stroebe, and Jasper Claus, "Beyond Vkary's Fantasies: The Impact of Subliminal Priming and Brand Choice," *Journal of Experimental Social Psychology* 42 (November 2006), 792—798.

41. Avery Johnson, "New Impotence Ads Draw Fire-Just Like Old Ones," *The Wall Street Journal*, February 16, 2007, B1.

42. Terence A Shimp and Elnora W. Stuart, "The Role of Disgust as an Emotional Mediator of Advertising Effects," *Journal of Advertising* 33 (spring 2004), 43—54.

43. Stephen B. Castleberry, Warren French, AND Barbara A. Carlin, "The Ethical Framework of Advertising and Marketing Research Practitioners: A moral Development Perspective," *Journal of Advertising* 22 (June 1993), 39—46. 一种观点认为不诚实的行为广泛存在于社会当中,参考:Nina Mazar and Dan Ariely, "Dishonesty in Everyday Life and Its Policy Implications," *Journal of Public Policy & Marketing* 25 (spring 2006), 117—126.

44. American Association of Advertising Agencies, http://www.aaa.org.

45. 这些问题来自:Paula Fitzgerald Bone and Robert J. Corey, "Ethical Dilemmas in Packaging: Beliefs of Packaging Professionals," *Journal of Macromarketing* 12 (No.1, 1992), 45—54. 以下的讨论来自这一研究,作者曾提到有关包装与产品价格之间关系的问题并没有在这里讨论。

46. 关于包装专业人员、品牌经理与消费者对包装规则的认知区别的讨论,参考:Paula Fitzgerald Bone and Robert J. Corey, "Packaging Ethics: Perceptual Differences among Packaging Professionals, Brand Managers and Ethically-interested Consumers," *Journal of Business Ethics* 24 (April 2000), 199—213.

47. 关于促销活动的消费者心理学解释,参考:James C. Ward and Ronald Paul Hill, "Designing Effective Promotional Games: Opportunities and Problems," *Journal of Advertising* 20 (September 1991), 69—81.

48. 学术期刊 *Journal of Public Policy & Marketing* 19 (spring 2000)讨论了在线营销的隐私与道德问题,可以参考第1页-第73页的文章,文章作者为:George T. Milne; Eve M. Caudill and Patrick E. Murphy; Mary J. Culnan; Joseph Phelps, Glen Nowak and Elizabeth Ferrell; Ross D. Petty; Anthony D. Miyazaki and Ana Fernandez; and Kim Bartel Sheehan and Mariea Grubbs Hoy.

49. Jeffrey P. Davidson, "The Elusive Nature of Integrity: People Know IT When They See It, but Can's Explain It," *Marketing News*, November 7, 1986, 24.

50. Donald P. Robin and R. Eric Reidenbach, "Social Responsibility, Ethics, and Marketing Strategy: Closing the Gap between Concept and Application," *Journal of Marketing* 51 (January 1987), 44—58. 在此情况下,另外两篇文章讨论了营销实践中的道德问题,参考:Rhoda H. Karpatkin, "Toward a Fair and Just Marketplace for All Consumers: The Responsibilities of Marketing Professionals," *Journal of Public Policy & Marketing* 18 (spring 1999), 118—122; Gene R. Laczniak, "Distributive Justice, Catholic Social Teaching, and the Moral Responsibility of Marketers," *Journal of Public Policy & Marketing* 18 (spring 1999), 125—129.

51. 基于:Gene R. Laczniak and Patrick E. Murphy, "Fostering Ethical Markeing Decisions," *Journal of Business Ethics* 10 (1991), 259—271.

52. Dave Dolak, "Let's Liff the Human Spirit," *Brandweek*, April 28, 2003, 30.

53. Michael B. Mazis, Richard Staelin, Howard Beales, and Steven Salop, "A Framework for Evaluating Consumer Information Regulation," *Journal of Marketing* 45（Winter 1981），11—21.

54. 以下讨论改编自 Mazis 等人的研究。

55. Alcohol Beverage Labeling Act of 1988, S. R. 2047.

56. 关于标签的详尽讨论，参考：David W. Stewart and Ingrid M. Martin, "Intended and Unintended Consequences of Warning Messages: A Review and Syntheses of Empirical Research," *Journal of Public Policy & Marketing* 13（spring 1994），1—19. 也可以参考：Janet R. Hankin, James J. Sloan, and Robert J. Sokol, "The modest Impact of the Alcohol Beverage Warning Label on Drinking Pregnancy among a Sample of African-American Women," *Journal of Public Policy & Marketing* 17（spring 1998），61—69.

57. Ross D. Petty, "Advertising Law in the United States and European Union," *Journal of Public Policy & Marketing* 16（spring 1997），2—13.

58. J. Edward Russo, Barbara L. Metcalf, and Debra Stephens, "Identifying Misleading Advertising," *Journal of Consumer Research* 8（September 1981），120. 关于广告欺骗的深入讨论，参考：David M. Gardner and Nancy H. Leonard, "Research in Deceptive and Corrective Advertising: Progress to Date and Impact on Public Policy," *Current Issues & Research in Advertising* 12（1990），275—309.

59. 关于提到以及其他有关公平贸易委员会（FTC）欺骗政策的因素，参考：Gary T. Ford and John E. Calfee, "Recent Developments in FTC Policy on Deception," *Journal of Marketing* 50（July 1986），82—103.

60. 来自：公平贸易委员会（FTC）主席 James C. Miller Ⅲ 在 1983 年 10 月 14 日写给参议院商业、科技和交通委员会主席 Bob Packwood 的书信的副本。

61. 这些事例来自：Jacob Jacoby and George J. Szybillo, "Consumer Research in FTC Versus Kraft（1991）: A Case of Heads We Win, Tails You Lose?" *Journal of Public Policy & Marketing* 14（spring 1995），2.

62. Ruling of the Federal Trade Commission, Docket No. 9208, January 30, 1991.

63. Jef I. Richards and Ivan L. Preston, "Proving and Disproving Materiality of Deceptive Advertising Claims." 45—56; Jacoby and Szybillo, "Consumer Research in FTC Versus Kraft," 1—14, David W. Stewart, "Deception, Materiality, and Survey Research: Some Lessons from Kraft," *Journal of Public & Marketing* 14（spring 1995），15—28; Seymour Sudman "When Experts Disagree: Comments on the Articles by Jacoby and Szybillo and Stewart," *Journal of Public Policy & Marketing* 14（spring 1995），29—34.

64. Ross D. Petty and J. Craig Andrews, "Covert Marketing Unmasked: A Legal and Regulatory Guide for Practices That Mask Marketing Messages," *Journal of Public Policy & Marketing* 27（spring 2008），7—18.

65. 出处同上。

66. 出处同上，8. 公关信息的六种不同类型。

67. Dorothy Cohen, "The Concept of Unfairness as It Relates to Advertising Legislation," *Journal of Marketing* 38（July 1974），8.

68. Cohen, "Unfairness in Advertising Revisited," *Journal of Marketing* 46（winter 2008），8.

69. Christy Fisher, "How Congress Broke Unfair Ad Impasse," *Advertising Age*, August 22, 1994, 34.

70. Cohen, "Unfairness in Advertising Revisited," 74.

71. J. Howard Beales Ⅲ, "The FTC's Use of Unfairness Authority: It's Rise, Fall, and Resurrection," *Journal of Public Policy and Marketing* 22（fall 2003），192—200.

72. 出处同上。

73. 以下讨论来源于综述性研究论文：Wil-

liam L. Wikie, Dennis L. McNell, and Michael B. Mazis, "Marketing's 'Scarlet Letter': The Theory and Practice of Corrective Advertising," *Journal of Marketing* 48 (spring 1984), 11. 同时可以参考: Gardner and Leonard, "Research in deceptive and Corrective Advertising."

74. 参考: Michael B. Mazis, "FTC v. Novartis: The Return of Corrective Advertising?" *Journal of Public Policy & Marketing* 20 (spring 2001), 114—122; Bruce Ingersoll, "FTC Orders Novartis to Run Ads to correct 'Misbeliefs' about Pill," *The Wall Street Journal Online*, May 28, 1999, http://online.wsj.com.

75. 关于更正广告, 可以参考: Kenneth I. Bernhardt, Thomas C. Kinnear, and Michael B. Mazis, "A Field Study of Corrective Advertising Effectiveness," *Journal of Public Policy & Marketing* 5 (1986), 146—162. 对更正广告感兴趣的读者可以参考这一研究以及之前提到的 Mazis 的研究。

76. Andrew J. Strenio, "The FTC in 1988: Phoenix or Finis?" *Journal of Public Policy & Marketing* 7 (1988), 21—39.

77. Jean J. Boddewyn, "Advertising Self-Regulation: True Purpose and Limits," *Journal of Advertising* 18, no. 2 (1989), 19—27.

78. Jean J. Boddewyn, "Advertising Self-Regulation: Private Government and Agent of Public Policy," *Journal of Public Policy & Marketing* 4 (1985), 129—141.

79. Avery M. Abernethy and Jan Leblanc Wicks, "Self-regulation and Television Advertising: A Replication and Extension," *Journal of Advertising Research* 41 (May/June 2001), 31—37; Avery M. Abernethy, "Advertising Clearance Practices of Radio Stations: A Model of Advertising Self-Regulation," *Journal of Advertising* 22 (September 1993), 15—26; Herbert J. Rotfeld, Avery M. Abernethy, and Patrick R. Parsons, "Self-Regulation and Television Advertising," *Journal of Advertising* 19 (December 1990), 18—26; Eric J. Zanot, "Unseen but Effective Advertising Regulation: The Clearance Process," *Journal of Advertising* 14, no. 4 (1985), 44—51, 59.

80. Eric J. Zanot, "A Review of Eight Years of NARB Casework: Guidelines and Parameters of Deceptive Advertising," *Journal of Advertising* 9, no. 4 (1989), 20.

81. "Clorox, Colgate Participate in NAD Forum," *NAD News*, April 28, 2008, http://www.nadreview.org (accessed May 31, 2008).

82. "Lenovo, Dell Participate in NAD Forum," *NAD News*, April 28, 2008, http://www.nadreview.org (accessed May 31, 2008).

83. "Neutrogena Corporation Participates in NAD Forum," *NAD News*, May 27, 2008, http://www.nadreview.org (accessed May 31, 2008).

84. Jim Guthrie, "Give Self-regulation a Hand," *Advertising Age*, October 15, 2001, 16.

85. 绿色营销的概念在常规的解释之外, 有许多不同维度的阐释, 参考: William E. Kilbourne, "Green Advertising: Salvation or Oxymoron?" *Journal of Advertising* 24 (summer 1995), 7—20.

86. Jacquelyn A. Ottman, Edwin R. Stafford, and Cathy L. Hartman, "Avoiding Green Marketing Myopla," *Environment* 48 (no. 5, 2006), 23—36.

87. Subhabrata Bobby Banerjee, Easwar S. Iyer, and Rajiv K. Kashyap, "Corporate Environmentalism: Antecedents and Influence of Industry Type," *Journal of Marketing* 67 (April 2003), 106—122; Pratima Basal and Kendall Roth, "Why Companies Go Green: A Model of Ecological Responsiveness," *Academy of Management Journal*, 43 no. 4 (2000), 717—736.

88. Nicholas Casey, "New Nike Sneaker Targets Jocks, Greens, Wall Street," *The Wall Street Journal*, February 15, 2008, B1.

89. 这一分类基于: Subhabrata Banerjee, Charles S. Gulas, and Easwar Iyer, "Shades of Green: A Multidimensional Analysis of Environmental Advertising," *Journal of Advertising* 24 (summer 1995), 21—32. 关于环境广告的诉求

89. 和使用频率，参考：Les Carlson, Stephen J. Grove, and Norman Kangun, "A Content Analysis of Environmental Advertising Claims: A Matrix Method Approach," *Jounal of Advertising* 22 (September 1993), 27—39.

90. Betsy Mckay, "Pepsi to Cut Plastic Used in Bottles," *The Wall Street Journal*, May 6, 2008, B2.

91. "Coming Around Again," *Marketing News*, May 15, 2008, 4.

92. Michael Bush, "Sustainability and a Smile," *Advertising Age*, February 25, 2008, 1, 25.

93. Betsy Spethmann, "How Would You Do?" *Promo*, February 2007, 19.

94. 关于短缺问题的报告的回顾，参考：http://www.ftc.gov/opa/1997/07/milk.htm.

95. 关于列表，参考：http://www.rpa100.com/recycled/look-whos-using-the-rpa-100-symbol (accessed June 1, 2008).

96. 基于美国银行的新闻稿件，参考：http://newsroom.bankofamerican/index.php?s=press_releases&item=7697 (accessed June 1, 2008).

97. Brian Quinton, "Absolut Zero," *Promo*, April 2008, 10.

98. Stephanie Thompson, "Ben & Jerry's: A Green pioneer," *Advertising Age*, June 11, 2007, S-8.

99. Carol Krol, "Direct Markers Not Feeling 'Green,'" *BtoB*, May 5, 2008, 14.

100. 关于这一部分的信息改编自：Shira Ovide, "Can Billboard Trade Go Green?" *The Wall Street Journal*, September 19, 2007, B2.

101. 1992年8月13日刊印在 *Federal Register*[57 FR 36,363(1992)]. 这些原则同样能够在网上获得，参考：http://www.ftc.gov/bcp/gm-rule/green02.htm. 同时，参考：Jason W. Gray-Lee, Debra L. Scammon, and Robert N. Mayer, "Review of Legal Standards for Environmental Marketing Claims," *Journal of Public Policy & Marketing* 13 (spring 1994), 155—159.

102. Juie Vergeront (principal author), *The Green Report: Findings and Preliminary Recommendations for Responsible Environmental Advertising* (St. Paul: Minnesota Attorney General's Office, November 1990). 以下讨论是 Green Report 中的提议的总结。联邦贸易委员会的指导原则的共同点在于：认为对环境的诉求是：(1) 需要用事实支持；(2) 尽可能清晰，能够判断任何假定的环境优势是否适合产品、包装或者两者；(3) 避免琐碎且无价值；(4) 如果需要比较的话，要明确比较的基础。

教学支持服务

圣智学习出版集团（Cengage Learning）作为为终身教育提供全方位信息服务的全球知名教育出版集团，为秉承其在全球对教材产品的一贯教学支持服务，将为采用其教材图书的每位老师提供教学辅助资料。任何一位通过Cengage Learning北京代表处注册的老师都可直接下载所有在线提供的、全球最为丰富的教学辅助资料，包括教师用书、PPT、习题库等。

鉴于部分资源仅适用于老师教学使用，烦请索取的老师配合填写如下情况说明表。

教学辅助资料索取证明

兹证明＿＿＿＿＿＿大学＿＿＿＿＿系/院＿＿＿＿＿学年(学期)开设的＿＿＿名学生 □主修 □选修的＿＿＿＿＿＿＿课程，采用如下教材作为 □主要教材 或 □参考教材：

书名：＿＿＿＿＿＿＿＿＿＿＿＿＿＿＿＿＿＿＿＿＿＿＿＿＿＿＿＿＿＿＿＿＿＿

作者：＿＿＿＿＿＿＿＿＿＿＿＿＿＿＿＿＿＿ □英文影印版　□中文翻译版

出版社：＿＿＿＿＿＿＿＿＿＿＿＿＿＿＿＿＿＿＿＿＿＿＿＿＿＿＿＿＿＿＿＿

学生类型：□本科1/2年级　□本科3/4年级　□研究生　□MBA　□EMBA　□在职培训

任课教师姓名：＿＿＿＿＿＿＿＿＿＿＿＿＿＿＿＿＿＿＿＿＿＿＿＿＿＿＿＿＿

职称/职务：＿＿＿＿＿＿＿＿＿＿＿＿＿＿＿＿＿＿＿＿＿＿＿＿＿＿＿＿＿＿

电话：＿＿＿＿＿＿＿＿＿＿＿＿＿＿＿＿＿＿＿＿＿＿＿＿＿＿＿＿＿＿＿＿＿

E-mail：＿＿＿＿＿＿＿＿＿＿＿＿＿＿＿＿＿＿＿＿＿＿＿＿＿＿＿＿＿＿＿＿

通信地址：＿＿＿＿＿＿＿＿＿＿＿＿＿＿＿＿＿＿＿＿＿＿＿＿＿＿＿＿＿＿＿

邮编：＿＿＿＿＿＿＿＿＿＿＿＿＿＿＿＿＿＿＿＿＿＿＿＿＿＿＿＿＿＿＿＿＿

对本教材的建议：＿＿＿＿＿＿＿＿＿＿＿＿＿＿＿＿＿＿＿＿＿＿＿＿＿＿＿＿

系/院主任：＿＿＿＿＿＿＿＿（签字）

（系/院办公室章）

＿＿＿＿年＿＿＿＿月＿＿＿＿日

----

*相关教辅资源事宜敬请联络圣智学习出版集团北京代表处。

北京大学出版社
PEKING UNIVERSITY PRESS

经济与管理图书事业部
北京市海淀区成府路205号　100871
联系人：徐冰　张燕
电　　话：010-62767312 / 62767348
传　　真：010-62556201
电子邮件：em@pup.cn　em_pup@126.com
Q　　Q：552063295
新浪微博：@北京大学出版社经管图书
网　　址：http://www.pup.cn

CENGAGE Learning

Cengage Learning Beijing Office
圣智学习出版集团北京代表处
北京市海淀区科学院南路2号融科资讯中心C座南楼1201室
Tel: (8610) 8286 2095 / 96 / 97　Fax: (8610) 8286 2089
E-mail: asia.infochina@cengage.com
www.cengageasia.com